{ KOMPENDIUM } Access-VBA

**Unser Online-Tipp
für noch mehr Wissen …**

informit.de

**Aktuelles Fachwissen rund um die Uhr
– zum Probelesen, Downloaden oder
auch auf Papier.**

www.informit.de

Access-VBA

600 Top-Makrolösungen von Access
2000 bis 2010

BERND HELD

Markt+Technik

(KOMPENDIUM)

Bibliografische Information der Deutschen Nationalbibliothek

Die Deutsche Nationalbibliothek verzeichnet diese Publikation in der Deutschen Nationalbibliografie; detaillierte bibliografische Daten sind im Internet über < http://dnb.d-nb.de > abrufbar.

Die Informationen in diesem Buch werden ohne Rücksicht auf einen eventuellen Patentschutz veröffentlicht. Warennamen werden ohne Gewährleistung der freien Verwendbarkeit benutzt. Bei der Zusammenstellung von Texten und Abbildungen wurde mit größter Sorgfalt vorgegangen. Trotzdem können Fehler nicht vollständig ausgeschlossen werden. Verlag, Herausgeber und Autoren können für fehlerhafte Angaben und deren Folgen weder eine juristische Verantwortung noch irgendeine Haftung übernehmen.

Für Verbesserungsvorschläge und Hinweise auf Fehler sind Verlag und Herausgeber dankbar.

Alle Rechte vorbehalten, auch die der fotomechanischen Wiedergabe und der Speicherung in elektronischen Medien. Die gewerbliche Nutzung der in diesem Produkt gezeigten Modelle und Arbeiten ist nicht zulässig.

Fast alle Hardware- und Softwarebezeichnungen und weitere Stichworte und sonstige Angaben, die in diesem Buch verwendet werden, sind als eingetragene Marken geschützt. Da es nicht möglich ist, in allen Fällen zeitnah zu ermitteln, ob ein Markenschutz besteht, wird das Symbol ® in diesem Buch nicht verwendet.

10 9 8 7 6 5 4 3 2 1
13 12 11

ISBN 978-3-8272-4537-3

© 2011 by Markt + Technik Verlag,
ein Imprint der Pearson Education Deutschland GmbH,
Martin-Kollar-Straße 10–12, D-81829 München/Germany
Alle Rechte vorbehalten
Covergestaltung: Thomas Arlt, tarlt@adesso21.net
Lektorat: Brigitte Bauer-Schiewek, bbauer@pearson.de
Korrektorat: Sandra Gottmann
Fachlektorat: Volker Horn, Konstanz
Herstellung: Elisabeth Prümm, epruemm@pearson.de
Satz: Reemers Publishing Services GmbH, Krefeld
Druck und Verarbeitung: Kösel, Krugzell (www.KoeselBuch.de)
Printed in Germany

Überblick

Vorwort 27

Teil 1 Arbeitsumgebung, Datentypen, Sprachelemente 31

Kapitel 1	Grundsätzliches zur Programmierung	33
Kapitel 2	Variablen, Konstanten und Datentypen	65
Kapitel 3	Die wichtigsten Sprachelemente in Access	89
Kapitel 4	Ein Streifzug in die Welt der Objekte	183

Teil 2 Die wichtigsten Objekte in Access 221

Kapitel 5	Tabellen programmieren	223
Kapitel 6	Abfragen programmieren	281
Kapitel 7	Programmierung von Dialogen, Steuerelementen und Formularen	315
Kapitel 8	Berichte erstellen und programmieren	435

Teil 3 Ereignisse und Zusammenarbeit mit Office 479

Kapitel 9	Ereignisse in Access programmieren	481
Kapitel 10	Access im Zusammenspiel mit Office	543
Kapitel 11	API-Funktionen einsetzen	609

Teil 4 Tuning, Schutz und Internet 639

Kapitel 12	Datenbanken und Quellcode schützen	641
Kapitel 13	VBE-Programmierung in Access	655

Kapitel 14 Anwendungen optimieren und reparieren 683
Kapitel 15 Access und das Internet 695

Teil 5   Praxisführer   739

Kapitel 16 Menüs, Symbolleisten und die Access 2007/2010-Ribbons programmieren.. 741
Kapitel 17 Fehlerbehandlung in Access 773

Teil 6   Anhang   781

Anhang A   FAQ für Access-Entwickler 783
Anhang B   Die Listings des Buches 819
Anhang C   Das VBA-Repository/Die CD 831
           Index 833

Inhalt

Vorwort 27

Über den Autor 29

Teil 1 Arbeitsumgebung, Datentypen, Sprachelemente 31

Kapitel 1 Grundsätzliches zur Programmierung 33

1.1 Wie gehe ich von Anfang an richtig vor? 33

1.2 Die Entwicklungsumgebung von Access 35

Prozeduren ausführen 40

Wie erfahre ich mehr über die einzelnen Befehle? 40

1.3 Hilfsmittel für die Programmierung 41

Die Symbolleiste Bearbeiten 41

Automatische Syntaxprüfung 47

Suchen und Ersetzen 48

Kopieren und Einfügen 50

Mit Tastenkombinationen arbeiten 50

1.4 Die Fenster und die Testumgebung 51

Das Code-Fenster 51

Hilfe im Direkt-Fenster 53

Den Code Schritt für Schritt durchlaufen lassen 54

Überwachung hinzufügen 55

Das Lokal-Fenster 56

Die Symbolleiste Debuggen 58

	1.5	**Weitere Einstellungen**	59
		Editor-Einstellungen	59
		Editorformat festlegen	61
		Allgemeine Einstellungen vornehmen	61
		Fenster verankern	63

Kapitel 2 Variablen, Konstanten und Datentypen ... 65

	2.1	**Regeln für die Syntax von Variablen**	65
	2.2	**Variablen am Beginn der Prozedur deklarieren**	66
	2.3	**Verschiedene Variablentypen**	66
		Statische Variablen	67
		Private Variablen	67
		Öffentliche Variablen	68
	2.4	**Variablendeklarationen erzwingen**	69
	2.5	**Die wichtigsten Variablentypen**	70
	2.6	**Noch kürzere Deklaration von Variablen**	71
	2.7	**Variablendeklaration mit DefType**	72
	2.8	**Die Verwendung von Konstanten**	72
	2.9	**Systemkonstanten einsetzen**	73
		Datumsformat-Konstanten	73
		Dir-Konstanten	77
		File Input-/Output-Konstanten	79
		Die Shell-Konstanten	82
		StrConv-Konstanten	83
		Var-Type-Konstanten	84
		Die DoCmd.RunCommand-Konstanten	86

Kapitel 3 Die wichtigsten Sprachelemente in Access ... 89

	3.1	**Verzweigungen**	89
		Eingaben auswerten	90
		Eingaben prüfen und wandeln	91
		Eine Besonderheit	94

3.2	**Die Anweisung Select Case für mehr Übersicht**	95
	Zahlenwerte prüfen mit Select Case	95
	Textwerte prüfen mit Select Case	96
3.3	**Schleifen in Access einsetzen**	97
	For…Next-Schleifen	98
	For Each…Next-Schleifen	100
	Die Schleife Do Until…Loop	104
	Die Schleife Do While…Loop	106
3.4	**VBA-Funktionen einsetzen**	108
	Laufwerk und Verzeichnis einstellen	108
	Textdateien einlesen	109
	Eingegebene E-Mail-Adressen prüfen	110
	Textteile extrahieren	111
	Dateiendungen prüfen	113
	Texte kürzen und extrahieren	114
	Texte splitten	116
	Texte zerlegen, konvertieren und wieder zusammensetzen	117
	Texte bereinigen	118
	Zahlenwerte runden	119
	Dateien löschen	119
	Verzeichnisse erstellen	120
	Arbeitsverzeichnis ermitteln	121
	Dateien kopieren	123
	Wochentag ermitteln	124
	Monat ermitteln	126
	Datumsberechnungen durchführen	127
	Datumsangaben formatieren	129
	Zeitfunktionen einsetzen	131
	Farbfunktionen verwenden	132
	Werte aus Liste auswählen	136
	Ganzzahligen Wert extrahieren	137
	Zinsbelastung errechnen	138
	Internen Zinsfuß errechnen	140
	Abschreibungen berechnen	141

3.5 Umwandlungsfunktionen 142
Die Typumwandlungsfunktion CBool 143
Die Typumwandlungsfunktion CDbl 145
Die Typumwandlungsfunktion CDate 146
Die Typumwandlungsfunktion CLng 146
Die Typumwandlungsfunktion CStr 147
Die Funktion Val 149

3.6 Die IS-Funktionen in VBA 150
Die Funktion IsArray 151
Die Funktion IsDate 152
Die Funktionen IsEmpty und IsNull 153
Die Funktion IsMissing 154
Die Funktion IsObject 155

3.7 Arbeiten mit Arrays 156
Einfache Arrays 156
Mehrdimensionale Arrays 158
Das Praxisbeispiel Straßentausch 160
Das Praxisbeispiel Top3 Max und Min 163

3.8 Operatoren 167
Arithmetische Operatoren 167
Vergleichsoperatoren 168
Verkettungsoperatoren 169
Logische Operatoren 170

3.9 Eigene Funktionen schreiben 170
Dateien in einem Verzeichnis zählen 171
Prüfen, ob eine bestimmte Datei existiert 172
Prüfen, ob eine Datei gerade bearbeitet wird 173
Dokumenteigenschaften einer Arbeitsmappe ermitteln 174
Letzten Tag im Monat ermitteln 176
Sonderzeichen aus Strings entfernen 176
Eine eigene Runden-Funktion erstellen 177
Die Position der ersten Zahl eines Strings ermitteln 179
Buchstaben eliminieren 179
Römische Ziffern in arabische wandeln 180
Arabische Zahlen in römische Syntax wandeln 181

Kapitel 4	Ein Streifzug in die Welt der Objekte	183
4.1	Das Application-Objekt	183
	Datenbankinformationen erhalten	183
	Aktuellen Anwendernamen ermitteln	184
	Installierte Drucker ermitteln	184
	Datenbank schließen	185
	Access beenden	185
	Aktuelle Access-Version ausgeben	186
	Formular anlegen	186
	Durchschnitt errechnen	187
	Summen ermitteln	188
	Datensätze zählen	188
	Minimal- und Maximalwerte ermitteln	189
4.2	Das AccessObject-Objekt	189
4.3	Das Objekt CodeData	193
4.4	Das Objekt DoCmd	193
	Berichte aufrufen	193
	Tabellen nach Excel transferieren	196
	Formular aufrufen und Vorauswahl treffen	197
4.5	Integrierte Dialoge einsetzen	200
	Das Dialogfeld Öffnen anzeigen	201
	Verzeichnis einstellen	203
	Dateien suchen mit Filtereinstellung	204
	Weitere Dialogfelder verwenden	206
4.6	Das Objekt Filesystemobject	207
	Computerinfos anzeigen	209
	Verzeichnisse ermitteln	210
	Tastenkombinationen programmieren	211
	Homepage-Zugang ganz fix	212
	Laufwerke mappen	213
	Gemappte Laufwerke anzeigen	214
	Laufwerk auswerten	215
	Textdateien einlesen	217

Aktuelle Datenbank sichern 218
Datenbank-Datumsangaben auswerten. 219

Teil 2 Die wichtigsten Objekte in Access 221

Kapitel 5 Tabellen programmieren 223

5.1 Tabellen bearbeiten mit DoCmd 223
Tabelle öffnen 224
Tabellen filtern 229
Tabellen kopieren. 231
Tabellen umbenennen 232

5.2 Tabellen programmieren mit ADO 233
Tabelleninhalte auslesen 233

5.3 SQL-Anweisungen. 235
Die SELECT-Anweisung 236
Die UNION-Anweisung. 238
Die TOP-Anweisung 238
Externe Datenbank öffnen 241
Tabelleninhalte suchen und ausgeben 243
Lagerbestände manipulieren. 251
Preiserhöhung durchführen 252
Tabellen updaten. 254
Artikel bewerten 255
Datensätze filtern 256
Datensätze sortieren 257
Datensätze zählen 260
Lesezeichen einsetzen 261
Datensätze löschen. 263
Datensätze hinzufügen 265

5.4 Tabellenstrukturen ermitteln mit ADOX 266
Tabellen auslesen 267
Tabellenstruktur auslesen 269

	Eine neue Tabelle anlegen	272
	Tabellen löschen	276
5.5	**Datenbanken suchen und dokumentieren**	277

Kapitel 6 Abfragen programmieren ... 281

6.1	**Abfragetypen**	281
6.2	**Abfragen durchführen**	282
6.3	**Abfragen mit SQL generieren**	284
6.4	**Aktualisierungsabfrage – Artikelnamen ändern**	284
	Aktualisierungsabfrage – Felder initialisieren	285
6.5	**Anfügeabfrage – Mitarbeiter hinzufügen**	286
6.6	**Löschabfrage ausführen**	289
6.7	**Tabellenerstellungsabfrage durchführen**	292
6.8	**Öffnen oder neu anlegen**	293
6.9	**Datendefinitionsabfragen durchführen**	294
	Neue Tabelle anlegen	294
	Tabellen ändern	298
	Einen Tabellenindex bestimmen	299
	Tabellenindex entfernen	301
	Tabelle entfernen	302
6.10	**Daten zusammenführen**	303
6.11	**Abfragen programmieren mit ADO**	305
	Tabellen durch eine Abfrage erstellen	306
	Daten aus Tabelle entfernen	307
	Eine Abfrage erstellen	308
	Komplexere Abfragen generieren	309
	Parameterabfragen erstellen	313

Kapitel 7 Programmierung von Dialogen, Steuerelementen und Formularen .. 315

7.1	**Das Meldungsfeld MsgBox**	316
	Welche Schaltfläche wurde angeklickt?	317
	Löschrückfrage einholen	318
	Informationen anzeigen	318
	Ist eine bestimmte Datenbank vorhanden?	319

7.2	Die Eingabemaske InputBox	320
	Mehrwertsteuer errechnen	320
	Mehrere Eingaben erfassen	321
7.3	Formulare erstellen	322
	Den Formular-Assistenten einsetzen	322
	Formulare selbst zusammenstellen	324
	Die Steuerelemente aus der Toolbox	325
	Steuerelemente einfügen	327
	Formularfelder bearbeiten	329
	Aktivierreihenfolge anpassen	331
	Formularfelder formatieren	333
	Formulareigenschaften einstellen	333
	Steuerelementeigenschaften einstellen	338
	Bedingte Formatierung	343
	Schaltflächen einfügen	346
	Weitere wichtige Schaltflächen integrieren	349
	Identifizieren von Steuerelementen	354
	Formular aufrufen	358
	Formulare schließen	360
	Textfelder programmieren	361
	Bezeichnungsfelder einsetzen	375
	Kombinationsfeldlisten erstellen und programmieren	376
	Listenfelder programmieren	382
	Kontrollkästchen programmieren	389
	Optionsschaltflächen programmieren	391
	Registerelemente programmieren	395
	Die Uhr im Formular	399
	Das Kalender-Steuerelement einbinden	401
	Laufbalken programmieren	406
	Der Slider	409
	Das TreeView-Steuerelement	410
	Das Media Player-Steuerelement	412
	Hyperlink in Formular integrieren	413
	ImageList und ListView programmieren	414

		Diagramme in Formulare integrieren	416
		Diagramme in Formulare integrieren in Access 2010	421
	7.4	**Das Bildbetrachter-Tool**	426
		Das Formular zeichnen	426
		Das Formular programmieren	427
Kapitel 8		**Berichte erstellen und programmieren**	**435**
	8.1	**Berichtsarten in Access**	435
	8.2	**Der Berichtsaufbau**	436
	8.3	**Berichte entwerfen**	437
	8.4	**Berichte bearbeiten mit DoCmd**	437
		Berichte öffnen	438
		Berichte drucken	441
		Berichte kopieren und umbenennen	443
		Berichte ausgeben	444
	8.5	**Berichte formatieren**	444
		Magenta und Weiß im Wechsel	444
		Schriftformatierungen anwenden	445
	8.6	**Grafikelemente in Berichte integrieren**	449
		Kreis einfügen	449
		Mit Linien arbeiten	453
	8.7	**Berichte identifizieren**	455
		Berichte zählen	455
		Berichtselemente ansprechen	456
		Berichtselemente auflisten	457
		Die verschiedenen Sektionen eines Berichts	460
	8.8	**Berichte erstellen**	461
		Steuerelemente einfügen	462
		Vollautomatische Berichtserstellung	465
		Bereiche vergrößern	467
		Bereiche ein- und ausblenden	469
		Seitenzahlen, Datum und Namen	471
		Überschriften, Trennlinien und Summen	473

Teil 3 Ereignisse und Zusammenarbeit mit Office — 479

Kapitel 9 Ereignisse in Access programmieren — 481

9.1 Das Ereignis Form_Open — 482
  Zugang zu einem Formular einrichten — 482
  Fokus auf bestimmtes Formularfeld setzen — 483
  Verknüpfte Tabelle eines Formulars prüfen — 484

9.2 Das Ereignis Form_Close — 485
  Weitere Formulare und Tabellen schließen — 485
  Countdown programmieren — 486
  Öffnen nach Schließen — 487

9.3 Das Ereignis Form_Load — 487
  Beim Laden des Formulars ein Listenfeld füllen — 487

9.4 Das Ereignis Form_Current — 489
  Letzter Datensatz erreicht? — 489
  Felder ein- und ausblenden — 490
  Titelleiste dynamisch verändern — 491

9.5 Das Ereignis Form_AfterInsert — 492
  Reaktion auf die Anlage eines neuen Satzes — 492

9.6 Das Ereignis Form_BeforeInsert — 494
  Felder automatisch vorbelegen — 495
  Eingabemöglichkeit beschränken — 498

9.7 Das Ereignis Form_BeforeUpdate — 498
  Rückfrage einholen — 498
  Eingaben prüfen — 499
  Eingabe in Formularfeld erzwingen — 500
  Letztes Änderungsdatum anzeigen — 500
  Alle Änderungen am Datenbestand dokumentieren — 501
  Neuanlage verhindern — 503
  Keine Änderungen zulassen — 503

9.8 Das Ereignis Form_AfterUpdate — 503

9.9	**Das Ereignis Form_Delete**	503
	Löschung verhindern bei Kriterium	504
	Löschung mehrerer Datensätze verhindern	505
9.10	**Das Ereignis Form_Dirty**	506
	Änderungen sofort speichern	507
9.11	**Das Ereignis BeforeDelConfirm**	507
	Standard-Lösch-Abfrage ersetzen	507
9.12	**Das Ereignis Form_AfterDelConfirm**	508
	Löschung bestätigen	508
9.13	**Das Ereignis Form_Activate**	509
	Formular maximieren	509
	Fokus setzen	509
	Einen bestimmten Datensatz im Formular einstellen	509
	Formular aktualisieren	510
9.14	**Das Ereignis Form_Deactivate**	511
9.15	**Das Ereignis Form_Resize**	512
	Automatisches Anpassen von Steuerelementen	512
9.16	**Das Ereignis Form_DblClick**	513
	Ein schneller Sprung zwischen den Ansichten	513
	Verkaufsraum-Formular erstellen	515
9.17	**Das Ereignis Click**	517
	Datum und Uhrzeit ausgeben	517
9.18	**Die Ereignisse MouseDown und MouseUp**	518
	Welche Maustaste wurde gedrückt?	518
	Auf Textfeld-Mausklick reagieren	520
	Schaltflächenfarbe verändern	521
	Kontextmenü deaktivieren	522
9.19	**Das Ereignis MouseMove**	523
	Spezialeffekte für Textfelder einsetzen	523
9.20	**Das Ereignis Schaltfläche_Click**	524
	Maßnahmen lückenlos dokumentieren	524
9.21	**Die Ereignisse GotFocus und LostFocus**	527
	Formularfelder bei Eintritt färben	527

Inhalt

9.22	**Die Key-Ereignisse**	528
	Welche Tastaturtaste wurde gedrückt?	528
	Datumsfelder automatisch erhöhen	529
	Datum und Zeit einfügen	531
9.23	**Das Ereignis Steuerelement_BeforeUpdate**	532
	Artikel schon angelegt	532
	Eingaben vervollständigen	533
	Postleitzahl prüfen	535
	Löschen von Eingaben rückgängig machen	536
9.24	**Das Ereignis Steuerelement_Enter**	537
	Vorabinformationen geben	537
9.25	**Das Ereignis Steuerelement_Exit**	538
	Nachfrage starten	538
9.26	**Die Reihenfolge der Ereignisse**	539
	Reihenfolge beim Öffnen und Schließen eines Formulars	539
	Aktivierreihenfolge bei Steuerelementen	540
	Reihenfolge der Aktualisierungsereignisse	541
	Eine komplette Kette von Ereignissen	541

Kapitel 10	**Access im Zusammenspiel mit Office**	**543**
10.1	**Textdateien im Zugriff von Access**	544
	Textdateien speichern	544
	Textdateien exportieren	548
	Codes sichern	550
	Textdateien einlesen	552
10.2	**Access im Zusammenspiel mit Word**	558
10.3	**Word bedient sich einer Access-Datenbank**	562
	Die Adressdatenbank anlegen	563
	Das Word-Dokument anlegen	564
	Den VBA-Code erfassen	565
10.4	**Outlook und Access**	568
	Adressentabelle in den Outlook-Kontaktordner	569
	Den Kontaktorder in einer Access-Tabelle sichern	573
	Termine in den Terminkalender übertragen	577

		Aufgaben in die Aufgabenliste von Outlook übertragen	581
		Notizen aus Access übertragen	584
	10.5	**Access im Duett mit Excel**	587
		Access-Tabelle in eine Excel-Tabelle wandeln	587
		Excel-Daten in eine Access-Tabelle transferieren	589
		Bedingten Excel-Import durchführen	591
		Excel greift auf Access zu	596
		Datensicherung von Excel-Tabellen in Access (Backup)	602
		Excel-Datei wiederherstellen (Restore)	606
Kapitel 11		**API-Funktionen einsetzen**	609
	11.1	Ermittlung des CD-ROM-Laufwerks	610
	11.2	Namen des Anwenders ermitteln	612
	11.3	Bedienung des CD-ROM-Laufwerks	613
	11.4	Die Bildschirmauflösung ermitteln	614
	11.5	Ist ein externes Programm gestartet?	615
	11.6	Externes Programm aufrufen	615
	11.7	Wie lange läuft ein externes Programm?	616
	11.8	Access schlafen schicken	618
	11.9	Verzeichnisse erstellen	618
	11.10	Verzeichnis löschen	619
	11.11	Verzeichnisbaum anzeigen und auswerten	620
	11.12	Windows-Version ermitteln	621
	11.13	Windows-Verzeichnis ermitteln	623
	11.14	Windows-Systemverzeichnis ermitteln	623
	11.15	Das temporäre Verzeichnis ermitteln	624
	11.16	Das aktuelle Verzeichnis ermitteln	624
	11.17	Windows-Info-Bildschirm anzeigen	625
	11.18	Access-Verzeichnis ermitteln	626
	11.19	Standardverzeichnis festlegen	627
	11.20	Dateityp und Anwendung ermitteln	627
	11.21	Kurze Pfadnamen ermitteln	628

11.22	Computernamen ermitteln	629
11.23	Texte mit API-Funktionen konvertieren	629
11.24	Zwischenablage löschen	630
11.25	Soundkarte checken	631
11.26	Sounds per API-Funktion ausgeben	631
11.27	PC piepsen lassen	632
11.28	Tasten abfangen	632
11.29	Dateien suchen	633
11.30	Datei-Informationen auslesen	634
11.31	Internetverbindung aktiv?	636
11.32	Cursorposition in Pixel angeben	636

Teil 4   Tuning, Schutz und Internet — 639

Kapitel 12   Datenbanken und Quellcode schützen — 641

12.1	Access-Lösung mithilfe von Startparametern absichern	641
12.2	Schützen einer Datenbank über ein Kennwort	643
	Geschützte Datenbank per VBA öffnen (DAO)	645
	Geschütze Datenbank per VBA öffnen (ADO)	646
	Datenbankkennwort ändern	649
12.3	Quellcode schützen	650
	Kennwort für die Anzeige des Quellcodes anlegen	650
	Datenbank ohne Quellcode speichern	651
12.4	Datenbanken verschlüsseln	652

Kapitel 13   VBE-Programmierung in Access — 655

13.1	Die VBE-Bibliothek einbinden	656
13.2	Weitere Bibliotheken einbinden/entfernen	658
13.3	Fehlerhafte Verweise ermitteln	660
13.4	In die VBE springen	660
13.5	Objektbibliotheken auslesen	661

13.6	Neue Module einfügen	662
13.7	Modul(e) löschen	663
13.8	Prozedur(en) löschen	663
13.9	Einzelne Texte/Befehle im Quellcode finden	665
13.10	Module mit Quellcode versorgen (Import)	667
13.11	Prozeduren sichern (Export)	670
13.12	Module drucken	672
13.13	Lines Of Code ermitteln	672
13.14	Identifikation von VB-Komponenten	674
13.15	Prozeduren auflisten	674
13.16	Die eigene VBA-Datenbank anlegen	677
13.17	Der Zugriff auf einzelne Prozeduren	679

Kapitel 14 Anwendungen optimieren und reparieren ... 683

14.1	Die automatische Leistungsanalyse	683
	Den richtigen Datentyp einsetzen	684
	Programmleichen entfernen	685
	Variablen deklarieren	685
	Zu viele Steuerelemente meiden	685
14.2	Datenbanken dokumentieren	686
14.3	Tabellen optimal anlegen	687
	Primärschlüssel	687
	Indizes einsetzen	688
14.4	Abfragen entsprechend dem Ziel aufsetzen	688
14.5	Die richtigen Befehle	689
	Objekte exakt deklarieren	689
	Variablen und Konstanten einsetzen	690
	Berechnung und Bildschirmaktualisierung ausschalten	691
	Warnmeldungen ausschalten	691
	Die Anweisung With	691
14.6	Wie kann ich eine Datenbank reparieren?	693

Kapitel 15 Access und das Internet ... 695

15.1 E-Mail verschicken ... 696
Text-E-Mail versenden ... 697
E-Mail über API-Funktion versenden ... 698
E-Mail mit Anhang versenden ... 699
Dynamische Auswahl von E-Mail-Adressen ... 700
E-Mail-Verteiler zusammenstellen ... 708
Posteingang auslesen ... 711
Alle gesendeten Mails dokumentieren ... 714
Dateianhänge speichern ... 717

15.2 Mini-Browser erstellen ... 719

15.3 Arbeiten mit Hyperlinks ... 720
E-Mail direkt aus einem Formular absetzen ... 720
Webabfrage starten ... 721
Textfelder mit Hyperlink-Charakter erstellen ... 723
Die intelligente Prüfung ... 724

15.4 Datenzugriffsseiten im Internet ablegen ... 726
Datenzugriffsseiten erstellen ... 726
Datenzugriffsseiten per Code erstellen ... 729
Datenzugriffsseiten auslesen ... 731
Datenzugriffsseiten anzeigen ... 732
Datenzugriffsseiten anpassen ... 732

15.5 Tabellen in Internetformate transferieren ... 733
Tabelle als HTML-Datei abspeichern ... 734
Tabelle in ein XML-Dokument umwandeln ... 735

15.6 URLs auslesen ... 736

Teil 5 Praxisführer ... 739

Kapitel 16 Menüs, Symbolleisten und die Access 2007/2010-Ribbons programmieren ... 741

16.1 Allgemeines zu Menü- und Symbolleisten ... 741

16.2	**Symbolleisten programmieren**	743
	Symbolleiste ein- und ausblenden	743
	Symbolleisten ein- bzw. ausblenden	744
	Symbolleisten-IDs ermitteln	745
	Symbolleistennamen ermitteln	745
	Symbolschaltflächen (de)aktivieren	746
	Neue Symbolleiste erstellen	747
	Symbolschaltflächen-FaceIDs ermitteln	748
	Symbolschaltflächen-IDs ermitteln	749
	Symbolschaltflächen einfügen	750
	Symbolleisten schützen	751
	Symbolleistenschutz entfernen	752
	Symbolschaltflächen (de)aktivieren	752
16.3	**Menüleisten programmieren**	753
	Neues Menü einfügen	755
	Menüleiste zurücksetzen	756
	Menüs löschen	757
	Menübefehle einfügen	757
	Menübefehle gruppieren	758
	Menübefehle mit Prozeduren ausstatten	758
	Menübefehle auslesen	759
	Menüs (de)aktivieren	761
	Menübefehle (de)aktivieren	762
16.4	**Die Ribbons programmieren**	762
	Programmierung über ein XML-Markup	763
	Anlage der Tabelle USysRibbons	764
	Ereignisprozedur erstellen	766
	Neue Menüleiste auswählen	766
	Dynamisches laden ohne USysRibbon	768
16.5	**Weitere wichtige Quellen und Hilfen**	770

Kapitel 17		**Fehlerbehandlung in Access**	773
	17.1	**Syntaxfehler beheben**	773
	17.2	**Variablen definieren**	774

17.3	Variablen richtig definieren	774
17.4	Objekte stehen nicht zur Verfügung	775
17.5	Eigenschaft oder Methode für Objekt nicht verfügbar	777
17.6	Schwerer wiegende Fehler	778
	Fehler im Vorfeld erkennen und reagieren	778
	Laufzeitfehler ermitteln	779

Teil 6 Anhang   781

Anhang A FAQ für Access-Entwickler   783

A.1	Wie hänge ich ein Feld an eine Tabelle an?	784
A.2	Wie kann ich die Eingabe in ein Formular limitieren?	785
A.3	Wie kann ich verhindern, dass ein Formular geschlossen wird?	786
A.4	Wie kann ich meine Rechnungsfälligkeiten überwachen?	787
A.5	Wie kann ich eine blinkende Schaltfläche erstellen?	788
A.6	Wie kann ich Passwörter abfragen?	789
	Formularfelder ausblenden	789
	Passwortabfrage durchführen	790
A.7	Wie kann ich eine Tabelle verlinken?	791
A.8	Welche Tabellen sind verlinkt?	792
	Verknüpfte Tabellen aktualisieren	793
	Verknüpfungsadresse anpassen	794
A.9	Wie kann ich alle Tabellen verlinken?	794
A.10	Wie kann ich ein Formular mit einem Ereignis ausstatten?	796
A.11	Wie kann ich eine Hintergrundfarbe für ein Formular per Zufallsprinzip einstellen?	798
A.12	Wie fülle ich ein Kombinationsfeld in einem ungebundenen Formular?	800
A.13	Wie kann ich ein Formular ohne Navigationsschaltflächen anzeigen?	801
A.14	Wie kann ich die nächste verfügbare Bestellnummer ermitteln?	802
A.15	Wie kann ich den letzten Datensatz einer Tabelle einstellen?	803
A.16	Wie kann ich den letzten Satz in einem Formular einstellen?	804

A.17 Wie kann ich Leerzeichen aus Textfeldern entfernen? 805

A.18 Wie kann ich die Summe aller Preise einer Tabelle erkennen?. 806

A.19 Wie kann ich die Anzahl von Datenbanken ermitteln? 807

A.20 Wie kann ich die Statuszeile für meine Programmierung nutzen? 809

A.21 Wie kann ich DM-Werte in Euro umrechnen? 811

A.22 Wie kann ich Access über einen VBA-Befehl beenden? 813

A.23 Wie kann ich Prozeduren aus anderen Office-Komponenten von Access aus starten? 814

      Excel-Prozedur starten 814

      Word-Prozedur starten 814

A.24 Wie kann ich Systemmeldungen in Access temporär ausschalten? 815

A.25 Wie kann ich meine installierten Drucker ermitteln? 816

A.26 Wie kann ich den integrierten Drucken-Dialog einsetzen? 816

Anhang B   Die Listings des Buches 819

Anhang C   Das VBA-Repository/Die CD 831

           Index 833

Vorwort

Dieses Access-VBA-Kompendium ist in erster Linie für fortgeschrittene Anwender und Programmierer gedacht, die noch mehr über Visual Basic für Applikationen in Access lernen möchten. Trotzdem enthalten die vier Kapitel des ersten Teils eine kurze Einführung in die Programmierung von VBA. Die Themen sind die Bedienung der Entwicklungsumgebung sowie die Anwendung von Datentypen, Variablen und Konstanten. Im dritten Kapitel werden die verschiedenen Sprachelemente wie Verzweigungen und Schleifen anhand zahlreicher Praxisaufgaben anschaulich erklärt. Das letzte Kapitel dieses Teils enthält eine Sammlung der wichtigsten Objekte und praxisnaher Beispiele.

Im zweiten Teil des Buches beginnen die »heißen« Themen. Dort werden die wichtigsten Objekte von Access anhand nützlicher und interessanter Aufgaben aus der täglichen Arbeit mit Access vorgestellt sowie wirklich brauchbare Lösungen präsentiert. Beginnend mit der Programmierung von Tabellen, Abfragen, Formularen und Steuerelementen bis hin zur Berichterstattung werden hierbei Schritt für Schritt die Objekte angewendet und erklärt. Im Vordergrund stehen immer die Fragen: Was können Sie mit dem Objekt anfangen und welche Aufgaben können Sie damit in der Praxis erledigen?

Im dritten Teil lernen Sie, wie Sie Ereignisse in Access einsetzen können, um noch mehr Automatismus und Arbeitserleichterung in Ihre Anwendung zu bringen. Die Zusammenarbeit von Access mit anderen Office-Komponenten und externen Anwendungen ist ein weiteres Thema dieses Buchteils. So erstellen Sie z.B. eine Schnittstelle für Access und Excel, über die Sie Daten mithilfe der Datenzugriffsmethode ADO austauschen. Sie werden ebenso erfahren, wie Sie Daten zwischen Access und Word übertragen und E-Mails mit Access versenden können. Oft müssen einzelne Funktionen nicht mehr neu programmiert werden, sondern Sie können auf fertige API-Funktionen zurückgreifen. In Kapitel 11 finden Sie hierzu einige Beispiele.

Im vierten Teil des Buches stelle ich Ihnen einige Methoden vor, wie Sie Ihre Datenbanken sowie den Quellcode zuverlässig schützen können. In Kapitel 13 lernen Sie, wie Sie auf Module innerhalb der Entwicklungsumgebung zugreifen. Dies ist insbesondere dann sehr nützlich, wenn es darum geht, Ihre Module zu sichern bzw. bestimmte Module in andere Datenbanken zu überführen. Kapitel 14 zeigt Ihnen, wie Sie Ihre Anwendung optimieren können. Das abschließende Kapitel dieses Buchteils beschäftigt sich mit der Frage, wie Sie interne Funktionen in Access-VBA einsetzen können. Dabei basteln Sie unter anderem einen Mini-Browser, greifen auf E-Mail-Adressen von Outlook zu und fügen Textfelder mit Hyperlink-Charakter in Ihre Formulare ein.

Der fünfte Teil des Buches, der Praxisführer, beschäftigt sich mit der Frage, wie Sie vorgehen können, wenn ein Makro nicht den gewünschten Erfolg bringt bzw. wenn Sie ein Makro erst gar nicht zum Laufen bringen. Angefangen von der Ermittlung und Beseitigung von Fehlern, einer Access-FAQ bis hin zur Recherche nach Material im Internet sind alle relevanten Themen enthalten. Ein weiteres interessantes Kapitel ist die Programmierung von Menü- und Symbolleisten. Dabei lernen Sie u.a., wie Sie auf integrierte Access-Funktionen zurückgreifen und diese Funktionalität in eigenen Leisten bereitstellen können. Auch die ab 2007 neu hinzukommenden Ribbons werden in diesem Kapitel behandelt.

Mein persönliches Anliegen ist es, Ihnen VBA für Access anhand praxisnaher Aufgaben leicht verständlich zu vermitteln. Das Buch enthält ca. 600 VBA-Prozeduren, die Sie auf der dem Buch beiliegenden CD-ROM finden. Die meisten Beispiele habe ich anhand der von Microsoft zur Verfügung gestellten Beispieldatenbank NORDWIND.MDB programmiert.

Ich selbst und auch der Verlag freuen sich, wenn Sie Ihre Zustimmung zum Buch und zu seinen Inhalten, aber auch Ihre Kritik als E-Mail formulieren. Bei Fachfragen und allgemeinem Feedback zu meinem Buch erreichen Sie mich über meine Homepage http://Held-Office.de oder unter autoren@mut.de.

Ich wünsche Ihnen während des Lesens des Buches und beim späteren Anwenden der Lösungen viel Spaß!

Widmen möchte ich dieses Buch meiner lieben Ehefrau Wioletta!

Bernd Held

Über den Autor

Bernd Held

Mein Name ist Bernd Held. Ich bin am 02.04.1969 geboren, verheiratet und Vater von zwei Kindern.

Während meines Abiturs und der Zeit danach war ich Leistungssportler, wurde unter anderem zwei Mal Deutscher Jugendmeister über 400 m Hürden und nahm an Europa- und Weltmeisterschaften teil.

Nach meiner sportlichen Laufbahn habe ich mich ins Berufsleben gestürzt und mich auf die Themen Excel/Access, individuelle VBA-Schulungen/VBA-Kurse sowie die VBA-Programmierung spezialisiert.

Von Haus aus bin ich gelernter Informatiker. Zunächst war ich zwei Jahre bei einer kleinen Softwarefirma in der Entwicklung und danach sechs Jahre bei T-Systems im Controlling beschäftigt. Dort war ich verantwortlich für das Berichtswesen, die Leistungsverrechnung, das Erstellen von betrieblichen Auswertungen und Wirtschaftlichkeitsrechnungen sowie für die Erstellung neuer Controlling-Tools auf Basis von Microsoft Office. Im Januar 2002 folgte dann der Schritt in die Selbstständigkeit. Seit dieser Zeit konzentriere ich mich auf die Auftragsprogrammierung, die Unternehmensberatung sowie das Schreiben von Fachartikeln und Computerbüchern.

Einige meiner Bücher wurden bereits ins Russische, Tschechische und Englische übersetzt.

Weitere Aufgabengebiete sind das fachliche Überarbeiten von Computerbüchern sowie die Durchführung von VBA-Schulungen.

Zu meinen Spezialgebieten zählen Excel, VBA-Programmierung, Access und allgemeine Office- und Tool-Themen. Acht Jahre in Folge wurde ich als MVP (Most Valuable Professional) für den Bereich Excel von Microsoft ausgezeichnet.

Seit 2008 arbeite ich mit einem eigenen Team aus Experten erfolgreich zusammen. Wir führen Projekte und Schulungen durch, sind in der Beratung tätig und schreiben Bücher sowie Artikel für verschiedene Verlage.

Teil 1
Arbeitsumgebung, Datentypen, Sprachelemente

33	Grundsätzliches zur Programmierung	1
65	Variablen, Konstanten und Datentypen	2
89	Die wichtigsten Sprachelemente in Access	3
183	Ein Streifzug in die Welt der Objekte	4

Dieser erste Buchteil enthält eine kurze Einführung in die Programmierung mit VBA. Die Themen sind die Bedienung der Entwicklungsumgebung sowie die Anwendung von Datentypen, Variablen und Konstanten. Ein weiterer Schwerpunkt dieses Teils sind die verschiedenen Sprachelemente wie Verzweigungen und Schleifen, die anhand zahlreicher Praxisaufgaben anschaulich erklärt werden. Das letzte Kapitel enthält eine Sammlung der wichtigsten Objekte, Eigenschaften und Methoden, die in praxisnahen Beispielen demonstriert werden.

Kapitel 1
Grundsätzliches zur Programmierung

Wenn Sie mit dem Programmieren beginnen möchten, sollten Sie die ersten Gedanken erst einmal dafür aufwenden, sich zu fragen, warum Sie überhaupt VBA einsetzen wollen. Welche Vorteile bieten sich Ihnen damit an?

Ich setze VBA ein, um

Einsatzmöglichkeiten von VBA

- meine täglichen Abläufe zu automatisieren,
- noch mehr mit Access machen zu können, indem man Access um weitere eigene Funktionen anreichert,
- einen Vorteil in Bezug auf Arbeitssicherheit und Arbeitserleichterung zu haben; gerade lästige Routinearbeiten können mit VBA sicher und elegant ausgeführt werden,
- eine erhöhte Arbeitsgeschwindigkeit durch den Einsatz von VBA zu erreichen,
- eigene Anwendungen zu entwickeln, die von anderen leicht zu bedienen sind,

am Ball zu bleiben. VBA ist eine universelle Sprache, die im ganzen Office-Paket verwendet wird. Mehr und mehr stellen auch andere Microsoft-unabhängige Anwendungen auf VBA um.

1.1 Wie gehe ich von Anfang an richtig vor?

Wichtig ist, dass Sie sich vorher überlegen, welche Aufgaben Sie mit VBA lösen möchten. Schreiben Sie sich das ruhig in ein paar Stichworten auf einem Stück Papier auf. Wenn Sie dann später zu programmieren beginnen, schadet es nichts, die einzelnen Befehle im Code selbst zu beschreiben, also im Code als Kommentar zu hinterlegen. Im Laufe der Zeit werden Sie feststellen, dass Ihnen solche Aufzeichnungen immer wieder weiterhelfen werden. Vieles, was in Vergessenheit gerät, muss so nicht noch einmal erarbeitet werden. Ein kurzer Blick auf die Aufzeichnungen genügt, und Sie sind wieder voll im Bilde.

TIPP

Da Ihnen in Access leider kein Makrorekorder zur Verfügung steht, mit dem Sie beispielsweise wie in Excel leicht mehr über die Syntax von Befehlen erfahren könnten, müssen Sie sich in Access ohne diese Hilfe begnügen und entsprechend intensiv mit dem Objektmodell von Access auseinandersetzen.

Dazu können Sie den Objektkatalog von Access aufrufen, indem Sie wie folgt vorgehen:

1. Starten Sie Access, legen Sie eine neue Datenbank an, oder laden Sie eine bereits vorhandene und drücken danach die Tastenkombination [Alt] + [F11], um zur Entwicklungsumgebung zu gelangen.
2. In der Entwicklungsumgebung wählen Sie aus dem Menü ANSICHT den Befehl OBJEKTKATALOG. Alternativ dazu können Sie auch die Taste [F2] drücken, um den Objektkatalog aufzurufen.
3. Wählen Sie im Drop-down-Feld PROJEKT/BIBLIOTHEK den Eintrag ACCESS aus.
4. Im Listenfeld KLASSEN aktivieren Sie beispielsweise den Eintrag ACCESSOBJEKT.

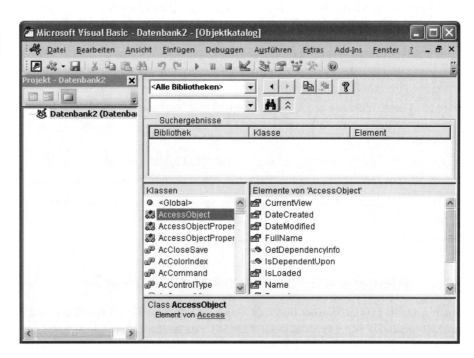

Abbildung 1.1:
Der Objektkatalog von Access

Haben Sie den Objektkatalog vor sich, dann können Sie im Listenfeld ELEMENTE die zur Verfügung stehenden Eigenschaften und Methoden des Objektes einsehen. Markieren Sie die Methode bzw. Eigenschaft, zu der Sie mehr erfahren möchten, und klicken auf das Fragezeichen-Symbol in der Symbolleiste. Daraufhin wird die Online-Hilfe aufgerufen. Dort finden Sie weiterführende Informationen und Beispielcodes, die Sie in Ihre Module kopieren und verwenden können.

Alle in VBA zur Verfügung stehenden Objekte werden in Bibliotheken verwaltet. Standardmäßig ist im ersten Drop-down-Feld der Eintrag <ALLE BIBLIOTHEKEN> ausgewählt. Wenn Sie die Anzeige etwas einschränken und die Inhalte einzelner Bibliotheken einsehen möchten, wählen Sie die gewünschte Bibliothek im Drop-down-Feld aus. So können Sie z. B. in der Bibliothek VBA Befehle ansehen, die nicht nur auf

Access beschränkt sind, sondern im gesamten Office-Paket eingesetzt werden können. So finden Sie in dieser Bibliothek die Anweisungen CHDIR bzw. CHDRIVE zum Wechseln eines Verzeichnisses bzw. Wechseln eines Laufwerks. Klar, es würde keinen Sinn machen, diese Anweisungen ausschließlich in der Access-Bibliothek zu speichern, da diese Anweisungen allgemein von allen Office-Anwendungen eingesetzt werden können.

Zunächst einmal sollte geklärt werden, was Objekte, Eigenschaften, Methoden und Ereignisse sind.

Objekte

Als Objekt bezeichnet man alle Teile, die Sie in Access sehen können. Die wichtigsten Objekte sind Datenbanken, Formulare, Tabellen und Berichte.

Eigenschaften

Dahinter verbergen sich die Merkmale eines Objekts. So ist z. B. die Formatierung eines Berichts eine Eigenschaft des Objekts »Bericht«.

Methoden

Wenn von Methoden die Rede ist, fragen Sie sich am besten immer, was Sie mit den einzelnen Objekten anstellen können. Angewandt auf eine Datenbank wären das die Methoden zum Öffnen, Speichern und Schließen.

Ereignisse

Unter einem Ereignis können Sie sich eine automatisierte Prozedur vorstellen. Ein Beispiel hierfür wäre das Klicken auf eine Schaltfläche oder das Öffnen eines Formulars. In beiden Fällen liegt ein Ereignis vor. Sie haben dann die Möglichkeit zu bestimmen, welche weiteren Aktionen dabei stattfinden sollen.

1.2   Die Entwicklungsumgebung von Access

Wie bereits erwähnt, können Sie über die Tastenkombination [Alt] + [F11] in die Entwicklungsumgebung von Access gelangen. Dort finden Sie folgendes Fenster vor (siehe Abbildung 1.2).

Zunächst steht Ihnen noch keine Möglichkeit zur Verfügung, um direkt Code einzufügen. Sie müssen vorher erst ein neues, noch leeres Modul anlegen. Dazu haben Sie zwei Möglichkeiten:

- Klicken Sie daher im Projekt-Manager mit der rechten Maustaste auf die dort angezeigte Datenbank und wählen aus dem Kontextmenü den Befehl EINFÜGEN/MODUL.
- Eine alternative Vorgehensweise, ohne vorher über die Tastenkombination [Alt] + [F11] in die Entwicklungsumgebung zu gehen, ist, wenn Sie, bei Access 2003 und früheren Versionen, im Datenbank-Fenster in der linken Steuerungsleiste das Symbol MODULE anklicken und danach auf die Schaltfläche

NEU klicken oder bei Access 2007/Access 2010 auf der Registerkarte ERSTELLEN in der Gruppe ANDERE das Element MODUL auswählen.

Bei allen Varianten wird ein neues Modul eingefügt, das auch gleich im Projekt-Explorer angezeigt wird.

Abbildung 1.2:
Die Entwicklungsumgebung von Access

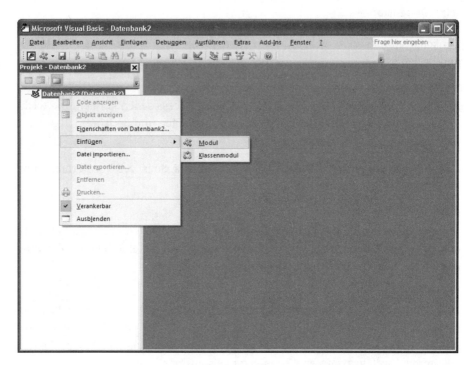

Abbildung 1.3:
Das erste Modul

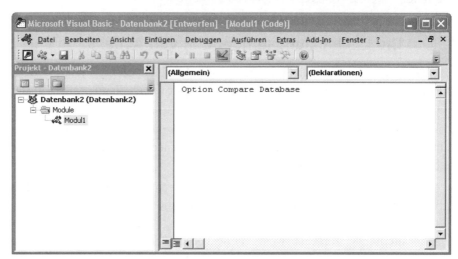

Auf den ersten Blick erkennen Sie, dass sich oberhalb des Code-Bereichs zwei Drop-down-Felder befinden:

- Im ersten Drop-down-Feld (ALLGEMEIN) werden alle Objekte aufgelistet, die sich in der Entwicklungsumgebung befinden. Das können beispielsweise Tabellen, Formulare und Berichte sein.
- Im zweiten Drop-down-Feld (DEKLARATIONEN) sehen Sie alle Prozeduren und Ereignisse, die auf das im ersten Drop-down-Feld eingestellte Objekt angewandt werden können.

Das Eigenschaftenfenster

Standardmäßig ist ein weiteres Fenster, das Eigenschaftenfenster, in der Entwicklungsumgebung von Access nicht eingeblendet. Dieses Fenster können Sie einblenden, indem Sie aus dem Menü ANSICHT den Befehl EIGENSCHAFTENFENSTER wählen oder alternativ die Taste [F4] drücken. Das Eigenschaftenfenster können Sie dazu benutzen, beispielsweise in einem Formular bestimmte Eigenschaften festzulegen, ohne eine einzige Zeile programmieren zu müssen.

Im Formular wurde der Titel über das Eigenschaftenfenster festgelegt. Wenn Sie nun das Formular in Access aufrufen, sehen Sie, dass die Titelleiste des Formulars denselben Eintrag aufweist wie das Feld CAPTION des Eigenschaftenfensters.

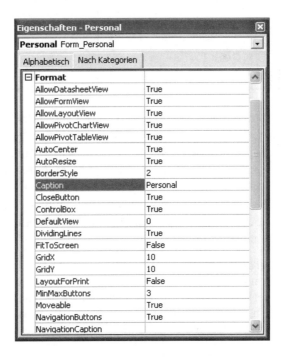

Abbildung 1.4:
Das Eigenschaftenfenster bei einem Formular

Nun aber wieder zurück zu den Prozeduren und dem Code-Bereich.

Kapitel 1 • Grundsätzliches zur Programmierung

Wenn Sie ein neues Modul einfügen, haben Sie auf der rechten Seite eine Eingabemöglichkeit. Dort geben Sie Ihre VBA-Prozeduren ein.

Tippen Sie nun Ihre erste Prozedur im Code-Fenster ein. Diese Prozedur soll die aktuelle Uhrzeit am Bildschirm anzeigen. Es genügt dabei, wenn Sie lediglich die erste Zeile erfassen und mit ⏎ bestätigen. Access ergänzt automatisch die »Ende«-Anweisung der Prozedur. Jede Prozedur in Access beginnt mit dem Schlüsselwort Sub. Danach geben Sie einen Leerschritt ein und der Prozedur einen Namen. Schließen Sie die erste Zeile ab, indem Sie zwei Klammern setzen und die Taste ⏎ drücken. Die so eingefügte Prozedur wird nun automatisch mit einer End Sub-Anweisung komplettiert. Alle Befehle, die Sie nun zwischen der Sub- und End Sub-Anweisung eingeben, werden bei Aufruf der Prozedur abgearbeitet.

Abbildung 1.5: Die Uhrzeit soll angezeigt werden.

Mithilfe der Funktion MsgBox zeigen Sie ein Meldungsfenster auf dem Bildschirm an. Das Meldungsfenster können Sie füllen, indem Sie Texte in Anführungszeichen sowie die Funktion Time erfassen. Achten Sie dabei darauf, dass zwischen dem fest vorzugebenden Text und der Funktion das Zeichen & steht. Über die Funktion Time können Sie die aktuelle Uhrzeit ermitteln. Dabei holt sich Access diese Information aus der Systemsteuerung von Windows. Wird demnach eine falsche Uhrzeit angezeigt, dann müssen Sie die Uhr in der Systemsteuerung von Windows korrigieren.

INFO Bei der Eingabe des Quellcodes brauchen Sie nicht auf Groß- und Kleinschreibung zu achten. Besser ist es aber, wenn Sie sich angewöhnen, alle Befehle in Kleinschreibweise einzugeben. Haben Sie die Syntax der eingegebenen Befehle richtig geschrieben, werden jeweils der erste Buchstabe sowie Teile des Befehls automatisch in Großbuchstaben umgewandelt. So wird automatisch aus der Eingabe msgbox der von Access richtig erkannte Befehl MsgBox, sobald Sie die Taste ⏎ am Ende der Zeile drücken. Diese automatische Syntaxprüfung erlaubt Ihnen, schon vorab zu erkennen, wenn Sie die Syntax eines Befehls falsch geschrieben haben. In diesem Fall bleibt der eingegebene Befehl unverändert.

Eine weitere automatische Anpassung erkennen Sie, wenn Sie z.B. die folgende Zeile eingeben:

ergebnis=1000*1.019

Hier werden zwischen den Operatoren automatisch Leerzeichen eingefügt.

ergebnis = 1000 * 1.019

Dieser Automatismus hat jedoch keine funktionale Bedeutung, er dient lediglich zur übersichtlicheren Darstellung der einzelnen Befehle.

Grobe syntaktische Fehler bemerkt Access, sobald Sie die ⏎-Taste am Ende einer Zeile drücken. Die entsprechende Zeile wird dann in roter Schriftfarbe dargestellt, und es erscheint eine Meldung auf dem Bildschirm, die Sie auf die Fehlerursache hinweist.

Lange Zeilen vermeiden

Wenn Sie möchten, können Sie auch mehrere kurze Anweisungen in einer einzigen Zeile darstellen. Dazu verwenden Sie den Doppelpunkt als Trennzeichen zwischen den einzelnen Anweisungen. Dies hat aber zur Folge, dass Quellcode schwer lesbar wird, da Sie irgendwann so weit nach rechts scrollen müssen, dass Sie den Anfang der Zeile nicht mehr sehen. Sie sollten stattdessen längere Zeilen auftrennen. Hier empfiehlt es sich, über ein Trennzeichen dem Editor mitzuteilen, dass die Anweisung in der nächsten Zeile weitergehen soll. Auch hier leistet die automatische Syntaxprüfung in Access hervorragende Hilfe, denn nicht jede Anweisung lässt sich an einer beliebigen Stelle trennen. Um eine Anweisung in der nächsten Zeile fortzusetzen, drücken Sie am Ende der Zeile zunächst die Taste ⎵ und geben anschließend das Zeichen _ (den Unterstrich) ein. Damit weiß der Editor, dass die Anweisung in der nächsten Zeile fortgesetzt werden muss.

Erweitern Sie nun Ihre Prozedur um eine weitere Zeile, indem Sie zusätzlich noch das aktuelle Datum ausgeben. Das Datum soll jedoch im selben Meldungsfenster wie die Uhrzeit ausgegeben werden. Um diese Aufgabe umzusetzen, setzen Sie den Mauszeiger an das Ende der MsgBox-Zeile und tippen ein Leerzeichen sowie einen Unterstrich (_) ein. Bestätigen Sie danach Ihre Aktion, indem Sie ⏎ drücken. Nun kann die Anweisung in der nächsten Zeile fortgesetzt werden. Geben Sie jetzt den folgenden Code ein.

Listing 1.1: Uhrzeit und Datum werden ausgegeben.

```
Sub Beginn()
  MsgBox "Jetzt ist es " & Time & " Uhr" _
    & vbLf & "und heute ist der " & Date
End Sub
```

Bevor Sie die Prozedur ausführen, sollten Sie das Modul sicherheitshalber speichern. Klicken Sie dazu in der Entwicklungsumgebung in der Symbolleiste VOR-EINSTELLUNG auf das Symbol < DATENBANKNAME > SPEICHERN.

1.2.1 Prozeduren ausführen

Zur Ausführung einer Prozedur stehen Ihnen mehrere Möglichkeiten zur Verfügung:

- in der Entwicklungsumgebung über die Symbolleiste VOREINSTELLUNG mit einem Klick auf das Symbol SUB/USERFORM AUSFÜHREN;
- direkt aus der Entwicklungsumgebung im Code-Fenster, indem Sie den Mauszeiger auf die erste Zeile der Prozedur setzen und die Taste [F5] drücken.

Abbildung 1.6:
Das Ergebnis der ersten Prozedur auf dem Bildschirm

1.2.2 Wie erfahre ich mehr über die einzelnen Befehle?

Recherche Der zweite Schritt bei der Programmierung sollte sein, mehr über die verwendeten Befehle zu erfahren. Dazu können Sie die eingebaute Online-Hilfe in Anspruch nehmen.

Setzen Sie im Listing einfach einmal den Mauszeiger auf den Befehl MsgBox, und drücken Sie die Taste [F1].

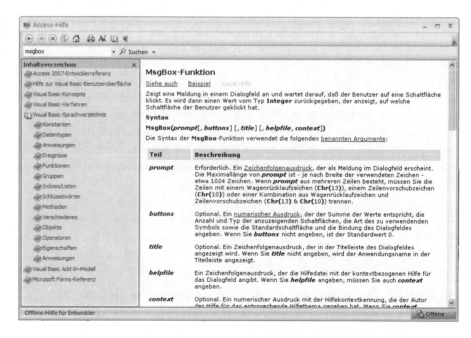

Abbildung 1.7:
Die Online-Hilfe von Access-VBA

Wenn Sie Beispiele aus der Online-Hilfe herauskopieren und für eigene Zwecke verwenden möchten, ist das kein Problem. Klicken Sie im Fenster der Online-Hilfe ruhig einmal auf den Text BEISPIEL. Sie können nun das Beispiel mit der linken Maustaste markieren, kopieren und über die Zwischenablage in Ihr Modul in der Entwicklungsumgebung einfügen. Auf diesen Beispielcode können Sie dann aufbauen und den eingefügten VBA-Code auf Ihre Wünsche hin noch anpassen.

1.3 Hilfsmittel für die Programmierung

Die Entwicklungsumgebung von Access stellt Ihnen einige wichtige Erleichterungen zur Verfügung, mit deren Hilfe Sie schnell, sicher und übersichtlich programmieren können.

1.3.1 Die Symbolleiste Bearbeiten

Diese Symbolleiste ist standardmäßig in der Entwicklungsumgebung nicht eingeblendet. Holen Sie das jetzt nach, indem Sie im Menü ANSICHT den Befehl SYMBOLLEISTEN/BEARBEITEN aufrufen.

Abbildung 1.8:
Die Symbolleiste
BEARBEITEN

Auf die wichtigsten Funktionen dieser Symbolleiste soll im Folgenden kurz eingegangen werden:

Einzug vergrößern bzw. verkleinern

Mit der Funktion EINZUG VERGRÖSSERN können Sie einzelne Zeilen oder auch mehrere Zeilen blockweise nach links einrücken. Dies macht den Programmcode leichter lesbar.

Analog zur vorherigen Funktion können Sie mit der Funktion EINZUG VERKLEINERN eingerückte Programmteile wieder nach links rücken und pro Klick jeweils den markierten Text um einen Tabstopp versetzen.

Haltepunkt ein/aus

Über diese Schalfläche können Sie Haltepunkte im Programmcode setzen. Wenn Sie ein Programm oder eine Prozedur in der Entwicklungsumgebung ausführen, stoppt die Programmausführung dort, wo Sie Haltepunkte gesetzt haben. Sie können dann Programm-Zwischenstände überprüfen und anschließend die Programmausführung an dieser Stelle fortsetzen.

Sehen Sie sich dazu einmal das nächste Beispiel an.

Abbildung 1.9:
Einen Haltepunkt setzen

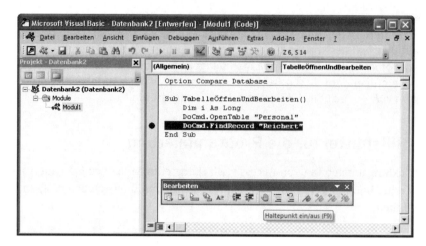

In diesem einfachen Beispiel wird eine Tabelle geöffnet und ein bestimmter Datensatz gesucht. Nach dem Öffnen der Tabelle soll jetzt ein Haltepunkt gesetzt werden. Setzen Sie einen Haltepunkt nach dem Befehl, mit dem Sie die Tabelle PERSONAL öffnen, indem Sie auf das Symbol HALTEPUNKT EIN/AUS klicken oder alternativ die Taste F9 drücken. Die Zeile wird daraufhin braun hinterlegt, womit auf den Haltepunkt hingewiesen wird. Setzen Sie die Einfügemarke auf die erste Zeile der Prozedur, und drücken Sie die Taste F5, um die Prozedur zu starten. Die Prozedur wird abgearbeitet und stoppt genau an dem gesetzten Haltepunkt. Wechseln Sie jetzt zurück in Ihre Access-Arbeitsoberfläche, und kontrollieren Sie, ob wirklich die Tabelle PERSONAL geöffnet wurde. Begeben Sie sich zurück in Ihre Entwicklungsumgebung, und drücken Sie abermals die Taste F5, um die Ausführung fortzusetzen. Bei längeren Prozeduren empfiehlt es sich, mehrere Haltepunkte zu setzen. Einen Haltepunkt können Sie übrigens wieder entfernen, indem Sie die Einfügemarke in die entsprechende Zeile setzen und die Taste F9 drücken. Der Haltepunkt verschwindet dann augenblicklich wieder.

Block auskommentieren

Hinterlegen Sie ausreichend Kommentare in Ihrem Programmcode. Es fällt Ihnen dadurch später leichter, die einzelnen Befehle nachzuvollziehen. Auch Änderungen am Code können auf diese Art und Weise festgehalten werden.

Um einen Kommentar zu hinterlegen, haben Sie mehrere Möglichkeiten:

- Geben Sie ein einfaches Anführungszeichen ' vor dem eigentlichen Befehl oder Text ein, oder
- erfassen Sie etwas altertümlicher die Anweisung Rem, gefolgt von einem Leerzeichen und dem Befehl oder Text.

Hilfsmittel für die Programmierung

Die Befehlszeile nimmt dann standardmäßig die Schriftfarbe Grün an. Diese so kommentierten Zeilen werden bei Ausführung des Codes nicht ausgewertet. Sie können ganze Kommentarzeilen anlegen oder auch innerhalb einer Zeile am Ende einen Kommentar anfügen. Möchten Sie innerhalb einer Zeile einen Kommentar im Anschluss eines Befehls erfassen, fügen Sie nach dem eigentlichen Befehl ein einfaches Anführungszeichen (') ein und schreiben Ihren Kommentar dazu.

Eine der am häufigsten gebrauchten Funktionen ist jene zum schnellen Auskommentieren von einer oder mehreren Zeilen im Programmcode. Wenn Sie im späteren Verlauf des Buches programmieren, werden Sie mit Sicherheit auch mal etwas auf die Schnelle einfach ausprobieren wollen. Dazu werden Sie dann und wann einzelne oder auch mehrere Zeilen vorübergehend deaktivieren müssen. Klar, die schnellste Methode besteht darin, die Zeilen zu löschen. Der Nachteil daran ist, dass diese Zeilen dann weg sind. Einfacher ist es, die momentan nicht benötigten Zeilen als Kommentar zu definieren. Dazu geben Sie am Anfang der Zeile ein einfaches Anführungszeichen mit der Tastenkombination [Shift] + [#] ein. Damit wird die Zeile als Kommentar betrachtet, und Excel ignoriert diese Zeile bei der Programmausführung. Wenn es sich dabei nur um einzelne Zeilen handelt, funktioniert diese Vorgehensweise. Umständlicher wird es aber, wenn Sie gleich blockweise Zeilen auskommentieren möchten. Dazu markieren Sie den Bereich, den Sie auskommentieren möchten, und klicken auf das Symbol BLOCK AUSKOMMENTIEREN.

Möchten Sie hingegen einzelne Zeilen oder auch einen ganzen Block wieder aktivieren, dann markieren Sie die entsprechende(n) Zeile(n) und klicken auf das Symbol AUSKOMMENTIERUNG DES BLOCKS AUFHEBEN.

Eigenschaften/Methoden anzeigen

Möchten Sie ganz schnell die zur Verfügung stehenden Eigenschaften und Methoden einer Anweisung einsehen, markieren Sie den gewünschten Befehl im Code und klicken auf das Symbol EIGENSCHAFTEN/METHODEN ANZEIGEN.

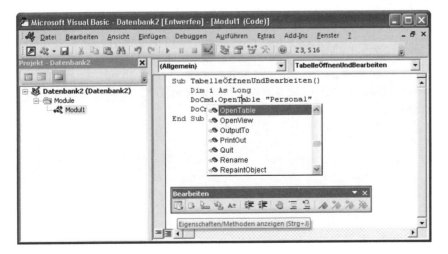

Abbildung 1.10: Die Methoden und Eigenschaften werden im Kontextmenü angezeigt.

Kapitel 1 • Grundsätzliches zur Programmierung

Die Tastenkombination für das Aufrufen der zur Verfügung stehenden Methoden und Eigenschaften lautet [Strg] + [J].

Parameterinfo

Wenn Sie einen Befehl im Code-Bereich eingeben und danach die Taste ▢ drücken, wird dynamisch ein QuickInfo-Fenster angezeigt, in dem Sie die zur Verfügung stehenden Argumente ablesen können. Die QuickInfo hilft Ihnen schnell weiter, die Befehle in der richtigen Syntax und mit den zur Verfügung stehenden Argumenten einzugeben. Möchten Sie bereits erfasste Befehle mit weiteren Argumenten bestücken, setzen Sie die Einfügemarke in die Anweisung (nicht auf den Befehl) und klicken in der Symbolleiste BEARBEITEN auf das Symbol PARAMETERINFO.

Abbildung 1.11:
Parameter anzeigen

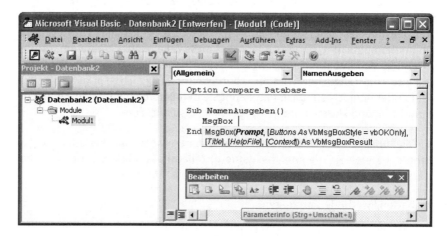

Sie brauchen nun nur noch die einzelnen Parameter einzugeben. Dabei wandert die Markierung in der QuickInfo mit jeder weiteren Parametereingabe nach rechts.

Konstanten anzeigen

Einige VBA-Befehle bieten Ihnen sogenannte Konstanten an. Solche Konstanten finden Sie beispielsweise beim Befehl MsgBox. Dieser Befehl zeigt ein normales Meldungsfenster mit einer OK-Schaltfläche an. Diesem Standarddialog können Sie weitere Schaltflächen bzw. Symbole hinzufügen. Genau diese sind als Konstanten hinterlegt.

Hilfsmittel für die Programmierung

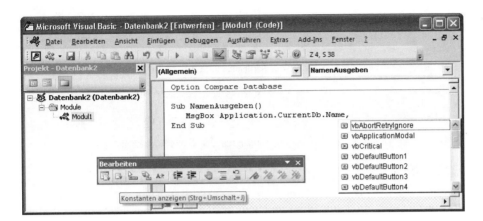

Abbildung 1.12:
Die Konstanten für den Befehl MSGBOX

Die Konstanten für das Meldungsfenster

Die Konstante `vbInformation` fügt der Meldung ein zusätzliches Informationszeichen-Symbol hinzu. Als Ergebnis erhalten Sie die folgende Meldung.

Abbildung 1.13:
Der Name der aktuellen Datenbank wird ausgegeben.

Weitere mögliche Konstanten für das Meldungsfenster `MsgBox` können Sie der folgenden Tabelle entnehmen.

Konstante	Symbol	Botschaft
vbCritical	Stopp-Symbol	Fehler
vbQuestion	Fragezeichen-Symbol	Frage
vbExclamation	Ausrufezeichen-Symbol	Warnung
vbInformation	Hilfe-Symbol	Information

Tabelle 1.1:
Die möglichen Symbole für das Meldungsfenster

Neben den Symbolen können Sie auch diverse Schaltflächen in Ihrem Meldungsfenster platzieren. Die dabei zur Verfügung stehenden Möglichkeiten können Sie in der nächsten Tabelle sehen. Statt der Konstanten können Sie übrigens auch Werte eingeben. Damit sparen Sie sich eine Menge Schreibarbeit.

Tabelle 1.2:
Mögliche Schaltflächenbestückung des Meldungsfensters

Konstante	Wert	Beschreibung
vbOkOnly	0	Zeigt die Schaltfläche OK an
vbOKCancel	1	Die Schaltflächen OK und ABBRECHEN werden angezeigt.
vbAbortRetryIgnore	2	Die Schaltflächen ABBRUCH, WIEDERHOLEN und IGNORIEREN werden angezeigt.
vbYesNoCancel	3	Die Schaltflächen JA, NEIN und ABBRECHEN werden angezeigt.
vbYesNo	4	Die Schaltflächen JA und NEIN werden angezeigt.
vbRetryCancel	5	Die Schaltflächen WIEDERHOLEN und ABBRECHEN werden angezeigt.

Möchten Sie mehrere Konstanten im Meldungsfenster verwenden, dann verbinden Sie die Konstanten mit dem Zeichen [+].

Das folgende Listing erzeugt den in Abbildung 1.14 dargestellten Dialog.

```
Sub NamenAusgeben()
    MsgBox "Der Name der aktuellen Datenbank lautet: " & _
      Application.CurrentDb.Name, vbCritical + vbOKCancel
End Sub
```

Abbildung 1.14:
Meldungsfenster mit Symbol und Schaltflächen

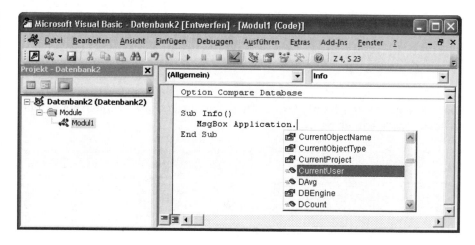

QuickInfo

Wenn Sie die Einfügemarke in einen Befehl setzen und danach auf das Symbol QUICKINFO klicken, wird Ihnen die komplette Syntax angezeigt.

Diese QuickInfo können Sie noch schneller anzeigen, wenn Sie die Tastenkombination [Strg] + [I] drücken.

Sollte Sie die QuickInfo stören, können Sie diese natürlich abschalten, indem Sie in der Entwicklungsumgebung im Menü EXTRAS den Befehl OPTIONEN wählen. Wechseln Sie danach zur Registerkarte EDITOR, und deaktivieren Sie das Kontrollkästchen AUTOMATISCHE QUICKINFO.

Lesezeichen setzen/zurücksetzen

Wenn Sie VBA-Programme schreiben, die sehr umfangreich sind, hilft es Ihnen vielleicht weiter, wenn Sie Lesezeichen in Ihrem Code setzen. Dazu setzen Sie die Einfügemarke auf die Stelle im Code, an der Sie ein Lesezeichen setzen möchten, und klicken auf das Symbol LESEZEICHEN SETZEN/ZURÜCKSETZEN. Wie Sie jetzt sehen, wird am Beginn der Zeile ein hellblaues abgerundetes Vierecksymbol eingefügt. Nutzen Sie dieses Symbol erneut, wird das Lesezeichen wieder entfernt. Mit dem Einsatz von Lesezeichen können Sie schneller von einer Stelle an eine andere springen. Somit sind Sie auch in der Lage, bestimmte Code-Stücke miteinander zu vergleichen, ohne lange über die Bildlaufleisten die richtige Stelle im Code suchen zu müssen.

Sobald Sie ein oder auch mehrere Lesezeichen in Ihrem Quellcode gesetzt haben, werden weitere Symbole in der Symbolleiste BEARBEITEN aktiviert. Damit können Sie zum nächsten bzw. vorherigen Lesezeichen springen. Nachdem Sie Ihr Programm fertiggestellt haben, können Sie mit einem Klick alle gesetzten Lesezeichen wieder entfernen.

Eine sehr elegante Möglichkeit, um einzelne Prozeduren oder Bereiche im Programmcode miteinander zu vergleichen, besteht darin, das Code-Fenster in zwei Bereiche zu teilen. Dazu wählen Sie aus dem Menü FENSTER den Befehl TEILEN. Dadurch wird der Code-Bereich genau in der Mitte horizontal geteilt. Es entstehen dabei zwei neue Fenster, die beide über eine eigene Steuerung verfügen. Über die vertikalen Bildlaufleisten können Sie in den einzelnen Fenstern navigieren. Um diese Teilung der Fenster wieder rückgängig zu machen, wählen Sie noch einmal den Befehl TEILEN aus dem Menü FENSTER.

Ganzes Wort

Hinter diesem Symbol verbirgt sich eine Erleichterung bei der Eingabe von Befehlen. Geben Sie hierfür die ersten paar Buchstaben eines Befehls ein. Der VBA-Editor ergänzt dann automatisch die restlichen Buchstaben des Befehls, sofern er ihn erkennt. Geben Sie beispielsweise einmal die Buchstaben Ms ein und klicken danach auf das Symbol GANZES WORT. Der VBA-Editor schlägt daraufhin den Befehl MsgBox vor.

Schneller geht es allerdings, wenn Sie die ersten Buchstaben eines Befehls eingeben und dann die Tastenkombination [Strg] + [   ] drücken.

1.3.2 Automatische Syntaxprüfung

Der VBA-Editor von Access unterstützt Sie bereits bei der Eingabe von Befehlen tatkräftig. Sehen Sie sich dazu einmal das nächste Beispiel an.

Abbildung 1.15:
Automatische Parameterinformationen

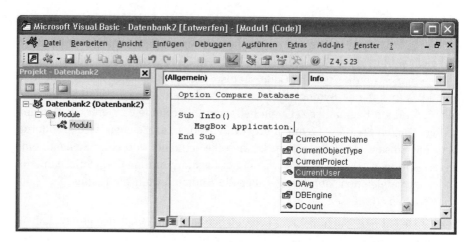

Begonnen haben Sie in der Prozedur Info damit, das Objekt Application einzugeben. Sobald Sie den Punkt eintippen, bietet der VBA-Editor Ihnen an, was er an Befehlen für genau dieses Objekt bereithält. Unter anderem ist dies die Methode CurrentUser, die den Namen des aktuellen Benutzers der Datenbank ermittelt. Sie brauchen nichts weiter zu tun, als die Methode aus dem Drop-down-Feld zu wählen. Mit diesem Automatismus stellt der VBA-Editor sicher, dass Sie keine Eigenschaften oder Methoden verwenden, die den Objekten fremd sind.

> **TIPP** Fehlermeldungen werden in der Entwicklungsumgebung von Access mit roter Schriftfarbe und Kommentare mit grüner Schriftfarbe formatiert. Wenn Sie andere Farben dafür einstellen möchten, wählen Sie in der Entwicklungsumgebung den Menübefehl EXTRAS/OPTIONEN, wechseln zur Registerkarte EDITORFORMAT und stellen Ihre favorisierten Farben im Listenfeld CODE-FARBEN ein.

1.3.3 Suchen und Ersetzen

Genau wie Sie es auch aus anderen Programmen kennen, gibt es in der Entwicklungsumgebung eine Möglichkeit, Textteile zu finden und zu ersetzen. Dabei haben Sie die Möglichkeit, bestimmte Texte bzw. Befehle nicht nur im aktuellen Modul, sondern auch in allen Modulen des Projekts zu finden. Aufgerufen werden kann diese Funktion über drei Wege:

- Klicken Sie auf das Symbol SUCHEN in der Symbolleiste VOREINSTELLUNG.
- Alternativ dazu können Sie die Tastenkombination [Strg] + [F] drücken.
- Wählen Sie aus dem Menü BEARBEITEN den Befehl SUCHEN aus.

Bei allen drei Varianten wird das Dialogfeld SUCHEN angezeigt.

Hilfsmittel für die Programmierung

Abbildung 1.16:
Das Dialogfeld
SUCHEN

Im Feld SUCHEN NACH geben Sie den Befehl bzw. die Textfolge ein, nach der Sie suchen möchten. Im Gruppenfeld SUCHEN IN haben Sie die Möglichkeit, Ihre Suche über Ihr aktuelles Modul hinaus auszudehnen. Standardmäßig unterscheidet Access nicht zwischen Groß- und Kleinschreibung. Ist dies erwünscht, müssen Sie das entsprechende Kontrollkästchen aktivieren. Die Suchrichtung legen Sie im gleichnamigen Drop-down-Feld fest. Standardmäßig wird in beide Richtungen gesucht, also abwärts sowie aufwärts. Mit einem Klick auf die Schaltfläche ERSETZEN wird das folgende Dialogfeld angezeigt.

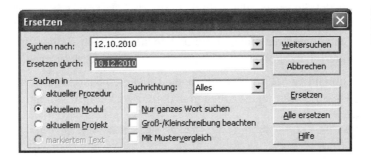

Abbildung 1.17:
Das Dialogfeld
ERSETZEN

Möchten Sie einen Text durch einen anderen ersetzen, müssen Sie noch einen Text im Feld ERSETZEN DURCH angeben. Mit einem Klick auf die Schaltfläche DURCHSUCHEN wird die erste gefundene Übereinstimmung angezeigt. Jetzt haben Sie die Wahl, entweder schrittweise Texte zu ersetzen (sichere Methode) oder komplett alle gefundenen Texte.

Vorsicht bei Ersetzungen von Textteilen. Geben Sie möglichst den gesuchten Text vollständig an. Es kann zu katastrophalen Resultaten führen, wenn Sie einzelne Textteile durch andere ersetzen. Nicht selten werden dann auch Teile von Befehlen, Methoden oder Eigenschaften mit ersetzt. Dies hat dann zur Folge, dass Sie den gesamten Code erneut korrigieren müssen, um Ihr Programm wieder zum Laufen zu bringen.

1.3.4 Kopieren und Einfügen

Wohl die wenigsten VBA-Entwickler werden ihre Prozeduren immer neu schreiben. Mit dem Symbol KOPIEREN aus der Symbolleiste VOREINSTELLUNG kopieren Sie Prozeduren oder einzelne Befehle in die Zwischenablage. Schneller geht es allerdings, wenn Sie die Prozedur bzw. die Zeile(n) mit der Maus markieren und die Tastenkombination [Strg] + [C] drücken.

Setzen Sie die Einfügemarke an die Einfügestelle, und klicken Sie in der Symbolleiste VOREINSTELLUNG auf das Symbol EINFÜGEN. Alternativ dazu können Sie auch die Tastenkombination [Strg] + [V] drücken.

Diese beiden Tastenkombinationen für das Kopieren und Einfügen von Texten dürften wohl zu den am häufigsten eingesetzten Tastenkombinationen bei Entwicklern zählen.

1.3.5 Mit Tastenkombinationen arbeiten

Neben den beiden gerade vorgestellten Tastenkombinationen [Strg] + [C], um Code-Teile zu kopieren, und [Strg] + [V], um diese kopierten Code-Teile an anderer Stelle des Moduls wieder einzufügen, gibt es eine ganze Reihe weiterer Tastenkombinationen, die Ihnen mehr Arbeitserleichterung und eine nicht zu unterschätzende Zeitersparnis beim Programmieren bringen.

Entnehmen Sie aus der folgenden Tabelle einige der gängigsten Tastenkombinationen für das zügige Arbeiten in der Entwicklungsumgebung.

Tabelle 1.3: Die Tastenkombinationen des Entwicklers

Tastenkombination	Beschreibung
[F7]	Code-Fenster anzeigen
[F2]	Objektkatalog anzeigen
[STRG] + [F]	Suchen
[STRG] + [H]	Ersetzen
[F3]	Weitersuchen
[⇧] + [F3]	Vorheriges suchen
[STRG] + [↓]	Nächste Prozedur
[STRG] + [↑]	Vorherige Prozedur
[⇧] + [F2]	Definition anzeigen
[STRG] + [BILD-↓]	Einen Bildschirm nach unten
[STRG] + [BILD-↑]	Einen Bildschirm nach oben
[STRG] + [⇧] + [F2]	Zur letzten Position wechseln

Tabelle 1.3:
Die Tasten-
kombinationen des
Entwicklers
(Forts.)

Tastenkombination	Beschreibung
STRG + POS1	Anfang des Moduls
STRG + ENDE	Ende des Moduls
STRG + →	Ein Wort nach rechts
STRG + ←	Ein Wort nach links
ENDE	Zum Zeilenende wechseln
POS1	Zum Zeilenanfang wechseln
STRG + Z	Letzten Befehl rückgängig machen
STRG + C	Code kopieren
STRG + X	Code ausschneiden
STRG + V	Code einfügen
STRG + Y	Aktuelle Zeile löschen
STRG + ENTF	Bis zum Wortende löschen
⇥	Einzug vergrößern
⇧ + ⇥	Einzug verkleinern
STRG + ⇧ + F9	Alle Haltepunkte löschen
⇧ + F10	Kontextmenü anzeigen
STRG + P	Modul drucken
STRG + E	Modul/Formular exportieren
STRG + S	Modul speichern

1.4 Die Fenster und die Testumgebung

Im Verlauf der Programmierung wird es nicht ausbleiben, dass Programmierfehler auftreten. Wichtig ist aber immer zu wissen, wie weit das Programm lief und vor allem ob es bis zum Fehler korrekt abgelaufen ist.

1.4.1 Das Code-Fenster

Im Code-Fenster erfassen und bearbeiten Sie Ihren VBA-Code. Sollte dieses Fenster noch nicht eingeblendet sein, dann wählen Sie aus dem Menü ANSICHT den Befehl CODE.

Das Code-Fenster enthält folgende Objekte:

- Drop-down-Feld OBJEKT: Hier werden die Namen der markierten Objekte angezeigt. Klicken Sie auf den Pfeil rechts neben dem Listenfeld, um eine Liste aller mit dem Formular verknüpften Objekte anzuzeigen.
- Drop-down-Feld PROZEDUR listet alle Ereignisse auf, die von Visual Basic für das Formular oder das Steuerelement, das im Feld OBJEKT angezeigt wird, erkannt werden. Bei der Auswahl eines Ereignisses wird die mit diesem Ereignisnamen verknüpfte Ereignisprozedur im Code-Fenster angezeigt. Alle Prozeduren werden übrigens in alphabetischer Reihenfolge im Drop-down-Feld angezeigt. Dies erleichtert die Suche nach bestimmten Modulen sehr.

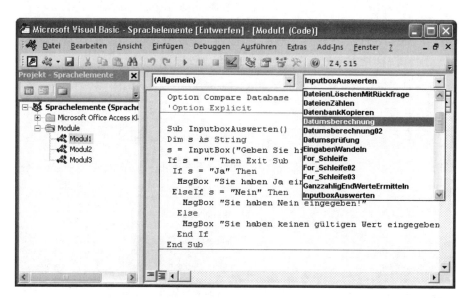

Abbildung 1.18:
Das Code-Fenster mit alphabetischer Anordnung der Prozeduren

- Wenn Sie auf den rechten, oberen Rand des Code-Fensters sehen, dann erkennen Sie einen Fensterteiler. Damit können Sie das Code-Fenster in zwei horizontale Bereiche unterteilen, in denen separate Bildläufe durchgeführt werden können. So können Sie unterschiedliche Teile des Codes gleichzeitig anzeigen. Die Informationen, die in den Feldern OBJEKT und PROZEDUR angezeigt werden, beziehen sich auf den Code in dem Fenster, das gerade aktiv ist. Mit einem Doppelklick auf den Fensterteiler wird ein Fenster geschlossen.

Im folgenden Beispiel wird beispielsweise im oberen Fenster eine Funktion angezeigt, die im unteren Fenster durch eine Prozedur aufgerufen wird. So haben Sie sowohl die Funktion als auch die Prozedur in einer Ansicht.

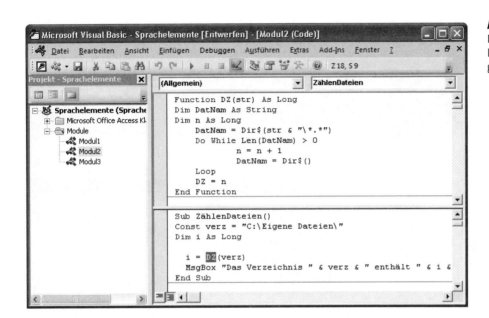

Abbildung 1.19:
Das Code-Fenster kann in zwei Teile geteilt werden.

1.4.2 Hilfe im Direkt-Fenster

Sie können beispielsweise bestimmte Inhalte von Variablen, die Sie im nächsten Kapitel kennenlernen werden, im Direkt-Fenster ausgeben. Erfassen Sie zunächst einmal einen kleinen Beispielcode:

Listing 1.2: Variableninhalt ausgeben

```
Sub TestProzedur()
  Dim i As Integer

  For i = 1 To 10
    Debug.Print "Schleifendurchlauf: " & i
  Next i
End Sub
```

Die Prozedur aus Listing 1.2 wird eine Schleife genau zehnmal durchlaufen. Bei jedem Schleifendurchlauf wird mithilfe des Befehls Debug.Print ein Eintrag ins Direkt-Fenster geschrieben, der den aktuellen Schleifendurchlauf festhält. Setzen Sie die Einfügemarke in die erste Zeile der Prozedur, und drücken Sie die Taste F5, um die Prozedur zu starten. Kontrollieren Sie jetzt einmal das Ergebnis im Direkt-Fenster. Dazu wählen Sie den Menübefehl ANSICHT/DIREKTFENSTER oder drücken die Tastenkombination Strg + G.

Abbildung 1.20:
Das Direkt-Fenster zur Kontrolle des Programmablaufs

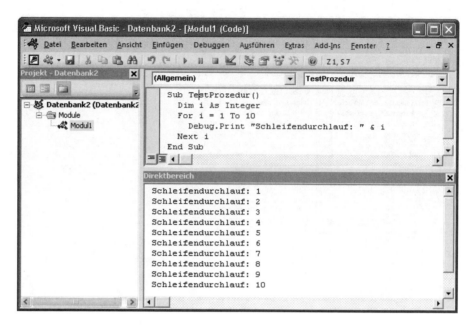

1.4.3 Den Code Schritt für Schritt durchlaufen lassen

Eine weitere Möglichkeit der Fehlersuche in Access ist es, den Programmcode Zeile für Zeile abzuarbeiten. Setzen Sie beispielsweise die Einfügemarke in die erste Zeile einer Prozedur, und drücken Sie die Taste F8. Alternativ dazu können Sie ebenso den Menübefehl DEBUGGEN/EINZELSCHRITT wählen. Mit jeder Betätigung wird jeweils nur eine Programmzeile ausgeführt. Sie können dann beispielsweise prüfen, ob die gewünschte Aktion ausgeführt wurde, indem Sie die Entwicklungsumgebung kurzfristig verlassen und in Ihrer Datenbanktabelle die Ergebnisse kontrollieren oder indem Sie in den Überwachungsfenstern der Entwicklungsumgebung überprüfen, ob die Variablen Ihres Codes die von Ihnen erwarteten Wertänderungen erfahren.

Eine weitere Variante ist es, in der oberen Prozedur die Einfügemarke in jene Zeile zu setzen, bis zu der die Prozedur durchlaufen werden soll. Setzen Sie beispielsweise die Einfügemarke in die Zeile, bis zu der Sie den Code durchlaufen möchten, und drücken Sie die Tastenkombination Strg + F8.

Der Code wird jetzt bis zu der momentan markierten Zeile durchlaufen und stoppt genau an dieser Position. Nun können Sie prüfen, ob die Prozedur auch korrekt funktioniert hat. Wenn alles so weit stimmt, können Sie durch die Taste F5 dafür sorgen, dass die Prozedur bis zum Ende durchläuft. Sollten Sie einen Programmierfehler feststellen, brechen Sie einfach die Programmausführung ab, indem Sie den Menübefehl AUSFÜHREN/ZURÜCKSETZEN aufrufen.

1.4.4 Überwachung hinzufügen

Eine besonders wertvolle Funktion können Sie einsetzen, wenn Sie das Überwachungsfenster einblenden. Wählen Sie dazu aus dem Menü ANSICHT den Befehl ÜBERWACHUNGSFENSTER. Sie haben jetzt beispielsweise die Möglichkeit zu überprüfen, wann sich eine bestimmte Variable ändert. Genau dann soll der Programmablauf unterbrochen werden. Im folgenden Beispiel wird eine Schleife genau zehnmal durchlaufen. Bei jedem Schleifendurchlauf wird die Variable i verändert. Der Logik nach muss die folgende Prozedur dann nach dem ersten Schleifendurchlauf gestoppt werden. Sehen Sie sich zu diesem Zweck einmal folgendes Listing an.

Listing 1.3: Prozedur abbrechen

```
Sub TestProzedur()
  Dim i As Integer
  For i = 1 To 10
    Debug.Print "Schleifendurchlauf: " & i
  Next i
End Sub
```

Um nun die Überwachung der Variablen i einzustellen, befolgen Sie die nächsten Schritte:

1. Wählen Sie aus dem Menü DEBUGGEN den Befehl ÜBERWACHUNG HINZUFÜGEN.

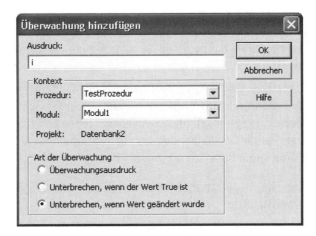

Abbildung 1.21:
Die Variable i wird überwacht.

2. Geben Sie im Feld AUSDRUCK die Variable an, die Sie überwachen möchten.
3. Aktivieren Sie die Option UNTERBRECHEN, WENN WERT GEÄNDERT WURDE.
4. Bestätigen Sie Ihre Einstellungen mit OK.

Abbildung 1.22:
Die Prozedur stoppt mitten in der Schleife.

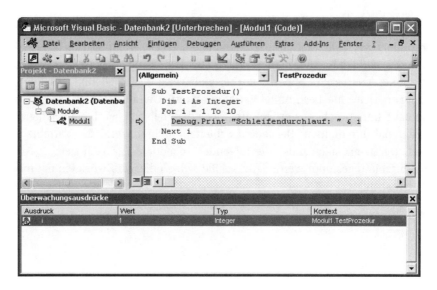

Im Überwachungsfenster können Sie die Änderung an der überwachten Variablen erkennen.

1.4.5 Das Lokal-Fenster

Das Lokal-Fenster wird in der Entwicklungsumgebung standardmäßig nicht angezeigt. Über das Menü ANSICHT können Sie dieses Fenster jedoch einblenden. Das Lokal-Fenster zeigt alle deklarierten Variablen in der aktuellen Prozedur und deren Werte an. Sie haben daher die Möglichkeit, die Werte von Variablen übersichtlich zu prüfen.

Im folgenden Beispiel werden alle Steuerelemente eines Formulars in einer Schleife durchlaufen und die Namen dieser Steuerelemente im Direktbereich der Entwicklungsumgebung ausgegeben. Neben den Namen der Steuerelemente können Sie über das Lokal-Fenster auch Informationen über deren Eigenschaften wie Farbe und Rahmenart ermitteln.

Um diese Eigenschaften im Lokal-Fenster anzuzeigen, befolgen Sie die nächsten Arbeitsschritte:

1. Wechseln Sie mit der Tastenkombination [Alt] + [F11] in die Entwicklungsumgebung.
2. Wählen Sie aus dem Menü EINFÜGEN den Befehl MODUL.
3. Erfassen Sie folgende Prozedur:

Listing 1.4: Das Lokal-Fenster einsetzen

```
Sub FormularSteuerelementTypen()
    Dim frm As Form
    Dim obj As Object
```

```
Set frm = Form_Artikel

For Each obj In frm.Controls
   Debug.Print "Typ: " & obj.ControlType & _
   " Name: " & obj.Name
Next obj
End Sub
```

4. Setzen Sie den Mauszeiger auf die Debug.Print-Anweisung.
5. Drücken Sie die Taste [F9], um einen Haltepunkt zu setzen.
6. Setzen Sie den Mauszeiger auf die erste Zeile der Prozedur und drücken die Taste [F5], um die Prozedur zu starten. Die Prozedur wird nun bis zum Haltepunkt ausgeführt.

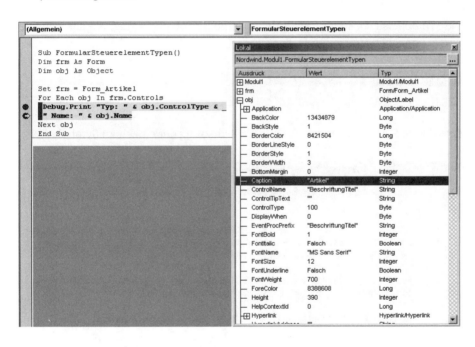

Abbildung 1.23:
Alle Variablen werden im Lokal-Fenster angezeigt.

Folgende Spalten werden im Lokal-Fenster angezeigt.

- AUSDRUCK listet die Namen der Variablen auf. Die erste Variable in der Liste ist eine spezielle Modulvariable und kann erweitert werden, um alle Variablen auf Modulebene des aktuellen Moduls anzuzeigen. Globale Variablen und Variablen in anderen Projekten sind über das Lokal-Fenster nicht verfügbar.
- WERT: Wenn Sie in der Spalte WERT direkt auf einen Eintrag klicken, nimmt der Cursor die Form eines I-Cursors an. Sie können diesen Wert dann bearbeiten und dann die Taste [⏎] drücken. Sollte der Wert nicht zulässig sein, bleibt das Bearbeitungsfeld aktiv, und der Wert wird markiert. Außerdem wird ein Meldungsfeld mit einer Beschreibung des Fehlers angezeigt. Durch Drücken von [Esc] werden Änderungen rückgängig gemacht.

- Typ: In dieser Spalte wird der Datentyp der Variablen angezeigt. Diesen Typ können Sie aber nicht ändern.
- Aufrufliste: Ganz rechts oben im Lokal-Fenster finden Sie eine Schaltfläche mit einigen Punkten darauf. Nach einem Klick darauf wird eine Liste der derzeit aktiven Prozeduraufrufe im Haltemodus angezeigt. Beim Ausführen von Code in einer Prozedur wird diese einer Liste der aktiven Prozeduraufrufe hinzugefügt. Bei jedem Aufruf einer anderen Prozedur durch eine Prozedur wird sie der Liste hinzugefügt. Aufgerufene Prozeduren werden aus der Liste gelöscht, wenn die Ausführung an die aufrufende Prozedur übergeben wird.

1.4.6 Die Symbolleiste Debuggen

Die Symbolleiste DEBUGGEN stellt Ihnen Symbole zur Verfügung, die das schnelle Testen von Quellcode vereinfachen.

Abbildung 1.24: Die Symbolleiste DEBUGGEN

Entnehmen Sie der folgenden Tabelle die Bedeutung der einzelnen Symbole:

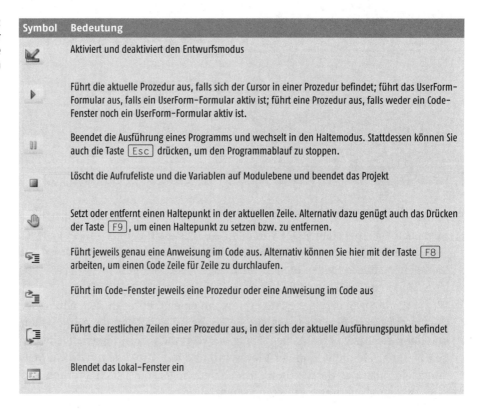

Tabelle 1.4: Die Symbole der Symbolleiste Debuggen

Symbol	Bedeutung
	Aktiviert und deaktiviert den Entwurfsmodus
	Führt die aktuelle Prozedur aus, falls sich der Cursor in einer Prozedur befindet; führt das UserForm-Formular aus, falls ein UserForm-Formular aktiv ist; führt eine Prozedur aus, falls weder ein Code-Fenster noch ein UserForm-Formular aktiv ist.
	Beendet die Ausführung eines Programms und wechselt in den Haltemodus. Stattdessen können Sie auch die Taste [Esc] drücken, um den Programmablauf zu stoppen.
	Löscht die Aufrufeliste und die Variablen auf Modulebene und beendet das Projekt
	Setzt oder entfernt einen Haltepunkt in der aktuellen Zeile. Alternativ dazu genügt auch das Drücken der Taste [F9], um einen Haltepunkt zu setzen bzw. zu entfernen.
	Führt jeweils genau eine Anweisung im Code aus. Alternativ können Sie hier mit der Taste [F8] arbeiten, um einen Code Zeile für Zeile zu durchlaufen.
	Führt im Code-Fenster jeweils eine Prozedur oder eine Anweisung im Code aus
	Führt die restlichen Zeilen einer Prozedur aus, in der sich der aktuelle Ausführungspunkt befindet
	Blendet das Lokal-Fenster ein

Weitere Einstellungen

Tabelle 1.4: Die Symbole der Symbolleiste Debuggen (Forts.)

Symbol	Bedeutung
	Blendet das Direkt-Fenster ein. Alternativ dazu können Sie auch die Tastenkombination [Strg] + [G] drücken, um das Direkt-Fenster einzublenden.
	Blendet das Überwachungsfenster ein
	Zeigt das Dialogfeld AKTUELLEN WERT ANZEIGEN mit dem aktuellen Wert des ausgewählten Ausdrucks an
	Zeigt das Dialogfeld AUFRUFLISTE an, in dem die derzeit aktiven Prozeduraufrufe (Prozeduren in der Anwendung, die gestartet, aber nicht abgeschlossen wurden) angezeigt werden

1.5 Weitere Einstellungen

In der Entwicklungsumgebung von Access haben Sie die Möglichkeit, den Visual Basic-Editor Ihren eigenen Wünschen anzupassen. Dazu wählen Sie aus dem Menü EXTRAS den Befehl OPTIONEN.

1.5.1 Editor-Einstellungen

Wechseln Sie auf die Registerkarte EDITOR. Dort können Sie die Einstellungen für das Code- und das Projekt-Fenster festlegen.

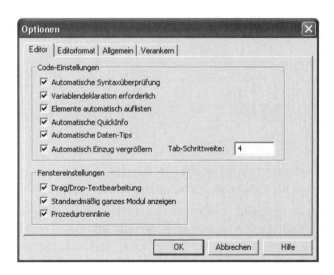

Abbildung 1.25: Editieroptionen

Im Gruppenfeld CODE-EINSTELLUNGEN finden Sie die folgenden Einstellungsmöglichkeiten:

- AUTOMATISCHE SYNTAXÜBERPRÜFUNG: Mit dieser Einstellung sorgen Sie dafür, dass Ihr Editor nach der Eingabe einer Code-Zeile automatisch eine Syntaxprüfung vornimmt.

- VARIABLENDEKLARATION ERFORDERLICH: Wenn Sie diese Option aktivieren, wird die Anweisung `Option Explicit` den allgemeinen Deklarationen in allen neuen Modulen hinzugefügt. Damit müssen alle im Code verwendeten Variablen zu Beginn einer Prozedur definiert werden. Wird dies vergessen, weist Sie Access automatisch darauf hin. Es wird auf jeden Fall keine Prozedur ausgeführt, in der nicht alle verwendeten Variablen definiert sind.
- ELEMENTE AUTOMATISCH AUFLISTEN zeigt eine Liste mit den Informationen an, die die Anweisung an der aktuellen Einfügemarke logisch vervollständigen würden.
- AUTOMATISCHE QUICKINFO: Wird diese Option aktiviert, werden bei der Eingabe eines Befehls die dazugehörigen Funktionen bzw. Parameter angezeigt.
- AUTOMATISCHE DATEN-TIPS: Diese Option ist lediglich im Haltemodus verfügbar und zeigt den Wert der Variablen an, auf der der Mauszeiger sich gerade befindet.
- AUTOMATISCH EINZUG VERGRÖSSERN: Zur besseren Übersichtlichkeit sollten Sie sich angewöhnen, Ihren Quellcode einzurücken. Die dafür zur Verfügung gestellte Option ermöglicht, für die erste Code-Zeile einen Tabulator festzulegen. Alle nachfolgenden Zeilen beginnen an der Tabulatorposition. Ein gut lesbares Listing könnte dann in etwa wie folgt aussehen:

Listing 1.5: Gut lesbares und strukturiertes Listing

```
Sub TestProzedur()
  Dim i As Integer
  Dim k As Integer

  For i = 1 To 10
    Debug.Print "Schleifendurchlauf: " & i
    For k = 1 To 10
      Debug.Print "Schleifendurchlauf: " & e
    Next k
  Next i
End Sub
```

TAB-SCHRITTWEITE: In diesem Eingabefeld stellen Sie die Tab-Schrittweite auf einen Wert zwischen 1 und 32 Leerzeichen ein.

Im Gruppenfeld FENSTEREINSTELLUNGEN können Sie unter anderem das Drag&Drop im Code-Fenster ausschalten, automatisch eine Trennlinie zwischen den einzelnen Prozeduren ziehen lassen und das Erscheinungsbild von neuen Modulen beeinflussen.

1.5.2 Editorformat festlegen

Wenn Sie zur Registerkarte EDITORFORMAT wechseln, können Sie die Darstellung Ihres Quellcodes anpassen.

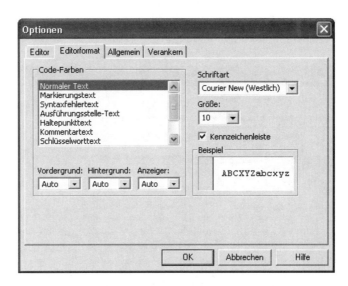

Abbildung 1.26: Editorformat bestimmen

Im Listenfeld werden die Textelemente angezeigt, für die die Farben angepasst werden können. Darunter befinden sich drei Drop-down-Felder, in denen Sie das Format für den Vorder- bzw. Hintergrund der einzelnen Elemente sowie das Kennzeichen in der Kennzeichenleiste bestimmen können. Darüber hinaus haben Sie die Möglichkeit, die Schriftart sowie deren Größe zu bestimmen. Die Kennzeichenleiste kommt dann zur Geltung, wenn Sie häufiger mit Haltepunkten oder Lesezeichen arbeiten.

1.5.3 Allgemeine Einstellungen vornehmen

Wechseln Sie nun zur Registerkarte ALLGEMEIN. Dort werden die Einstellungen, die Fehlerbehandlung und die Kompilierungseinstellungen für das aktuelle Visual Basic-Projekt festgelegt.

Im Gruppenfeld EINSTELLUNGEN FÜR FORMULAR-RASTER können Sie die Darstellungsart des Formulars beim Bearbeiten festlegen. Sie können ein Raster anzeigen, die Rastereinheiten sowie die Rasterung selbst für das Formular festlegen und eingefügte Steuerelemente automatisch am Raster ausrichten lassen.

Die Einstellung QUICKINFO ANZEIGEN bezieht sich lediglich auf die QuickInfos für die Symbolschaltflächen und kann deaktiviert werden, wenn Sie etwas mehr Übung haben und die Symbole in den Symbolleisten kennen.

Aktivieren Sie das Kontrollkästchen AUSBLENDEN DES PROJEKTS SCHLIESST FENSTER, wenn Projekt-, UserForm-, Objekt- oder Modul-Fenster automatisch geschlossen werden sollen, sobald ein Projekt im Projekt-Explorer ausgeblendet wird.

Im Gruppenfeld BEARBEITEN UND FORTFAHREN bestimmen Sie, ob eine Benachrichtigung erfolgen soll, wenn durch eine angeforderte Aktion alle Variablen auf Modulebene für ein laufendes Projekt zurückgesetzt werden.

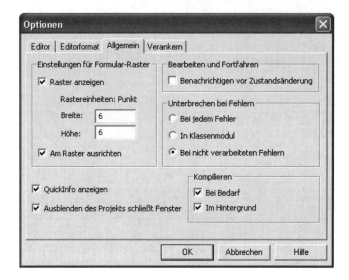

Abbildung 1.27:
Allgemeine Einstellungsmöglichkeiten

Das Gruppenfeld UNTERBRECHEN BEI FEHLERN bestimmt, wie Fehler in der Visual Basic-Entwicklungsumgebung verarbeitet werden sollen. Das Einstellen dieser Option wirkt sich auf alle Instanzen von Visual Basic aus, die nach dem Ändern dieser Einstellung gestartet wurden.

Sie haben dabei folgende drei Möglichkeiten:

1. BEI JEDEM FEHLER: Bei jedem Fehler wird für das Projekt der Haltemodus aktiviert, unabhängig davon, ob eine Fehlerbehandlungsroutine aktiviert ist oder sich der Code in einem Klassenmodul befindet. Die fehlerhafte Zeile wird dann mit einer gelben Hintergrundfarbe hinterlegt.
2. IN KLASSENMODUL: Mit dieser Einstellung werden alle nicht verarbeiteten Fehler in einem Klassenmodul mit dem Haltemodus gestoppt.
3. BEI NICHT VERARBEITETEN FEHLERN: Wenn eine Fehlerbehandlungsroutine läuft, wird der Fehler behandelt, ohne den Haltemodus zu aktivieren. Sollte keine Fehlerbehandlungsroutine vorhanden sein, bewirkt der Fehler, dass der Haltemodus für das Projekt aktiviert wird.

Im Gruppenfeld KOMPILIEREN legen Sie fest, ob ein Projekt vor dem Start vollständig oder ob der Code bei Bedarf kompiliert wird, wodurch die Anwendung schneller gestartet werden kann.

1.5.4 Fenster verankern

Auf der Registerkarte VERANKERN legen Sie fest, welche Fenster verankerbar sein sollen.

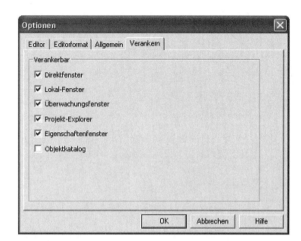

Abbildung 1.28:
Fenster verankern

Ein Fenster ist verankert, wenn es mit einer Kante eines anderen verankerbaren Fensters oder eines Anwendungsfensters verbunden ist. Ein verankerbares Fenster wird beim Verschieben automatisch ausgerichtet. Ein Fenster ist nicht verankerbar, wenn es an eine beliebige Position auf dem Bildschirm verschoben werden kann und diese Position beibehält. Wählen Sie die Fenster aus, die verankerbar sein sollen, und deaktivieren Sie die Kontrollkästchen für die anderen Fenster.

Kapitel 2
Variablen, Konstanten und Datentypen

Das folgende Kapitel bildet die Voraussetzung für eine strukturierte Programmierung in Access. Mit Variablen speichern Sie Informationen dauerhaft während der Laufzeit einer Prozedur bzw. eines Programms, d.h., Sie können Variablen auch mehrmals im Programm benutzen, indem Sie Variablen füllen und Werte hochzählen oder subtrahieren. Mit Konstanten legen Sie Informationen fest, die sich selten oder sogar nie ändern. Access bietet für die Deklaration von Variablen und Konstanten eine ganze Auswahl an Datentypen. Je nach Aufgabe setzen Sie dazu die vorgesehenen Datentypen ein.

Sicher werden Sie sich fragen, warum Sie Variablen in der Programmierung brauchen. Variablen werden u.a. dazu benötigt, um Daten zwischenzuspeichern. Wenn Sie beispielsweise daran denken, Daten aus einer Tabelle zu lesen, um diese zu bearbeiten und dann wieder in eine andere Tabelle zurückzuschreiben, dann ist der Einsatz ohne Variablen nur über die Zwischenablage recht unsicher. Wenn es sich nur um eine einzige zu übertragende Information handelt, mag diese Vorgehensweise ohne Variablen noch in Ordnung sein. Stellen Sie sich aber einmal vor, Sie müssten mehrere Informationen von einer Tabelle in eine andere übertragen und dabei die Daten noch abändern. Da kommen Sie um den Einsatz von Variablen nicht herum. Außerdem bietet die Zwischenablage nicht die Beständigkeit wie eine Variable. So ist die Zwischenablage beispielsweise leer, sobald Sie den Inhalt der Zwischenablage einmal in ein Feld einer Access-Tabelle eingefügt haben. Außerdem haben noch andere Anwendungen Zugriff auf die Zwischenablage. Mit Variablen können Sie dauerhaft arbeiten, d.h., Sie können jederzeit darauf zugreifen, diese abfragen oder verändern und zum Schluss ausgeben.

2.1 Regeln für die Syntax von Variablen

Wenn Sie Variablen einsetzen, müssen Sie sich dabei an bestimmte Konventionen für deren Benennung halten:

- Das erste Zeichen muss aus einem Buchstaben bestehen. Als folgende Zeichen können Sie Buchstaben, Zahlen und einige Sonderzeichen verwenden.

Regeln für Variablen

- Sie dürfen keine Leerzeichen in einem Variablennamen verwenden. Wenn Sie einzelne Wörter trennen möchten, verwenden Sie dazu den Unterstrich, wie z. B. `Dim Miete_Januar as Currency`.
- Sonderzeichen wie #, %, &, ! oder ? sind nicht erlaubt.

TIPP Wenn Sie Ihre Variablennamen übersichtlich und auch aussagekräftig definieren möchten, empfiehlt sich die folgende Schreibweise:

`Dim strTextMeldungFürFehler as String`

Hier geht aus dem Namen der Variablen klar hervor, welchem Zweck sie dienen soll. Als zweiter Punkt ist die Variable durch die Schreibweise leicht lesbar.

2.2 Variablen am Beginn der Prozedur deklarieren

INFO Variablen werden immer zu Beginn einer Prozedur deklariert, also nach der Sub-Anweisung. Dabei spricht man von lokalen Variablen. Diese Variablen können nur in der Prozedur verwendet werden, in der sie deklariert wurden. Nachdem eine Prozedur durchgelaufen ist, wird diese Variablen wieder aus dem Speicher gelöscht.

Von **globalen** Variablen spricht man, wenn diese allgemeingültig, also über mehrere Prozeduren hinweg, verwendet werden können. In diesem Fall muss die Variablendeklaration vor der Sub-Anweisung erfolgen.

STOP Globale Variablen können gleich für mehrere Prozeduren verwendet werden. Diese werden nach dem Ende einer Prozedur auch nicht gelöscht und behalten ihren aktuellen Wert bei. Es gibt Beispiele, in denen diese Vorgehensweise sinnvoll ist. In den meisten Fällen sollten globale Variablen aber weitestgehend vermieden werden, da sie wertvollen Speicherplatz auf dem Stapelspeicher belegen, was sich negativ auf das Laufzeitverhalten Ihres Programms auswirken kann. Außerdem erschwert der Einsatz von globalen Variablen generell die Lesbarkeit von Programmcode, insbesondere bei umfangreichen Programmen.

Eine Variablendeklaration beginnt immer mit der Anweisung Dim, gefolgt von einem Variablennamen, den Sie frei wählen können. Danach geben Sie mit dem Schlüsselwort As an, welchen Datentyp die Variable erhalten soll. Die Tabelle 2.1 weiter hinten in diesem Kapitel listet die gängigsten Datentypen auf.

2.3 Verschiedene Variablentypen

In Access haben Sie neben den lokalen und globalen Variablen weitere Möglichkeiten, um Variablen zu deklarieren.

2.3.1 Statische Variablen

Sie haben die Möglichkeit, Variablen so zu definieren, dass deren »Haltbarkeit« nach jedem Prozedurende erhalten bleibt. Sehen Sie sich dazu einmal die beiden folgenden Listings an.

Listing 2.1: Die Variable `longMyLocalVar` zerfällt nach jedem Prozedurende.

```
Sub Variablen01()
   Dim longMyLocalVar As Long

   longMyLocalVar = longMyLocalVar + 1
   MsgBox longMyLocalVar
End Sub
```

Im Listing 2.1 wird bei jedem Prozedurstart die Variable auf den Anfangswert 1 zurückgesetzt.

Listing 2.2: Die Variable `longMyLocalStaticVar` bleibt auch nach Prozedurende erhalten.

```
Sub Variablen02()
   Static longMyLocalStaticVar As Long

   longMyLocalStaticVar = longMyLocalStaticVar + 1
   MsgBox longMyLocalStaticVar
End Sub
```

Wenn Sie die Prozedur aus Listing 2.2 mehrmals hintereinander aufrufen, dann werden Sie sehen, dass der Inhalt der Variablen `longMyLocalStaticVar` auch nach dem Prozedurdurchlauf erhalten bleibt und der Wert der Variablen demnach bei jedem Durchlauf der Prozedur inkrementiert wird.

2.3.2 Private Variablen

Als Nächstes ist die Anweisung `Private` zu nennen. Wird diese Anweisung bei der Deklaration einer Variablen eingesetzt, ist diese Variable für alle Prozeduren innerhalb des Moduls gültig, in dem die Variable deklariert wurde. Sehen Sie sich dazu einmal die folgende Abbildung an.

Wenn Sie beispielsweise eine Prozedur in MODUL1 erstellen, die auf die in MODUL2 deklarierte Variable `longMyPrivateVar` zugreifen soll, dann wird Ihnen dies nicht gelingen. Sie haben lediglich in MODUL2 die Möglichkeit, auf die Variable `longMyPrivateVar` zuzugreifen. In der Abbildung 2.1 verändern die Prozeduren `Variable03` und `Variable04` diese Variable bei jedem neuen Aufruf.

Abbildung 2.1:
Die Variable `long-MyPrivateVar` kann von allen Prozeduren des MODUL2 verändert werden.

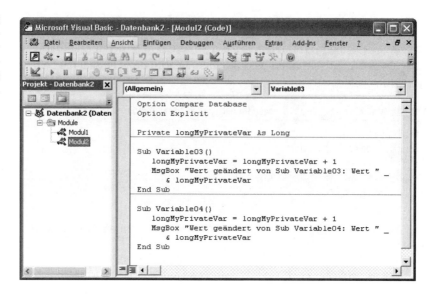

2.3.3 Öffentliche Variablen

Analog zu den privaten Variablen gibt es selbstverständlich auch öffentliche Variablen. Diese Variablen werden mit der Anweisung `Public` deklariert. Damit haben Sie die Möglichkeit, auf Variablen zuzugreifen, die in anderen Modulen deklariert sind. Sehen Sie sich dazu einmal das Beispiel in Abbildung 2.2 an.

Abbildung 2.2:
Öffentliche Variablen deklarieren

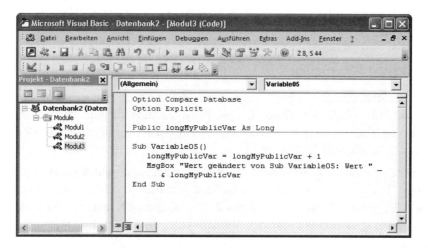

In unserem Beispiel können Sie von Prozeduren aus, die in MODUL2 definiert sind, auf die in MODUL3 deklarierte Variable `longMyPublicVar` zugreifen. Die Anweisung `Public` gewährt Ihnen also den modulübergreifenden Zugriff auf Variablen.

2.4 Variablendeklarationen erzwingen

Sie können Access so einstellen, dass jede Variable vor ihrer ersten Verwendung deklariert werden muss. Vorher läuft keine einzige Prozedur an, sofern sie mit Variablen arbeitet, die zuvor nicht deklariert wurden. Um diese wichtige Einstellung vorzunehmen, wechseln Sie in die Entwicklungsumgebung und rufen den Befehl EXTRAS/OPTIONEN auf. Wechseln Sie auf die Registerkarte EDITOR, und aktivieren Sie das Kontrollkästchen VARIABLENDEKLARATION ERFORDERLICH.

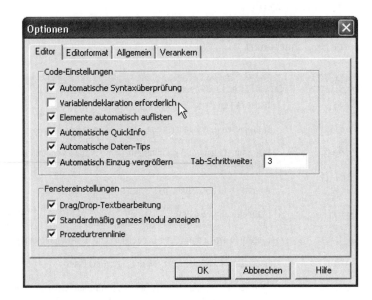

Abbildung 2.3: Deklaration von Variablen erzwingen

Was bewirkt diese Einstellung aber genau? Immer wenn Sie ein neues Modul einfügen, wird automatisch die Anweisung Option Explicit in die erste Zeile Ihres Modulblattes eingetragen. Diese Anweisung können Sie selbstverständlich auch von Hand erfassen. Sie bedeutet nichts anderes, als dass verwendete Variablen im Code vor ihrem Aufruf deklariert werden müssen. Vorher läuft gar nichts!

Kontrolle, wo die Variablen definiert sind

Die Entwicklungsumgebung von Access bietet Ihnen eine hilfreiche Möglichkeit zu prüfen, wo verwendete Variablen definiert sind. Klicken Sie die zu überprüfende Variable mit der rechten Maustaste an, und wählen Sie im Kontextmenü den Befehl DEFINITION aus. Der Mauszeiger springt danach direkt an die Stelle im Code, an der die Variable definiert wurde.

2.5 Die wichtigsten Variablentypen

Die beiden wichtigsten Variablentypen sind zum einen die Variable vom Typ String und zum anderen die Integer-Variable. In einer Variablen von Typ String können Sie Texte zwischenspeichern, manipulieren und ausgeben. In einer Variablen vom Typ Integer speichern Sie ganze Zahlen, mit denen Sie beispielsweise mathematische Berechnungen ausführen können. Integer-Variablen werden oft als Zähler in Schleifen verwendet, die Sie im weiteren Verlauf des Buches noch kennenlernen werden.

Entnehmen Sie der nachfolgenden Tabelle die gängigsten Variablentypen und deren Speicherbedarf:

Tabelle 2.1: Die Datentypen für die Programmierung

Variablentyp	Wertebereich/Speicherbedarf
Byte	Ganze Zahlen zwischen 0 und 255 (1 Byte)
Boolean	Wahrheitswert, entweder True oder False (2 Bytes)
Currency	Währungs-Datentyp: Festkommazahlen mit 15 Stellen vor und vier Stellen nach dem Komma (8 Bytes)
Date	Datums- und Zeit-Datentyp (8 Bytes)
Decimal	Dezimalzahlen (14 Bytes)
Double	Fließkommazahlen mit einer Genauigkeit von 16 Stellen hinterm Komma (8 Bytes)
Integer	Ganze Zahlen zwischen –32.768 und +32.767 (2 Bytes)
Long	Ganze Zahlen im Wertebereich von –2.147.483.648 und +2.147.483.647 (4 Byte)
Object	Datentyp gibt einen Verweis auf ein Objekt wieder (4 Bytes)
Single	Fließkommazahlen mit einer Genauigkeit von acht Stellen hinterm Komma (4 Bytes)
String	Der Datentyp für alle Texte (10 Bytes plus Zeichenfolgenlänge)
Variant	Standarddatentyp, wird automatisch gewählt, wenn kein anderer Datentyp definiert ist (16 Bytes)

Oft werden Variablen in folgender Form deklariert:

Dim int1, int2, int3 As Integer

Dazu ist zu sagen, dass lediglich die erste Variable dem Typ Long zugeordnet wird. Alle anderen Variablen bekommen den Datentyp Variant. Richtig wäre hier:

Dim int1 As Integer
Dim int2 As Integer
Dim int3 As Integer

oder

Dim int1 As Integer, int2 As Integer, int3 As Integer

Zu empfehlen ist jedoch die erste Variante, in der pro Zeile eine Variable deklariert wird. Damit hat der Compiler am wenigsten Probleme und stellt auch die übersichtlichste Methode dar.

Im weiteren Verlauf dieses Buches werden Sie die verschiedenen Datentypen im Praxiseinsatz sehen.

Einen weiteren Vorteil der Deklaration von Variablen möchte ich Ihnen nicht vorenthalten. Wenn Sie vergessen, Variablen zu deklarieren, und auch nicht die Anweisung Option Explicit gesetzt haben, gehen Sie sehr verschwenderisch mit Ihrem Speicher um. Wird für eine Variable kein Datentyp angegeben, wird automatisch der Datentyp Variant verwendet. Wegen seines hohen Speicherbedarfs von 16 Byte ist er aber nicht zu empfehlen.

2.6 Noch kürzere Deklaration von Variablen

Wenn Sie nach und nach geübter in der Programmierung werden, möchten Sie möglicherweise die Variablennamen nicht mehr ganz so lang schreiben und auch bei der Datentyp-Anweisung weniger Schreibarbeit haben. Sehen Sie sich dazu einmal die folgende Tabelle an:

Ausführlich	Kurzform
Dim Zähler as Integer	Dim Zähler%
Dim Zähler Groß as Long	Dim ZählerGroß&
Dim Betrag as Currency	Dim Betrag@
Dim Meldung as String	Dim Meldung$
Dim Zahl as Single	Dim Zahl!
Dim MaxZahl as Double	Dim MaxZahl#

Tabelle 2.2:
Noch kürzere Datentyp-Deklaration

Für jeden in der Tabelle 2.2 aufgeführten Datentyp gibt es ein Kurzzeichen, das Sie einsetzen können, um den Programmiercode zu verkürzen. Sie sollten aber zumindest am Anfang bei den sprechenden Variablen bleiben.

Wenn Sie möchten, können Sie bei der Benennung von Variablen auch jeweils den Namen der Variablen mit einem Kürzel beginnen lassen, das bereits Auskunft über den Datentyp der Variablen gibt. So symbolisiert die Variable strMeldung eindeutig eine Variable vom Datentyp String, in der Sie Texte zwischenspeichern können. Die Variable intAnzahlGefüllterZellen stellt eine Variable vom Typ Integer dar, in der Sie Zahlenwerte verwalten können. Selbstverständlich können Sie auch andere Benennungen Ihrer Variablen wählen.

2.7 Variablendeklaration mit DefType

Wenn eine größere Menge von Variablen des gleichen Typs verwendet werden muss, dann können Sie sich die Deklaration der einzelnen Variablen sparen, indem Sie die Anweisung DefType einsetzen. Dabei darf diese Anweisung nicht innerhalb von Prozeduren, sondern nur auf Modulebene eingesetzt werden.

So bedeutet die Anweisung

DefInt i-j,

dass alle Variablen, die mit den Buchstaben i oder j beginnen, automatisch Integer-Variablen sein sollen. Entnehmen Sie aus der folgenden Tabelle weitere mögliche Anweisungen zu DefType.

Tabelle 2.3: Die DefType-Anweisungen

Anweisung	Datentyp
DefBool	Boolean
DefByte	Byte
DefCur	Currency
DefDbl	Double
DefDate	Date
DefInt	Integer
DefLng	Long
DefObj	Object
DefStr	String
DefSng	Single
DefVar	Variant

DefType-Anweisungen vertragen sich leider nicht mit der Anweisung Option Explicit. Möchten Sie also DefType-Anweisungen einsetzen, dann muss auf die Option Explicit verzichtet werden.

2.8 Die Verwendung von Konstanten

Im Gegensatz zu den Variablen ändern die Konstanten ihre Werte nie und bleiben während der Programmausführung immer konstant. Auch hier wird zwischen lokalen und globalen Konstanten unterschieden. Globale Konstanten werden außerhalb von Prozeduren definiert und sind damit für alle Prozeduren im Modul verwendbar. Lokale Konstanten hingegen gelten nur in der Prozedur, in der sie definiert wurden. Wie schon bei den Variablen sollten Sie darauf achten, nicht allzu viele globale Konstanten zu verwenden, da sich dies merklich auf Ihren Speicher auswirkt und Ihre Programme schwerer lesbar macht.

Nachfolgend ein paar typische Deklarationen mit Konstanten:

```
Const varcDatenbank = "DB1.mdb"
Const varcStartDatum = #1/1/2010#
Const varcFehlermeld1 =  "Fehler beim Drucken!"
Const varcMWST = 1.16
```

Was kann hier noch verbessert werden? Was für die Variablen gilt, hat auch bei den Konstanten Konsequenzen. In den obigen Beispielen ist noch nicht erklärt worden, welche Datentypen verwendet werden sollen. Zum aktuellen Zeitpunkt wird in allen vier Beispielen der Datentyp `Variant` eingesetzt. Es geht auch etwas genauer und speichersparender:

```
Const strcDatenbank as String = "DB1.mdb"
Const dtmcStartDatum As Date = #1/1/2010#
Const strcFehlermeld1 as String = "Fehler beim Drucken!"
Const sngcMWST as Single = 1.16
```

2.9 Systemkonstanten einsetzen

Neben den selbst zu definierenden Konstanten gibt es in VBA eine ganze Reihe vorgefertigter Systemkonstanten, die Sie für Ihre Programmierung einsetzen können.

Alle folgenden Prozeduren und Funktionen finden Sie auf der CD-ROM zum Buch im Ordner KAP02 unter dem Namen KONSTANTEN.MDB. Öffnen Sie dazu im Visual Basic-Editor das MODUL1.

2.9.1 Datumsformat-Konstanten

Für das Anzeigen von Datums- und Zeitangaben stehen Ihnen fertige Systemkonstanten zur Verfügung, die die Formatierung des Datums bzw. des Zeitwerts für Sie übernehmen. Diese Datums-/Zeitkonstanten werden im Zusammenspiel mit der Funktion `FormatDatTime` verwendet.

Die Funktion `FormatDateTime` hat folgende Syntax:

`FormatDateTime(Datum[,BenanntesFormat])`

Im Argument `Datum` übergeben Sie der Funktion einen Datumswert.

Im Argument `BenanntesFormat` wählen Sie eine der in der Tabelle folgenden Datums-/Zeitkonstanten.

Tabelle 2.4:
Die Datumskonstanten

Konstante	Wert	Beschreibung
vbGeneralDate	0	Zeigt ein Datum und/oder eine Uhrzeit an. Wenn es ein Datum gibt, wird es in Kurzform angezeigt. Wenn es eine Uhrzeit gibt, wird sie im langen Format angezeigt. Falls vorhanden werden beide Teile angezeigt.
vbLongDate	1	Zeigt ein Datum im langen Datumsformat an, das in den Ländereinstellungen des Computers festgelegt ist
VbShortDate	2	Zeigt ein Datum im kurzen Datumsformat an, das in den Ländereinstellungen des Computers festgelegt ist
vbLongTime	3	Zeigt eine Uhrzeit in dem Zeitformat an, das in den Ländereinstellungen des Computers festgelegt ist
vbShortTime	4	Zeigt eine Uhrzeit im 24-Stunden-Format (hh:mm) an

Im Beispiel aus Listing 0.1 wird der momentane Zeitpunkt als Datums- bzw. Zeitangabe auf verschiedene Weisen im Direkt-Fenster angezeigt.

Listing 2.3: Datumskonstanten nützen und ausgeben

```
Sub FormatDateTimeFormate()
  Dim dtmJetzt As Date

  'aktuelle Zeit und Datum vom Betriebssystem holen
  dtmJetzt = Now

  'Ausgabe in verschiedenen Formaten
  Debug.Print FormatDateTime(dtmJetzt, vbGeneralDate)
  Debug.Print FormatDateTime(dtmJetzt, vbLongDate)
  Debug.Print FormatDateTime(dtmJetzt, vbShortDate)
  Debug.Print FormatDateTime(dtmJetzt, vbLongTime)
  Debug.Print FormatDateTime(dtmJetzt, vbShortTime)
End Sub
```

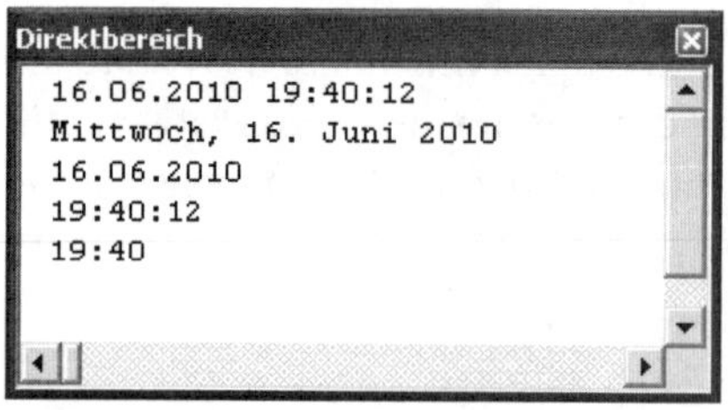

Abbildung 2.4:
Verschiedene Datumsformatierungen über Konstanten

```
Direktbereich
16.06.2010 19:40:12
Mittwoch, 16. Juni 2010
16.06.2010
19:40:12
19:40
```

Über weitere Datums-/Zeitkonstanten können Sie das Quartal bzw. den genauen Wochentag abfragen.

Über die Funktion Datepart können Sie einen bestimmten Teil des Datums extrahieren, indem Sie auf die Konstanten dieser Funktion zurückgreifen. Die Syntax dieser Funktion lautet:

```
DatePart(interval, date[,firstdayofweek[, firstweekofyear]])
```

Im Argument `Intervall` müssen Sie genau angeben, welchen Teil des Datums Sie extrahieren möchten. Die einzelnen Möglichkeiten sehen Sie in der folgenden Tabelle 2.5.

Einstellung	Beschreibung
yyyy	Jahr
q	Quartal
m	Monat
y	Tag des Jahres
d	Tag
w	Wochentag
ww	Woche
h	Stunde
n	Minute
s	Sekunde

Tabelle 2.5: Die Intervall-Konstanten der Funktion `DatePart`

Im Argument `firstdayofweek` müssen Sie den ersten Tag der Woche angeben. Denken Sie beispielsweise daran, dass der jüdische Kalender mit dem Sonntag als erstem Tag der Woche beginnt. Für unseren europäischen Bereich müssen Sie daher den Wert 2 bzw. die Konstante `vbMonday` einsetzen. Wenn Sie die ganze Sache etwas variabler halten möchten, dann setzen Sie die Konstante `vbUseSystem` ein. Damit wird die Einstellung des ersten Tags der Woche direkt aus den Einstellungen Ihrer Windows-Systemsteuerung herausgelesen. Sehen Sie die einzelnen Belegungen der Konstanten in Tabelle 2.6.

Konstante	Wert	Beschreibung
VbUseSystem	0	Die NLS API-Einstellung wird verwendet.
VbSunday	1	Sonntag (Voreinstellung)
VbMonday	2	Montag
vbTuesday	3	Dienstag
vbWednesday	4	Mittwoch
vbThursday	5	Donnerstag
vbFriday	6	Freitag
vbSaturday	7	Samstag

Tabelle 2.6: Die `FirstDayOfWeek`-Konstanten der Funktion `DatePart`

Im letzten Argument firstweekofyear legen Sie die erste Woche eines Jahres fest. Danach richtet sich auch jeweils die Nummerierung der Kalenderwoche. Dabei können Sie folgende Einstellungen treffen:

Tabelle 2.7: Die FirstWeekOfYear-Konstanten der Funktion DatePart

Konstante	Wert	Beschreibung
VbUseSystem	0	Die NLS API-Einstellung aus der Systemsteuerung von Windows wird verwendet.
vbFirstJan1	1	Anfang in der Woche mit dem 1. Januar (Voreinstellung)
vbFirstFourDays	2	Anfang in der ersten Woche, die mindestens vier Tage im neuen Jahr enthält
VbFirstFullWeek	3	Anfang in der ersten vollen Woche des Jahres

Mithilfe der Funktion WeekDayName können Sie auf ähnliche Konstanten wie gerade beschrieben zurückgreifen. Die Syntax dieser Funktion lautet:

```
WeekdayName(Wochentag, abkürzen, ErsterWochentag)
```

Das Argument Wochentag gibt die numerische Bezeichnung des Wochentages wieder, die abhängig ist von der Wahl des Arguments ErsterWochentag.

Das Argument abkürzen legt fest, ob der Name des Tages abgekürzt werden soll oder nicht. Setzen Sie dieses Argument auf den Wert True, wenn Sie den ermittelten Wochentag abkürzen möchten. Setzen Sie hingegen dieses Argument auf den Wert False, um den Namen des ermittelten Tages auszuschreiben.

Im Argument ErsterWochentag geben Sie den ersten Tag der Woche an, den Sie in Tabelle 2.6 ermitteln können.

Im nächsten Beispiel erstellen Sie zwei Funktionen, denen Sie einen Datumswert übergeben.

Listing 2.4: Das Quartal sowie den Wochentag ermitteln

```
Function Quartal(dtm As Date)
   Quartal = DatePart("q", dtm)
End Function

Function Wochentag(dtm As Date)
   Wochentag = WeekdayName _
      (Weekday(dtm,vbUseSystemDayOfWeek),False)
End Function
```

Übergeben Sie jetzt diesen beiden Funktionen einen beliebigen Datumswert. Starten Sie dazu die nächste Prozedur.

Systemkonstanten einsetzen

Listing 2.5: Ein beliebiges Datum übergeben

```
Sub QuartalUndWochentagErmitteln()
    Dim dtmDatum As Date
    dtmDatum = "20.04.2010"

    Debug.Print " Dieses Datum liegt im " & _
        Quartal(dtmDatum) & " .Quartal!"
    Debug.Print " Der Wochentag ist ein " & _
        Wochentag(dtmDatum)
End Sub
```

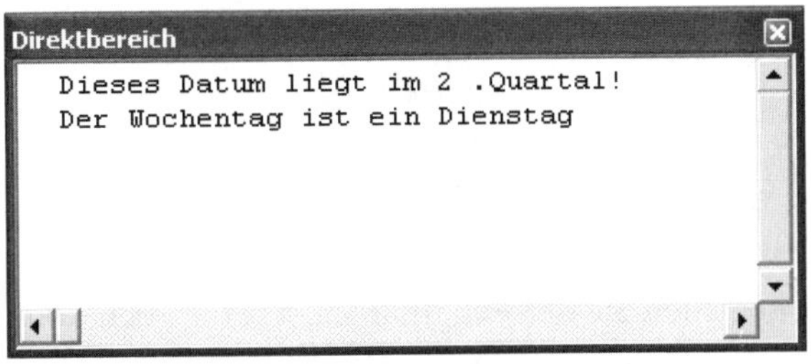

Abbildung 2.5: Das Quartal sowie den Wochentag aus einem Datum extrahieren

```
Direktbereich
 Dieses Datum liegt im 2 .Quartal!
 Der Wochentag ist ein Dienstag
```

2.9.2 Dir-Konstanten

Sicher kennen Sie noch den alten DOS-Befehl Dir, über den Sie sich damals (aber auch noch heute) den Inhalt Ihrer Festplatte anzeigen lassen konnten. Mit diesem Befehl können bestimmte Konstanten eingesetzt werden, die Sie in der nachfolgenden Tabelle 2.8 einsehen können.

Konstante	Wert	Beschreibung
VbNormal	0	(Voreinstellung) Dateien ohne Attribute
VbReadOnly	1	Schreibgeschützte Dateien, zusätzlich zu Dateien ohne Attribute
VbHidden	2	Versteckte Dateien, zusätzlich zu Dateien ohne Attribute
VbSystem	4	Systemdatei, zusätzlich zu Dateien ohne Attribute. Beim Macintosh nicht verfügbar
VbVolume	8	Datenträgerbezeichnung. Falls andere Attribute angegeben wurden, wird vbVolume ignoriert. Beim Macintosh nicht verfügbar
VbDirectory	16	Verzeichnis oder Ordner, zusätzlich zu Dateien ohne Attribute

Tabelle 2.8: Die Konstanten der Funktion Dir

Im folgenden Beispiel soll mithilfe der Funktion GetAttr und der Dir-Konstanten überprüft werden, ob eine bestimmte Datenbank in einem Verzeichnis existiert. Schreiben Sie dazu eine Funktion und eine aufrufende Prozedur, die Sie im folgenden Listing sehen können.

Listing 2.6: Der Datenbankcheck über die Funktion Dir

```
Function DbExistiert(ByVal strPfad As String) As Boolean
   On Error Resume Next
   DbExistiert = (GetAttr(strPfad) And vbDirectory) = 0
End Function

Sub DatenbankCheck()
   Dim boolExist As Boolean

   boolExist = DbExistiert _
      ("D:\Eigene Dateien\Nordwind.mdb")

   If boolExist = False Then
      Debug.Print "Datenbank nicht gefunden!"
   Else
      Debug.Print "Datenbank gefunden!"
   End If
End Sub
```

Übergeben Sie der Funktion DbExistiert den kompletten Pfad- und Dateinamen der gesuchten Datenbank. Mit dem Schlüsselwort ByVal legen Sie fest, dass diese übergebene Variable als Wert übertragen wird, das bedeutet, dass der aktuelle Wert der Variablen nicht von der Prozedur verändert werden kann, an die er übergeben wird.

Über die Funktion GetAttr geben Sie einen Wert vom Typ Integer zurück, der die Attribute einer Datei, eines Verzeichnisses oder eines Ordners darstellt.

Abbildung 2.6:
Eine Datenbank auf deren Existenz prüfen

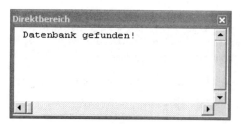

Ebenso können Sie die Dir-Konstanten einsetzen, wenn Sie die Dateieigenschaften für Ihre Datenbanken setzen möchten. Das folgende Beispiel sorgt dafür, dass die Datenbank NORDWIND.MDB im Verzeichnis C:\EIGENE DATEIEN\ im Explorer von Windows nicht mehr angezeigt wird, wenn Sie dieser Datenbank die Eigenschaft VERSTECKT zuweisen. Diese Eigenschaft finden Sie übrigens wieder, wenn Sie im Windows-Explorer mit der rechten Maustaste auf die gewünschte Datenbank klicken und aus dem Kontextmenü den Befehl EIGENSCHAFTEN auswählen.

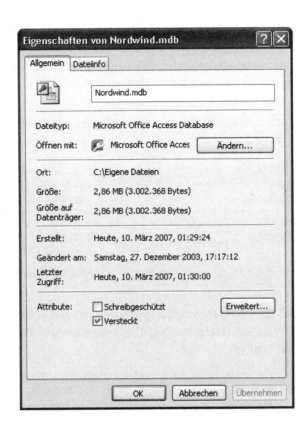

Abbildung 2.7:
Die Dateieigenschaften über SetAttr ändern

Listing 2.7: Eine Datenbank mit der Eigenschaft Versteckt ausstatten

```
Sub DatenbankVerstecken()
    SetAttr "C:\Eigene Dateien\Nordwind.mdb", vbHidden
    MsgBox "Datenbank wird im Explorer nicht angezeigt!"
End Sub
```

Machen Sie den gerade durchgeführten Vorgang wieder rückgängig, indem Sie der Datenbank über die Anweisung SetAttr die Konstante vbNormal zuweisen. Den Quellcode hierfür sehen Sie im folgenden Listing.

Listing 2.8: Eine Datenbank wieder im Explorer anzeigen

```
Sub DatenbankAnzeigen()
    SetAttr "C:\Eigene Dateien\Nordwind.mdb", vbNormal
    MsgBox "Die Datenbank ist wieder sichtbar!"
End Sub
```

2.9.3 File Input-/Output-Konstanten

Mithilfe dieser Konstanten können Sie die Zugriffsart auf eine Datei festlegen. Dabei können Sie eine Datei mit Leserecht öffnen. Sie haben dann keine Chance, diese Datei zu verändern. Eine weitere Möglichkeit ist es, eine Datei zu öffnen und dafür zu sorgen, dass diese neu angelegt wird, sofern sie schon existiert. Die dritte Möglichkeit ist, in eine Datei hineinzuschreiben und dabei die bisherigen Eingaben beizubehalten, also den neuen Text einfach unten anzuhängen. Diese File Input-/Output-Konstanten werden bevorzugt in der Verarbeitung von Textdateien angewendet.

Entnehmen Sie die einzelnen Möglichkeiten des Dateizugriffs der folgenden Tabelle 2.9.

Tabelle 2.9:
Die Konstanten für den Dateizugriff bei Textdateien

Konstante	Wert	Beschreibung
ForReading	1	Öffnet eine Datei, die nur gelesen werden kann. Sie können nicht in diese Datei schreiben.
ForWriting	2	Öffnet eine Datei zum Schreiben. Wenn es eine Datei mit dem gleichen Namen gibt, wird der frühere Inhalt überschrieben.
ForAppending	8	Öffnet eine Datei und schreibt an ihr Ende

Bei der nächsten Aufgabe greifen Sie auf den Windows Scripting Host von Microsoft zu. Um dafür den Zugriff auf die einzelnen Befehle zu bekommen, gehen Sie wie folgt vor:

1. Wechseln Sie in die Entwicklungsumgebung von Access.
2. Wählen Sie aus dem Menü EXTRAS den Befehl VERWEISE.
3. Aktivieren Sie im Listenfeld VERFÜGBARE VERWEISE die Bibliothek MICROSOFT SCRIPTING RUNTIME.

Abbildung 2.8:
Die Bibliothek SCRIPTING RUNTIME aktivieren

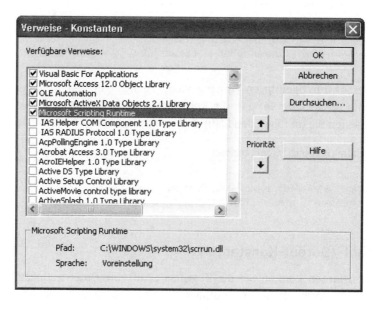

4. Bestätigen Sie Ihre Einstellung mit OK.

Legen Sie im nächsten Schritt eine Textdatei an, geben einen Text ein und speichern diese Textdatei unter dem Namen BRIEF.TXT im Verzeichnis C:\EIGENE DATEIEN. Erstellen Sie danach den folgenden Programmcode.

Listing 2.9: Eine Textdatei zeilenweise in das Direkt-Fenster einlesen

```
Function TextDateiLesen(strFileIn As String) As Long
   Dim fs As Scripting.FileSystemObject
   Dim f As Scripting.TextStream
   Dim strZeile As String
   Dim longZeile As Long

   'Datei zum Lesezugriff (Read only) öffnen
   Set fs = New Scripting.FileSystemObject
   Set f = fs.OpenTextFile(strFileIn, ForReading, False)

   'Datei zeilenweise bis zum Ende lesen.
   'Zeile jeweils im Debug-Fenster ausgeben.
   longZeile = 0
   Do While f.AtEndOfStream <> True
      strZeile = f.ReadLine
      longZeile = longZeile + 1
      Debug.Print strZeile
   Loop

   'Datei schliessen und erzeugte Objekte vernichten
   f.Close
   Set f = Nothing
   Set fs = Nothing

   'Anzahl der gelesenen Zeilen zurückgeben
   TextDateiLesen = longZeile
End Function

Sub BriefTxtLesen()
   TextDateiLesen ("C:\Eigene Dateien\Brief.txt")
End Sub
```

Erzeugen Sie im ersten Schritt ein `FileSystemObject`. Danach lesen Sie die angegebene Textdatei in einen Datenpuffer unter Verwendung der Methode `OpenTextFile`, der Sie die Konstante `ForReading` übergeben. Die Eigenschaft `AtEndOfStream` liefert den Wert `True`, wenn Sie den letzten Satz des Datenpuffers gelesen haben. Und genau so bauen Sie Ihre Schleife auf, die so lange abgearbeitet wird, bis die letzte Zeile im Datenpuffer verarbeitet wurde. Mithilfe der Methode `ReadLine` lesen Sie den Datenpuffer zeilenweise aus und übertragen diese Zeile in die String-Variable `strZeile`, die Sie dann auch im Direktbereich von Access über die Anweisung `Debug.Print` ausgeben. Schließen Sie danach die geöffnete Textdatei über die Methode `Close` und geben den durch die Objekte reservierten Arbeitsspeicher über die Anweisung `Set`, der Sie das Schlüsselwort `Nothing` übergeben, wieder frei.

Abbildung 2.9:
Die Textdatei wurde im Direktbereich ausgegeben.

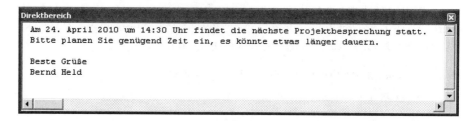

2.9.4 Die Shell-Konstanten

Mithilfe der Funktion Shell können Sie jedes ausführbare Programm aufrufen. Über die Shell-Konstanten legen Sie dabei fest, ob das Programm im Hintergrund bleiben bzw. minimiert oder maximiert angezeigt werden soll.

Die Funktion Shell hat folgende Syntax:

Shell(pathname[,windowstyle])

Im Argument pathname geben Sie den Pfad sowie den Dateinamen der ausführbaren Datei an, die Sie starten möchten.

Das Argument WindowsStyle legt den Stil des Fensters fest, in dem das Programm ausgeführt werden soll. Dabei stehen Ihnen folgende Konstanten aus Tabelle 2.10 zur Verfügung.

Tabelle 2.10:
Die Konstanten der Funktion Shell

Konstante	Wert	Beschreibung
VbHide	0	Das Fenster ist ausgeblendet und erhält den Fokus.
VbNormalFocus	1	Das Fenster hat den Fokus, und die ursprüngliche Größe und Position werden wiederhergestellt.
VbMinimizedFocus	2	Das Fenster wird als Symbol mit Fokus angezeigt.
VbMaximizedFocus	3	Das Fenster wird maximiert mit Fokus angezeigt.
VbNormalNoFocus	4	Die zuletzt verwendete Größe und Position des Fensters werden wiederhergestellt. Das momentan aktive Fenster bleibt aktiv.
VbMinimizedNoFocus	6	Das Fenster wird als Symbol angezeigt. Das momentan aktive Fenster bleibt aktiv.

Wenden Sie jetzt die Funktion Shell und deren Konstanten in einem Beispiel an. So wird im nächsten Listing der Internet Explorer von Microsoft gestartet und eine bestimmte Webseite automatisch geladen.

Listing 2.10: Den Internet Explorer über die Funktion Shell aufrufen

```
Sub InternetExplorerStarten()
   Dim dblTaskId As Double
   Dim strUrl As String
```

```
    strUrl = "http://www.held-office.de"
    dblTaskId = Shell _
       ("C:\Programme\Internet Explorer\IExplore.exe " _
       & strUrl, 1)
End Sub
```

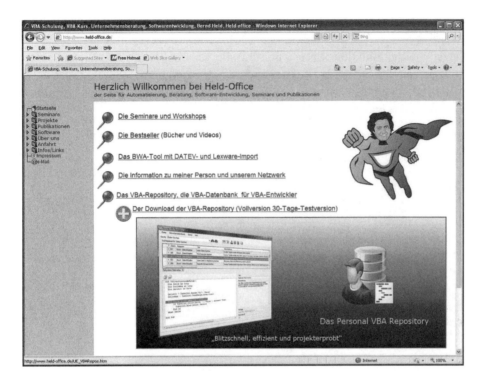

Abbildung 2.10:
Eine bestimmte Webseite automatisch ansteuern

2.9.5 StrConv-Konstanten

Mithilfe der Funktion StrConv und der dazugehörigen Konstanten können Sie Texte automatisch anpassen. Sie haben dabei unter anderem die Möglichkeit, Texte in Groß- bzw. Kleinbuchstaben umzuwandeln.

Entnehmen Sie aus der Tabelle 2.11 die gängigsten Konstanten der Funktion StrConv.

Konstante	Wert	Beschreibung
VbUpperCase	1	Wandelt die Zeichenfolge in Großbuchstaben um
VbLowerCase	2	Wandelt die Zeichenfolge in Kleinbuchstaben um
VbProperCase	3	Wandelt den ersten Buchstaben jedes Wortes innerhalb der Zeichenfolge in einen Großbuchstaben um

Tabelle 2.11:
Die Konstanten der Funktion StrConv

Im folgenden Beispiel wird in einem Formular die Eingabe in ein bestimmtes Textfeld automatisch in Großbuchstaben umgesetzt.

Listing 2.11: Texteingaben in Formularen sofort umsetzen

```
Private Sub Text0_AfterUpdate()
   Me.Text0 = StrConv(Me.Text0, vbUpperCase)
End Sub
```

Setzen Sie die Funktion `StrConv` ein, um die Texteingabe im Eingabefeld sofort umzusetzen. Sie nützen dazu unter anderem das Ereignis `AfterUpdate`, das automatisch dann eintritt, wenn Sie nach der Eingabe des Textes die Taste ⏎ drücken bzw. das Eingabefeld über die Taste ⇆ verlassen.

Lesen Sie mehr zum Thema *Formulare* in Kapitel 7 und zum Thema *Ereignisse* in Kapitel 9.

Abbildung 2.11: Texteingaben über StrConv wandeln

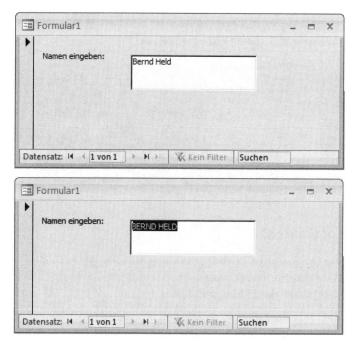

2.9.6 Var-Type-Konstanten

Über die Funktion `VarType` und deren Konstanten können Sie den Datentyp einer Variablen prüfen. Dies ist mitunter wichtig, wenn Sie später Variablentypen umwandeln müssen.

Die Funktion `VarType` hat folgende Syntax:

`VarType(VarName)`

Das Argument `VarName` liefert einen Wert, dessen Bedeutung Sie in der Tabelle 2.12 nachsehen können.

Konstante	Wert	Beschreibung
VbEmpty	0	Empty (nicht initialisiert)
VbNull	1	Null (keine gültigen Daten)
VbInteger	2	Ganzzahl (Integer)
VbLong	3	Ganzzahl (Long)
VbSingle	4	Fließkommazahl einfacher Genauigkeit
VbDouble	5	Fließkommazahl doppelter Genauigkeit
VbCurrency	6	Währungsbetrag (Currency)
VbDate	7	Datumswert (Date)
VbString	8	Zeichenfolge (String)
vbObject	9	Objekt
vbError	10	Fehlerwert
vbBoolean	11	Boolescher Wert (Boolean)
vbVariant	12	Variant (nur bei Datenfeldern mit Variant-Werten)
vbDataObject	13	Ein Datenzugriffsobjekt
VbDecimal	14	Dezimalwert
VbByte	17	Byte-Wert
VbArray	8192	Datenfeld (Array)

Tabelle 2.12:
Die Konstanten der Funktion `VarType`

Da Sie jederzeit wissen müssen, welche Variablentypen eingesetzt werden, um Abstürze zu vermeiden, können Sie die Funktion `VarType` einsetzen, um Ihre Variablen auf deren Richtigkeit zu testen. So könnten Sie sich beispielsweise vor einer Rechenoperation versichern, dass die Variable von einem Typ `integer` oder `long` ist. Im Falle einer vorliegenden String-Variablen würde eine Rechenoperation automatisch nicht funktionieren.

Das nächste Programmbeispiel macht die Wirkungsweise der Funktion `VarType` deutlich.

Listing 2.12: Variablencheck über die Funktion `VarType`

```
Sub VariablenChecken()
    Dim intVar  As Integer
    Dim strVar  As String
    Dim dtmVar  As Date
    Dim longVar As Long
    Dim varVar

    intVar = 100
    strVar = "Testzeichenfolge"
    dtmVar = Date
    longVar = 65536
    varVar = Time

    Debug.Print "Variablentyp: " & VarType(intVar)
    Debug.Print "Variablentyp: " & VarType(strVar)
    Debug.Print "Variablentyp: " & VarType(dtmVar)
    Debug.Print "Variablentyp: " & VarType(longVar)
    Debug.Print "Variablentyp: " & VarType(varVar)
End Sub
```

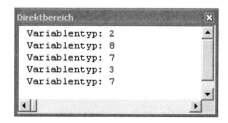

Abbildung 2.12: Variablen überwachen und auswerten

2.9.7 Die DoCmd.RunCommand-Konstanten

Mithilfe der Methode `RunCommand` können Sie jeden möglichen Befehl in Access, den Sie über die Menüs ansteuern können, auch per VBA-Anweisung ausführen lassen. Diese Methode hat demzufolge mehrere Hundert Konstanten, über die Sie steuern können, welcher Menübefehl ausgeführt werden soll.

Im folgenden Beispiel wird beispielsweise der Info-Dialog von Access aufgerufen.

Listing 2.13: Den Info-Dialog aufrufen

```
Sub InfodialogAufrufen()
    DoCmd.RunCommand acCmdAboutMicrosoftAccess
End Sub
```

Systemkonstanten einsetzen

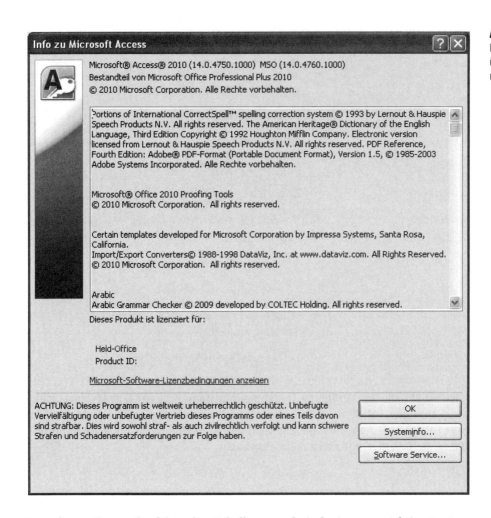

Abbildung 2.13:
Der Aufruf erfolgt über eine fest definierte Konstante.

Entnehmen Sie aus der folgenden Tabelle exemplarisch ein paar wichtige RunCommand-Konstanten.

Konstante	Beschreibung
acCmdAboutMicrosoftAccess	Ruft den Info-Dialog auf
acCmdAnswerWizard	Zeigt die Direkthilfe an
acCmdCloseWindow	Schließt das aktuelle Fenster
acCmdDatabaseProperties	Zeigt die Datenbankeigenschaften an
acCmdDocMinimize	Minimiert das Datenbank-Fenster
acCmdDocMaximize	Maximiert das Datenbank-Fenster
acCmdExit	Beendet Microsoft Access

Tabelle 2.13:
Einige der RunCommand-Konstanten im Überblick

Tabelle 2.13:
Einige der RunCommand-Konstanten im Überblick (Forts.)

Konstante	Beschreibung
acCmdFind	Das Suchen-Fenster wird angezeigt.
acCmdNewDatabase	Legt eine neue Datenbank an
acCmdOpenDatabase	Zeigt den ÖFFNEN-Dialog an
acCmdOpenTable	Öffnet eine Tabelle
acCmdOptions	Zeigt den Dialog OPTIONEN an
acCmdPrint	Zeigt den Dialog DRUCKEN an
acCmdQuickPrint	Druckt sofort, ohne den Dialog DRUCKEN anzuzeigen
acCmdRedo	Wiederholt die letzte Aktion
acCmdUndo	Widerruft die letzte Aktion
acCmdRelationships	Öffnet das Fenster, das die Beziehungen der Tabellen anzeigt
acCmdSend	Öffnet den E-Mail-Dialog

Möchten Sie alle zur Verfügung stehenden Konstanten in der Entwicklungsumgebung anzeigen, dann tippen Sie die Methode Runcommand in den Code-Bereich, geben ein Leerzeichen ein und warten, bis das Kontextmenü automatisch herunterklappt. Dort werden alle Konstanten angeboten.

Kapitel 3
Die wichtigsten Sprachelemente in Access

Das Wesentliche, was eine Programmiersprache ausmacht, sind ihre Sprachelemente. In diesem Kapitel erfahren Sie, wie Sie mithilfe von Abfragen, Schleifen und anderen Anweisungen Ihre Programme flexibel gestalten können. Diese Sprachelemente lassen sich nicht mit dem Makrorekorder aufzeichnen und müssen von Ihnen selbst erstellt werden. Der richtige Einsatz der Sprachelemente macht letztendlich die Kunst der Programmierung aus. Des Weiteren finden Sie in diesem Kapitel eine Auswahl der wichtigsten Funktionen von VBA sowie eine Beschreibung ihres Einsatzes.

Unter anderem geht es in diesem Kapitel um folgende Fragestellungen:

Die Themen dieses Kapitels

- Wie arbeite ich mit Verzweigungen?
- Wie kann ich die verzwickten Verzweigungen übersichtlicher darstellen?
- Wie programmiere ich Schleifen mit VBA?
- Wie kann ich Standard-VBA-Funktionen in meinen Modulen einsetzen?
- Wie setze ich Arrays in der Programmierung ein?
- Wie arbeite ich mit Operatoren?

Wie schreibe ich meine eigenen Funktionen?

Sie finden alle Beispiele in diesem Kapitel auf der diesem Buch beiliegenden CD-ROM im Verzeichnis KAP03 in der Datei SPRACHELEMENTE.MDB.

3.1 Verzweigungen

Mit Verzweigungen können Sie in Access bestimmte Zustände abfragen und je nach Zustand anders reagieren. Die Syntax für eine solche Verzweigung lautet:

Die Syntax für Verzweigungen

```
If Bedingung Then [Anweisungen] [Else elseAnweisungen]
```

Alternativ können Sie die Blocksyntax verwenden:

```
If Bedingung Then
[Anweisungen]
[ElseIf Bedingung-n Then
[elseifAnweisungen]] ...
[Else
[elseAnweisungen]]
End If
```

Unter dem Argument Bedingung bzw. Bedingung-n müssen Sie entweder einen numerischen Ausdruck oder einen Zeichenfolgenausdruck eingeben, der True oder False ergibt. Wenn die Bedingung den Wert 0 zurückmeldet, wird Bedingung als False interpretiert.

Unter dem Argument Anweisungen werden jene Anweisungen aufgeführt, die durchgeführt werden sollen, wenn Bedingung den Wert True liefert.

Unter dem Argument elseifAnweisungen sind eine oder mehrere Anweisungen gemeint, die ausgeführt werden, wenn die zugehörige Bedingung (bzw. Bedingung-n) den Wert True meldet.

Das Argument elseAnweisungen meint eine oder mehrere Anweisungen, die ausgeführt werden sollen, wenn keine der Bedingungen (Bedingung-Ausdruck oder Bedingung-n-Ausdruck) den Wert True meldet.

Verwenden Sie die erste Variante, wenn Sie kurze Abfragen durchführen, beispielsweise einen Datentyp kontrollieren. Die Blockvariante ist dann von Interesse, wenn Sie mehrere Aktionen in einem Zweig durchführen möchten. Dies erhöht die Übersichtlichkeit des Quellcodes.

Üben Sie nun diese Struktur anhand der folgenden Beispiele.

3.1.1 Eingaben auswerten

Im folgenden Beispiel überprüfen Sie die Eingabe eines Anwenders mithilfe einer Verzweigung. Sehen Sie sich dazu das Listing 3.1 an.

Listing 3.1: Eingaben abfragen mit Verzweigung

```
Sub InputboxAuswerten()
  Dim strEingabe As String

  strEingabe = InputBox_
  ("Geben Sie hier entweder Ja oder Nein ein!", _
  "Eingabe")

  'Wenn nur ENTER gedrückt wurde, dann Prozedur beenden
  If strEingabe = "" Then Exit Sub

  If strEingabe = "Ja" Then
    MsgBox "Sie haben Ja eingegeben!"
  ElseIf strEingabe = "Nein" Then
    MsgBox "Sie haben Nein eingegeben!"
  Else
    MsgBox "Sie haben keinen gültigen Wert eingegeben!"
  End If
End Sub
```

Mithilfe der Funktion InputBox können Sie einen Dialog auf dem Bildschirm anzeigen, bei dem der Anwender die Möglichkeit hat, eine Eingabe zu machen. Das Ergebnis dieser Eingabe speichern Sie in der Variablen strEingabe. Prüfen Sie in der ersten Schleife (Variante 1), ob überhaupt ein Wert eingegeben wurde. Wenn nicht, dann beenden Sie die Prozedur, indem Sie die Anweisung `Exit Sub` einsetzen. Im anderen Fall läuft die Prozedur weiter und gelangt zur zweiten Verzweigung (Variante 2). Dort prüfen Sie, welche Eingabe erfolgt ist. Wenn die Eingabe JA vorgenommen wurde, geben Sie eine dementsprechende Meldung über die Funktion `MsgBox` auf dem Bildschirm aus. Anderenfalls müssen Sie noch prüfen, ob der Wert NEIN oder gar ein anderer Wert eingegeben wurde. Setzen Sie dafür die `ElseIf`-Bedingung ein und fragen die Eingabe erneut ab.

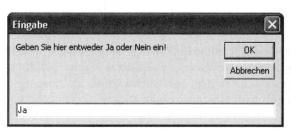

Abbildung 3.1: Eingabe und Auswertung

3.1.2 Eingaben prüfen und wandeln

Im zweiten Beispiel werden Sie überprüfen, ob ein Anwender einen Text oder einen numerischen Wert eingibt. Je nach Ergebnis werden Sie entsprechend reagieren. Sehen Sie sich dazu einmal das Listing 3.2 an.

Listing 3.2: Numerisch oder alphanumerisch?

```
Sub EingabenWandeln()
  Dim strEingabe As String

  strEingabe = InputBox("Geben Sie einen Text ein!",_
    "Eingabe")
  If strEingabe = "" Then Exit Sub

  'Ist die Eingabe ein numerischer Wert?
  If Not IsNumeric(strEingabe) Then
    strEingabe = UCase(strEingabe)
  Else
    MsgBox "Die Eingabe war ein numerischer Wert!"
  End If

  MsgBox strEingabe
End Sub
```

Nützen Sie die Funktion `InputBox`, um einen Abfragedialog am Bildschirm anzuzeigen. Kontrollieren Sie danach wiederum, ob überhaupt eine Eingabe vorgenommen wurde. Wenn ja, dann prüfen Sie mithilfe der Funktion `IsNumeric`, ob ein numerischer Wert eingegeben wurde. Indem Sie das Wort `Not` vor diese Funktion setzen, prüfen Sie, ob ein Text eingegeben wurde. Wenn ja, dann wandeln Sie den eingegebenen Text über die Funktion `UCase` in Großbuchstaben um.

Abbildung 3.2:
In Großbuchstaben konvertieren

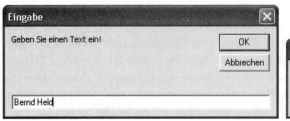

Selbstverständlich haben Sie auch die Möglichkeit, einen Text in Kleinbuchstaben zu wandeln. Die dazu notwendige Funktion heißt LCase.

Sehr oft werden auch Datumsüberprüfungen in Access durchgeführt. Insbesondere wenn Berechnungen wie Liefertermine oder Zahlungsziele durchgeführt werden, müssen Sie als Entwickler sicherstellen, dass auch wirklich Datumseingaben vorgenommen wurden. Kontrollieren Sie dieses sofort nach der Eingabe, indem Sie wie in Listing 3.3 vorgehen.

Listing 3.3: Wurde ein gültiges Datum eingegeben?

```
Sub Datumsprüfung()
   Dim dtm As Date
   On Error GoTo Fehler

Beginn:
   dtm = InputBox("Geben Sie das Lieferdatum ein!", _
     "Datum eingeben")

   If IsDate(dtm) And dtm >= "01.01.2010" Then
   Else
      'Eingegebenes Datum zu alt.
      MsgBox "Nur Eingaben im aktuellen Jahr möglich"
      'Gehe zurück zum Anfang
      GoTo Beginn
   End If
      'Eingabe ok. Zahlungsziel von 14 Tagen aufrechnen
      dtm = dtm + 14
      MsgBox "Das Zahlungsziel ist der: " & dtm
   Exit Sub

Fehler:
     'Fehler abfangen z.B. bei Texteingabe
     MsgBox "Sie haben kein gültiges Datum eingegeben!"
     'Gehe zurück zum Anfang
     GoTo Beginn
End Sub
```

Im ersten Schritt fordern Sie den Anwender auf, ein Datum einzugeben. Danach kontrollieren Sie mithilfe einer Verzweigung, ob das Datum im gültigen Bereich liegt. Es werden nur Datumseingaben akzeptiert, die größer oder gleich dem

Verzweigungen

Datum 01.01.2010 sind. Prüfen Sie zusätzlich, ob es sich überhaupt um einen gültigen Datumswert handelt. Dazu verwenden Sie die Funktion IsDate. Diese Funktion meldet den Wert True, wenn es sich um ein Datum handelt. Wurde ein gültiges Datum eingegeben, dann rechnen Sie mit diesem Datum. Dabei können Sie genauso vorgehen, wie Sie es auch bei numerischen Werten machen würden. Addieren Sie zum Liefertermin einfach die Zahl 14 (14 Tage), um einen gängigen Zahlungstermin zu errechnen. Geben Sie diesen Termin dann auf dem Bildschirm aus.

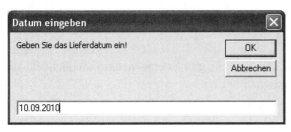

Abbildung 3.3:
Aus einem Liefertermin wurde ein Zahlungsziel errechnet.

Neben der Funktion IsNumeric gibt es weitere Funktionen, mit denen Sie Ihre Daten prüfen können. Eine davon ist die Funktion IsDate. Die Funktion IsDate gibt den Wert True zurück, wenn der Ausdruck ein Datum ist oder in ein gültiges Datum umgewandelt werden kann. Andernfalls wird der Wert False zurückgegeben. In Windows liegen gültige Datumswerte im Bereich vom 1. Januar 100 n. Chr. bis 31. Dezember 9999 n. Chr. vor. Auf anderen Betriebssystemen können andere Bereiche gelten.

Fehler abfangen

Wenn Sie sich noch einmal das Listing 3.3 ansehen, so finden Sie dort zu Beginn des Listings eine On Error-Anweisung. Damit stellen Sie sicher, dass Ihre Prozedur nicht mit einer vom System erzeugten Fehlermeldung abgebrochen wird, wenn beispielsweise ein Text eingegeben wird. Sollte ein Anwender in diesem Beispiel einen Text eingeben, wird die Sprungmarke Fehler angesprungen. Dort erhält der Benutzer eine Nachricht, dass ihm bei der Eingabe ein Fehler unterlaufen ist. Mit dem Befehl GoTo geben Sie ihm aber die Möglichkeit, seine Eingabe zu wiederholen. Als Sprungziel geben Sie dort die Sprungmarke Beginn an.

Sie haben bereits mehrere typische VBA-Funktionen kennengelernt, die häufig eingesetzt werden, um Eingaben zu überprüfen. In der folgenden Tabelle finden Sie die gängigsten Prüffunktionen in VBA.

Funktion	Beschreibung
IsEmpty	Gibt einen Wert vom Typ Boolean zurück, der angibt, ob eine Variable initialisiert wurde
IsArray	Gibt einen Wert vom Typ Boolean zurück, der angibt, ob eine Variable ein Datenfeld ist
IsDate	Gibt einen Wert vom Typ Boolean zurück, der angibt, ob ein Ausdruck in ein Datum umgewandelt werden kann

Tabelle 3.1:
Die wichtigsten Prüffunktionen von VBA

Funktion	Beschreibung
IsError	Gibt einen Wert vom Typ Boolean zurück, der angibt, ob ein Ausdruck ein Fehlerwert ist
IsNull	Gibt einen Wert vom Typ Boolean zurück, der angibt, ob ein Ausdruck keine gültigen Daten (Null) enthält
IsNumeric	Gibt einen Wert vom Typ Boolean zurück, der angibt, ob ein Ausdruck als Zahl ausgewertet werden kann
IsObject	Gibt einen Wert vom Typ Boolean zurück, der angibt, ob ein Bezeichner eine Objekt-Variable darstellt

Tabelle 3.1: Die wichtigsten Prüffunktionen von VBA (Forts.)

3.1.3 Eine Besonderheit

Neben der Verzweigung If...Then...Else gibt es eine weitere Möglichkeit, um Werte zu überprüfen. Die Funktion lautet IIF.

Die Syntax der Funktion IIF

Die Funktion IIF hat folgende Syntax:

```
IIf(expr, truepart, falsepart)
```

Mit dem Argument expr geben Sie den auszuwertenden Ausdruck an.

Das Argument truepart liefert den zurückgegebenen Wert oder Ausdruck, wenn expr den Wert True ergibt.

Das Argument falsepart stellt den zurückgegebenen Wert oder Ausdruck dar, wenn expr den Wert False liefert.

Diese Funktion wertet immer sowohl den Teil truepart als auch den Teil falsepart aus, auch dann, wenn nur einer von beiden Teilen zurückgegeben wird.

Machen Sie sich die Wirkungsweise an folgendem Beispiel deutlich:

Listing 3.4: Erleichterung oder nicht?

```
Function Prüfen(intTest As Integer)
   Prüfen = IIf(intTest > 1000, "Groß", "Klein")
End Function

Sub Übergabe()
   MsgBox "Ihre Eingabe war: " & Prüfen(100)
End Sub
```

Über die Funktion Prüfen können Sie mit der Funktion IIF kontrollieren, ob ein übergebener Wert in einem bestimmten Wertbereich liegt. Die Funktion Prüfen rufen Sie auf, indem Sie in Ihrer Prozedur den Namen der Funktion angeben und dieser einen Wert mitgeben. In der Funktion Prüfen wird dieser zu übergebende Wert dann untersucht und an die aufrufende Prozedur zurückgemeldet.

3.2 Die Anweisung Select Case für mehr Übersicht

Wenn Sie mehrere Verzweigungen ineinander schachteln bzw. mehrere Verzweigungen hintereinander durchführen möchten, gibt es dafür eine bessere und übersichtlichere Lösung. Setzen Sie für solche Aufgaben die Anweisung Select Case ein.

Die Syntax für Select Case lautet:

```
Select Case Testausdruck
[Case Ausdrucksliste-n
    [Anweisungen-n]] ...
[Case Else
    [elseAnw]]
End Select
```

Unter dem Argument Testausdruck wird ein beliebiger numerischer Ausdruck oder Zeichenfolgenausdruck erfasst, den Sie auswerten können. Im Argument Ausdrucksliste-n spezifizieren Sie den zu untersuchenden Ausdruck näher. Dabei können Sie Vergleichsoperatoren verwenden. So stehen Ihnen Vergleichsoperatoren wie To, Is oder Like zur Verfügung.

Unter dem Argument Anweisungen-n können Sie eine oder mehrere Anweisungen angeben, die ausgeführt werden sollen, wenn Testausdruck mit irgendeinem Teil in Ausdrucksliste-n übereinstimmt.

Das Argument elseAnw ist optional einsetzbar. Damit können Sie darauf reagieren, wenn Testausdruck mit keinem der Ausdrücke im Case-Abschnitt übereinstimmen sollte.

Sehen Sie nun ein paar typische Beispiele für den Einsatz von Select Case.

3.2.1 Zahlenwerte prüfen mit Select Case

Im nächsten Beispiel werden Eingaben geprüft. Dabei soll ermittelt werden, in welchem Wertbereich die Eingabe vorgenommen wurde. Sehen Sie sich dazu das folgende Listing an.

Listing 3.5: Zahlenwerte mit Select Case prüfen

```
Sub MehrfachAuswertung()
  Dim intEing As Integer

  intEing = InputBox _
    ("Geben Sie einen Wert zwischen 1 und 100 ein!")

  Select Case intEing
  Case 1 To 5
    MsgBox "Wert liegt zwischen 1 und 5"
  Case 6, 7, 8
    MsgBox "Wert ist entweder 6, 7 oder 8"
  Case 9 To 15
```

```
      MsgBox "Wert liegt zwischen 9 und 15"
    Case 16 To 100
      MsgBox "Wert liegt zwischen 16 und 100"
    Case Else
      MsgBox "Es wurde kein gültiger Wert eingegeben!"
  End Select
End Sub
```

Wenden Sie die `Select Case`-Anweisung an, um die eingegebenen Werte zu überprüfen. In der ersten Abfrage kontrollieren Sie, ob der eingegebene Wert zwischen 1 und 5 liegt. In diesem Fall können Sie den Vergleichsoperator `To` einsetzen. In der zweiten Abfrage haben Sie die Zahlenwerte durch Komma getrennt eingegeben. Wurde kein gültiger Zahlenwert eingegeben, dann schlägt die Anweisung `Case Else` zu. Dort geben Sie eine Fehlermeldung auf dem Bildschirm aus.

Die folgende Tabelle enthält eine Liste der Vergleichsoperatoren und die Bedingungen, unter denen das Ergebnis `True`, `False` oder `0` sein wird:

Tabelle 3.2: Die Vergleichsoperatoren in Access

Vergleichsoperator	Erklärung
<	kleiner als
<=	kleiner oder gleich
>	größer als
>=	größer oder gleich
=	gleich
<>	ungleich

3.2.2 Textwerte prüfen mit Select Case

Im letzten Beispiel aus Listing 3.5 haben Sie Zahlenwerte überprüft. Dasselbe funktioniert natürlich auch bei Texten. Im folgenden vereinfachten Beispiel werden anhand von eingegebenen Ortsnamen die dazugehörigen Postleitzahlen ermittelt.

Listing 3.6: Textwerte mit `Select Case` prüfen

```
Sub OrteInPLZ()
  Dim intEing As String
  Dim strPlz As String
  
  intEing = InputBox _
    ("Geben Sie bitte einen Ortsnamen ein!")
  
  If intEing = "" Then Exit Sub
  
  Select Case intEing
  Case "Gerlingen"
```

```
    strPlz = "70839"
  Case "Stuttgart"
    strPlz = "70469, 70468, 70467"
  Case "Tübingen"
    strPlz = "72076"
  Case "Leinfelden"
    strPlz = "70771"
  Case "Sindelfingen"
    strPlz = "72076"
  Case Else
    MsgBox "Die Stadt " & intEing _
      & " ist noch nicht erfasst!"
    Exit Sub
  End Select

  MsgBox "Für die Stadt " & intEing & _
    " sind folgende PLZ möglich: " & strPlz
End Sub
```

Die Abfragetechnik bei Texten funktioniert fast identisch mit jener bei den Zahlenwerten. Denken Sie jedoch daran, dass Sie die Texte in doppelte Anführungszeichen setzen.

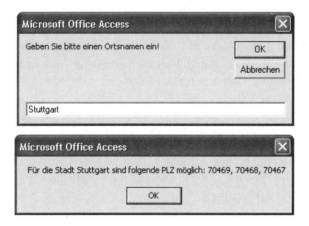

Abbildung 3.4: Ortsnamen in Postleitzahlen umwandeln

Das Beispiel aus Listing 3.6 ist natürlich jederzeit erweiterbar. Der Ablauf der Abfragen ist dabei wie folgt: Die Überprüfung erfolgt von oben nach unten. Sobald der Suchbegriff, in unserem Beispiel die richtige Stadt, gefunden wird, wird die dazugehörige Postleitzahl ermittelt und ans Ende der Anweisung gesprungen.

3.3 Schleifen in Access einsetzen

Schleifen werden in Access dazu verwendet, um Abläufe mehrmals hintereinander durchzuführen. Die Schleifen werden so lange durchlaufen, bis eine oder mehrere Bedingungen zutreffen, die dann einen Abbruch der Schleife bewirken. Je nach verwendeter Schleife findet die Abbruchprüfung am Anfang der Schleife bzw. am Ende der Schleife statt. Lernen Sie auf den nächsten Seiten die zur Verfügung stehenden Schleifen und einfache Beispiele für den Einsatz von Schleifen kennen.

3.3.1 For...Next-Schleifen

Sie können die Schleife `For...Next` verwenden, um einen Block von Anweisungen eine unbestimmte Anzahl von Wiederholungen ausführen zu lassen. `For...Next`-Schleifen verwenden eine Zählervariable, deren Wert mit jedem Schleifendurchlauf erhöht oder verringert wird. Sie brauchen daher nicht daran zu denken, den Zähler selbst hoch- oder herunterzusetzen.

Die Syntax dieser Schleife lautet:

Die Syntax der For...Next-Schleife

```
For Zähler = Anfang To Ende [Step Schritt]
  [Anweisungen]
  [Exit For]
  [Anweisungen]
Next [Zähler]
```

Das Argument `Zähler` ist erforderlich und besteht aus einer numerischen Variablen, die als Schleifenzähler dient.

Das Argument `Anfang` repräsentiert den Startwert von `Zähler`.

Mit dem Argument `Ende` legen Sie den Endwert von `Zähler` fest. Das Argument `Schritt` ist optional. Hier können Sie den Betrag bestimmen, um den `Zähler` bei jedem Schleifendurchlauf verändert wird. Falls kein Wert angegeben wird, ist die Voreinstellung `eins`.

Unter `Anweisungen` stehen eine oder mehrere Anweisungen zwischen `For` und `Next`, die so oft wie angegeben ausgeführt werden.

Innerhalb einer Schleife kann eine beliebige Anzahl von `Exit For`-Anweisungen an beliebiger Stelle als alternative Möglichkeiten zum Verlassen der Schleife verwendet werden.

Im nächsten Beispiel soll eine Schleife genau 20-mal durchlaufen werden und die Zählerstände in den Direktbereich Ihrer Testumgebung schreiben. Der Code hierfür lautet:

Listing 3.7: Die For...Next-Schleife schreibt Zahlen in den Direktbereich.

```
Sub ForSchleife()
  Dim i As Integer
  
  For i = 1 To 20
    Debug.Print "Zählerstand: " & i
  Next i
End Sub
```

Die Schleife wird genau 20-mal durchlaufen. Innerhalb der Schleife werden die Zählerstände über die Anweisung `Debug.Print` in das Direkt-Fenster geschrieben. Am Ende jeder Schleife wird der interne Zähler `i` um den Wert 1 erhöht.

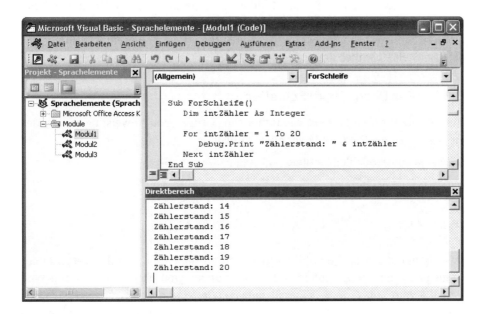

Abbildung 3.5:
Die Zählerstände werden im Direktbereich ausgegeben.

Wenn Sie eine andere Schrittweite haben möchten, dann ändern Sie die Prozedur aus Listing 3.7 wie folgt ab.

Listing 3.8: Die `For...Next`-Schleife mit veränderter Schrittweite

```
Sub ForSchleife02()
  Dim i As Integer

  For i = 1 To 20 Step 5
    Debug.Print "Zählerstand: " & i
  Next i
End Sub
```

Möchten Sie Ihre Schleife noch übersichtlicher machen, dann können Sie dies mit sprechenden Variablen tun. Sehen Sie sich dazu das folgende Listing 3.9 an:

Listing 3.9: Eine `For...Next`-Schleife mit übersichtlichem Ende

```
Sub ForSchleife03()
  Dim i As Integer
  Dim intMaxWert As Integer

  intMaxWert = 20
  For i = 1 To intMaxWert
    Debug.Print "Zählerstand: " & i
  Next i
End Sub
```

Die Vorgehensweise in Listing 3.9 ist zu empfehlen, da sie gerade bei größeren Prozeduren übersichtlicher ist. Dabei setzen Sie den maximalen Wert `intMaxWert` gleich zu Beginn der Prozedur auf den Höchstwert. Wenn Sie diesen Wert später ändern möchten, müssen Sie nicht die ganze Prozedur nach der richtigen Stelle durchsuchen. Außerdem haben Sie dabei auch die Möglichkeit, diese Variable für mehrere Schleifen zu verwenden. Die Änderung erfolgt in diesem Fall immer nur an einer Stelle, nämlich am Anfang der Prozedur.

3.3.2 For Each...Next-Schleifen

Die Schleife `For Each...Next` wiederholt eine Gruppe von Anweisungen für jedes Element in einem Datenfeld oder einer Auflistung.

Die Syntax der For Each..Next-Schleife

Die Syntax dieser Schleife lautet:

```
For Each Element In Gruppe
   [Anweisungen]
   [Exit For]
   [Anweisungen]
Next [Element]
```

Das Argument `Element` stellt die Variable zum Durchlauf durch die Elemente der Auflistung oder des Datenfeldes dar. Bei Auflistungen ist für `Element` nur eine Variable vom Typ `Variant`, eine allgemeine oder eine beliebige spezielle Objektvariable zulässig. Bei Datenfeldern ist für `Element` nur eine Variable vom Typ `Variant` zulässig.

Das nächste Argument `Gruppe` steht für den Namen einer Objektauflistung oder eines Datenfeldes.

Das letzte Argument `Anweisungen` ist optional und führt eine oder mehrere Anweisungen durch, die für jedes Element in `Gruppe` ausgeführt werden sollen.

Im nachfolgenden Listing 3.10 werden alle Namen von Formularen in einer Access-Datenbank ausgegeben.

Listing 3.10: Die `For Each...Next`-Schleife gibt die Namen aller Formulare aus.

```
Sub NamenAllerFormulareAuslesen()
   Dim frm As Form
   For Each frm In Forms
     MsgBox frm.Name
   Next frm
End Sub
```

Bei dem Befehl `Forms` handelt es sich um ein sogenanntes Auflistungsobjekt. In diesem Auflistungsobjekt sind alle momentan geöffneten Formulare einer Access-Datenbank verzeichnet. Diese können Sie über die Eigenschaft `Name` ermitteln und mit der Funktion `MsgBox` auf dem Bildschirm ausgeben.

Gehen Sie jetzt noch einen Schritt weiter, und prüfen Sie, welches Formular in Ihrer Access-Datenbank geladen ist. Setzen Sie dazu das Listing 3.11 ein.

Listing 3.11: Eine `For Each...Next`-Schleife zum Prüfen der geladenen Formulare

```
Sub IstFormularGeladen()
Dim obj As AccessObject
Dim dbs As Object

Set dbs = Application.CurrentProject
For Each obj In dbs.AllForms
If obj.IsLoaded = True Then
Debug.Print obj.Name
End If
Next obj
End Sub
```

Deklarieren Sie zu Beginn Ihrer Prozedur die verwendeten Variablen. Setzen Sie danach einen Objektverweis auf das Objekt `CurrentProject`. Dieses Objekt verfügt über mehrere Auflistungen, die bestimmte Objekte in der Access-Datenbank enthalten, unter anderem auch das Auflistungsobjekt `AllForms`. Entnehmen Sie die weiteren möglichen Auflistungsobjekte bitte der folgenden Tabelle:

Auflistungsobjekt	Bedeutung
AllForms	Enthält alle Formulare
AllReports	Enthält alle Berichte
AllMacros	Enthält alle Makros
AllModules	Enthält alle Module
AllDataAccessPages	Enthält alle Datenzugriffsseiten (ab Access 2007 nicht mehr unterstützt)

Tabelle 3.3: Die Auflistungsobjekte des Objekts `CurrentProject`

Nachdem Sie den Objektverweis mithilfe der Anweisung `Set` eingesetzt haben, können Sie die Schleife beginnen. In der aktuellen Datenbank werden nun alle Formulare geprüft. Mit der Eigenschaft `IsLoaded` prüfen Sie, ob die jeweiligen Formulare geladen sind. Wenn ja, dann geben Sie die Namen der Formulare im Direktbereich Ihrer Entwicklungsumgebung aus.

Setzen Sie jetzt das Auflistungsobjekt `AllModules` ein, um alle Module eines VBA-Projektes zu ermitteln. Verwenden Sie dazu wiederum die `For Each...Next`-Schleife.

Listing 3.12: Eine `For Each...Next`-Schleife zum Auflisten aller Module

```
Sub AlleModuleAuflisten()
  Dim obj As AccessObject
  Dim dbs As Object
```

```
    Set dbs = Application.CurrentProject
    For Each obj In dbs.AllModules
        Debug.Print obj.Name
    Next obj
End Sub
```

Im folgenden Beispiel zur `For Each...Next`-Schleife werden Sie alle Steuerelemente auf einem bestimmten Formular ermitteln und in den Direktbereich schreiben. Der dazugehörige Code sieht wie folgt aus:

Listing 3.13: Eine `For Each...Next`-Schleife zum Ermitteln aller Steuerelemente eines Formulars

```
Sub SteuerelementeInFormAusgeben()
  Dim ctl As Control

  For Each ctl In Form_Personal.Form
    Debug.Print ctl.Name
  Next ctl
End Sub
```

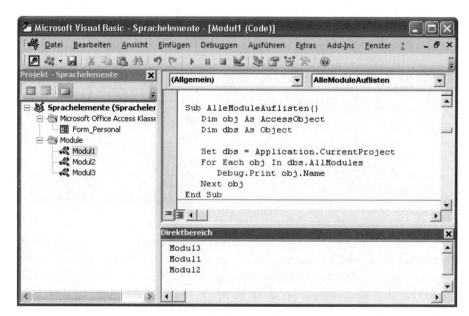

Abbildung 3.6: Alle Module im Direkt-Fenster ausgeben

Definieren Sie im ersten Schritt eine Variable vom Typ `Control`. Dabei sprechen Sie ganz allgemein ein Steuerelement an, das sich z.B. auf einem Formular oder einem Bericht befinden kann. Setzen Sie danach die `For Each...Next`-Schleife auf und durchstreifen Ihr Formular. Über die Anweisung `Debug.Print` geben Sie die Namen der Steuerelemente aus, die sich in Ihrem Formular befinden.

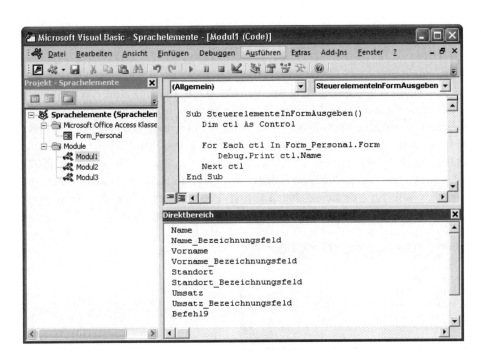

Abbildung 3.7:
Alle Steuerelemente des Formulars werden ausgegeben.

Im letzten Beispiel zur For Each...Next-Schleife sollen die Namen aller Access-Datenbanken eines Verzeichnisses und der darunter liegenden Verzeichnisse ermittelt und ausgegeben werden. Der Code für diese Aufgabe lautet:

Listing 3.14: Eine For Each...Next-Schleife zum Ermitteln aller Access-Datenbanken eines Verzeichnisses

```
Sub SchleifeForEach()
 Dim intZeile As Integer
 Dim fs As FileSystemObject
 Dim fVerz As Folder
 Dim fDatei As File
 Dim fDateien As Files

 'Erzeuge ein FileSystemObject
 Set fs = CreateObject(»Scripting.FileSystemObject«)
 'Folder-Objekt zum angebenen Suchordner
 Set fVerz = fs.GetFolder(»C:\Eigene Dateien\«)
 'Auflistung aller Dateien im Verzeichnis
 Set fDateien = fVerz.Files

 'Durchlaufe alle gefundenen Dateien
 For Each fDatei In fDateien
 'Ist die aktuelle Datei eine Access Datei?
 If InStr(fDatei,«.mdb«) Or InStr(fDatei,«.accdb«) _
 Then
 'Datenbank gefunden, Dateiname ausgeben
 Debug.Print fDatei.Name
```

```
End If
    Next fDatei
End Sub
```

Zu Beginn der Prozedur erstellen Sie einen Verweis auf die Bibliothek `FileSystemObject`. Diese Bibliothek enthält alle Befehle, die notwendig sind, Verzeichnisse und Dateien auszulesen. Über die Anweisung `GetFolder` geben Sie bekannt, in welchem Verzeichnis Sie die Suche durchführen möchten. Das Auflistungsobjekt `Files` enthält automatisch alle Dateien, die im angegebenen Verzeichnis vorhanden sind. Über die Funktion `InStr` überprüfen, ob der String .mdb (< Access 2007) oder .accdb (= Access 2007) im Dateinamen vorkommt. Wenn ja, dann sammeln Sie die Dateinamen dieser Dateien und geben diese über die Anweisung `Debug.Print` im Direktfenster der Entwicklungsumgebung aus.

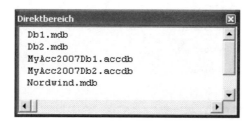

Abbildung 3.8: Access-Datenbanken suchen

3.3.3 Die Schleife Do Until...Loop

Die `Do Until...Loop`-Schleife wiederholt einen Block mit Anweisungen, solange eine Bedingung den Wert `True` erhält. Die Bedingung wird jeweils am Ende der Schleife geprüft. Als Abbruchbedingung können Sie alles Mögliche abfragen; so können Sie z.B. eine Abbruchbedingung festlegen, wenn ein bestimmter Wert erreicht ist oder eine Zelle einen bestimmten Text aufweist.

Die Syntax der DoUntil...Loop-Schleife

Die Syntax dieser Schleife sieht wie folgt aus:

```
Do [{Until} Bedingung]
    [Anweisungen]
    [Exit Do]
    [Anweisungen]
Loop
```

Die `Bedingung` stellt einen numerischen Ausdruck oder Zeichenfolgenausdruck dar, der entweder `True` oder `False` ergibt. Liefert die Bedingung den Wert 0, so wird die Bedingung als `False` interpretiert. Hinter den Anweisungen verbergen sich eine oder mehrere Anweisungen, die wiederholt werden, solange oder bis `Bedingung` durch `True` erfüllt ist.

Innerhalb einer `Do Until...Loop`-Anweisung kann eine beliebige Anzahl von `Exit Do`-Anweisungen an beliebiger Stelle als Alternative zum Verlassen einer `Do...Loop`-Anweisung verwendet werden. `Exit Do` wird oft in Zusammenhang mit der Auswertung einer Bedingung (zum Beispiel `If...Then`) eingesetzt und hat zur

Folge, dass die Ausführung mit der ersten Anweisung im Anschluss an `Loop` fortgesetzt wird.

Beim folgenden Beispiel wird eine Schleife genau 50-mal durchlaufen. Die dazugehörige Prozedur sehen Sie in Listing 3.15.

Listing 3.15: Do Until-Schleife zum Bearbeiten eines Zählers

```
Sub SchleifeDoUntil()
  Dim i As Integer
  Dim intVorgabe As Integer
  i = 0
  intVorgabe = 60

  Do Until intVorgabe = 10
    intVorgabe = intVorgabe - 1
    i = i + 1
  Loop
  MsgBox " Die Schleife wurde " & i & _
    " mal durchlaufen."
End Sub
```

Initialisieren Sie zu Beginn der Prozedur Ihren Zähler und setzen diesen auf den Wert 0. Legen Sie danach in der Variablen `intVorgabe` Ihren Vorgabewert fest. Setzen Sie die `Do Until`-Schleife auf und definieren als Ende-Bedingung für die Schleife den Wert 10. Die Schleife soll demnach so oft durchlaufen werden, bis der Wert 10 erreicht wird. Innerhalb der Schleife müssen Sie dafür sorgen, dass Ihr Countdown auch korrekt funktioniert. Dazu subtrahieren Sie jeweils den Wert 1 von der Zählvariablen `intVorgabe`. Damit Sie am Ende ermitteln können, wie oft die Schleife durchlaufen wurde, zählen Sie innerhalb der Schleife die Zählvariable i hoch und geben diese am Ende Ihrer Prozedur aus.

Im nächsten Beispiel soll eine `Do Until`-Schleife verwendet werden, um die Namen aller Steuerelemente eines Formulars zu ermitteln. Den dazugehörigen Quellcode entnehmen Sie dem Listing 3.16.

Listing 3.16: Per Do Until-Schleife Steuerelemente in Formularen ermitteln

```
Sub SchleifeDoUntil02()
  Dim ctl As Control
  Dim i As Integer
  Dim frm As Form

  i = 1
  Set frm = Form_Personal
  With frm
    Do Until i = frm.Form.count
      Debug.Print frm.Controls(i).Name
      i = i + 1
    Loop
  End With
End Sub
```

In Listing 3.16 sehen Sie, wie sich einiges an Schreibarbeit sparen lässt. Über die Anweisung Set weisen Sie dem Formular Form_Personal einen etwas kürzeren Namen zu, mit dem Sie das Formular zukünftig ansprechen können. Nun kommt die Anweisung With ins Spiel. Über diese Anweisung erreichen Sie sich zusätzlich, dass Sie den neuen Objektnamen frm bei einem Methodenaufruf gar nicht mehr angeben müssen. Achten Sie am Ende darauf, dass Sie diese Anweisung mit End With wieder abschließen. Setzen Sie zwischen der With- und der End With-Anweisung die Do Until-Schleife auf. Als Ende-Bedingung setzen Sie den Wert ein, den Sie über die Eigenschaft Count ermittelt haben. Gezählt werden in diesem Fall die sich auf dem Formular befindlichen Steuerelemente. Innerhalb der Schleife geben Sie die Namen der Steuerelemente, die Sie über die Eigenschaft Name bekommen, im Direkt-Fenster aus.

3.3.4 Die Schleife Do While...Loop

Die Do While...Loop-Schleife wiederholt einen Block mit Anweisungen, solange eine Bedingung den Wert True erhält. Die Prüfung der angegebenen Bedingung erfolgt immer zu Beginn der Schleife. Als Abbruchbedingung können Sie alles Mögliche abfragen; so können Sie z. B. eine Abbruchbedingung festlegen, wenn ein bestimmter Wert erreicht ist oder eine Zelle einen bestimmten Text aufweist.

Die Syntax dieser Schleife sieht wie folgt aus:

```
Do [{While} Bedingung]
[Anweisungen]
[Exit Do]
[Anweisungen]
Loop
```

Die Bedingung stellt einen numerischen Ausdruck oder Zeichenfolgenausdruck dar, der entweder True oder False ergibt. Liefert die Bedingung den Wert 0, so wird die Bedingung als False interpretiert. Hinter den Anweisungen verbergen sich eine oder mehrere Anweisungen, die wiederholt werden, solange oder bis die Bedingung True erfüllt ist.

Innerhalb einer Do While...Loop-Anweisung kann eine beliebige Anzahl von Exit Do-Anweisungen an beliebiger Stelle als Alternative zum Verlassen einer Do Loop-Anweisung verwendet werden. Exit Do wird oft in Zusammenhang mit der Auswertung einer Bedingung (zum Beispiel If...Then) eingesetzt und hat zur Folge, dass die Ausführung mit der ersten Anweisung im Anschluss an Loop fortgesetzt wird.

Im folgenden Beispiel sollen in einem bestimmten Verzeichnis alle Access-Datenbanken gezählt werden. Den dafür notwendigen Code sehen Sie in Listing 3.17.

Listing 3.17: Do While...Loop-Schleife zum Ermitteln der Anzahl von Datenbanken eines Verzeichnisses

```
Sub DateienZählen()
  Dim strVerzeichnis As String
  Dim strDateiname As String
  Dim i As Integer

  'Zielverzeichnis festlegen
  strVerzeichnis = "c:\Eigene Dateien\"
  'Dateien mit Endung .mdb im Zielverzeichnis suchen
  strDateiname = Dir(strVerzeichnis & "*.mdb")

  'Zähler auf 0 setzen
  i = 0
  'Solange weiterer Dateiname vorhanden
  While strDateiname <> ""
    'Zähler inkrementieren
    i = i + 1
    'Nächste Datei abfragen
    strDateiname = Dir
  Wend

  'Neue Suche: Dateien mit Endung .accdb im
  'Zielverzeichnis suchen
  strDateiname = Dir(strVerzeichnis & "*.accdb")
  'Solange weiterer Dateiname vorhanden
  While strDateiname <> ""
    'Zähler inkrementieren
    i = i + 1
    'Nächste Datei abfragen
    strDateiname = Dir
  Wend

  'Ergebnis in Dialog ausgeben
  MsgBox "Gefundene Access-Datenbanken: " & i
End Sub
```

Zu Beginn der Prozedur legen Sie fest, auf welchem Laufwerk bzw. in welchem Verzeichnis nach Access-Datenbanken gesucht werden soll. Danach setzen Sie die Funktion `Dir` ein. Diese Funktion gibt eine Zeichenfolge (String) zurück, die den Namen einer Datei, eines Verzeichnisses oder eines Ordners darstellt, der mit einem bestimmten Suchmuster, einem Dateiattribut oder mit der angegebenen Datenträger- bzw. Laufwerksbezeichnung übereinstimmt. Geben Sie dieser Funktion noch als Information mit, wo sie suchen und nach welchen Dateien sie Ausschau halten soll. Speichern Sie den ersten gefundenen Wert in der Variablen `strDateiname`. Setzen Sie danach die `Do While...Loop`-Schleife auf, die so lange durchlaufen werden soll, bis keine weiteren Access-Datenbanken mehr gefunden werden. Innerhalb der Schleife suchen Sie jeweils die nächste Datenbank im angegebenen Verzeichnis. Um Access-Datenbanken mit den Endungen »mdb« und den mit Access 2007 eingeführ-

Kapitel 3 • Die wichtigsten Sprachelemente in Access

ten Endungen »accdb« zu erfassen, besitzt die Prozedur genau genommen zwei Do While...Loop-Schleifen, die jeweils eine separate Suche ausführen.

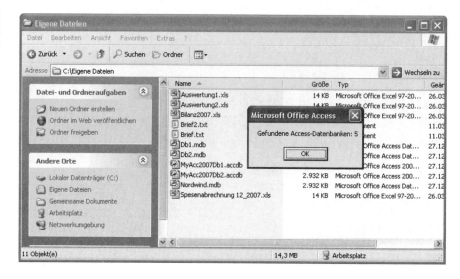

Abbildung 3.9:
Dateien zählen und ausgeben

3.4 VBA-Funktionen einsetzen

Neben den typischen Access-Funktionen gibt es eine ganze Reihe von VBA-Funktionen und -Anweisungen, die Sie übrigens auch in anderen Office-Programmen wie Excel, Word oder PowerPoint einsetzen können. In diesem Abschnitt lernen Sie diese wichtigen Funktionen anhand von Beispielen aus der Praxis kennen.

3.4.1 Laufwerk und Verzeichnis einstellen

Wenn Sie Access-Datenbanken oder auch andere Dateien über eine Prozedur öffnen oder speichern möchten, sollten Sie vorher sicherstellen, dass das richtige Laufwerk bzw. das gewünschte Verzeichnis eingestellt ist. Dazu können Sie die Funktionen ChDrive und ChDir einsetzen. Mithilfe der Funktion ChDrive wechseln Sie auf das angegebene Laufwerk, mit der Funktion ChDir springen Sie direkt in das gewünschte Verzeichnis.

Listing 3.18: Laufwerk und Verzeichnis einstellen

```
Sub LaufwerkUndVerzeichnisEinstellen()
 Dim str As String
 Const strcLw As String = »c:\«
 Const strcVerz As String = »c:\Eigene Dateien\«

 On Error GoTo Fehler_ChDrive
 'Laufwerk wechseln
 ChDrive strcLw
```

```
On Error GoTo Fehler_ChDir
'Verzeichnis wechseln
ChDir strcVerz

MsgBox »Sie befinden sich jetzt auf Laufwerk:« & _
strcLw & Chr(13) & » im Verzeichnis « & strcVerz

'weitere Aktionen...

Exit Sub

Fehler_ChDrive:
MsgBox »Das Laufwerk « & strcLw & _
» ist nicht verfügbar!«
Exit Sub

Fehler_ChDir:
MsgBox »Das Verzeichnis « & strcVerz & _
» existiert nicht!«
Exit Sub

End Sub
```

Es empfiehlt sich, die Verzeichnisse nicht irgendwo »hart« im Code zu editieren. Definieren Sie stattdessen das gewünschte Laufwerk sowie das Verzeichnis, auf das Sie zugreifen möchten, zu Beginn der Prozedur in einer Konstanten. Setzen Sie auch die On Error-Anweisung an, bevor Sie auf das Laufwerk bzw. das Verzeichnis positionieren. Für den Fall, dass das Laufwerk bzw. das Verzeichnis nicht vorhanden ist, können Sie somit eine saubere Fehlerbehandlung durchführen.

3.4.2 Textdateien einlesen

Oft kommt es vor, dass Ihnen Informationen nicht in Access-Datenbanken, sondern in Textdateien geliefert werden. Sie haben dann die Aufgabe, diese Textdateien einzulesen. Das folgende Beispiel liest eine Textdatei in das Direkt-Fenster Ihrer Entwicklungsumgebung ein. Dabei wird eine sehr wichtige VBA-Funktion gebraucht, um das Ende der Textdatei festzustellen. Diese Funktion heißt EOF (von engl. »End Of File«). Sehen Sie die Lösung dieser Aufgabe in Listing 3.19.

Listing 3.19: Textdatei einlesen

```
Sub TextdateiInDirektbereich()
  Dim strTextzeile As String
  Open "c:\Eigene Dateien\Brief.txt" For Input As #1
  Do While Not EOF(1)
    Line Input #1, strTextzeile
    Debug.Print strTextzeile
  Loop
  Close #1
End Sub
```

Bevor Sie die Prozedur ausführen, legen Sie im Ordner C:\EIGENE DATEIEN eine Textdatei mit dem Namen BRIEF.TXT an, und tippen Sie ein paar beliebige Textzeilen ein.

Öffnen Sie mit der Methode `Open` die angegebene Textdatei. Setzen Sie danach die `Do While`-Schleife auf, und geben Sie als Endkriterium die Funktion `EOF` an. Über die Anweisung `Line Input` lesen Sie die einzelnen Zeilen der Textdatei in die Variable `strTextZeile` ein. Ebenfalls in der Schleife geben Sie die einzelnen Zeilen über die Anweisung `Debug.Print` im Direktbereich aus. Vergessen Sie nicht, am Ende der Prozedur die Textdatei über die Methode `Close` zu schließen.

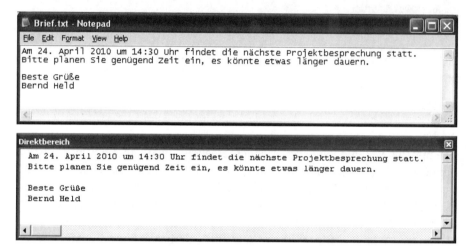

Abbildung 3.10:
Textdatei auslesen und im Direktbereich ausgeben

3.4.3 Eingegebene E-Mail-Adressen prüfen

Eine sehr interessante und oft eingesetzte Funktion heißt `InStr`. Mit dieser Funktion können Sie prüfen, ob ein Text eine bestimmte Zeichenfolge enthält oder nicht.

In der folgenden Prozedur wird geprüft, ob ein eingegebener Text eine gültige E-Mail-Adresse enthält.

Listing 3.20: Wurde eine gültige E-Mail-Adresse eingegeben?

```
Sub ZeichenPrüfen()
   Dim str As String

   'Eingabebox öffnen
   str = InputBox("Geben Sie eine E-Mail-Adresse ein!")

   'Wenn leere Eingabe => Prozedur beenden
   If str = "" Then Exit Sub

   'Prüfe ob '@' im String enthalten ist
   If InStr(str, "@") > 0 Then _
      MsgBox "E-Mail-Adresse!" _
```

```
    Else _
        MsgBox "keine gültige E-Mail-Adresse!"
End Sub
```

Die Funktion InStr gibt einen Wert vom Typ Variant zurück, der die Position des ersten Auftretens einer Zeichenfolge innerhalb einer anderen Zeichenfolge angibt. Es handelt sich in diesem vereinfachten Beispiel demnach um eine gültige E-Mail-Adresse, wenn das Sonderzeichen @ darin vorkommt. Wenn Sie zum Beispiel die E-Mail-Adresse machero@aol.com eingeben, meldet Ihnen die Funktion InStr den Wert 8. Das achte Zeichen von links entspricht dem Sonderzeichen @.

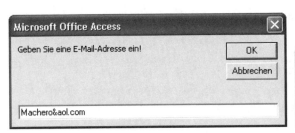

Abbildung 3.11:
E-Mail-Adressen checken

3.4.4 Textteile extrahieren

Möchten Sie einen bestimmten Textteil aus einem Gesamttext extrahieren, dann suchen Sie standardmäßig über die Funktion Instr beginnend vom linken Ende des Textes nach einer bestimmten Zeichenfolge, ab der die gewünschten Zeichen in einen anderen String übertragen werden sollen. Sehen Sie sich nun einmal folgenden String an:

"\\Daten\Beispiele\Held\Datenbank.mdb"

In diesem Fall soll nach dem letzten Zeichen »\« gesucht werden, um letztendlich den Dateinamen aus dem Text heraus zu extrahieren. In diesem Fall wäre es ein wenig ungeschickt, über die Funktion instr zu arbeiten, da diese Funktion, wie schon gesagt, vom linken Beginn des Textes her das Zeichen »\« sucht. Hier müssten Sie dann eine Schleife programmieren und den Text so lange nach links durchlaufen, bis Sie das letzte Zeichen »\« gefunden haben. Das muss aber nicht sein. Setzen Sie stattdessen die Funktion InstrRev ein. Mithilfe dieser Funktion erhalten Sie die genaue Position des gesuchten Zeichens bzw. die Position des ersten Zeichens der gesuchten Zeichenfolge. Dabei stellt diese Angabe jedoch wieder die gezählten Zeichen von links dar. Zusammenfassend ist zu sagen , dass die Suche bei der Funktion InstrRev demnach von rechts stattfindet, das Ergebnis, also die Position des Zeichens, wird aber von links angegeben.

Lassen Sie uns diese Funktion nun an einem Beispiel üben. Aus dem Text

"\\Daten\Beispiele\Held\Datenbank.mdb"

soll der Name der Datei extrahiert werden. Dazu sind folgende Einzelschritte notwenig:

- Ermittlung des letzten Zeichens »\« vom linken Rand des Textes gesehen, bzw. Ermitteln des ersten Zeichens »\« vom rechten Rand des Textes her gesehen
- Feststellen der Gesamtlänge des Textes
- Ermittlung der Länge des gesuchten Textteiles
- Ausgabe des gesuchten Textteiles

Erstellen Sie für diesen Zweck folgende Prozedur aus dem hier gezeigten Listing.

Listing 3.21: Textteile extrahieren

```
Sub TextteilSuchen()
  Dim str As String
  Dim intPos As Integer
  Dim intLänge As Integer
  Const strcText = _
    "\\Daten\Beispiele\Held\Datenbank.mdb"

  'Position des letzten Backslash suchen
  intPos = InStrRev(strcText, "\")
  Debug.Print "Position des letzten '\'-Zeichens " & _
    intPos

  'Gesamtlänge des Suchtextes ermitteln
  intLänge = Len(strcText)
  Debug.Print "Länge des Gesamttextes " & intLänge

  'Länge des Textes nach dem letzten Backslash
  intLänge = Len(strcText) - intPos
  Debug.Print "Länge des gesuchten Textteils " & _
    intLänge

  'Text nach dem letzten Backslash extrahieren
  str = Mid(strcText, intPos + 1, intLänge)
  Debug.Print "Der gesuchte Textteil lautet: " & str
End Sub
```

Der Gesamttext ist in diesem Beispiel in einer Konstanten angegeben. Über die Funktion InstrRev ermitteln Sie die Position des ersten Auftretens des Zeichens »\« vom rechten Rand her gesehen.

Mithilfe der Funktion Len ermitteln Sie die Gesamtlänge des Textes. Die Länge des gesuchten Textes erfragen Sie, indem Sie die ermittelte Position des Zeichens »\« von der Länge des Gesamttextes subtrahieren.

Im letzten Schritt setzen Sie die Funktion Mid ein, um den gesuchten Teil des Gesamttextes in der Variablen str zu speichern. Dazu übergeben Sie dieser Funktion die vorher ermittelte Position des Zeichens »\« und addieren den Wert 1, damit dieses Zeichen nicht mit übertragen wird. Das zweite Argument für diese

Funktion beinhaltet die Länge der Zeichen, die übertragen werden müssen. Auch diese Information haben Sie bereits ermittelt.

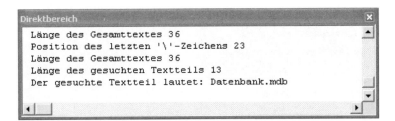

Abbildung 3.12:
Textteile extrahieren

3.4.5 Dateiendungen prüfen

Mit einer ähnlichen Funktion können Sie die Suche nach bestimmten Zeichen von rechts nach links durchlaufen lassen. Diese Funktion heißt InStrRev. Sie gibt die Position einer Zeichenfolge in einer anderen Zeichenfolge vom Ende der Zeichenfolge gesehen an.

In der nächsten Prozedur prüfen Sie die Eingabe einer Internetseite. Diese Eingabe erklären Sie dann für gültig, wenn sie mit der Endung .HTM bzw. .HTML eingegeben wurde. Sehen Sie sich dazu das folgende Listing an.

Listing 3.22: Wurde eine gültige Internetseite eingegeben?

```
Sub DateiEndungenPrüfen()
   Dim str As String

   str = InputBox("Gültige Internetseite eingeben!")

   If str = "" Then Exit Sub
   If InStrRev(str, ".htm") > 0 Then
      MsgBox "Gültige Internetseite!"
   Else
      MsgBox "Keine gültige Internetseite!"
   End If
End Sub
```

Wenn Sie die Internetseite INDEX.HTML erfassen, meldet Ihnen die Funktion InStrRev den Wert 7. Die Funktion InStr würde ebenso den Wert 7 melden.

Sie fragen sich jetzt, warum man dann einen Unterschied gemacht hat. Der Unterschied wird im folgenden Listing deutlich.

Listing 3.23: Der Unterschied zwischen InStr und InStrRev

```
Sub Unterschied()
   Dim str As String

   str = "C:\Eigene Dateien\Test.txt"
   MsgBox str & Chr(13) & Chr(13) & _
```

```
            "InstrRev: " & InStrRev(str, "\") _
         & Chr(13) & "Instr   : " & InStr(str, "\")
End Sub
```

Abbildung 3.13: Unterschiedliche Ergebnisse bei InStr und InStrRev

Die Funktion InStrRev meldet die Position 18, was dem letzten Backslash entspricht, während die Funktion InStr den Wert 3 liefert, was den ersten Backslash im Pfad darstellt. Je nachdem, wie Sie also einen String durchsuchen möchten, müssen Sie entweder die Funktion InStr oder die Funktion InStrRev einsetzen.

Im letzten Listing haben Sie die Funktion Chr(13) verwendet, die einen Zeilenvorschub erzeugt. Dafür gibt es als Alternative auch VBA-Konstanten, die Sie der folgenden Tabelle entnehmen können.

Tabelle 3.4: Die Konstanten für die Steuerzeichen

Konstante	Beschreibung
vbCrLf	Kombination aus Wagenrücklauf und Zeilenvorschub
vbCr	Wagenrücklaufzeichen
vbLf	Zeilenvorschubzeichen
vbNewLine	Plattformspezifisches Zeilenumbruchzeichen; je nachdem, welches für die aktuelle Plattform geeignet ist
vbNullChar	Zeichen mit dem Wert 0
vbNullString	Zeichenfolge mit dem Wert 0 ; nicht identisch mit der Null-Zeichenfolge (»«); wird verwendet, um externe Prozeduren aufzurufen
vbTab	Tabulatorzeichen
vbBack	Rückschrittzeichen

3.4.6 Texte kürzen und extrahieren

VBA stellt Ihnen einige Funktionen zur Verfügung, mit denen Sie Texte bearbeiten können. So können Sie mithilfe der beiden Funktionen Left und Right einen Text je nach Bedarf kürzen. Mit der Funktion Mid können Sie einen Teil des Textes aus einem Gesamttext heraus extrahieren.

VBA-Funktionen einsetzen

Im folgenden Beispiel soll ein eingegebener Text auf zehn Zeichen gekürzt werden. Um diese Aufgabe zu lösen, starten Sie die Prozedur aus dem folgenden Listing.

Listing 3.24: Texte kürzen mit der Funktion Left

```
Sub TextKürzen()
  Dim str As String

  str = InputBox("Geben Sie einen Text ein!")
  If str = "" Then Exit Sub
  If Len(str) > 10 Then str = Left(str, 10)
  MsgBox str
End Sub
```

Mit der Funktion Len können Sie prüfen, wie viele Zeichen eingegeben wurden. Sollten mehr als zehn Zeichen eingegeben worden sein, so übertragen Sie mithilfe der Funktion Left zeichenweise genau zehn Zeichen und speichern diese in der Variablen s.

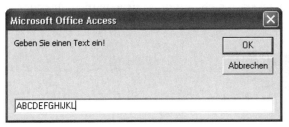

Abbildung 3.14: Den Text nach zehn Zeichen abschneiden

Die Funktion Right kommt beispielsweise dann zum Einsatz, wenn Sie eine Zeichenfolge eines Textes von der rechten Seite aus übertragen möchten.

So wird im folgenden Beispiel aus einer Datumseingabe das Jahr extrahiert und weiterverarbeitet. Sehen Sie sich dazu die nächste Prozedur an.

Listing 3.25: Texte kürzen mit der Funktion Right

```
Sub TextKürzen02()
  Dim str As String

  str = InputBox("Bitte Datum eingeben! (TT.MM.JJJJ)")
  If str = "" Then Exit Sub
  str = Right(str, 4)
  MsgBox str
End Sub
```

Geben Sie bei der Funktion Right an, welchen Text Sie bearbeiten und wie viele Zeichen davon, von rechts beginnend, Sie übertragen möchten.

Gehen Sie noch einen Schritt weiter, und extrahieren Sie bei folgender Prozedur den Dateinamen aus einer kompletten Pfadangabe.

Listing 3.26: Textteile extrahieren mit der Funktion Mid

```
Sub TextExtrahieren()
  Dim str As String
  Dim str2 As String
  
  'Pfad der aktuellen Datenbank holen
  str = Application.CurrentDb.Name
  'Text rechts vom letzten Backlash extrahieren
  str2 = Mid(str, InStrRev(str, "\") + 1)
  
  MsgBox "Aus " & str & Chr(13) & Chr(13) & "wird" & _
    Chr(13) & Chr(13) & str2
End Sub
```

Speichern Sie zunächst den Dateinamen der aktuell geöffneten Datenbank mithilfe der Methode CurrentDb sowie der Eigenschaft Name in der Variablen str. Nun wird neben dem Dateinamen auch der komplette Speicherpfad der Datenbank angezeigt. Über die Funktion Mid können Sie jetzt den Dateinamen extrahieren. Um die Position des letzten Backslashs herauszufinden, setzen Sie die Funktion InStrRev ein. Damit dieser Backslash nicht mit übertragen wird, addieren Sie den Wert 1.

Abbildung 3.15: Die Funktion Mid in der praktischen Anwendung

3.4.7 Texte splitten

Seit der Access-Version 2000 gibt es die VBA-Funktion Split. Mithilfe dieser Funktion können Sie Zeichenfolgen in Einzelteile zerlegen.

Bei der nächsten Aufgabe wird ein Text, der durch Semikola getrennt ist, in einzelne Felder aufgeteilt und anschließend im Direkt-Fenster der Entwicklungsumgebung ausgegeben.

Listing 3.27: Texte splitten mithilfe der Funktion Split

```
Sub TexteZerlegen()
  Dim strText As String
  Dim varVarray As Variant
  Dim i As Integer
  Dim lngHöchsterIndex As Long
  
  strText = "Bernd;Held;Teststr. 15;70839;Gerlingen"
  varVarray = Split(strText, ";")
```

```
lngHöchsterIndex = UBound(varVarray)
For i = 0 To lngHöchsterIndex
  Debug.Print "Feld " & i + 1 & _
    ": " & varVarray(i)
Next i
End Sub
```

In der String-Variablen `strText` wird zunächst der komplette Datensatz erfasst. Die einzelnen Felder sind hier durch ein Semikolon voneinander getrennt. Danach wenden Sie die Funktion `Split` an, um die einzelnen Feldinhalte in ein Datenfeld zu lesen. Dabei geben Sie im ersten Argument an, welcher Text gesplittet werden soll. Im zweiten Argument geben Sie das Separatorzeichen, hier das Semikolon, an. Das Datenfeld `varVarray` wird vorher mit dem Datentyp `Variant` deklariert. Nachdem Sie das Datenfeld gefüllt haben, ermitteln Sie mithilfe der Funktion `UBound`, wie viele einzelne Daten im Datenfeld eingelesen wurden. Dabei muss darauf geachtet werden, dass das erste Feld im Datenfeld mit dem Index 0 beginnt. Um also den Vornamen aus dem Datenfeld zu ermitteln, könnte man `Msgbox varVarray(1)` schreiben.

In einer Schleife lesen Sie ein Feld nach dem anderen aus und geben es über die Anweisung `Debug.Print` im Direkt-Fenster der Entwicklungsumgebung aus.

Abbildung 3.16: Der komplette Text wurde auf einzelne Felder aufgeteilt.

3.4.8 Texte zerlegen, konvertieren und wieder zusammensetzen

Im nächsten Beispiel wird ein Text komplett zerlegt, dann werden Änderungen vorgenommen, und anschließend wird er wieder zusammengesetzt. Zu Beginn liegt ein Text vor, bei dem die einzelnen Informationen durch Semikola getrennt sind. Nach der Zerlegung der einzelnen Teile werden diese in Großbuchstaben gewandelt und wieder zu einem Gesamttext zusammengesetzt. Die Prozedur für diese Aufgabe lautet:

Listing 3.28: Texte zerlegen, konvertieren und wieder zusammensetzen

```
Sub TexteZerlegenUndVerbinden()
  Dim strText As String
  Dim varVarray As Variant
  Dim i As Integer
  Dim lngHöchsterIndex As Long
```

```
    strText = "Bernd;Held;Teststr. 15;70839;Gerlingen"
    Debug.Print "Vor Konvertierung: " & strText
    varVarray = Split(strText, ";")
    lngHöchsterIndex = UBound(varVarray)

    For i = 0 To lngHöchsterIndex
      varVarray(i) = UCase(varVarray(i))
    Next i

    varVarray = Join(varVarray, ";")
    Debug.Print "Nach Konvertierung: " & varVarray
End Sub
```

Der Text liegt zunächst in einer `String`-Variablen vor. Die einzelnen Textinformationen werden durch Semikola voneinander getrennt. Über den Einsatz der Funktion `Split` zerlegen Sie diesen Gesamttext in einzelne Teile. Danach durchlaufen Sie in einer Schleife alle einzelnen Felder, die jetzt im Datenfeld `varVarray` sind. Innerhalb der Schleife wenden Sie die Funktion `Ucase` an, um die einzelnen Informationen in Großbuchstaben zu wandeln. Am Ende der Prozedur kommt dann die Funktion `Join` zum Einsatz, um die einzelnen Felder wieder zusammenzusetzen. Übergeben Sie dazu dieser Funktion im ersten Argument das Datenfeld, das die konvertierten Texte enthält. Im zweiten Argument geben Sie das Separatorzeichen bekannt, das verwendet werden soll.

Abbildung 3.17:
Texte zerlegen und wieder zusammensetzen

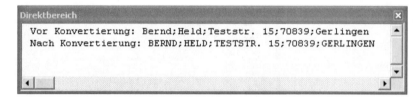

3.4.9 Texte bereinigen

Wenn Sie Transfers von Texten in Ihre Datenbanken vornehmen, sollten Sie vorher dafür sorgen, dass keine Leerzeichen mit übertragen werden. Für diesen Zweck stellt Ihnen VBA drei Funktionen zur Verfügung. Die Funktion `LTrim` entfernt führende Leerzeichen (linker Rand), die Funktion `RTrim` eliminiert nachgestellte Leerzeichen (rechter Rand) und die Funktion `Trim` entfernt vor- und nachgestellte Leerzeichen.

Der folgende Quellcode gibt dafür ein Beispiel:

Listing 3.29: Leerzeichen entfernen mit der Funktion `Trim`

```
Sub LeerzeichenEntfernen()
  Const strc As String = _
      "     da stimmt es hinten wie vorne nicht      "

  MsgBox "Aus dem Text: " & Chr(13) & Chr(13) & "'" _
```

VBA-Funktionen einsetzen

```
      & strc & "'" & Chr(13) & Chr(13) & "wird:" _
      & Chr(13) & Chr(13) & "'" & Trim(strc) & "'"
End Sub
```

Abbildung 3.18:
Texte bereinigen

3.4.10 Zahlenwerte runden

Für das Runden von Zahlenwerten steht Ihnen in VBA eine eigene Funktion zur Verfügung. Diese Funktion heißt Round. Sehen Sie in Listing 3.30, was Sie bei dieser Funktion beachten müssen.

Listing 3.30: Zahlen runden mit der Funktion Round

```
Sub Runden()
   Const intc = 1.456
   MsgBox Round(intc, 2)
End Sub
```

Geben Sie bei der Funktion Round an, welchen Wert Sie runden möchten, sowie die Anzahl der Stellen hinter dem Komma.

3.4.11 Dateien löschen

VBA stellt Ihnen eine Anweisung zur Verfügung, die Ihnen erlaubt, Dateien zu löschen, ohne vorher den Explorer aufzurufen. Diese Anweisung heißt Kill.

Im folgenden Beispiel werden in einem vorher angegebenen Verzeichnis alle Textdateien gelöscht.

Listing 3.31: Dateien löschen mit Kill

```
Sub DateienLöschen()
  On Error GoTo Fehler
  ChDir ("C:\Temp\")
  Kill "*.txt"
  Exit Sub

Fehler:
  MsgBox "Verzeichnis oder Dateien nicht gefunden!"
End Sub
```

Beim Einsatz der Anweisung `Kill` können Sie sogenannte Platzhalter einsetzen oder den Namen der zu löschenden Datei komplett angeben. Die Dateien werden direkt gelöscht, ohne dass vorher noch einmal nachgefragt wird. Möchten Sie eine Sicherheitsabfrage einbauen, dann vervollständigen Sie den Code aus Listing 3.31 wie folgt:

```
Sub DateienLöschenMitRückfrage()
  Dim intAnswer As Integer

  On Error GoTo Fehler
  ChDir ("C:\Temp\")
  intAnswer = MsgBox("Dateien wirklich löschen?", _
    vbYesNo)
  If intAnswer = 6 Then
    Kill "*.txt"
  Else
    MsgBox "Sie haben die Aktion abgebrochen!"
  End If
  Exit Sub

Fehler:
  MsgBox "Verzeichnis oder Dateien nicht gefunden!"
End Sub
```

Abbildung 3.19:
Ja oder Nein?

Mit der Konstanten `vbYesNo` zeigen Sie das Meldungsfenster mit den beiden Schaltflächen JA und NEIN an. Um zu ermitteln, welche Schaltfläche der Anwender geklickt hat, müssen Sie diese abfragen. Klickt der Anwender die Schaltfläche JA an, wird der Wert 6 gemeldet. Klickt er hingegen auf die Schaltfläche NEIN, wird der Wert 7 zurückgegeben. In Abhängigkeit davon führen Sie dann Ihre Löschaktion durch oder nicht.

3.4.12 Verzeichnisse erstellen

Um ein neues Verzeichnis anzulegen, brauchen Sie nicht extra den Windows-Explorer zu starten, sondern Sie können dies direkt mit einer VBA-Anweisung erledigen. Diese Anweisung lautet `MkDir`.

Im nächsten Beispiel in Listing 3.32 wird unterhalb des Verzeichnisses C:\EIGENE DATEIEN ein weiteres Verzeichnis angelegt.

Listing 3.32: Verzeichnisse anlegen mit `MkDir`

```
Sub VerzeichnisAnlegen()
  Const strcVerz As String = "Sammlung"

  On Error GoTo Fehler
  ChDir "C:\Eigene Dateien"
  MkDir strcVerz
  Exit Sub

Fehler:
  MsgBox "Es ist ein Problem aufgetreten!"
End Sub
```

Wird übrigens kein Laufwerk angegeben, so wird das neue Verzeichnis bzw. der neue Ordner auf dem aktuellen Laufwerk erstellt.

Analog dazu gibt es selbstverständlich auch eine VBA-Anweisung, um ein Verzeichnis zu entfernen. Diese Anweisung lautet `RmDir`.

Sehen Sie im Code von Listing 3.33, wie Sie diese Anweisung einsetzen können.

Listing 3.33: Verzeichnisse löschen mit `RmDir`

```
Sub VerzeichnisLöschen()
  Const strcVerz As String = "Sammlung"

  On Error GoTo Fehler
  ChDir "C:\Eigene Dateien"
  RmDir strcVerz
  Exit Sub

Fehler:
  MsgBox "Es ist ein Problem aufgetreten!"
End Sub
```

Ein Fehler tritt auf, wenn Sie `RmDir` für ein Verzeichnis oder einen Ordner ausführen, in dem Dateien enthalten sind. Löschen Sie zuerst alle Dateien mit der `Kill`-Anweisung, bevor Sie ein Verzeichnis oder einen Ordner entfernen.

3.4.13 Arbeitsverzeichnis ermitteln

Möchten Sie das aktuelle Arbeitsverzeichnis Ihrer Access-Installation ermitteln, dann wählen Sie bei Access-Versionen vor Access 2007 aus dem Menü EXTRAS den Befehl OPTIONEN. Wechseln Sie danach auf die Registerkarte ALLGEMEIN und werfen einen Blick in das Eingabefeld STANDARDDATENBANKORDNER. Bei Access 2007 klicken Sie die Schaltfläche OFFICE und wählen den Befehl ACCESS-OPTIONEN. Für Office 2010 wurde der OFFICE-Button umbenannt und heißt jetzt DATEI. Dort wählen Sie OPTIONEN, woraufhin sich das ACCESS-OPTIONEN-Fenster öffnet. Im Kapitel ALLGEMEIN finden Sie die Angabe STANDARDDATENBANKORDNER.

Abbildung 3.20:
Das Standardarbeitsverzeichnis ermitteln

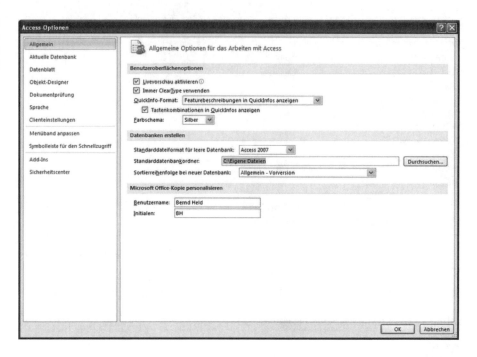

Dieselbe Information können Sie auch gewinnen, indem Sie die folgende Prozedur starten.

Listing 3.34: Den Standarddatenbankordner ermitteln

```
Sub StandardVerzeichnisAusgeben()
  Debug.Print "Der Standarddatenbankordner lautet: " & _
    vbLf & CurDir
End Sub
```

Abbildung 3.21:
Das Standardarbeitsverzeichnis ausgeben

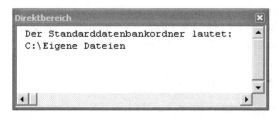

In der Online-Hilfe von Access steht allerdings, dass Sie mit der Funktion CurDir das aktuelle Verzeichnis ausgeben können, in dem Sie sich befinden. Dies ist aber offensichtlich nicht korrekt. Möchten Sie wirklich das aktuelle Verzeichnis ermitteln, in dem sich Ihre gerade geöffnete Datenbank befindet, dann können Sie sich beispielsweise eine eigene Funktion schreiben, entsprechend dem folgenden Listing.

Listing 3.35: Den Speicherort der geöffneten Datenbank ermitteln

```
Function AktOrd() As String
  Dim str As String

  str = CurrentDb().Name
  AktOrd = Left$(str, Len(str) - Len(Dir$(str)))
End Function


Sub AktuellesSpeicherVerzeichnis()
  Dim strOrdner As String

  strOrdner = AktOrd
  Debug.Print "Speicherpfad der aktuellen Datenbank: " _
    & vbLf & strOrdner
End Sub
```

Mithilfe der Eigenschaft Name, die Sie auf das Objekt CurrentDb anwenden, bekommen Sie den kompletten Pfad sowie den Namen der momentan geöffneten Datenbank. Wenden Sie die Funktion Dir nun direkt auf diesen ermittelten Gesamtpfad (s) an, um den Namen der geöffneten Datenbank zu finden. Danach erfragen Sie die Längen der beiden Teilstrings über die Funktion Len und erhalten durch eine Subtraktion beider Strings das gewünschte Ergebnis, das Sie im Direktbereich von Access ausgeben.

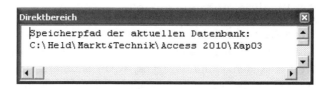

Abbildung 3.22: Das Speicherverzeichnis der geöffneten Datenbank ermitteln

3.4.14 Dateien kopieren

Möchten Sie Ihre Datenbanken regelmäßig sichern, dann können Sie sie mithilfe der Anweisung FileCopy kopieren.

In der nächsten Prozedur sehen Sie, wie Sie diese Aufgabe bewerkstelligen können.

Listing 3.36: Datenbank kopieren mit FileCopy

```
Sub DatenbankKopieren()
  Dim s As String
  Const strcLw As String = "c:\"
  Const strcVerz As String = "c:\Eigene Dateien\"
  Const strcDb As String = "db4.mdb"
  Const strcDbBackup As String = "db4_Sicherung.mdb"

  On Error GoTo Fehler_ChDrive
  'Laufwerk wechseln
```

```
        ChDrive strcLw
        On Error GoTo Fehler_ChDir
        'Verzeichnis wechseln
        ChDir strcVerz
        On Error GoTo Fehler_FileCopy
        'Datei kopieren
        FileCopy strcDb, strcDbBackup
        Exit Sub

Fehler_ChDrive:
    MsgBox "Das Laufwerk " & strcLw & _
        " ist nicht verfügbar!"
    Exit Sub
Fehler_ChDir:
    MsgBox "Wechsel ins Verzeichnis " & strcVerz & _
        " fehlgeschlagen!"
    Exit Sub
Fehler_FileCopy:
    MsgBox "Kopieren der Datei '" & strcDb & _
        "' nach '" & strcDbBackup & "' fehlgeschlagen!"
    Exit Sub
End Sub
```

Die Anweisung `FileCopy` benötigt lediglich den Namen der Quelldatei sowie den gewünschten Namen des Duplikats.

3.4.15 Wochentag ermitteln

Wenn Sie ein Datum vor sich haben, dann wissen Sie nicht immer, um welchen Tag in der Woche es sich dabei handelt. Die Funktion `Weekday` meldet Ihnen einen Wert zwischen 1 und 7 zurück, wenn Sie diese Funktion mit einem gültigen Datumswert füttern. Wie das konkret aussieht, sehen Sie in der folgenden Prozedur.

Listing 3.37: Wochentag ermitteln mit `Weekday`

```
Sub WochentagErmitteln()
    Dim strDatum As String
    Dim strWochentag As String

    strDatum = _
        InputBox("Bitte Datum eingeben! (TT.MM.JJJJ)")
    If strDatum = "" Then Exit Sub
    Select Case Weekday(strDatum)
        Case 1
            strWochentag = "Sonntag"
        Case 2
            strWochentag = "Montag"
        Case 3
            strWochentag = "Dienstag"
        Case 4
            strWochentag = "Mittwoch"
```

```
      Case 5
        strWochentag = "Donnerstag"
      Case 6
        strWochentag = "Freitag"
      Case 7
        strWochentag = "Samstag"
  End Select
  MsgBox "Das genannte Datum ist ein " & strWochentag
End Sub
```

Wenn Sie das Listing 3.37 betrachten, dann fällt auf, dass die Funktion Weekday den Wert 1 für den Sonntag meldet. Diese Besonderheit beruht höchstwahrscheinlich auf dem jüdischen Kalender, bei dem jede neue Woche mit dem Sonntag beginnt und daher den Index 1 bekommt.

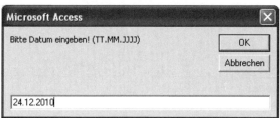

Abbildung 3.23: Vom Datum den Wochentag ermitteln

Möchten Sie die Prozedur aus Listing 3.37 weiter verkürzen, können Sie eine zusätzliche Funktion einsetzen, die aus dem Zahlenwert, den Ihnen die Funktion Weekday meldet, automatisch den richtigen Wochentag angibt. Die Funktion hierfür lautet WeekdayName.

Listing 3.38: Wochentag ermitteln mit WeekdayName

```
Sub WochentagErmitteln_Kürzer()
  Dim strEingabe As String
  Dim intWochentag As Integer
  Dim strWochentag As String

  strEingabe = _
    InputBox("Bitte Datum eingeben! (TT.MM.JJJJ)")
  If strEingabe = "" Then Exit Sub

  intWochentag = Weekday(strEingabe) - 1
  strWochentag = WeekdayName(intWochentag)
  MsgBox "Das genannte Datum ist ein " & strWochentag
End Sub
```

Achten Sie darauf, dass Sie den Wert 1 vom Ergebnis subtrahieren, bevor Sie den Wert an die Funktion WeekdayName übergeben, da es sonst zu einem fehlerhaften Ergebnis kommt.

3.4.16 Monat ermitteln

Verwandt mit der gerade beschriebenen Funktion ist auch die Funktion Month. Diese Funktion meldet aufgrund eines Datums den dazugehörenden Monat. Diese Funktion gibt einen Wert vom Typ Variant zurück, der den Monat im Jahr als ganze Zahl im Bereich von 1 bis 12 angibt.

Sehen Sie im folgenden Beispiel aus Listing 3.39, wie Sie dieser Zahlenvergabe aussagefähige Namen geben können.

Listing 3.39: Monatsnamen ermitteln mit den Funktionen Month und MonthName

```
Sub MonatErmitteln()
  Dim strEingabe As String
  Dim intWochentag As Integer
  Dim strWochentag As String
  Dim intMonat As Integer
  Dim strMonat As String

  strEingabe = _
    InputBox("Bitte Datum eingeben! (TT.MM.JJJJ)")
  If strEingabe = "" Then Exit Sub

  intMonat = Month(strEingabe)
  strMonat = MonthName(intMonat)

  intWochentag = Weekday(strEingabe)
  strWochentag = WeekdayName(intWochentag - 1)

  MsgBox "Das eingegebene Datum entspricht einem " _
    & strWochentag & " im Monat " & strMonat
End Sub
```

Mithilfe der Funktion Month ermitteln Sie zunächst den aktuellen Monatsindex, den Sie an die Funktion MonthName übergeben. Diese Funktion bildet dann aus diesem Monatsindex den dazugehörigen Monatsnamen (1 = Januar, 2 = Februar usw.).

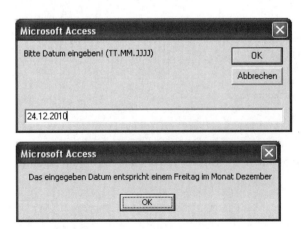

Abbildung 3.24: Den Monatsnamen ausgeben

Möchten Sie ganz flexibel aus einem Datum einen bestimmten Teil, sei es nun das Jahr, den Monat oder den Tag extrahieren, steht Ihnen für diese Aufgabenstellung eine weitere Funktion zur Verfügung. Diese Funktion heißt DatePart.

Wie Sie diese Funktion einsetzen, können Sie dem Listing 3.40 entnehmen.

Listing 3.40: Das Quartal aus einem Datum ermitteln

```
Sub TeilVomDatum()
  Dim dtm As Date

  dtm = InputBox("Geben Sie ein Datum ein:")
  MsgBox "Quartal: " & DatePart("q", dtm)
End Sub
```

Wie Sie sehen, müssen Sie der Funktion DatePart ein Kürzel hinzufügen, das angibt, welche Information Sie genau möchten. Der folgenden Tabelle können Sie weitere Möglichkeiten entnehmen, die Sie bei dieser Funktion haben.

Kürzel	Bedeutung
yyyy	Jahr
q	Quartal
m	Monat
y	Tag des Jahres
d	Tag
w	Wochentag
ww	Woche
h	Stunde
n	Minute
s	Sekunde

Tabelle 3.5: Die Kürzel für die Funktion DatePart

Welche weiteren Argumente Sie bei dieser Funktion noch einstellen können, entnehmen Sie der Online-Hilfe.

3.4.17 Datumsberechnungen durchführen

Für Datumsberechnungen steht Ihnen die Funktion DatDiff zur Verfügung. Sehen Sie in Listing 3.41, wie Sie beispielsweise die Differenz vom aktuellen Tag zu einem in der Zukunft liegenden Tag ermitteln können.

Listing 3.41: Datumsberechnungen mit der Funktion `DateDiff` ausführen

```
Sub Datumsberechnung()
   Dim dtm As Date

   dtm = InputBox("Bitte zukünftiges Datum eingeben:")
   MsgBox "Tage von heute an: " & DateDiff("d", Now, dtm)
End Sub
```

Auch hierbei gelten dieselben Kürzel wie schon in Tabelle 3.5 aufgeführt.

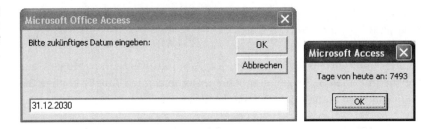

Abbildung 3.25: Das aktuelle Datum ist hier der 29.03.2007.

Verwandt mit der gerade beschriebenen Funktion ist auch die Funktion `DateAdd`. Damit können Sie Termine in der Zukunft bzw. in der Vergangenheit errechnen. Auch hier gelten wieder die Kürzel aus Tabelle 3.5.

Abbildung 3.26: Vom aktuellen Datum sechs Monate in die Zukunft

Im nächsten Beispiel aus Listing 3.42 wird der Termin vom aktuellen Datum aus bestimmt. In einem Eingabefeld tragen Sie die Anzahl der Monate ein.

Listing 3.42: Datumsberechnungen mit der Funktion `DateAdd`

```
Sub Datumsberechnung02()
  Dim dtm As Date
  Dim strIntervall As String
  Dim intMonate As Integer

  strIntervall = "m"
  dtm = InputBox("Geben Sie ein Datum ein")
  intMonate = _
    InputBox("Geben Sie die Anzahl der Monate ein")

  MsgBox "Neues Datum: " & DateAdd(strIntervall, _
    intMonate, dtm)
End Sub
```

3.4.18 Datumsangaben formatieren

Möchten Sie eine Datumsangabe in ein bestimmtes Format bringen, dann können Sie dazu die Eigenschaft `Format` verwenden.

Im folgenden Beispiel in Listing 3.43 liegt ein Datum im Format 30.10.10 vor. Ihre Aufgabe besteht nun darin, diese Eingabe in das Format 31.10.2010 zu formatieren.

Listing 3.43: Datumsangaben formatieren (vierstelliges Jahr)

```
Sub DatumFormatieren()
  Const strcDatum As String = "30.10.10"

  MsgBox Format(strcDatum, "DD.MM.YYYY")
End Sub
```

Geben Sie das Kürzel für die Jahresangabe viermal (YYYY) an, um das Jahr vierstellig anzuzeigen.

Abbildung 3.27:
Ein Datum vierstellig ausgeben

Im nächsten Beispiel gehen Sie einen Schritt weiter und geben zusätzlich noch den Wochentag an. Die dazugehörige Prozedur können Sie im Listing 3.44 sehen.

Listing 3.44: Datumsangaben formatieren (Wochentag)

```
Sub DatumFormatieren02()
  Const strcDatum As String = "30.10.10"

  MsgBox Format(strcDatum, "DD.MM.YYYY (DDDD)")
End Sub
```

Indem Sie das Kürzel für den Tag (DDDD) viermal angeben, wird der Tag in ausgeschriebener Form ausgegeben.

Abbildung 3.28:
Den Wochentag des Datums ermitteln

Im folgenden Beispiel soll die Kalenderwoche eines eingegebenen Datums ermittelt werden. Die Prozedur für diese Aufgabe sehen Sie in Listing 3.45.

Listing 3.45: Datumsangaben formatieren (Kalenderwoche)

```
Sub DatumFormatieren03()
  Const strcDatum As String = "30.10.10"

  MsgBox "Wochennummer: " & Format(strcDatum, "ww")
End Sub
```

Möchten Sie zusätzlichen Text mit ausgeben, müssen Sie mit dem Zeichen & arbeiten und die beiden Befehlsfolgen miteinander verknüpfen. Um die Kalenderwoche zu ermitteln, geben Sie in der Eigenschaft Format das Kürzel (ww) an.

Abbildung 3.29:
Die Kalenderwoche ermitteln

In den letzten Beispielen haben Sie bereits einige Datumskürzel kennengelernt. Sehen Sie in der Tabelle 3.6 weitere mögliche Kürzel.

Tabelle 3.6:
Die Datums- und Zeitkürzel von Access

Kürzel	Bedeutung
c	Vordefiniertes Standarddatum
d	Monatstag mit einer oder zwei Ziffern (1 bis 31)
dd	Monatstag mit zwei Ziffern (01 bis 31)
ddd	Die ersten drei Buchstaben des Wochentags (Son bis Sam)
dddd	Vollständiger Name des Wochentags (Sonntag bis Samstag)
w	Wochentag (1 bis 7)
ww	Kalenderwoche (1 bis 53)
m	Monat des Jahres mit einer oder zwei Ziffern (1 bis 12)

Kürzel	Bedeutung
mm	Monat des Jahres mit zwei Ziffern (01 bis 12)
mmm	Die ersten drei Buchstaben des Monats (Jan bis Dez)
mmmm	Vollständiger Name des Monats (Januar bis Dezember)
q	Datum als Quartal angezeigt (1 bis 4)
y	Kalendertag (1 bis 366)
yy	Die letzten zwei Ziffern der Jahreszahl (01 bis 99)
yyyy	Vollständige Jahreszahl (0100 bis 9999)
h	Stunde mit einer oder zwei Ziffern (0 bis 23)
hh	Stunde mit zwei Ziffern (00 bis 23)
n	Minute mit einer oder zwei Ziffern (0 bis 59
nn	Minute mit zwei Ziffern (00 bis 59)
S	Sekunde mit einer oder zwei Ziffern (0 bis 59)
SMS	Sekunde mit zwei Ziffern (00 bis 59)
AM/PM	Zwölf-Stunden-Format mit den Großbuchstaben AM oder PM
am/pm	Zwölf-Stunden-Format mit den Kleinbuchstaben am oder pm
A/P	Zwölf-Stunden-Format mit den Großbuchstaben A oder P
a/p	Zwölf-Stunden-Format mit den Kleinbuchstaben a oder p

Tabelle 3.6:
Die Datums- und Zeitkürzel von Access (Forts.)

3.4.19 Zeitfunktionen einsetzen

In VBA stehen Ihnen einige Zeitfunktionen zur Verfügung, die Sie flexibel einsetzen können. Die wichtigsten Zeit-Funktionen sind:

- Now: Diese Funktion liefert neben der Uhrzeit auch gleich das aktuelle Tagesdatum.
- Time: Diese Funktion gibt die aktuelle Uhrzeit aus. Dabei holt sich Access diese Information aus der eingestellten Zeit in der Systemsteuerung von Windows.
- Hour: Diese Funktion liefert die Stunde einer angegebenen Uhrzeit.
- Minute: Diese Funktion liefert die Minuten einer angegebenen Uhrzeit.
- Second: Diese Funktion liefert die Sekunden einer angegebenen Uhrzeit.

Im folgenden Beispiel werden diese Zeitfunktionen demonstriert.

Listing 3.46: Zeitfunktionen einsetzen

```
Sub MinutenExtrahieren()
  Dim str As String

  Debug.Print "Funktion Now:       " & Now
  Debug.Print "Funktion Time:      " & Time
  str = InputBox("Geben Sie eine Uhrzeit ein!", _
    "Uhrzeit", Time)
  Debug.Print "Eingegebene Uhrzeit: " & str
  Debug.Print "Funktion Minutes:   " & Minute(str)
  Debug.Print "Funktion Hour:      " & Hour(str)
  Debug.Print "Funktion Seconds:   " & Second(str)
End Sub
```

Abbildung 3.30:
Die Ergebnisse der Zeitfunktionen

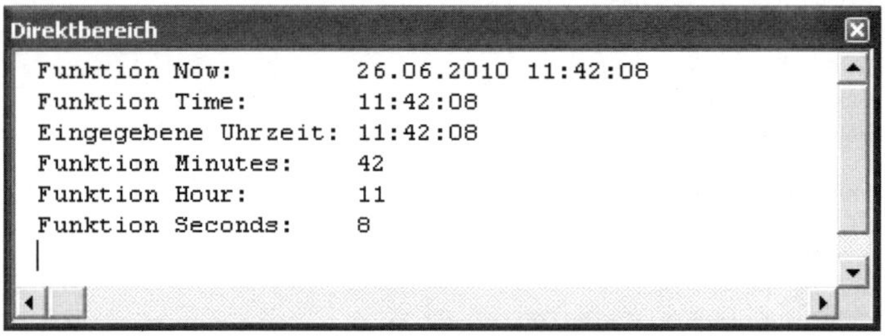

```
Direktbereich
Funktion Now:           26.06.2010 11:42:08
Funktion Time:          11:42:08
Eingegebene Uhrzeit:    11:42:08
Funktion Minutes:       42
Funktion Hour:          11
Funktion Seconds:       8
```

3.4.20 Farbfunktionen verwenden

Um einem Formularfeld eine bestimmte Farbe zuzuweisen, können Sie mit der Funktion QBColor arbeiten. Dieser Funktion müssen Sie einen Farbwert, der über einen eindeutigen Index festgelegt ist, zuweisen. Die Zuordnung von Farbindex zu Farbe können Sie der Tabelle 3.7 entnehmen.

Tabelle 3.7:
Die Farbindizes der Funktion QBColor

Index	Farbe
0	Schwarz
1	Blau
2	Grün
3	Cyan
4	Rot
5	Magenta
6	Gelb
7	Weiß
8	Grau
9	Hellblau
10	Hellgrün

Index	Farbe
11	Hellcyan
12	Hellrot
13	Hellmagenta
14	Hellgelb
15	Leuchtend weiß

Tabelle 3.7:
Die Farbindizes der Funktion QBColor (Forts.)

Um diese Funktion an einem praktischen Beispiel zu demonstrieren, werden Sie in einem Formular ein bestimmtes Feld (UMSATZ) überwachen. Dabei wechseln Sie die Farbe der Schrift bzw. die Farbe des Feldhintergrundes, je nach Umsatzhöhe.

Folgende Definitionen treffen Sie dabei:

- Umsatz > 35.000: Hintergrundfarbe Hellgelb und Schriftfarbe Blau
- Umsatz < 35.000: Hintergrundfarbe Weiß und Schriftfarbe Schwarz

Um diese automatische Einfärbung zu hinterlegen, befolgen Sie die nächsten Arbeitsschritte:

1. Öffnen Sie das Formular PERSONAL aus der Datenbank SPRACHELEMENTE.MDB in der Entwurfsansicht.
2. Klicken Sie mit der rechten Maustaste auf eine freie Fläche im Formular und wählen den Befehl EIGENSCHAFTEN aus dem Kontextmenü.

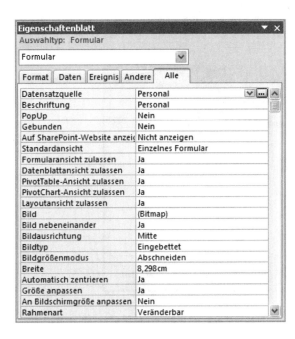

Abbildung 3.31:
Den Eigenschaften-dialog aufrufen

3. Wählen Sie aus dem Drop-down-Feld den Eintrag FORMULAR.

Kapitel 3 • Die wichtigsten Sprachelemente in Access

4. Wechseln Sie auf die Registerkarte EREIGNIS.

Abbildung 3.32:
Ein Ereignis einstellen

5. Klicken Sie im Feld BEIM ANZEIGEN ganz rechts auf das Symbol mit den drei Punkten.

Abbildung 3.33:
Den Code-Generator starten

6. Wählen Sie im Dialog GENERATOR WÄHLEN den Eintrag CODE-GENERATOR.
7. Bestätigen Sie Ihre Wahl mit OK.
8. Erfassen Sie jetzt im Code-Bereich folgende Ereignisprozedur:

VBA-Funktionen einsetzen

Listing 3.47: Die Funktion QBColor anwenden

```
Private Sub Form_Current()
If Me!Umsatz > 35000 Then
 Me!Umsatz.ForeColor = QBColor(1) 'Schrift Blau
 Me!Umsatz.BackColor = QBColor(14) 'Hintergrund HellGelb
 Debug.Print Me!Umsatz.Value
Else
 Me!Umsatz.ForeColor = QBColor(0) 'Schrift Schwarz
 Me!Umsatz.BackColor = QBColor(7) 'Hintergrund Weiß
 Debug.Print Me!Umsatz.Value
End If
End Sub
```

9. Speichern Sie diese Änderung und schließen das noch geöffnete Formular.

Mit der Eigenschaft `ForeColor` können Sie die Farbe für Text in einem Steuerelement angeben.

Mit der Eigenschaft `BackColor` können Sie die Farbe im Inneren des Steuerelements eines Formulars oder Bereichs angeben.

Rufen Sie nun das Formular mit einem Doppelklick auf und blättern nacheinander ein paar Sätze durch.

Abbildung 3.34: Eingabefelder je nach Wert färben

Schriftfarbe Schwarz, Hintergrund Weiß

Schriftfarbe Blau, Hintergrund Hellgelb

Erfahren Sie mehr zu den Themen *Formulare* und *Ereignisse* in den Kapiteln 7 und 9 dieses Buches.

3.4.21 Werte aus Liste auswählen

Mithilfe der Funktion Choose können Sie einen Wert aus einer Liste über einen Index ermitteln und ausgeben.

Im folgenden Beispiel haben Sie sich einige typische Sätze, die Sie jeden Tag in Briefen und E-Mails schreiben, zusammen in eine Funktion geschrieben.

Listing 3.48: Die Funktion Choose einsetzen

```
Function Auswahl(i As Integer) As String
  Auswahl = _
    Choose(i, "Sehr geehrte Damen und Herren,", _
        "Liebe Anwender,", "Hallo,", _
        "Mit freundlichen Grüßen", _
        "Viele Grüße", "Gruß")
End Function
```

Rufen Sie nun die Funktion auf, indem Sie den gewünschten Index übergeben. So liefert Ihnen der Index 1 den Text »Sehr geehrte Damen und Herren«, der Index 2 den Text »Liebe Anwender« usw.

Listing 3.49: Den Index an die Funktion Choose übergeben

```
Sub Aufruf()
  Dim str As String

  str = Auswahl(1)
  Debug.Print str
  Debug.Print Chr(13)
  Debug.Print "hier kommt der Text des Briefes!"
  Debug.Print Chr(13)
  str = Auswahl(5)
  Debug.Print str
End Sub
```

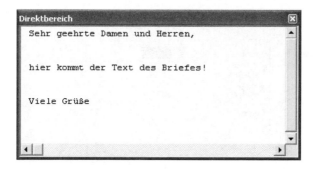

Abbildung 3.35: Das Ergebnis im Direktbereich

3.4.22 Ganzzahligen Wert extrahieren

Um einen ganzzahligen Wert aus einer Zahl herauszufiltern, können Sie die Funktion Fix bzw. Int einsetzen. Bei negativen Zahlen ermittelt die Funktion Int die erste ganze negative Zahl, die kleiner oder gleich der übergebenen Zahl ist, während die Fix-Funktion die erste negative ganze Zahl liefert, die größer oder gleich der übergebenen Zahl ist.

Sehen Sie sich dazu das folgende Beispiel an.

Listing 3.50: Die Funktionen Int und Fix

```
Sub GanzzahligEndWerteErmitteln()
  Const intcZahl1 = 12.67
  Const intcZahl2 = 49.9
  Const intcZahl3 = -58.78

  Debug.Print "Zahl1 " & intcZahl1
  Debug.Print "Zahl2 " & intcZahl2
  Debug.Print "Zahl3 " & intcZahl3
  Debug.Print Chr(13)

  Debug.Print "FIX - Zahl1 " & Fix(intcZahl1)
  Debug.Print "INT - Zahl1 " & Int(intcZahl1)
  Debug.Print Chr(13)

  Debug.Print "FIX - Zahl2 " & Fix(intcZahl2)
  Debug.Print "INT - Zahl2 " & Int(intcZahl2)
  Debug.Print Chr(13)

  Debug.Print "FIX - Zahl3 " & Fix(intcZahl3)
  Debug.Print "INT - Zahl3 " & Int(intcZahl3)
End Sub
```

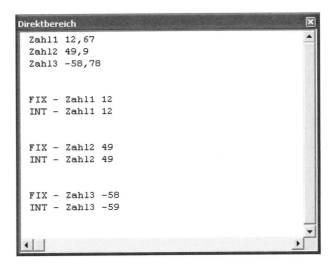

Abbildung 3.36: Das Ergebnis im Direktbereich

3.4.23 Zinsbelastung errechnen

Wenn Sie beabsichtigen, einen Kredit aufzunehmen und dabei Ihre Zinsbelastung errechnen möchten, dann hilft Ihnen dabei die Funktion `Ipmt`. Diese Funktion hat folgende Syntax:

`IPmt(rate, per, nper, pv, fv, type)`

Im Argument `rate` geben Sie den Zinssatz ein, den Sie in diesem Zeitraum aufbringen müssen. Rechnen Sie diese Angabe auf den monatlichen Zinssatz herunter.

Im Argument `per` bzw. `nper` geben Sie den Zeitraum in Monaten an, über den Sie den Kredit zurückbezahlen.

Das Argument `pv` steht für die Kreditsumme, die Sie aufnehmen möchten.

Im Argument `fv` geben Sie den Endstand des Kredits an. Diesen setzen Sie standardmäßig auf den Wert 0, da dies die Kredithöhe nach der letzten Zahlung ist.

Im letzten Argument `Type` geben Sie an, wann Zahlungen fällig sind. Bei 0 sind die Zahlungen am Ende eines Zahlungszeitraums fällig, bei 1 zu Beginn des Zahlungszeitraums. Wird der Wert nicht angegeben, so wird 0 angenommen.

Im nächsten Beispiel gehen Sie von folgenden Ausgangsvoraussetzungen aus:

Kreditsumme: 10.000 €

Zinssatz/Jahr: 10 %

Anzahl der Abzahlungsmonate: 24

Bauen Sie diese Informationen in die folgende Prozedur ein.

Listing 3.51: Die Zinsbelastung errechnen

```
Sub ZinssummeErrechnen()
  Dim curEndWert As Currency
  Dim curKreditsumme As Currency
  Dim sngJahresZins As Single
  Dim intAnzZahlungen As Integer
  Dim boolWann As Boolean
  Dim intZeitraum As Integer
  Dim curZinszahlung As Currency
  Dim curGesZins As Currency
  Const BEGINN As Boolean = 0, ENDE As Boolean = 1

  curEndWert = 0
  curKreditsumme = _
    InputBox("Wie hoch ist die Kreditsumme [_]?")
  sngJahresZins = _
    InputBox("Wie hoch ist der Jahreszins?")

  If sngJahresZins > 1 Then
    'Wenn in Prozent angegeben => Teile durch 100
    sngJahresZins = sngJahresZins / 100
  End If
```

VBA-Funktionen einsetzen

```
  intAnzZahlungen = _
    InputBox("Wie viele Monatszahlungen?")

  boolWann = _
    MsgBox("Erfolgen Zahlungen am Monatsende?", vbYesNo)
  If boolWann = vbNo Then boolWann = ENDE _
  Else boolWann = BEGINN

  For intZeitraum = 1 To intAnzZahlungen
    curZinszahlung = _
      IPmt(sngJahresZins / 12, intZeitraum, _
      intAnzZahlungen, -curKreditsumme, curEndWert, _
      boolWann)
    curGesZins = curGesZins + curZinszahlung
  Next intZeitraum

  MsgBox "Sie zahlen insgesamt " & curGesZins & _
    " _ Zinsen für diesen Kredit."
End Sub
```

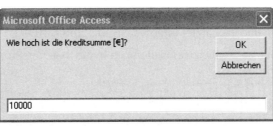
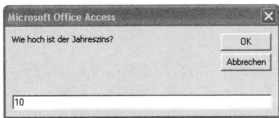
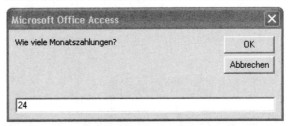

Abbildung 3.37:
Die Gesamtbelastung der Zinsen

3.4.24 Internen Zinsfuß errechnen

Zur Beurteilung der Wirtschaftlichkeit von Investitionen wird sehr oft die interne Zinsfuß-Methode angewendet. Darunter versteht man die Rendite, die durch Investitionen in einem Unternehmen erzielt wird.

Diese Methode können Sie mithilfe der VBA-Funktion IRR durchführen. Diese Methode hat folgende Syntax:

```
IRR(values()[, guess])
```

Im Argument values geben Sie die Cashflow-Werte (Aus- und Einzahlungen) an. Unter diesen Werten muss mindestens ein negativer Wert (Zahlungsausgang) und ein positiver Wert (Zahlungseingang) enthalten sein.

Unter dem Argument guess geben Sie einen von Ihnen geschätzten Wert ein. Wird der Wert nicht angegeben, so ist guess gleich 0,1 (10 Prozent).

Beim nächsten Beispiel gehen Sie von folgenden Ausgangsdaten aus:

- Anfangskosten von –90.000 €
- Cashflows der Folgejahre: 18.000 €, 20.000 €, 25.500 €, 29.600 € und 31.980 €
- Ihr geschätzter interner Zinsfuß lautet: 10%.

Setzen Sie diese Informationen in die folgende Prozedur ein.

Listing 3.52: Den internen Zinsfuß berechnen

```
Sub InternerZinsfuss()
  Dim sngSchätz As Single
  Dim sngIntZins As Single
  Static dblWerte(6) As Double

  sngSchätz = 0.1
  dblWerte(0) = -90000
  dblWerte(1) = 18000: dblWerte(2) = 20000
  dblWerte(3) = 25500: dblWerte(4) = 29600
  dblWerte(5) = 31980

  sngIntZins = IRR(dblWerte(), sngSchätz) * 100
  MsgBox "Der interne Zinsfuß beträgt " & _
    Format(sngIntZins, "#.00") & " Prozent."
End Sub
```

Abbildung 3.38: Der interne Zinsfuß lautet: 10,83%.

3.4.25 Abschreibungen berechnen

Möchten Sie die Abschreibung eines Vermögenswertes über einen bestimmten Zeitraum mithilfe der arithmetischen Abschreibungsmethode ermitteln, dann setzen Sie die VBA-Funktion SLN ein.

Diese Funktion hat folgende Syntax:

SLN(cost, salvage, life)

Im Argument cost geben Sie die Anschaffungskosten des Anlageguts an.

Im Argument salvage geben Sie den Wert des Anlagegutes am Ende der Abschreibung an. Diesen Wert können Sie auf 0 setzen.

Unter dem Argument life geben Sie die Anzahl der Abschreibungsmonate an.

Im nächsten Beispiel gehen Sie von folgenden Ausgangsvoraussetzungen aus:

- Anschaffungskosten des Anlagegutes: 1.000 €
- Wert am Ende der Abschreibung: 0
- Dauer der Abschreibung: 3 Jahre = 36 Monate

Setzen Sie diese Informationen in die folgende Prozedur ein.

Listing 3.53: Die lineare Abschreibung berechnen

```
Sub AbschreibungBerechnen()
  Dim curInvestSumme As Currency
  Dim curRestwer As Currency
  Dim curAfa As Currency
  Dim infAfaMonate As Integer
  Dim infNutzung As Integer
  Dim dblAfa As Double

  curInvestSumme = InputBox("Investsumme angeben")
  curRestwer = InputBox _
    ("Wert des Vermögensgegenstands am Ende " _
    & "der Nutzungsdauer?")
  infAfaMonate = InputBox("Nutzungsdauer in Monaten?")
  infNutzung = infAfaMonate / 12

  dblAfa = SLN(curInvestSumme, curRestwer, infNutzung)
  MsgBox "Die Abschreibung ist " & _
    Format(dblAfa, "#.00") & " pro Jahr."
End Sub
```

Neben der Funktion SLN gibt es eine weitere Funktion namens DDB, mit deren Hilfe Sie weitere Abschreibungstypen wie die degressive Abschreibung abhandeln können. Allerdings scheint diese Funktion einen Bug zu haben, da die degressive Abschreibung nicht den zu erwartenden Ergebnissen entspricht.

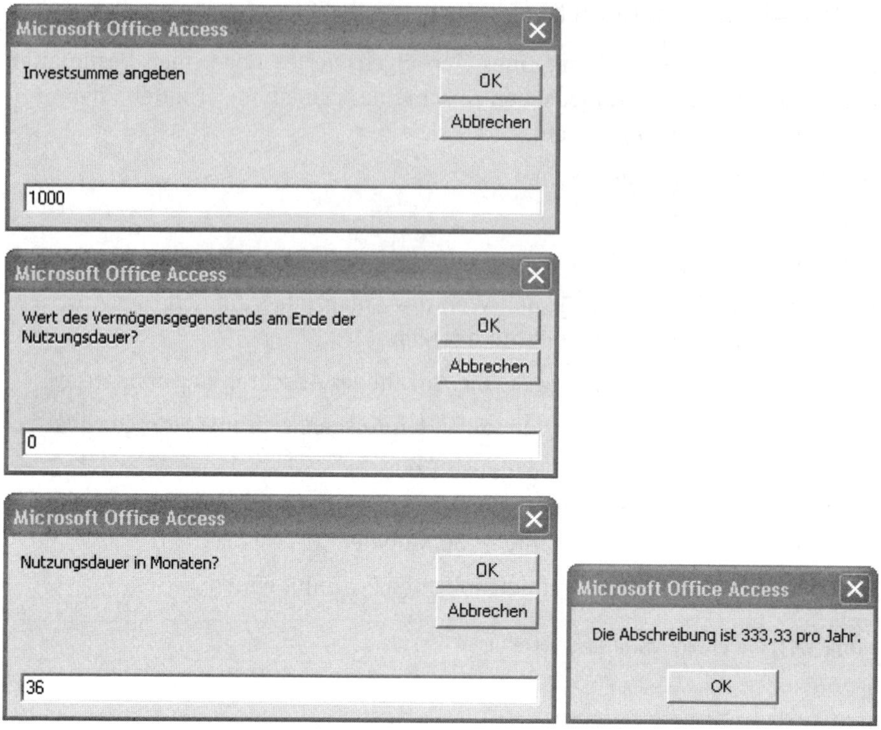

Abbildung 3.39:
Lineare Abschreibung ermitteln

3.5 Umwandlungsfunktionen

Hin und wieder müssen Sie einzelne Datentypen in andere Datentypen umwandeln. Für diesen Zweck gibt es eine ganze Reihe von Umwandlungsfunktionen.

Tabelle 3.8:
Typumwandlungsfunktionen (Quelle: Online-Hilfe)

Funktion	Rückgabetyp	Bereich des Arguments Ausdruck
CBool	Boolean	Eine gültige Zeichenfolge oder ein gültiger numerischer Ausdruck
Cbyte	Byte	0 bis 255
Ccur	Currency	-922.337.203.685.477,5808 bis 922.337.203.685.477,5807
Cdate	Date	Ein beliebiger gültiger Datumsausdruck.
CDbl	Double	-4,94065645841247E-324 für negative Werte; 4,94065645841247E-324 bis 1,79769313486232E308 für positive Werte
CDec	Decimal	Für skalierte Ganzzahlen, d. h. Zahlen ohne Dezimalstellen. Für Zahlen mit 28 Dezimalstellen gilt der Bereich +/-7,9228162514264337593543950335.
CInt	Integer	-32.768 bis 32.767; Nachkommastellen werden gerundet.
CLng	Long	-2.147.483.648 bis 2.147.483.647; Nachkommastellen werden gerundet.

Funktion	Rückgabetyp	Bereich des Arguments Ausdruck
CSng	Single	−3,402823E38 bis −1,401298E-45 für negative Werte; 1,401298E-45 bis 3,402823E38 für positive Werte
CVar	Variant	Numerische Werte im Bereich des Typs Double. Nichtnumerische Werte im Bereich des Typs String
CStr	String	Die Rückgabe für CStr hängt vom Argument Ausdruck ab.

Tabelle 3.8:
Typumwandlungs-funktionen (Quelle: Online-Hilfe) (Forts.)

Es folgen nun ein paar typische Beispiele, in denen Typumwandlungsfunktionen eingesetzt werden.

3.5.1 Die Typumwandlungsfunktion CBool

Die Typumwandlungsfunktion Cbool wird verwendet, um einen Ausdruck in einen Wert vom Typ Boolean umzuwandeln. Liefert der Ausdruck einen Wert ungleich null, so gibt CBool den Wert True zurück, andernfalls False.

Im nächsten Beispiel soll geprüft werden, ob in der Datenbank SPRACHELEMENTE.MDB das Formular PERSONAL gerade geöffnet ist. Diese Aufgabe lösen Sie, indem Sie zuerst eine Funktion schreiben, die Sie in der folgenden Auflistung einsehen können.

Listing 3.54: Funktion zum Prüfen eines geöffneten Formulars

```
Function FormularGeöffnet(FormName As String) As Boolean
  FormularGeöffnet = _
  CBool(SysCmd(acSysCmdGetObjectState, acForm, FormName))
End Function
```

Mit der Methode SysCmd können Sie eine Statusanzeige oder optional einen angegebenen Text in der Statusleiste anzeigen, Informationen zu Microsoft Access und den zugehörigen Dateien oder den Status eines angegebenen Datenbankobjekts zurückgeben.

Diese Methode hat folgende Syntax:

Ausdruck.SysCmd(Aktion, Argument2, Argument3)

Unter dem Argument Aktion übergeben Sie der Methode eine fest definierte Konstante. Einige mögliche Konstanten sind dabei:

- AcSysCmdAccessDir gibt den Namen des Verzeichnisses zurück, in dem sich MSACCESS.EXE befindet.
- AcSysCmdAccessVer: Diese Konstante gibt die Versionsnummer von Microsoft Access zurück.
- AcSysCmdClearStatus: Diese Konstante gibt Informationen zum Status eines Datenbankobjekts zurück.

- `AcSysCmdGetObjectState`: Sie gibt den Status des angegebenen Datenbankobjekts zurück. Sie müssen die Argumente `Argument2` und `Argument3` angeben, wenn Sie für die Aktion diesen Wert verwenden.
- `AcSysCmdGetWorkgroupFile`: Sie gibt den Pfad zur Arbeitsgruppendatei (SYSTEM.MDW) zurück.
- `AcSysCmdIniFile`: Die Konstante gibt den Namen der von Microsoft Access verwendeten INI-Datei zurück.
- `AcSysCmdInitMeter`: Sie initialisiert die Statusanzeige. Sie müssen die Argumente `Argument2` und `Argument3` angeben, wenn Sie diese Aktion verwenden.
- `AcSysCmdProfile`: Sie gibt die Einstellung von `/profile` zurück, die der Benutzer angegeben hat, wenn er Microsoft Access von der Befehlszeile aus gestartet hat.
- `AcSysCmdRemoveMeter`: Die Konstante entfernt die Statusanzeige.
- `AcSysCmdRuntime`: Sie gibt den Wert `True (-1)` zurück, wenn eine Laufzeitversion von Microsoft Access ausgeführt wird.
- `AcSysCmdSetStatus`: Sie legt den Text in der Statusleiste auf das Argument `Text` fest.
- `AcSysCmdUpdateMeter`: Die Konstante aktualisiert die Statusanzeige mit dem angegebenen Wert. Sie müssen das Argument `Text` angeben, wenn Sie diese Aktion verwenden.

Beim `Argument2` handelt es sich um einen optionalen `Variant`-Wert. Dieses Argument steht für einen Zeichenfolgenausdruck, der den Text angibt, der linksbündig in der Statusleiste angezeigt wird. Dieses Argument ist erforderlich, wenn das Argument `Aktion` auf `acSysCmdInitMeter`, `acSysCmdUpdateMeter` oder `acSysCmdSetStatus` festgelegt wurde.

In unserem Beispiel haben Sie die Einstellung `acSysCmdGetObjectState` verwendet. In diesem Fall müssen Sie beispielsweise eine der vorgegebenen integrierten Konstanten verwenden:

- `AcTable`: Eine Tabelle
- `AcQuery`: Eine Abfrage
- `AcForm`: Ein Formular
- `AcReport`: Ein Bericht
- `AcMacro`: Ein Makro
- `AcModule`: Ein Modul
- `AcDataAccessPage`: Eine Datenzugriffsseite
- `AcDiagram`: Ein Diagramm

Beim `Argument3` handelt es sich um einen optionalen `Variant`-Wert. Dahinter verbirgt sich ein numerischer Ausdruck, der die Statusanzeige steuert. Dieses Argument ist erforderlich, wenn das Argument `Aktion` auf `acSysCmdInitMeter` festgelegt wurde. Für andere Werte des Arguments `Aktion` ist es nicht anzugeben.

Umwandlungsfunktionen

So können Sie beispielsweise über die Methode `SysCMD` ermitteln, ob ein Formular geöffnet ist. Rufen Sie die `SysCmd`-Methode mit dem auf `acSysCmdGetObjectState` festgelegten Argument `Aktion` und den Argumenten `Objekttyp` und `Objektname` auf, um den Status des Formulars DATENBANKOBJEKT zurückzugeben.

Ein Objekt kann einen von vier möglichen Status aufweisen: nicht geöffnet bzw. nicht vorhanden, geöffnet, neu sowie geändert, jedoch noch nicht gespeichert.

Was jetzt noch fehlt, ist die Prozedur, die unsere Funktion `FormularGeöffnet` aufruft. Erfassen Sie jetzt diese Prozedur.

Listing 3.55: Formular öffnen, wenn noch nicht geöffnet

```vba
Sub FormularCheck()
  Dim bool As Boolean
  
  bool = FormularGeöffnet("Personal")
  If bool = True Then
    MsgBox "Das Formular ist geöffnet!"
  Else
    MsgBox "Das Formular ist noch nicht geöffnet!"
    DoCmd.OpenForm "Personal", acViewNormal
  End If
End Sub
```

Die Funktion `FormularGeöffnet` liefert Ihnen einen Wahrheitswert `True`, wenn das Formular PERSONAL bereits geöffnet ist. Wenn nicht, dann liefert die Funktion den Wert `False`. In diesem Fall wenden Sie die Methode `OpenForm` an, um das Formular zu öffnen. Dieser Methode müssen Sie sowohl den Objekttyp als auch den Objektnamen bekannt geben.

3.5.2 Die Typumwandlungsfunktion CDbl

Mithilfe der Typumwandlungsfunktion `CDbl` können Sie beispielsweise aus einem String, der einen Wert enthält, alle Punkte entfernen. Dieser String wird dann in einen Ausdruck des Datentyps `Double` umgewandelt.

Im nächsten Beispiel werden aus einem String, der Tausenderpunkte enthält, diese Punkte entfernt und in einer Variablen vom Typ `Double` gespeichert.

Listing 3.56: Tausenderpunkte aus einem String entfernen

```vba
Sub TausenderpunkteRaus()
  Dim strZk As String
  Dim dblBetrag As Double
  
  strZk = "128.235.311,45"
  Debug.Print "Zeichenkette vorher: " & strZk
  dblBetrag = CDbl("128.235.311,45")
  Debug.Print "Zeichenkette nachher: " & dblBetrag
End Sub
```

Abbildung 3.40:
Tausenderpunkte aus einem String entfernen

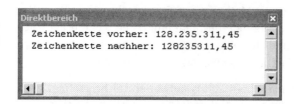

3.5.3 Die Typumwandlungsfunktion CDate

Mithilfe der Typumwandlungsfunktion CDate können Sie Datumsangaben in Zeichenfolgen in echte Datumsangaben wandeln. So wird beispielsweise aus der Zeichenfolge 13. Oktober 2011 das Datum 13.10.2011.

Sehen Sie weitere Beispiele im folgenden Listing.

Listing 3.57: Datumswerte aus Strings herstellen

```
Sub DatumWandeln()
   Const strcDatum1 As String = "11/25/2010 8:30 AM"
   Const strcDatum2 As String = "12. Februar 2011"
   Const strcDatum3 As String = "Januar, 2011"

   Debug.Print CDate(strcDatum1)
   Debug.Print CDate(strcDatum2)
   Debug.Print CDate(strcDatum3)
End Sub
```

Abbildung 3.41:
Einen String in korrekte Datumsangaben wandeln

```
Direktbereich
25.11.2010 08:30:00
12.02.2011
01.01.2011
```

3.5.4 Die Typumwandlungsfunktion CLng

Mithilfe der Funktion CLng können Sie einen Wert in einen Datentyp Long umwandeln. Dabei werden eventuell existierende Nachkommastellen gerundet.

Im folgenden Beispiel werden genau 20 Zufallszahlen gebildet. Diese werden mithilfe der Funktion CLng in den richtigen Datentyp gewandelt.

Listing 3.58: Zufallszahlen bilden

```
Sub ZufallszahlenErzeugen()
   Dim i As Integer
   Dim lng As Long
```

```
    For i = 1 To 20
       lng = CLng(99999 * Rnd + 1)
       Debug.Print "Zufallszahl " & Format(i, "00") & _
          " lautet " & Format(lng, "0,##")
    Next i
End Sub
```

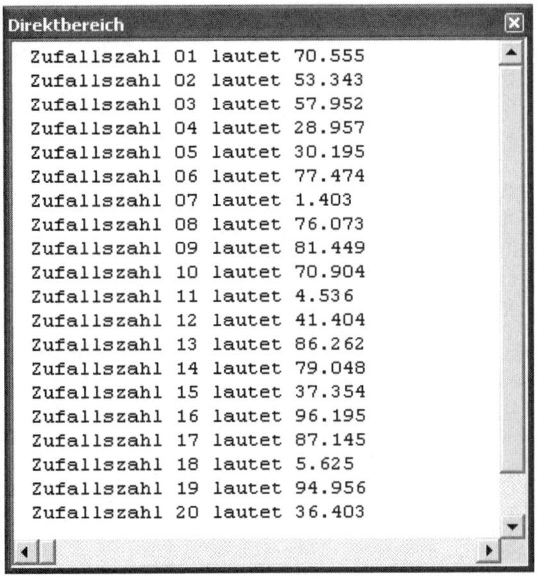

```
Direktbereich
Zufallszahl 01 lautet 70.555
Zufallszahl 02 lautet 53.343
Zufallszahl 03 lautet 57.952
Zufallszahl 04 lautet 28.957
Zufallszahl 05 lautet 30.195
Zufallszahl 06 lautet 77.474
Zufallszahl 07 lautet 1.403
Zufallszahl 08 lautet 76.073
Zufallszahl 09 lautet 81.449
Zufallszahl 10 lautet 70.904
Zufallszahl 11 lautet 4.536
Zufallszahl 12 lautet 41.404
Zufallszahl 13 lautet 86.262
Zufallszahl 14 lautet 79.048
Zufallszahl 15 lautet 37.354
Zufallszahl 16 lautet 96.195
Zufallszahl 17 lautet 87.145
Zufallszahl 18 lautet 5.625
Zufallszahl 19 lautet 94.956
Zufallszahl 20 lautet 36.403
```

Abbildung 3.42:
Zufallszahlen bilden

Über die Anweisung `CLng(99999 * Rnd + 1)` bilden Sie eine Zufallszahl zwischen 1 und 9999 und weisen dieser Zahl den Datentyp Long zu. Über die Funktion Format bringen Sie die Werte in die gewünschte Form.

3.5.5 Die Typumwandlungsfunktion CStr

Die Funktion CStr kommt dann zum Einsatz, wenn Sie einen numerischen Datentyp in einen String-Datentyp umwandeln möchten.

Im folgenden Beispiel zerlegen Sie ein Datum in seine Einzelteile, also in die Angaben Tag, Monat und Jahr, und setzen es danach wieder in einer etwas anderen Form zusammen. So soll aus der Datumsangabe 1.1.2011 die Datumsangabe 01.01.11 gemacht werden. Es sollen demnach Nullen an den Stellen eingefügt werden, an denen die Tagesangabe bzw. die Monatsangabe einstellig ist. Außerdem soll die Jahresanzeige auf zwei Stellen gekürzt werden. Wie Sie diese Aufgabe lösen können, erfahren Sie in der folgenden Prozedur.

Listing 3.59: Datum zerlegen und ins gewünschte Format überführen

```
Sub UmwandlungsfunktionInStr()
  Dim strEingabe As String
  Dim strTag As String
  Dim strMonat As String
  Dim strJahr As String

  Dim intTag As Integer
  Dim intMonat As Integer
  Dim intJahr As Integer

  strEingabe = "1.3.2011"

  Debug.Print "Das Datum vor der Umwandlung: " & _
    strEingabe
  intMonat = Month(strEingabe)
  intTag = Day(strEingabe)
  intJahr = Year(strEingabe)

  If intMonat < 10 Then
    strMonat = "0" & CStr(intMonat)
  Else
    strMonat = CStr(intMonat)
  End If

  If intTag < 10 Then
    strTag = "0" & CStr(intTag)
  Else
   strTag = CStr(intTag)
  End If

  strJahr = Right(CStr(intJahr), 2)

  strEingabe = CStr(strTag & "." & strMonat & "." & _
    strJahr)
  Debug.Print "Das Datum nach der Umwandlung: " & _
    strEingabe
End Sub
```

Zerlegen Sie die Variable Eingabe zunächst in Ihre Bestandteile. Dazu setzen Sie die Funktionen Day, Month und Year ein. Dabei werden diese Informationen in einem numerischen Datentyp zurückgegeben. Damit Sie jetzt eine führende Null beim Tag bzw. beim Monat einfügen können, müssen Sie diese numerischen Werte über die Funktion CStr in einen String überführen.

Um die Jahresangabe zweistellig zu bekommen, setzen Sie die Funktion Right ein, die beginnend vom rechten Ende einer Variablen in der gewünschten Länge Zeichen in einen neuen String überträgt.

Setzen Sie am Ende die Einzelteile wieder in der gewünschten Form zusammen und beispielsweise als Trennzeichen den Punkt bzw. das Zeichen »/« ein.

Umwandlungsfunktionen

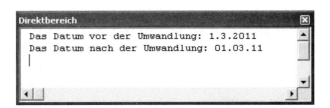

Abbildung 3.43:
Datumsangaben in das gewünschte Format bringen

3.5.6 Die Funktion Val

Mithilfe der Funktion Val können Sie aus einer Zeichenfolge in ihr enthaltene numerische Werte herausholen.

Im folgenden Praxisbeispiel sollen aus einer Zeichenfolge nur die numerischen Werte extrahiert werden. Für diese Aufgabe schreiben Sie eine Funktion und übergeben dieser die komplette Zeichenfolge, die sowohl numerische als auch alphanumerische Zeichen enthalten kann. Als Rückgabe soll die Funktion nur die numerischen Zeichen zurückliefern.

Listing 3.60: Numerische Zeichen extrahieren

```
Function NumZeichExtra(strZ As String) As String
  Dim i As Integer
  Dim str As String
  
  If IsNull(strZ) = False Then
    For i = 1 To Len(strZ)
      If Mid(strZ, i, 1) >= "0" And _
        Mid(strZ, i, 1) <= "9" Then
          str = str & Mid(strZ, i, 1)
      End If
    Next i
  End If
  NumZeichExtra = str
End Function
```

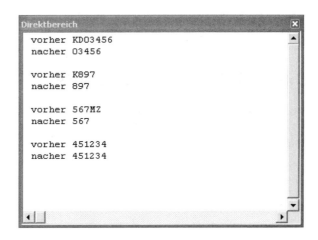

Abbildung 3.44:
Das Ergebnis enthält nur noch numerische Zeichen.

Prüfen Sie zuerst einmal, ob überhaupt eine Zeichenfolge an die Funktion übergeben wurde. Dazu setzen Sie die Funktion IsNull ein. Danach ermitteln Sie mithilfe der Funktion Len die Anzahl der übergebenen Zeichen. Sie durchlaufen eine Schleife, in der Sie Zeichen für Zeichen überprüfen und in die Variable str einfügen, sofern das jeweilige Zeichen einen Wert zwischen 0 und 9 aufweist. Geben Sie am Ende der Funktion den so manipulierten String zurück an die aufrufende Prozedur.

Um diese Funktion richtig zu testen, erstellen Sie sich eine Prozedur, die testweise mehrere Zeichenfolgen nacheinander an die Funktion übergibt.

Listing 3.61: Textzeichen eliminieren

```
Sub TextzeichenRaus()
  Dim str1 As String
  Dim str2 As String
  Dim str3 As String
  Dim str4 As String

  str1 = "KD03456"
  str2 = "K897"
  str3 = "567MZ"
  str4 = "451234"

  Debug.Print "vorher " & str1
  str1 = NumZeichExtra(str1)
  Debug.Print "nachher " & str1 & Chr(13)

  Debug.Print "vorher " & str2
  str2 = NumZeichExtra(str2)
  Debug.Print "nachher " & str2 & Chr(13)

  Debug.Print "vorher " & str3
  str3 = NumZeichExtra(str3)
  Debug.Print "nachher " & str3 & Chr(13)

  Debug.Print "vorher " & str4
  str4 = NumZeichExtra(str4)
  Debug.Print "nachher " & str4
End Sub
```

3.6 Die IS-Funktionen in VBA

In VBA stehen Ihnen einige wichtige Funktionen zur Verfügung, mit denen Sie prüfen können, welcher Datentyp vorliegt. Auf diese Weise können Sie auf Nummer sicher gehen, wenn Sie Werte weiterverarbeiten möchten.

3.6.1 Die Funktion IsArray

Mithilfe der Funktion `IsArray` prüfen Sie, ob es sich bei der angesprochenen Variablen um ein Datenfeld (Array) handelt.

Um diese Funktion zu üben, schreiben Sie eine Prozedur, in der Sie festlegen, wie groß ein Datenfeld angelegt werden soll. Diese Information übergeben Sie einer Funktion, die das Datenfeld in der gewünschten Größe anlegt und an die aufrufende Prozedur zurückliefert.

Listing 3.62: Typprüfung auf Array vornehmen

```
Function ArrayBilden(lngGröße As Long) As Variant
    'Array mit vorgegebener Größe erzeugen
    ReDim alngArr2(lngGröße - 1) As Long
    Dim lng As Long

    'Array mit Werten füllen
    For lng = LBound(alngArr2, 1) To UBound(alngArr2, 1)
        alngArr2(lng) = lng
    Next lng

    'Array zurückgeben
    ArrayBilden = alngArr2
End Function

Sub DynamischesArrayBilden()
    'Array mit unbestimmter Größe
    Dim avarArr1 As Variant
    Dim lng As Long

    'Array wird hier bei der Rückgabe dimensioniert
    avarArr1 = ArrayBilden(10)

    If IsArray(avarArr1) Then
        'avarArr1 ist ein Array => Werte ausgeben
        For lng = LBound(avarArr1, 1) To UBound(avarArr1, 1)
            Debug.Print avarArr1(lng)
        Next lng
    End If
End Sub
```

In der Zeile `avarArr1=ArrayBilden(10)` rufen Sie die Funktion `ArrayBilden` auf und übergeben ihr den Wert 10. Damit legt die Funktion `ArrayBilden` ein Datenfeld mit genau zehn Datenfeldern an, und zwar mit den Indizes 0 bis 9. Nachdem die Funktion an die aufrufende Prozedur das angelegte Datenfeld zurückgeliefert hat, prüfen Sie über die Funktion `IsArray`, ob die Rückgabe der Funktion auch den richtigen Datentyp, nämlich ein Datenfeld, liefert. Wenn ja, dann setzen Sie eine Schleife auf, in der das Datenfeld ausgelesen wird. Setzen Sie dazu den Index 1 zu Beginn der Schleife mithilfe der Funktion `LBound` auf den ersten Eintrag des Datenfeldes, und arbeiten Sie sich dann bis zum letzten Feld des Datenfeldes vor, das Sie über die

Funktion UBound ermitteln. Geben Sie nach jedem Schleifendurchlauf den Inhalt des jeweiligen Datenfeldes im Direktbereich über die Anweisung Debug.Print aus.

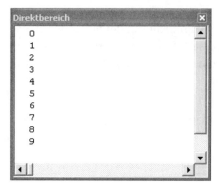

Abbildung 3.45:
Einen Array in den Direktbereich auslesen

Lernen Sie später mehr zum Thema *Arrays* weiter unten im Kapitel.

3.6.2 Die Funktion IsDate

Mithilfe der Funktion Isdate überprüfen Sie, ob ein gültiger Datumswert vorliegt. Da eine detaillierte Beschreibung dieser Funktion bereits zu Beginn des Kapitels besprochen wurde, folgt hier nur noch ein typisches Beispiel, wie Sie einen Anwender dazu zwingen können, ein korrektes Datum in eine Inputbox einzutragen. Sehen Sie dazu die Lösung im folgenden Listing.

Listing 3.63: Datumscheck in Inputbox vornehmen

```
Sub InputboxPrüfen()
  Dim strDatum As String

  Do While IsDate(strDatum) = False
    strDatum = InputBox("Bitte Datum eingeben!")
    If IsDate(strDatum) = False Then _
      MsgBox "Bitte ein gültiges Datum eingeben!"
  Loop
End Sub
```

Der Dialog wird so lange aufgerufen, bis der Anwender ein gültiges Datum eingibt.

Abbildung 3.46:
Eingegebenes Datum überprüfen

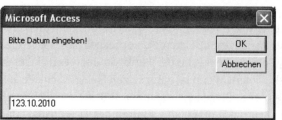

3.6.3 Die Funktionen IsEmpty und IsNull

Über die Funktion `IsEmpty` können Sie prüfen, ob eine Variable initialisiert wurde.

Mithilfe der Funktion `IsNull` können Sie ermitteln, ob ein Ausdruck gültige Daten enthält. Um den Unterschied beider Funktionen deutlich zu machen, starten Sie die nachfolgende Prozedur.

Listing 3.64: Der Unterschied zwischen `IsNull` und `IsEmpty`

```
Sub NullOderLeer()
  Dim var As Variant

  Debug.Print "Leere Variable"
  Debug.Print "IsEmpty " & IsEmpty(var)
  Debug.Print "IsNull  " & IsNull(var)
  Debug.Print Chr(13)

  Debug.Print "var = Null"
  var = Null
  Debug.Print "IsEmpty " & IsEmpty(var)
  Debug.Print "IsNull  " & IsNull(var)
  Debug.Print Chr(13)

  Debug.Print "var = 0"
  var = 0
  Debug.Print "IsEmpty " & IsEmpty(var)
  Debug.Print "IsNull  " & IsNull(var)
  Debug.Print Chr(13)

  Debug.Print "Leerstring  "
  var = ""
  Debug.Print "IsEmpty " & IsEmpty(var)
  Debug.Print "IsNull  " & IsNull(var)
  Debug.Print Chr(13)

  Debug.Print "var = Held"
  var = "Held"
  Debug.Print "IsEmpty " & IsEmpty(var)
  Debug.Print "IsNull  " & IsNull(var)
  Debug.Print Chr(13)

  Debug.Print "var = 256"
  var = 256
  Debug.Print "IsEmpty " & IsEmpty(var)
  Debug.Print "IsNull  " & IsNull(var)
End Sub
```

Abbildung 3.47:
Verschiedene Rückmeldungen bei `IsEmpty` und `IsNull`

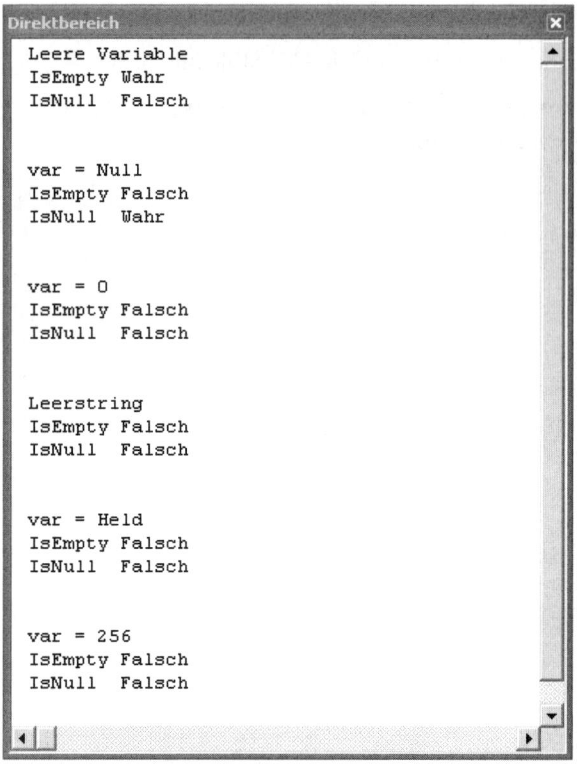

```
Direktbereich
Leere Variable
IsEmpty  Wahr
IsNull   Falsch


var = Null
IsEmpty  Falsch
IsNull   Wahr


var = 0
IsEmpty  Falsch
IsNull   Falsch


Leerstring
IsEmpty  Falsch
IsNull   Falsch


var = Held
IsEmpty  Falsch
IsNull   Falsch


var = 256
IsEmpty  Falsch
IsNull   Falsch
```

3.6.4 Die Funktion IsMissing

Wenn Sie eine Funktion aufrufen, die ein bzw. mehrere Argumente erwartet, dann können Sie mithilfe der Funktion `IsMissing` prüfen, ob alle optionalen Parameter auch übergeben wurden.

Für diese Funktion habe ich mir ein Beispiel überlegt, das gerade auf fehlende Parameter bei Funktionen reagiert.

Stellen Sie sich vor, Sie stellen eine Rechnung. Übergeben Sie die Informationen wie Rechnungsnummer, Rechnungsdatum sowie das Zahlzieldatum an eine Funktion. Dabei möchten Sie die Funktion aber so programmieren, dass sie darauf reagieren kann, wenn Sie das Zahldatum, also das dritte Argument, nicht angeben. In diesem Fall sollen automatisch auf das Rechnungsdatum genau 14 Tage dazu addiert werden.

Diese Aufgabe sieht umgesetzt wie folgt aus:

Listing 3.65: Auf nicht angegebene Argumente flexibel reagieren

```
Function Zahlung _
(ByVal strRechName As String, dtmRechDat As Date, _
 Optional ByVal varZahlDatum As Variant) As Date
```

```
        If IsMissing(varZahlDatum) Then
            varZahlDatum = dtmRechDat + 14
        Zahlung = varZahlDatum
    End if
End Function


Sub AufrufD()
    Dim dtmZahlungVorgabe As Date
    Dim dtmZahlungRückgabe As Date
    Dim dtmRechn As Date
    Dim strRechnNr As String

    strRechnNr = "K100"
    dtmRechn = "30.3.2011"
    dtmZahlungVorgabe = "30.4.2011"

    Debug.Print "Rechn.-Nr: " & strRechnNr & _
                ", Rechn.-Datum: " & dtmRechn & _
                ", Vorgegebenes Zahldatum:" & _
                dtmZahlungVorgabe

    'Zahlungsdatum als Parameter übergeben
    dtmZahlungRückgabe = Zahlung(strRechnNr, dtmRechn, _
        dtmZahlungVorgabe)
    Debug.Print "Das Zahlungsdatum lautet: " & _
        dtmZahlungRückgabe & Chr(13)

    Debug.Print "Rechn.-Nr: " & strRechnNr & _
                ", Rechn.-Datum: " & dtmRechn & _
                ", Zahldatum nicht angegeben "

    'Zahlungsdatum nicht als Parameter übergeben
    dtmZahlungRückgabe = Zahlung(strRechnNr, dtmRechn)
    Debug.Print "Das Zahlungsdatum lautet: " & _
        dtmZahlungRückgabe
End Sub
```

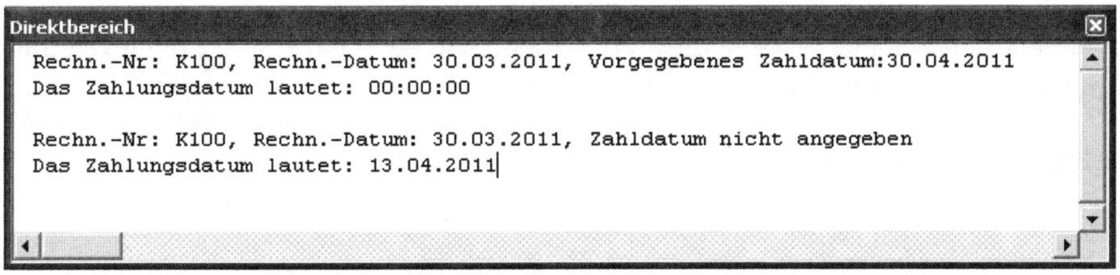

Abbildung 3.48: Die Funktion IsMissing einsetzen, um Zahlungsziele automatisch zu erhalten

3.6.5 Die Funktion IsObject

Mithilfe der Funktion IsObject können Sie beispielsweise überprüfen, ob sich ein bestimmtes Objekt in Ihrer Datenbank befindet. So wird diese Funktion im nächsten Beispiel eingesetzt, um zu prüfen, ob sich eine bestimmte Tabelle in der aktuellen Datenbank befindet. Nur dann soll diese Tabelle auch geöffnet werden. Diese Prüfroutine sieht wie folgt aus:

Listing 3.66: Befindet sich das Objekt TABELLE PERSONAL in der Datenbank?

```
Function TabelleExistiert(str As String) As Boolean
  On Error Resume Next
  TabelleExistiert = IsObject(CurrentDb.TableDefs(str))
End Function


Sub PrüfenAufTabelle()
  If TabelleExistiert("Personal") = True Then
    DoCmd.OpenTable "Personal"
  Else
    MsgBox "Tabelle ist nicht vorhanden!"
  End If
End Sub
```

Über die Methode `CurrentDb` haben Sie Zugriff auf die aktuelle geöffnete Datenbank. Mithilfe der Auflistung `TabelDefs` können Sie kontrollieren, ob sich die übergebene Tabelle in der Variablen `str`, in der Datenbank befindet. Wenn Ja, dann wenden Sie die Methode `OpenTable` an, um die gewünschte Tabelle zu öffnen.

3.7 Arbeiten mit Arrays

Wenn Sie viele Daten schnell verarbeiten müssen, dann bewährt sich der Einsatz von Arrays. Ein Array besteht aus einem Variablennamen und einem oder mehreren Indizes, die das einzelne Datenfeld eindeutig identifizieren.

3.7.1 Einfache Arrays

Wenn Sie vorher genau wissen, wie viele Daten in ein Array eingefügt werden sollen, dann können Sie dieses fest anlegen.

Im folgenden Beispiel werden die sieben Wochentage in ein Array eingelesen und über einen Index angesprochen und ausgegeben.

Listing 3.67: Array füllen und auslesen

```
Sub EinfachesArray()
  Dim varWoche As Variant
  Dim strTag As String

  varWoche = Array("Montag", "Dienstag", "Mittwoch", _
    "Donnerstag", "Freitag", "Samstag", "Sonntag")

  Debug.Print "Heute ist der " & Date
```

Arbeiten mit Arrays

```
  Select Case Weekday(Date, vbMonday)
    Case 1
      strTag = varWoche(0)
    Case 2
      strTag = varWoche(1)
    Case 3
      strTag = varWoche(2)
    Case 4
      strTag = varWoche(3)
    Case 5
      strTag = varWoche(4)
    Case 6
      strTag = varWoche(5)
    Case 7
      strTag = varWoche(6)
  End Select

  Debug.Print "Heute ist " & strTag
End Sub
```

Über die Funktion Array füllen Sie das Array namens Woche. Dabei schreiben Sie die einzelnen Tage getrennt durch Kommata und doppelte Anführungszeichen direkt in das Array.

Danach wenden Sie eine Select case-Anweisung an, um den aktuellen Tag auszuwerten. Die Funktion Weekday liefert Ihnen eine Zahl zwischen 1 und 7, die für den entsprechenden Tag der Woche steht. Diese Zahl werten Sie aus und geben den dazugehörigen Array-Wert über die Vergabe des Indexes aus.

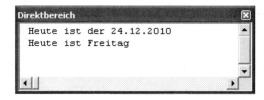

Abbildung 3.49: Arrays füllen und auslesen

Im folgenden Beispiel durchlaufen Sie eine Schleife so oft, bis die Grenze des Arrays erreicht ist.

Listing 3.68: Schleifendurchläufe über Array steuern

```
Sub FestesArray()
  Dim lng As Long
  Dim avarArray(1 To 100) As Long

  For lng = 1 To UBound(avarArray)
    Debug.Print "Schleifendurchlauf " & lng
  Next lng
End Sub
```

Definieren Sie im ersten Schritt ein Array vom Typ Long. Dort geben Sie an, in welchen Grenzen sich das Array bewegen soll. Setzen Sie danach eine Schleife ein, die so lange durchlaufen wird, bis der letzte mögliche Wert im Array l_Array erreicht wird. Mithilfe der Funktion UBound bekommen Sie gerade diesen größten verfügbaren Index für das Array.

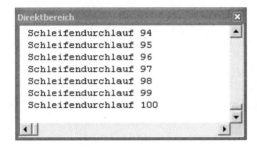

Abbildung 3.50:
Fest definierte Schleifendurchläufe über Arrays definieren

3.7.2 Mehrdimensionale Arrays

Etwas komplexer wird es, wenn Sie mehrdimensionale Arrays füllen und wieder auslesen müssen. Im nachfolgenden Beispiel gehen Sie von der Tabelle PERSONAL in Abbildung 3.51 aus.

Abbildung 3.51:
Die Ausgangstabelle mit Personaldaten

Name	Vorname	Standort	Umsatz
Müller	Hans	München	23.456,00 €
Meister	Bernd	Stuttgart	45.000,00 €
Schmidt	Gustav	Hamburg	10.000,00 €
Reichert	Sonja	Köln	17.500,00 €
Teichmann	Werner	Saarbrücken	22.567,00 €
Fuchs	Hugo	München	50.000,00 €
Schiller	Franz	Hamburg	34.689,00 €
Igel	Sabine	Bonn	25.231,00 €
Baumstark	Hera	Stuttgart	59.561,00 €
Huber	Karl	Hannover	19.999,00 €
Walter	Barbara	Stuttgart	28.990,00 €
Kilian	Vera	München	51.983,00 €
Kuhn	Fritz	Bonn	18.750,00 €
Gans	Gustav	Trier	52.651,00 €
Paul	Peter	Köln	51.411,00 €
Müller	Ute	Stuttgart	38.790,00 €
			0,00 €

Erfassen Sie nun die folgende Prozedur:

Listing 3.69: Mehrdimensionales Array füllen und wieder auslesen

```
Sub MehrdimArraysFüllen()
   Dim conn As New ADODB.Connection
   Dim astrFeld() As String
```

```
Dim i As Integer
Dim intAnzSätze As Integer
Dim rst As New ADODB.Recordset

On Error GoTo Fehler

Set conn = CurrentProject.Connection
Set rst = New ADODB.Recordset

With rst
  .Open "Personal", conn, adOpenKeyset, _
    adLockOptimistic
  Debug.Print "In der Tabelle befinden sich " & _
    rst.RecordCount & " Datensätze"
  intAnzSätze = rst.RecordCount
End With

ReDim astrFeld(1 To intAnzSätze, 1 To 2)

i = 1
For i = 1 To intAnzSätze Step 1
  astrFeld(i, 1) = rst!Name
  astrFeld(i, 2) = rst!Vorname
  Debug.Print astrFeld(i, 1) & " " & _
    astrFeld(i, 2)
  rst.MoveNext
Next i
rst.Close
Set rst = Nothing
Exit Sub

Fehler:
  MsgBox "Die Tabelle konnte nicht gefunden werden!"
End Sub
```

Definieren Sie zu Beginn der Prozedur ein Array. Da Sie zu diesem Zeitpunkt noch nicht wissen, wie viele Sätze in der Tabelle PERSONAL vorhanden sind, müssen Sie diese Angabe zunächst flexibel halten. Stellen Sie danach über das Objekt CurrentProject die Verbindung zu Ihrer momentan geöffneten Datenbank her. Legen Sie daraufhin ein neues ADO-Objekt an und öffnen über die Methode Open die Tabelle PERSONAL.

Mithilfe der Eigenschaft RecordCount können Sie die Anzahl der Datensätze in der Tabelle ermitteln. Sie haben somit die Obergrenze, die Sie zur Definition Ihres Arrays einsetzen können. Diese dynamische Zuweisung von Speicherplatz wird über die Anweisung ReDim realisiert.

Füllen Sie nun in einer Schleife das Datenfeld astrFeld, indem Sie über die Methode MoveNext einen Datensatz nach dem anderen in der Tabelle abarbeiten und die Felder NAME und VORNAME direkt in das Datenfeld astrFeld schreiben.

Geben Sie testweise die Inhalte des Datenfeldes im Direktbereich Ihrer Entwicklungsumgebung über die Anweisung Debug.Print aus.

Abbildung 3.52:
Die Daten aus dem Array in den Direktbereich ausgeben

Schließen Sie am Ende der Verarbeitung die Tabelle PERSONAL über die Methode Close und geben den Speicherplatz, der für die Objektvariable rst reserviert wurde, über die Anweisung Set rst = Nothing wieder frei.

3.7.3 Das Praxisbeispiel Straßentausch

Als abschließendes Beispiel zu den Arrays erweitern Sie die Tabelle PERSONAL aus der Datenbank SPRACHELEMENTE.MDB um eine Spalte mit dem Namen Straße. Füllen Sie diese Spalte zunächst mit unterschiedlich geschriebenen Straßenbezeichnungen wie Str., Straße oder Strasse. Diese uneinheitlichen Bezeichnungen sollen später einheitlich umgesetzt werden.

Um diese Straßenbezeichnungen zu vereinheitlichen, erfassen Sie folgenden Code.

Listing 3.70: Straßenbezeichnungen vereinheitlichen

```
Sub StraßenUmsetzen()
    Dim conn As New ADODB.Connection
    Dim astrFeld() As String
    Dim i As Integer
    Dim intAnzSätze As Integer
    Dim rst As New ADODB.Recordset

    On Error GoTo Fehler
    Set conn = CurrentProject.Connection
    Set rst = New ADODB.Recordset
```

```
  With rst
    .Open "Personal", conn, adOpenKeyset, _
      adLockOptimistic
    Debug.Print "In der Tabelle befinden sich " & _
      rst.RecordCount & " Datensätze"
    intAnzSätze = rst.RecordCount
  End With

  ReDim astrFeld(1 To intAnzSätze, 1 To 2)

  For i = 1 To intAnzSätze Step 1
    astrFeld(i, 1) = rst!Straße
    rst!Straße = Tausch(astrFeld(i, 1))
      rst.MoveNext
  Next i

  rst.Close
  Set rst = Nothing
  Exit Sub

Fehler:
  MsgBox "Die Tabelle konnte nicht gefunden werden!"
End Sub
```

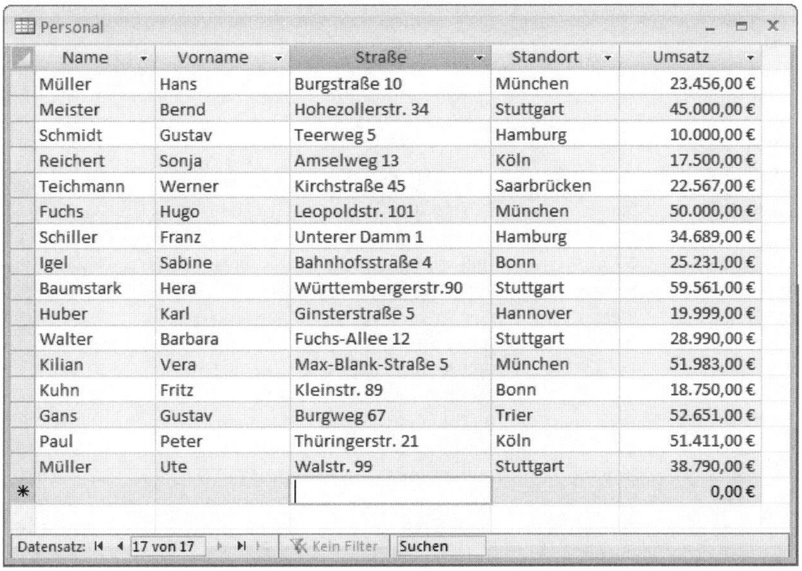
Personal

Name	Vorname	Straße	Standort	Umsatz
Müller	Hans	Burgstraße 10	München	23.456,00 €
Meister	Bernd	Hohezollerstr. 34	Stuttgart	45.000,00 €
Schmidt	Gustav	Teerweg 5	Hamburg	10.000,00 €
Reichert	Sonja	Amselweg 13	Köln	17.500,00 €
Teichmann	Werner	Kirchstraße 45	Saarbrücken	22.567,00 €
Fuchs	Hugo	Leopoldstr. 101	München	50.000,00 €
Schiller	Franz	Unterer Damm 1	Hamburg	34.689,00 €
Igel	Sabine	Bahnhofsstraße 4	Bonn	25.231,00 €
Baumstark	Hera	Württembergerstr.90	Stuttgart	59.561,00 €
Huber	Karl	Ginsterstraße 5	Hannover	19.999,00 €
Walter	Barbara	Fuchs-Allee 12	Stuttgart	28.990,00 €
Kilian	Vera	Max-Blank-Straße 5	München	51.983,00 €
Kuhn	Fritz	Kleinstr. 89	Bonn	18.750,00 €
Gans	Gustav	Burgweg 67	Trier	52.651,00 €
Paul	Peter	Thüringerstr. 21	Köln	51.411,00 €
Müller	Ute	Walstr. 99	Stuttgart	38.790,00 €
*				0,00 €

Datensatz: 17 von 17 Kein Filter Suchen

Abbildung 3.53: Eine Tabelle mit unterschiedlichen Straßenbezeichnungen

Definieren Sie zu Beginn der Prozedur ein Array. Da Sie zu diesem Zeitpunkt noch nicht wissen, wie viele Sätze in der Tabelle PERSONAL vorhanden sind, müssen Sie diese Angabe zunächst flexibel halten. Stellen Sie danach über das Objekt `CurrentProject` die Verbindung zu Ihrer momentan geöffneten Datenbank her. Legen Sie daraufhin ein neues ADO-Objekt an und öffnen über die Methode `Open` die Tabelle PERSONAL.

Mithilfe der Eigenschaft `RecordCount` können Sie die Anzahl der Datensätze in der Tabelle ermitteln. Sie haben somit die Obergrenze, die Sie zur Definition Ihres Arrays einsetzen können. Diese dynamische Zuweisung von Speicherplatz wird über die Anweisung `ReDim` realisiert.

Füllen Sie nun in einer Schleife das Datenfeld `astrFeld`, indem Sie über die Methode `MoveNext` einen Datensatz nach dem anderen in der Tabelle abarbeiten und die Felder NAME und VORNAME direkt in das Datenfeld `astrFeld` schreiben.

Rufen Sie die Funktion `Tausch` auf, die Ihnen bis jetzt noch fehlt. Die Funktion sieht wie folgt aus:

Listing 3.71: Funktion zum Tauschen von Zeichen

```
Function Tausch(s As String) As String
  Dim intPos As Integer

  intPos = InStr(s, "Straße")
  If intPos > 0 Then
    Tausch = Left$(s, intPos - 1) & "str."
    If Len(s) > intPos + 6 Then
      Tausch = Tausch & Right$(s, Len(s) - (intPos + 5))
    End If
  Else
    Tausch = s
  End If
End Function
```

Abbildung 3.54: Als Ergebnis liegt eine bereinigte Tabelle vor.

Name	Vorname	Straße	Standort	Umsatz
Müller	Hans	Burgstr. 10	München	23.456,00 €
Meister	Bernd	Hohezollerstr. 34	Stuttgart	45.000,00 €
Schmidt	Gustav	Teerweg 5	Hamburg	10.000,00 €
Reichert	Sonja	Amselweg 13	Köln	17.500,00 €
Teichmann	Werner	Kirchstr. 45	Saarbrücken	22.567,00 €
Fuchs	Hugo	Leopoldstr. 101	München	50.000,00 €
Schiller	Franz	Unterer Damm 1	Hamburg	34.689,00 €
Igel	Sabine	Bahnhofsstr. 4	Bonn	25.231,00 €
Baumstark	Hera	Württembergerstr. 90	Stuttgart	59.561,00 €
Huber	Karl	Ginsterstr. 5	Hannover	19.999,00 €
Walter	Barbara	Fuchs-Allee 12	Stuttgart	28.990,00 €
Kilian	Vera	Max-Blank-str. 5	München	51.983,00 €
Kuhn	Fritz	Kleinstr. 89	Bonn	18.750,00 €
Gans	Gustav	Burgweg 67	Trier	52.651,00 €
Paul	Peter	Thüringerstr. 21	Köln	51.411,00 €
Müller	Ute	Walstr. 99	Stuttgart	38.790,00 €
				0,00 €

In der Funktion `Tausch` ermitteln Sie mit der Funktion `Instr` das Vorkommen der Zeichenfolge `Straße`. Wird im Datenbankfeld dieser String gefunden, dann wird ein Wert > 0 zurückgegeben. Wenn dem so ist, dann tauschen Sie die Bezeichnungen miteinander aus. Dabei kommen die Funktionen `Left`, `Right` und `Len` zum Einsatz.

3.7.4 Das Praxisbeispiel Top3 Max und Min

Beim folgenden Beispiel sollen aus der Tabelle PERSONAL die Mitarbeiter extrahiert werden, die den größten bzw. die niedrigsten Umsätze erwirtschaftet haben. Dazu können Sie Arrays einsetzen, um die drei höchsten bzw. die drei niedrigsten Umsätze mit den dazugehörigen Mitarbeitern zu ermitteln.

Listing 3.72: Die drei erfolgreichsten Mitarbeiter ermitteln

```
Sub Top3WerteMax()
  Dim conn As New ADODB.Connection
  Dim rst As ADODB.Recordset
  Dim avarWert(2) As Variant
  Dim avarMitarb(2) As Variant
  Dim i As Integer

  Set conn = CurrentProject.Connection
  Set rst = New ADODB.Recordset
  With rst
    .CursorLocation = adUseClient
    .Open "Personal", conn, adOpenKeyset, _
      adLockOptimistic
    .Sort = "Umsatz DESC"
    For i = 0 To 2
      avarWert(i) = rst("Umsatz")
      avarMitarb(i) = rst("Name") & " " & _
        rst("Vorname")
      .MoveNext
    Next i
    rst.Close
  End With

  conn.Close
  Set rst = Nothing
  Set conn = Nothing

  MsgBox "Die drei höchsten Umsätze lauten: " & vbLf & _
    Format(avarWert(0), "0,000") & "--> " & _
    avarMitarb(0) & vbLf & _
    Format(avarWert(1), "0,000") & "--> " & _
    avarMitarb(1) & vbLf & _
    Format(avarWert(2), "0,000") & "--> " & _
    avarMitarb(2), _
    vbInformation, "Die Top-3 Mitarbeiter"
End Sub
```

Bei diesem Beispiel ist die Datenbank NORDWIND.MDB bereits geöffnet. Daher können Sie sich den Open-Befehl sparen und stattdessen beim Öffnen der Tabelle PERSONAL auf die geöffnete Datenbank verweisen. Zu diesem Zweck haben Sie der Eigenschaft Connection die aktuelle Datenbank über das Objekt CurrentProject zugewiesen.

Über die Anweisung Set mit dem Zusatz New erstellen Sie ein neues RecordSet-Objekt. In dieses Objekt wird später der gefundene Satz übertragen, geändert und dann zurückgeschrieben.

Wenden Sie danach die Eigenschaft Sort an, und geben Sie vor, nach welchen Kriterien sortiert werden soll. Haben Sie mehrere Sortierkriterien zur Auswahl, dann geben Sie diese entsprechend der Sortierreihenfolge getrennt durch Kommata ein. Bei der Sortierreihenfolge selbst können Sie entweder ASC für aufsteigende Sortierung oder DESC für absteigende Sortierung angeben. Dabei erfassen Sie nach dem Feldnamen ein Leerzeichen und hängen die gewünschte Sortierkonstante an.

In einer nachfolgenden Schleife, die genau fünfmal durchlaufen wird, werden die Umsätze sowie die dazugehörenden Mitarbeiternamen ermittelt und in die Variablen Wert und Mitarb geschrieben.

Haben Sie die Mitarbeiter mit den größten Umsätzen ermittelt, geben Sie diese am Bildschirm über die Funktion Msgbox aus. Bringen Sie die Umsätze dabei über die Funktion Format in das richtige Format.

Vergessen Sie nicht, die Tabelle sowie die Verbindung über die Methode Close zu schließen und die Objektverweise wieder aufzuheben.

Abbildung 3.55: Die drei erfolgreichsten Mitarbeiter wurden ermittelt.

Analog zum vorherigen Beispiel können Sie die drei schlechtesten Umsätze ausweisen, indem Sie die folgende Prozedur starten:

Listing 3.73: Die drei schlechtesten Umsätze ermitteln

```
Sub Top3WerteMin()
   Dim conn As New ADODB.Connection
   Dim rst As ADODB.Recordset
   Dim avarWert(2) As Variant
   Dim avarMitarb(2) As Variant
   Dim i As Integer
```

Arbeiten mit Arrays

```
Set conn = CurrentProject.Connection
Set rst = New ADODB.Recordset
With rst
  .CursorLocation = adUseClient
  .Open "Personal", conn, adOpenKeyset, _
  adLockOptimistic
  .Sort = "Umsatz ASC"
  For i = 0 To 2
    avarWert(i) = rst("Umsatz")
    avarMitarb(i) = rst("Name") & " " & _
    rst("Vorname")
    .MoveNext
  Next i
  rst.Close
End With

conn.Close
Set rst = Nothing
Set conn = Nothing

MsgBox "Die drei niedrigsten Umsätze: " & vbLf & _
Format(avarWert(0), "0,000") & "--> " & _
avarMitarb(0) & vbLf & _
Format(avarWert(1), "0,000") & "--> " & _
avarMitarb(1) & vbLf & _
Format(avarWert(2), "0,000") & "--> " & _
avarMitarb(2), _
vbInformation, "Die schlechtesten Umsätze"
End Sub
```

Wenden Sie bei der Methode Sort den Zusatz ASC an, um zu erreichen, dass in der Tabelle PERSONAL alle Daten nach dem Umsatz in aufsteigender Art und Weise sortiert werden. Dadurch befinden sich die drei niedrigsten Umsätze ganz oben in der Tabelle und können direkt im Anschluss in die Arrays avarWert und avarMitarb eingelesen werden.

Abbildung 3.56:
Die drei schlechtesten Umsätze wurden ermittelt.

Eine Erweiterung dieser Aufgabenstellung stellt die folgende Prozedur dar. Dabei werden alle Umsätze und Mitarbeiternamen in den Direktbereich der Entwicklungsumgebung geschrieben. Da zu Beginn der Prozedur die genaue Anzahl der Mitarbeiter, die sich in der Tabelle befinden, noch nicht bekannt ist, müssen später innerhalb der Prozedur die Variablen avarWert und avarMitarb neu dimensioniert werden.

Listing 3.74: Variabler Einsatz von dynamischen Arrays

```
Sub AlleUmsätzeImDirektbereich()
  Dim conn As New ADODB.Connection
  Dim rst As ADODB.Recordset
  Dim avarWert() As Variant
  Dim avarMitarb() As Variant
  Dim i As Integer
  Dim lngAnzSätze As Long

  Set conn = CurrentProject.Connection
  Set rst = New ADODB.Recordset
  With rst
    .CursorLocation = adUseClient
    .Open "Personal", conn, adOpenKeyset, _
    adLockOptimistic
    .Sort = "Umsatz ASC"

    lngAnzSätze = .RecordCount

    ReDim avarWert(0 To lngAnzSätze)
    ReDim avarMitarb(0 To lngAnzSätze)

    i = 0
    Do Until .EOF
      avarWert(i) = rst("Umsatz")
      avarMitarb(i) = rst("Name") & " " & _
      rst("Vorname")
      .MoveNext
      i = i + 1
    Loop
    .Close
  End With

  For i = 0 To UBound(avarWert) - 1
    Debug.Print Format(avarWert(i), "0,000") & _
    "--> " & avarMitarb(i)
  Next i

  conn.Close
  Set rst = Nothing
  Set conn = Nothing
End Sub
```

Nachdem Sie über die Eigenschaft RecordCount ermittelt haben, wie viele Datensätze sich in der Tabelle PERSONAL befinden, können Sie über die Anweisung Redim die genaue Größe der beiden Arrays avarWert und avarMitarb festlegen. Danach füllen Sie diese beiden Arrays mithilfe einer Schleife. Über die Methode MoveNext wird dabei jeweils der nächste Datensatz in der Tabelle angesprungen. Achten Sie darauf, dass die Zählvariable i vor der Do Until-Schleife auf den Wert 0 gesetzt und innerhalb der Schleife dann hochgezählt wird. Sind die Arrays gefüllt, können Sie die Tabelle mittels der Methode Close schließen.

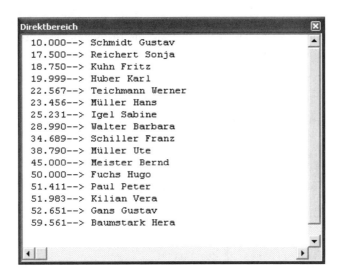

Abbildung 3.57:
Die Umsätze und Mitarbeiternamen wurden in den Direktbereich von Access geschrieben.

In einer anschließenden Schleife durchlaufen Sie alle Einträge des Arrays avar-Wert. Dabei können Sie mithilfe der Funktion UBound den letzten verfügbaren Wert des Arrays ermitteln, der letztendlich dann auch das Endkriterium der Schleife ist. Der erste Eintrag im Array ist immer der Eintrag mit dem Index 0. Innerhalb der For Next-Schleife geben Sie die Inhalte der Arrays im Direktbereich der Entwicklungsumgebung aus, indem Sie die Anweisung Debug.Print einsetzen.

3.8 Operatoren

Ein wichtiges Mittel in der Programmierung sind Operatoren. Diese setzen Sie beispielsweise in Verzweigungen ein, um Werte zu prüfen oder zu vergleichen. Man unterscheidet in der Programmierung zwischen vier verschiedenen Arten von Operatoren:

1. Arithmetische Operatoren
2. Vergleichsoperatoren
3. Verkettungsoperatoren
4. Logische Operatoren

Lernen Sie dazu ein paar Beispiele kennen.

3.8.1 Arithmetische Operatoren

Beim Rechnen in Access-VBA verwenden Sie dieselben Operatoren, die Sie vom Taschenrechner her schon kennen. Auch bei den Rechenregeln rechnet Access nach der allgemeingültigen Punkt-vor-Strich-Regel.

Auf die vier Grundrechenarten werden wir nicht weiter eingehen und kein Beispiel dazu geben, wohl aber auf die restlichen Operatoren, die nicht so geläufig sein dürften.

Im folgenden Beispiel wird der Operator Mod eingesetzt, um den Rest einer ganzzahligen Division zweier Zahlen zurückzugeben.

Listing 3.75: Rest einer ganzzahligen Division ermitteln

```
Sub Rechnen()
   Dim intZahl1 As Integer
   Dim intZahl2 As Integer
   Dim intErg As Integer

   intZahl1 = 10
   intZahl2 = 3

   intErg = intZahl1 Mod intZahl2
   MsgBox intErg
End Sub
```

Der Vollständigkeit halber können Sie die restlichen arithmetischen Operatoren in der Tabelle 3.9 einsehen.

Tabelle 3.9: Die arithmetischen Operatoren

Operator	Beschreibung
+	Addiert Zahlen miteinander
-	Subtrahiert Zahlen voneinander
*	Multipliziert Zahlenwerte
/	Dividiert Zahlenwerte
\	Dient zur Division zweier Zahlen und gibt ein ganzzahliges Ergebnis zurück
^	Potenziert eine Zahl mit einem Exponenten

3.8.2 Vergleichsoperatoren

Mithilfe der Vergleichsoperatoren können Sie Zahlenwerte oder auch Texte miteinander vergleichen.

Im folgenden Beispiel in Listing 3.76 werden zwei Zahlenwerte miteinander verglichen.

Listing 3.76: Zahlenwerte vergleichen

```
Sub Vergleich()
   Dim intZahl1 As Integer
   Dim intZahl2 As Integer

   intZahl1 = 100
   intZahl2 = 95
```

```
If intZahl1 >= intZahl2 Then
    MsgBox "Zahl1 ist größer oder gleich Zahl2"
Else
    MsgBox "Zahl1 ist kleiner als Zahl2"
End If
End Sub
```

In der Verzweigung fragen Sie über das Zeichen >= ab, ob `intZahl1` größer oder gleich groß ist wie `intZahl2`. Entsprechend geben Sie dann eine Meldung auf dem Bildschirm aus.

In Tabelle 3.10 finden Sie eine Auflistung der möglichen Vergleichsoperatoren.

Operator	Beschreibung
<	kleiner als
<=	kleiner oder gleich
>	größer als
>=	größer oder gleich
=	gleich
<>	ungleich

Tabelle 3.10: Die Vergleichsoperatoren

3.8.3 Verkettungsoperatoren

Bei den Verkettungsoperatoren verketten Sie Zeichenfolgen miteinander. Der Verkettungsoperator lautet &.

Im nächsten Beispiel in Listing 3.77 werden mehrere Variablen miteinander verkettet und auf dem Bildschirm ausgegeben.

Listing 3.77: Zeichenfolgen miteinander verketten

```
Sub Verketten()
    Dim strStadt As String
    Dim strPLZ As String
    Dim strErgebnis As String

    strStadt = InputBox("Geben Sie Ihren Wohnort ein!")
    If strStadt = "" Then Exit Sub

    strPLZ = InputBox _
    ("Geben Sie die PLZ Ihres Wohnorts ein!")
    If strPLZ = "" Then Exit Sub

    strErgebnis = strPLZ & " " & strStadt
    MsgBox strErgebnis
End Sub
```

Nützen Sie den Verkettungsoperator, um die Variablen `PLZ` und `Stadt` miteinander zu verketten.

3.8.4 Logische Operatoren

Mithilfe der logischen Operatoren können Sie beispielsweise Bedingungen für Schleifen bzw. Verzweigungen oder für deren Abbruch formulieren.

In der nächsten Prozedur in Listing 3.78 prüfen Sie, ob zwei Bedingungen für eine Abfrage zutreffen. Dabei lauten die Bedingungen wie folgt:

```
intZahl1 = 100
intZahl2 = 95
```

Listing 3.78: Logische Operatoren einsetzen

```
Sub LogischeOper()
  Dim intZahl1 As Integer
  Dim intZahl2 As Integer

  intZahl1 = 100
  intZahl2 = 95

  If intZahl1 = 100 And intZahl2 = 95 Then _
    MsgBox "Beide Zahlen korrekt!"
End Sub
```

Mithilfe des logischen Operators And können Sie überprüfen, ob die beiden Bedingungen zutreffen.

Tabelle 3.11 zeigt weitere mögliche und geläufige logische Operatoren.

Tabelle 3.11: Die logischen Operatoren

Operator	Beschreibung
And	Hier müssen beide Bedingungen zutreffen.
Or	Es muss eine der beiden Bedingungen zutreffen.
Xor	Dient zum Durchführen einer logischen Exklusion zwischen zwei Ausdrücken.
Eqv	Dient zum Bestimmen einer logischen Äquivalenz zwischen zwei Ausdrücken. Hat einer der beiden Ausdrücke den Wert 0, so ist Ergebnis ebenfalls null.
Not	Führt eine logische Negation eines Ausdrucks durch.

3.9 Eigene Funktionen schreiben

Programmieren Sie Funktionen, die Sie innerhalb der Entwicklungsumgebung im Zusammenspiel mit Prozeduren einsetzen. Diese Funktionen sind dann ratsam, wenn sie in mehreren Prozeduren gebraucht werden. Anstatt denselben Programmcode mehrfach zu erfassen, schreiben Sie einmal eine Funktion dazu und rufen diese aus den Prozeduren einfach auf. Diese Programmierweise ist übersichtlich, wartungsfreundlich und macht Spaß. Lernen Sie den Einsatz von Funktionen anhand einiger ausgesuchter Beispiele aus der Praxis kennen.

3.9.1 Dateien in einem Verzeichnis zählen

Stellen Sie sich vor, Sie müssen in einer Prozedur feststellen, wie viele Dateien sich in einem Verzeichnis befinden. Dazu erfassen Sie zunächst folgende Funktion:

Listing 3.79: Funktion zum Zählen von Dateien

```
Function DZ(str) As Long
  Dim strDatNam As String
  Dim lngN As Long

  strDatNam = Dir$(str & "\*.*")
  Do While Len(strDatNam) > 0
    lngN = lngN + 1
    strDatNam = Dir$()
  Loop
  DZ = lngN
End Function
```

Die Funktion DZ erwartet als Eingabe den Namen des Verzeichnisses, auf das Sie zugreifen möchten. Als Ergebnis liefert die Funktion Ihnen im Datentyp Long die Anzahl der ermittelten Dateien. Wenn Sie nur bestimmte Dateien gezählt haben möchten, können Sie die obige Funktion abändern, indem Sie die Zeichenfolge DatNam = Dir$(str & "*.*") beispielsweise in DatNam = Dir$(str & "*.mdb") ändern. Diese kleine Änderung bewirkt, dass nur Access-Datenbanken mit der Erweiterung »*.mdb« gezählt werden. Jetzt fehlt nur noch die Prozedur, die der Funktion das Verzeichnis übergibt und die Rückmeldung der Funktion auswertet.

```
Sub ZählenDateien()
  Const strcVerz = "C:\Eigene Dateien\"
  Dim lngAnzahl As Long

  lngAnzahl = DZ(strcVerz)
  MsgBox "Das Verzeichnis '" & strcVerz & "' enthält " _
    & lngAnzahl & " Dateien!"
End Sub
```

Legen Sie am besten gleich zu Beginn fest, welches Verzeichnis Sie durchsuchen möchten. Übergeben Sie anschließend der Funktion DZ genau dieses Verzeichnis.

Abbildung 3.58:
Dateien zählen und ausgeben

3.9.2 Prüfen, ob eine bestimmte Datei existiert

In diesem Beispiel möchten Sie über eine Funktion prüfen lassen, ob es eine bestimmte Datenbank überhaupt gibt. Insbesondere wenn Sie vorhaben, eine Datenbank mit VBA zu öffnen, sollten Sie vorher sicherstellen, dass es diese Datenbank auch gibt. Dazu erfassen Sie eine Funktion und übergeben dieser den Datenbanknamen mitsamt der Laufwerks- und Pfadangabe.

Listing 3.80: Funktion zum Prüfen, ob eine Datenbank existiert

```
Function DBVorhanden(str As String) As Boolean
  DBVorhanden = False
  If Len(str) > 0 Then _
    DBVorhanden = (Dir(str) <> "")
  Exit Function
End Function
```

Wie schon gesagt, erwartet die Funktion den Namen der Datenbank, deren Vorhandensein Sie prüfen möchten. Die Prüfung, ob überhaupt eine Zeichenfolge an die Funktion übergeben wurde, erfolgt über die Funktion `Len`. Wird eine Länge von 0 gemeldet, wurde überhaupt keine Zeichenfolge an die Funktion übergeben. Wenn ja, entspricht diese in jedem Fall einer Größe > 0. Die Funktion `Dir` versucht nun, auf die Datenbank zuzugreifen. Ist die Datenbank nicht vorhanden, meldet die Funktion eine Leerfolge zurück. Damit wird der Datentyp `Boolean` mit dem Wert `False` an die aufrufende Prozedur zurückgemeldet. Anderenfalls liefert die Funktion den Wert `True` zurück.

```
Sub DateiDa()
  Dim bool As Boolean
  Const strcDb As String = "DB1.mdb"
  
  bool = DBVorhanden("C:\eigene Dateien\" & strcDb)
    If bool = True Then MsgBox "Die Datenbank " & _
    strcDb & " ist vorhanden!" Else _
    MsgBox "Die Datenbank existiert nicht!"
End Sub
```

Definieren Sie auch hier gleich zu Beginn der Prozedur die gewünschte Datenbank mit einer Konstanten. Änderungen können somit schneller ausgeführt werden.

Abbildung 3.59:
Die Existenz von Datenbanken prüfen

Eigene Funktionen schreiben

3.9.3 Prüfen, ob eine Datei gerade bearbeitet wird

Wenn Sie in einem Netzwerk arbeiten und versuchen, eine Datenbank zu öffnen, die ein Kollege bereits geöffnet hat, dann sollten Sie vor dem Öffnen der Datenbank prüfen, ob Sie diese im Exklusivzugriff haben. Die Funktion für diesen Zweck lautet:

Listing 3.81: Funktion zum Prüfen, ob eine Datenbank bereits geöffnet ist

```
Function DateiInBearbeitung(str As String) As Boolean
   'Bei Fehler weiter zur nächsten Zeile
   On Error Resume Next

   'Datei testweise öffnen und wieder schliessen
   Open str For Binary Access Read Lock Read As #1
   Close #1
   'Fehler aufgetreten?
   If Err.Number <> 0 Then
      DateiInBearbeitung = True
      'Fehler zurücksetzen
      Err.Clear
   End If
End Function
```

Mit der Methode `Open` öffnen Sie die Datenbank mit Lesezugriffsrechten. Ist diese Datenbank bereits geöffnet, liefert Ihnen die Eigenschaft `Number` des `Err`-Objekts einen Laufzeitfehler > 0. In diesem Fall wird die Datenbank zurzeit von einem anderen Anwender bearbeitet. Die aufrufende Prozedur für diese Aufgabe lautet:

```
Sub DateiFrei()
   Const strcDb As String = "DB1.mdb"

   If DateiInBearbeitung("C:\Eigene Dateien\" _
   & strcDb) = False Then
      MsgBox "Die Datenbank " & strcDb & _
         " ist für die Bearbeitung frei!"
   Else
      MsgBox "Die Datenbank " & strcDb & _
         " ist in Bearbeitung!"
   End If
End Sub
```

Übergeben Sie der Funktion `DBInBearbeitung` den Namen der Datenbank, und werten Sie die Rückgabe aus.

Abbildung 3.60: Ist eine Datenbank doppelt geöffnet?

3.9.4 Dokumenteigenschaften einer Arbeitsmappe ermitteln

Anhand einer Funktion können Sie diverse Dokumenteigenschaften einer Datenbank ermitteln. Dabei wird der Funktion der Datenbankname sowie eine Eigenschaftsnummer übergeben, durch die die Funktion dann die entsprechenden Informationen zur Verfügung stellt.

Die einzelnen Informationen und die dazugehörigen Eigenschaftsnummern entnehmen Sie Tabelle 3.12.

Tabelle 3.12: Die Aufschlüsselung der Eigenschaftsnummer

Eigenschaftsnummer	Beschreibung
0	Dateiname mit Pfad
1	Nur Pfad
2	Nur Dateiname
3	Dateityp
4	Dateigröße in Byte
5	Erstellt am
6	Letzte Änderung am
7	Letzter Zugriff am

Wenden Sie diese Eigenschaftsnummern nun in einer eigenen Funktion an.

Listing 3.82: Dokumenteigenschaften einer Datenbank ermitteln

```
Function ZeigeDBEigensch(strDatei As String, _
                         bytEigenschaftsNr As Byte)
   Dim fs As Object
   Dim str As String

   On Error Resume Next
   Set fs = CreateObject("Scripting.FileSystemObject")
   With fs.GetFile(strDatei)
      Select Case bytEigenschaftsNr
         Case Is = 0: str = .Path
         Case Is = 1: str = Mid(.Path, 1, _
             Len(.Path) - Len(.Name))
         Case Is = 2: str = .Name
         Case Is = 3: str = .Type
         Case Is = 4: str = .Size
         Case Is = 5: str = CDate(.DateCreated)
         Case Is = 6: str = CDate(.DateLastModified)
         Case Is = 7: str = CDate(.DateLastAccessed)
         Case Else
            str = "Ungültige EigenschaftsNr!"
      End Select
```

Eigene Funktionen schreiben

```
    End With
    ZeigeDBEigensch = str
End Function
```

Übergeben Sie der Funktion jetzt die Eigenschaftsnummer 5, um das Erstellungsdatum einer Datenbank zu ermitteln.

```
Sub DokumentEigenschaften()
    Const strcVerz As String = "C:\Eigene Dateien\"
    Const strcDb As String = "DB1.mdb"

    MsgBox "Das Erstelldatum der Datenbank: " & strcDb _
    & " ist der " & ZeigeDBEigensch(strcVerz & strcDb, 5)
End Sub
```

In der Funktion erstellen Sie im ersten Schritt einen Verweis auf ein `FileSystemObject`, das sie mit der Funktion `CreateObject` erzeugen, um damit die Informationen bezüglich der Arbeitsmappe zu erlangen. Danach werten Sie die übergebene Eigenschaftsnummer in einer `Select Case`-Anweisung aus.

Die verwendeten Eigenschaften des `FileSystemObjekts` können Sie im Objektkatalog nachsehen. Dazu müssen Sie vorher die Bibliothek MICROSOFT SCRIPTING RUNTIME in der Entwicklungsumgebung über den Menübefehl EXTRAS/VERWEISE aktivieren.

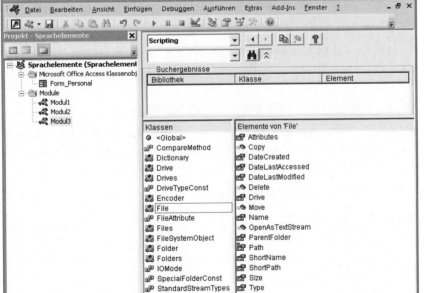

Abbildung 3.61:
Die Bibliothek MICROSOFT SCRIPTING RUNTIME

3.9.5 Letzten Tag im Monat ermitteln

Vielleicht haben Sie manchmal auch Probleme, den letzten Tag eines Monats schnell zu erkennen. Hat der Monat jetzt 30 oder 31 Tage? Es gibt hierfür zwar recht einfache Bauernregeln wie etwa das Zählen der Mulden zwischen Fingerknochen. Knöchel bedeutet 31 Tage, Mulde 30 (außer Februar). Ob man mit dem linken oder rechten Knöchel anfängt, ist allerdings ziemlich egal. Eine VBA-Lösung bietet die Funktion aus Listing 3.83.

Listing 3.83: Den letzten Tag im Monat ermitteln

```
Function LTImMo(dtmInputdate As Date) As Date
  LTImMo = DateSerial(Year(dtmInputdate), _
  Month(dtmInputdate) + 1, 0)
End Function
```

Die aufrufende Prozedur könnte wie folgt aussehen:

```
Sub LetzterTagImMonatErmitteln()
  Dim str As String

  str = LTImMo("12.12.10")
  MsgBox str
End Sub
```

Mithilfe der Funktion `DateSerial` wird ein Datum in seine Bestandteile zerlegt. Über die Funktionen `Year` und `Month` extrahieren Sie dann das jeweilige Jahr sowie den Monat.

> **INFO** Möchten Sie nicht das komplette Datum wissen, sondern nur den Tag, dann schreiben Sie die Anweisung `MsgBox Day(s)`.

3.9.6 Sonderzeichen aus Strings entfernen

Müssen Sie Daten weiterverarbeiten, in denen Sonderzeichen wie Punkte und Kommata vorkommen, die Sie nicht weiterverarbeiten möchten, dann schreiben Sie eine Funktion, die diese Zeichen aus einem String entfernt.

Sehen Sie sich dazu die folgende Funktion an.

Listing 3.84: Kommata aus String entfernen

```
Function SonderzRaus(str As String) As Double
  Dim strPuffer As String
  Dim i As Integer

  strPuffer = ""
  i = 1
  While InStr(i, str, ",") > 0
    strPuffer = strPuffer & Mid(str, i, InStr(i, _
    str, ",") - i)
    i = InStr(i, str, ",") + 1
  Wend
```

Eigene Funktionen schreiben

```
    strPuffer = strPuffer & Mid(str, i)
    SonderzRaus = CDbl(strPuffer)
End Function
```

In der Funktion durchlaufen Sie eine Schleife, in der die Zeichen jeweils bis zum nächsten Komma in den String `Puffer` übertragen werden. Dabei wird das Komma aber nicht übertragen, da Sie es jeweils wieder über die Variable `i` subtrahieren. Ermitteln Sie danach die Position des nächsten Kommas über die Funktion `Instr`.

Erfassen Sie nun die aufrufende Prozedur und übergeben der Funktion einen String, der Sonderzeichen wie Punkte und Kommata enthält.

```
Sub PunkteUndKommasRaus()
  Dim strZk As String
  Dim str As String

  strZk = "128.235.311,45"
  Debug.Print "Zeichenkette vorher: " & strZk
  str = SonderzRaus(strZk)
  Debug.Print "Zeichenkette nachher: " & str
End Sub
```

Abbildung 3.62: Zeichenketten bereinigen

3.9.7 Eine eigene Runden-Funktion erstellen

Selbstverständlich gibt es eine Standardfunktion für das Runden in Access mit dem Namen ROUND. Bei dieser Funktion kommt es aber zu einem Problem:

Der Wert 0,5 wird abgerundet auf den Wert 0.

Der Wert 1,5 wird aufgerundet auf den Wert 2.

Zu erwarten wäre aber, dass der Wert 0,5 auf den Wert 1 aufgerundet würde. Wenn Sie das genaue Ergebnis erhalten möchten, dann schreiben Sie eine Funktion, die Sie in der folgenden Funktion `RundenW` sehen können.

Listing 3.85: Richtiges Runden mit einer eigenen Funktion

```
Function RundenW(varWert As Variant, _
              intStellen As Integer) As Currency
  Dim intDiv As Integer
```

```
    If IsNumeric(intDiv) Then
      intDiv = 10 ^ intStellen
      RundenW = Int(varWert * intDiv + 0.5) / intDiv
    Else
      Exit Function
    End If
End Function
```

Rufen Sie die Funktion RundenW auf, indem Sie Ihr den Wert sowie die Information übergeben, nach der wievielten Stelle nach dem Komma gerundet werden soll.

Listing 3.86: Testwerte für das Runden bereitstellen

```
Sub RundenWerte()
  Dim curBetrag As Currency

  Debug.Print "Betrag vor dem Runden: " & "100.4567"
  curBetrag = RundenW(100.4567, 3)
  Debug.Print "Betrag nach dem Runden: " & curBetrag
  Debug.Print Chr(13)

  Debug.Print "Betrag vor dem Runden: " & "100.456"
  curBetrag = Round(100.4567, 3)
  Debug.Print "Betrag nach dem Runden: " & curBetrag
  Debug.Print Chr(13)

  Debug.Print "Betrag vor dem Runden: " & "0.5"
  curBetrag = RundenW(0.5, 0)
  Debug.Print "Betrag nach dem Runden: " & curBetrag
  Debug.Print Chr(13)

  Debug.Print "Betrag vor dem Runden: " & "1.5"
  curBetrag = RundenW(1.5, 0)
  Debug.Print "Betrag nach dem Runden: " & curBetrag
End Sub
```

Abbildung 3.63: Die Werte werden richtig gerundet.

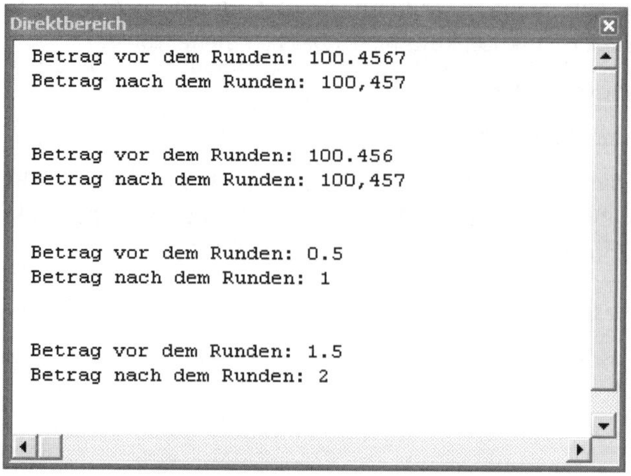

```
Direktbereich
Betrag vor dem Runden: 100.4567
Betrag nach dem Runden: 100,457


Betrag vor dem Runden: 100.456
Betrag nach dem Runden: 100,457


Betrag vor dem Runden: 0.5
Betrag nach dem Runden: 1


Betrag vor dem Runden: 1.5
Betrag nach dem Runden: 2
```

3.9.8 Die Position der ersten Zahl eines Strings ermitteln

Haben Sie einen String, der sowohl numerische als auch alphanumerische Wert enthält, und möchten Sie nun die Position der ersten Zahl des Strings ermitteln, dann wird Sie die folgende Funktion interessieren. Sie meldet Ihnen die Position des ersten numerischen Zeichens eines Strings.

Listing 3.87: Die Position der ersten Zahl im String ermitteln

```
Function PosErsteZahl(Text) As Integer
  Dim i As Integer

  For i = 1 To Len(Text)
    Select Case Asc(Mid(Text, i, 1))
        Case 0 To 64, 123 To 197
            PosErsteZahl = i
            Exit Function
    End Select
  Next i
  PosErsteZahl = 0
End Function
```

Ermitteln Sie im ersten Schritt die Länge des übergebenen Strings und setzen dafür die Funktion `Len` ein. Danach prüfen Sie mithilfe der Funktion `Asc` das jeweils aktuelle Zeichen des Strings, indem Sie dieses in einen `Integer`-Wert umwandeln. Mit der Funktion `Mid` extrahieren Sie jeweils das nächste Zeichen aus dem String. Dabei entsprechen die Werte 65 bis 90 Kleinbuchstaben und die Werte 97 bis 122 den Großbuchstaben. Diese Wertbereiche grenzen Sie innerhalb der `Select Case`-Anweisung aus. Wird das erste numerische Zeichen im String gefunden, dann springen Sie mit der Anweisung `Exit Function` aus der Funktion. In der Variablen steht dann automatisch die richtige Position des Zeichens. Wurde kein numerisches Zeichen gefunden, dann meldet die Funktion den Wert 0 zurück.

3.9.9 Buchstaben eliminieren

Bei der nächsten Aufgabe sollen aus einem übergebenen Sring, der sowohl Buchstaben als auch Zahlen enthält, alle Buchstaben rausgeworfen werden. Diese Aufgabe lösen Sie mit der folgenden Funktion:

Listing 3.88: Buchstaben aus Strings entfernen

```
Function BuchstRaus(Text) As Integer
  Dim i As Integer

  For i = 1 To Len(Text)
    Select Case Asc(Mid(Text, i, 1))
      Case 0 To 64, 123 To 197
         BuchstRaus = BuchstRaus & Mid(Text, i, 1)
    End Select
  Next i
End Function
```

Ermitteln Sie im ersten Schritt die Länge des Strings und setzen dafür die Funktion `Len` ein. Danach prüfen Sie mithilfe der Funktion `Asc` das jeweils aktuelle Zeichen des Strings, indem Sie dieses in einen `Integer`-Wert umwandeln. Mit der Funktion `Mid` extrahieren Sie jeweils das nächste Zeichen aus dem String. Dabei entsprechen die Werte 65 bis 90 Kleinbuchstaben und die Werte 97 bis 122 den Großbuchstaben und die restlichen Werte den Sonderzeichen. Diese Wertbereiche grenzen Sie innerhalb der `Select Case`-Anweisung aus. Wird ein Zeichen im String gefunden, das numerisch ist bzw. einem Sonderzeichen entspricht, dann wird dieses gesammelt und bereits ermittelten Zahlen angehängt.

3.9.10 Römische Ziffern in arabische wandeln

Beim nächsten Beispiel soll eine römische Zahl in eine arabische Zahl umgewandelt werden. Die Funktion für diese Aufgabe können Sie im nächsten Listing sehen.

Listing 3.89: Römische Zahlen in unser Zahlenformat umwandeln

```
Function Arabisch(str As String) As Integer
    Dim i As Integer
    Dim intTeilW   As Integer
    Dim intTeilW2  As Integer
    Dim intGesamtW As Integer

    intGesamtW = 0
    intTeilW = 0
    intTeilW2 = 0

    For i = 1 To Len(str)
      Select Case Mid(str, i, 1)
        Case Is = "M"
          intTeilW = 1000
        Case Is = "D"
          intTeilW = 500
        Case Is = "C"
          intTeilW = 100
        Case Is = "L"
          intTeilW = 50
        Case Is = "X"
          intTeilW = 10
        Case Is = "V"
          intTeilW = 5
        Case Is = "I"
          intTeilW = 1
        Case Else
          intTeilW = 0
      End Select
      If intTeilW2 < intTeilW Then
        intGesamtW = intGesamtW - intTeilW2 * 2 + _
          intTeilW
      Else
        intGesamtW = intGesamtW + intTeilW
```

```
        End If
        intTeilW2 = intTeilW
    Next i

    Arabisch = intGesamtW
End Function
```

Das römische Zahlensystem verwendete Buchstaben als Zahlen. So war der Buchstabe M gleichbedeutend mit dem Wert 1000. Deshalb müssen Sie Zeichen für Zeichen im String abarbeiten und die entsprechenden Werte sammeln und am Ende als Rückgabewert für die Funktion Msgbox bereitstellen.

Abbildung 3.64:
Wandeln römischer Zeichen in arabische Zahlen

3.9.11 Arabische Zahlen in römische Syntax wandeln

Beim gerade umgekehrten Vorgang werden Sie an dieser Stelle eine etwas andere Vorgehensweise kennenlernen. Möchten Sie eine arabische Zahl in eine römische Zahl wandeln, dann können Sie die Excel-Tabellenfunktion RÖMISCH einsetzen. Diese Funktion können Sie direkt aus Access aufrufen, indem Sie in der Entwicklungsumgebung die Bibliothek MICROSOFT EXCEL mithilfe des Menübefehls EXTRAS/VERWEISE aktivieren. Danach erfassen Sie folgenden Quellcode:

Listing 3.90: Arabische Zahlen in römische Ziffern umwandeln

```
Function Römisch(str As String) As String
    Dim appXl As Excel.Application

    Set appXl = New Excel.Application
    Römisch = appXl.worksheetfunction.roman(str)
    appXl.Quit
    Set appXl = Nothing
End Function
```

Erstellen Sie zunächst ein neues Excel-Objekt. Danach greifen Sie über das Objekt WorksheetFunction auf die Tabellenfunktion ROMAN zurück und übergeben dieser Funktion die arabische Zahl. Als Rückgabewert liefert die Funktion die dazugehörende römische Ziffer.

Abbildung 3.65:
Wandeln arabischer Zahlen in römische Zeichen

Kapitel 4
Ein Streifzug in die Welt der Objekte

In diesem Kapitel werden die wichtigsten und interessantesten Objekte von Access und VBA behandelt. Jedes Objekt in Access hat bestimmte Methoden und Eigenschaften, die genau für dieses Objekt ausgeführt werden können.

Unter anderem werden in diesem Kapitel folgende Fragen beantwortet:

- Wie kann ich Informationen zu meiner Datenbank anzeigen?
- Wie kann ich Datenbanken sowie die Applikation beenden?
- Wie kann ich mittels Funktionen auf Tabelle zugreifen?
- Welche Drucker sind installiert, und wie heißen diese?
- Welche Tabellen, Berichte und Formulare befinden sich in der Datenbank?
- Wie kann ich Berichte und Formulare in Access aufrufen?
- Wie führe ich einen Datentransfer nach Excel durch?
- Welche Möglichkeiten habe ich, auf integrierte Dialoge in Access zuzugreifen?

Die Themen dieses Kapitels

In der Entwicklungsumgebung können Sie die Methoden und Eigenschaften sofort sehen, wenn Sie ein Objekt eingeben und danach einen Punkt setzen. Es erscheint in diesem Fall ein Kontextmenü, das die zur Verfügung stehenden Methoden und Eigenschaften anzeigt.

Alle Prozeduren und Funktionen aus diesem Kapitel finden Sie auf der CD-ROM im Verzeichnis KAP04 unter dem Namen OBJEKTE.MDB.

4.1 Das Application-Objekt

Das Application-Objekt steht auf oberster Ebene. Es bezieht sich auf die aktive Microsoft Access-Anwendung und beinhaltet alle darunter liegenden Objekte wie Formulare, Reports, Drucker und Bildschirm.

4.1.1 Datenbankinformationen erhalten

Anhand des Application-Objekts können Sie einiges über Ihre Access-Umgebung erfahren, indem Sie verschiedene Methoden anwenden. Listing 4.1 gibt den Namen der Datenbank wieder.

Listing 4.1: Namen der Datenbank ermitteln

```
Sub AccessDBErmitteln()
  MsgBox "Die aktuelle Datenbank heißt: " & _
    Application.CurrentProject.Name
End Sub
```

Die Eigenschaft `Name` gibt den Namen des Objektes `CurrentProject` bekannt.

Möchten Sie nicht nur den Namen der aktuell geöffneten Datenbank angezeigt bekommen, sondern auch noch den kompletten Speicherpfad, so starten Sie die Prozedur aus Listing 4.2.

Listing 4.2: Namen und Speicherort der Datenbank ermitteln (Variante 1)

```
Sub AccessDBMitPfadErmitteln()
  MsgBox "Die aktuelle Datenbank heißt: " & _
    Application.CurrentDb.Name
End Sub
```

Die `CurrentDb`-Methode gibt eine Objektvariable des Typs `Database` zurück, die der Datenbank entspricht, die momentan im Microsoft Access-Fenster geöffnet ist.

Alternativ zu der letzten Prozedur können Sie auch das folgende Listing einsetzen, um den Pfad der aktuell geöffneten Datenbank auszugeben.

Listing 4.3: Namen und Speicherort der Datenbank ermitteln (Variante 2)

```
Sub AccessDBMitPfadErmitteln2()
  MsgBox "Die aktuelle Datenbank heißt: " & _
    Application.CurrentProject.Path
End Sub
```

Über die Eigenschaft `Path`, die Sie auf das Objekt `CurrentProject` anwenden, können Sie den Pfad der aktuell geöffneten Datenbank ermitteln.

4.1.2 Aktuellen Anwendernamen ermitteln

Mithilfe der Methode `CurrentUser` können Sie den Namen des aktuellen Benutzers der Datenbank zurückgeben.

Listing 4.4: Den aktuellen Benutzer der Datenbank abfragen

```
Sub AktuellerUser()
  MsgBox "Der aktuelle Benutzer ist: " & _
    Application.CurrentUser, vbInformation
End Sub
```

4.1.3 Installierte Drucker ermitteln

Um zu ermitteln, welche Drucker Sie im Einsatz haben und an welchem Anschluss diese hängen, können Sie das neue Auflistungsobjekt `Printers` nutzen, das Sie im Zusammenspiel mit dem Objekt `Application` einsetzen. Den dafür notwendigen Code sehen Sie in Listing 4.5.

Listing 4.5: Alle installierten Drucker auflisten

```
Sub DruckerErmitteln()
  Dim prtDrucker As Printer

  For Each prtDrucker In Application.Printers
    With prtDrucker
      MsgBox "Druckername: " & .DeviceName & vbCr _
        & "Anschluss: " & .Port
    End With
  Next prtDrucker
End Sub
```

Die Eigenschaft `DeviceName` zeigt den Druckernamen an. Mithilfe der Eigenschaft `Port` können Sie den Anschluss anzeigen, an dem Ihr Drucker hängt.

Abbildung 4.1: Druckernamen und Anschluss ermitteln

4.1.4 Datenbank schließen

Soll die aktuelle Datenbank geschlossen werden, dann können Sie für diese Aufgabe die Methode `CloseCurrentDatabase` einsetzen.

Listing 4.6: Access-Datenbank schließen

```
Sub AktuelleDBschließen()
  Application.CloseCurrentDatabase
End Sub
```

4.1.5 Access beenden

Die Methode `Quit` dient zum Beenden von Access. Sie können dabei bestimmen, ob Änderungen angenommen oder verworfen werden sollen. Bei der Prozedur aus Listing 4.7 wird Access geschlossen. Dabei werden Sie durch eine Meldung aufgefordert anzugeben, wie Sie mit den Änderungen umgehen möchten.

Listing 4.7: Access beenden

```
Sub AccessBeenden()
  Application.Quit acQuitPrompt
End Sub
```

Um zu bestimmen, was mit den Änderungen an der Datenbank beim Beenden des Programms geschehen soll, können Sie die `acQuit`-Option einsetzen. Dabei stehen Ihnen folgende Konstanten zur Verfügung:

- `acQuitPrompt`: Beim Schließen Ihrer Datenbank wird ein Meldungsfenster angezeigt, in dem Sie selbst entscheiden müssen, ob Sie Änderungen an der Datenbank akzeptieren oder verwerfen möchten.
- `acQuitSaveAll`: Bei dieser Standardeinstellung werden alle geänderten Daten in der Datenbank automatisch gespeichert, ohne dass eine Rückfrage erfolgt.
- `acQuitSaveNone`: Bei Verwendung dieser Konstante wird die Access-Datenbank geschlossen, wobei keine Änderungen an den Daten übernommen werden.

4.1.6 Aktuelle Access-Version ausgeben

Über die Eigenschaft `Version` des Objekts `Application` können Sie herausfinden, welche Access-Version bei Ihnen oder beim Kunden im Einsatz ist.

Die Prozedur aus Listing 4.8 meldet Ihnen die aktuell installierte Access-Version.

Listing 4.8: Access-Version ermitteln

```
Sub AccessVersionAusgeben()
  MsgBox "Sie arbeiten mit der Access-Version: " _
    & Application.Version
End Sub
```

4.1.7 Formular anlegen

Über das Objekt `Application` und die Methode `CreateForm` können Sie ein Formular anlegen und dabei einen Bezug zu einer in der Datenbank vorhandenen Tabelle herstellen. Des Weiteren ist es dabei möglich, das neue Formular auf Basis eines bereits vorhandenen herzustellen.

Listing 4.9: Ein neues Formular erstellen

```
Sub NeuesFormularAnlegen()
  Dim frm As Form

  Set frm = Application.CreateForm _
    (Application.CurrentDb.Name, "Artikel")

  DoCmd.Restore
  frm.RecordSource = "Artikel"
End Sub
```

Die `CreateForm`-Methode erstellt ein Formular und gibt ein `Form`-Objekt zurück. Dabei lautet die Syntax dieser Methode:

`CreateForm([Datenbank[, Formularvorlage]])`

Im Argument `Datenbank` geben Sie den Namen der Datenbank an, die die zum Erstellen eines Formulars gewünschte Formularvorlage enthält. Wenn Sie die aktuelle Datenbank verwenden möchten, geben Sie dieses Argument nicht an bzw. ermitteln über die Anweisung `Application.CurrentDb.Name` den Namen der aktiven Datenbank.

Im Argument `Formularvorlage` geben Sie den Namen des Formulars an, das Sie als Vorlage zum Erstellen eines neuen Formulars verwenden möchten. Wenn Sie dieses Argument nicht angeben, legt Microsoft Access dem neuen Formular die Vorlage zugrunde, die auf der Registerkarte FORMULARE/BERICHTE des Dialogfeldes OPTIONEN angegeben ist. Dieses Dialogfeld ist verfügbar, indem Sie im Menü EXTRAS auf OPTIONEN klicken. Bei den Versionen Access 2007 und Access 2010 finden Sie diese Einstellungen bei den OPTIONEN unter OBJECT-DESIGNER im Abschnitt ENTWURFSANSICHT FÜR FORMULAR/BERICHTE.

Mithilfe der Methode `Restore` können Sie ein maximiertes oder minimiertes Fenster in seiner vorherigen Größe wiederherstellen. Über die Eigenschaft `RecordSource` geben Sie an, woher das neue Formular die Daten nehmen soll, mit denen es verknüpft werden soll.

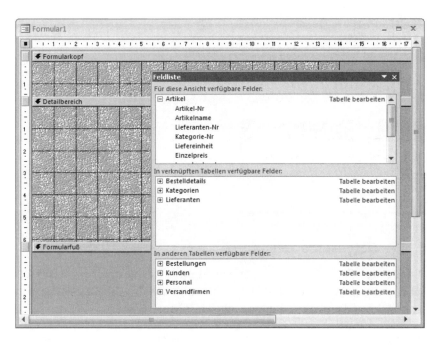

Abbildung 4.2:
Ein neues Formular wurde auf Basis einer Vorlage erstellt.

4.1.8 Durchschnitt errechnen

Auch direkt unterhalb des `Application`-Objekts liegt die Funktion `DAvg`. Mithilfe dieser Funktion können Sie den Mittelwert beispielsweise aus einer Tabelle ermitteln. Die folgende Prozedur ermittelt aus allen FRACHTKOSTEN der Tabelle BESTELLUNGEN den Durchschnitt und gibt ihn auf dem Bildschirm aus.

Listing 4.10: Den Durchschnitt eines Tabellenfeldes berechnen

```
Sub MittelwertBerechnen()
   MsgBox "Durchschnittliche Frachtkosten liegen bei" _
     & vbLf & Format(DAvg("[Frachtkosten]", _
     "Bestellungen"), "0.00"), vbInformation
End Sub
```

Die Funktion `Format` wird hier eingesetzt, um die Ausgabe in das gewünschte Format zu bringen.

4.1.9 Summen ermitteln

Auch direkt unterhalb des `Application`-Objekts liegt die Funktion `DSum`. Mithilfe dieser Funktion können Sie die Summe eines Feldes beispielsweise aus einer Tabelle ermitteln. Die folgende Prozedur ermittelt aus allen FRACHTKOSTEN der Tabelle BESTELLUNGEN die Summe und gibt diese auf dem Bildschirm aus.

Listing 4.11: Die Summe eines Tabellenfeldes berechnen

```
Sub SummeBerechnen()
   MsgBox "Die Summe der Frachtkosten beträgt" _
     & vbLf & Format(DSum("[Frachtkosten]", _
     "Bestellungen"), "0,000.00"), vbInformation
End Sub
```

Abbildung 4.3: Die Summe aller Frachtkosten ermitteln

4.1.10 Datensätze zählen

Mithilfe der Funktion `DCount` können Sie die Datensätze beispielsweise einer Tabelle ermitteln. Die folgende Prozedur zählt aus der Tabelle BESTELLUNGEN die Datensätze und gibt diese auf dem Bildschirm aus.

Listing 4.12: Die Summe aller Datensätze einer Tabelle ermitteln

```
Sub SätzeZählen()
   MsgBox "Die Anzahl der Datensätze beträgt" _
     & vbLf & DCount("*", "Bestellungen"), _
     vbInformation
End Sub
```

4.1.11 Minimal- und Maximalwerte ermitteln

Mithilfe der Funktionen DMax und DMin können Sie aus einer Tabelle für ein bestimmtes Feld den größten bzw. den kleinsten Wert ermitteln. Die folgende Prozedur ermittelt aus allen FRACHTKOSTEN der Tabelle BESTELLUNGEN den größten bzw. den kleinsten Wert und gibt diesen auf dem Bildschirm aus.

Listing 4.13: Die Ausreißerwerte einer Tabelle ermitteln

```
Sub MinUndMaxBerechnen()
  MsgBox "Die höchsten Frachtkosten betragen" & _
    vbLf & Format(DMax("[Frachtkosten]", _
    "Bestellungen"), _
    "0,000.00") & vbLf & vbLf & _
    "Die niedrigsten Frachtkosten betragen" & _
    vbLf & Format(DMin("[Frachtkosten]", _
    "Bestellungen"), "0.00"), vbInformation
End Sub
```

Abbildung 4.4:
Die Extremwerte der Frachtkosten ermitteln

4.2 Das AccessObject-Objekt

Mithilfe des AccessObject-Objekts können Sie auf Auflistungsobjekte zugreifen und diese auswerten. Dabei stehen Ihnen folgende Auflistungsobjekte zur Verfügung:

AccessObject	Auflistung	Enthält Informationen über
Datenzugriffsseite	AllDataAccessPages	gespeicherte Datenzugriffsseiten. (Bem.: Von Access 2007 nicht mehr unterstützt)
Datenbankdiagramm	AllDatabaseDiagrams	gespeicherte Datenbankdiagramme
Form	AllForms	gespeicherte Formulare
Funktion	AllFunctions	gespeicherte Funktionen
Makro	AllMacros	gespeicherte Makros
Modul	AllModules	gespeicherte Module
Abfrage	AllQueries	gespeicherte Abfragen

Tabelle 4.1:
Alle AccessObjects im Überblick

Tabelle 4.1:
Alle Access-Objects im Überblick (Forts.)

AccessObject	Auflistung	Enthält Informationen über
Bericht	AllReports	gespeicherte Berichte
Gespeicherte Prozedur	AllStoredProcedures	gespeicherte Prozeduren
Tabelle	AllTables	gespeicherte Tabellen
Sicht	AllViews	gespeicherte Ansichten

Sehen Sie nun anhand einiger Beispiele, wie Sie diese Auflistungsobjekte einsetzen können.

Im ersten Beispiel lesen Sie die Namen aller Module aus, die sich in Ihrer aktuellen Datenbank befinden.

Listing 4.14: Alle Module in der Datenbank auflisten

```
Sub AlleModuleAuflisten()
  Dim obj As AccessObject
  Dim dbs As Object

  Set dbs = Application.CurrentProject
  For Each obj In dbs.AllModules
    Debug.Print obj.Name
  Next obj
End Sub
```

Über die Eigenschaft Name können Sie sich die Namen der einzelnen Module ausgeben lassen, wenn Sie das Auflistungsobjekt AllModules einsetzen.

Abbildung 4.5:
Alle Module der Datenbank im Direkt-Fenster ausgeben

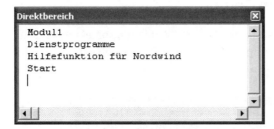

So können Sie nach und nach jedes einzelne Access-Objekt abfragen. Die Prozedur aus Listing 4.15 listet z. B. alle Tabellen der Datenbank auf.

Listing 4.15: Alle Tabellen der Datenbank auflisten

```
Sub TabellenAuflisten()
  Dim obj As AccessObject
  Dim dbs As Object

  Set dbs = Application.CurrentData
  For Each obj In dbs.AllTables
```

```
    Debug.Print obj.Name
  Next obj
End Sub
```

Im Auflistungsobjekt AllTables sind alle Tabellen der Datenbank verzeichnet. Wollen Sie die Abfrage aus Listing 4.15 auf alle geöffneten Tabellen beschränken, setzen Sie die Prozedur aus Listing 4.16 ein.

Listing 4.16: Alle geöffneten Tabellen der Datenbank auflisten

```
Sub TabelleGeöffnet()
  Dim obj As AccessObject
  Dim dbs As Object

  Set dbs = Application.CurrentData
  For Each obj In dbs.AllTables
    If obj.IsLoaded = True Then
      Debug.Print "Name: " & obj.Name
      Debug.Print "Erstellungsdatum: " & obj.DateCreated
      Debug.Print "Änderungsdatum: " & obj.DateModified
    End If
  Next obj
End Sub
```

Mithilfe der Eigenschaft IsLoaded können Sie ermitteln, ob die Tabelle momentan geladen ist. Über die Eigenschaft Name finden Sie den Namen der Tabelle heraus. Die Eigenschaften DateCreated sowie DateModified geben Auskunft über das Erstellungs- bzw. das letzte Änderungsdatum der Tabelle.

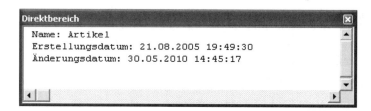

Abbildung 4.6: Namen, Erstellungs- sowie Änderungsdatum der Tabelle herausfinden

Darüber hinaus ermöglicht das AccessObject, sich alle Abfragen der Datenbank anzeigen zu lassen. Die Prozedur für diesen Zweck lautet:

Listing 4.17: Alle Abfragen einer Datenbank auflisten

```
Sub AlleAbfragenAuflisten()
  Dim obj As AccessObject
  Dim dbs As Object

  Set dbs = Application.CurrentData
  For Each obj In dbs.AllQueries
    Debug.Print obj.Name
  Next obj
End Sub
```

Mithilfe des Auflistungsobjekts AllQueries können Sie alle Abfragen der Datenbank ermitteln.

Der Vollständigkeit halber sei nachfolgend eine Prozedur zum Auflisten aller Formulare einer Datenbank angegeben.

Listing 4.18: Alle Formulare einer Datenbank auflisten

```
Sub AlleFormulareAuflisten()
  Dim obj As AccessObject
  Dim dbs As Object

  Set dbs = Application.CurrentProject
  For Each obj In dbs.AllForms
    Debug.Print obj.Name
  Next obj
End Sub
```

Mit dem Auflistungsobjekt `AllForms` ermitteln Sie alle Formulare in Ihrer Datenbank. Wie aber gehen Sie vor, wenn Sie prüfen möchten, ob ein bestimmtes Formular in Ihrer Datenbank existiert? Um diese Aufgabe zu lösen, schreiben Sie eine Funktion, wie Sie sie in Listing 4.19 sehen können.

Listing 4.19: Ist ein bestimmtes Formular in der Datenbank vorhanden?

```
Function FormularPrüfer(str) As String
  Dim obj As AccessObject

  For Each obj In CurrentProject.AllForms
    If obj.Name = str Then str = obj.Name
  Next
  FormularPrüfer = str
End Function
```

Über das Auflistungsobjekt `AllForms` durchlaufen Sie alle Formulare in Ihrer Datenbank. Prüfen Sie, ob sich das gesuchte Formular innerhalb der `For Each`-Schleife befindet. Wenn ja, rufen Sie wie in Listing 4.20 das Formular über die Methode `OpenForm` auf.

Listing 4.20: Formular öffnen nach Prüfung

```
Sub FormularDa()
  On Error GoTo Fehler
  If FormularPrüfer("Personal") <> "" _
    Then DoCmd.OpenForm "Personal"
  Exit Sub

Fehler:
  MsgBox "Dieses Formular gibt es nicht!"
End Sub
```

Gerade haben Sie das Objekt `DoCmd` verwendet. Sie sehen etwas später in diesem Kapitel noch einige Beispiele für den Einsatz dieses Objekts.

4.3 Das Objekt CodeData

Das `CodeData`-Objekt verweist auf Objekte, die innerhalb der von der Serveranwendung (Jet oder SQL) verwalteten Code-Datenbank gespeichert sind.

Das `CodeData`-Objekt besitzt mehrere Auflistungen, die bestimmte Objekttypen innerhalb der Code-Datenbank enthalten.

Wie schon vorher beim Objekt `AccessObject` gezeigt, können auch mithilfe des Objektes `CodeData` alle Tabellen, seien sie nun geöffnet oder nicht, im Direktbereich der Entwicklungsumgebung ausgegeben werden.

Listing 4.21: Alle Tabelle auflisten

```
Sub TabellenAuflisten2()
  Dim obj As AccessObject

  For Each obj In Application.CodeData.AllTables
    Debug.Print obj.Name
  Next obj
End Sub
```

Neben der Auflistung `AllTables` existieren hier die gleichen Auflistungen, wie bereits beim Objekt `AccessObject` in Tabelle 4.1 beschrieben.

4.4 Das Objekt DoCmd

Sie können das Objekt `DoCmd` verwenden, um Microsoft Access-Aktionen aus Visual Basic heraus auszuführen. Eine Aktion führt Operationen durch, wie etwa das Schließen von Fenstern, das Öffnen von Berichten und Formularen oder das Festlegen der Werte von Steuerelementen.

4.4.1 Berichte aufrufen

In der folgenden Prozedur wird der Bericht ALPHABETISCHE ARTIKELLISTE geöffnet und die Seite 1 zweimal gedruckt. Danach wird der Bericht wieder geschlossen. Die Prozedur für diese Aufgabe sehen Sie in Listing 4.22.

Listing 4.22: Bericht öffnen, drucken und schließen

```
Sub BerichtÖffnenUndDrucken()
  DoCmd.Echo False
  DoCmd.OpenReport _
    "Alphabetische Artikelliste", acViewPreview
  DoCmd.PrintOut acPages, 1, 1, , 2
  DoCmd.Close
  DoCmd.Echo True
End Sub
```

Beim Ausführen einer Prozedur in Microsoft Access werden durch Bildschirmaktualisierungen oft Informationen angezeigt, die für die Funktionalität der Prozedur ohne Bedeutung sind. Wenn Sie das Argument `Echo` auf `False` festlegen, wird die Prozedur ohne Bildschirmaktualisierung ausgeführt. Beim Beenden der Prozedur schaltet Microsoft Access automatisch `Echo` wieder ein und aktualisiert das Fenster. Während der Laufzeit der Prozedur ändert sich demnach die Ansicht nicht.

STEP Mit der Methode `OpenReport` öffnen Sie den angegebenen Bericht. Dabei können Sie auswählen, in welcher Ansicht der Bericht geöffnet werden soll. Zu diesem Zweck stehen Ihnen einige Konstanten zur Verfügung:

1. Die Konstante `acViewPreview` ruft die Seitenansicht des Berichts auf.
2. Über die Konstante `acViewDesign` können Sie in den Entwurfsmodus des Berichts wechseln.
3. Die Konstante `acViewNormal` gibt den Bericht sofort auf dem Drucker aus.

Die Syntax der Methode PrintOut

Die Methode `PrintOut` führt den Drucken-Befehl aus und hat folgende Syntax:

`PrintOut(Druckbereich, Von, Bis, Druckqualität, Exemplare, ExemplareSortieren)`

Im Argument `Druckbereich` geben Sie an, was Sie genau drucken möchten. Dabei stehen Ihnen folgende Konstanten zur Verfügung:

- `acPages`: Damit können Sie festlegen, welche Seiten des Berichts Sie drucken möchten. Wenn Sie diese Konstante verwenden, müssen Sie die Argumente `Von` und `Bis` angeben.
- `acPrintAll`: Bei diesem Argument wird der gesamte Bericht gedruckt.
- `acSelection`: Bei dieser Konstanten wird nur der Bereich gedruckt, der gerade markiert ist.

Für das Argument `Druckqualität` stehen wiederum einige Konstanten zur Verfügung:

- `acDraft`: Dies ist die Entwurfsqualität.
- `acHigh`: Dahinter verbirgt sich die bestmögliche Druckqualität.
- `acMedium`: Damit ist eine mittlere Druckqualität gemeint.
- `acLow`: Durch diese Konstante erreichen Sie eine niedrige Druckqualität (Konzeptdruck).

Das nächste Argument `Exemplare` sagt aus, wie viele Kopien des Ausdrucks vorgenommen werden sollen.

Beim letzten Argument `ExemplareSortieren` verwenden Sie die Einstellung `True`, um die Exemplare zu sortieren, und `False`, um die Exemplare nicht während des Druckvorgangs zu sortieren. Wenn Sie dieses Argument nicht angeben, wird der Standardwert `True` verwendet.

Beim folgenden Beispiel in Listing 4.23 wird das Objekt `DoCmd` dazu eingesetzt, einen Bericht aufzurufen und diesen in einem bestimmten Zoomfaktor einzustellen.

Das Objekt DoCmd

Listing 4.23: Bericht öffnen und in einer größeren Ansicht anzeigen

```
Sub BerichtAnzeigen()
  DoCmd.OpenReport "Kundenetiketten", acPreview
  DoCmd.Maximize
  DoCmd.RunCommand acCmdZoom75
End Sub
```

Sie können die Methode `Maximize` verwenden, um das aktive Fenster zu vergrößern, sodass es das Microsoft Access-Fenster ausfüllt. Mit dieser Aktion können Sie so viel wie möglich vom Objekt im aktiven Fenster anzeigen.

Setzen Sie die Methode `RunCommand` ein, um den Zoom einzustellen. Allgemein können Sie über diese Methode nahezu alle eingebauten Symbole und Menübefehle ausführen. Sie führen diesen Klick auf bestimmte Symbole und Menüs demnach »wie von Zauberhand« aus. Alles, was Sie dieser Methode noch bekannt geben müssen, ist das Symbol bzw. der Menübefehl, der angeklickt werden soll. In Access wird das über eine Konstante erreicht. Diese Konstante für eine Ansicht von 75 % des Berichts lautet `acCmdZoom75`.

Weitere Konstanten finden Sie in der Online-Hilfe Ihrer Entwicklungsumgebung. Setzen Sie im Quellcode die Einfügemarke auf die Methode `RunCommand`, und drücken Sie die Taste F1. In der Online-Hilfe klicken Sie dann auf den Hyperlink AcCommand.

Abbildung 4.7: Bericht vergrößert anzeigen

4.4.2 Tabellen nach Excel transferieren

Eine weitere Einsatzmöglichkeit für das Objekt DoCmd ist der Transfer einer Access-Tabelle in eine Excel-Arbeitsmappe. Die Prozedur für diese Aufgabe lautet:

Listing 4.24: Access-Tabelle nach Excel exportieren

```
Sub TabelleTransferieren()
  DoCmd.TransferSpreadsheet acExport, _
    acSpreadsheetTypeExcel8, "Artikel", _
    "C:\Eigene Dateien\Artikel.xls", True
End Sub
```

Um eine Access-Datentabelle in eine Excel-Arbeitsmappe oder auch in eine Lotus-Tabelle zu übertragen, setzen Sie die Methode TransferSpreadsheet ein.

Die Methode TransferSpreadsheet hat folgende Syntax:

Die Syntax der Methode TransferSpreadsheet

TransferSpreadsheet(Transfertyp, Dateiformat, Tabellenname, Dateiname, BesitztFeldnamen, Bereich)

Im Argument Transfertyp geben Sie an, welchen Transfer Sie genau durchführen möchten. Sie haben dabei die Auswahl zwischen dem Export (acExport), dem Import (acImport) oder einer Verknüpfung (acLink).

Im Argument Dateiformat geben Sie an, in welcher Excel-Version (bzw. Lotus-Version) Sie die Access-Tabelle exportieren möchten.

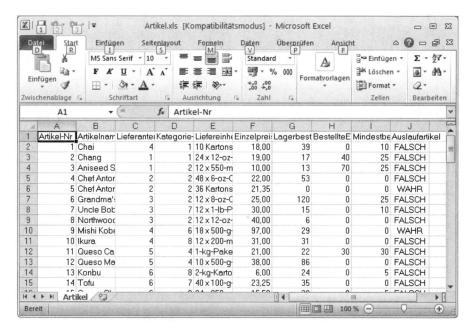

Abbildung 4.8: Eine Access-Tabelle wurde in eine Excel-Tabelle transferiert.

Im darauffolgenden Argument `Tabellennamen` geben Sie den Namen der zu exportierenden Access-Tabelle an. Über das Argument `Dateinamen` geben Sie das Ziel für den Datenexport bekannt. Dabei muss die angegebene Datenquelle nicht einmal existieren. Access legt diese neu für Sie an.

Beim Argument `BesitztFeldnamen` verwenden Sie den Wert `True`, um die erste Zeile der Kalkulationstabelle beim Importieren, Exportieren oder Verknüpfen zur Angabe der Feldnamen zu verwenden. Verwenden Sie hingegen den Wert `False`, wenn die erste Zeile als normale Datenzeile gelten soll. Wenn Sie dieses Argument nicht angeben, wird der Standardwert `False` verwendet.

Das Argument `Bereich` gilt nur für Importoperationen und darf beim Export nicht angegeben werden. Beim Import werden standardmäßig alle Datensätze importiert, sofern dieses Argument nicht gesetzt wird.

4.4.3 Formular aufrufen und Vorauswahl treffen

Im nächsten Beispiel soll das Formular ARTIKEL geöffnet werden. Dabei sollen nur Artikel des Lieferanten Nr. 4 voreingestellt sein, welches in unserer Beispieldatenbank die Lieferantennummer des Lieferanten TOKYO TRADERS ist. Die Lösung für diese Aufgabe können Sie dem Listing 4.25 entnehmen.

Listing 4.25: Formular öffnen und filtern

```
Sub FormularÖffnen()
  DoCmd.OpenForm "Artikel", , , "[Lieferanten-Nr] = 4"
End Sub
```

Die Methode `OpenForm` setzen Sie ein, um ein Formular zu öffnen. Diese Methode hat folgende Syntax:

```
OpenForm(Formularname, Ansicht, Filtername, Bedingung, Datenmodus,
Fenstermodus)
```

Die Syntax der Methode OpenForm

Im Argument `Formularname` geben Sie an, welches Formular Sie öffnen möchten. Das Argument `Ansicht` können Sie leer lassen, wenn Sie Ihr Formular in der Normalansicht öffnen möchten. Ansonsten haben Sie die folgenden Ansichtskonstanten zur Verfügung:

- `acDesign` öffnet das Formular in der Entwurfsansicht.
- `acFormDS` öffnet das Formular in einer Tabellenansicht.
- `acFormPivotChart` stellt das Formular für ein Pivot-Diagramm zur Verfügung.
- `acFormPivotTable`: Hiermit können Sie die Felder des Formulars für eine Pivot-Tabelle verwenden.
- `acNormal` öffnet das Formular in gewohnter Weise (Standardeinstellung).
- `acPreview` zeigt das Formular in der Seitenansicht an.

Über das Argument Filtername können Sie einstellen, welche Sätze im Formular nach dem Starten angezeigt werden sollen. Dabei geben Sie den Namen des Feldes an, das Sie filtern möchten. Dazu gehört ebenso das Argument Bedingung. Dort formulieren Sie die Bedingung für den Filter.

Im Argument Datenmodus können Sie bestimmen, welche Aktionen der Anwender im Formular durchführen darf. Zu diesem Zweck stehen Ihnen folgende Konstanten zur Verfügung:

- acFormAdd: Damit darf der Anwender neue Daten ins Formular eingeben.
- acFormEdit: Über diese Konstante werden Sie in die Lage versetzt, Änderungen an Feldinhalten zu ändern.
- acFormPropertySettings: Bei dieser Standardeinstellung darf der Anwender über das Formular Daten ändern, einfügen und löschen.
- acFormReadOnly: Über diese Konstante dürfen keinerlei Änderungen an den Feldinhalten des Formulars vorgenommen werden.

Im Argument Fenstermodus geben Sie an, wie das Formular angezeigt werden soll. Dabei können Sie auswählen, ob Sie das Formular als Dialog (acDialog), versteckt (acHidden), als Symbol in der Taskleiste (acIcon) oder standardmäßig (acWindowNormal) anzeigen möchten.

Abbildung 4.9:
Formular mit Filterung aufrufen

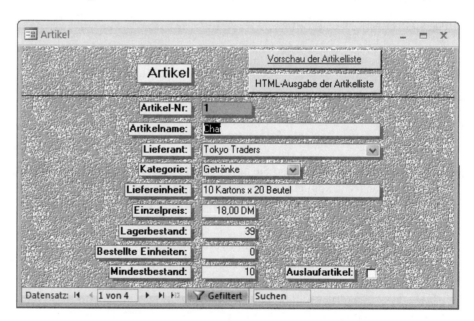

Das Objekt DoCmd

Das Objekt `DoCmd` wurde in der neuen Version um mehrere Methoden angereichert:

- **Schließen einer Datenbank**
  Mithilfe dieser Methode `CloseCurrentDatabase` können Sie die aktuelle Datenbank schließen.
- **Schützen der Navigationsleiste**
  Schon lange gewünscht und jetzt umgesetzt, ist auch der Schutz der Navigationsleiste. Über die Methode `LockNavigationPane` können Sie verhindern, dass Tabellen, Abfragen oder Bereichte gelöscht werden. Die Syntax hierfür lautet:
- `DoCmd.LockNavigationPane (true)`
- **Erweiterte Suchmöglichkeit**

Die ebenso neue Methode `SearchForRecord` dient dazu, um Datensätze mit etwas komplexeren Bedingungen aufzuspüren. Im folgenden Beispiel wird das Formular Artikel geöffnet und der erste Satz mit einem Lagerbestand von mehr als zehn Stück des Lieferanten mit der Nummer 11 im Formular angezeigt.

Listing 4.26: Formular öffnen, Datensatz suchen und anzeigen

```
Sub SucheKomplex()
 DoCmd.OpenForm "Artikel"
 DoCmd.SearchForRecord acDataForm, "Artikel", acNext, _
 "Lagerbestand>10 and [Lieferanten-Nr]=11"
End Sub
```

`SearchForRecord(ObjectType, ObjectName, Record, WhereCondition)`

Die Syntax der Methode `SearchForRecord`

- Im Argument `ObjekType` geben Sie den Objekttyp an:
- `acActiveDataObject`: Das aktive Objekt enthält den Datensatz.
- `acDataForm`: Ein Formular enthält den Datensatz.
- `acDataFunction`: Eine benutzerdefinierte Funktion enthält den Datensatz (nur Microsoft Access-Projekt)
- `acDataQuery`: Eine Abfrage enthält den Datensatz.
- `acDataReport`: Ein Bericht enthält den Datensatz.
- `acDataServerView`: Eine Serversicht enthält den Datensatz (nur Microsoft Access-Projekt)
- `acDataStoredProcedure`: Eine gespeicherte Prozedur enthält den Datensatz (nur Microsoft Access-Projekt)
- `acDataTable`: Eine Tabelle enthält den Datensatz.
- Im Argument `ObjectName` geben Sie den Namen des Objekts an.
- Das Argument `Record` bestimmt den Anfangspunkt und die Richtung der Suche. Der Standardwert lautet `acFirst`.
- Im letzten Argument `WhereCondition` geben Sie die Bedingung an, nach der gesucht werden soll.

Abbildung 4.10:
Bestimmte Datensätze im Formular schneller anzeigen

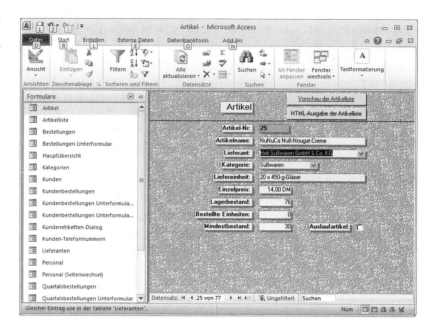

4.5 Integrierte Dialoge einsetzen

Bei der Programmierung mit Dialogen müssen Sie nicht unbedingt eigene Dialoge erstellen. Oft reicht es auch aus, wenn Sie bereits vorhandene Dialoge in Access für Ihre eigenen Projekte nutzen. Ein weiterer Vorteil ist, dass ein Anwender diese Dialoge bereits kennt und sich nicht mehr in fremde Dialoge einarbeiten muss.

Bitte beachten Sie, dass Sie für einige der folgenden Beispiele einen Verweis auf die Microsoft Office Object Library hinzufügen müssen.

Abbildung 4.11:
Verweis auf die Microsoft Office Object Library hinzufügen

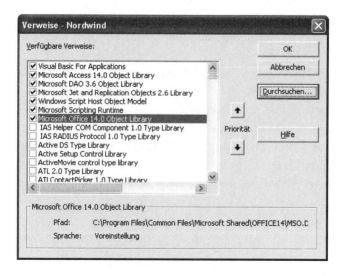

4.5.1 Das Dialogfeld Öffnen anzeigen

Wenn Sie aus dem Menü DATEI den Befehl ÖFFNEN aufrufen, zeigen Sie damit das Dialogfeld ÖFFNEN an.

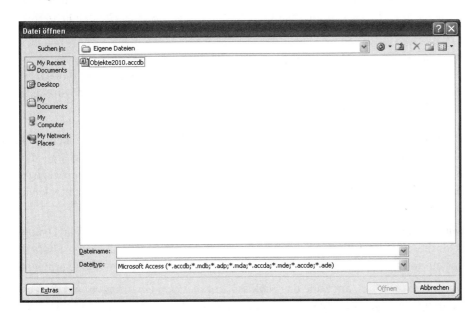

Abbildung 4.12:
Das Dialogfeld
ÖFFNEN

Ein solches Dialogfeld können Sie mitsamt der kompletten Steuerung auch über VBA-Code anzeigen lassen. Sehen Sie sich dazu die Prozedur in Listing 4.26 an.

Listing 4.27: Dialogfeld ÖFFNEN anzeigen und auswerten

```
Sub DialogÖffnen()
  Dim fd As FileDialog
  Dim varAusgewählt As Variant
  
  Set fd = Application.FileDialog(msoFileDialogOpen)
  
  With fd
    If .Show = -1 Then
      For Each varAusgewählt In .SelectedItems
        MsgBox "Sie haben ausgewählt: " _
          & varAusgewählt
      Next varAusgewählt
    End If
  End With
  
  Set fd = Nothing
End Sub
```

Im ersten Schritt deklarieren Sie eine Variable als `FileDialog`-Objekt. Danach benötigen Sie ein Array. In diesem Array (`varAusgewählt`) werden Sie später die ausgewählten Dateien im Dialogfeld ÖFFNEN verwalten. Im Anschluss an die Variablendeklaration erzeugen Sie das Objekt `FileDialog` und geben diesem die Konstante `msoFileDialogOpen` mit. Dadurch weiß Access, dass das Dialogfeld ÖFFNEN angezeigt werden soll.

INFO Weitere mögliche Konstanten für integrierte Dialoge sind übrigens `msoFileDialogFilePicker` (Dialogfeld DURCHSUCHEN mit Dateiauswahlmöglichkeit), `msoFileDialogFolderPicker` (Dialogfeld DURCHSUCHEN mit Verzeichnisauswahlmöglichkeit), `msoFileDialogSaveAs` (Dialogfeld SPEICHERN UNTER).

Über die Methode `Show` zeigen Sie den Dialog an. Dabei können Sie sich auch anzeigen lassen, welche Schaltfläche auf dem Dialogfeld geklickt wurde. Im Falle, dass der Anwender die Schaltfläche ÖFFNEN klickt, wird der Wert -1 zurückgegeben. Im anderen Fall, also wenn der Anwender die Schaltfläche ABBRECHEN klickt oder die Taste Esc drückt, wird der Wert 0 von Access gemeldet.

Mithilfe einer `For Each`-Schleife durchlaufen Sie alle markierten Dateien im Dialogfeld, die Sie automatisch über die Eigenschaft `SelectedItems` abfragen können. Die ausgewählten Dateien geben Sie über ein Meldungsfenster am Bildschirm aus.

Vergessen Sie nicht, am Ende das Schlüsselwort `Nothing` einzusetzen, um die Verbindung der Objektvariablen `fd` zum zugehörigen Objekt `FileDialog` aufzuheben. Dadurch werden die Speicher- und Systemressourcen, die für das Objekt reserviert wurden, auf das die Variablen verweisen, wieder freigegeben.

Möchten Sie das Dialogfeld DURCHSUCHEN anzeigen und auswerten lassen, dann setzen Sie die Prozedur aus Listing 4.27 ein.

Listing 4.28: Dialogfeld DURCHSUCHEN anzeigen und auswerten

```
Sub DialogSuchen()
   Dim fd As FileDialog
   Dim varAusgewählt As Variant

   Set fd = _
     Application.FileDialog(msoFileDialogFilePicker)
   With fd
     If .Show = -1 Then
       For Each varAusgewählt In .SelectedItems
         MsgBox "Sie haben ausgewählt: " & varAusgewählt
       Next varAusgewählt
     End If
   End With
   Set fd = Nothing
End Sub
```

4.5.2 Verzeichnis einstellen

Möchten Sie es dem Anwender überlassen, welches Verzeichnis er standardmäßig zur Verfügung gestellt bekommt, wenn er aus dem Menü DATEI den Befehl ÖFFNEN wählt, dann hilft Ihnen die Prozedur aus Listing 4.28 weiter. Dabei hat der Anwender die Möglichkeit, sein Standardverzeichnis aus dem Dialog DURCHSUCHEN zu wählen.

Listing 4.29: Ordner über das Dialogfeld DURCHSUCHEN einstellen

```
Sub OrdnerEinstellen()
  Dim fd As FileDialog

  Set fd = _
    Application.FileDialog(msoFileDialogFolderPicker)
  With fd
    If .Show = -1 Then
      MsgBox "Sie haben eingestellt: " _
        & fd.SelectedItems(1)
      'Ins ausgewählte Verzeichnis wechseln
      ChDir fd.SelectedItems(1)
    End If
  End With
  Set fd = Nothing
End Sub
```

Im ersten Schritt deklarieren Sie eine Variable als `FileDialog`-Objekt. Im Anschluss an die Variablendeklaration erzeugen Sie dann das `FileDialog`-Objekt und geben diesem die Konstante `msoFileDialogFolderPicker` mit. Dadurch weiß Access, dass das Dialogfeld DURCHSUCHEN angezeigt werden soll.

Über die Methode `Show` zeigen Sie das Dialogfeld an. Dabei können Sie zusätzlich sehen, welche Schaltfläche auf dem Dialogfeld geklickt wurde. Im Falle, dass der Anwender die Schaltfläche OK klickt, wird der Wert –1 zurückgegeben. Im anderen Fall, also wenn der Anwender die Schaltfläche ABBRECHEN klickt oder die Taste `Esc` drückt, wird der Wert 0 von Access gemeldet.

Über die Eigenschaft `SelectedItems` können Sie abfragen, welcher Ordner im Dialogfeld DURCHSUCHEN gewählt wurde. Den ausgewählten Ordner geben Sie über ein Meldungsfenster am Bildschirm aus. Direkt im Anschluss daran wechseln Sie mithilfe der Anweisung `ChDir` in den ausgewählten Ordner.

Setzen Sie am Ende das Schlüsselwort `Nothing` ein, um die Referenz der Objektvariablen `fd` zum zugehörigen Objekt `FileDialog` aufzuheben und reservierte Ressourcen wieder freizugeben.

Abbildung 4.13:
Das aktuelle Verzeichnis auswählen

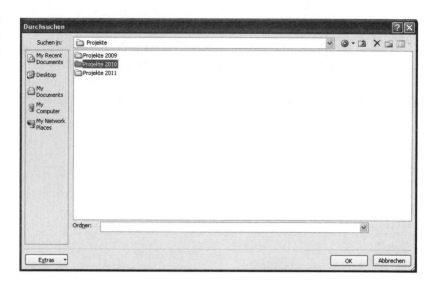

4.5.3 Dateien suchen mit Filtereinstellung

Das Dialogfeld DURCHSUCHEN können Sie einsetzen, um Dateien eines bestimmten Dateityps anzuzeigen.

Im folgenden Listing 4.29 wird das Dialogfeld DURCHSUCHEN angezeigt, in dem per eigener Definition nur HTML-Dateien angezeigt werden.

Listing 4.30: Dialogfeld DURCHSUCHEN mit Voreinstellung anzeigen

```
Sub DateienSuchenMitFiltereinstellung()
  Dim fd As FileDialog
  Dim varAusgewählt As Variant

  Set fd = _
    Application.FileDialog(msoFileDialogFilePicker)
  With fd
    .Filters.Clear
    .Filters.Add "Internet", "*.htm; *.html,", 1
    If .Show = -1 Then
      For Each varAusgewählt In .SelectedItems
        MsgBox "Pfadname: " & varAusgewählt
      Next varAusgewählt
    End If
  End With
  Set fd = Nothing
End Sub
```

Integrierte Dialoge einsetzen

Im ersten Schritt deklarieren Sie eine Variable als `FileDialog`-Objekt. Im Anschluss an die Variablendeklaration erzeugen Sie das Objekt `FileObject` und geben diesem die Konstante `msoFileDialogFilePicker` mit. Dadurch weiß Access, dass das Dialogfeld DURCHSUCHEN angezeigt werden soll.

Um auf das Drop-down-Listenfeld DATEITYP zugreifen zu können, müssen Sie die Eigenschaft `Filters` verwenden. Um den Filter zu initialisieren, wenden Sie die Methode `Clear` an. Danach definieren Sie sich Ihren eigenen Filter über die Methode `Add`. Dadurch fügen Sie einen neuen Dateifilter zur Liste der Filter im Drop-down-Listenfeld DATEITYP des Dialogfeldes DURCHSUCHEN hinzu.

Möchten Sie im Drop-down-Feld alle Dateien zur Auswahl haben, dann geben Sie das Filterkriterium wie folgt an:

TIPP

```
.Filters.Add "Alle Dateien", "*.*"
```

Über die Methode `Show` zeigen Sie das Dialogfeld an. Dabei können Sie sich zusätzlich anzeigen lassen, welche Schaltfläche auf dem Dialogfeld geklickt wurde. Im Falle, dass der Anwender die Schaltfläche OK klickt, wird der Wert –1 zurückgegeben. Im anderen Fall, also wenn der Anwender die Schaltfläche ABBRECHEN klickt oder die Taste [Esc] drückt, wird der Wert 0 von Access gemeldet.

Mithilfe einer `For Each`-Schleife durchlaufen Sie alle markierten Dateien im Dialogfeld, die Sie automatisch über die Eigenschaft `SelectedItems` abfragen können. Die ausgewählten Dateien geben Sie über ein Meldungsfenster am Bildschirm aus.

Setzen Sie am Ende das Schlüsselwort `Nothing` ein, um die Referenz der Objektvariablen `fd` zum zugehörigen Objekt `FileDialog` aufzuheben und reservierte Ressourcen wieder freizugeben.

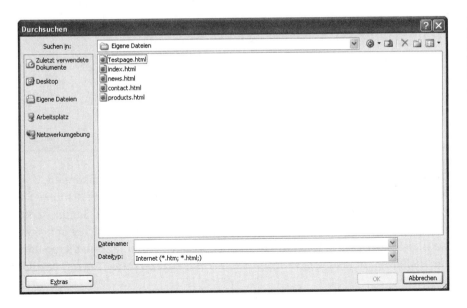

Abbildung 4.14:
Es werden nur HTML-Dateien im Dialogfeld DURCHSUCHEN angezeigt.

4.5.4 Weitere Dialogfelder verwenden

Selbstverständlich haben Sie auch die Möglichkeit, nahezu alle anderen integrierten Dialogfelder von Access für Ihre Arbeit zu nutzen. Dazu setzen Sie die Methode RunCommand ein. Diese Methode führt einen eingebauten Menü- oder Symbolleistenbefehl aus, was bedeutet, dass Sie in der Lage sind, fast jedes Dialogfeld von Access aufzurufen.

Im folgenden Listing 4.30 rufen Sie das Dialogfeld OPTIONEN auf.

Listing 4.31: Dialogfeld OPTIONEN aufrufen

```
Sub DialogOptionenEinstellen()
  DoCmd.RunCommand acCmdOptions
End Sub
```

Die Prozedur aus Listing 4.30 ist gleichbedeutend mit der manuellen Vorgehensweise, bei der Sie aus dem Menü den Dialog ACCESS-OPTIONEN wählen.

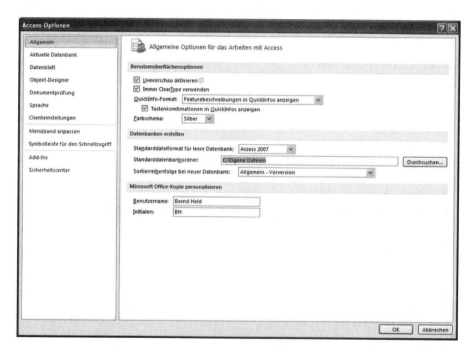

Abbildung 4.15: Das Dialogfeld ACCESS-OPTIONEN über VBA aufrufen

Ein weiteres Beispiel, wie Sie mit der Methode RunCommand arbeiten können, ist folgendes: Wenn Sie in der Normalansicht von Access einen Blick auf die linke Seite des Bildschirms werfen, sehen Sie eine Steuerungsleiste, über die Sie die Ansicht auf die gewünschten Objekte wie Tabellen, Abfragen oder Berichte mit einem Mausklick aktivieren können. Diese Aktion können Sie ebenfalls über eine Prozedur ausführen. In Listing 4.31 sehen Sie, wie die Registerkarte TABELLEN aktiviert wird.

Listing 4.32: Registerkarte TABELLEN öffnen

```
Sub TabellenRegisterEinstellen()
  DoCmd.RunCommand acCmdViewTables
End Sub
```

Die Konstante `acCmdViewTables` aktiviert die Registerkarte TABELLEN.

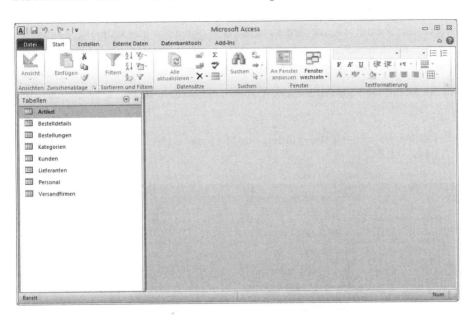

Abbildung 4.16:
Die Registerkarte
TABELLEN öffnen

Entnehmen Sie der nachfolgenden Tabelle, wie Sie die anderen Registerkarten per VBA öffnen können.

Registerkarte	Befehl
Abfragen	DoCmd.RunCommand acCmdViewQueries
Formulare	DoCmd.RunCommand acCmdViewForms
Berichte	DoCmd.RunCommand acCmdViewReports
Seiten	DoCmd.RunCommand acCmdViewDataAccessPages
Makros	DoCmd.RunCommand acCmdViewMacros
Module	DoCmd.RunCommand acCmdViewModules

Tabelle 4.2:
Mögliche
Ansichtskonstanten
der Methode
RunCommand

4.6 Das Objekt Filesystemobject

Über das `Filesystemobject` können Sie Zugriff auf Ihre Laufwerke und Ihr Netzwerk gewinnen. Dieses Objekt ist Bestandteil der Bibliothek MICROSOFT SCRIPTING RUNTIME. Diese Bibliothek enthält Befehle für den Windows Scripting Host

(WSH). Dabei handelt es sich um eine eigene Skriptsprache unter Windows, die Sie auch von Access aus aufrufen können. Skripte können Sie einsetzen, um tägliche Routineaufgaben zu automatisieren wie das Sichern von Dateien, das Starten von Programmen, das Öffnen und die Bearbeitung von Dateien, die Abfrage von Systeminformationen, das Erstellen und Löschen von Verzeichnissen, die Verbindung und das Auflösen von Netzlaufwerken und vieles mehr.

Bevor Sie aber mit diesem Objekt arbeiten, sollten Sie erst einmal die entsprechende Objektbibliothek einbinden und im Objektkatalog nachsehen, welche Methoden und Eigenschaften zur Verfügung stehen.

Um die Bibliothek MICROSOFT SCRIPTING RUNTIME einzubinden, befolgen Sie die nächsten Arbeitsschritte:

1. Wählen Sie in der Entwicklungsumgebung den Befehl VERWEISE aus dem Menü EXTRAS.

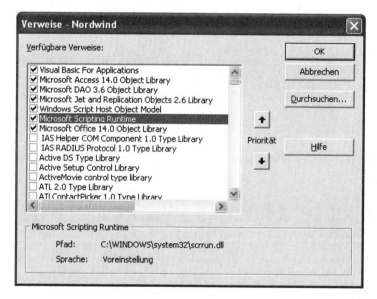

Abbildung 4.17:
Die Bibliothek MICROSOFT SCRIPTING RUNTIME einbinden

2. Wählen Sie aus dem Listenfeld VERFÜGBARE VERWEISE die Bibliothek MICROSOFT SCRIPTING RUNTIME.
3. Bestätigen Sie Ihre Einstellung mit OK.
4. Drücken Sie gleich im Anschluss die Taste [F2], um den Objektkatalog aufzurufen.
5. Stellen Sie im ersten Drop-down-Feld den Eintrag SCRIPTING ein.

Das Objekt Filesystemobject

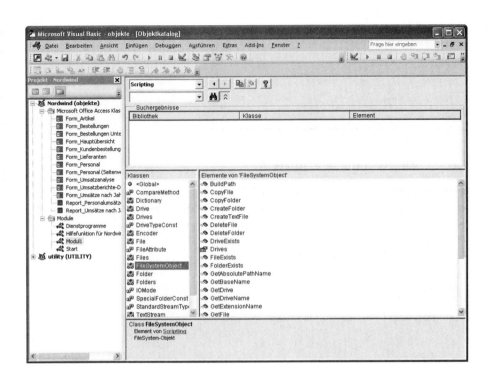

Abbildung 4.18:
Den Objektkatalog aufrufen

Sehen Sie sich nun die einzelnen Methoden und Eigenschaften des Filesystemobject an.

4.6.1 Computerinfos anzeigen

Möchten Sie den Namen Ihres Computers sowie den Namen des angemeldeten Benutzers erfahren, dann können Sie die folgende Prozedur ausführen.

Listing 4.33: Computernamen und Anwendernamen ermitteln

```
Sub ComputerInfosAnzeigen()
  Dim fsNetzwerk As Variant

  Set fsNetzwerk = CreateObject("wscript.network")
  Debug.Print "Computer: " & fsNetzwerk.Computername
  Debug.Print "User    : " & fsNetzwerk.UserName
End Sub
```

Um Informationen bezüglich Ihres Computers abzufragen, müssen Sie auf das Objekt network zurückgreifen. Dieses Objekt erstellen Sie mit der Anweisung Createobject. Um Schreibarbeit zu sparen, setzen Sie die Anweisung Set ein. Hiermit weisen Sie das Objekt einer Variablen mit dem Namen Netzwerk zu. Dies ermöglicht Ihnen später, unter dem Alias Netzwerk auf dieses Objekt zuzugreifen.

209

Abbildung 4.19:
Den Computernamen und den Anwendernamen im Direktbereich ausgeben

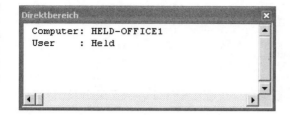

4.6.2 Verzeichnisse ermitteln

Wenn Sie mehrere Benutzer auf Ihrem PC zugelassen haben, ist es gar nicht mal so einfach, die persönlichen Verzeichnisse auf dem PC zu finden. Um diese Verzeichnisse zu ermitteln, können Sie folgende Prozedur einsetzen.

Listing 4.34: Die Standardverzeichnisse auswerten

```
Sub VerzeichnisseErmitteln()
  Dim wshshShell As WshShell

  Set wshshShell = CreateObject("WScript.Shell")

  Debug.Print "Ihr Desktop liegt unter:" _
    & Chr(13) _
    & wshshShell.SpecialFolders("Desktop") _
    & Chr(13)

  Debug.Print "Ihre Verlaufsliste liegt unter: " _
    & Chr(13) _
    & wshshShell.SpecialFolders("Recent") _
    & Chr(13)

  Debug.Print "Ihre Favoriten liegen unter: " _
    & Chr(13) _
    & wshshShell.SpecialFolders("Favorites") _
    & Chr(13)

  Debug.Print "Das Verzeichnis Eigene Dateien ist: " _
    & Chr(13) _
    & wshshShell.SpecialFolders("Mydocuments") _
    & Chr(13)

  Debug.Print "Ihr Startverzeichnis befindet sich im " _
    & " Ordner: " & Chr(13) _
    & wshshShell.SpecialFolders("StartMenu") _
    & Chr(13)

  Debug.Print "Ihre Programme finden Sie unter: " _
    & Chr(13) _
    & wshshShell.SpecialFolders("Programs") _
    & Chr(13)
```

```
  Debug.Print "Ihre Schriften sind im Ordner: " _
    & Chr(13) _
    & wshshShell.SpecialFolders("Fonts") _
    & Chr(13)
End Sub
```

Erstellen Sie das Objekt WSCRIPT.SHELL mit der Methode `CreateObject`. Das Objekt `WScript.Shell` hat mehrere Eigenschaften. Beispielsweise können Sie die Eigenschaft `SpecialFolders` einsetzen, um Ihre Standardverzeichnisse bekannt zu geben. Die Eigenschaft `SpecialFolders` kennt bestimmte Konstanten, die Sie abfragen können.

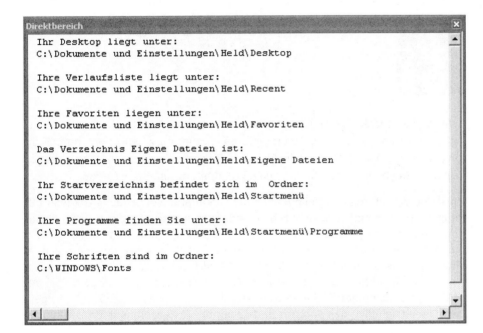

Abbildung 4.20: Die Windows-Verzeichnisse auswerten

4.6.3 Tastenkombinationen programmieren

Möchten Sie ein Programm, beispielsweise den Windows-Explorer, über eine Tastenkombination aufrufen, dann können Sie dies tun, indem Sie die folgende Prozedur einsetzen.

Listing 4.35: Einen Shortcut erzeugen

```
Sub ShortcutErzeugen()
  Dim wshshShell As WshShell
  Dim strDesktop As String
  Dim wshscShortCut As WshShortcut

  Set wshshShell = CreateObject("WScript.Shell")
  strDesktop = wshshShell.SpecialFolders("Desktop")
  Set wshscShortCut = _
    wshshShell.CreateShortcut(strDesktop & _
```

```
            "\Explorer.lnk")
    wshscShortCut.TargetPath = "%windir%\explorer.exe"
    wshscShortCut.Hotkey = "ALT+CTRL+L"
    wshscShortCut.Save
    Debug.Print "Der Shortcut ist: " & _
        wshscShortCut.Hotkey
End Sub
```

Nach dem Starten dieser Prozedur wird eine Verknüpfung auf Ihrem Desktop erzeugt, über die Sie ganz schnell Ihren Windows-Explorer starten können. Zusätzlich können Sie den Explorer jetzt auch über die Tastenkombination [Strg] + [Alt] + [L] aufrufen.

Abbildung 4.21: Das neue Symbol auf dem Desktop zum Starten des Explorers

Erstellen Sie zuerst das Objekt Wscript.Shell mit der Methode CreateObject. Danach definieren Sie als Speicherort für Ihre Verknüpfung zum Explorer Ihren Windows-Desktop. Dazu setzen Sie die Eigenschaft SpecialFolders ein. Jetzt erzeugen Sie mit der Methode CreateShortcut eine Verknüpfung auf Ihrem Desktop.

> Achten Sie darauf, dass Sie beim Namen der Verknüpfung die Endung LNK oder URL anfügen, sonst kommt es zu einer Fehlermeldung. Nun müssen Sie ermitteln, wo das Programm Explorer gespeichert ist. Dazu setzen Sie die Eigenschaft TargetPath ein und legen mit der Umgebungsvariablen %windir% fest, dass das Programm sich im Windows-Verzeichnis befindet. Geben Sie zusätzlich zur Speicheradresse auch noch den vollständigen Namen mit Endung an. Mit der Eigenschaft Hotkey geben Sie an, welche Tastenkombination Sie verwenden möchten. Mit der Methode Save speichern Sie letztendlich den Shortcut und geben die Tastenkombination zur Info im Direktbereich aus.

4.6.4 Homepage-Zugang ganz fix

Wenn Sie im Internet schnell auf eine Seite zugreifen möchten, können Sie im Internet Explorer diese Webseite im Favoriten-Ordner speichern und schnell darauf zugreifen. Allerdings können Sie die URL der Internetseite auch als Symbol auf Ihrem Desktop ablegen. Setzen Sie dazu das folgende Listing ein.

Listing 4.36: Ein Desktop-Symbol anlegen

```
Sub InternetSeiteDirekt()
    Dim wshshShell As WshShell
    Dim strDesktop As String
    Dim wshshLink As WshURLShortcut

    Set wshshShell = CreateObject("WScript.Shell")
    strDesktop = wshshShell.SpecialFolders("Desktop")
```

```
    Set wshshLink = wshshShell.CreateShortcut(strDesktop _
        & "\Held-Office.url")
    wshshLink.TargetPath = "http://www.held-office.de"
    wshshLink.Save
    Debug.Print "Der schnelle Homepage-Zugang ist" & _
        "eingerichtet!"
End Sub
```

Achten Sie bei der Benennung des Symbols darauf, dass der Name mit URL enden muss. Mit einem Doppelklick auf das neue Symbol auf Ihrem Desktop gelangen Sie direkt auf meine Homepage. Allerdings muss dazu die Internetverbindung aktiviert sein bzw. aktiviert werden.

Abbildung 4.22:
Eine Internetseite per Doppelklick öffnen

4.6.5 Laufwerke mappen

Wenn Sie ein Netzwerk betreiben, können Sie einzelne Verzeichnisse durch Laufwerksbuchstaben im Explorer darstellen. Dieser Vorgang wird als Mapping bezeichnet. Damit können Sie die gewünschten Verzeichnisse im Explorer schneller erreichen. Gerade bei weit verzweigten Verzeichnisstrukturen können Sie so viel Zeit sparen. Wenn Sie diese Arbeit manuell durchführen möchten, wählen Sie im Windows-Explorer aus dem Menü EXTRAS den Befehl NETZLAUFWERK VERBINDEN. Danach weisen Sie das Netzwerkverzeichnis einem noch freien Laufwerksbuchstaben zu und klicken abschließend auf die Schaltfläche FERTIG STELLEN. Dieser Vorgang benötigt Zeit, besonders wenn Sie gleich mehrere Verzeichnisse verbinden möchten. Diese zeitraubende Aufgabe können Sie leicht mit der folgenden Prozedur automatisch erledigen lassen. Dies lohnt sich dann, wenn Sie dasselbe Mapping immer wieder auf neuen Rechnern vornehmen müssen.

Listing 4.37: Netzlaufwerke mappen

```
Sub MappingsAnlegen()
    Dim wshnwNetzwerk As WshNetwork

    Set wshnwNetzwerk = CreateObject("WScript.Network")

    'Mehrere Mappings automatisch erstellen
    wshnwNetzwerk.MapNetworkDrive _
        "R:", "\\HELD-OFFICE2\Programme"
    wshnwNetzwerk.MapNetworkDrive _
        "S:", "\\HELD-OFFICE2\Held-Pub\"
    wshnwNetzwerk.MapNetworkDrive _
        "T:", "\\HELD-OFFICE2\Windows"

    Debug.Print "Die Mappings wurden durchgeführt!"
End Sub
```

Um Netzlaufwerke zu verbinden, müssen Sie das Objekt `WScript.Network` anwenden. Bei diesem Objekt können Sie die Methode `MapNetworkDrive` einsetzen, um Ihre Netzlaufwerke zu verbinden. Die Methode verlangt als erstes Argument das Laufwerk, unter dem Sie in Zukunft Ihr Netzlaufwerksverzeichnis ansprechen möchten. Im zweiten Argument geben Sie das Netzverzeichnis an, das Sie zuweisen möchten.

Die Mappings können aber auch wieder aufgelöst werden. Auch diese Aufgabe können Sie wieder manuell im Explorer durchführen oder automatisch durch folgende Prozedur durchführen lassen.

Listing 4.38: Mappings wieder aufheben

```
Sub MappingsAufheben()
  Dim wshnwNetzwerk As WshNetwork
  Set wshnwNetzwerk = CreateObject("WScript.Network")
  
  Debug.Print "Die gemappten Laufwerke werden" _
    & "wieder freigegeben!"
  
  'Mehrere Mappings automatisch aufheben
  wshnwNetzwerk.RemoveNetworkDrive "R:"
  wshnwNetzwerk.RemoveNetworkDrive "S:"
  wshnwNetzwerk.RemoveNetworkDrive "T:"
End Sub
```

Über die Methode `RemoveNetworkDrive` heben Sie die einzelnen Mappings wieder auf.

4.6.6 Gemappte Laufwerke anzeigen

In der nächsten Aufgabe geben Sie zur Information alle gemappten Laufwerke im Direkt-Fenster der Entwicklungsumgebung aus.

Listing 4.39: Mappings ermitteln und ausgeben

```
Sub MappingsAnzeigen()
  Dim wshshShell As WshShell
  Dim wshnwNetzwerk As WshNetwork
  Dim wshcoLaufwerke As WshCollection
  Dim i As Integer
  
  Set wshnwNetzwerk = CreateObject("WScript.Network")
  Set wshcoLaufwerke = wshnwNetzwerk.EnumNetworkDrives
  
  For i = 0 To wshcoLaufwerke.Count - 1
    Debug.Print wshcoLaufwerke.Item(i)
  Next
End Sub
```

Ermitteln Sie mithilfe der Eigenschaft Count, die Sie auf das Objekt EnumNetwork-Drives anwenden, die Anzahl der gemappten Laufwerke. Diese geben Sie im Direktbereich von Access aus.

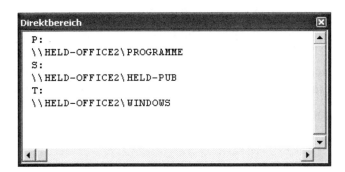

Abbildung 4.23:
Alle Mappings anzeigen

4.6.7 Laufwerk auswerten

Den noch freien Speicherplatz Ihrer lokalen Festplatte können Sie über die Eigenschaft FreeSpace ermitteln, die Sie auf das FilesystemObject anwenden. Wie das genau aussieht, sehen Sie in der folgenden Prozedur.

Listing 4.40: Freien Plattenplatz ermitteln

```
Sub FreienPlattenplatzAnzeigen()
  Dim fs As FileSystemObject
  Dim drv As Drive
  Dim str As String

  Set fs = CreateObject("Scripting.FileSystemObject")
  Set drv = fs.GetDrive(fs.GetDriveName("C:\"))
  str = "Laufwerk " & UCase("C:\") & " - "
  str = str & drv.VolumeName & vbCrLf
  str = str & "Freier Platz: " & _
    FormatNumber(drv.FreeSpace / 1024, 0)
  str = str & " Kbytes"
  MsgBox str
End Sub
```

Mithilfe der Methode GetDrive können Sie Zugriff auf das Laufwerk bekommen, das Sie über die Methode GetDriveName übergeben. Über die Eigenschaft Volume-Name können Sie den Datenträgernamen des Laufwerks auslesen. Die Funktion FormatNumber sorgt dafür, dass Sie die so ermittelte Größe in einen formatierten Ausdruck übersetzen. Die Null bedeutet dabei, dass keine Nachkommastellen angezeigt werden sollen. Die Eigenschaft Freespace ermittelt den momentan noch freien Platz auf Ihrer Festplatte.

Abbildung 4.24:
Freien Plattenplatz ermitteln und anzeigen

Möchten Sie wissen, welche Laufwerke auf Ihrem PC bzw. Netzwerk zur Verfügung stehen, dann führen Sie die nachfolgende Prozedur aus.

Listing 4.41: Laufwerksinformationen abfragen

```
Sub LaufwerksbuchstabenErmitteln()
  Dim fs As FileSystemObject
  Dim drv As Drive
  Dim drvs As Drives
  Dim str As String
  
  Set fs = CreateObject("Scripting.FileSystemObject")
  Set drvs = fs.Drives
  For Each drv In drvs
    Debug.Print drv.DriveLetter
    Select Case drv.DriveType
      Case 0: str = "Unbekannt"
      Case 1: str = "Diskettenlaufwerk"
      Case 2: str = "Festplatte"
      Case 3: str = "Netzwerk"
      Case 4: str = "CDROM"
      Case 5: str = "Wechselplatte"
    End Select
    Debug.Print str
    Debug.Print drv.ShareName & Chr(13)
  Next
End Sub
```

Erzeugen Sie im ersten Schritt ein `FileSystemObject` über die Methode `CreateObject`. Danach fragen Sie über das Auflistungsobjekt `Drives` alle verfügbaren Laufwerke in einer Schleife ab. In der Schleife ermitteln Sie über die Eigenschaft `DriveLetter` den Laufwerksbuchstaben. Über die Eigenschaft `DriveType` können Sie den Laufwerkstyp ermitteln. Dabei meldet diese Eigenschaft bestimmte numerische Werte zurück, die dann Rückschluss auf den Laufwerkstyp geben. Mithilfe der Eigenschaft `ShareName` geben Sie den Namen der Netzwerkressource eines bestimmten Laufwerks aus.

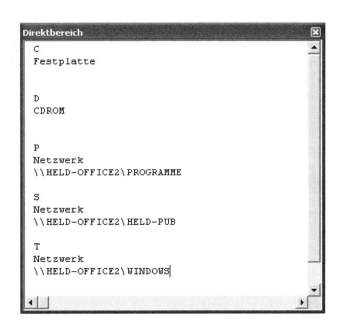

Abbildung 4.25:
Laufwerke ermitteln und auswerten

4.6.8 Textdateien einlesen

Mithilfe des `FileSystemObject` können Sie sogar Textdateien einlesen. Die folgende Prozedur liest die Textdatei ARTIKEL.TXT in den Direktbereich von Access ein.

Listing 4.42: Textdatei einlesen

```
Sub TextDatEinlesen()
  Dim fs As Scripting.FileSystemObject
  Dim f As Scripting.TextStream
  Dim str As String
  Dim lng As Long

  Set fs = New Scripting.FileSystemObject
  Set f = fs.OpenTextFile _
    ("C:\Eigene Dateien\Artikel.txt", ForReading, False)
  Do While f.AtEndOfStream <> True
    str = f.ReadLine
    lng = lng + 1
    Debug.Print str
  Loop
  Debug.Print "Es wurden " & lng & " Sätze gelesen!"

  f.Close
  Set f = Nothing
  Set fs = Nothing
End Sub
```

Erstellen Sie zuerst ein neues `FileSystemObject`. Danach wenden Sie die Methode `OpenTextFile` an, um die angegebene Textdatei zu öffnen. Erzeugen Sie eine Schleife, die so lange durchlaufen wird, bis die Eigenschaft `AtEndOfStream` den Wert `True` annimmt. Dann ist das Ende der Textdatei erreicht, d.h., der letzte Satz wurde abgearbeitet. Über die Methode `ReadLine` lesen Sie eine ganze Zeile einer Textdatei in die Variable `str`. Geben Sie diese Variable direkt danach im Direktbereich über die Anweisung `Debug.Print` aus. Nachdem der letzte Satz der Textdatei verarbeitet wurde, schließen Sie die Textdatei mithilfe der Methode `Close`.

Abbildung 4.26: Textdatei in den Direktbereich einlesen

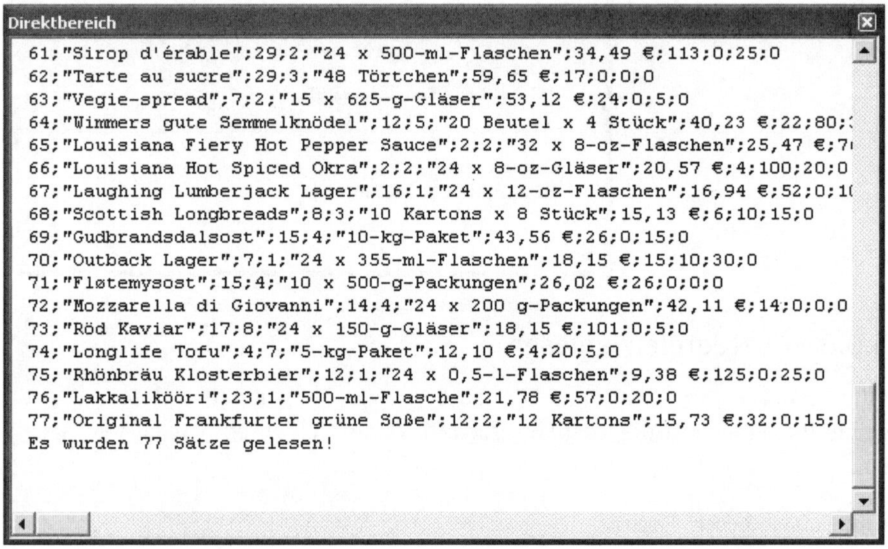

```
Direktbereich
61;"Sirop d'érable";29;2;"24 x 500-ml-Flaschen";34,49 €;113;0;25;0
62;"Tarte au sucre";29;3;"48 Törtchen";59,65 €;17;0;0;0
63;"Vegie-spread";7;2;"15 x 625-g-Gläser";53,12 €;24;0;5;0
64;"Wimmers gute Semmelknödel";12;5;"20 Beutel x 4 Stück";40,23 €;22;80;
65;"Louisiana Fiery Hot Pepper Sauce";2;2;"32 x 8-oz-Flaschen";25,47 €;7
66;"Louisiana Hot Spiced Okra";2;2;"24 x 8-oz-Gläser";20,57 €;4;100;20;0
67;"Laughing Lumberjack Lager";16;1;"24 x 12-oz-Flaschen";16,94 €;52;0;1
68;"Scottish Longbreads";8;3;"10 Kartons x 8 Stück";15,13 €;6;10;15;0
69;"Gudbrandsdalsost";15;4;"10-kg-Paket";43,56 €;26;0;15;0
70;"Outback Lager";7;1;"24 x 355-ml-Flaschen";18,15 €;15;10;30;0
71;"Fløtemysost";15;4;"10 x 500-g-Packungen";26,02 €;26;0;0;0
72;"Mozzarella di Giovanni";14;4;"24 x 200 g-Packungen";42,11 €;14;0;0;0
73;"Röd Kaviar";17;8;"24 x 150-g-Gläser";18,15 €;101;0;5;0
74;"Longlife Tofu";4;7;"5-kg-Paket";12,10 €;4;20;5;0
75;"Rhönbräu Klosterbier";12;1;"24 x 0,5-l-Flaschen";9,38 €;125;0;25;0
76;"Lakkalikööri";23;1;"500-ml-Flasche";21,78 €;57;0;20;0
77;"Original Frankfurter grüne Soße";12;2;"12 Kartons";15,73 €;32;0;15;0
Es wurden 77 Sätze gelesen!
```

4.6.9 Aktuelle Datenbank sichern

Da Sie standardmäßig immer nur eine Datenbank pro Sitzung geöffnet haben können, ist es recht aufwendig, wenn Sie eine Sicherungskopie Ihrer Datenbank in einem anderen Verzeichnis speichern möchten. Den Weg über das Menü DATEI und dem Befehl SPEICHERN UNTER ist ebenso unpraktisch wie der Umweg über den Windows-Explorer. Besser ist hier, wenn Sie Ihre Datenbank im laufenden Betrieb sichern. Dazu können Sie die Methode `CopyFile` einsetzen.

Listing 4.43: Datenbank sichern

```
Sub DatenbankSichern()
  Dim fs As Scripting.FileSystemObject

  Set fs = New Scripting.FileSystemObject
  fs.CopyFile CurrentDb.Name, _
    "C:\Eigene Dateien\Sicherung.mdb", True
  Set fs = Nothing
End Sub
```

Mithilfe der Methode `CopyFile` haben Sie die Möglichkeit, einen momentanen Stand Ihrer Datenbank zu kopieren und unter einem anderen Namen in einem anderen Verzeichnis zu sichern.

4.6.10 Datenbank-Datumsangaben auswerten

Bei der nächsten Aufgabe soll mithilfe des `Filesystemobjects` eine Datenbank ausgewertet werden. Für die Auswertung interessieren uns folgende Informationen:

- Das Erstellungsdatum der Datenbank
- Das Datum der letzten Änderung
- Das Datum des letzten Zugriffs

Diese Aufgabe können Sie beispielsweise lösen, indem Sie eine Funktion schreiben, der Sie den Namen der Datenbank übergeben, die Sie auswerten möchten. Über einen Index zwischen 1 und 3 geben Sie dann genau an, welches Datum Sie möchten.

Listing 4.44: Datumsauswertungen der Datenbank vornehmen

```
Function DB_Datümer(strFileName As String, _
   intDatNr As Integer) As String
   Dim fs As Scripting.FileSystemObject

   Set fs = New Scripting.FileSystemObject
   With fs.GetFile(strFileName)
      If intDatNr = 1 Then DB_Datümer = .DateCreated
      If intDatNr = 2 Then DB_Datümer = .DateLastModified
      If intDatNr = 3 Then DB_Datümer = .DateLastAccessed
   End With
End Function
```

Mithilfe der Eigenschaft `DateCreated` können Sie das Anlagedatum einer Datenbank bzw. auch eines Ordners ermitteln.

Die Eigenschaft `DateLastModified` liefert Ihnen den genauen Zeitpunkt der letzten Änderung einer Datenbank.

Über die Eigenschaft `DateLastAccessed` ermitteln Sie das Datum des letzten Zugriffs auf eine Datenbank bzw. einen Ordner.

Schreiben Sie nun noch die aufrufende Prozedur und übergeben der Funktion nacheinander alle gewünschten Angaben.

Listing 4.45: Datenbanknamen und gewünschten Datumsindex übergeben

```
Sub DB_Auswerten()
   Dim str As String

   str = DB_Datümer(CurrentDb.Name, 1)
   Debug.Print "Erstellungsdatum:      " & str & vbLf
```

```
    str = DB_Datümer(CurrentDb.Name, 2)
    Debug.Print "Letztes Änderungsdatum: " & str & vbLf

    str = DB_Datümer(CurrentDb.Name, 3)
    Debug.Print "Letztes Zugriffsdatum:  " & str & vbLf
End Sub
```

Abbildung 4.27:
Die Funktion liefert die gewünschten Datumsangaben.

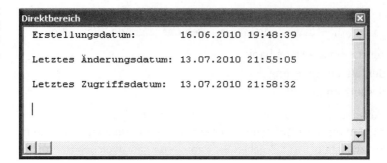

TEIL 2
Die wichtigsten Objekte in Access

223	Tabellen programmieren	5
281	Abfragen programmieren	6
315	Programmierung von Dialogen, Steuerelementen und Formularen	7
435	Berichte erstellen und programmieren	8

In diesem Teil des Buches beginnen die »heißen« Themen. Es werden die wichtigsten Bestandteile von Access anhand von nützlichen und interessanten Aufgaben aus der täglichen Arbeit mit Access vorgestellt sowie wirklich brauchbare Lösungen präsentiert. Beginnend mit der Programmierung von Tabellen, Abfragen, Formularen und Steuerelementen bis hin zur Berichterstattung werden hierbei Schritt für Schritt die Objekte angewendet und erklärt. Im Vordergrund stehen immer die Fragen: Was können Sie mit dem Objekt anfangen, und welche Aufgaben können Sie damit in der Praxis erledigen?

Kapitel 5
Tabellen programmieren

Die Tabellen stellen in Access ein wichtiges Objekt dar. In diesen Tabellen können Sie Daten anlegen und verwalten. Darüber hinaus stellen Sie Tabellen für Abfragen und Berichte zur Verfügung und exportieren sie bei Bedarf.

Unter anderem werden in diesem Kapitel folgende Fragen beantwortet:

Die Themen dieses Kapitels

- Wie kann ich Tabellen öffnen und auf einen bestimmten Datensatz positionieren?
- Wie kann ich Tabelleninhalte auslesen?
- Wie kann ich eine Tabelle kopieren?
- Wie kann ich einer Tabelle einen anderen Namen geben?
- Wie setze ich SQL-Befehle ein, um Tabellendaten abzufragen?
- Wie kann ich nach bestimmten Datensätzen in einer Tabelle suchen?
- Wie kann ich Datensätze verändern?
- Wie kann ich bestimmte Datensätze löschen?
- Wie kann ich neue Datensätze einer Tabelle hinzufügen?
- Wie kann ich Datensätze filtern?
- Wie kann ich Datensätze in einer Tabelle sortieren?
- Wie kann ich Lesezeichen in einer Tabelle verwenden?
- Wie sortiere ich Datensätze in einer Tabelle?
- Wie kann ich Felddefinitionen auslesen?
- Wie kann ich neue Tabellen anlegen?
- Wie kann ich Datenbanken suchen und dokumentieren?

Alle Prozeduren und Funktionen aus diesem Kapitel finden Sie auf der CD-ROM zum Buch im Ordner KAP05 unter dem Namen NORDWIND.MDB. Öffnen Sie dazu im Visual Basic-Editor das MODUL1.

5.1 Tabellen bearbeiten mit DoCmd

Für einfachere Aktionen wie das Öffnen, Suchen, Drucken und Schließen von Tabellen können Sie mit dem Objekt DoCmd arbeiten. Sie können die Methoden des DoCmd-Objekts verwenden, um Microsoft Access-Aktionen aus Visual Basic heraus auszuführen.

5.1.1 Tabelle öffnen

Zum Öffnen einer Tabelle starten Sie die Prozedur aus Listing 5.1. Sollte die Tabelle ARTIKEL nicht gefunden werden, sorgen Sie mit der Anweisung `On Error GoTo Fehler` dafür, dass die Prozedur ohne Absturz ausgeführt wird.

Listing 5.1: Tabelle öffnen

```
Sub TabelleÖffnen()
  On Error GoTo Fehler
  DoCmd.OpenTable "Artikel", acViewNormal
  Exit Sub

Fehler:
  MsgBox "Die Tabelle konnte nicht gefunden werden!"
End Sub
```

Damit wird in der aktuellen Datenbank nach der Tabelle ARTIKEL gesucht und diese dann geöffnet.

Die Syntax der Methode OpenTable

Mithilfe der Methode `OpenTable` öffnen Sie eine Tabelle in Access. Diese Methode hat folgende Syntax:

`OpenTable(Tabellenname, Ansicht, Datenmodus)`

Im Argument `Tabellenname` geben Sie den Namen der Tabelle an, die Sie öffnen möchten.

Beim Argument `Ansicht` können Sie entscheiden, wie Sie Ihre Tabelle anzeigen möchten. Es stehen Ihnen dabei folgende Konstanten zur Verfügung:

- `acViewDesign` öffnet die Tabelle in der Entwurfsansicht.
- `acViewNormal` öffnet die Tabelle in gewohnter Weise in der Datenblattansicht (Standardeinstellung).
- `acViewPivotChart` stellt die Tabelle für ein Pivot-Diagramm zur Verfügung.
- `acViewPivotTable`: Hiermit können Sie die Felder der Tabelle für eine Pivot-Tabelle verwenden.
- `acViewPreview` zeigt die Tabelle in der Seitenansicht an.

Beim letzten Argument `Datenmodus` legen Sie fest, ob Änderungen an der Tabelle durchgeführt werden dürfen oder nicht. Dabei können Sie folgende Konstanten festlegen:

- `acAdd`: Der Anwender kann neue Datensätze hinzufügen, jedoch keine bestehenden Datensätze bearbeiten.
- `acEdit`: Der Anwender kann bestehende Datensätze bearbeiten und neue Datensätze hinzufügen.
- `acReadOnly`: Der Anwender kann die Datensätze nur ansehen.

Tabellen bearbeiten mit DoCmd

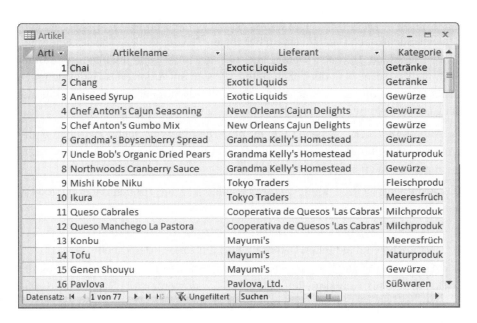

Abbildung 5.1:
Die Tabelle ARTIKEL wurde geöffnet.

Wie Sie sehen, wurde die Tabelle ARTIKEL geöffnet. Die Einfügemarke steht dabei auf dem ersten Datensatz der Tabelle. Über die Methode `FindRecord` haben Sie die Möglichkeit, schon beim Aufruf der Tabelle einen bestimmten Datensatz anzeigen zu lassen. Bauen Sie diese Methode in Listing 5.1 ein. Orientieren Sie sich dabei an Listing 5.2.

Listing 5.2: Tabelle öffnen und Datensatz suchen

```
Sub TabelleÖffnen()
  On Error GoTo Fehler
  DoCmd.OpenTable "Artikel", acViewNormal
  DoCmd.FindRecord "Tofu", acEntire, _
    True, acSearchAll, True, acAll
  Exit Sub

Fehler:
  MsgBox "Die Tabelle konnte nicht gefunden werden!"
End Sub
```

Die Methode `FindRecord` hat folgende Syntax:

`FindRecord(SuchenNach, Vergleichen, GroßKlein, Suchen, WieFormatiert, NurAktuellesFeld, AmAnfangBeginnen)`

Die Syntax der Methode `FindRecord`

Im Argument `SuchenNach` geben Sie an, nach welchem Text Sie in der Tabelle suchen möchten.

Das Argument `Vergleichen` gibt an, wo sich die Daten im Feld befinden. Sie können eine Suche nach Daten in einem beliebigen Teil des Feldes (Teil des Feldinhaltes = `acAnywhere`), nach Daten, die das gesamte Feld ausfüllen (gesamter Feldinhalt = `acEntire`), oder nach Daten, die sich am Anfang des Feldes befinden (Anfang des Feldinhaltes = `acStart`), angeben. Als Standardeinstellung ist immer der gesamte Feldinhalt, also die Konstante `acEntire`, vorgesehen.

Im Argument `GroßKlein` geben Sie an, ob Access bei der Suche zwischen Groß- und Kleinschreibung unterscheiden soll. Wenn ja, dann setzen Sie dieses Argument auf den Wert `True`.

Das Argument `Suchen` legt die Suchreihenfolge fest. Sie können dabei die folgenden Konstanten einsetzen:

- `acDown`: Suche vom aktuellen Datensatz bis zum Ende der Tabelle
- `acUp`: Suche vom aktuellen Datensatz bis zum Anfang der Tabelle
- `acSearchAll`: Suche bis zum Ende der Datensätze und dann vom Anfang der Datensätze bis zum aktuellen Datensatz. Somit werden alle Datensätze durchsucht. Bei dieser Einstellung handelt es sich um die Standardeinstellung.

Mithilfe des Arguments `WieFormatiert` können Sie bestimmen, ob die Suche auch formatierte Daten umfasst. Setzen Sie dieses Argument auf den Wert `True`, um nach Daten zu suchen sowie nach Informationen, wie diese formatiert sind und wie sie im Feld angezeigt werden. Setzen Sie dieses Argument hingegen auf den Wert `False`, so sucht Access nach Daten, die in der Datenbank gespeichert sind. Die Standardeinstellung lautet `False`.

Beim Argument `NurAktuellesFeld` können Sie bestimmen, ob Access seine Suche nur auf die momentan aktive Spalte beziehen soll. In diesem Fall geben Sie die Konstante `acCurrent` an. Möchten Sie den angegebenen Suchbegriff in allen Zellen der Tabelle suchen, dann setzen Sie die Konstante `acAll` ein.

Das letzte Argument `AmAnfangBeginnen` bestimmt, ob die Suche beim ersten Satz oder beim aktuellen Datensatz beginnen soll. Geben Sie diesem Argument den Wert `True`, um die Suche beim ersten Datensatz zu beginnen. Verwenden Sie den Wert `False`, um die Suche im Datensatz zu beginnen, der auf den aktuellen Datensatz folgt. Wenn Sie dieses Argument nicht angeben, wird der Standardwert (`True`) verwendet.

Eine etwas andere Variante ist die Methode `GoToRecord`. Damit haben Sie die Möglichkeit, den angegebenen Datensatz zum aktuellen in einer geöffneten Tabelle zu machen.

Abbildung 5.2:
Die Tabelle ARTIKEL wurde geöffnet und auf einen bestimmten Satz positioniert.

Bei der folgenden Prozedur wird die Tabelle ARTIKEL geöffnet und genau auf den Datensatz mit der Nummer 10 positioniert.

Listing 5.3: Tabelle öffnen und Datensatz positionieren

```
Sub TabelleÖffnenUndBlättern()
  DoCmd.OpenTable "Artikel", acViewNormal
  DoCmd.GoToRecord acDataTable, "Artikel", _
    acGoTo, 10
End Sub
```

Die Methode GoToRecord hat dabei folgende Syntax:

GoToRecord(Objekttyp, Objektname, Datensatz, Offset)

Die Syntax der Methode GoToRecord

Im Argument Objekttyp müssen Sie angeben, um welchen Objekttyp es sich dabei handelt. Es stehen Ihnen hierfür folgende Konstanten zur Verfügung:

- acActiveDataObject: Bei dieser Konstante handelt es sich um die Standardeinstellung, die vorgibt, dass das aktive Objekt verwendet wird. In unserem Beispiel ist hiermit die Tabelle gemeint.
- acDataForm: Die Methode GoToRecord wird in einem Formular eingesetzt.
- acDataFunction: Die Methode wird anhand einer Funktion verwendet.
- acDataQuery: Hier kommt die Methode bei einer Abfrage zum Einsatz.
- acDataServerView: Einsatz der Methode GoToRecord unter der Serversicht
- acDataStoredProcedure: Die Methode wird anhand einer gespeicherten Prozedur ausgeführt.
- AcDatTable: Die Methode wird anhand einer Tabelle ausgeführt.

Beim Argument Objektname müssen Sie den Namen der Objekte angeben. Auf unser Beispiel bezogen ist das die Tabelle ARTIKEL.

Im Argument `Datensatz` bestimmen Sie über eine Konstante, welcher Datensatz der aktuelle Datensatz sein soll, d.h., auf welchem Datensatz der Mauszeiger stehen soll. Dabei stehen Ihnen folgende Konstanten zur Verfügung:

- `acFirst`: Der erste Datensatz wird zum aktuellen Datensatz gemacht.
- `acGoTo`: Mit dieser Konstante können Sie über einen numerischen Wert festlegen, auf welchen Datensatz positioniert werden soll.
- `acLast`: Der letzte Datensatz in der Tabelle wird zum aktuell ausgewählten gemacht.
- `acNewRec`: Damit machen Sie den neu eingefügten Datensatz zum aktuellen Datensatz.
- `acNext`: Hierbei handelt es sich um die Standardeinstellung von Access, die vorgibt, dass der nächste Datensatz zum aktuellen Datensatz gemacht werden soll. Dabei müssen Sie wie schon bei der Konstanten `acGoTo` einen numerischen Wert angeben, um die genaue Position zu bestimmen.
- `acPrevious`: Bei dieser Konstanten wird der vorherige Satz zum aktuellen Datensatz gemacht. Auch hier muss noch ein numerischer Wert angegeben werden.

Beim letzten Argument `Offset` geben Sie einen numerischen Wert an. Dieser numerische Wert gibt die Anzahl der Datensätze an, um die vorwärts oder rückwärts geblättert werden soll, wenn Sie für das Argument `Datensatz` `acNext` oder `acPrevious` angegeben haben, oder den Datensatz, zu dem Sie wechseln möchten, wenn Sie für das Argument Datensatz `acGoTo` angegeben haben.

Abbildung 5.3: Genaue Positionierung über die Methode `GoToRecord`

5.1.2 Tabellen filtern

Um eine Tabelle zu öffnen und die angezeigte Datenmenge einzuschränken, können Sie die Methode `ApplyFilter` einsetzen, die Sie auf das Objekt `DoCmd` anwenden.

Die Methode `ApplyFilter` hat folgende Syntax:

`ApplyFilter(Filtername, Bedingung)`

Die Syntax der Methode ApplyFilter

Im Argument `Filtername` können Sie dem Filter einen Namen geben oder dieses Argument leer lassen. Beim Argument `Bedingung` müssen Sie ein Filterkriterium eingeben. Achten Sie dabei darauf, dass Sie den richtigen Feldnamen des Feldes verwenden, das Sie filtern möchten. Um den Feldnamen zu erfahren, sehen Sie sich die Tabelle ARTIKEL in der Entwurfsansicht an.

Im folgenden Beispiel wird die Tabelle ARTIKEL der Datenbank NORDWIND.MDB geöffnet. Im zweiten Schritt wird ein Filter eingestellt, der alle Artikel anzeigt, die einen Lagerbestand von mehr als 50 Stück haben.

Listing 5.4: Tabelle öffnen und Datensätze filtern

```
Sub TabelleÖffnenUndFilterSetzen()
  On Error GoTo Fehler
  DoCmd.OpenTable "Artikel", acViewNormal
  DoCmd.ApplyFilter , "Lagerbestand > 50"
  Exit Sub

Fehler:
  MsgBox "Die Tabelle konnte nicht gefunden werden!"
End Sub
```

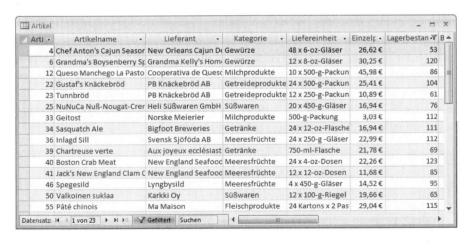

Abbildung 5.4: Alle Artikel mit einem Lagerbestand von mehr als 50 Stück

Im nächsten Beispiel sollen in der Tabelle KUNDEN der Datenbank NORDWIND.MDB alle Kunden gefiltert werden, die in Deutschland oder Spanien wohnen. Die Lösung dieser Aufgabenstellung sehen Sie in Listing 5.5:

Listing 5.5: Tabelle öffnen und Datensätze filtern (mehrere Filterkriterien)

```
Sub TabelleÖffnenUndFilterSetzen2()
  On Error GoTo Fehler
  DoCmd.OpenTable "Kunden", acViewNormal
  DoCmd.ApplyFilter , "Land='Deutschland' OR _
    Land='Spanien'"
  Exit Sub

Fehler:
  MsgBox "Die Tabelle konnte nicht gefunden werden!"
End Sub
```

Achten Sie darauf, dass Sie den Text in einfache Anführungszeichen setzen, wenn Sie Textfelder abfragen.

INFO Das Argument Bedingung darf bis zu 32.768 Zeichen lang sein. Sie können daher recht komplexe Filterkriterien zusammenstellen.

Abbildung 5.5: Alle Kunden in Deutschland oder Spanien werden angezeigt.

Im nächsten Beispiel sollen alle Personen in der Tabelle KUNDEN aus der Datenbank NORDWIND.MDB angezeigt werden, die im Bereich Marketing arbeiten. Da es dafür verschiedene Bezeichnungen gibt, z.B. Marketingassistent(in) oder Marketingmanager(in), müssen Sie die Abfrage ein wenig flexibler gestalten. Die Lösung dieser Aufgabenstellung können Sie in Listing 5.6 sehen.

Listing 5.6: Tabelle öffnen und ähnliche Datensätze filtern

```
Sub TabelleÖffnenUndFilterSetzen3()
  On Error GoTo Fehler
  DoCmd.OpenTable "Kunden", acViewNormal
  DoCmd.ApplyFilter , "Position LIKE 'Marketing*'"
  Exit Sub

Fehler:
  MsgBox "Die Tabelle konnte nicht gefunden werden!"
End Sub
```

Setzen Sie den Operator LIKE ein, um unterschiedliche Textfolgen abzufragen und letztendlich zu filtern.

Abbildung 5.6:
Alle Personen im Marketing ermitteln

5.1.3 Tabellen kopieren

Möchten Sie eine Tabelle kopieren, dann setzen Sie die Methode `CopyObject` ein. Diese Methode hat folgende Syntax:

Die Syntax der Methode `CopyObject`

`CopyObject(Zieldatenbank, NeuerName, Quellobjekttyp, Quellobjektname)`

Die Kopieraktion führen Sie von der aktuell geöffneten Datenbank aus durch. Im Argument `Zieldatenbank` geben Sie den Pfad sowie den Namen der Datenbank an, in die Sie die Tabelle kopieren möchten. Lassen Sie dieses Argument leer, wenn Sie die Tabelle innerhalb der aktuellen Datenbank kopieren möchten.

Im Argument `NeuerName` geben Sie bekannt, wie die kopierte Tabelle heißen soll.

Im Argument `Quellobjekttyp` geben Sie in einer Konstanten an, ob Sie eine Tabelle (`acTable`), eine Abfrage (`acQuery`), ein Modul (`acModule`) oder sonstige Objekte kopieren möchten.

Im letzten Argument `Quellobjektname` bestimmen Sie den Namen der Tabelle, die Sie kopieren möchten.

Im folgenden Beispiel aus Listing 5.7 wird in der Datenbank NORDWIND.MDB die Tabelle ARTIKEL kopiert. Die Kopie der Tabelle soll dabei in derselben Datenbank verbleiben und den Namen ARTIKEL_KOPIE erhalten.

Listing 5.7: Tabelle kopieren

```
Sub TabelleKopieren()
  DoCmd.CopyObject , "Artikel_Kopie", acTable, "Artikel"
End Sub
```

Abbildung 5.7:
Tabelle kopieren mit der Methode CopyObject

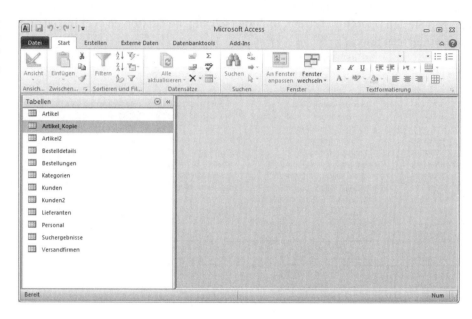

5.1.4 Tabellen umbenennen

Die Syntax der Methode Rename

Um einer Tabelle einen anderen Namen zu geben, setzen Sie die Methode Rename ein. Dabei hat diese Methode folgende Syntax:

Ausdruck.Rename(NeuerName, ObjektTyp, AlterName)

Im Argument NeuerName geben Sie bekannt, wie die Tabelle nach der Umbenennung heißen soll.

Beim Argument ObjektTyp geben Sie an, ob Sie eine Tabelle (acTable), eine Abfrage (acQuery) oder ein sonstiges Objekt umbenennen möchten. Es gelten hierbei dieselben Konstanten wie schon vorher beschrieben bei der Methode CopyObject.

Das Argument AlterName beinhaltet den bisherigen Namen der Tabelle.

In der nächsten Prozedur in Listing 5.8 sehen Sie, wie in der Datenbank NORD-WIND.MDB die Tabelle ARTIKEL_KOPIE umbenannt wird. Als neuer Name wird dabei ARTIKEL_SICHERUNG verwendet.

Listing 5.8: Tabelle umbenennen

```
Sub TabelleUmbenennen()
  DoCmd.Rename "Artikel_Sicherung", acTable, _
    "Artikel_Kopie"
End Sub
```

5.2 Tabellen programmieren mit ADO

Möchten Sie komplexere Aufgaben mit Tabellen durchführen, reicht Ihnen die Methode DoCmd vermutlich nicht mehr aus. Diese Aufgaben können Sie entweder mit der älteren Zugriffsmethode DAO (Data Access Object) oder mit der neuen Methode ADO (ActiveX Data Object) besser bewerkstelligen.

Vorteile von ADO

Mithilfe von ADO können Sie eine Anwendung für den Zugriff auf Daten und die Bearbeitung dieser Daten auf einem Datenbankserver über einen OLE DB-Datenprovider schreiben. Die Hauptvorteile von ADO sind unter anderem

- eine hohe Geschwindigkeit,
- die benutzerfreundliche Bedienung,
- der geringe Verbrauch von Arbeitsspeicher und
- wenig Festplattenspeicherbedarf.

Mithilfe von ADO haben Sie die Möglichkeit, Tabellen anzulegen, auszulesen, zu verändern und vieles mehr.

ADO hat eine ganze Reihe an Objekten, die auf den nächsten Seiten anhand von Praxisbeispielen vorgestellt werden.

Die folgenden Beispiele wurden aus Aktualitätsgründen mit ADO programmiert.

5.2.1 Tabelleninhalte auslesen

In der ersten Aufgabe öffnen Sie eine Tabelle und lesen die einzelnen Datensätze in den Direktbereich ein. Die Ausgangstabelle hat dabei folgenden Aufbau:

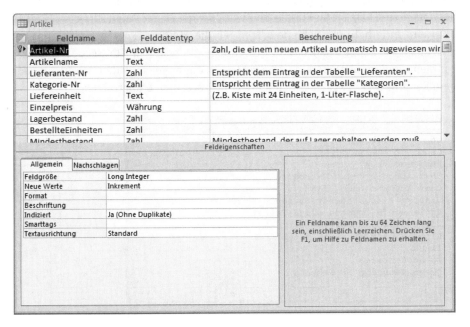

Abbildung 5.8:
Der Aufbau der Tabelle ARTIKEL

Der Aufbau der Tabelle ist wichtig, da Sie wissen müssen, wie die einzelnen Felder heißen, um sie später ansprechen und übertragen zu können.

Die Prozedur für diese Aufgabe können Sie dem nachfolgenden Listing 5.9 entnehmen.

Listing 5.9: Tabelle öffnen und Datensätze in den Direktbereich schreiben

```
Sub TabelleAuslesen()
  Dim rst As New ADODB.Recordset

  On Error GoTo Fehler
  rst.Open "Artikel", CurrentProject.Connection

  Do Until rst.EOF
    Debug.Print rst!Artikelname
    rst.MoveNext
  Loop

  rst.Close
  Exit Sub

Fehler:
  MsgBox "Die Tabelle konnte nicht gefunden werden!"
End Sub
```

Definieren Sie zuerst eine Objektvariable vom Typ `Recordset`, die alle Datensätze der Datenquelle aufnehmen soll. Öffnen Sie mit der Methode `Open` die Datentabelle, die den Artikelbestand enthält.

Basteln Sie danach eine Schleife, die alle Datensätze der Tabelle durchläuft, bis sie auf den letzten Satz stößt. Für diesen Zweck setzen Sie die Anweisung `EOF` (End Of File) ein. Innerhalb der Schleife setzen Sie die Methode `MoveNext` ein, um zum jeweiligen nächsten Datensatz in der Tabelle zu gelangen. Im Recordset-Objekt `rst` steht der komplette Datensatz. Sie können dann die einzelnen Datenfelder aus dem Recordset-Objekt auslesen und in den Direktbereich übertragen.

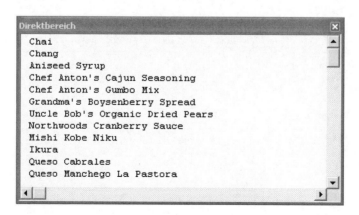

Abbildung 5.9:
Die Artikelnamen im Direktbereich

Möchten Sie nicht nur einzelne Informationen aus einer Tabelle lesen, sondern gleich die komplette Tabelle, dann setzen Sie die Prozedur aus Listing 5.10 ein.

Listing 5.10: Komplette Tabelle in den Direktbereich ausgeben

```
Sub TabelleKomplettAuslesen()
  Dim rst As New ADODB.Recordset

  Set rst = New ADODB.Recordset
  On Error GoTo Fehler

  rst.Open "SELECT * FROM Artikel", _
    CurrentProject.Connection

  Debug.Print rst.GetString

  rst.Close
  Exit Sub

Fehler:
  MsgBox "Die Tabelle konnte nicht gefunden werden!"
End Sub
```

Mit der Anweisung `Select`, die Sie mit dem Sternchen versehen, lesen Sie alle Datensätze in das `RecordSet`-Objekt. Die Funktion `GetString` dient dazu, diese Daten nun abzurufen und im Direktbereich über die Anweisung `Debug.Print` auszugeben.

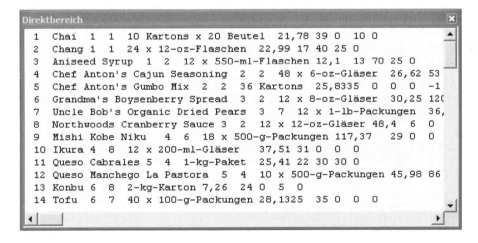

Abbildung 5.10: Die komplette Tabelle ARTIKEL im Direktbereich

5.3 SQL-Anweisungen

Bevor wir mit der Programmierung mit ADO weitermachen, müssen wir an dieser Stelle etwas sehr Wichtiges erwähnen. Eine große Rolle bei der Programmierung in Access spielen die sogenannten SQL-Anweisungen. Mithilfe von SQL-Anweisungen können Sie Abfragen erstellen. Durch den Einsatz der Structured Query Language (SQL) können Sie relationale Datenbanken wie z.B. Microsoft Access abfragen, aktualisieren und verwalten. Diese SQL-Anweisungen können Sie in Ihren VBA-Code einbauen. Lernen Sie auf den nächsten Seiten die wichtigsten SQL-Anweisungen anhand von kleineren Beispielen kennen. Dieses Know-how brauchen Sie später, um die folgenden Beispiele besser zu verstehen.

5.3.1 Die SELECT-Anweisung

Diese Anweisung wählt die angegebenen Felder aus einer oder mehreren Tabellen aus. Im nächsten Beispiel in Listing 5.11 werden aus der Tabelle KUNDEN die Felder FIRMA und KONTAKTPERSON ausgewählt und im Direkt-Fenster ausgegeben.

Listing 5.11: Teile einer Tabelle werden ausgelesen.

```
Sub TabelleTeilweiseAuslesen()
  Dim rst As New ADODB.Recordset

  Set rst = New ADODB.Recordset
  On Error GoTo Fehler

  rst.Open "SELECT Firma, Kontaktperson FROM Kunden", _
     CurrentProject.Connection

  Debug.Print rst.GetString

  rst.Close
  Exit Sub

Fehler:
  MsgBox "Die Tabelle konnte nicht gefunden werden!"
End Sub
```

Geben Sie die gewünschten Datenfelder mit Kommata getrennt nach der SELECT-Anweisung ein. Mithilfe der Methode GetString können Sie danach das Objekt über die Anweisung Debug.Print im Direkt-Fenster ausgeben.

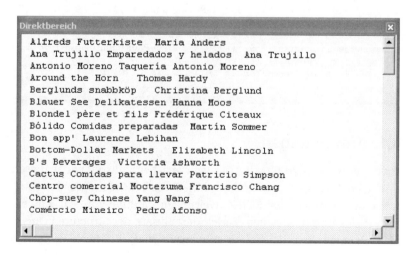

Abbildung 5.11: Firma und Kontaktperson ausgeben

SQL-Anweisungen

Im nächsten Beispiel ermitteln Sie aus der Tabelle KUNDEN die Felder LAND, FIRMA und KONTAKTPERSON und sortieren das Ergebnis nach dem Land. Die dazugehörige Prozedur können Sie in Listing 5.12 sehen.

Listing 5.12: Teile einer Tabelle werden ausgelesen und sortiert.

```
Sub TabelleTeilweiseAuslesenUndSortieren()
  Dim rst As New ADODB.Recordset

  Set rst = New ADODB.Recordset
  On Error GoTo Fehler

  rst.Open "SELECT Land, Firma, Kontaktperson " & _
    " FROM Kunden ORDER BY Land", _
    CurrentProject.Connection

  Debug.Print rst.GetString

  rst.Close
  Exit Sub

Fehler:
  MsgBox "Die Tabelle konnte nicht gefunden werden!"
End Sub
```

Mithilfe des Zusatzes ORDER BY können Sie die Sortierung angeben.

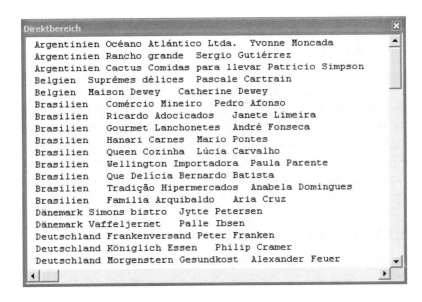

Abbildung 5.12: Die Ausgabe wurde nach dem Land sortiert.

5.3.2 Die UNION-Anweisung

Mit der SQL-Anweisung `UNION` können Sie mehrere Tabellen zusammenfassen. Die nachfolgende Prozedur in Listing 5.13 liest aus den beiden Tabellen KUNDEN und LIEFERANTEN die Informationen ORT, FIRMA und KONTAKTPERSON heraus.

Listing 5.13: Informationen aus zwei Tabellen zusammenbringen

```
Sub TabelleTeilweiseAuslesen2()
  Dim rst As New ADODB.Recordset

  Set rst = New ADODB.Recordset
  On Error GoTo Fehler

  rst.Open "SELECT Ort, Firma, Kontaktperson " _
    & "FROM Kunden " _
    & "UNION SELECT Ort, Firma, Kontaktperson " _
    & "FROM Lieferanten ORDER BY Ort, Firma", _
    CurrentProject.Connection

  With rst
    Do Until .EOF
      Debug.Print "Ort: " & .Fields("Ort").Value & _
        "  Firma: " & .Fields("Firma").Value & _
        "  Kontaktperson: " & .Fields("Kontaktperson")
      .MoveNext
    Loop
    .Close
  End With
  Exit Sub

Fehler:
  MsgBox "Die Tabelle konnte nicht gefunden werden!"
End Sub
```

Geben Sie innerhalb der `SELECT`-Anweisung bekannt, welche Datenfelder und Tabellen Sie vereinen möchten. Sortieren Sie das Ergebnis anschließend über die SQL-Anweisung `ORDER BY` als Erstes nach dem Ort und anschließend nach der Firma. Durchlaufen Sie danach in einer Schleife alle gefundenen Sätze und geben diese im Direkt-Fenster aus.

5.3.3 Die TOP-Anweisung

Eine besonders interessante Möglichkeit ist die Verwendung der SQL-Anweisung in Verbindung mit TOP. Damit können Sie die wertmäßig größten/kleinsten Feldinhalte einer Tabelle ermitteln. Je nachdem, was Sie genau angeben, bekommen Sie das gewünschte Ergebnis. Nachfolgend ein paar typische Beispiele:

- TOP 25: Die wertmäßig höchsten/kleinsten Werte eines angegebenen Feldes werden in einer Tabelle angezeigt. Dabei werden genau 25 Werte angezeigt. Bei 200 Datensätzen werden 50 Sätze ermittelt.

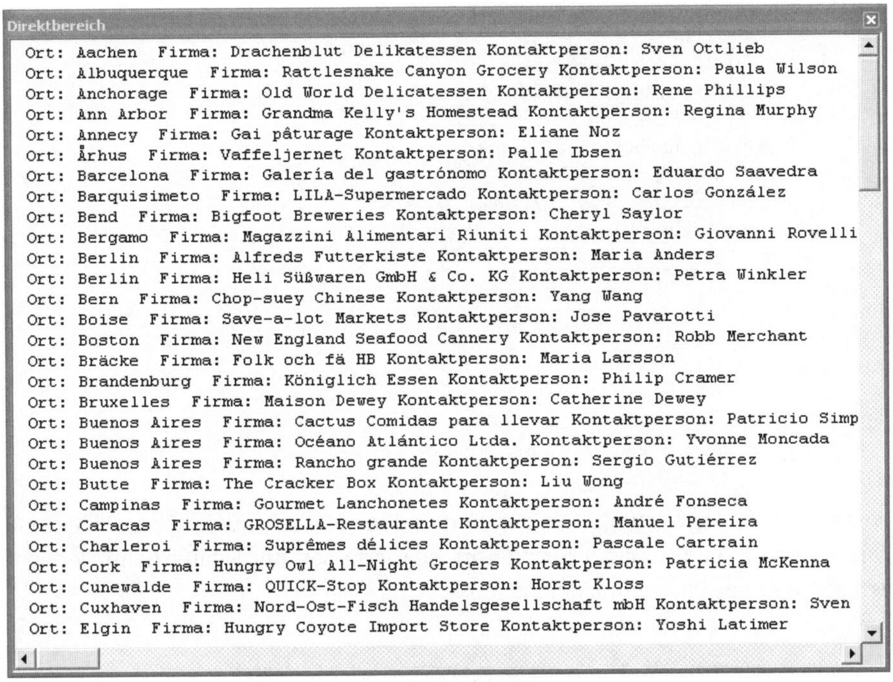

Abbildung 5.13:
Die Inhalte zweier Tabellen wurden zusammengetragen.

- TOP PERCENT 25: Mit dieser Anweisung ermitteln Sie die prozentual größten/kleinsten Werte einer Tabelle. Hierbei richtet sich die Anzeige der Datensätze nach der Gesamtzahl der Sätze in einer Tabelle. Bei 200 Datensätzen sind das genau 50 Sätze.

Je nachdem, wie die Tabelle sortiert ist, werden bei der SQL-Anweisung TOP entweder die größten oder die kleinsten Werte angezeigt.

Im nächsten Beispiel aus Listing 5.14 wird die Tabelle ARTIKEL der Datenbank NORDWIND.MDB angezapft. Danach werden mithilfe der SQL-Anweisung die 25 billigsten Artikel inklusive des Artikelnamens und des Lagerbestands im Direkt-Fenster angezeigt.

Listing 5.14: Die billigsten Werte aus einer Tabelle ermitteln

```
Sub DieNiedrigstenWerteErmitteln()
   Dim rst As New ADODB.Recordset
   Dim str As String
   
   str = "SELECT TOP 25 Einzelpreis, Artikelname, " & _
      "Lagerbestand FROM Artikel ORDER BY Einzelpreis"
   
   Set rst = New ADODB.Recordset
   On Error GoTo Fehler
   
   rst.Open str, CurrentProject.Connection
```

```
With rst
  Do Until rst.EOF
    Debug.Print "Artikelname: " & _
      .Fields("Artikelname").Value
    Debug.Print "Lagerbestand: " & _
      .Fields("Lagerbestand").Value
    Debug.Print "Einzelpreis: " & _
      .Fields("Einzelpreis").Value
    Debug.Print Chr(13)
    rst.MoveNext
  Loop
  rst.Close
End With
Exit Sub

Fehler:
  MsgBox "Die Tabelle konnte nicht gefunden werden!"
End Sub
```

Wenn die SQL-Anweisung sehr lang und unübersichtlich wird, können Sie diese vorab schon einmal in einer String-Variablen erfassen und später beim Verwenden der Methode Open einfacher einsetzen.

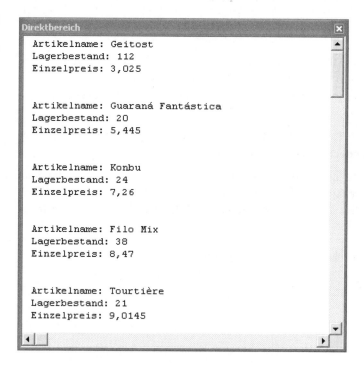

Abbildung 5.14: Die billigsten Artikel anzeigen

SQL-Anweisungen

Im letzten Beispiel aus Listing 5.14 wurden die billigsten Artikel ermittelt. Da sich die Anweisung TOP nach der Sortierung richtet, müssen Sie der Anweisung ORDER BY noch einen weiteren Wert hinzufügen, um Access mitzuteilen, dass absteigend sortiert werden soll. Mit der Angabe DESC sorgen Sie dafür, dass die teuersten Artikel ganz oben stehen.

```
s = "SELECT TOP 25 Einzelpreis, Artikelname, " & _
"Lagerbestand FROM Artikel ORDER BY Einzelpreis DESC"
```

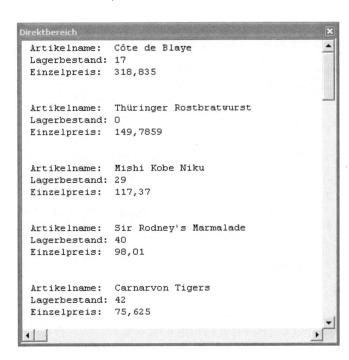

Abbildung 5.15:
Die teuersten Artikel anzeigen

5.3.4 Externe Datenbank öffnen

Sie können von einer Access-Datenbank aus eine weitere externe Datenbank im Hintergrund öffnen und auf deren Daten zugreifen. Abhängig davon, mit welcher Version von Access die Datenbank erstellt wurde, müssen bei der Initialisierung der Verbindung unterschiedliche Angaben machen. Wenn mit Sie mit einer Access-Version vor Access 2007 arbeiten bzw. eine entsprechende Datenbank im Format der genannten Version öffnen möchten, verwenden Sie die »Microsoft Jet Engine«. Als Provider geben Sie dann einen String in der Form »Microsoft.Jet.OLEDB.4.0« an.

Arbeiten Sie mit der zum Zeitpunkt des Drucks dieses Buches neuesten Version Access 2010 bzw. wollen eine Datenbank im entsprechenden Format öffnen, geben Sie als Provider »Microsoft.ACE.OLEDB.14.0« an, um die »Microsoft Office Access Database Engine 2010« zum Öffnen der Datenbank zu verwenden. Arbeiten Sie mit Access 2010, möchten aber eine Access-Datenbank im »alten« Format öffnen, bleibt es im Prinzip Ihnen überlassen, welche Schnittstelle Sie verwenden möchten.

Listing 5.15 zeigt, wie Sie eine externe Datenbank über die »Microsoft Jet 4.0 Engine« öffnen.

Listing 5.15: Externe Datenbank über die »Microsoft Jet 4.0 Engine« öffnen

```
Sub ExterneDatenbankÖffnen()
  Dim conn As ADODB.Connection
  Dim rst As ADODB.Recordset

  Set conn = New ADODB.Connection
  If conn.State = 0 Then _
    Debug.Print "Datenbank noch nicht geöffnet."

  With conn
    .Provider = "Microsoft.Jet.OLEDB.4.0"
    .Open "C:\Eigene Dateien\Nordwind.mdb"
  End With

  If conn.State = 1 Then
    Debug.Print "Öffnen der Datenbank war erfolgreich!"
  Else
    Debug.Print "Öffnen nicht erfolgreich!"
  End If
  conn.Close
  Set conn = Nothing
End Sub
```

Listing 5.16 zeigt, wie Sie eine externe Datenbank über die »Microsoft Office Access Database Engine 2010« öffnen.

Listing 5.16: Externe Datenbank über die »Microsoft Office Access Database Engine 2010« öffnen

```
Sub ExterneDatenbankÖffnenAccess2010()
  Dim conn As ADODB.Connection
  Dim rst As ADODB.Recordset

  Set conn = New ADODB.Connection
  If conn.State = 0 Then _
    Debug.Print "Datenbank noch nicht geöffnet."

  With conn
    .Provider = "Microsoft.ACE.OLEDB.12.0"
    .Open "C:\Eigene Dateien\Nordwind.accdb"
  End With

  If conn.State = 1 Then
    Debug.Print "Öffnen der Datenbank war erfolgreich!"
  Else
    Debug.Print "Öffnen nicht erfolgreich!"
  End If
```

```
  conn.Close
  Set conn = Nothing
End Sub
```

In beiden Fällen sollten Sie bei erfolgreichem Öffnen der externen Datei im Direkt-Fenster die folgende Ausgabe erhalten:

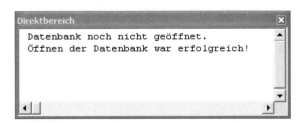

Abbildung 5.16: Die externe Datenbank wurde erfolgreich geöffnet.

Zur Bestimmung, ob eine Verbindung zur externen Datenbank erfolgreich hergestellt wurde, wird der Zustand der `State`-Eigenschaft des `ADODB.Connection`-Objekts ausgewertet.

INFO

Bei den weiteren Beispielen in diesem Buch beschränken wir uns der Einfachheit halber darauf, jeweils nur eine Verbindung über die »Microsoft Jet 4.0 Engine« darzustellen.

5

5.3.5 Tabelleninhalte suchen und ausgeben

Um ganz konkret einen bestimmten Tabellensatz zu suchen, öffnen Sie im nächsten Beispiel im Hintergrund eine Datenbank (NORDWIND.MDB), öffnen eine bestimmte Tabelle (ARTIKEL) und suchen nach einem vorgegebenen Datensatz (TOFU). Danach sollen die Feldinhalte für den Einzelpreis und den Lagerbestand ausgegeben werden.

Artikel

A	Artikelname	Lieferant	Kategorie	Liefereinheit	Einzelpreis	Lager
1	Chai	Exotic Liquids	Getränke	10 Kartons x 20 Beutel	21,78 €	39
2	Chang	Exotic Liquids	Getränke	24 x 12-oz-Flaschen	22,99 €	17
3	Aniseed Syrup	Exotic Liquids	Gewürze	12 x 550-ml-Flaschen	12,10 €	13
4	Chef Anton's Cajun Seasoning	New Orleans Cajun Delight	Gewürze	48 x 6-oz-Gläser	26,62 €	53
5	Chef Anton's Gumbo Mix	New Orleans Cajun Delight	Gewürze	36 Kartons	25,83 €	0
6	Grandma's Boysenberry Spread	Grandma Kelly's Homestea	Gewürze	12 x 8-oz-Gläser	30,25 €	120
7	Uncle Bob's Organic Dried Pears	Grandma Kelly's Homestea	Naturprodukte	12 x 1-lb-Packungen	36,30 €	15
8	Northwoods Cranberry Sauce	Grandma Kelly's Homestea	Gewürze	12 x 12-oz-Gläser	48,40 €	6
9	Mishi Kobe Niku	Tokyo Traders	Fleischprodukte	18 x 500-g-Packungen	117,37 €	29
10	Ikura	Tokyo Traders	Meeresfrüchte	12 x 200-ml-Gläser	37,51 €	31
11	Queso Cabrales	Cooperativa de Quesos 'La:	Milchprodukte	1-kg-Paket	25,41 €	22
12	Queso Manchego La Pastora	Cooperativa de Quesos 'La:	Milchprodukte	10 x 500-g-Packungen	45,98 €	86
13	Konbu	Mayumi's	Meeresfrüchte	2-kg-Karton	7,26 €	24
14	Tofu	Mayumi's	Naturprodukte	40 x 100-g-Packungen	28,13 €	35
15	Genen Shouyu	Mayumi's	Gewürze	24 x 250-ml-Flaschen	18,76 €	39
16	Pavlova	Pavlova, Ltd.	Süßwaren	32 x 500-g-Kartons	21,11 €	29
17	Alice Mutton	Pavlova, Ltd.	Fleischprodukte	20 x 1-kg-Dosen	47,19 €	0

Datensatz: 14 von 77 Ungefiltert Suchen

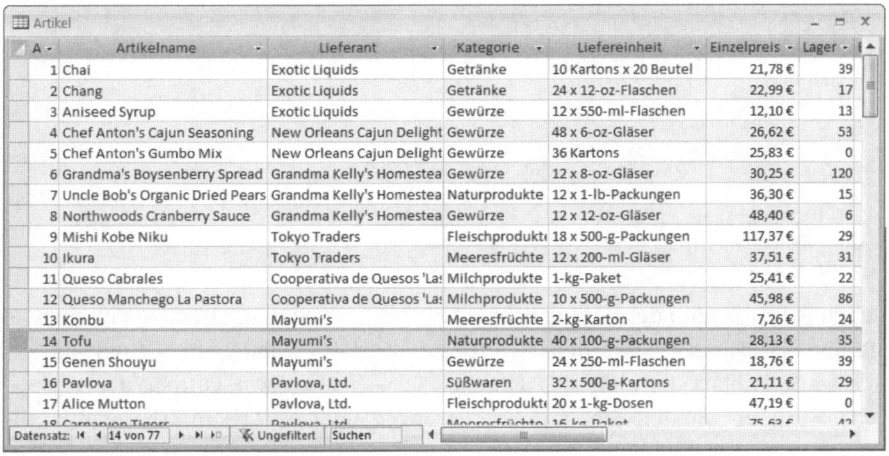

Abbildung 5.17: Dieser Artikel soll gefunden und gemeldet werden.

Die Prozedur für diese Aufgabe können Sie in Listing 5.17 einsehen.

Listing 5.17: Bestimmten Datensatz in der Tabelle suchen

```
Sub DatensatzSuchen()
  Dim conn As ADODB.Connection
  Dim rst As ADODB.Recordset
  Dim str As String

  str = InputBox("Geben Sie den Artikel ein!")
  If str = "" Then Exit Sub
  str = "Artikelname='" & str & "'"

  Set conn = New ADODB.Connection
  conn.Provider = "Microsoft.Jet.OLEDB.4.0"
  conn.Open "C:\Eigene Dateien\Nordwind.mdb"

  Set rst = New ADODB.Recordset
  With rst
    .Open Source:="Artikel", _
      ActiveConnection:=conn, _
      CursorType:=adOpenKeyset, _
      LockType:=adLockOptimistic

    .Find Criteria:=str, _
      SearchDirection:=adSearchForward
    If Not .EOF Then
      Do While Not .EOF
        Debug.Print "Artikelname:" & _
          .Fields("Artikelname").Value
        Debug.Print "Einzelpreis :" & _
          .Fields("Einzelpreis").Value
        Debug.Print "Lagerbestand: " & _
          .Fields("Lagerbestand").Value
        .Find Criteria:=str, SkipRecords:=1
      Loop
    Else
      MsgBox "Datensatz nicht gefunden"
    End If
    .Close
  End With

  conn.Close
  Set rst = Nothing
  Set conn = Nothing
End Sub
```

Geben Sie zu Beginn der Prozedur in eine `InputBox` den Artikelnamen ein, zu dem Sie den Einzelpreis sowie den Lagerbestand erfahren möchten. Öffnen Sie die Access-Datenbank mithilfe des Objekts `Connection`. Zum Öffnen der Access-Datenbank verwenden Sie, wie im vorangegangenen Abschnitt erwähnt, die Microsoft Jet 4.0-Datenbank-Engine.

Im Argument `ConnectionString` geben Sie den Namen der Datenbank an, die Sie öffnen möchten.

Definieren Sie daraufhin ein `RecordSet`-Objekt, das später den gesuchten Datensatz enthalten soll. Öffnen Sie jetzt über die Methode `Open` die Tabelle ARTIKEL.

Diese Methode hat folgende Syntax:

`recordset.Open Source, ActiveConnection, CursorType, LockType, Options`

Die Syntax der Methode `Open` (RecordSet)

Im Argument `Source` geben Sie den Namen der Tabelle an, die Sie öffnen möchten. Im Argument `ActiveConnection` verweisen Sie auf das Connection-Objekt `Conn`, das Sie vorher angegeben haben.

Über das Argument `CursorType` bestimmen Sie die Art des Cursors. Unter anderem wird dadurch der Zugriff auf Ihre Daten festgelegt. Dabei stehen Ihnen folgende Konstanten zur Verfügung:

- `adOpenForwardOnly`: (Voreinstellung) Diese Konstante öffnet einen Vorwärts-Cursor. Mithilfe dieses Cursors können Sie nur nach vorne blättern.
- `adOpenKeyset`: Die Konstante öffnet einen Cursor vom Typ »Schlüsselgruppen«. Dieser Cursor ist vergleichbar mit dem dynamischen Cursor. Jedoch werden Änderungen in der Tabelle, die von anderen Anwendern durchgeführt werden, nicht angezeigt.
- `adOpenDynamic`: Die Konstante öffnet einen dynamischen Cursor. Damit haben Sie die Möglichkeit, Tabelleneinträge anzuzeigen, zu ändern und zu löschen. Alle Änderungen werden regelmäßig aktualisiert und angezeigt.
- `adOpenStatic`: Die Konstante öffnet einen statischen Cursor. Bei diesem Cursor können die Daten nur angezeigt, jedoch nicht geändert werden. Die Datenansicht ist als Momentaufnahme des Zustands zu verstehen, der zum Zeitpunkt des Öffnens der Tabelle vorgelegen hat.

Über das Argument `LockType` bestimmen Sie, welches Sperrverfahren der Provider beim Öffnen der Tabelle einsetzen soll. Dabei stehen Ihnen folgende Konstanten zur Verfügung:

- `adLockReadOnly`: Bei dieser Standardeinstellung können Sie die Daten in der Tabelle nicht ändern.
- `adLockPessimistic`: Der Datensatz wird vollständig gesperrt. Dabei wird das erfolgreiche Bearbeiten der Datensätze sichergestellt, indem der Provider Datensätze in der Datenquelle sofort beim Bearbeiten sperrt.
- `adLockOptimistic`: Diese Einstellung sorgt dafür, dass die Tabelle teilweise gesperrt wird, d.h., ein Datensatz wird nur dann gesperrt, wenn Sie die `Update`-Methode aufrufen.
- `adLockBatchOptimistic`: Diese Einstellung lässt eine teilweise Stapelaktualisierung zu.

Im letzten Argument Options können Sie festlegen, wie der Provider die Daten auswerten soll.

Setzen Sie jetzt die Methode Find ein. Diese Methode sucht in der Tabelle nach dem Datensatz, der den angegebenen Kriterien entspricht. Ist das Kriterium erfüllt, wird der gefundene Datensatz zum aktuellen Datensatz der Tabelle. Andernfalls wird der Zeiger auf das Ende des Tabelle festgelegt.

Die Syntax der Methode Find

Die Methode Find hat folgende Syntax:

```
Find (criteria, SkipRows, searchDirection, start)
```

Unter dem Argument criteria müssen Sie angeben, was Sie konkret in der Tabelle suchen möchten. Diese Information haben Sie bereits vorher in der Variablen s gespeichert. Dabei wurden der verwendende Spaltenname, der Vergleichsoperator sowie der Wert in der Variablen s zusammengestellt.

Beim Argument SkipRows können Sie den Abstand vom aktuellen Datensatz oder vom Argument start angeben.

Das Argument SearchDirection gibt an, wie in der Tabelle gesucht werden soll. Dazu stehen Ihnen folgende Varianten zur Verfügung:

- adSearchForward führt die Suche vorwärts durch. Die Suche hört am Ende der Tabelle auf, sofern kein entsprechender Datensatz gefunden wurde.
- adSearchBackward führt die Suche rückwärts durch. Die Suche hört am Anfang der Tabelle auf, sofern kein entsprechender Datensatz gefunden wurde.

Mithilfe des Arguments start können Sie einen numerischen Wert angeben, der zeigt, bei welchem Datensatz die Suche in der Tabelle beginnen soll.

In der ersten Verzweigung fragen Sie direkt nach, ob der gesuchte Satz gefunden wurde. Ist dies nicht der Fall, wird die Bedingung EOF (End Of File) erreicht. Wurde der gesuchte Datensatz gefunden, stehen alle Informationen hierüber in der Objektvariablen rst.

Da es möglich ist, dass der gesuchte Artikel mehrfach in der Tabelle vorkommt, setzen Sie eine Schleife auf, die so lange durchlaufen wird, bis das Ende der Tabelle erreicht wird. Danach können Sie die einzelnen Werte über das Auflistungsobjekt Fields abrufen. In diesem Objekt stehen alle Feldinhalte, die Sie mithilfe der Eigenschaft Value ausgeben können. Achten Sie bei der Ausgabe darauf, dass Sie den Feldnamen, den Sie im Entwurfsmodus der Tabelle ansehen können, mit angeben.

Abbildung 5.18: Der Einzelpreis sowie der Lagerbestand wurden gemeldet.

SQL-Anweisungen

Eine weitere Möglichkeit, bei der Sie ebenfalls Erfolg haben, bietet die Methode Seek. Diese Methode durchsucht den Index einer Tabelle, um die Zeile zu finden, die den angegebenen Werten entspricht, und verändert die aktuelle Zeilenposition entsprechend. Diese Methode ist schneller als die Methode Find.

In der nächsten Aufgabe soll über die Methode Seek auf die Tabelle BESTELLDETAILS zugegriffen werden, die mit der Tabelle ARTIKEL über das Feld ARTIKEL-NR und mit der Tabelle BESTELLUNGEN über das Feld BESTELL-NR verbunden ist.

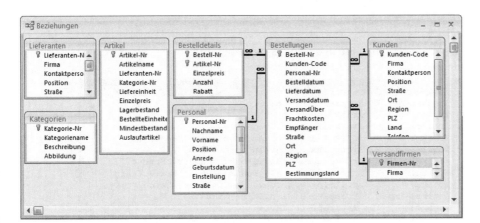

Abbildung 5.19:
Die verknüpften Tabellen

Möchten Sie also aus der Tabelle BESTELLDETAILS eine Bestellung abfragen und dabei die Bestellnummer sowie die Artikelnummer angeben, dann genügt es, wenn Sie die Methode Seek anwenden.

Als kleine Voraufgabe gibt Ihnen die Prozedur aus Listing 5.18 eine Liste mit den Artikelnummern und den dazugehörigen Artikelnamen im Direktbereich aus.

Listing 5.18: Artikelnummer und Artikelname aus einer Tabelle lesen

```
Sub DatensätzeAusgeben()
  Dim conn As ADODB.Connection
  Dim rst As ADODB.Recordset
  Dim str As String

  Set conn = New ADODB.Connection
  conn.Provider = "Microsoft.Jet.OLEDB.4.0"
  conn.Open "C:\Eigene Dateien\Nordwind.mdb"

  Set rst = New ADODB.Recordset
  With rst
    .Open Source:="Artikel", _
      ActiveConnection:=conn, _
      CursorType:=adOpenKeyset, _
      LockType:=adLockOptimistic

    Do Until rst.EOF
      Debug.Print "Artikel-Nr: " & _
```

```
              .Fields("Artikel-Nr").Value & _
           "  Artikelname:" & _
              .Fields("Artikelname").Value
           rst.MoveNext
        Loop
        .Close
    End With
    
    conn.Close
    Set rst = Nothing
    Set conn = Nothing
End Sub
```

Das Ergebnis sehen Sie in der folgenden Abbildung.

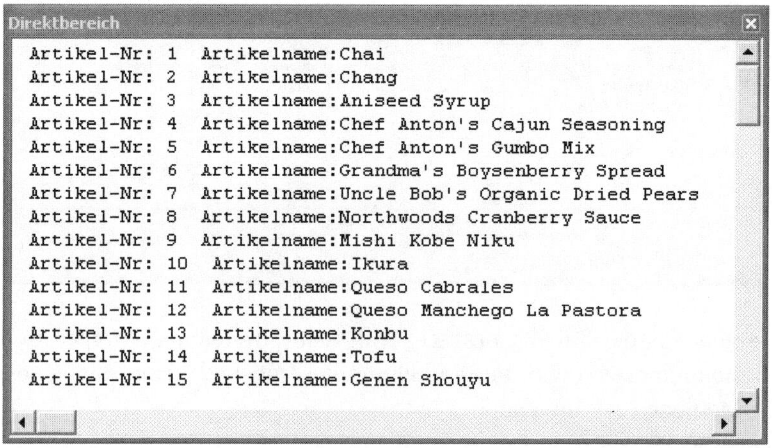

Abbildung 5.20:
Die Artikelnummer mit den dazugehörigen Artikelnamen

```
Direktbereich
Artikel-Nr: 1    Artikelname:Chai
Artikel-Nr: 2    Artikelname:Chang
Artikel-Nr: 3    Artikelname:Aniseed Syrup
Artikel-Nr: 4    Artikelname:Chef Anton's Cajun Seasoning
Artikel-Nr: 5    Artikelname:Chef Anton's Gumbo Mix
Artikel-Nr: 6    Artikelname:Grandma's Boysenberry Spread
Artikel-Nr: 7    Artikelname:Uncle Bob's Organic Dried Pears
Artikel-Nr: 8    Artikelname:Northwoods Cranberry Sauce
Artikel-Nr: 9    Artikelname:Mishi Kobe Niku
Artikel-Nr: 10   Artikelname:Ikura
Artikel-Nr: 11   Artikelname:Queso Cabrales
Artikel-Nr: 12   Artikelname:Queso Manchego La Pastora
Artikel-Nr: 13   Artikelname:Konbu
Artikel-Nr: 14   Artikelname:Tofu
Artikel-Nr: 15   Artikelname:Genen Shouyu
```

Aus dieser Abbildung können Sie jetzt die gewünschte Artikelnummer entnehmen und später der Methode Seek übergeben. Was noch fehlt, sind die Bestellnummern, die Sie mit der Prozedur aus Listing 5.19 in den Direktbereich schreiben. Geben Sie zusätzlich zur Bestellnummer auch noch das Bestelldatum mit aus.

Listing 5.19: Bestellnummer und Bestelldatum aus einer Tabelle lesen

```
Sub DatensätzeAusgeben2()
    Dim conn As ADODB.Connection
    Dim rst As ADODB.Recordset
    
    Set conn = New ADODB.Connection
    conn.Provider = "Microsoft.Jet.OLEDB.4.0"
    conn.Open "C:\Eigene Dateien\Nordwind.mdb"
    
    Set rst = New ADODB.Recordset
    With rst
        .Open Source:="Bestellungen", _
            ActiveConnection:=conn, _
            CursorType:=adOpenKeyset, _
            LockType:=adLockOptimistic
```

SQL-Anweisungen

```
  Do Until rst.EOF
     Debug.Print "Bestell-Nr: " & _
        .Fields("Bestell-Nr").Value & _
        "  Bestelldatum:" & _
        .Fields("Bestelldatum").Value
     rst.MoveNext
  Loop
  .Close
End With

conn.Close
Set rst = Nothing
Set conn = Nothing
End Sub
```

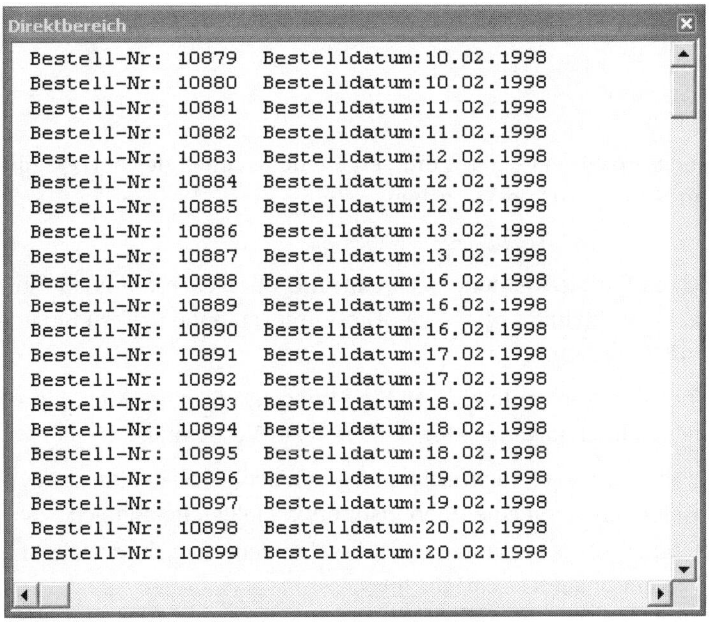

Abbildung 5.21:
Die zur Verfügung stehenden Bestelldaten

```
Direktbereich
Bestell-Nr: 10879    Bestelldatum:10.02.1998
Bestell-Nr: 10880    Bestelldatum:10.02.1998
Bestell-Nr: 10881    Bestelldatum:11.02.1998
Bestell-Nr: 10882    Bestelldatum:11.02.1998
Bestell-Nr: 10883    Bestelldatum:12.02.1998
Bestell-Nr: 10884    Bestelldatum:12.02.1998
Bestell-Nr: 10885    Bestelldatum:12.02.1998
Bestell-Nr: 10886    Bestelldatum:13.02.1998
Bestell-Nr: 10887    Bestelldatum:13.02.1998
Bestell-Nr: 10888    Bestelldatum:16.02.1998
Bestell-Nr: 10889    Bestelldatum:16.02.1998
Bestell-Nr: 10890    Bestelldatum:16.02.1998
Bestell-Nr: 10891    Bestelldatum:17.02.1998
Bestell-Nr: 10892    Bestelldatum:17.02.1998
Bestell-Nr: 10893    Bestelldatum:18.02.1998
Bestell-Nr: 10894    Bestelldatum:18.02.1998
Bestell-Nr: 10895    Bestelldatum:18.02.1998
Bestell-Nr: 10896    Bestelldatum:19.02.1998
Bestell-Nr: 10897    Bestelldatum:19.02.1998
Bestell-Nr: 10898    Bestelldatum:20.02.1998
Bestell-Nr: 10899    Bestelldatum:20.02.1998
```

Ermitteln Sie jetzt die Bestellung des Artikels 10 mit der Bestellnummer 10276. Geben Sie als Ergebnis die Anzahl der bestellten Artikel aus. Starten Sie dazu die Prozedur aus Listing 5.20.

Listing 5.20: Direktzugriff mit der Methode Seek

```
Sub SuchenDatensatz()
  Dim conn As ADODB.Connection
  Dim rst As ADODB.Recordset

  Set conn = New ADODB.Connection
  Set rst = New ADODB.Recordset
```

```
conn.Provider = "Microsoft.Jet.OLEDB.4.0"
conn.ConnectionString = _
  "C:\Eigene Dateien\Nordwind.mdb"
conn.Open

With rst
  .Index = "Primärschlüssel"
  .Open "Bestelldetails", conn, adOpenKeyset, _
      adLockOptimistic, adCmdTableDirect
  .Seek Array(10276, 10), adSeekFirstEQ
  If Not .EOF Then
    Debug.Print "Die bestellte Anzahl " & _
      " lautet: " & .Fields("Anzahl").Value
  End If
End With

conn.Close
Set rst = Nothing
Set conn = Nothing
End Sub
```

In der Eigenschaft Index müssen Sie den Namen des derzeit gültigen Indexes für ein Recordset-Objekt angeben.

Die Syntax der Methode Seek

`recordset.Seek KeyValues, SeekOption`

Setzen Sie die Methode Seek ein, und übergeben Sie ihr die beiden Argumente Bestell-Nr. und Artikel-Nr. Diese Informationen geben Sie über das Argument KeyValue bekannt.

Über eine Konstante können Sie festlegen, wie diese Methode suchen soll. Dabei stehen Ihnen folgende Möglichkeiten zur Verfügung:

- adSeekAfterEQ sucht entweder einen Schlüssel, der gleich KeyValues ist, oder in dem direkt auf eine Übereinstimmung folgenden Bereich.
- adSeekAfter sucht einen Schlüssel in dem Bereich, der direkt auf eine Übereinstimmung mit KeyValues folgt.
- adSeekBeforeEQ sucht entweder einen Schlüssel, der gleich KeyValues ist, in dem einer Übereinstimmung direkt vorangehenden Bereich.
- adSeekBefore sucht einen Schlüssel in dem Bereich, der einer Übereinstimmung mit KeyValues direkt vorangeht.
- adSeekFirstEQ sucht den ersten Schlüssel, der gleich KeyValues ist.
- adSeekLastEQ sucht den letzten Schlüssel, der gleich KeyValues ist.

Wird kein entsprechender Datensatz gefunden, ist die EOF-Bedingung erfüllt, und der Datenzeiger wird auf den letzten Datensatz positioniert. Geben Sie am Ende über das Auflistungsobjekt Fields das gewünschte Feld im Direktbereich aus.

SQL-Anweisungen

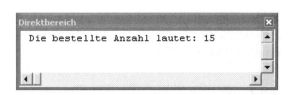

Abbildung 5.22:
Bestellungen ausgeben

Schließen Sie die Tabelle mithilfe der Methode `Close` und lösen die Objektvariablen im Arbeitsspeicher auf, indem Sie diese über die Anweisung `Set` und den Befehl `Nothing` einsetzen.

5.3.6 Lagerbestände manipulieren

Stellen Sie sich vor, Sie müssen einen Lagerabgang verbuchen. Diese Aufgabe können Sie elegant mithilfe einer Prozedur automatisieren.

Listing 5.21: Lagerbestand anpassen

```
Sub LagerbestandManipulieren()
  Dim conn As New ADODB.Connection
  Dim rst As ADODB.Recordset
  Dim str As String

  str = InputBox("Geben Sie die Artikel-Nr. ein!")
  Set conn = CurrentProject.Connection
  Set rst = New ADODB.Recordset

  rst.Open "Artikel", conn, adOpenKeyset, _
    adLockOptimistic
  rst.Find "[Artikel-Nr] = " & str, 0, _
    adSearchForward, 1
  rst("Lagerbestand") = rst("Lagerbestand") - 1
  rst.Update
  rst.Close

  Set rst = Nothing
  Set conn = Nothing
End Sub
```

Beim Beispiel in Listing 5.21 ist die Datenbank NORDWIND.MDB bereits geöffnet. Daher können Sie sich den `Open`-Befehl sparen und stattdessen beim Öffnen der Tabelle ARTIKEL auf die geöffnete Datenbank verweisen. Zu diesem Zweck haben Sie der Eigenschaft `Connection` die aktuelle Datenbank über das Objekt `CurrentProject` zugewiesen.

Über die Anweisung `Set` mit dem Zusatz `New` erstellen Sie ein neues `RecordSet`-Objekt. In diesem Objekt wird später der gefundene Satz übertragen, geändert und dann zurückgeschrieben.

Nach dem Öffnen der Tabelle ARTIKEL wenden Sie die Methode `Find` an, um den gesuchten Artikel über die Artikelnummer zu finden. Subtrahieren Sie vom bestehenden Lagerbestand den Wert 1, und speichern Sie diese Änderung, indem Sie die Methode Update einsetzen. Schließen Sie die Tabelle mithilfe der Methode Close und lösen die Objektvariablen im Arbeitsspeicher auf, indem Sie die Anweisung Set und den Befehl Nothing einsetzen.

5.3.7 Preiserhöhung durchführen

Eine typische Anwendungsmöglichkeit ist eine Preisanpassung in einer Access-Tabelle. In der folgenden Prozedur aus Listing 5.22 wird der EINZELPREIS eines bestimmten Artikels (Artikel-Nr. 10) geändert.

Listing 5.22: Preisanpassung eines Artikels durchführen

```
Sub ArtikelPreisÄndern()
    Dim conn As New ADODB.Connection
    Dim rst As ADODB.Recordset
    Dim intNr As Integer
    Dim curPreis As Currency
    
    Set conn = CurrentProject.Connection
    Set rst = New ADODB.Recordset
    intNr = InputBox("Artikelnr. eingeben!")
    If intNr = 0 Then Exit Sub
    curPreis = InputBox("Geben Sie den neuen Preis ein!")
    
    rst.Open "Artikel", conn, adOpenKeyset, _
        adLockOptimistic
    rst.Find "[Artikel-Nr] = " & intNr, 0, _
        adSearchForward, 1
    rst("Einzelpreis") = curPreis
    rst.Update
    
    rst.Close
    Set rst = Nothing
    Set conn = Nothing
End Sub
```

Bei der Prozedur aus Listing 5.22 wurde lediglich der Preis eines bestimmten Artikels angepasst.

Abbildung 5.23: Die Ausgangssituation vor der Preisanpassung

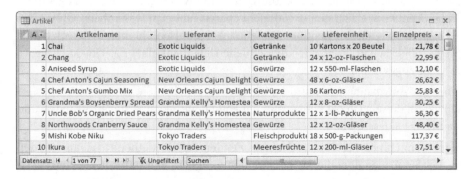

Möchten Sie stattdessen alle Ihre Artikel beispielsweise um 10% erhöhen, dann setzen Sie die Prozedur aus Listing 5.23 ein.

Listing 5.23: Preisanpassung aller Artikel durchführen (EOF)

```
Sub ArtikelPreisErhöhung()
  Dim conn As New ADODB.Connection
  Dim rst As ADODB.Recordset

  Set conn = CurrentProject.Connection
  Set rst = New ADODB.Recordset

  rst.Open "Artikel", conn, adOpenKeyset, _
    adLockOptimistic
  Do Until rst.EOF
    rst("Einzelpreis") = rst("Einzelpreis") * 1.1
    rst.Update
    rst.MoveNext
  Loop

  rst.Close
  Set rst = Nothing
  Set conn = Nothing
End Sub
```

Da die Methoden zum Öffnen einer Tabelle bereits beschrieben wurden, gehen wir gleich mitten in die Schleife. Die Preiserhöhung führen Sie durch, indem Sie das Feld EINZELPREIS mit dem Faktor `1.1` multiplizieren. Gleich danach wenden Sie die Methode `Update` an, um diese Änderung wirksam werden zu lassen. Mit der Methode `MoveNext` gehen Sie zum nächsten Datensatz. Diese Vorgehensweise führen Sie durch, bis Sie am letzten Satz der Tabelle angelangt sind. Dann tritt die Schleifenbedingung `EOF` auf, und die Schleife wird verlassen. Vergessen Sie dann nicht, die Tabelle über die Methode `Close` zu schließen und die Objektverweise wieder aufzuheben.

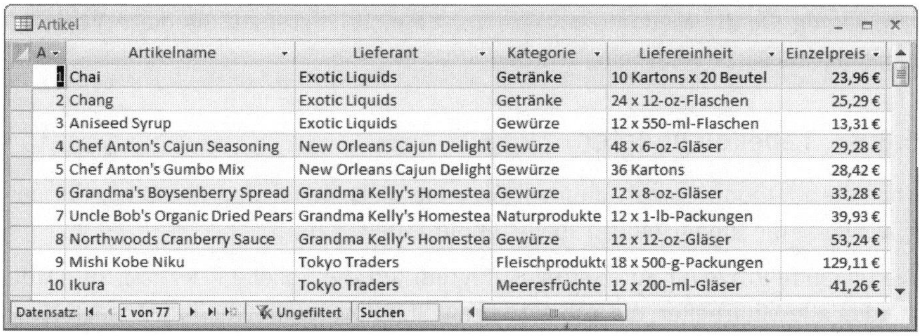

A	Artikelname	Lieferant	Kategorie	Liefereinheit	Einzelpreis
1	Chai	Exotic Liquids	Getränke	10 Kartons x 20 Beutel	23,96 €
2	Chang	Exotic Liquids	Getränke	24 x 12-oz-Flaschen	25,29 €
3	Aniseed Syrup	Exotic Liquids	Gewürze	12 x 550-ml-Flaschen	13,31 €
4	Chef Anton's Cajun Seasoning	New Orleans Cajun Delight	Gewürze	48 x 6-oz-Gläser	29,28 €
5	Chef Anton's Gumbo Mix	New Orleans Cajun Delight	Gewürze	36 Kartons	28,42 €
6	Grandma's Boysenberry Spread	Grandma Kelly's Homestea	Gewürze	12 x 8-oz-Gläser	33,28 €
7	Uncle Bob's Organic Dried Pears	Grandma Kelly's Homestea	Naturprodukte	12 x 1-lb-Packungen	39,93 €
8	Northwoods Cranberry Sauce	Grandma Kelly's Homestea	Gewürze	12 x 12-oz-Gläser	53,24 €
9	Mishi Kobe Niku	Tokyo Traders	Fleischprodukt	18 x 500-g-Packungen	129,11 €
10	Ikura	Tokyo Traders	Meeresfrüchte	12 x 200-ml-Gläser	41,26 €

Abbildung 5.24: Die Preise wurden um den Faktor 10% erhöht.

Neben der Schleifenbedingung EOF gibt es noch BOF (Begin Of File). Die Eigenschaft BOF gibt den Wert True (-1) zurück, wenn sich die aktuelle Datensatzposition vor dem ersten Datensatz befindet. Wenn sich die aktuelle Datensatzposition an oder hinter dem ersten Datensatz befindet, wird False (0) zurückgegeben.

Um das Listing 5.23 über die Eigenschaft BOF als Endbedingung der Schleife zu programmieren, lautet die Prozedur wie folgt:

Listing 5.24: Preisanpassung aller Artikel durchführen (BOF)

```
Sub ArtikelPreisErhöhung2()
  Dim conn As New ADODB.Connection
  Dim rst As ADODB.Recordset

  Set conn = CurrentProject.Connection
  Set rst = New ADODB.Recordset
  rst.Open "Artikel", conn, adOpenKeyset, _
    adLockOptimistic
  rst.MoveLast
  Do Until rst.BOF
    rst("Einzelpreis") = rst("Einzelpreis") * 1.1
    rst.Update
    rst.MovePrevious
  Loop

  rst.Close
  Set rst = Nothing
  Set conn = Nothing
End Sub
```

Springen Sie nach dem Öffnen der Tabelle über die Methode MoveLast zum letzten Datensatz. Die Schleifenbedingung muss jetzt wie folgt lauten:

```
Do Until rst.BOF
```

Innerhalb der Schleife wird der Preis angepasst und danach über die Methode Update in der Tabelle gespeichert. Um jetzt einen Satz weiter nach oben zu springen, setzen Sie die Methode MovePrevious ein. Wiederholen Sie diese Verarbeitung, bis alle Sätze verarbeitet wurden.

5.3.8 Tabellen updaten

Über die Methode Execute können Sie eine SQL-Anweisung absetzen, die beispielsweise die Inhalte einer Tabelle für Sie ändern kann.

Die folgende Prozedur aus Listing 5.25 greift auf die Tabelle PERSONAL zu. Dabei werden alle Mitarbeiter, die sich aktuell am Standort London befinden, nach Newcastle verlegt. Die Prozedur für diese Aufgabe lautet wie folgt:

Listing 5.25: Tabellenabfrage mit SQL durchführen

```
Sub DatenbezeichnungenAnpassen()
  Dim conn As ADODB.Connection
  Dim lngZähler As Long
  Dim str As String

  str = "UPDATE Personal SET Ort = 'Newcastle'" _
    & "WHERE Ort = 'London'"

  Set conn = New ADODB.Connection
  With conn
    .Provider = "Microsoft.Jet.OLEDB.4.0"
    .ConnectionString = "C:\Eigene Dateien\Nordwind.mdb"
    .Open
  End With
  conn.Execute CommandText:=str, _
    RecordsAffected:=lngZähler
  Debug.Print "Ersetzte Datensätze = " & lngZähler

  conn.Close
  Set conn = Nothing
End Sub
```

Formulieren Sie in der Variablen str Ihre SQL-Anweisung. Nach dem Öffnen der Datenbank sowie der Tabelle PERSONAL übergeben Sie den Inhalt der Variablen s der Methode Execute. Die Konstante RecordsAffected gibt Ihnen die Anzahl der geänderten Sätze bekannt.

5.3.9 Artikel bewerten

Im nächsten Beispiel werden Sie alle Artikel im Direktbereich ausgeben, die einen Einzelpreis über 25 aufweisen. Für diese Aufgabe arbeiten Sie mit einer Select-Anweisung.

Listing 5.26: Auflistung von teuren Artikeln

```
Sub AlleArtikelGrößer25()
  Dim conn As New ADODB.Connection
  Dim rst As ADODB.Recordset

  Set conn = CurrentProject.Connection
  Set rst = New ADODB.Recordset

  rst.Open "SELECT * FROM Artikel " _
    & "WHERE (Einzelpreis > 25)", _
    conn, adOpenKeyset, adLockOptimistic

  Do Until rst.EOF
    Debug.Print rst!Artikelname & " --> " _
      & rst!Einzelpreis
    rst.MoveNext
  Loop
```

```
        rst.Close
        Set rst = Nothing
        Set conn = Nothing
End Sub
```

Mithilfe der Select-Anweisung können Sie Ihre Datenabfrage ganz beliebig gestalten. Wichtig dabei ist, dass Sie angeben, woher Access die Daten beziehen soll (Tabelle ARTIKEL) und welches Feld (EINZELPREIS) davon betroffen ist. In der Schleife ermitteln Sie alle Datensätze, die dieser Abfrage entsprechen, und geben diese im Direktbereich aus. Über die Methode MoveNext springen Sie jeweils einen Datensatz weiter.

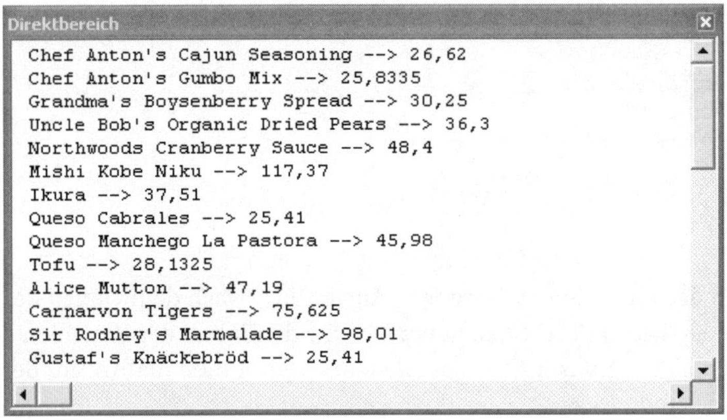

Abbildung 5.25:
Alle Artikel mit einem Einzelpreis über 25

```
Direktbereich
Chef Anton's Cajun Seasoning --> 26,62
Chef Anton's Gumbo Mix --> 25,8335
Grandma's Boysenberry Spread --> 30,25
Uncle Bob's Organic Dried Pears --> 36,3
Northwoods Cranberry Sauce --> 48,4
Mishi Kobe Niku --> 117,37
Ikura --> 37,51
Queso Cabrales --> 25,41
Queso Manchego La Pastora --> 45,98
Tofu --> 28,1325
Alice Mutton --> 47,19
Carnarvon Tigers --> 75,625
Sir Rodney's Marmalade --> 98,01
Gustaf's Knäckebröd --> 25,41
```

5.3.10 Datensätze filtern

Vielleicht kennen Sie die Filterfunktion aus Excel. Diese Filter können Sie auch in Access-Tabellen anwenden. Mit VBA kann dieser Filter ebenfalls eingesetzt werden.

Im nächsten Beispiel werden in der Tabelle ARTIKEL alle Artikel im Direktbereich ausgegeben, deren Lagerbestand > 20 und deren Einzelpreis = 30 ist. Die Lösung dieser Aufgabe sehen Sie in Listing 5.27:

Listing 5.27: Filtern von Datensätzen

```
Sub DatensätzeFiltern()
    Dim conn As ADODB.Connection
    Dim rst As ADODB.Recordset

    Set conn = CurrentProject.Connection
    Set rst = New ADODB.Recordset
    With rst
        .Open "Artikel", conn, adOpenKeyset, _
            adLockOptimistic
        .Filter = "Lagerbestand > 20 AND Einzelpreis >= 30"
        Do While Not .EOF
            Debug.Print .Fields("Artikelname").Value
```

SQL-Anweisungen

```
    .MoveNext
  Loop
  .Close
End With

conn.Close
Set rst = Nothing
Set conn = Nothing
End Sub
```

Um die entsprechenden Daten aus der Tabelle zu filtern, setzen Sie die Eigenschaft Filter ein. Als Argumente können Sie dabei problemlos auch mehrere Bedingungen angeben, die Sie dann über die Operatoren And oder Or miteinander verbinden.

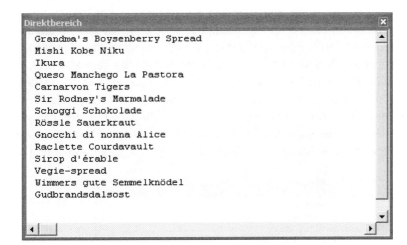

Abbildung 5.26:
Gefilterte Datensätze werden im Direktbereich ausgegeben.

5.3.11 Datensätze sortieren

Mit der Eigenschaft Sort haben Sie die Möglichkeit, Datensätze in einer Tabelle zu sortieren. Im folgenden Beispiel wird die Tabelle ARTIKEL der Datenbank NORD-WIND.MDB geöffnet, und die Datensätze werden nach dem Artikelnamen sortiert. Wie das im Einzelnen funktioniert, entnehmen Sie Listing 5.28.

Listing 5.28: Datensätze absteigend sortieren

```
Sub DatensätzeSortieren()
  Dim conn As ADODB.Connection
  Dim rst As ADODB.Recordset

  Set conn = CurrentProject.Connection
  Set rst = New ADODB.Recordset
  With rst
    .CursorLocation = adUseClient
    .Open "Artikel", conn, adOpenKeyset, _
      adLockOptimistic
    .Sort = "Artikelname ASC"
    Do While Not .EOF
```

```
            Debug.Print .Fields("Artikel-Nr").Value & _
                " " & .Fields("Artikelname").Value
            .MoveNext
        Loop
        .Close
    End With

    conn.Close
    Set rst = Nothing
    Set conn = Nothing
End Sub
```

Ganz wichtig ist beim Sortiervorgang, dass Sie die Eigenschaft `CursorLocation` mit der Konstanten `adUseClient` angeben. Damit wird der clientbasierte Cursor verwendet, der unter anderem den Sortiervorgang von Datensätzen unterstützt. Wenden Sie danach die Eigenschaft `Sort` an, und geben Sie vor, nach welchen Kriterien sortiert werden soll. Haben Sie mehrere Sortierkriterien zur Auswahl, dann geben Sie diese entsprechend der Sortierreihenfolge getrennt durch Kommata ein. Bei der Sortierreihenfolge selbst können Sie entweder `ASC` für aufsteigende Sortierung oder `DESC` für absteigende Sortierung angeben. Dabei erfassen Sie nach dem Feldnamen ein Leerzeichen und hängen die gewünschte Sortierkonstante an. Wenn Sie diese Konstante nicht angeben, wird standardmäßig absteigend sortiert. Sehen Sie das Ergebnis aus Listing 5.28 in der folgenden Abbildung 5.27.

Abbildung 5.27:
Artikelnamen aufsteigend sortiert

```
17 Alice Mutton
3 Aniseed Syrup
40 Boston Crab Meat
60 Camembert Pierrot
18 Carnarvon Tigers
1 Chai
2 Chang
39 Chartreuse verte
4 Chef Anton's Cajun Seasoning
5 Chef Anton's Gumbo Mix
48 Chocolade
38 Côte de Blaye
58 Escargots de Bourgogne
52 Filo Mix
71 Fløtemysost
33 Geitost
15 Genen Shouyu
56 Gnocchi di nonna Alice
31 Gorgonzola Telino
6 Grandma's Boysenberry Spread
37 Gravad lax
24 Guaraná Fantástica
69 Gudbrandsdalsost
44 Gula Malacca
26 Gumbär Gummibärchen
22 Gustaf's Knäckebröd
10 Ikura
```

Bei der nächsten Aufgabe soll die Tabelle ARTIKEL aus der Datenbank NORD-
WIND.MDB nach Lagerbeständen sortiert werden. Die Lösung für diese Aufgabenstellung sehen Sie in Listing 5.29.

Listing 5.29: Datensätze aufsteigend nach Lagerbestand sortieren

```
Sub DatensätzeSortieren2()
  Dim conn As ADODB.Connection
  Dim rst As ADODB.Recordset

  Set conn = CurrentProject.Connection
  Set rst = New ADODB.Recordset

  With rst
    .CursorLocation = adUseClient
    .Open "Artikel", conn, adOpenKeyset, _
      adLockOptimistic
    .Sort = "Lagerbestand DESC, Artikelname ASC"
    Debug.Print "Nr." & vbTab & "Artikelname" _
      & vbTab & "Lagerbestand"
    Do While Not .EOF
      Debug.Print .Fields("Artikel-Nr").Value & _
        vbTab & .Fields("Artikelname").Value _
        & " ---> " & .Fields("Lagerbestand")
      .MoveNext
    Loop
    .Close
  End With

  conn.Close
  Set rst = Nothing
  Set conn = Nothing
End Sub
```

Die Sortierkriterien wurden in Listing 5.29 nacheinander, getrennt durch Kommata
und den Zusatz DESC bzw. ASC, eingefügt. Innerhalb der Schleife wurde die Konstante
vbTab eingesetzt, um einen Tabulatorschritt im Direkt-Fenster durchzuführen.

Steuerzeichen in VBA

Entnehmen Sie der folgenden Tabelle weitere mögliche und gängige Konstanten zur
Steuerung. Dabei können Sie sowohl die Konstante als auch die Funktion einsetzen.

Konstante	Funktion	Aktion
vbCR	Chr(13)	Wagenrücklaufzeichen
vbLf	Chr(10)	Zeilenvorschubzeichen
vbCrLf	Chr(13)+Chr(10)	Kombination aus Wagenrücklauf und Zeilenvorschub
vbTab	Chr(9)	Tabulatorzeichen
vbBack	Chr(8)	Rückschrittzeichen

Tabelle 5.1:
Die möglichen
Konstanten für
die Steuerung

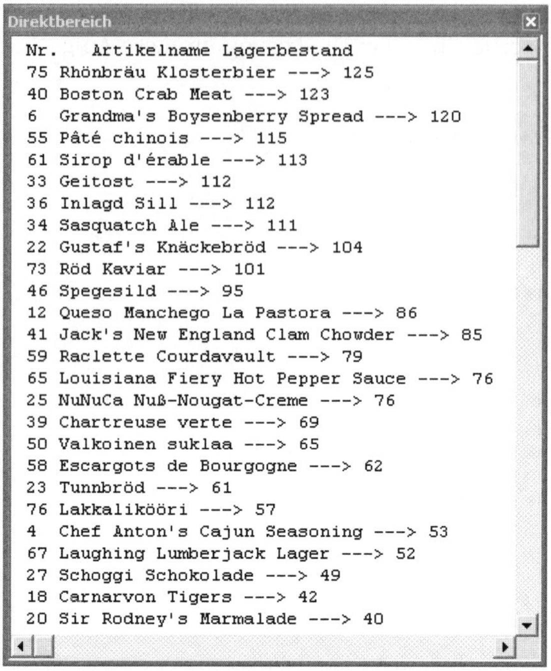

Abbildung 5.28:
Artikel nach dem Lagerbestand absteigend ausgeben

```
Direktbereich
Nr.    Artikelname Lagerbestand
75  Rhönbräu Klosterbier ---> 125
40  Boston Crab Meat ---> 123
6   Grandma's Boysenberry Spread ---> 120
55  Pâté chinois ---> 115
61  Sirop d'érable ---> 113
33  Geitost ---> 112
36  Inlagd Sill ---> 112
34  Sasquatch Ale ---> 111
22  Gustaf's Knäckebröd ---> 104
73  Röd Kaviar ---> 101
46  Spegesild ---> 95
12  Queso Manchego La Pastora ---> 86
41  Jack's New England Clam Chowder ---> 85
59  Raclette Courdavault ---> 79
65  Louisiana Fiery Hot Pepper Sauce ---> 76
25  NuNuCa Nuß-Nougat-Creme ---> 76
39  Chartreuse verte ---> 69
50  Valkoinen suklaa ---> 65
58  Escargots de Bourgogne ---> 62
23  Tunnbröd ---> 61
76  Lakkalikööri ---> 57
4   Chef Anton's Cajun Seasoning ---> 53
67  Laughing Lumberjack Lager ---> 52
27  Schoggi Schokolade ---> 49
18  Carnarvon Tigers ---> 42
20  Sir Rodney's Marmalade ---> 40
```

5.3.12 Datensätze zählen

Möchten Sie ermitteln, wie viele Sätze sich in Ihrer Tabelle befinden, dann setzen Sie die Eigenschaft `RecordCount` ein. Diese Eigenschaft gibt die Anzahl der Datensätze einer angegebenen Tabelle aus.

Im folgenden Beispiel in Listing 5.30 wird die Anzahl der Datensätze der Tabelle ARTIKEL ermittelt.

Listing 5.30: Datensätze einer Tabelle zählen

```
Sub DatensätzeZählen()
   Dim conn As ADODB.Connection
   Dim rst As ADODB.Recordset
   
   Set conn = CurrentProject.Connection
   Set rst = New ADODB.Recordset
   With rst
     .Open "Artikel", conn, adOpenKeyset, _
        adLockOptimistic
     MsgBox "In der Tabelle befinden sich " & _
        .RecordCount & " Datensätze"
     .Close
   End With
   
   conn.Close
   Set rst = Nothing
   Set conn = Nothing
End Sub
```

SQL-Anweisungen

Bei der Prozedur aus Listing 5.30 wurden alle Datensätze der Tabelle ARTIKEL gemeldet. Die Eigenschaft `RecordCount` können Sie beispielsweise auch auf eine begrenzte Gruppe von Datensätzen anwenden. Stellen Sie sich einmal vor, Sie sollen die Anzahl der Artikel bestimmen, deren Mindestbestand unter 10 liegt. Sie sehen die Lösung dieser Aufgabe in Listing 5.31.

Listing 5.31: Gefilterte Datensätze einer Tabelle zählen

```
Sub DatensätzeFilternUndZählen()
  Dim conn As ADODB.Connection
  Dim rst As ADODB.Recordset

  Set conn = CurrentProject.Connection
  Set rst = New ADODB.Recordset
  With rst
    .Open "Artikel", conn, adOpenKeyset, _
      adLockOptimistic
    .Filter = "Mindestbestand <10"
    MsgBox "Es wurden " & .RecordCount & _
      " Sätze gefunden!"
    .Close
  End With

  conn.Close
  Set rst = Nothing
  Set conn = Nothing
End Sub
```

5.3.13 Lesezeichen einsetzen

Wenn Sie durch Ihre Tabelle navigieren, verändern Sie laufend die aktuelle Position des Datenzeigers. Mit der Eigenschaft `Bookmark` können Sie die Position des aktuellen Datensatzes speichern und zu einem beliebigen Zeitpunkt an diesen Datensatz zurückgehen. Dabei speichern Sie diese Position in einer Variablen vom Typ `Variant`. Wie das genau funktioniert, sehen Sie in Listing 5.32. Dort lesen Sie alle Datensätze aus der Tabelle PERSONAL der Datenbank NORDWIND.MDB. Dann setzen Sie ein Lesezeichen auf den ersten und den letzten Datensatz.

Listing 5.32: Lesezeichen in einer Tabelle setzen

```
Sub LesezeichenSetzen()
  Dim conn As ADODB.Connection
  Dim rst As ADODB.Recordset
  Dim varLZ1 As Variant
  Dim varLZ2 As Variant

  Set conn = CurrentProject.Connection
  Set rst = New ADODB.Recordset

  With rst
    .Open Source:="SELECT Nachname, Vorname FROM " & _
      "Personal ORDER BY Nachname", _
```

```
            ActiveConnection:=CurrentProject.Connection, _
            CursorType:=adOpenStatic, _
            Options:=adCmdText

        .MoveLast
        varLZ1 = .Bookmark
        Debug.Print "Letzter gefundener Satz: " & varLZ1
        Debug.Print .Fields("Nachname") & Chr(13)
        .MoveFirst
        varLZ2 = .Bookmark
        Debug.Print "Erster gefundener Satz: " & varLZ2
        Debug.Print .Fields("Nachname") & Chr(13)
        rst.Bookmark = varLZ1
        Debug.Print "Wieder zurück zu:" & varLZ1
        Debug.Print .Fields("Nachname") & Chr(13)
        .Close
    End With

    conn.Close
    Set rst = Nothing
    Set conn = Nothing
End Sub
```

Öffnen Sie im ersten Schritt die Tabelle PERSONAL, und verwenden Sie dabei eine SELECT-Anweisung. Wählen Sie alle Datensätze der Tabelle aus und sortieren diese mithilfe des Arguments ORDER BY. Danach springen Sie über die Methode MoveLast zum letzten Datensatz der Tabelle. Dort angekommen speichern Sie die augenblickliche Position in der Variablen varLZ1 und geben diese Position mit dem dazugehörigen Nachnamen des Mitarbeiters im Direktbereich aus. Wenden Sie jetzt die Methode MoveFirst an, um zum ersten Datensatz in der Tabelle zu gelangen. Speichern Sie auch hier die aktuelle Position in einer Variablen mit dem Namen varLZ2. Geben Sie diese Position und den dazugehörigen Namen wiederum zur Kontrolle im Direktbereich aus.

Mit der Anweisung rst.Bookmark = varLZ1 springen Sie direkt wieder an Ihr vorher gesetztes Lesezeichen und geben die Position und den Nachnamen im Direkt-Fenster aus.

In Listing 5.32 haben Sie die beiden Methoden MoveLast und MoveFirst verwendet.

Abbildung 5.29:
Zwischen den Lesezeichen hin und her springen

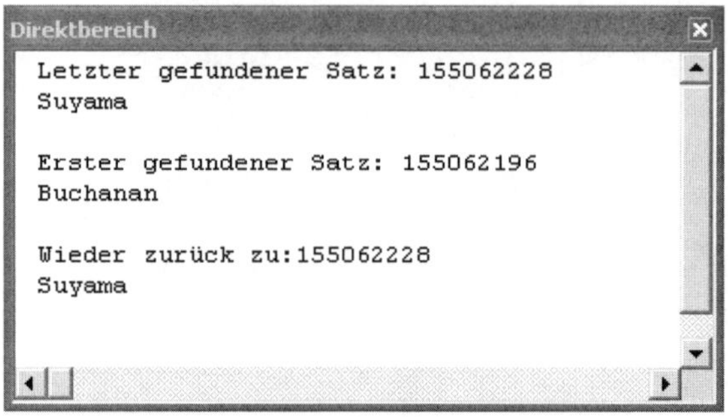

```
Letzter gefundener Satz: 155062228
Suyama

Erster gefundener Satz: 155062196
Buchanan

Wieder zurück zu:155062228
Suyama
```

5.3.14 Datensätze löschen

Möchten Sie bestimmte Datensätze aus einer Tabelle löschen, setzen Sie die Methode `Delete` ein. Im nächsten Beispiel werden aus der Tabelle ARTIKEL alle Datensätze gelöscht, die einen Lagerbestand von 0 haben. Die Ausgangssituation können Sie der folgenden Abbildung entnehmen.

Abbildung 5.30:
In der Tabelle gibt es Artikel, die nicht mehr lieferbar sind.

Um nun die leeren Artikel aus der Tabelle zu entfernen, starten Sie die Prozedur aus Listing 5.33:

Listing 5.33: Artikel aus Tabelle löschen, die einen Lagerbestand von 0 haben

```
Sub DatensätzeLöschen()
  Dim conn As New ADODB.Connection
  Dim rst As ADODB.Recordset
  
  Set conn = CurrentProject.Connection
  Set rst = New ADODB.Recordset
  
  rst.Open "SELECT * FROM Artikel2 " _
    & "WHERE (Lagerbestand = 0)", _
    conn, adOpenKeyset, adLockOptimistic
  
  Do Until rst.EOF
    rst.Delete
    rst.MoveNext
  Loop
  rst.Close
  
  Set rst = Nothing
  Set conn = Nothing
End Sub
```

Beim Löschen von Datensätzen aus einer Tabelle müssen Sie darauf achten, dass Sie mithilfe der Methode `MoveNext` jeweils zum nächsten Datensatz springen.

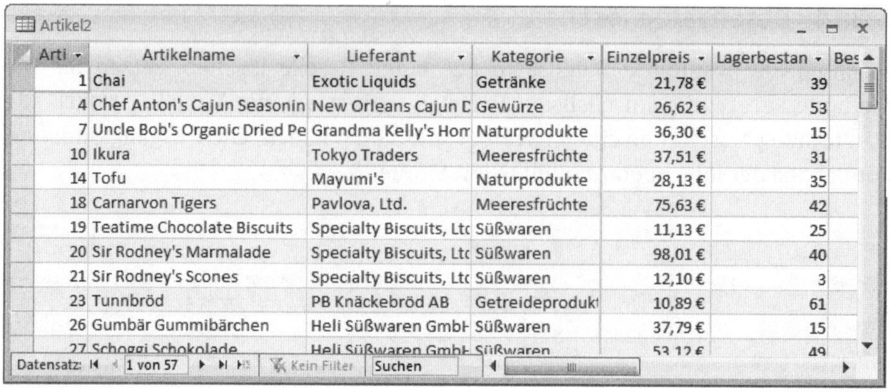

Arti	Artikelname	Lieferant	Kategorie	Einzelpreis	Lagerbestan	Bes
1	Chai	Exotic Liquids	Getränke	21,78 €	39	
4	Chef Anton's Cajun Seasonin	New Orleans Cajun D	Gewürze	26,62 €	53	
7	Uncle Bob's Organic Dried Pe	Grandma Kelly's Hom	Naturprodukte	36,30 €	15	
10	Ikura	Tokyo Traders	Meeresfrüchte	37,51 €	31	
14	Tofu	Mayumi's	Naturprodukte	28,13 €	35	
18	Carnarvon Tigers	Pavlova, Ltd.	Meeresfrüchte	75,63 €	42	
19	Teatime Chocolate Biscuits	Specialty Biscuits, Ltd	Süßwaren	11,13 €	25	
20	Sir Rodney's Marmalade	Specialty Biscuits, Ltd	Süßwaren	98,01 €	40	
21	Sir Rodney's Scones	Specialty Biscuits, Ltd	Süßwaren	12,10 €	3	
23	Tunnbröd	PB Knäckebröd AB	Getreideprodukt	10,89 €	61	
26	Gumbär Gummibärchen	Heli Süßwaren GmbH	Süßwaren	37,79 €	15	
27	Schoggi Schokolade	Heli Süßwaren GmbH	Süßwaren	53,12 €	49	

Datensatz: 1 von 57 Kein Filter Suchen

Abbildung 5.31: Die Artikel mit Lagerbestand = 0 wurden aus der Tabelle entfernt.

Wenn Sie in die Tabelle ARTIKEL der Datenbank NORDWIND.MDB hineinsehen, finden Sie in der letzten Spalte eine Information darüber, ob es sich bei dem jeweiligen Artikel um einen Auslaufartikel handelt oder nicht.

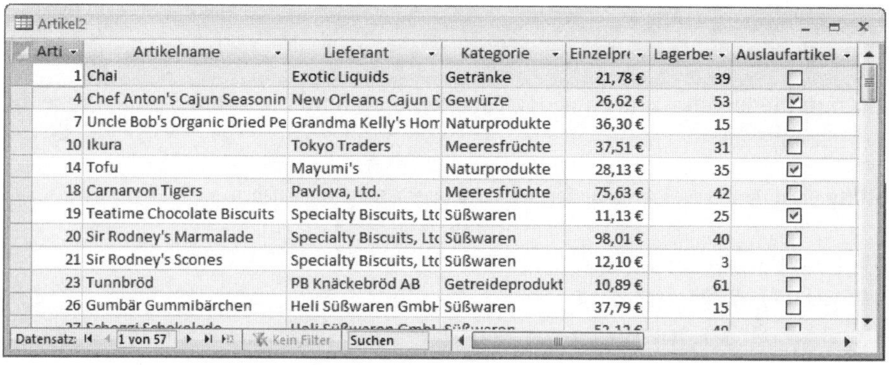

Arti	Artikelname	Lieferant	Kategorie	Einzelpr	Lagerbe	Auslaufartikel
1	Chai	Exotic Liquids	Getränke	21,78 €	39	☐
4	Chef Anton's Cajun Seasonin	New Orleans Cajun D	Gewürze	26,62 €	53	☑
7	Uncle Bob's Organic Dried Pe	Grandma Kelly's Hom	Naturprodukte	36,30 €	15	☐
10	Ikura	Tokyo Traders	Meeresfrüchte	37,51 €	31	☐
14	Tofu	Mayumi's	Naturprodukte	28,13 €	35	☑
18	Carnarvon Tigers	Pavlova, Ltd.	Meeresfrüchte	75,63 €	42	☐
19	Teatime Chocolate Biscuits	Specialty Biscuits, Ltd	Süßwaren	11,13 €	25	☑
20	Sir Rodney's Marmalade	Specialty Biscuits, Ltd	Süßwaren	98,01 €	40	☐
21	Sir Rodney's Scones	Specialty Biscuits, Ltd	Süßwaren	12,10 €	3	☐
23	Tunnbröd	PB Knäckebröd AB	Getreideprodukt	10,89 €	61	☐
26	Gumbär Gummibärchen	Heli Süßwaren GmbH	Süßwaren	37,79 €	15	☐

Datensatz: 1 von 57 Kein Filter Suchen

Abbildung 5.32: Auslaufartikel löschen

Mit einem Klick auf das Kontrollkästchen in dieser Spalte können Sie einen Artikel zum Auslaufartikel machen. Wie aber fragen Sie den Zustand eines Kontrollkästchens in VBA ab?

Die Lösung dieser Aufgabenstellung sehen Sie in Listing 5.34.

Listing 5.34: Auslaufartikel aus Tabelle löschen

```
Sub AuslaufartikelLöschen()
  Dim conn As New ADODB.Connection
  Dim rst As ADODB.Recordset

  Set conn = CurrentProject.Connection
  Set rst = New ADODB.Recordset

  rst.Open "SELECT * FROM Artikel2 " & _
    "WHERE (Auslaufartikel = true)", _
    conn, adOpenKeyset, adLockOptimistic
```

```
Do Until rst.EOF
  rst.Delete
  rst.MoveNext
Loop
rst.Close

Set rst = Nothing
Set conn = Nothing
End Sub
```

Um die aktivierten Kontrollkästchen im Feld AUSLAUFARTIKEL zu ermitteln, fragen Sie dieses Feld auf den Wert True ab. Wenden Sie im Anschluss daran die Methode Delete an, und springen Sie mit der Methode MoveNext zum nächsten Datensatz.

5.3.15 Datensätze hinzufügen

Durch den Einsatz der Methode AddNew können Sie einer Tabelle einen neuen Datensatz hinzufügen. Alles, was Sie dazu wissen müssen, sind die genauen Feldbezeichnungen, die Sie in der Entwurfsansicht der Tabelle einsehen können. Sehen Sie sich dazu einmal die Tabelle PERSONAL in der Entwurfsansicht an.

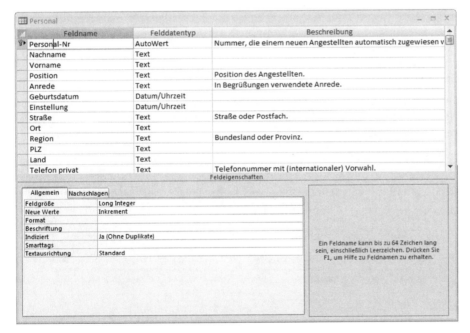

Abbildung 5.33:
Die Tabelle PERSONAL in der Entwurfsansicht

Mithilfe dieser Felddefinition können Sie nun beginnen, die Prozedur zum Einfügen eines neuen Mitarbeiters zu schreiben. Die fertige Lösung sehen Sie in Listing 5.35.

Listing 5.35: Neuen Datensatz hinzufügen

```
Sub DatensatzAnlegen()
  Dim conn As New ADODB.Connection
  Dim rst As ADODB.Recordset

  Set conn = CurrentProject.Connection
  Set rst = New ADODB.Recordset

  rst.Open "Personal", conn, adOpenKeyset, _
    adLockOptimistic
  rst.AddNew
  rst!Nachname = "Held"
  rst!Vorname = "Bernd"
  rst!Position = "Externer Berater"
  rst!Anrede = "Herr"
  rst!Geburtsdatum = "02.04.1969"
  rst!Einstellung = "17.01.2002"
  rst!Straße = "Maybachstr. 35"
  rst!Ort = "Stuttgart"
  rst!Region = "BW"
  rst!PLZ = "70469"
  rst!Land = "Deutschland"
  rst.Update
  rst.Close

  Set rst = Nothing
  Set conn = Nothing
End Sub
```

> **INFO** Das erste Feld, die PERSONAL-NR., brauchen Sie übrigens nicht zu füllen. Dieses Feld weist den Felddatentyp AUTOWERT auf, was bedeutet, dass Access selbst einen gültigen Wert vergibt.

Abbildung 5.34: Der neue Mitarbeiter wurde am Ende der Tabelle eingefügt.

Pers	Nachname	Vorname	Position	Anrede	Geburtsdatum	Einstellung	Straße	Ort	Reg
1	Davolio	Nancy	Vertriebsmitarbeiterin	Frau	08.Dez.1968	01.Mai.1992	507 - 20th Ave. E.	Seattle	WA
2	Fuller	Andrew	Geschäftsführer	Herr	19.Feb.1952	14.Aug.1992	908 W. Capital Way	Tacoma	WA
3	Leverling	Janet	Vertriebsmitarbeiterin	Frau	30.Aug.1963	01.Apr.1992	722 Moss Bay Blvd.	Kirkland	WA
4	Peacock	Margaret	Vertriebsmitarbeiterin	Frau	19.Sep.1958	03.Mai.1993	4110 Old Redmond Rd.	Redmond	WA
5	Buchanan	Steven	Vertriebsmanager	Herr	04.Mrz.1955	17.Okt.1993	14 Garrett Hill	London	
6	Suyama	Michael	Vertriebsmitarbeiter	Herr	02.Jul.1963	17.Okt.1993	Coventry House	London	
7	King	Robert	Vertriebsmitarbeiter	Dr.	29.Mai.1960	02.Jan.1994	Edgeham Hollow	London	
8	Callahan	Laura	Vertriebskoordinatorin	Frau	09.Jan.1958	05.Mrz.1994	4726 - 11th Ave. N.E.	Seattle	WA
9	Dodsworth	Anne	Vertriebsmitarbeiterin	Frau	02.Jul.1969	15.Nov.1994	7 Houndstooth Rd.	London	
12	Held	Bernd	Externer Berater	Herr	02.Apr.1969	17.Jan.2002	Maybachstr. 35	Stuttgart	BW

5.4 Tabellenstrukturen ermitteln mit ADOX

Möchten Sie noch tiefer in die Materie einsteigen und an Tabellenstrukturen herumbasteln, dann benötigen Sie die Bibliothek ADO Extensions for DDL and Security (ADOX). Dieses Objektmodell enthält Objekte, Eigenschaften und Methoden zum Erstellen, Bearbeiten und Anzeigen des Aufbaus von Tabellen.

5.4.1 Tabellen auslesen

Im ersten Schritt schreiben Sie eine Prozedur, die Ihnen möglichst viele Informationen zu Ihren Tabellen liefern soll. Dabei sind folgende Informationen von Interesse:

- der Name der Tabelle, den Sie über die Eigenschaft Name ermitteln,
- das Erstellungsdatum der Tabelle, das Sie mithilfe der Eigenschaft DateCreated herausfinden können,
- das letzte Änderungsdatum der Tabelle. Dazu setzen Sie die Eigenschaft DateModified ein.

In der folgenden Prozedur aus Listing 5.36 geben Sie diese Informationen für alle Ihre Tabellen in Ihrer Datenbank im Direkt-Fenster aus.

Listing 5.36: Alle Tabellen auflisten

```
Sub TabellenAuflisten()
  Dim cat As ADOX.Catalog
  Dim tbiTabInfo As ADOX.Table

  Set cat = New ADOX.Catalog
  cat.ActiveConnection = _
    "Provider=Microsoft.Jet.OLEDB.4.0;" & _
    "Data Source = C:\Eigene Dateien\Nordwind.mdb"

  For Each tbiTabInfo In cat.Tables
    With tbiTabInfo
      If tbiTabInfo.Type = "TABLE" Then
        Debug.Print "Name:              " & .Name
        Debug.Print "Erstellungsdatum: " & .DateCreated
        Debug.Print "Änderungsdatum:   " & .DateModified
        Debug.Print Chr(13)
      End If
    End With
  Next
  Set cat = Nothing
End Sub
```

Definieren Sie im ersten Schritt ein Objekt vom Typ Catalog. Über dieses Objekt können Sie unter anderem auf alle Tabellen Ihrer Datenbank zugreifen. Danach geben Sie die Datenquelle über die Eigenschaft ActiveConnection bekannt. Setzen Sie eine Schleife auf, und durchlaufen Sie alle Tabellen, die sich in Ihrer Datenbank befinden. Innerhalb der Schleife ermitteln Sie den Namen, das Erstellungsdatum sowie das letzte Änderungsdatum jeder Tabelle und geben diese im Direkt-Fenster aus. Heben Sie die Objektverknüpfung am Ende der Prozedur mithilfe der Anweisung Set cat = Nothing wieder auf.

Abbildung 5.35:
Alle Tabellen der Datenbank NORDWIND.MDB im Überblick

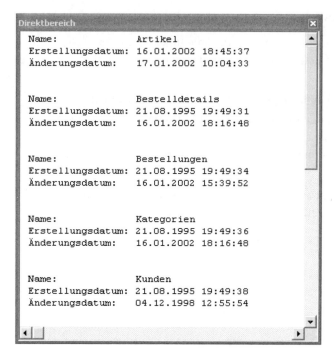

In Listing 5.36 wurden lediglich Datentabellen aufgelistet. Wenn Sie das Listing 5.37 einsetzen, werden zusätzlich alle Access-Systemtabellen und sogar die Abfragen angezeigt.

Listing 5.37: Alle Tabellen und Abfragen auflisten

```
Sub AllesAuflisten()
  Dim cat As ADOX.Catalog
  Dim tbiTabInfo As ADOX.Table

  Set cat = New ADOX.Catalog
  cat.ActiveConnection = _
    "Provider=Microsoft.Jet.OLEDB.4.0;" & _
    "Data Source= C:\Eigene Dateien\Nordwind.mdb"

  For Each tbiTabInfo In cat.Tables
    With tbiTabInfo
      Debug.Print "Name:              " & .Name
      Debug.Print "Typ:               " & .Type
      Debug.Print "Erstellungsdatum: " & .DateCreated
      Debug.Print "Änderungsdatum:   " & .DateModified
      Debug.Print Chr(13)
    End With
  Next
  Set cat = Nothing
End Sub
```

Über die Eigenschaft Type können Sie die Art der Tabelle ermitteln.

Tabellenstrukturen ermitteln mit ADOX

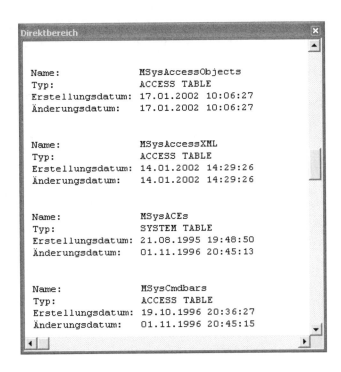

Abbildung 5.36:
Alle Tabellen und Abfragen auswerten

5.4.2 Tabellenstruktur auslesen

Um die Struktur der einzelnen Felder einer Tabelle auszulesen, gibt es einige Eigenschaften, die Sie über das Objekt Column ansprechen können. Unter anderem sind das folgende Eigenschaften:

- Über die Eigenschaft Name können Sie den Namen des Feldes ermitteln.
- Den Datentyp der Datenfeldes können Sie über die Eigenschaft Type herausfinden.
- Mit der Eigenschaft Attributes können Sie bestimmen, ob die Spalte eine feste Länge hat oder ob sie Nullwerte enthalten darf.
- Die maximale Größe der Spalte legen Sie mit der Eigenschaft DefinedSize fest.
- Bei numerischen Werten existiert die Skalierung über die Eigenschaft NumericScale, die Sie abfragen können.
- Für numerische Datenwerte können Sie die maximale Präzision mithilfe der Eigenschaft Precision angeben.
- Mit der Eigenschaft ParentCatalog können Sie das Catalog-Objekt angeben, das Eigentümer der Spalte ist.
- Die Eigenschaft RelatedColumn liefert für Schlüsselspalten den Namen der verbundenen Spalte in der verbundenen Tabelle.
- Für Indexspalten können Sie über die Eigenschaft SortOrder ermitteln, ob die Sortierreihenfolge aufsteigend oder absteigend ist.

Kapitel 5 • Tabellen programmieren

- Auf providerspezifische Eigenschaften – beispielsweise die Feldbeschreibung des Datenfeldes – können Sie mit der Properties-Auflistung zugreifen.

Abbildung 5.37:
Die Datendefinition der Tabelle ARTIKEL

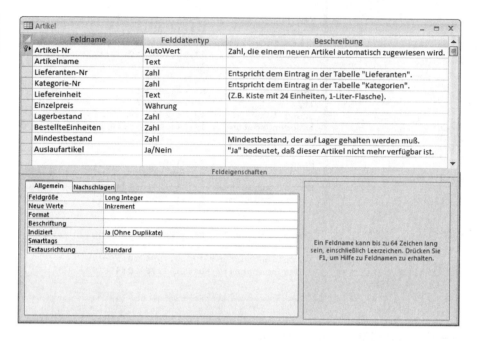

Im folgenden Beispiel in Listing 5.38 lesen Sie alle Datenfelddefinitionen der Tabelle ARTIKEL aus der Datenbank NORDWIND.MDB aus.

Listing 5.38: Felddefinitionen einer Tabelle auslesen

```
Sub FeldInfosAuslesen()
    Dim cat As New ADOX.Catalog
    Dim tbl As ADOX.Table
    Dim i As Integer

    cat.ActiveConnection = CurrentProject.Connection
    Set tbl = cat.Tables("Artikel")
    With tbl
      For i = 0 To .Columns.Count - 1
        Debug.Print .Columns(i).Name
        Debug.Print .Columns(i).Properties("Description")
        Debug.Print .Columns(i).DefinedSize
        Debug.Print .Columns(i).Type
        Debug.Print .Columns(i).NumericScale
        Debug.Print .Columns(i).Precision
        Debug.Print .Columns(i).Attributes
      Next i
    End With
    Set cat = Nothing
End Sub
```

270

Geben Sie im Auflistungsobjekt Tables an, welche Tabelle Sie auslesen möchten. Diese Bekanntmachung führen Sie mit der Anweisung Set durch. Danach wenden Sie das Auflistungsobjekt Columns an, das alle Datenfelder der Tabelle enthält. Diese Datenfelder durchlaufen Sie mit einer Schleife, die den Startwert 0 hat. Über die Eigenschaft Count ermitteln Sie die Anzahl der definierten Datenfelder in der Tabelle. Von diesem ermittelten Wert müssen Sie den Wert 1 subtrahieren, damit es zu keinem Prozedurabsturz kommt. Innerhalb der Schleife fragen Sie die einzelnen Felder über die vorher beschriebenen Eigenschaften ab und geben diese im Direkt-Fenster aus. Heben Sie am Ende der Prozedur die Objektverweise auf den Katalog über das Schlüsselwort Nothing wieder auf, um den Arbeitsspeicher wieder freizugeben.

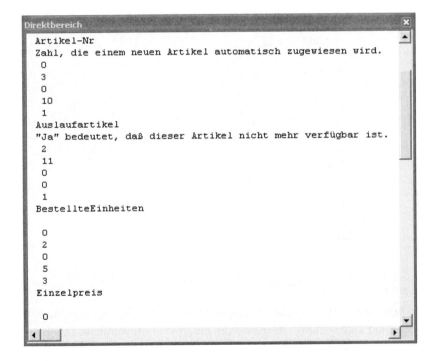

Abbildung 5.38:
Die Felddefinitionen der Tabelle ARTIKEL

Wir wollen uns nun die Eigenschaft Type noch einmal etwas genauer ansehen. Diese meldet einen numerischen Wert, der den Felddatentyp festlegt. So ist der Wert 202 ein Datenfeld, das mit dem Felddatentyp Text definiert wurde. Da diese Handhabung etwas umständlich ist, schreiben Sie eine Prozedur, die eine Verschlüsselung vornimmt und statt des numerischen Werts die genaue Felddatentypbeschreibung ausgibt. Die Prozedur für diese Aufgabe sehen Sie in Listing 5.39:

Listing 5.39: Felddatentypen einer Tabelle auslesen

```
Sub TypeInfosAuslesen()
  Dim cat As New ADOX.Catalog
  Dim tbl As ADOX.Table
  Dim str As String
  Dim i As Integer
  
  cat.ActiveConnection = CurrentProject.Connection
  Set tbl = cat.Tables("Artikel")
  With tbl
    For i = 0 To .Columns.Count - 1
      Debug.Print .Columns(i).Name
      Select Case .Columns(i).Type
        Case 202
          str = "Text"
        Case 2
          str = "Zahl - Integer"
        Case 3
          str = "Zahl - Long Integer"
        Case 6
          str = "Währung"
        Case 7
          str = "Datum/Uhrzeit"
        Case 11
          str = "Ja/Nein"
        Case Else
          str = "noch nicht erfasst"
      End Select
      Debug.Print "Felddatentyp: " & _
        .Columns(i).Type & " ---> " & str & _
        Chr(13)
    Next i
  End With
  Set cat = Nothing
End Sub
```

Mithilfe einer `Select Case`-Anweisung können Sie den numerischen Wert, den Ihnen die Eigenschaft `Type` meldet, in einen Text umwandeln. Das Ergebnis können Sie in Abbildung 5.39 sehen.

5.4.3 Eine neue Tabelle anlegen

Über eine VBA-Prozedur können Sie neue Tabellen anlegen und diese mit Datenfelddefinitionen ausstatten. Legen Sie eine ADRESSEN-Tabelle an, die folgende Felder aufweist: Firma, Nachname, Vorname, E-Mail-Adresse und Telefonnummer.

Tabellenstrukturen ermitteln mit ADOX

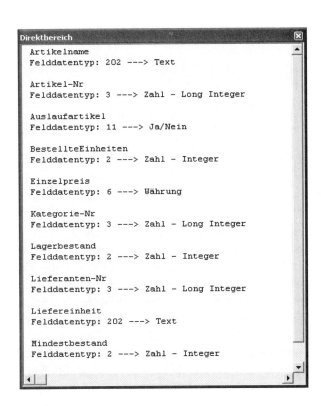

Abbildung 5.39:
Ausgabe der
Felddatentypen

Wie das im Einzelnen aussieht, sehen Sie in Listing 5.40:

Listing 5.40: Neue Tabelle anlegen und Datenfelder definieren

```
Sub NeueDBAnlegenUndTabelleErstellen()
  Dim AccessObj As Object
  Dim dbs As Database
  Dim tdf As TableDef
  Dim fld As Field

  'Neue Access-Datenbank erzeugen
  Set AccessObj = CreateObject("Access.Application")
  AccessObj.NewCurrentDatabase _
    "C:\Eigene Dateien\Adressen.mdb"
  Set dbs = AccessObj.CurrentDb

  'Neues TableDef Object "Kontakte"
  Set tdf = dbs.CreateTableDef("Kontakte")

  'Felder in neuer Tabelle erzeugen
  Set fld = tdf.CreateField("Firma", 10, 20)
  tdf.Fields.Append fld

  Set fld = tdf.CreateField("Nachname", 10, 30)
  tdf.Fields.Append fld
```

```
        Set fld = tdf.CreateField("Vorname", 10, 20)
        tdf.Fields.Append fld

        Set fld = tdf.CreateField("EMail", 10, 30)
        tdf.Fields.Append fld

        Set fld = tdf.CreateField("Telefon", 10, 25)
        tdf.Fields.Append fld

        'Add table to the table list of the database
        dbs.TableDefs.Append tdf

        Set AccessObj = Nothing
End Sub
```

Erstellen Sie im ersten Schritt ein Access-Objekt. Damit können Sie eine weitere Instanz von Access im Hintergrund starten. Mit der Methode `NewCurrentDatabase` erstellen Sie eine neue Access-Datenbank. Dabei müssen Sie den Pfad und den Dateinamen angeben. Mit dem nächsten Schritt speichern Sie den Namen dieser neuen Datenbank in der Objektvariablen `dbs`. Setzen Sie für diesen Zweck die Methode `CurrentDb` ein. Erstellen Sie danach im Objekt `TabDef` eine neue Tabelle über die Methode `CreateTableDef`. Geben Sie dabei den Namen der Tabelle an. Legen Sie danach die einzelnen Datenfelder für die Tabelle an, und verwenden Sie für diese Aufgabe die Methode `CreateField`. Geben Sie dieser Methode bekannt, wie das Feld heißen soll, welchen Datentyp es bekommen soll und wie groß das Datenfeld werden darf. Über die Methode `Append` fügen Sie die so angelegten Tabellenfelder in Ihre Tabelle ein. Am Ende der Prozedur bauen Sie dann die Tabelle in Ihre Datenbank ein. Damit ist die Tabelle fest verankert. Heben Sie zuletzt die Objektvariablen über die Anweisung `Set AccessObj = Nothing` auf.

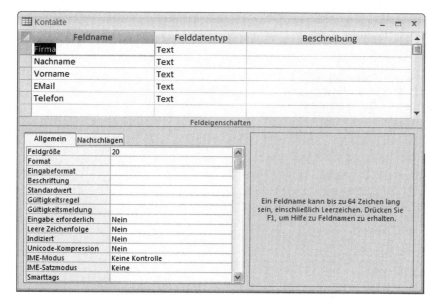

Abbildung 5.40: Die neue Tabelle wurde angelegt.

Eine weitere Möglichkeit, um Tabellen anzulegen, können Sie mit dem Einsatz von ADOX erreichen. Sehen Sie sich dazu das Beispiel aus Listing 5.41 an:

Listing 5.41: Neue Tabelle anlegen und Datenfelder definieren (ADOX)

```
Sub TabelleErstellenÜberADOX()
  Dim cat As ADOX.Catalog
  Dim tbl As ADOX.Table

  Set cat = New ADOX.Catalog
  cat.ActiveConnection = _
    "Provider=Microsoft.Jet.OLEDB.4.0;" & _
    "Data Source=" & "C:\Eigene Dateien\Adressen.mdb"

  Set tbl = New ADOX.Table
  With tbl
    .Name = "Kontakte"
    Set .ParentCatalog = cat
    With .Columns
      .Append "Firma", adVarWChar
      .Append "Nachname", adVarWChar
      .Append "Vorname", adVarWChar
      .Append "Telefon", adVarWChar, 20
      .Append "EMail", adLongVarWChar
    End With
  End With
  cat.Tables.Append tbl
  Set cat = Nothing
End Sub
```

Legen Sie zuerst eine Objektvariable vom Typ `Catalog` an. Über dieses Auflistungsobjekt können Sie auf Objekte wie Tabellen und Abfragen zurückgreifen. Stellen Sie mithilfe der Eigenschaft `ActiveConnection` die Verbindung zu Ihrem Provider und zu Ihrer Datenquelle fest. Erzeugen Sie danach ein neues `Table`-Objekt, über das Sie auf folgende Eigenschaften und Auflistungen Zugriff haben:

- `Name`: Damit legen Sie den Namen der neuen Tabelle fest.
- `Type`: Hiermit bestimmen Sie den Tabellentyp.
- `Columns`: Mithilfe dieser Eigenschaft können Sie auf die Datenbankspalten der Tabelle zugreifen.
- Über die `Indexes`-Auflistung können Sie auf die Indizes einer Tabelle zugreifen.
- Mit der `Keys`-Auflistung können Sie auf die Schlüssel einer Tabelle zugreifen.
- Mit der `ParentCatalog`-Eigenschaft können Sie das `Catalog`-Objekt angeben, das Eigentümer der Tabelle ist.
- Über die Eigenschaften `DateCreated` und `DateModified` können Sie Datumsinformationen abfragen.
- Die `Properties`-Auflistung ermöglicht Ihnen, auf providerspezifische Tabelleneigenschaften zuzugreifen.

Die Syntax der Methode Append

Um die einzelnen Datenfelder der Tabelle hinzuzufügen, wenden Sie die Methode `Append` an, die folgende Syntax hat:

`Columns.Append Column [, Type] [, DefinedSize]`

Mit dem Argument `Column` geben Sie den Namen der Spalte an, die erstellt und angehängt werden soll.

Über das Argument `Type` geben Sie den Datentyp der Spalte über eine Konstante oder einen numerischen Wert an. Entnehmen Sie die wichtigsten Konstanten aus der folgenden Tabelle:

Tabelle 5.2: Die Konstanten für die gängigsten Datentypen

Konstante	Beschreibung
adSingle	Gleitkommazahl mit einzelner Genauigkeit
adDouble	Gleitkommazahl mit doppelter Genauigkeit
adCurrency	Währungstyp
adDecimal	Dezimaler Variant-Typ
adNumeric	Numerischer Typ
adBoolean	Boolescher Variant-Typ
adChar	Zeichenfolge mit fester Länge
adVarChar	Zeichenfolge mit variabler Länge
adVarWChar	Zeichenfolge mit Wide-variabler Länge
adLongVarChar	Zeichenfolge mit Long-variabler Länge

Eine komplette Liste mit möglichen Konstanten für die Datendefinition finden Sie in der Online-Hilfe unter dem Stichwort TYPE-EIGENSCHAFT. Wenn Sie das Argument `Type` nicht angeben, wird standardmäßig die Konstante `adVarWChar` verwendet.

Das letzte Argument der Methode `Append` lautet `DefinedSize`. Damit können Sie die Größe der Spalte angeben.

5.4.4 Tabellen löschen

Möchten Sie eine Tabelle aus Ihrer Datenbank entfernen, wenden Sie die Methode `Delete` an.

Listing 5.42: Tabelle aus einer Datenbank löschen

```
Sub TabelleLöschen()
  Dim cat As ADOX.Catalog
  Dim tbl As ADOX.Table
  Dim intAntwort As Integer
```

```
  Set cat = New ADOX.Catalog
  cat.ActiveConnection = CurrentProject.Connection

  intAntwort = MsgBox("Tabelle wirklich löschen?", _
    vbYesNo)
  On Error GoTo Fehler
  If intAntwort = vbYes Then _
    cat.Tables.Delete "Artikel3"
  Exit Sub

Fehler:
  MsgBox "Die Tabelle konnte nicht gelöscht werden!"
End Sub
```

Legen Sie im ersten Schritt ein neues `ADOX.Catalog`-Objekt an. Danach geben Sie Ihre Datenquelle bekannt. Bevor Sie eine Tabelle aus Ihrer Datenbank löschen, fragen Sie über einen Meldungsdialog ab, ob der Anwender sich auch wirklich sicher ist. Bestätigt er seinen Wunsch mit einem Klick auf die Schaltfläche JA, wird als Index der Wert 6 gemeldet. Wenden Sie danach die Methode `Delete` auf die gewünschte Tabelle im Auflistungsobjekt an.

5.5 Datenbanken suchen und dokumentieren

Beim nächsten Beispiel soll Ihre Festplatte nach Datenbanken durchsucht werden. Die Ergebnisse der Suche sollen in die Tabelle SUCHERGEBNISSE geschrieben werden, die folgenden Aufbau hat:

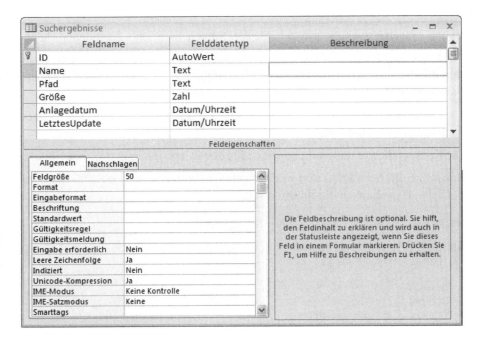

Abbildung 5.41:
Die Tabelle für die Dokumentation der Suche

Bevor Sie an das Programmieren dieser Aufgabe herangehen, binden Sie die Bibliothek MICROSOFT SCRIPTING RUNTIME in die Entwicklungsumgebung ein. Diese Bibliothek wird dazu benötigt, die Datumsinformationen der Datenbanken abzufragen.

Um die gewünschten Informationen zu ermitteln, erfassen Sie zunächst einmal eine Funktion, die es erlaubt, je nach Parametrisierung gleich mehrere Informationen abzufragen.

Listing 5.43: Datenbankinformationen auslesen

```
Function DB_Infos(strFilename As String, _
   intDatNr As Integer) As String

  Dim fso As Scripting.FileSystemObject

  Set fso = New Scripting.FileSystemObject
  With fso.GetFile(strFilename)
    Select Case intDatNr
      Case 1
        DB_Infos = .Name
      Case 2
        DB_Infos = .DateCreated
      Case 3
        DB_Infos = .DateLastModified
      Case 4
        DB_Infos = .Size
    End Select
  End With
End Function
```

Über die Eigenschaft Name ermitteln Sie den Namen der jeweils gefundenen Datenbank.

Mithilfe der Eigenschaft DateCreated können Sie das Anlagedatum einer Datenbank bzw. eines Ordners ermitteln.

Die Eigenschaft DateLastModified liefert Ihnen den genauen Zeitpunkt der letzten Änderung einer Datenbank.

Die Eigenschaft Size liefert Ihnen die Größe der Datenbank in Bytes.

Bauen Sie diese Funktion nun in die eigentliche Prozedur ein, welche die Suche nach den Datenbanken durchführen soll.

Listing 5.44: Suchergebnistabelle um weitere Zeile ergänzen

```
Sub NeueSuchergebnisZeile(rst As Variant, _
   strFilename As String)

  rst.AddNew
  rst!Pfad = strFilename
  rst!Name = DB_Infos(strFilename, 1)
  rst!Anlagedatum = DB_Infos(strFilename, 2)
```

```
    rst!LetztesUpdate = DB_Infos(strFilename, 3)
    rst!Größe = DB_Infos(strFilename, 4)
    rst.Update
End Sub
```

Listing 5.45: Datenbanken suchen und dokumentieren

```
Sub DBsSuchen()
  Dim conn As New ADODB.Connection
  Dim rst As ADODB.Recordset
  Dim strFilename As String
  Dim strVerz As String

  Set conn = CurrentProject.Connection
  Set rst = New ADODB.Recordset

  'Suchverzeichnis angeben
  strVerz = "c:\Eigene Dateien\"
  'Recordset öffnen für Tabellen-Einträge
  rst.Open "Suchergebnisse", conn, adOpenKeyset, _
    adLockOptimistic

  'Suche definieren und ausführen (DBs < Access 2007)
  strFilename = Dir(strVerz & "*.mdb", vbNormal)
  Do Until strFilename = ""
    'Gefundene Datei zu Tabelle "Suchergebnisse"
    'hinzufügen
    NeueSuchergebnisZeile rst, strFilename
    'Nächste Datei der Suche123

    strFilename = Dir
  Loop

  'Suche definieren und ausführen (DBs >= Access 2007)
  strFilename = Dir(strVerz & "*.accdb", vbNormal)
  Do Until strFilename = ""
    'Gefundene Datei zu Tabelle "Suchergebnisse"
    'hinzufügen
    NeueSuchergebnisZeile rst, strFilename
    'Nächste Datei der Suche
    strFilename = Dir
  Loop

  rst.Close
  Set rst = Nothing
  Set conn = Nothing
End Sub
```

Mithilfe des Befehls Dir führen Sie in zwei Schleifen zwei getrennte Suchen nach Dateien mit den Endungen MDB und ACCDB durch. Somit suchen Sie in der ersten Schleife nach Datenbanken im Format vor Access 2007, in der zweiten Schleife nach Datenbanken im Access 2007- bzw. 2010-Format. Den Pfad des Verzeichnisses, in dem gesucht wird, speichern Sie zu Beginn in einer Variablen. Sie benötigen die Variable, wenn Sie mit den gefundenen Dateinamen den kompletten Pfad der jeweiligen Dateien angeben wollen.

Innerhalb der beiden Schleifen wird bei jedem Schleifendurchlauf die Prozedur NeueSuchergebnisZeile aufgerufen. Innerhalb dieser werden die Dateien ausgewertet, indem die Funktion DB_Info eingesetzt wird. Mit der Methode AddNew wird dabei jeweils ein neuer Datensatz angelegt, danach gefüllt und über die Methode Update letztendlich gespeichert. Am Ende der Hauptprozedur schließen Sie die Tabelle über die Methode Close und heben die Objektverweise auf, um den Arbeitsspeicher wieder freizugeben.

Abbildung 5.42:
Diese Datenbanken konnten gefunden werden.

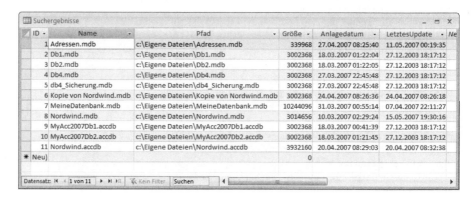

Kapitel 6
Abfragen programmieren

Erfahren Sie in diesem Kapitel, wie Sie mit Abfragen in Access umgehen können. Unter anderem werden dabei folgende Fragen beantwortet:

Die Themen dieses Kapitels

- Welche Abfragetypen gibt es?
- Wie kann ich eine Abfrage öffnen bzw. starten?
- Wie führe ich Abfragen mit SQL durch?
- Wie funktioniert eine Aktualisierungsabfrage?
- Wie entwerfe ich eine Anfügeabfrage?
- Wie führe ich eine Löschabfrage durch?
- Wie erstelle ich eine neue Tabelle mithilfe einer Abfrage?
- Wie schreibe ich eine Datendefinitionsabfrage?
- Wie kann ich meine Anwender zwingen, bestimmte Eingaben in einer Tabelle vorzunehmen?
- Wie kann ich Daten aus mehreren Tabellen zusammenführen?
- Wie erstelle ich Abfragen mithilfe von ADO?

Die in diesem Kapitel vorgestellten Lösungen finden Sie auf der CD-ROM zum Buch im Ordner KAP06 unter dem Namen NORDWIND.MDB in MODUL1.

6.1 Abfragetypen

Access bietet eine ganze Reihe von verschiedenen Abfragen an, die Sie manuell erstellen oder auch programmieren können. Sie verwenden Abfragen, um Daten auf mehrere Arten anzuzeigen, zu ändern und zu analysieren. Sie können sie auch als Datenquellen für Formulare, Berichte und Datenzugriffsseiten verwenden.

In Access unterscheidet man zwischen folgenden Abfragetypen:

1. AUSWAHLABFRAGEN: Mithilfe einer Auswahlabfrage rufen Sie Daten aus einer oder mehreren Tabellen ab und zeigen die Ergebnisse in einem Datenblatt an. Dort können Sie die Datensätze aktualisieren. Mit einer Auswahlabfrage können Sie auch Datensätze gruppieren und Summen, Anzahl, Durchschnittswerte und andere Werte berechnen.
2. PARAMETERABFRAGEN: Eine Parameterabfrage ist eine Abfrage, die beim Ausführen ein Dialogfeld zur Eingabe von Informationen anzeigt. Dies können Kriterien zum Abrufen von Datensätzen oder auch Werte sein, die in ein Feld

eingefügt werden sollen. Sie können die Abfrage auch so entwerfen, dass nach mehreren Informationen gefragt wird.

3. KREUZTABELLENABFRAGEN: Sie verwenden Kreuztabellenabfragen, um Daten zur Vereinfachung von Analysen zu berechnen und neu zu strukturieren. Kreuztabellenabfragen berechnen eine Summe, einen Durchschnitt, eine Anzahl oder eine andere Funktion für Daten, die nach zwei Informationstypen gruppiert sind: entlang der linken Seite des Datenblatts und entlang der oberen Seite.

4. AKTIONSABFRAGEN: Diese Abfragen führen in nur einer Operation Änderungen an einer Vielzahl von Datensätzen durch bzw. verschieben diese. Unter den Aktionsabfragen unterscheidet man zwischen folgenden Typen:
   - LÖSCHABFRAGEN: Mithilfe einer Löschabfrage löschen Sie eine Gruppe von Datensätzen aus einer oder mehreren Tabellen. Löschabfragen löschen immer vollständige Datensätze, nicht die in Datensätzen markierten Felder.
   - AKTUALISIERUNGSABFRAGEN: Eine Aktualisierungsabfrage führt globale Änderungen an Gruppen von Datensätzen in einer oder mehreren Tabellen durch. Mit einer Aktualisierungsabfrage können Sie Daten in vorhandenen Tabellen ändern.
   - ANFÜGEABFRAGEN: Eine Anfügeabfrage fügt eine Gruppe von Datensätzen aus einer oder mehreren Tabellen am Ende einer anderen Tabelle oder mehrerer Tabellen an.
   - TABELLENERSTELLUNGSABFRAGEN: Eine Tabellenerstellungsabfrage erstellt eine Tabelle aus allen oder einem Teil der Daten in einer oder mehreren Tabellen.

5. SQL-ABFRAGEN: Eine SQL-Abfrage ist eine Abfrage, die unter Verwendung einer SQL-Anweisung erstellt wird. Mit der Structured Query Language (SQL) können Sie relationale Datenbanken wie z. B. Access abfragen, aktualisieren und verwalten.

6.2 Abfragen durchführen

Über die Methode `OpenQuery` können Sie eine Auswahl- oder Kreuztabellenabfrage in der Datenblattansicht, Entwurfsansicht oder Seitenansicht öffnen. Diese muss natürlich schon in der Datenbank angelegt sein.

Die Syntax der Methode OpenQuery

Die Methode `OpenQuery` hat folgende Syntax:

`OpenQuery(Abfragename, Ansicht, Datenmodus)`

Im Argument `Abfragename` geben Sie den Namen der Abfrage ein, die Sie durchführen möchten.

Beim Argument `Ansicht` können Sie entscheiden, wie Sie Ihre Tabelle anzeigen möchten. Es stehen Ihnen dabei folgende Konstanten zur Verfügung:

- acViewDesign öffnet die Abfrage in der Entwurfsansicht.
- acViewNormal öffnet die Abfrage in gewohnter Weise in der Tabellenansicht (Standardeinstellung).
- acViewPivotChart stellt die Abfrage für ein Pivot-Diagramm zur Verfügung.
- acViewPivotTable: Hiermit können Sie die Felder der Abfrage für eine Pivot-Tabelle verwenden.
- acViewPreview zeigt die Abfrage in der Seitenansicht an.

Beim letzten Argument Datenmodus legen Sie fest, ob Änderungen an der Abfrage durchgeführt werden dürfen oder nicht. Dabei können Sie folgende Konstanten festlegen:

- acAdd: Der Anwender kann neue Datensätze hinzufügen, jedoch keine bestehenden Datensätze bearbeiten.
- acEdit: Der Anwender kann bestehende Datensätze bearbeiten und neue hinzufügen (Standardeinstellung).
- acReadOnly: Der Anwender kann die Datensätze nur ansehen.

Die folgende Prozedur aus Listing 6.1 öffnet die Abfrage RECHNUNGEN aus der Datenbank NORDWIND.MDB.

Listing 6.1: Abfrage öffnen

```
Sub AbfrageDurchführen()
  DoCmd.OpenQuery "Rechnungen", acViewNormal, acReadOnly
End Sub
```


Nach der Abfrage werden die Daten in einer Datentabelle ausgegeben.

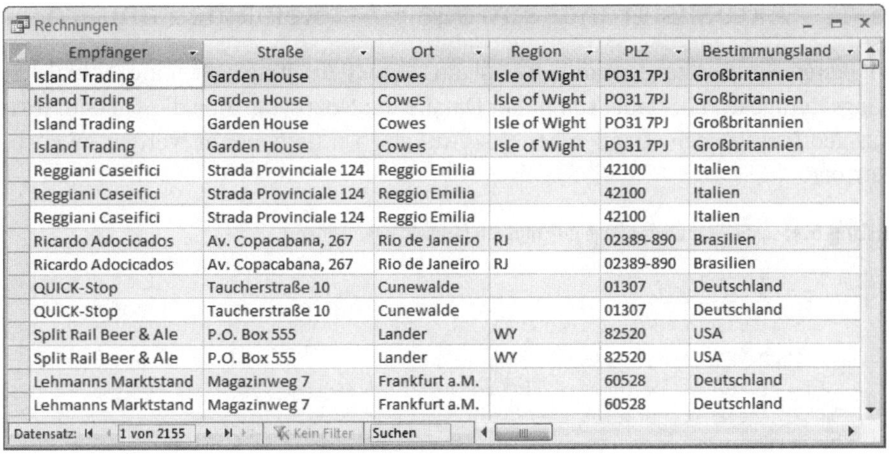

Empfänger	Straße	Ort	Region	PLZ	Bestimmungsland
Island Trading	Garden House	Cowes	Isle of Wight	PO31 7PJ	Großbritannien
Island Trading	Garden House	Cowes	Isle of Wight	PO31 7PJ	Großbritannien
Island Trading	Garden House	Cowes	Isle of Wight	PO31 7PJ	Großbritannien
Island Trading	Garden House	Cowes	Isle of Wight	PO31 7PJ	Großbritannien
Reggiani Caseifici	Strada Provinciale 124	Reggio Emilia		42100	Italien
Reggiani Caseifici	Strada Provinciale 124	Reggio Emilia		42100	Italien
Reggiani Caseifici	Strada Provinciale 124	Reggio Emilia		42100	Italien
Ricardo Adocicados	Av. Copacabana, 267	Rio de Janeiro	RJ	02389-890	Brasilien
Ricardo Adocicados	Av. Copacabana, 267	Rio de Janeiro	RJ	02389-890	Brasilien
QUICK-Stop	Taucherstraße 10	Cunewalde		01307	Deutschland
QUICK-Stop	Taucherstraße 10	Cunewalde		01307	Deutschland
Split Rail Beer & Ale	P.O. Box 555	Lander	WY	82520	USA
Split Rail Beer & Ale	P.O. Box 555	Lander	WY	82520	USA
Lehmanns Marktstand	Magazinweg 7	Frankfurt a.M.		60528	Deutschland
Lehmanns Marktstand	Magazinweg 7	Frankfurt a.M.		60528	Deutschland

Abbildung 6.1: Die Abfrage RECHNUNGEN wurde ausgeführt.

Was steckt konkret hinter dieser Abfrage? Öffnen Sie dazu einfach die Abfrage RECHNUNGEN in der Entwurfsansicht. Dazu setzen Sie die Prozedur aus Listing 6.2 ein.

Listing 6.2: Abfrage in der Entwurfsansicht öffnen

```
Sub AbfrageEntwurfÖffnen()
  DoCmd.OpenQuery "Rechnungen", acViewDesign
End Sub
```

Indem Sie der Methode `OpenQuery` die Konstante `acViewDesign` zuweisen, öffnen Sie die Abfrage in der Entwurfsansicht.

6.3 Abfragen mit SQL generieren

Eine weitere Möglichkeit, eine Abfrage in VBA zu erstellen und zu starten, ist die Methode `RunSQL`. Mit dieser Methode können Sie eine Microsoft Access-Aktionsabfrage ausführen, indem Sie die entsprechende SQL-Anweisung verwenden.

Die Syntax der Methode RunSQL

Die Syntax der Methode `RunSQL` lautet:

`RunSQL(SQLAnweisung, TransaktionVerwenden)`

Im Argument `SQLAnweisung` erfassen Sie Ihre SQL-Anweisung. Speichern Sie diese SQL-Anweisung vorher am besten in einer String-Variablen und übergeben diese dann der Methode `RunSQL`.

Im Argument `TransaktionVerwenden` entscheiden Sie, ob Sie diese Abfrage in eine Transaktion aufnehmen möchten. Unter einer Transaktion versteht man eine Reihe von Änderungen, die an den Daten und am Schema einer Datenbank vorgenommen werden. Wenn Sie dies wünschen, setzen Sie dieses Argument auf den Wert `True`.

6.4 Aktualisierungsabfrage – Artikelnamen ändern

Im ersten Beispiel zur Methode `RunSQL` aus Listing 6.3 führen Sie eine Aktualisierungsabfrage durch. Dabei soll in der Datenbank NORDWIND.MDB die Tabelle ARTIKEL geöffnet werden. Danach soll der Artikel TOFU umbenannt werden in TOFU-EINTOPF.

Listing 6.3: Aktualisierungsabfrage durchführen (Artikelnamen ändern)

```
Sub ArtikelNamenÄndern()
  Dim str As String

  str = "UPDATE Artikel " & _
    "SET Artikel.Artikelname = 'Tofu-Eintopf' " & _
    "WHERE Artikel.Artikelname = 'Tofu'"
  DoCmd.RunSQL str
End Sub
```

Mit der Anweisung `UPDATE` geben Sie bekannt, dass Sie die Tabelle ARTIKEL aktualisieren möchten. Geben Sie über `SET` bekannt, wie der neue Name des Artikels lauten soll. Über `WHERE` bestimmen Sie, nach welchen Sätzen in der Tabelle gesucht werden soll. Haben Sie sich Ihre SQL-Anweisung auf diese Weise zusammengestellt, übergeben Sie sie an die Methode `RunSQL`.

Abbildung 6.2:
Die Aktionsabfrage (Aktualisierung) muss bestätigt werden.

6.4.1 Aktualisierungsabfrage – Felder initialisieren

Möchten Sie schnell bestimmte Felder initialisieren, können Sie die SQL-Anweisung `UPDATE` einsetzen.

Listing 6.4: Aktualisierungsabfrage durchführen (Felder initialisieren)

```
Sub FelderInitialisieren()
  Dim str As String

  str = "UPDATE Artikel2 " & _
    "SET Artikel2.Einzelpreis = 0"
  DoCmd.RunSQL str
End Sub
```

Wenn Sie keine Null als Zahl, sondern einfach nur leere Felder in der Spalte EINZELPREIS haben möchten, verwenden Sie die Anweisung:

```
SET Artikel2.Einzelpreis = NULL
```

Mithilfe der Methode `RunSQL` führen Sie die Aktualisierungsabfrage durch. Beim Ausführen der Prozedur werden Sie darauf hingewiesen, dass Sie Daten verändern möchten. Diese Warnung sieht in etwa wie folgt aus:

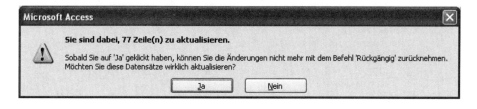

Abbildung 6.3:
Warnmeldung bestätigen

Diese Meldung können Sie selbstverständlich auch unterdrücken. Ändern Sie dazu die Prozedur aus Listing 6.4 wie folgt:

Listing 6.5: Aktualisierungsabfrage durchführen (Felder ohne Rückfrage initialisieren)

```
Sub FelderInitialisieren()
  Dim str As String
```

```
  DoCmd.SetWarnings False
  str = "UPDATE Artikel2 " & _
    "SET Artikel2.Einzelpreis = NULL"
  DoCmd.RunSQL str
  DoCmd.SetWarnings True
End Sub
```

Abbildung 6.4: Die Einzelpreise wurden initialisiert.

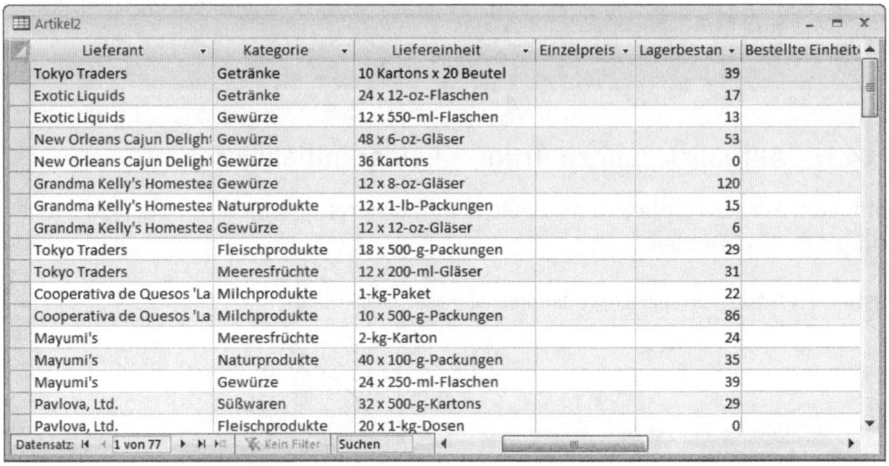

Lieferant	Kategorie	Liefereinheit	Einzelpreis	Lagerbestan	Bestellte Einheit
Tokyo Traders	Getränke	10 Kartons x 20 Beutel		39	
Exotic Liquids	Getränke	24 x 12-oz-Flaschen		17	
Exotic Liquids	Gewürze	12 x 550-ml-Flaschen		13	
New Orleans Cajun Deligh	Gewürze	48 x 6-oz-Gläser		53	
New Orleans Cajun Deligh	Gewürze	36 Kartons		0	
Grandma Kelly's Homestea	Gewürze	12 x 8-oz-Gläser		120	
Grandma Kelly's Homestea	Naturprodukte	12 x 1-lb-Packungen		15	
Grandma Kelly's Homestea	Gewürze	12 x 12-oz-Gläser		6	
Tokyo Traders	Fleischprodukte	18 x 500-g-Packungen		29	
Tokyo Traders	Meeresfrüchte	12 x 200-ml-Gläser		31	
Cooperativa de Quesos 'La	Milchprodukte	1-kg-Paket		22	
Cooperativa de Quesos 'La	Milchprodukte	10 x 500-g-Packungen		86	
Mayumi's	Meeresfrüchte	2-kg-Karton		24	
Mayumi's	Naturprodukte	40 x 100-g-Packungen		35	
Mayumi's	Gewürze	24 x 250-ml-Flaschen		39	
Pavlova, Ltd.	Süßwaren	32 x 500-g-Kartons		29	
Pavlova, Ltd.	Fleischprodukte	20 x 1-kg-Dosen		0	

6.5 Anfügeabfrage – Mitarbeiter hinzufügen

Im nächsten Beispiel aus Listing 6.6 führen Sie eine Anfügeabfrage durch. In die Tabelle PERSONAL soll ein neuer Mitarbeiter eingefügt werden.

Listing 6.6: Anfügeabfrage durchführen (Festwerte anfügen)

```
Sub MitarbeiterHinzufügen()
  Dim str As String

  str = "INSERT INTO " & _
    "Personal(Nachname, Vorname, " & _
    "Position, Anrede, Geburtsdatum) " & _
    "VALUES " & _
    "('Held', 'Bernd', 'Externer Berater', " & _
    "'Herr', '02.04.1969')"
  DoCmd.RunSQL str
End Sub
```

Über die SQL-Anweisung `INSERT INTO` geben Sie bekannt, dass Sie in die Tabelle PERSONAL einen Satz einfügen möchten. Geben Sie danach die Datenfelder der Tabelle an, die Sie anfügen möchten. Achten Sie dabei darauf, dass die Feldnamen der Tabelle mit Ihren Angaben übereinstimmen. Erfassen Sie nach `VALUES` die tatsächlichen Werte in Textform. Betten Sie jede Information in einfache Anführungszeichen ein. Trennen Sie jede Information durch Kommata voneinander ab.

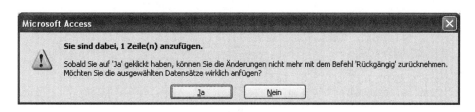

Abbildung 6.5: Anfügeabfrage bestätigen

Wenn Sie die Prozedur aus Listing 6.6 starten, müssen Sie die Anfügeabfrage bestätigen, indem Sie die Schaltfläche JA anklicken.

Personal

Pe	Nachnam	Vorname	Position	Anrede	Geburtsdatu	Einstellun	Straße
1	Davolio	Nancy	Vertriebsmitarbeiterin	Frau	08.Dez.1968	01.Mai.1992	507 - 20th Ave. E.
2	Fuller	Andrew	Geschäftsführer	Herr	19.Feb.1952	14.Aug.1992	908 W. Capital Way
3	Leverling	Janet	Vertriebsmitarbeiterin	Frau	30.Aug.1963	01.Apr.1992	722 Moss Bay Blvd.
4	Peacock	Margaret	Vertriebsmitarbeiterin	Frau	19.Sep.1958	03.Mai.1993	4110 Old Redmond Rd.
5	Buchanan	Steven	Vertriebsmanager	Herr	04.Mrz.1955	17.Okt.1993	14 Garrett Hill
6	Suyama	Michael	Vertriebsmitarbeiter	Herr	02.Jul.1963	17.Okt.1993	Coventry House
7	King	Robert	Vertriebsmitarbeiter	Dr.	29.Mai.1960	02.Jan.1994	Edgeham Hollow
8	Callahan	Laura	Vertriebskoordinatorin	Frau	09.Jan.1958	05.Mrz.1994	4726 - 11th Ave. N.E.
9	Dodsworth	Anne	Vertriebsmitarbeiterin	Frau	02.Jul.1969	15.Nov.1994	7 Houndstooth Rd.
36	Held	Bernd	Externer Berater	Herr	02.Apr.1969		
(Neu)							

Datensatz: 1 von 10 · Kein Filter · Suchen

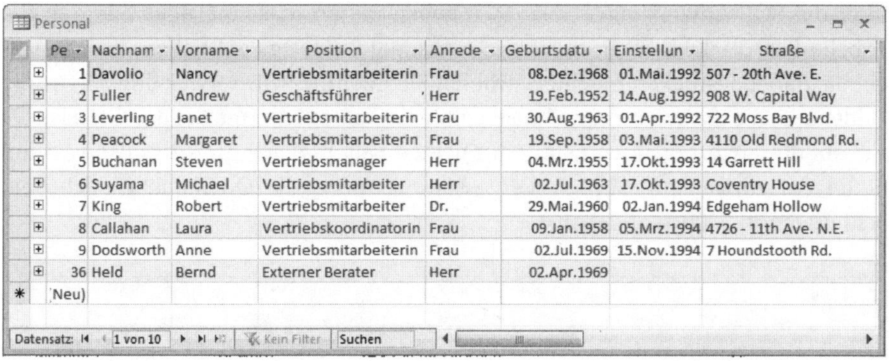

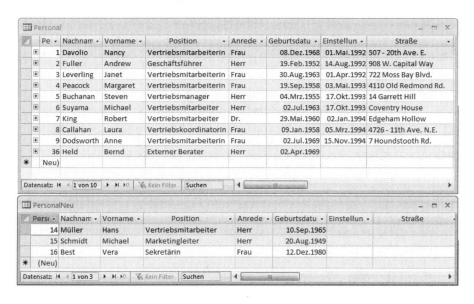

Abbildung 6.6: Der neue Mitarbeiter wurde eingefügt.

Im nächsten Beispiel führen Sie eine Anfügeabfrage durch. Dabei haben Sie die neuen Mitarbeiter in eine separate Tabelle PERSONALNEU eingegeben. Diese Mitarbeiter sollen nun in der Tabelle PERSONAL hinten angehängt werden.

Personal

Pe	Nachnam	Vorname	Position	Anrede	Geburtsdatu	Einstellun	Straße
1	Davolio	Nancy	Vertriebsmitarbeiterin	Frau	08.Dez.1968	01.Mai.1992	507 - 20th Ave. E.
2	Fuller	Andrew	Geschäftsführer	Herr	19.Feb.1952	14.Aug.1992	908 W. Capital Way
3	Leverling	Janet	Vertriebsmitarbeiterin	Frau	30.Aug.1963	01.Apr.1992	722 Moss Bay Blvd.
4	Peacock	Margaret	Vertriebsmitarbeiterin	Frau	19.Sep.1958	03.Mai.1993	4110 Old Redmond Rd.
5	Buchanan	Steven	Vertriebsmanager	Herr	04.Mrz.1955	17.Okt.1993	14 Garrett Hill
6	Suyama	Michael	Vertriebsmitarbeiter	Herr	02.Jul.1963	17.Okt.1993	Coventry House
7	King	Robert	Vertriebsmitarbeiter	Dr.	29.Mai.1960	02.Jan.1994	Edgeham Hollow
8	Callahan	Laura	Vertriebskoordinatorin	Frau	09.Jan.1958	05.Mrz.1994	4726 - 11th Ave. N.E.
9	Dodsworth	Anne	Vertriebsmitarbeiterin	Frau	02.Jul.1969	15.Nov.1994	7 Houndstooth Rd.
36	Held	Bernd	Externer Berater	Herr	02.Apr.1969		
(Neu)							

Datensatz: 1 von 10 · Kein Filter · Suchen

PersonalNeu

Pers	Nachnam	Vorname	Position	Anrede	Geburtsdatu	Einstellun	Straße
14	Müller	Hans	Vertriebsmitarbeiter	Herr	10.Sep.1965		
15	Schmidt	Michael	Marketingleiter	Herr	20.Aug.1949		
16	Best	Vera	Sekretärin	Frau	12.Dez.1980		
(Neu)							

Datensatz: 1 von 3 · Kein Filter · Suchen

Abbildung 6.7: Diese beiden Tabellen sollen zusammengefügt werden.

Die Lösung für diese Aufgabenstellung sehen Sie in Listing 6.7.

Listing 6.7: Anfügeabfrage durchführen (aus einer Tabelle in derselben Datenbank)

```
Sub MitarbeiterHinzufügenAusTabelle()
  Dim str As String

  str = "INSERT INTO " & _
    "Personal(Nachname, Vorname, " & _
    "Position, Anrede, Geburtsdatum) " & _
    "SELECT Nachname, Vorname, Position, " & _
    "Anrede, Geburtsdatum FROM [PersonalNeu]"
  DoCmd.RunSQL str
End Sub
```

Über die SQL-Anweisung `INSERT INTO` geben Sie an, dass Sie neue Sätze in die Tabelle PERSONAL einfügen möchten. Nachdem Sie festgelegt haben, welche Felder Sie dabei bestücken möchten, wählen Sie über die SQL-Anweisung `SELECT` die Felder aus, die Sie aus der Quelltabelle holen möchten. Achten Sie darauf, dass die Anzahl der einzufügenden Felder auf beiden Seiten gleich groß ist, also vor und hinter der Anweisung `SELECT`. Vergessen Sie nicht, die Quelltabelle nach dem Schlüsselwort `FROM` anzugeben.

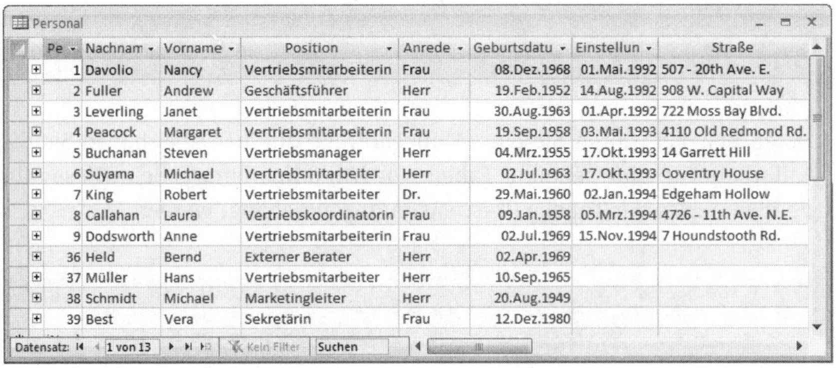

Personal

Pe	Nachnam	Vorname	Position	Anrede	Geburtsdatu	Einstellun	Straße
1	Davolio	Nancy	Vertriebsmitarbeiterin	Frau	08.Dez.1968	01.Mai.1992	507 - 20th Ave. E.
2	Fuller	Andrew	Geschäftsführer	Herr	19.Feb.1952	14.Aug.1992	908 W. Capital Way
3	Leverling	Janet	Vertriebsmitarbeiterin	Frau	30.Aug.1963	01.Apr.1992	722 Moss Bay Blvd.
4	Peacock	Margaret	Vertriebsmitarbeiterin	Frau	19.Sep.1958	03.Mai.1993	4110 Old Redmond Rd.
5	Buchanan	Steven	Vertriebsmanager	Herr	04.Mrz.1955	17.Okt.1993	14 Garrett Hill
6	Suyama	Michael	Vertriebsmitarbeiter	Herr	02.Jul.1963	17.Okt.1993	Coventry House
7	King	Robert	Vertriebsmitarbeiter	Dr.	29.Mai.1960	02.Jan.1994	Edgeham Hollow
8	Callahan	Laura	Vertriebskoordinatorin	Frau	09.Jan.1958	05.Mrz.1994	4726 - 11th Ave. N.E.
9	Dodsworth	Anne	Vertriebsmitarbeiterin	Frau	02.Jul.1969	15.Nov.1994	7 Houndstooth Rd.
36	Held	Bernd	Externer Berater	Herr	02.Apr.1969		
37	Müller	Hans	Vertriebsmitarbeiter	Herr	10.Sep.1965		
38	Schmidt	Michael	Marketingleiter	Herr	20.Aug.1949		
39	Best	Vera	Sekretärin	Frau	12.Dez.1980		

Datensatz: 1 von 13 Kein Filter Suchen

Abbildung 6.8: Die neuen Mitarbeiter wurden unten angehängt.

Möchten Sie eine Tabelle mit einer Tabelle aus einer anderen Datenbank zusammenführen, sorgen Sie dafür, dass die Datenbank NORDWIND2.MDB im selben Verzeichnis wie die Datenbank steht, von der aus Sie die folgende Prozedur starten.

Listing 6.8: Anfügeabfrage durchführen (aus einer Tabelle in anderer Datenbank)

```
Sub MitarbeiterHinzufügenAusTabelle2()
  Dim str As String

  str = "INSERT INTO " & _
    "Personal(Nachname, Vorname, " & _
    "Position, Anrede, Geburtsdatum) " & _
    "IN Nordwind2.mdb " & _
    "SELECT Nachname, Vorname, Position, " & _
    "Anrede, Geburtsdatum FROM [Personal]"
  DoCmd.RunSQL str
End Sub
```

Um eine andere Datenbank ins Spiel zu bringen, ergänzen Sie die SQL-Anweisung IN und geben den Namen der Datenbank an.

6.6 Löschabfrage ausführen

Im folgenden Beispiel führen Sie eine Löschabfrage aus. Dabei greifen Sie auf die Tabelle BESTELLDETAILS zu und löschen alle Datensätze, die sich auf die Bestellnummer 10250 beziehen.

Die Prozedur für diese Aufgabenstellung sehen Sie in Listing 6.9.

Listing 6.9: Löschabfrage ausführen

```
Sub BestelldetailsAusTabelleLöschen()
  Dim str As String

  str = "DELETE * FROM Bestelldetails " & _
    "WHERE ([Bestell-Nr] = 10250)"
  DoCmd.RunSQL str
End Sub
```

Setzen Sie die SQL-Anweisung DELETE ein, um eine Löschabfrage auszuführen, die komplette Datensätze aus einer Tabelle löscht. Geben Sie dabei an, aus welcher Tabelle Sie Datensätze löschen möchten. Geben Sie mit der Bedingung WHERE das Löschkriterium an. Es werden dann die Datensätze aus der Tabelle gelöscht, für die das Löschkriterium zutrifft.

Wenn Sie die WHERE-Bedingung weglassen, werden alle Datensätze der angegebenen Tabelle gelöscht. Die folgende Anweisung würde somit alle Datensätze aus der Tabelle BESTELLDETAILS löschen:

```
DoCmd.RunSQL "DELETE * FROM Bestelldetails"
```

Wenn Sie auf diese Weise Datensätze aus einer Tabelle löschen, gelten ähnliche Bedingungen, als würden Sie die Datensätze manuell löschen. So müssen Sie beispielsweise auch den Löschvorgang manuell bestätigen, wie in Abbildung 6.9 dargestellt.

Abbildung 6.9:
Die Löschabfrage muss bestätigt werden.

Sie können mit der DELETE-Anweisung per Löschweitergabe auch Datensätze aus Tabellen entfernen, die Datensätze in der Tabelle referenzieren die Sie löschen möchten.

Sie müssen auch berücksichtigen, ob durch den Löschvorgang nicht eventuell die referentielle Integrität von Tabellenbeziehungen verletzt würde. In diesem Fall müssen Sie entsprechende Einstellungen vornehmen, sonst erhalten Sie unter Umständen eine Fehlermeldung. Sehen Sie sich dazu folgendes Beispiel in Listing 6.10 an:

Listing 6.10: Eine weitere Löschabfrage ausführen

```
Sub MitarbeiterAusTabelleLöschen()
  Dim str As String

  str = "DELETE * FROM Personal " & _
    "WHERE (Ort = 'London')"
  DoCmd.RunSQL str
End Sub
```

Über diese Löschabfrage sollen alle Datensätze aus der Tabelle PERSONAL gelöscht werden, die im Feld Ort den Eintrag London angegeben haben.

Führen Sie die Prozedur aus. Nachdem Sie den Dialog mit der Löschbestätigung abgeklickt haben, erhalten Sie, je nach Access-Version, eine ähnliche Fehlermeldung wie Abbildung 6.10 dargestellt.

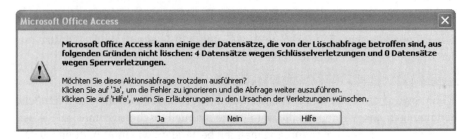

Abbildung 6.10: Fehlermeldung beim Ausführen der Löschabfrage

Sie hätten zwar dem Dialog zufolge die Möglichkeit, trotz Fehlermeldung die Aktion auszuführen, doch klicken Sie in diesem Fall auf NEIN.

Warum lassen sich die Daten nicht fehlerfrei löschen? Öffnen Sie zur näheren Klärung das Fenster BEZIEHUNGEN, indem Sie im Menü EXTRAS den Befehl BEZIEHUNGEN auswählen. Bei Access 2007 und 2010 gehen Sie entsprechend über das Ribbon DATENBANKTOOLS und wählen den Befehl BEZIEHUNGEN.

Wie Sie dem Fenster BEZIEHUNGEN entnehmen können, steht die Tabelle PERSONAL in einer 1:n-Beziehung zur Tabelle BESTELLUNGEN. Demnach referenziert die Tabelle BESTELLUNGEN Datensätze aus der Tabelle PERSONAL. Wenn Sie nun Datensätze aus der Tabelle PERSONAL löschen, fehlen einigen Datensätzen der Tabelle BESTELLUNGEN unter Umständen entsprechende Referenzen.

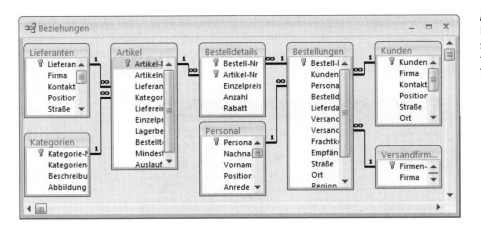

Abbildung 6.11:
Die Tabelle PERSONAL steht in einer 1:n-Beziehung zur Tabelle BESTELLUNGEN.

Klicken Sie mit der rechten Maustaste auf die Verbindungslinie zwischen der Tabelle PERSONAL und der Tabelle BESTELLUNGEN, und wählen Sie im Kontextmenü den Menüpunkt BEZIEHUNG BEARBEITEN. Es öffnet sich das Fenster BEZIEHUNGEN BEARBEITEN, wie in Abbildung 6.12 dargestellt.

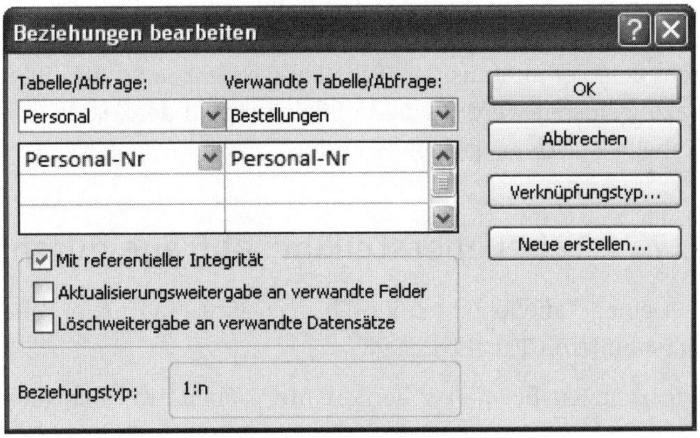

Abbildung 6.12:
Beziehungseigenschaften zwischen Tabelle PERSONAL und Tabelle BESTELLUNGEN

Wie Sie sehen, ist für die Beziehung zwischen Tabelle PERSONAL und Tabelle BESTELLUNGEN zum einen die Erzwingung der »referentiellen Integrität« eingestellt, zum andern ist eine »Löschweitergabe« nicht aktiviert. Konkret heißt dies, dass Access eine Fehlermeldung ausgibt, wenn wir in der Tabelle BESTELLUNGEN nicht zuerst alle Datensätze löschen, welche Datensätze referenzieren, die wir in der Tabelle PERSONAL löschen möchten. Nun gehen wir in unserem Beispiel davon aus, dass es für uns kein Problem darstellt, die zugehörigen Datensätze in der Tabelle BESTELLUNGEN auch zu löschen. Access macht es uns in diesem Fall sehr einfach. Aktivieren Sie im Fenster BEZIEHUNG BEARBEITEN einfach die Option LÖSCHWEITERGABE AN VERWANDTE DATENSÄTZE, dann erledigt Access die Löschung der entsprechenden Datensätze in der Tabelle BESTELLUNGEN völlig automatisch für uns.

Bevor Sie nun die Prozedur in Listing 6.10 ausführen, bearbeiten Sie auch noch die Beziehung zwischen der Tabelle BESTELLDETAILS und BESTELLUNG, die ebenfalls in einer 1:n-Beziehung stehen. Aktivieren Sie auch hier die Löschweitergabe entsprechend Abbildung 6.13.

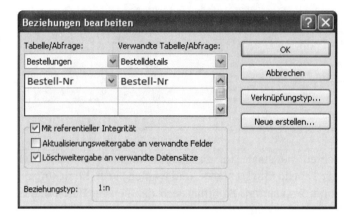

Abbildung 6.13: Löschweitergabe bei weiterer Beziehung auch aktivieren

Nun lassen sich die Datensätze in der Tabelle PERSONAL über die in Listing 6.10 dargestellte Prozedur problemlos löschen. Beachten Sie jedoch bitte, dass in unserem Beispiel nun aus den Tabellen BESTELLUNGEN und BESTELLDETAILS alle Datensätze gelöscht werden, die in Beziehung zu den Datensätzen stehen, die aus der Tabelle PERSONAL gelöscht werden.

6.7 Tabellenerstellungsabfrage durchführen

Bei einer Tabellenerstellungsabfrage wird eine neue Tabelle aus Informationen einer anderen Tabelle erstellt.

Im nächsten Beispiel sollen aus der Tabelle KUNDEN alle Kunden in eine neue Tabelle übertragen werden, die am Standort Deutschland sind. Sehen Sie die Lösung dieser Aufgabe in Listing 6.11.

Listing 6.11: Tabellenerstellungsabfrage durchführen

```
Sub DeutscheKundenErmitteln()
  Dim str As String

  str = "SELECT " & _
    "Firma, Kontaktperson, " & _
    "Position, Straße, Ort " & _
    "INTO [KundenDeutschland] " & _
    "FROM Kunden WHERE (Land = 'Deutschland')"
  DoCmd.RunSQL str
End Sub
```

Über die SQL-Anweisung SELECT wählen Sie die Felder aus, die Sie in der neuen Tabelle speichern möchten. Bei der Vergabe der Feldnamen können Sie bis zu 64 Zeichen für einen Namen verwenden. Über INTO geben Sie den Namen der Tabelle an, die angelegt werden soll. Danach legen Sie mit der SQL-Anweisung FROM fest, woher die Daten stammen. Mit der WHERE-Anweisung können Sie die zu übertragenden Datensätze einschränken.

Abbildung 6.14:
Alle Kunden aus Deutschland in einer neuen Tabelle

6.8 Öffnen oder neu anlegen

Wenn Sie die Prozedur aus Listing 6.11 ein zweites Mal starten, dann werden Sie feststellen, dass Access automatisch die beim ersten Mal erstellte Tabelle KUNDEN-DEUTSCHLAND löscht und die Aufgabe erneut ausführt. Sie erhalten also immer ein aktuelles, neues Ergebnis. Möchten Sie vorher prüfen, ob eine bestimmte Tabelle existiert, können Sie je nach Prüfergebnis einmal die Tabelle KUNDENDEUTSCHLAND öffnen, sofern sie bereits angelegt ist, oder die Tabelle neu anlegen, wenn sie noch nicht angelegt wurde. Diese Prüfung erledigen Sie mit der Prozedur aus Listing 6.12.

Listing 6.12: Tabellenerstellungsabfrage erstellen oder Tabelle öffnen

```
Sub ÖffnenOderAnlegen()
  Dim str As String
  Dim dbs As Object
  Dim obj As AccessObject
  Dim boolExistiert As Boolean

  boolExistiert = False

  Set dbs = Application.CurrentData
  For Each obj In dbs.AllTables
    If obj.Name = "KundenDeutschland" Then _
      boolExistiert = True
  Next obj
```

```
  If boolExistiert = True Then
    DoCmd.OpenTable "KundenDeutschland", acViewNormal
  Else
    str = "SELECT " & _
      "Firma, Kontaktperson, " & _
      "Position, Straße, Ort " & _
      "INTO [KundenDeutschland] " & _
      "FROM Kunden WHERE (Land = 'Deutschland')"
    DoCmd.RunSQL str
  End If
End Sub
```

Im Auflistungsobjekt `AllTables` sind alle Tabellen der geöffneten Datenbank verzeichnet. Mithilfe einer Schleife ermitteln Sie, ob die Tabelle KUNDENDEUTSCHLAND bereits in der Datenbank vorhanden ist. Wenn ja, setzen Sie die Variable b auf den Wert `True`. Im anderen Fall behält diese Variable ihren am Anfang der Prozedur zugewiesenen Wert `False`.

Ist die Tabelle bereits in der Datenbank enthalten, wenden Sie die Methode `OpenTable` an, um diese direkt zu öffnen. Muss die Tabelle erst noch erstellt werden, setzen Sie die Methode `RunSQL` ein und übergeben ihr den String mit der SQL-Anweisung.

6.9 Datendefinitionsabfragen durchführen

Über SQL-Anweisungen können Sie auch neue Tabellen erstellen bzw. bestehende ändern. Für diese Aufgaben stehen Ihnen folgende SQL-Anweisungen zur Verfügung:

- `ALTER TABLE`: Mit dieser Anweisung ändern Sie eine bereits bestehende Tabelle.
- `CREATE TABLE`: Mithilfe dieser Anweisung legen Sie eine neue Tabelle an.
- `CREATE INDEX`: Diese Anweisung erstellt Ihnen einen Index für ein Datenfeld bzw. ein Datengruppe.
- `DROP TABLE`: Durch diesen Befehl löschen Sie eine Tabelle.
- `DROP INDEX`: Durch den Einsatz dieser Anweisung entfernen Sie einen Tabellenindex.

6.9.1 Neue Tabelle anlegen

Verwenden Sie die SQL-Anweisung `CREATE TABLE`, um eine neue Tabelle in Ihrer Datenbank anzulegen. Dabei bestimmen Sie Name, Feldtyp und Größe des Feldes. Die so erstellte Tabelle ist vorerst aber noch leer.

Im nachfolgenden Beispiel aus Listing 6.13 wird eine neue Tabelle angelegt, die folgende Felder enthalten soll:

- FIRMA (Textfeld mit max. 30 Zeichen)
- KONTAKTPERSON (Textfeld mit max. 30 Zeichen)

Datendefinitionsabfragen durchführen

- ORT (Textfeld mit max. 20 Zeichen)
- LAND (Textfeld mit max. 20 Zeichen)

Packen Sie diese Definitionen in eine Prozedur.

Listing 6.13: Neue Tabelle anlegen mit CREATE TABLE

```
Sub Definitionsabfrage01()
  Dim str As String

  str = "CREATE TABLE KundenNeu " & _
    "(Firma Text(30), Kontaktperson Text(30), " & _
    "Ort Text(20), Land Text (20))"
  DoCmd.RunSQL str
  Application.RefreshDatabaseWindow
End Sub
```

Geben Sie bei der SQL-Anweisung CREATE TABLE den Namen der neuen Tabelle an. Danach definieren Sie die einzelnen Felder, teilen Access mit, um welchen Datentyp es sich handelt, und legen die Größe des Datenfeldes fest. Führen Sie direkt im Anschluss daran die Methode RunSQL durch, um die neue Tabelle anzulegen.

Denken Sie daran, am Ende der Prozedur mithilfe der Methode RefreshDataBaseWindow die Ansicht zu aktualisieren, da sonst die neue Tabelle nicht angezeigt wird. Diese Methode simuliert das Drücken der Taste F5.

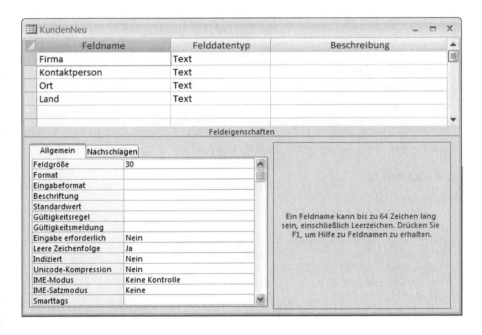

Abbildung 6.15:
Die fertige Tabelle in der Entwurfsansicht

Im letzten Beispiel haben Sie lediglich Datenfelder vom Typ TEXT angelegt. In der folgenden Tabelle können Sie weitere gängige Felddatentypen sehen, die Sie einsetzen können.

Tabelle 6.1: Die gängigsten Datentypen für SQL-Anweisungen

Datentyp	Felddatentyp
BIT	Ja/Nein
DATETIME	Datum/Uhrzeit
DECIMAL	Numerischer Datentyp
IMAGE	OLE-Objekt
MONEY	Währung
CHARACTER	Text
TEXT	Memo
SMALLINT	Integerzahl (–32.768 bis 32.767)
TINYINT	Integerzahl zwischen 0 und 255
INTEGER	Integerzahl (–2.147.483.648 bis 2.147.483.647)

Wenden Sie ein paar dieser Datentypen in der nächsten Aufgabe an. Dabei soll eine Artikeltabelle erstellt werden, die folgende Datenfelder aufweist.

- ARTIKELNAME (Textfeld mit max. 30 Zeichen)
- LAGERBESTAND (numerischer Wert)
- MINDESTBESTAND (numerischer Wert)
- EINZELPREIS (Währungstyp)
- VERFALLSDATUM (Datumstyp)

Setzen Sie diese drei Felder wie in Listing 6.14 um.

Listing 6.14: Neue Tabelle anlegen

```
Sub Definitionsabfrage02()
  Dim str As String

  str = "CREATE TABLE ArtikelNeu " & _
    "(Artikelname Text(30), Lagerbestand INTEGER, " & _
    "Mindestbestand INTEGER, Einzelpreis MONEY, " & _
    "Verfallsdatum DATETIME)"
  DoCmd.RunSQL str
  Application.RefreshDatabaseWindow
End Sub
```

Datendefinitionsabfragen durchführen

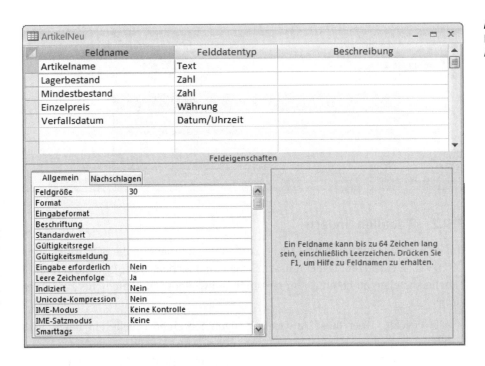

Abbildung 6.16:
Die neue Artikeltabelle

Sie haben bei der Anlage von Tabellen in Access die Möglichkeit festzulegen, dass ein Wert in ein bestimmtes Feld eingegeben werden muss. In der Entwurfsansicht ist dabei im Gruppenfeld FELDEIGENSCHAFTEN das Feld EINGABE ERFORDERLICH zuständig. Dieses Feld können Sie ebenso über eine SQL-Anweisung belegen. In der folgenden Prozedur aus Listing 6.15 wird eine Tabelle angelegt, bei der der Lagerbestand immer eingegeben werden muss.

Listing 6.15: Eingabepflicht für Datenfeld festlegen

```
Sub Definitionsabfrage03()
  Dim str As String

  str = "CREATE TABLE ArtikelNeu2 " & _
    "(Artikelname Text(30), " & _
    "Lagerbestand INTEGER NOT NULL, " & _
    "Mindestbestand INTEGER, Einzelpreis MONEY, " & _
    "Verfallsdatum DATETIME)"
  DoCmd.RunSQL str
  Application.RefreshDatabaseWindow
End Sub
```

Mit der SQL-Anweisung NOT NULL zwingen Sie einen Anwender zur Eingabe bestimmter Daten in eine Tabelle. Ein unvollständig eingegebener Datensatz kann nicht gespeichert werden.

Abbildung 6.17:
Das Feld
LAGERBESTAND muss
eingegeben
werden.

6.9.2 Tabellen ändern

Um eine bereits vorhandene Tabelle zu ändern, können Sie die SQL-Anweisung ALTER TABLE einsetzen. Dabei müssen Sie genau angeben, was Sie konkret mit der Tabelle anstellen möchten. Dafür stehen Ihnen weitere SQL-Statements zur Verfügung:

- ADD COLUMN: Über diese Anweisung fügen Sie einer Tabelle ein neues Feld hinzu.
- ADD CONSTRAINT: Mithilfe dieser Anweisung fügen Sie Ihrer Tabelle einen Mehrfachindex hinzu.
- DROP COLUMN: Durch den Einsatz dieser SQL-Anweisung entfernen Sie ein Feld aus Ihrer Tabelle.
- DROP CONSTRAINT: Hiermit löschen Sie einen Mehrfachindex aus Ihrer Tabelle.

In der nächsten Aufgabe soll in die Tabelle PERSONAL ein weiteres Datenfeld ABTEILUNG eingefügt werden. Die Prozedur für diese Aufgabe können Sie Listing 6.16 entnehmen.

Listing 6.16: Neues Feld in Tabelle anlegen

```
Sub TabellenfeldEinfügen()
  Dim str As String

  str = "ALTER TABLE Personal " & _
    "ADD COLUMN Abteilung Text(20)"
  DoCmd.RunSQL str
  Application.RefreshDatabaseWindow
End Sub
```

Geben Sie nach der SQL-Anweisung ALTER TABLE den Namen der Tabelle an, die Sie ändern möchten. Nach dem Befehl ADD COLUMN geben Sie das Feld inklusive Datentyp an und führen danach die Methode RunSQL aus, um das Feld in die Tabelle einzufügen.

Datendefinitionsabfragen durchführen

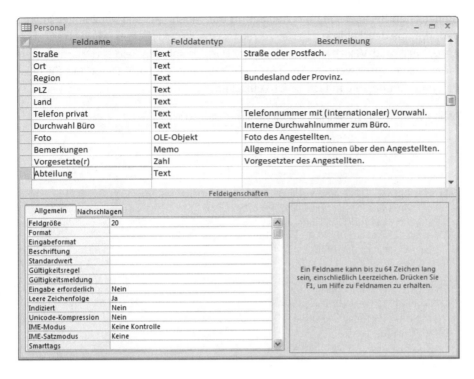

Abbildung 6.18:
Das Feld ABTEILUNG wurde eingefügt.

Um das Datenfeld ABTEILUNG wieder aus der Tabelle PERSONAL zu löschen, starten Sie die Prozedur aus Listing 6.17.

Listing 6.17: Feld aus Tabelle entfernen

```
Sub TabellenfeldLöschen()
  Dim str As String

  str = "ALTER TABLE Personal " & _
    "DROP COLUMN Abteilung"
  DoCmd.RunSQL str
  Application.RefreshDatabaseWindow
End Sub
```

Beim Löschen eines Datenfeldes müssen Sie lediglich den Namen des Feldes angeben.

Möchten Sie mehrere Felder aus einer Tabelle entfernen, so geben Sie diese durch Kommata getrennt nach der Anweisung DROP COLUMN an.

6.9.3 Einen Tabellenindex bestimmen

Möchten Sie einer Tabelle einen Index bzw. Mehrfachindex zuweisen, setzen Sie die SQL-Anweisung CREATE INDEX ein. Ein Index beschleunigt das Suchen und Sortieren von Datenfeldern.

Kapitel 6 • Abfragen programmieren

Im nächsten Beispiel soll im ersten Schritt die Tabelle ARTIKELNEU2 angelegt werden, die aus den Feldern ARTNR, ARTIKELNAME, LAGERBESTAND, MINDESTBESTAND, EINZELPREIS und VERFALLSDATUM besteht. Danach soll das Feld ARTNR mit einem Index ausgestattet werden, bei dem Duplikate möglich sind. Den Code für diese Prozedur können Sie in Listing 6.18 einsehen.

Listing 6.18: Tabelle erstellen und Index (Duplikate möglich) setzen

```
Sub TabelleMitIndexEinfügen()
  Dim str As String

  'Erster Schritt - Tabelle anlegen
  str = "CREATE TABLE ArtikelNeu2 " & _
    "(ArtNr INTEGER, Artikelname Text(30), " & _
    "Lagerbestand INTEGER NOT NULL, " & _
    "Mindestbestand INTEGER, Einzelpreis MONEY, " & _
    "Verfallsdatum DATETIME)"
  DoCmd.RunSQL str

  'Zweiter Schritt - Index einbauen
  str = "CREATE INDEX IndexDoppelt " _
    & "ON ArtikelNeu2 (ArtNr)"
  DoCmd.RunSQL str
  Application.RefreshDatabaseWindow
End Sub
```

Abbildung 6.19: Tabelle mit Index (Duplikate möglich) ausstatten

Die SQL-Anweisung `CREATE TABLE` setzen Sie ein, um Ihre Tabelle und die einzelnen Felder anzulegen. Danach verwenden Sie die Anweisung `CREATE INDEX`, um einen Index in die Tabelle einzufügen. Dabei müssen Sie dem Index einen Namen geben und Access mitteilen, in welcher Tabelle und auf welches Datenfeld dieser Index angewendet werden soll. Übergeben Sie dann der Methode `RunSQL` den String `str`, der die komplette SQL-Anweisung enthält.

Soll der Index eindeutig sein, also keine Duplikate zulassen, dann starten Sie die Prozedur aus Listing 6.19.

Listing 6.19: Tabelle erstellen und Index (ohne Duplikate) setzen

```
Sub TabelleMitEindeutIndexEinfügen()
  Dim str As String

  'Erster Schritt - Tabelle anlegen
  str = "CREATE TABLE ArtikelNeu3 " & _
    "(ArtNr INTEGER, Artikelname Text(30), " & _
    "Lagerbestand INTEGER NOT NULL, " & _
    "Mindestbestand INTEGER, Einzelpreis MONEY, " & _
    "Verfallsdatum DATETIME)"
  DoCmd.RunSQL str

  'Zweiter Schritt - Index einbauen
  str = "CREATE UNIQUE INDEX IndexDoppelt " & _
    "ON ArtikelNeu3 (ArtNr)"
  DoCmd.RunSQL str
  Application.RefreshDatabaseWindow
End Sub
```

Das Schlüsselwort `UNIQUE` sorgt dafür, dass der Index ohne Duplikate angelegt wird.

6.9.4 Tabellenindex entfernen

Möchten Sie einen bereits gesetzten Index aus einer Tabelle entfernen, setzen Sie die SQL-Anweisung `DROP INDEX` ein. Die folgende Prozedur aus Listing 6.20 entfernt den Index aus der Tabelle ARTIKELNEU2.

Listing 6.20: Index aus Tabelle entfernen

```
Sub TabellenIndexEntfernen()
  Dim str As String

  str = "DROP INDEX IndexDoppelt ON ArtikelNeu2"
  DoCmd.RunSQL str
  Application.RefreshDatabaseWindow
End Sub
```

Als Ergebnis sehen Sie im Entwurfsmodus der Tabelle ARTIKELNEU2 im Feld INDIZIERT den Wert NEIN. Der Index wurde also entfernt.

6.9.5 Tabelle entfernen

Verwenden Sie die SQL-Anweisung `DROP TABLE`, um eine Tabelle aus Ihrer Datenbank zu entfernen.

Im nächsten Beispiel in Listing 6.21 wird die Tabelle ARTIKELNEU2 aus der Datenbank entfernt.

Listing 6.21: Tabelle entfernen

```
Sub TabelleEntfernen()
  Dim str As String

  str = "DROP TABLE ArtikelNeu2"

  DoCmd.RunSQL str
  Application.RefreshDatabaseWindow
End Sub
```

Achten Sie beim Löschen darauf, dass die Tabelle nicht geöffnet ist. Sollte die Tabelle geöffnet sein, während Sie versuchen, diese zu löschen, erhalten Sie die folgende Fehlermeldung angezeigt:

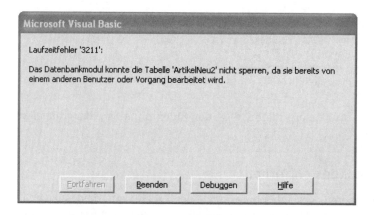

Abbildung 6.20: Access verhindert das Löschen geöffneter Tabellen.

Sie haben die Möglichkeit, mithilfe des Auflistungsobjekts `AllTables` zu checken, ob Ihre Tabelle existiert. Die Eigenschaft `IsLoaded` prüft, ob die zu löschende Tabelle geöffnet ist. Wenn ja, dann verwenden Sie die Methode `Close`, um die Tabelle zu schließen. Direkt anschließend können Sie sie dann entfernen.

Listing 6.22: Tabelle entfernen bei vorheriger Prüfung

```
Sub TabelleEntfernen()
  Dim str As String

  If CurrentData.AllTables("ArtikelNeu2").IsLoaded _
  Then DoCmd.Close acTable, "ArtikelNeu2"

  str = "DROP TABLE ArtikelNeu2"
  DoCmd.RunSQL str
  Application.RefreshDatabaseWindow
End Sub
```

6.10 Daten zusammenführen

Möchten Sie Tabellen ähnlichen Aufbaus in einer einzigen Tabelle zusammenführen, können Sie für diese Aufgabe die SQL-Anweisung UNION verwenden.

In der nächsten Aufgabe werden Sie die Tabellen LIEFERANTEN und KUNDEN der Datenbank NORDWIND.MDB zusammenführen. Dabei gehen Sie Schritt für Schritt vor:

1. Wechseln Sie von der Entwicklungsumgebung zurück in Ihre Datenbankansicht.
2. Klicken Sie in der Leiste DATENBANKOBJEKTE auf ABFRAGEN.
3. Führen Sie einen Doppelklick auf den Befehl ERSTELLT EINE NEUE ABFRAGE IN DER ENTWURFSANSICHT aus.
4. Schließen Sie das Fenster TABELLE ANZEIGEN mit einem Klick auf SCHLIESSEN.
5. Wählen Sie aus dem Menü ABFRAGE den Befehl SQL SPEZIFISCH/UNION.
6. Geben Sie im Abfrage-Fenster folgende Zeilen ein:

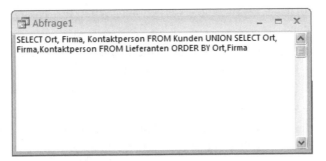

Abbildung 6.21:
Die SQL-Anweisung erfassen

7. Speichern und benennen Sie die Abfrage.
8. Starten Sie die gerade erstellte Abfrage, indem Sie sie doppelt anklicken.

Wenn Sie Ihr gerade erzeugtes Ergebnis ansehen, werden Sie feststellen, dass alle Sätze aus den beiden Tabellen zusammengeführt wurden. Selbstverständlich können Sie aber auch nur bestimmte Sätze aus beiden Tabellen über eine Abfrage zusammenführen.

Abbildung 6.22:
Zwei Tabellen wurden zusammengeführt.

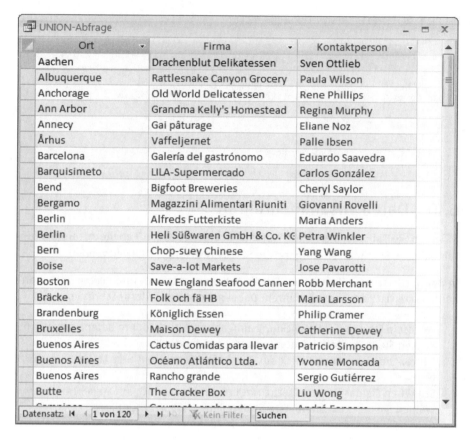

Folgende Ergänzungen werden Sie jetzt an der gerade erstellten Lösung vornehmen:

- Es sollen nur Daten aus Deutschland zusammengeführt werden.
- Die Sortierung sollte nach der KONTAKTPERSON durchgeführt werden.
- Das Feld KONTAKTPERSON muss in das Feld ANSPRECHPARTNER umbenannt werden.

Um diese Änderungen durchzuführen, öffnen Sie die soeben erstellte Abfrage im Entwurfsmodus und ändern die SQL-Abfrage wie folgt:

Abbildung 6.23:
Die Abfrage einschränken

Mit dem SQL-Schlüsselwort AS können Sie einem bereits benannten Datenfeld in der Ergebnistabelle einen neuen Feldnamen geben. Über die Anweisung WHERE können Sie dafür sorgen, dass nur bestimmte Datensätze selektiert werden. Über die Anweisung ORDER BY legen Sie die Sortierreihenfolge fest. Standardmäßig wird hierbei in aufsteigender Reihenfolge sortiert. Möchten Sie stattdessen lieber absteigend sortieren, fügen Sie das Schlüsselwort DESC hinter dem Feldnamen ANSPRECHPARTNER ein.

Abbildung 6.24: Nur Ansprechpartner aus Deutschland werden angezeigt.

Bei einer UNION-Abfrage werden alle Sätze automatisch herausgefiltert, die doppelt vorkommen. Sie brauchen sich daher nicht mehr darum zu kümmern, die doppelten Sätze rauszuwerfen. Möchten Sie jedoch auch die doppelten Sätze ausgeben, um selbst entscheiden zu können, was Sie später entfernen, dann setzen Sie das Schlüsselwort ALL ein. Die komplette Anweisung sieht dann wie folgt aus:

```
SELECT Land, Ort, Firma, Kontaktperson AS Ansprechpartner FROM Kunden WHERE
LAND = "Deutschland" UNION ALL SELECT Land, Ort, Firma, Kontaktperson FROM
Lieferanten WHERE LAND = "Deutschland" ORDER BY Ansprechpartner;
```

6.11 Abfragen programmieren mit ADO

Um noch mehr Möglichkeiten bei Abfragen zu haben, können Sie auch auf ADO zurückgreifen und eigene Abfragen per VBA-Code generieren.

6.11.1 Tabellen durch eine Abfrage erstellen

Der Einsatz von ADO im Zusammenspiel mit SQL-Anweisungen ermöglicht es, neue Tabellen zu erstellen.

Im nächsten Beispiel aus Listing 6.23 wird eine neue Datentabelle mithilfe einer Abfrage angelegt.

Listing 6.23: Tabelle über eine Abfrage anlegen

```
Sub AbfrageErstellenMitADO()
   Dim conn As New ADODB.Connection
   Dim cmd As ADODB.Command

   Set conn = CurrentProject.Connection

   Set cmd = New ADODB.Command
   With cmd
     .CommandText = "CREATE TABLE Adressen2 " & _
       "(ZählNR IDENTITY (10, 10), Nachname CHAR, " & _
       "Vorname CHAR, Straße CHAR, PLZ CHAR, Ort CHAR)"
     .ActiveConnection = conn
     .Execute
   End With
   Set cmd = Nothing
   Set conn = Nothing
End Sub
```

> **STOP** Sollte die Prozedur aus Listing 6.23 eine Fehlermeldung erzeugen, liegt dies daran, dass Sie in der Entwicklungsumgebung über den Menübefehl EXTRAS/VERWEISE noch die ADO-Bibliothek einbinden müssen.

Lassen Sie uns nun die einzelnen Schritte der Prozedur aus Listing 6.23 durchgehen. Im ersten Schritt erstellen Sie ein neues ADO-Objekt und geben bekannt, welche Verbindung und welche Datenbank vorliegen. Da die neue Tabelle in die aktuelle Datenbank eingebunden werden soll, können Sie die Anweisung CurrentProject.Connection einsetzen. Im nächsten Schritt erstellen Sie ein Command-Objekt, mit dessen Hilfe Sie unter anderem das Ausführen eines SQL-Befehls durchführen können. Diesen SQL-Befehl geben Sie in der Eigenschaft CommandText ein. Die SQL-Anweisung CREATE TABLE legt eine neue Tabelle an. Dabei müssen Sie den Namen der Tabelle angeben sowie die Felder definieren. Das erste AutoFeld beispielsweise wird über das Schlüsselwort IDENTITY angelegt. Dabei bedeuten die beiden Argumente in Klammern, dass die Zählung bei 10 beginnen und der nächste Satz jeweils um den Wert 10 hochaddiert werden soll. In der nachfolgenden ActiveConnection-Eigenschaft müssen Sie nochmals Ihre Verbindungsdaten angeben. Über die Methode Execute führen Sie die Abfrage bzw. die SQL-Anweisung durch. Löschen Sie am Ende der Prozedur die Objektverweise, um den reservierten Arbeitsspeicher wieder freizugeben.

Abfragen programmieren mit ADO

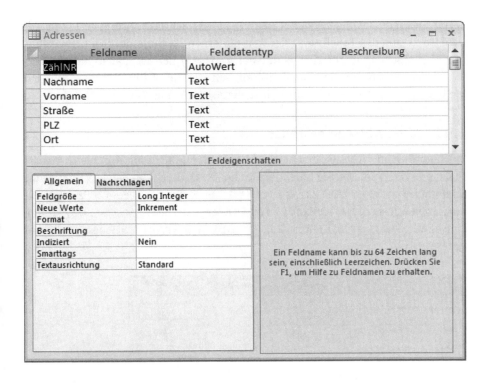

Abbildung 6.25:
Neue Tabelle über SQL-Abfrage anlegen

6.11.2 Daten aus Tabelle entfernen

Möchten Sie lediglich Daten aus einer Tabelle löschen, nicht aber die komplette Tabelle, so können Sie eine Abfrage schreiben, die so aussehen wird wie in Listing 6.24 gezeigt. Dabei wird die erstellte Abfrage nicht gespeichert.

Listing 6.24: Daten aus Tabelle löschen

```
Sub DatensätzeLöschen()
  Dim conn As New ADODB.Connection
  Dim cmd As ADODB.Command
  
  Set conn = CurrentProject.Connection
  
  Set cmd = New ADODB.Command
  With cmd
    .CommandText = "DELETE * FROM Artikel2"
    .ActiveConnection = conn
    .Execute
  End With
  Set cmd = Nothing
  Set conn = Nothing
End Sub
```

307

Legen Sie über die Eigenschaft `CommandText` die SQL-Anweisung fest, um alle Datensätze aus der Tabelle ARTIKEL2 zu entfernen. Mithilfe der SQL-Anweisung DELETE * löschen Sie alle Artikel aus der Tabelle. Über die Eigenschaft `ActiveConnection` geben Sie die Datenbank an, auf die zugegriffen werden soll. Die Methode `Execute` letztendlich führt die gewünschte Version durch.

6.11.3 Eine Abfrage erstellen

Möchten Sie eine Abfrage erstellen und diese dann auch als Abfrage in Access speichern, dann müssen Sie unter dem Menü EXTRAS und dem Befehl VERWEISE die Bibliothek MICROSOFT ADO EXT. 2.5 FOR DDL AND SECURITY (Access 2002) bzw. die Bibliothek MICROSOFT ADO EXT. 2.7 FOR DDL AND SECURITY (Access 2003) einbinden bzw. MICROSOFT ADO EXT. 2.8 FOR DDL AND SECURITY (Access 2007 und Access 2010).

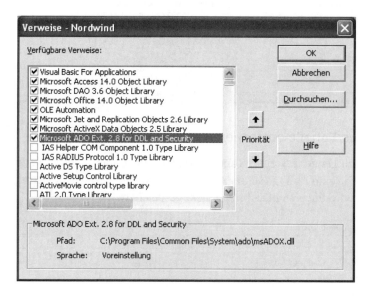

Abbildung 6.26: Die ADO Ext.-Bibliothek einbinden

Danach haben Sie Zugriff auf das Objekt `Catalog`, das Sie einsetzen können, um sogenannte View-Objekte (Abfragen) zu programmieren.

Im folgenden Listing 6.25 wird eine Abfrage per VBA-Prozedur angelegt. Dabei werden Daten aus der Tabelle ARTIKEL übertragen. Bevor Sie die Prozedur starten, sollten Sie prüfen, ob im Menü EXTRAS unter dem Befehl VERWEISE die Bibliothek MICROSOFT ACTIVEX OBJECTS LIBRARY aktiviert ist.

Listing 6.25: Abfrage erstellen

```
Sub AbfrageAnlegen()
   Dim cat As New ADOX.Catalog
   Dim cmd As ADODB.Command
```

```
cat.ActiveConnection = CurrentProject.Connection
Set cmd = New ADODB.Command
With cmd
   .CommandText = "SELECT * FROM Artikel"
End With
cat.Procedures.Append "ArtikelAbfrage01", cmd
Set cmd = Nothing
Set cat = Nothing
End Sub
```

Definieren Sie im ersten Schritt eine Objektvariable vom Typ `ADOX.Catalog`. Zusätzlich dazu benötigen Sie noch ein ADODB-Objekt vom Typ `Command`. Darunter speichern Sie später mithilfe der Eigenschaft `CommandText` Ihre SQL-Anweisung. In der Eigenschaft `ActiveConnection` geben Sie auch hier wieder Ihre aktuelle Datenbank als Quelle an. Über das Objekt `Procedures` legen Sie eine gespeicherte Prozedur an. Setzen Sie die Methode `Append` ein, um diesem Objekt die Abfrage hinzuzufügen. Als weiteres Argument benötigt die Methode noch die Information, was konkret die Abfrage machen soll. Diese Information haben Sie bereits als SQL-Anweisung in der Variablen `SQLcmd` bekannt gegeben. Vergessen Sie nicht, die Objekte nach ihrem Gebrauch wieder freizugeben.

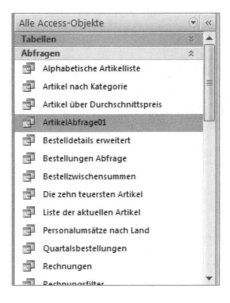

Abbildung 6.27:
Die Abfrage wurde angelegt.

Führen Sie einen Doppelklick auf die Abfrage durch, um die Ergebnisse daraus in einer Tabelle anzuzeigen.

6.11.4 Komplexere Abfragen generieren

Möchten Sie komplexere Abfragen erstellen, können Sie weitere SQL-Anweisungen in Ihren Quellcode einbauen.

Kapitel 6 • Abfragen programmieren

In der nächsten Prozedur in Listing 6.26 werden aus der Tabelle PERSONAL alle Mitarbeiter aus den Städten SEATTLE und LONDON ermittelt. Die Abfrage wird unter dem Namen ARTIKELABFRAGE02 gespeichert.

Listing 6.26: Komplexere Abfrage erstellen (Orte selektieren)

```
Sub AbfrageAnlegen02()
  Dim cat As New ADOX.Catalog
  Dim cmd As ADODB.Command

  cat.ActiveConnection = CurrentProject.Connection
  Set cmd = New ADODB.Command
  With cmd
    .CommandText = "SELECT Anrede, Nachname, " & _
    "Vorname, Geburtsdatum, Ort FROM Personal " & _
    "WHERE (Ort = 'London' OR Ort = 'Seattle')"
  End With
  cat.Procedures.Append "ArtikelAbfrage02", cmd
  Application.RefreshDatabaseWindow
  Set cmd = Nothing
  Set cat = Nothing
End Sub
```

Setzen Sie die SQL-Anweisung WHERE ein und trennen die einzelnen Kriterien durch das Schlüsselwort OR.

Abbildung 6.28: Alle Mitarbeiter aus London und Seattle

Im folgenden Beispiel soll eine Abfrage erstellt werden, die die Tabelle ARTIKEL verarbeitet. Dabei sollen alle Artikel ermittelt werden, die einen Lagerbestand von weniger als 15 Stück und einen Einzelpreis von unter 50 € haben. Die Lösung dieser Aufgabe sehen Sie in Listing 6.26.

Listing 6.27: Komplexere Abfrage erstellen (Lagerbestand und Einzelpreis checken)

```
Sub AbfrageAnlegen03()
  Dim cat As New ADOX.Catalog
  Dim cmd As ADODB.Command
```

Abfragen programmieren mit ADO

```
    cat.ActiveConnection = CurrentProject.Connection
    Set cmd = New ADODB.Command
    With cmd
      .CommandText = "SELECT Artikelname, " & _
        "Liefereinheit, Einzelpreis, " & _
        "Lagerbestand FROM Artikel WHERE " & _
        "(Lagerbestand < 15 AND Einzelpreis < 50) " & _
        "ORDER BY Lagerbestand"
    End With
    cat.Procedures.Append "ArtikelAbfrage03", cmd
    Application.RefreshDatabaseWindow
    Set cmd = Nothing
    Set cat = Nothing
End Sub
```

Die SQL-Anweisung WHERE kann natürlich auch mit dem Schlüsselwort AND kombiniert werden. Mithilfe der Anweisung ORDER BY können Sie zusätzlich eine Sortierung der Ergebnistabelle vornehmen.

Artikelname	Liefereinheit	Einzelpreis	Lagerbestan
Gorgonzola Telino	12 x 100-g-Packungen	12,50 €	0
Chef Anton's Gumbo Mix	36 Kartons	21,35 €	0
Perth Pasties	48 Stück	32,80 €	0
Alice Mutton	20 x 1-kg-Dosen	39,00 €	0
Sir Rodney's Scones	24 Packungen x 4 Stück	10,00 €	3
Louisiana Hot Spiced Okra	24 x 8-oz-Gläser	17,00 €	4
Longlife Tofu	5-kg-Paket	10,00 €	4
Røgede sild	1-kg-Paket	9,50 €	5
Scottish Longbreads	10 Kartons x 8 Stück	12,50 €	6
Northwoods Cranberry Sauce	12 x 12-oz-Gläser	40,00 €	6
Mascarpone Fabioli	24 x 200-g-Packungen	32,00 €	9
Nord-Ost Matjeshering	10 x 200-g-Gläser	25,89 €	10
Maxilaku	24 x 50-g-Packungen	20,00 €	10
Gravad lax	12 x 500-g-Packungen	26,00 €	11
Aniseed Syrup	12 x 550-ml-Flaschen	10,00 €	13
Mozzarella di Giovanni	24 x 200 g-Packungen	34,80 €	14
*		0,00 €	0

Abbildung 6.29:
Alle Artikel, die einen Lagerbestand < 15 und einen Einzelpreis < 50 haben

Im nächsten Beispiel werten Sie gleich zwei Tabellen zusammen aus. Die Tabellen KUNDEN und LIEFERANTEN sollen gemeinsam ausgewertet werden. Dabei sollen nur Kunden angezeigt werden, die aus Deutschland, Frankreich oder Spanien kommen.

Sehen Sie sich die Lösung dieser Aufgabe in Listing 6.28 an.

Listing 6.28: Komplexere Abfrage erstellen (Bestände zusammenführen)

```
Sub AbfrageAnlegen04()
  Dim cat As New ADOX.Catalog
  Dim cmd As ADODB.Command
```

Kapitel 6 • Abfragen programmieren

```
    cat.ActiveConnection = CurrentProject.Connection
    Set cmd = New ADODB.Command
    With cmd
        .CommandText = "SELECT Land, Ort, Firma, " & _
            "Kontaktperson AS Ansprechpartner " & _
            "FROM Kunden WHERE LAND = 'Deutschland' " & _
            "UNION ALL SELECT Land, Ort, Firma, " & _
            "Kontaktperson FROM Lieferanten " & _
            "WHERE LAND = 'Deutschland' OR " & _
            "LAND = 'Spanien' OR Land = 'Frankreich' " & _
            "ORDER BY Ansprechpartner"
    End With
    cat.Procedures.Append "ArtikelAbfrage04", cmd
    Application.RefreshDatabaseWindow
    Set cmd = Nothing
    Set cat = Nothing
End Sub
```

Abbildung 6.30:
Alle Ansprechpartner aus den Ländern Deutschland, Spanien und Frankreich

Land	Ort	Firma	Ansprechpartner
Deutschland	Leipzig	Morgenstern Gesundkost	Alexander Feuer
Spanien	Oviedo	Cooperativa de Quesos 'Las Cabras'	Antonio del Valle Saaved
Frankreich	Annecy	Gai pâturage	Eliane Noz
Frankreich	Paris	Aux joyeux ecclésiastiques	Guylène Nodier
Deutschland	Mannheim	Blauer See Delikatessen	Hanna Moos
Deutschland	Köln	Ottilies Käseladen	Henriette Pfalzheim
Deutschland	Cunewalde	QUICK-Stop	Horst Kloss
Deutschland	Münster	Toms Spezialitäten	Karin Josephs
Deutschland	Berlin	Alfreds Futterkiste	Maria Anders
Frankreich	Montceau	Escargots Nouveaux	Marie Delamare
Deutschland	Frankfurt	Plutzer Lebensmittelgroßmärkte AG	Martin Bein
Deutschland	München	Frankenversand	Peter Franken
Deutschland	Berlin	Heli Süßwaren GmbH & Co. KG	Petra Winkler
Deutschland	Brandenburg	Königlich Essen	Philip Cramer
Deutschland	Frankfurt a.M.	Lehmanns Marktstand	Renate Messner
Deutschland	Stuttgart	Die Wandernde Kuh	Rita Müller
Deutschland	Aachen	Drachenblut Delikatessen	Sven Ottlieb
Deutschland	Cuxhaven	Nord-Ost-Fisch Handelsgesellschaft m	Sven Petersen

Mit dem Schlüsselwort AS können Sie einem Datenfeld im Ergebnis einen anderen Namen geben. Mit der Anweisung UNION ALL werden alle Datensätze aus beiden Tabellen im Ergebnis präsentiert. Sind einzelne Kunden bzw. Lieferanten doppelt erfasst, dann werden sie bei dieser Option nicht automatisch gelöscht. Sollen jedoch die doppelten Sätze sofort gelöscht werden, dann lassen Sie das Schlüsselwort ALL nach der UNION-Anweisung weg. In der WHERE-Anweisung reihen Sie die einzelnen Kriterien für die Filterung getrennt durch das Schlüsselwort OR hintereinander an. Sortieren Sie anschließend die Ergebnistabelle nach dem Ansprechpartner mithilfe der SQL-Anweisung ORDER BY.

Abfragen programmieren mit ADO

Die gerade erstellte UNION-Abfrage hebt sich von den anderen Abfragen ab. Wenn Sie in der Abfragen-Ansicht nachsehen, werden Sie vor der Abfrage ein doppeltes Ring-Symbol sehen. Dies ist das Zeichen für eine UNION-Abfrage.

6.11.5 Parameterabfragen erstellen

Bei Parameterabfragen müssen Sie über eine Eingabefeld das Kriterium eingeben, nach dem die Abfrage arbeiten soll. Angewandt in einem Beispiel könnte das bedeuten, dass eine Adressentabelle zu durchsuchen ist. Im Eingabefeld geben Sie die gewünschte Stadt ein, und Access sucht Ihnen dann aus dem Datenbestand alle Adressen dieser Stadt aus.

Die Lösung dieser Aufgabenstellung können Sie Listing 6.29 entnehmen.

Listing 6.29: Parameterabfrage erstellen (nach Texten suchen)

```
Sub ParameterAbfrageAnlegen()
  Dim cat As New ADOX.Catalog
  Dim cmd As ADODB.Command

  cat.ActiveConnection = CurrentProject.Connection
  Set cmd = New ADODB.Command
  With cmd
    .CommandText = "PARAMETERS [Orteingabe] text; " & _
       "SELECT * FROM Kunden WHERE Ort = [Orteingabe]"
  End With
  cat.Procedures.Append "ArtikelAbfrage05", cmd
  Application.RefreshDatabaseWindow
  Set cmd = Nothing
  Set cat = Nothing
End Sub
```

Abbildung 6.31: Alle Kontaktpersonen aus London

Über das Schlüsselwort PARAMETERS geben Sie an, dass es sich um eine Abfrage handeln soll, bei der der Anwender noch einen Wert eingeben muss. Setzen Sie einen Begriff in eckige Klammern. Dieser Begriff wird dann später in der Meldung angezeigt, sobald Sie die Abfrage durch einen Doppelklick starten möchten. Gleich danach legen Sie fest, um welche Art Dateneingabe es sich dabei handeln soll. Da Sie eine Stadt eingeben müssen, verwenden Sie hierfür den Datentyp TEXT.

Im nächsten Beispiel durchforsten Sie die Tabelle nach den Bestellungen zu einem bestimmten Datum. Den Code für diese Aufgabenstellung können Sie in Listing 6.30 einsehen.

Listing 6.30: Parameterabfrage erstellen (nach Datum auswerten)

```
Sub ParameterAbfrageAnlegen02()
  Dim cat As New ADOX.Catalog
  Dim cmd As ADODB.Command
  
  cat.ActiveConnection = CurrentProject.Connection
  Set cmd = New ADODB.Command
  With cmd
    .CommandText = "PARAMETERS [Datumseingabe] Date; " _
      & "SELECT * FROM Bestellungen WHERE " _
      & "Bestelldatum = [Datumseingabe]"
  End With
  cat.Procedures.Append "ArtikelAbfrage06", cmd
  Application.RefreshDatabaseWindow
  Set cmd = Nothing
  Set cat = Nothing
End Sub
```

Da es sich um ein Datum handelt, das Sie abfragen möchten, müssen Sie das Datenfeld mit dem Datentyp Date definieren.

Abbildung 6.32: Alle Bestellungen vom 6. Mai 1998

Kapitel 7
Programmierung von Dialogen, Steuerelementen und Formularen

Dieses Kapitel behandelt, wie Sie in Access Formulare erstellen und nachträglich mit zusätzlichen VBA-Routinen erweitern können. Automatisieren Sie Ihre Formulare Stück für Stück!

Unter anderem werden in diesem Kapitel folgende Fragen beantwortet:

- Wie kann ich ein Meldungsfenster in Access programmieren?
- Wie rufe ich eine Eingabemaske in Access auf?
- Wie erstelle ich Formulare mithilfe des Formular-Assistenten?
- Welche Tipps kann ich in der Entwurfsansicht nutzen?
- Wie kann ich mir bereits mithilfe der Formulareigenschaften Programmierungsarbeit sparen?
- Wie setze ich die »Bedingte Formatierung« in Formularen ein?
- Wie kann ich mir VBA-Code erzeugen lassen?
- Wie greife ich mit VBA auf Formulare zu?
- Wie programmiere ich die Steuerelemente eines Formulars?
- Wie kann ich ein Formular voll automatisieren?
- Wie erstelle ich ein »lernendes« Formular?
- Wie kann ich die Art der Markierung in Textfeldern ändern?
- Wie kann ich Textfelder dynamisch ein- und ausblenden?
- Wie programmiere ich Kombinationsfelder und Listenfelder?
- Wie kann ich Kontrollkästchen und Optionsschaltflächen programmieren?
- Wie kann ich eine Uhr und einen Kalender in ein Formular einbinden?
- Wie kann ich einen Fortschrittsbalken in Access programmieren?
- Wie arbeite ich mit einem Slider?
- Wie kann ich das TREEVIEW-Steuerelement einsetzen?
- Wie kann ich Videos in Access abspielen?
- Wie kann ich einen Hyperlink in ein Formular einbauen?
- Wie kann ich mit ImageList und ListView umgehen?
- Wie kann ich Diagramme in Access programmieren und exportieren?
- Wie kann ich ein Bildbetrachtungsprogramm sowie einen Diaprojektor erstellen?

Die Themen dieses Kapitels

Die in diesem Kapitel vorgestellten Lösungen finden Sie auf der CD-ROM zum Buch im Ordner KAP07 unter dem Namen NORDWIND.MDB. Die Listings finden Sie in MODUL1.

7.1 Das Meldungsfeld MsgBox

In den vorherigen Kapiteln wurde die Funktion MsgBox bereits häufiger eingesetzt. Diese Funktion wird z.B. verwendet, um den Anwender über ein Ergebnis einer Prozedur zu informieren oder auch um eine Warnmeldung auf dem Bildschirm anzuzeigen. Dabei können Sie das Aussehen dieser Maske selbst bestimmen.

Die Syntax der Methode MsgBox

Um eine Meldung auf dem Bildschirm anzuzeigen, verwenden Sie die Methode MsgBox, die die folgende Syntax hat:

```
MsgBox(prompt[, buttons] [, title] [, helpfile, _
context])
```

Das erste Argument prompt muss angegeben werden. Es besteht aus einem Text, der als Meldung im Dialogfeld erscheinen soll.

Das nächste Argument buttons bestimmt, welche Schaltflächen Sie in Ihrer Meldung mit anzeigen möchten. Diese Einstellung können Sie entweder durch eine Konstante oder einen eindeutigen Index vornehmen. Der folgenden Tabelle 7.1 können Sie die möglichen Varianten entnehmen:

Tabelle 7.1: Die Schaltflächen für MsgBox

Konstante oder Wert	Beschreibung
vbOKOnly oder 0	Zeigt nur die Schaltfläche OK an
vbOKCancel oder 1	Zeigt die Schaltflächen OK und ABBRECHEN an
vbAbortRetryIgnore oder 2	Zeigt die Schaltflächen ABBRUCH, WIEDERHOLEN und IGNORIEREN an
vbYesNoCancel oder 3	Zeigt die Schaltflächen JA, NEIN und ABBRECHEN an
vbYesNo oder 4	Zeigt die Schaltflächen JA und NEIN an
vbRetryCancel oder 5	Zeigt die Schaltflächen WIEDERHOLEN und ABBRECHEN an
vbCritical oder 16	Zeigt Meldung mit STOPP-Symbol an
vbQuestion oder 32	Zeigt Meldung mit FRAGEZEICHEN-Symbol an
vbExclamation oder 48	Zeigt Meldung mit AUSRUFEZEICHEN-Symbol an
vbInformation oder 64	Zeigt Meldung mit INFO-Symbol an
vbDefaultButton1 oder 0	Erste Schaltfläche ist Standardschaltfläche
vbDefaultButton2 oder 256	Zweite Schaltfläche ist Standardschaltfläche
vbDefaultButton3 oder 512	Dritte Schaltfläche ist Standardschaltfläche
vbDefaultButton4 oder 768	Vierte Schaltfläche ist Standardschaltfläche

Konstante oder Wert	Beschreibung
vbApplicationModal oder 0	Der Anwender muss auf das Meldungsfeld zuerst reagieren, bevor er seine Arbeit mit der aktuellen Anwendung fortsetzen kann.
vbSystemModal oder 4096	Alle Anwendungen werden unterbrochen, bis der Benutzer auf das Meldungsfeld reagiert.
vbMsgBoxHelpButton oder 16384	Fügt dem Meldungsfenster eine Hilfe-Schaltfläche hinzu

Tabelle 7.1:
Die Schaltflächen für MsgBox (Forts.)

Die Anzahl und die Typen der im Dialogfeld angezeigten Schaltflächen werden in der ersten Gruppe beschrieben. Die zweite Gruppe beschreibt die Symbolart. Die dritte Gruppe legt die Standardschaltfläche fest.

Je Gruppe kann jeweils nur ein Wert angegeben werden.

Im nächsten Argument title legen Sie einen Text fest, der im Fenstertitel angezeigt werden soll.

Die letzten beiden Argumente helpfile und context setzen Sie ein, wenn Sie auf einen Hilfe-Text im Meldungsfenster verweisen möchten.

Die maximale Länge ist je nach Breite der verwendeten Zeichen auf ca. 1.024 Zeichen beschränkt.

Gerade haben Sie erfahren, wie Sie zusätzliche Schaltflächen in eine Meldung integrieren können. Wie aber können Sie ermitteln, welche Schaltfläche der Anwender schließlich anklickt?

7.1.1 Welche Schaltfläche wurde angeklickt?

Abhängig davon, welche Schaltfläche der Anwender im Meldungsfeld anklickt, sollen unterschiedliche Aktionen folgen. Wird z.B. die Schaltfläche ABBRECHEN angeklickt, muss die Prozedur sofort beendet werden. Der folgenden Tabelle können Sie die möglichen Rückgabewerte entnehmen.

Konstante oder Wert	Beschreibung
vbOK oder 1	Die Schaltfläche OK wurde geklickt.
vbCancel oder 2	Die Schaltfläche ABBRECHEN wurde geklickt.
vbAbort oder 3	Die Schaltfläche ABBRUCH wurde geklickt.
vbRetry oder 4	Die Schaltfläche WIEDERHOLEN wurde geklickt.
vbIgnore oder 5	Die Schaltfläche IGNORIEREN wurde geklickt.
vbYes oder 6	Die Schaltfläche JA wurde geklickt.
vbNo oder 7	Die Schaltfläche NEIN wurde geklickt.

Tabelle 7.2:
Die Rückgabewerte der Schaltflächen

Wie Sie die Konstanten bzw. die Nummern einsetzen, erfahren Sie in den nächsten Beispielen.

7.1.2 Löschrückfrage einholen

Stellen Sie sich vor, Sie sollen eine Tabelle mithilfe einer Prozedur löschen. Vorher möchten Sie aber noch eine Meldung auf dem Bildschirm anzeigen lassen, die nachfragt, ob die Tabelle wirklich gelöscht werden darf.

Listing 7.1: Rückfrage programmieren, ob eine Tabelle wirklich gelöscht werden soll

```
Sub LöschenTabelleMitRückfrage()
  Dim intAntwort As Integer
  intAntwort = MsgBox _
    ("Wollen Sie die Tabelle wirklich löschen?", _
    1 + vbQuestion, "Löschenabfrage")
  If intAntwort = vbCancel Then Exit Sub
  DoCmd.DeleteObject acTable, "Artikel2"
End Sub
```

Um zu ermitteln, welche Schaltfläche der Anwender klickt, fragen Sie die Variable i ab. Klickt der Anwender auf die Schaltfläche ABBRECHEN, so meldet die Variable den Wert 2 (vbCancel), was ein sofortiges Beenden der Prozedur zur Folge hat. Anderenfalls wird über die Methode DeleteObject das Objekt vom Typ acTable, also Tabelle ARTIKEL2, gelöscht.

Abbildung 7.1: Löschabfrage einholen

7.1.3 Informationen anzeigen

Im nächsten Beispiel sollen mehrere Informationen in einem Meldungsfenster auf dem Bildschirm in mehreren Zeilen angezeigt werden.

Listing 7.2: Mehrzeilige Meldung auf dem Bildschirm ausgeben

```
Sub InfoMeldungAnzeigen ()
  MsgBox "Hallo Anwender " & Application.CurrentUser _
    & Chr(13) & "Heute ist der " & Date & Chr(13) _
    & "Genau " & Time & " Uhr!", vbInformation, _
    "Information"
End Sub
```

Wenn Sie mehrzeilige Informationen in einem Meldungsfenster ausgeben wollen, verbinden Sie die einzelnen Stücke jeweils mit dem Zeichen &. Am Ende jeder Zeile geben Sie ein Leerzeichen ein, gefolgt von einem Unterstrich, um mitzuteilen, dass der Befehl noch nicht zu Ende ist und in der nächsten Zeile fortgesetzt werden soll. Setzen Sie die Funktion Chr(13) ein, um einen Zeilenumbruch in der Meldung zu erzeugen.

Abbildung 7.2: Meldungsfenster anzeigen

7.1.4 Ist eine bestimmte Datenbank vorhanden?

Im folgenden Beispiel soll geprüft werden, ob sich eine bestimmte Datenbank auf der lokalen Festplatte im Verzeichnis C:\Eigene Dateien befindet. Die Prozedur für diese Aufgabe können Sie Listing 7.3 entnehmen.

Listing 7.3: Prüfung, ob Datenbank existiert

```
Sub IstDateiVorhanden()
  Dim str As String
  Const Datei = "C:\Eigene Dateien\Nordwind.mdb"

  str = Dir(Datei)
  If str <> "" Then
    MsgBox "Datei vorhanden!", vbExclamation
  Else
    MsgBox "Datei " & Datei & " nicht vorhanden!", _
      vbCritical
  End If
End Sub
```

Mit der Funktion Dir können Sie ermitteln, ob eine bestimmte Datei existiert. Wird der Name der gesuchten Datei in der Variablen str zurückgegeben, war die Suche erfolgreich. Meldet die Funktion jedoch in der Variablen str keinen Wert zurück, wurde die Datei nicht gefunden.

Abbildung 7.3: Meldung mit Stopp-Symbol

7.2 Die Eingabemaske InputBox

Mithilfe der Methode `InputBox` versetzen Sie den Anwender in die Lage, einzelne Eingaben in einer Maske vorzunehmen. Diese Funktion eignet sich für kleinere Aufgaben hervorragend, und auch hier können Sie Aussehen und Funktion des Dialogfelds selbst bestimmen.

Die Syntax der Methode InputBox

Die Syntax dieser Funktion sieht wie folgt aus:

```
InputBox(prompt, title, default, Left, Top, helpFile,
 helpContext)
```

Das erste Argument `prompt` muss angegeben werden. Es besteht aus einem Text, der als Meldung im Dialogfeld erscheinen soll.

Im nächsten Argument `title` legen Sie einen Text fest, der im Fenstertitel angezeigt werden soll.

Im Argument `default` können Sie eine Vorbelegung wählen, die im Textfeld angezeigt wird, wenn der Benutzer keine Eingabe vorgenommen hat. Wenn Sie das Argument weglassen, wird ein leeres Textfeld angezeigt.

Mit den nächsten beiden Argumenten `left` und `top` können Sie die Position auf dem Bildschirm festlegen, an der das entsprechende Dialogfeld angezeigt werden soll. So wird beim Argument `left` der horizontale Abstand des linken Rands des Dialogfeldes vom linken Rand des Bildschirms festgelegt. Beim Argument `top` wird der vertikale Abstand des oberen Rands des Dialogfeldes vom oberen Rand des Bildschirms festgelegt.

Die beiden Argumente `helpfile` und `context` setzen Sie ein, wenn Sie auf einen Hilfetext im Eingabe-Fenster verweisen möchten.

Wie Sie die Schaltflächen abfragen können, haben Sie bereits bei der Funktion `MsgBox` gelernt.

7.2.1 Mehrwertsteuer errechnen

Dem Anwender soll nach der Eingabe eines Nettobetrags automatisch die Mehrwertsteuer angezeigt werden.

Listing 7.4: Mehrwertsteuer über `InputBox` errechnen

```
Sub MwstErrechnen()
  Dim curBetrag As Currency
  Dim curGesamt As Currency
  Const dblMwst As Double = "1,19"

  curBetrag = InputBox _
    ("Mehrwertsteuer errechnen", _
    "Bitte Betrag eingeben")
  If curBetrag = 0 Then Exit Sub
```

```
    curGesamt = curBetrag * dblMwst
    MsgBox "Die Mehrwertsteuer beträgt: " & _
       curGesamt - curBetrag & " _"
End Sub
```

Legen Sie zuerst in einer Konstanten den derzeitigen Mehrwertsteuersatz fest. Danach rufen Sie die Methode `InputBox` auf und fordern den Anwender auf, einen Betrag einzugeben. Sollte der Anwender die Schaltfläche ABBRECHEN angeklickt haben, wird das Programm durch die Anweisung `Exit Sub` sofort verlassen. Im anderen Fall wird zuerst der Gesamtbetrag aus dem Nettobetrag und dem Prozentsatz der Mehrwertsteuer errechnet. Danach wird der Mehrwertsteuerbetrag ermittelt und in einem Meldungsfeld ausgegeben.

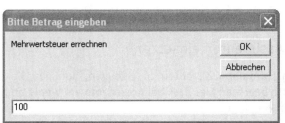

Abbildung 7.4: Mehrwertsteuer über `InputBox` berechnen und ausgeben

7.2.2 Mehrere Eingaben erfassen

Normalerweise können Sie in einem Eingabe-Fenster immer nur Daten in einem, also nicht in mehreren Textfeldern gleichzeitig erfassen. Falls jedoch mehrere Eingaben erforderlich sind, können Sie diese Funktion mehrmals hintereinander aufrufen und die erfassten Werte nacheinander in den Direktbereich von Access schreiben.

Listing 7.5: Mehrmalige Eingabe über `InputBox` durchführen

```
Sub MehrereEingabenErfassen()
  Dim i As Integer
  Dim i2 As Integer
  On Error Resume Next

  For i2 = 1 To 3
    i = InputBox("Zahl eingeben:", "Mehrmalige Eingabe")
    If i <> False Then
      Debug.Print i
    Else
      Exit Sub
    End If
  Next
End Sub
```

Die Methode InputBox wird dreimal nacheinander aufgerufen. Dazu setzen Sie die Schleife For Next ein. Wenn die Taste ABBRECHEN geklickt wird, erfolgt das sofortige Ende der Prozedur. Im anderen Falle werden die eingegebenen Daten in den Direktbereich von Access geschrieben.

7.3 Formulare erstellen

Möchten Sie mit Formularen in Access arbeiten, um sich beispielsweise die Eingabe von Daten zu erleichtern oder Suchfunktionen in Access einzusetzen, dann können Sie sich Ihre eigenen Formulare entwerfen. Für diese Aufgabe können Sie den Formular-Assistenten von Access einsetzen und später das erzeugte Formular weiter verfeinern.

7.3.1 Den Formular-Assistenten einsetzen

Um ein Formular über den Formular-Assistenten zu erzeugen, befolgen Sie die nächsten Arbeitsschritte. Bitte beachten Sie, dass bei Access 2010 ein wenig anders vorgegangen wird als bei den Vorgängerversionen.

1. Starten Sie den Formular-Assistenten. Bei Access 2010 wählen Sie hierzu im Ribbon ERSTELLEN aus der Gruppe FORMULARE das Element FORMULAR-ASSISTENT.

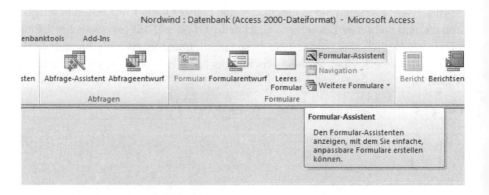

Bei früheren Access-Versionen begeben Sie sich in das Datenbank-Fenster und wählen aus dem Menü ANSICHT den Befehl DATENBANKOBJEKTE/FORMULARE. Anschließend klicken Sie auf die Schaltfläche NEU. Bei dem dann angezeigten Dialog NEUES FORMULAR markieren Sie im Listenfeld den Eintrag FORMULAR-ASSISTENT und wählen aus dem Drop-down-Feld die Tabelle oder die Abfrage aus, auf deren Grundlage Sie das Formular erstellen möchten. Stellen Sie dort jetzt einmal die Tabelle ARTIKEL ein, und klicken Sie danach auf OK.

Formulare erstellen

2. Der Formular-Assistent startet:

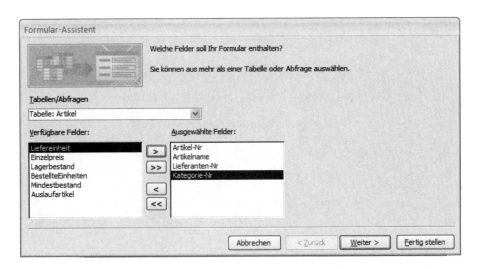

Abbildung 7.5:
Die Felder dem Formular hinzufügen

3. Bei Access 2010 wählen Sie erst hier die Tabelle oder Abfrage aus, auf deren Grundlage Sie das Formular erstellen möchten. Bei sämtlichen Access-Versionen, markieren Sie hier die einzelnen Datenfelder, die Ihr Formular anzeigen soll, und klicken Sie auf die Pfeil-Symbole, um die Felder einzufügen.
4. Klicken Sie danach auf WEITER.

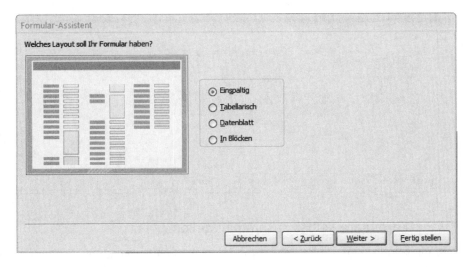

Abbildung 7.6:
Layout des Formulars festlegen

5. Bestimmen Sie das Layout Ihres Formulars, indem Sie eine der angebotenen Optionen auswählen.
6. Klicken Sie danach auf WEITER, um zum nächsten Schritt des Assistenten zu gelangen.

Abbildung 7.7:
Den Namen des Formulars festlegen

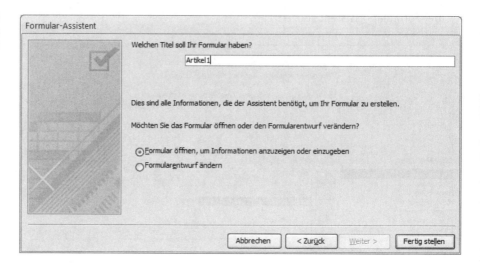

7. Geben Sie im letzten Schritt des Assistenten dem Formular einen Namen und lassen die Einstellungen wirksam werden, indem Sie die Schaltfläche FERTIG STELLEN klicken. Das Formular wird gleich danach standardmäßig aufgerufen.

Abbildung 7.8:
Der erste Wurf ist richtig gut!

7.3.2 Formulare selbst zusammenstellen

Selbstverständlich können Sie ein Formular auch ohne Verwendung des Formular-Assistenten entwerfen und von Grund auf neu erstellen. Wechseln Sie, bei Access-Versionen vor Access 2007, in das Datenbank-Fenster und klicken in der Objektliste auf den Eintrag FORMULAR. Klicken Sie danach auf das Symbol NEU, wählen im Dialogfeld NEUES FORMULAR im Listenfeld den Eintrag ENTWURFS-ANSICHT und die Tabelle bzw. Abfrage, auf die sich das Formular beziehen soll, und bestätigen über die Schaltfläche OK.

Bei Access 2007 bzw. 2010 wählen Sie einfach aus dem Ribbon ERSTELLEN in der Gruppe FORMULARE das Element FORMULARENTWURF.

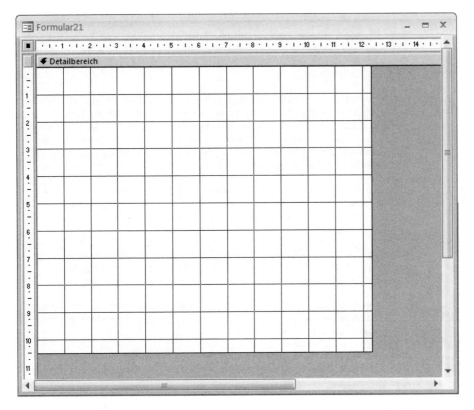

Abbildung 7.9:
Das leere Formular in der Entwurfsansicht

7.3.3 Die Steuerelemente aus der Toolbox

Sobald Sie in die Entwurfsansicht eines Formulars wechseln, wird bei Access-Versionen vor Access 2007 die Symbolleiste TOOLBOX eingeblendet. Diese TOOLBOX enthält die Steuerelemente für Ihr Formular. Bei Versionen ab Access 2007 finden Sie Steuerelemente auf dem Ribbon ENTWURF in der Gruppe STEUERELEMENTE. Der Ribbon ENTWURF steht übrigens erst zur Verfügung, wenn Sie ein Formular in der Entwurfansicht öffnen.

Entnehmen Sie der folgenden Tabelle die zur Verfügung stehenden Steuerelemente. Bitte beachten Sie, dass die dargestellten Elemente sich auf die Version Access 2010 beziehen. In früheren Access-Versionen können bestimmte Steuerelemente entweder anders heißen oder eventuell ganz fehlen. Außerdem beschränkt sich diese Liste auf die wichtigsten Funktionen.

Tabelle 7.3:
Die Steuerelemente für Formulare

Element	Beschreibung
	Über das Symbol AUSWÄHLEN können Sie Formularfelder auswählen, um sie beispielsweise zu verschieben.
Aa	Das Symbol BEZEICHNUNG setzen Sie ein, um beschreibenden Text, z. B. Titel, Beschriftungen oder kurze Anweisungen für andere Formularfelder im Formular, darzustellen. Bezeichnungsfelder zeigen keine Werte aus Feldern oder Ausdrücken an. Sie sind stets ungebunden. Es handelt sich dabei standardmäßig um konstante Texte.
ab|	Das Symbol TEXTFELD verwenden Sie, um Daten aus einer Datenherkunft anzuzeigen. Dieser Textfeldtyp wird als gebundenes Textfeld bezeichnet, da er an Daten eines Feldes (Daten aus einer Tabelle oder einer Abfrage) gebunden ist. Textfelder können jedoch auch ungebunden sein. Sie können beispielsweise ein ungebundenes Textfeld erstellen, um das Ergebnis einer Berechnung anzuzeigen oder Benutzereingaben aufzunehmen. Daten in einem ungebundenen Textfeld werden dann jedoch nicht in einer Tabelle gespeichert.
[xyz]	Sie können eine OPTIONSGRUPPE in einem Formular dazu verwenden, eine begrenzte Anzahl an Auswahlmöglichkeiten anzuzeigen. Eine Optionsgruppe erleichtert das Auswählen eines Wertes, da Sie nur auf den gewünschten Wert klicken müssen. In einer Optionsgruppe kann immer nur eine Option ausgewählt werden.
	Bei der UMSCHALTFLÄCHE handelt es sich um eine Schaltfläche, die einem Lichtschalter ähnelt. Es kann immer nur ein Zustand vorherrschen. Wenn Sie diese Schaltfläche anklicken, wird sie gedrückt dargestellt. Ein nochmaliger Klick darauf entrastet diese Schaltfläche wieder.
⊙	Das OPTIONSFELD, auch bekannt als RADIOBUTTON, kann aktiviert oder nicht aktiviert sein. Bei aktiviertem Zustand ist das Optionsfeld mit einem schwarzen Punkt ausgefüllt. Sind Optionsfelder gruppiert, kann immer nur ein Optionsfeld aktiviert sein.
☑	Das KONTROLLKÄSTCHEN kann entweder aktiviert oder nicht aktiviert sein. Bei aktiviertem Zustand erscheint im Kästchen ein Häkchen. Wenn Sie Kontrollkästchen in einer Gruppe verwenden, können eines oder auch mehrere Kontrollkästchen aktiviert sein.
	Ein KOMBINATIONSFELD besteht streng genommen aus einem Eingabefeld, das mit einem Listenfeld gekoppelt ist. Kombinationsfelder erkennen Sie daran, dass sich rechts neben dem Eingabefeld ein kleiner Pfeil nach unten befindet. Mit einem Klick darauf werden Ihnen weitere Auswahlmöglichkeiten angeboten. In einem Kombinationsfeld kann immer nur ein Eintrag gewählt werden.
	Verwandt mit dem Kombinationsfeld ist auch das LISTENFELD. Das Listenfeld benötigt jedoch mehr Platz, weil mehrere Einträge gleichzeitig angezeigt werden. Ein Listenfeld kann so eingestellt werden, dass mehrere Einträge ausgewählt werden können.
	BEFEHLSSCHALTFLÄCHEN bieten Ihnen eine Möglichkeit, Aktionen auszuführen, indem Sie einfach auf die Schaltflächen klicken.
	Das Symbol BILD setzen Sie dann ein, wenn Sie in Ihrem Formular ein Bild anzeigen möchten. Nach dem Einfügen dieses Symbols in Ihr Formular öffnet sich ein Dialogfeld, in dem Sie das gewünschte Bild von Ihrer Festplatte auswählen können. Dieses Bild wird dann unverknüpft eingefügt.
	Das Symbol UNGEBUNDENES OBJEKTFELD kommt dann zum Einsatz, wenn Sie ein OLE-Objekt in Ihrem Formular anzeigen möchten, das keine Bindung zu Datenfeldern innerhalb der Datenbank besitzt. Dabei kann es sich beispielsweise um eine externe Excel-Tabelle handeln, die Sie anzeigen möchten.
	Das Symbol GEBUNDENES OBJEKTFELD setzen Sie ein, um OLE-Objekte anzuzeigen, die Teil der Tabelle oder Abfrage sind, auf der das Formular basiert. Dies kann beispielsweise eine Reihe von Bildern sein. Jedes Mal, wenn Sie den Datensatz wechseln, wird ein neues Bild angezeigt.

Tabelle 7.3:
Die Steuerelemente für Formulare (Forts.)

Element	Beschreibung
	Mithilfe des Symbols SEITENUMBRUCH legen Sie bei mehrseitigen Formularen den Seitenumbruch fest.
	Das Symbol REGISTERSTEUERELEMENT kann dafür eingesetzt werden, um ein Formular mithilfe mehrerer Registerkarten übersichtlicher zu gestalten. Sie können somit Informationen sinngemäß trennen und in Gruppen aufsplitten.
	Über das Symbol UNTERFORMULAR/-BERICHT können Sie ausgehend von Ihrem Formular ein weiteres Unterformular anzeigen.
	Mithilfe des Symbols LINIE können Sie Ihr Formular optisch strukturieren. Diese Linie können Sie beispielsweise mit einem Spezialeffekt versehen und dabei einen räumlichen Trenneffekt erzeugen.
	Auch über das Symbol RECHTECK können Sie schöne gestalterische Effekte in Ihrem Formular erzeugen. Fassen Sie beispielsweise mehrere zusammenhängende Informationen in einem Rahmenrechteck zusammen, um diese Infos als Gruppe darzustellen.
	Über das Symbol DIAGRAMM EINFÜGEN können Sie Daten in Form eines Diagramms darstellen. Erst ab Access 2007 verfügbar!
	Über das Symbol HYPERLINK EINFÜGEN erstellen Sie eine Verknüpfung zu einer Datei oder einer Webseite.
	Über das Symbol ACTIVE-X-STEUERELEMENT EINFÜGEN haben Sie Zugriff auf viele weitere Steuerelemente. Welche Steuerelemente Ihnen hier zur Verfügung stehen, ist stark davon abhängig, welche Software-Komponenten auf Ihrem PC installiert sind. Viele dieser Software-Komponenten sind nicht Teil Ihrer Microsoft Office-Installation, sondern wurden von anderen Programmen installiert und stehen im Windows-System als Bibliotheken anderen Programmen wie z. B. Access zur Verfügung. Soll Ihr erstelltes Formular auf anderen PC-Systemen fehlerfrei funktionieren und Sie verwenden Steuerelemente aus diesem Untermenü, müssen Sie sicherstellen, dass auf dem Ziel-PC-System die entsprechenden Software-Komponenten ebenfalls installiert sind. Es erfordert manchmal eine etwas gründlichere Recherche, um herauszufinden, aus welchen Software-Komponenten bestimmte Steuerelemente stammen und wie Sie diese Software-Komponenten auf anderen PC-Systemen installiert bekommen. In aller Regel hilft Ihnen eine Suche im Internet da recht schnell weiter, wo Sie oft in Foren entsprechende Antworten finden.

7.3.4 Steuerelemente einfügen

Mithilfe der Entwurfsansicht von Access können Sie Formulare entweder neu erstellen oder anpassen. Dabei bietet die Entwurfsansicht einige Arbeitserleichterungen an. Die angebotenen Hilfsdialoge unterscheiden sich bei den einzelnen Access-Versionen. Bei Access 2010 können Sie beispielsweise über den Ribbon ENTWURF in der Gruppe TOOLS über das Modul VORHANDENE FELDER HINZUFÜGEN den Dialog FELDLISTE einblenden. Haben Sie beim Entwurf eine Tabelle oder Abfrage als Bezugsquelle angegeben, dann wird automatisch die dazugehörige Tabelle bzw. die Abfrage im oberen Feld des Dialogs eingeblendet. Dieses Fenster enthält alle Datenfelder der Tabelle bzw. der Abfrage. Sie legen nun die Felder im Formular an, indem Sie das Datenfeld mit der linken Maustaste anpacken und auf

Kapitel 7 • Programmierung von Dialogen, Steuerelementen und Formularen

Ihr Formular ziehen. Dabei erkennt Access automatisch, welches Feld im Formular angelegt werden muss. Sehen Sie sich dazu die nächste Abbildung an.

Abbildung 7.10:
Unterstützung beim Hinzufügen weiterer Datenfelder

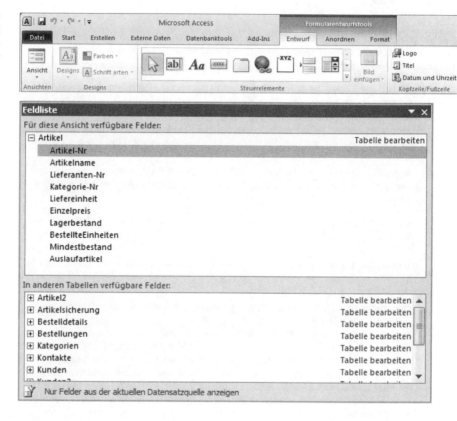

Wenn Sie beispielsweise das Datenfeld ARTIKEL-NR in Ihr Formular einfügen, werden automatisch eine Bezeichnung sowie ein Textfeld eingefügt. Bei einem Datenfeld, das sich über einen Index die Information aus einer verknüpften Tabelle holt (z.B. LIEFERANTEN-NR), wird automatisch eine Bezeichnung sowie ein Dropdown-Feld eingefügt. Wenn Sie das Datenfeld AUSLAUFARTIKEL einfügen, stellt Ihnen Access ein Kontrollkästchen samt Beschriftung zur Verfügung.

> **INFO**
>
> Für die Bearbeitung des Formulars steht Ihnen zusätzlich die Symbolleiste FORMATIERUNG (FORMULAR/BERICHT) zur Verfügung. Mithilfe dieser Symbolleiste können Sie Ihre Formularfelder formatieren (Schriftart, Schriftschnitt, Schriftfarbe, Füllfarbe usw.). Bei Access 2010 hingegen finden Sie diese Elemente auf dem Ribbon ENTWURF.

7.3.5 Formularfelder bearbeiten

Wenn Sie die Formularfelder eingefügt haben, werden Sie feststellen, dass Sie diese noch anpassen müssen. Oft ist es gar nicht mal so einfach, die einzelnen Felder bündig untereinander anzuordnen. Um beispielsweise ein Formularfeld zu verschieben, klicken Sie es mit der linken Maustaste an, sodass es mit Ziehpunkten umrandet ist. Bewegen Sie danach den Mauszeiger auf den Rand des Formularfelds, bis er sich in ein Hand-Symbol verwandelt. Jetzt können Sie das Formularfeld verschieben und in eine neue Position bringen.

Möchten Sie gleich mehrere Formularfelder gleichzeitig ausrichten, gehen Sie wie folgt vor:

1. Wechseln Sie in die Entwurfsansicht des Formulars.
2. Markieren Sie diese Felder, indem Sie sie mit der linken Maustaste anklicken und dabei die Taste ⇧ gedrückt halten.
3. Klicken Sie mit der rechten Maustaste auf eines der markierten Formularfelder.

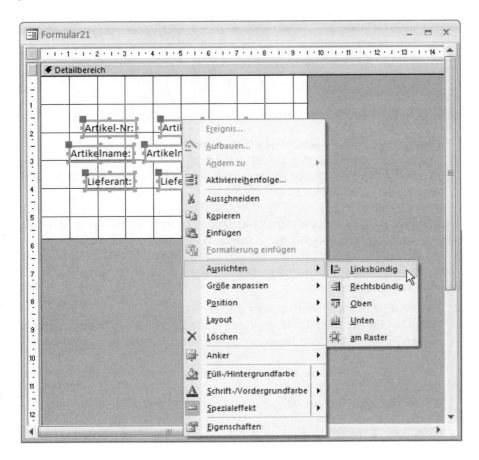

Abbildung 7.11: Formularfelder ausrichten

4. Wählen Sie im Kontextmenü den Befehl AUSRICHTEN/LINKSBÜNDIG aus.

Wenn Sie eine ganze Reihe von Formularfeldern verschieben möchten, gehen Sie wie folgt vor:

1. Wechseln Sie in die Entwurfsansicht des Formulars.
2. Klicken Sie in der Symbolleiste TOOLBOX auf das Symbol OBJEKTE MARKIEREN.
3. Ziehen Sie ein imaginäres Rechteck um die Formularfelder, die Sie gemeinsam verschieben möchten. Lassen Sie danach die Maustaste los.

Abbildung 7.12:
Mehrere Formularfelder markieren

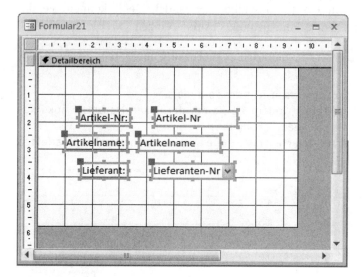

4. Betätigen Sie jetzt die gewünschte Pfeiltaste auf Ihrer Tastatur, bis die endgültige Position des markierten Blocks erreicht ist.
5. Klicken Sie dann auf eine beliebige andere Stelle im Formular, um die Markierung wieder aufzulösen.

Beim Einfügen von Formularfeldern kann es unter Umständen passieren, dass einzelne Formularfelder unterschiedliche Größen aufweisen.

 In diesem Fall brauchen Sie keine großen Umwege zu gehen, sondern Sie führen folgende Arbeitsschritte durch:

1. Wechseln Sie in die Entwurfsansicht des Formulars.
2. Markieren Sie alle Formularfelder, deren Größe Sie einheitlich haben möchten.
3. Klicken Sie mit der rechten Maustaste auf eines der ausgewählten Formularfelder.
4. Wählen Sie aus dem dann angezeigten Kontextmenü einen der folgenden Befehle aus:
   - AN TEXTGRÖSSE: Hiermit wird die Größe des Objekts anhand der Textgröße bestimmt.
   - AM RASTER: Dabei wird die Größe des Objekts am nächstgelegenen Raster angepasst.

Formulare erstellen

- **AM HÖCHSTEN:** Das größte Objekt aller markierten Objekte bestimmt die Größe der Objekte.
- **AM NIEDRIGSTEN:** Das kleinste Objekt aller markierten Objekte bestimmt die Größe der Objekte.
- **AM BREITESTEN:** Das breiteste Objekt aller markierten Objekte bestimmt die Größe der Objekte.
- **AM SCHMALSTEN:** Das schmalste Objekt aller markierten Objekte bestimmt die Größe der Objekte.

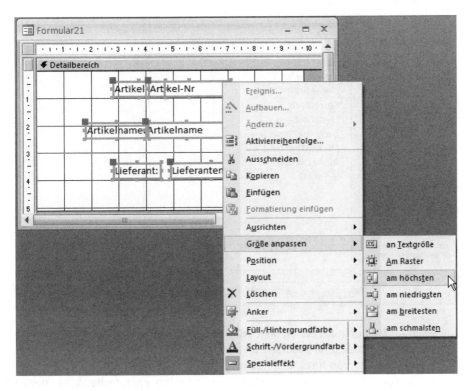

Abbildung 7.13: Einheitliche Größe für Formularfelder einstellen

Möchten Sie alle Formularfelder im Formular auf einmal markieren, drücken Sie die Tastenkombination [Strg]+[A].

7.3.6 Aktivierreihenfolge anpassen

Nachdem Sie alle Formularfelder in Ihr Formular integriert haben, können Sie die Aktivierreihenfolge festlegen. Damit ist die Reihenfolge der Formularfelder gemeint, wenn Sie das Formular öffnen und mit der Taste [⇆] von einem Formularfeld zum anderen springen. Möchten Sie rückwärts springen, drücken Sie die Tastenkombination [⇧]+[⇆]. Standardmäßig ist diese Reihenfolge schon vorgegeben. Die Aktivierfolge entspricht der Reihenfolge, in der Sie die einzelnen Formularfelder in Ihr Formular eingefügt haben.

Kapitel 7 • Programmierung von Dialogen, Steuerelementen und Formularen

Da diese natürliche Reihenfolge nicht unbedingt der gewünschten Reihenfolge entsprechen muss, können Sie diese wie folgt ändern:

1. Wechseln Sie in die Entwurfsansicht des Formulars.
2. Klicken Sie mit der rechten Maustaste mitten ins Formular und wählen aus dem Kontextmenü den Befehl AKTIVIERREIHENFOLGE.

Abbildung 7.14: Aktivierreihenfolge ändern

3. Möchten Sie durch Access die Reihenfolge selbst bestimmen lassen, klicken Sie auf die Schaltfläche AUTOMATISCH. Damit legt Access die Aktivierreihenfolge der Steuerelemente von links nach rechts und von oben nach unten fest. Die Felder werden in der Datenblattansicht des Formulars entsprechend der neuen Aktivierreihenfolge angeordnet.
4. Möchten Sie hingegen eine andere Aktivierreihenfolge für Ihre Formularfelder haben, klicken Sie auf die jeweilige graue Schaltfläche und ziehen diese an die gewünschte Stelle.
5. Bestätigen Sie Ihre Einstellung mit OK.

Um die Aktivierreihenfolge zu testen, drücken Sie in der Entwurfsansicht die Taste [F5]. Das Formular wird geöffnet, und Sie können die Aktivierreihenfolge nun testen, indem Sie mit der Taste [↹] die einzelnen Felder anspringen. Um wieder zum Formularentwurf zurückzugelangen, klicken Sie das Formular mit der rechten Maustaste an und wählen im Kontextmenü den Befehl FORMULARENTWURF aus.

7.3.7 Formularfelder formatieren

Standardmäßig werden Formularfelder ohne Formatierung ins Formular eingefügt. Möchten Sie Ihr Formular etwas farbenfreudiger formatieren, dann können Sie beispielsweise alle Formularfelder mit einer Hintergrundfarbe ausstatten.

Dazu befolgen Sie die nächsten Arbeitsschritte:

1. Wechseln Sie in die Entwurfsansicht des Formulars.
2. Markieren Sie alle Formularfelder, indem Sie die Tastenkombination [Strg]+[A] drücken.
3. Klicken Sie mit der rechten Maustaste auf die markierten Formularfelder, und wählen Sie aus dem Kontextmenü den Befehl FÜLL-/HINTERGRUNDFARBE.

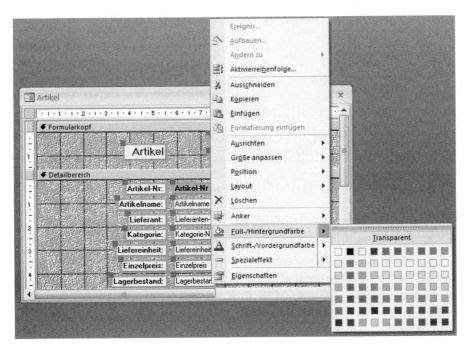

Abbildung 7.15: Formularfelder formatieren

4. Wählen Sie in der Farbpalette eine gewünschte Hintergrundfarbe aus.

7.3.8 Formulareigenschaften einstellen

So wie Sie gerade die Hintergrundfarbe für Formularfelder eingestellt haben, können Sie auch weitere Eigenschaften für Ihr Formular und die darin enthaltenen Formularfelder ohne eine Zeile VBA fest einstellen.

Klicken Sie mit der rechten Maustaste auf eine freie Fläche in der Entwurfsansicht des Formulars, und wählen Sie den Befehl EIGENSCHAFTEN. Im Eigenschaftenfenster wählen Sie aus dem Drop-down-Feld den Eintrag FORMULAR aus.

Abbildung 7.16:
Formulareigenschaften festlegen

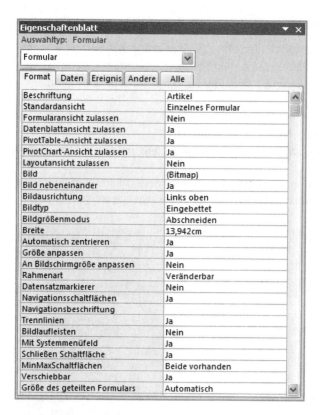

Formateigenschaften des Formulars

Auf der Registerkarte FORMAT finden Sie unter anderem folgende Eigenschaften:

- BESCHRIFTUNG: Über diese Eigenschaft legen Sie den Text fest, der in der Titelleiste des Formulars angezeigt werden soll.

- STANDARDANSICHT: Diese Eigenschaft bietet Ihnen mehrere Möglichkeiten für die Ansicht Ihrer Daten im Formular an. Eine besonders interessante Variante ist dabei die Ansicht ENDLOSFORMULAR. Dabei wird das Formular so lange nach unten erweitert, bis alle Datensätze untereinander angeordnet sind.

- BILDLAUFLEISTEN: Mit dieser Eigenschaft legen Sie fest, ob Bildlaufleisten eingeblendet werden sollen, wenn Sie beispielsweise das Fenster verkleinern und damit nicht mehr alle Steuerelemente im Formular auf einmal angezeigt werden können. Für diese Eigenschaft können Sie die Werte NEIN, NUR HORIZONTAL, NUR VERTIKAL oder IN BEIDE RICHTUNGEN einsetzen.

- DATENSATZMARKIERER: Setzen Sie diese Eigenschaft auf den Wert JA, wenn Access am linken Bildrand des Formulars einen Datensatzmarkierer anzeigen soll. Dieser Datensatzmarkierer erlaubt Ihnen, Datensätze leichter zu kopieren oder zu löschen.

- NAVIGATIONSSCHALTFLÄCHEN: Bei dieser wichtigen Eigenschaft werden die Navigationsschaltflächen am unteren Rand des Formulars zur Steuerung ausgeblendet, wenn Sie diese Eigenschaft auf den Wert NEIN setzen.
- GRÖSSE ANPASSEN: Bei dieser Eigenschaft wird festgelegt, ob die Größe des Formulars automatisch so angepasst werden soll, dass der komplette Satz angezeigt wird.
- AUTOMATISCH ZENTRIEREN: Setzen Sie diese Eigenschaft auf den Wert JA, wenn Access das Formular nach dem Öffnen im Anwendungsfenster zentrieren soll.
- RAHMENART: Bei dieser Eigenschaft können Sie vier verschiedene Rahmenarten einstellen. Die Rahmenart KEINE weist keine Rahmen im Formular auf. Das Formular selbst kann durch diese Einstellung nicht vergrößert oder verkleinert werden. Die Rahmenart DÜNN umgibt das Formular mit einem dünnen Rahmen. Bei dieser Einstellung kann die Größe des Formulars ebenfalls nicht verändert werden. Die Rahmenart VERÄNDERBAR stellt die Standardeinstellung für Rahmen dar. Bei dieser Einstellung wird das Formular mit einem Standardrahmen versehen, und Sie haben die Möglichkeit, das Formular in der Größe zu ändern. Die letzte mögliche Rahmenart DIALOG weist einen doppelten Rahmen zu und verfügt nur über eine Titelleiste, eine Schaltfläche SCHLIESSEN und ein Systemmenü. Die Größe des Formulars bei dieser Einstellung kann nicht geändert werden.
- MIT SYSTEMFELDMENÜ: Setzen Sie diese Eigenschaft auf den Wert NEIN, wenn Sie das Systemmenü eines Formulars deaktivieren möchten.
- MINMAX-Schaltflächen: Über diese Eigenschaft legen Sie fest, ob die Minimieren- und Maximieren-Symbole in der rechten oberen Ecke eines Formulars angezeigt werden sollen. Dabei können Sie folgende Einstellungen treffen: BEIDE VORHANDEN, KEINE, MIN VORHANDEN und MAX VORHANDEN. Je nach Einstellung werden die entsprechenden Befehle auch nicht im Systemmenü des Formulars angezeigt.
- SCHLIESSEN-Schaltfläche: Bei dieser interessanten Eigenschaft legen Sie fest, ob es einem Anwender möglich sein soll, mithilfe eines Klicks auf das Schließen-Symbol in der rechten oberen Ecke des Formulars dieses zu schließen. Diese Einstellung sollten Sie nur dann deaktivieren, wenn Sie dem Anwender eine andere Möglichkeit (Schaltfläche ABBRECHEN) geben, das Formular zu schließen.
- BILD: Mithilfe dieser Eigenschaft können Sie ein Bild als Hintergrund für Ihr Formular zuweisen.

Dateneigenschaften eines Formulars

Auf der Registerkarte DATEN können Sie genau festlegen, welche Aktionen ein Anwender bei Ihrem Formular vornehmen darf:

Abbildung 7.17:
Dateneigenschaften eines Formulars festlegen

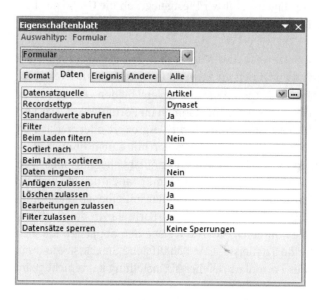

Die möglichen Dateneigenschaften eines Formulars sind u. a.:

- DATENSATZQUELLE: bzw. DATENHERKUNFT: Über diese Eigenschaft legen Sie fest, auf welche Daten Ihr Formular zugreift.
- FILTER: Mit dieser Eigenschaft haben Sie die Möglichkeit, nach der Anzeige des Formulars einen gespeicherten Filter anzuzeigen.
- SORTIERT NACH: Bei dieser Eigenschaft können Sie angeben, nach welchen Kriterien die Datensätze im Formular angezeigt werden sollen.
- FILTER ZULASSEN: Setzen Sie diese Eigenschaft auf den Wert JA, wenn Sie zulassen möchten, dass der Anwender mit Filtern in Ihrem Formular arbeiten darf.
- BEARBEITUNGEN ZULASSEN: Hiermit können Sie festlegen, ob ein Anwender Ihre Daten über das Formular ändern darf. Die hier eingestellte Option gilt jedoch nicht für die verknüpfte Tabelle bzw. die gespeicherte Abfrage, die mit dem Formular verbunden ist.
- LÖSCHEN ZULASSEN: Wie der Name schon sagt, können Sie bei dieser Eigenschaft das Löschen von Datensätzen über Ihr Formular verhindern, indem Sie diese Eigenschaft auf den Wert NEIN setzen.
- ANFÜGEN ZULASSEN: Setzen Sie diese Eigenschaft auf den Wert NEIN, wenn Sie verhindern möchten, dass ein Anwender über das Formular neue Daten anlegen darf.

- DATEN ENGEBEN: Setzen Sie diese Eigenschaft auf den Wert JA, um zu verhindern, dass der Anwender bereits eingegebene Sätze anzeigen kann. Diese Eigenschaft kommt dann zum Einsatz, wenn der Anwender lediglich neue Daten erfassen darf.
- RECORDSETTYP: Bei dieser Eigenschaft stehen drei verschiedene Bearbeitungsmöglichkeiten zur Verfügung: DYNASET, DYNASET (INKONSISTENTE AKTUALISIERUNGEN) und SNAPSHOT. Bei der Einstellung DYNASET können Sie gebundene Steuerelemente auf der Basis einer einzigen Tabelle oder von Tabellen mit einer 1:1-Beziehung bearbeiten. Bei Steuerelementen, die an Felder gebunden sind, die auf Tabellen mit einer 1:n-Beziehung basieren, können Sie Daten im Verknüpfungsfeld auf der »1-Seite« der Beziehung nur bearbeiten, wenn die Aktualisierungsweitergabe zwischen den Tabellen aktiviert ist. Bei der Einstellung DYNASET (INKONSISTENTE AKTUALISIERUNG) können Sie alle Tabellen und an ihre Felder gebundenen Steuerelemente bearbeiten. Bei der Einstellung SNAPSHOT können keine Tabellen oder an ihre Felder gebundenen Steuerelemente bearbeitet werden.
- DATENSÄTZE SPERREN: Um zu verhindern, dass Datensätze gesperrt werden, während Sie sie bearbeiten, stellen Sie die Einstellung KEINE SPERRUNGEN ein. Wenn Sie alle Datensätze im Formular sperren möchten, während Sie sie bearbeiten, wählen Sie die Einstellung ALLE DATENSÄTZE. Wollen Sie ausschließlich den Datensatz sperren, den Sie bearbeiten, stellen Sie die Einstellung BEARBEITETER DATENSATZ ein.

Andere Eigenschaften für Formulare

Da das Thema *Ereignisse* im Kapitel 9 ausführlich behandelt wird, wechseln Sie an dieser Stelle auf die Registerkarte ANDERE. Dort stehen Ihnen weitere Eigenschaften zur Verfügung.

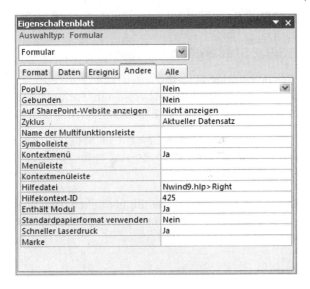

Abbildung 7.18: Die anderen Formulareigenschaften

Auf der Registerkarte ANDERE werden u. a. folgende Eigenschaften angeboten:

- POPUP: Ist diese Eigenschaft auf JA festgelegt, können Sie aus der Formularansicht nicht zu anderen Ansichten wechseln, da die Symbolleiste des Formulars nicht verfügbar ist.
- GEBUNDEN: Weisen Sie dieser Eigenschaft den Wert JA zu, dann muss das Formular erst wieder geschlossen werden, damit Sie mit Ihrer Anwendung weiterarbeiten können.
- ZYKLUS: Mit der Eigenschaft ZYKLUS können Sie festlegen, wie reagiert werden soll, wenn die Taste gedrückt wird und sich der Fokus im letzten Steuerelement des Formulars befindet. Dabei haben Sie folgende Auswahlmöglichkeiten: Bei der Standardeinstellung ALLE DATENSÄTZE wird wieder von vorne angefangen, wenn der letzte Datensatz im Formular erreicht wurde. Bei der Einstellung AKTUELLER DATENSATZ wird der Fokus zwar wieder auf den ersten Datensatz im Formular gesetzt, es erfolgt jedoch kein aktiver Wechsel. Mit der Einstellung AKTUELLE SEITE wird der Fokus auf das Steuerelement verschoben, das bezüglich der aktuellen Seite in der Reihenfolge der Steuerelemente das erste ist.
- MENÜLEISTE, SYMBOLLEISTE und KONTEXTMENÜ: Hierbei haben Sie die Möglichkeit, beim Aufruf eines Formulars eine zusätzliche Liste bereitzustellen.
- SCHNELLER LASERDRUCK: Möchten Sie schneller ausdrucken, dann setzen Sie diese Eigenschaft auf den Wert JA. Damit werden die Linien und Rechtecke im Formular durch Textzeichen wie etwa Unterstriche ersetzt, was sich in einer deutlich schnelleren Druckgeschwindigkeit widerspiegelt.
- HILFEDATEI: Über diese Eigenschaft können Sie dem Formular eine Hilfedatei zuweisen.
- MARKE: Diese Eigenschaft ist vorgesehen, um Informationen zum Formular abzuspeichern. Dabei ist diese Eigenschaft mit einer Art Variablen zu vergleichen, die zur Laufzeit einer Prozedur nicht mehr gefüllt werden muss.

7.3.9 Steuerelementeigenschaften einstellen

Welche einzelnen Eigenschaften dabei zur Verfügung gestellt werden, können Sie sehen, wenn Sie beispielsweise ein Formularfeld mit der rechten Maustaste anklicken und den Befehl EIGENSCHAFTEN aus dem Kontextmenü auswählen.

INFO Je nachdem, auf welches Element Sie dabei klicken, wird das Eigenschaftenfenster jedes Mal anders aussehen. So gibt es für Textfelder andere Eigenschaften als beispielsweise für Schaltflächen.

TIPP Ist das Eigenschaftenfenster übrigens einmal geöffnet, dann können Sie im Hintergrund jederzeit ein anderes Steuerelement anklicken. Die Eigenschaften werden dann jedes Mal aktualisiert.

Formulare erstellen

Abbildung 7.19:
Die Eigenschaften des Textfeldes ARTIKEL-NR

Das Eigenschaftenfenster wird in mehrere Kategorien aufgeteilt. Auf den Registerkarten FORMAT, DATEN, EREIGNIS und ANDERE können Sie die Eigenschaften gezielt einstellen. Auf der Registerkarte ALLE sind sämtliche Eigenschaften in ihrer Gesamtheit dargestellt.

Formateigenschaften einstellen

Bei einem Textfeld stehen Ihnen unter anderem folgende Formateigenschaften zu Auswahl, auf die im Folgenden näher eingegangen wird:

- FORMAT: Über diese Eigenschaft legen Sie das Format des Textfeldes fest. Standardmäßig wird das Format von dem verknüpften Datenfeld der Tabelle bzw. der Abfrage übernommen.
- DEZIMALSTELLENANZEIGE: Mit dieser Eigenschaft legen Sie die Anzahl der Nachkommastellen des Feldes fest.
- SICHTBAR: Über diese Eigenschaft haben Sie die Möglichkeit, ein Formularfeld ein- bzw. auszublenden. Diese Eigenschaft können Sie zur Laufzeit einer Pro-

zedur einsetzen, wenn Sie beispielsweise die Anzeige eines Textfeldes von einer Aktion des Anwenders abhängig machen möchten.

- ANZEIGEN: Diese Eigenschaft bestimmt, ob ein Formularfeld auch auf dem Ausdruck zu sehen ist. Mögliche Einstellungen hierfür sind: IMMER, NUR BEIM DRUCKEN oder NUR AM BILDSCHIRM.
- VERKLEINERBAR: Diese Eigenschaft macht sich beim Ausdruck des Formulars bemerkbar. So setzen Sie diese Eigenschaft auf den Wert JA, wenn Sie verhindern möchten, dass nicht ausgefüllte Textfelder ausgedruckt werden.
- HINTERGRUNDART: Bei dieser Eigenschaft stehen Ihnen zwei Optionen zur Auswahl: NORMAL und TRANSPARENT. Bei der Option TRANSPARENT kann die eingestellte Hintergrundfarbe des Formulars durch das Textfeld hindurchscheinen.
- TEXTFARBE: Standardmäßig wird der Text eines Textfeldes in der Farbe Schwarz ausgegeben. Diese Farbe können Sie ändern. So können Sie diese Farbe auch zur Laufzeit ändern und immer das gerade aktive Textfeld hervorheben, indem Sie seine Farbe dynamisch ändern.
- SPEZIALEFFEKT: Möchten Sie Ihre Textfelder plastisch erscheinen lassen, dann können Sie mithilfe dieser Eigenschaft folgende Effekte einstellen: FLACH, ERHÖHT, VERTIEFT, GRAVIERT, SCHATTIERT, UNTERSTRICHEN.
- RAHMENART: Über diese Eigenschaft legen Sie den Rahmen des Textfeldes fest. Dabei haben Sie folgende Auswahlmöglichkeiten: TRANSPARENT, DURCHGEZOGEN, STRICHLINIEN, KURZE STRICHLINIEN, PUNKTE, WENIGE PUNKTE oder im Wechsel STRICHLINIE PUNKT bzw. STRICHLINIE PUNKT PUNKT.
- RAHMENFARBE, RAHMENBREITE: Mithilfe dieser Einstellungen können Sie die Farbe des Rahmens über eine Farbpalette bestimmen sowie die Rahmenbreite in der Einheit PT (Punkt) festlegen.
- TEXTAUSRICHTUNG: Bei dieser Eigenschaft können Sie die Ausrichtung Ihres Textes im Textfeld bestimmen. Neben den gebräuchlichen Ausrichtungsarten LINKSBÜNDIG, RECHTSBÜNDIG und ZENTRIERT gibt es auch noch die Textausrichtung VERTEILEN. Bei dieser Einstellung wird der eingegebene Text auf die Größe des Textfeldes gleichmäßig verteilt.
- RÄNDER: Bei den Eigenschaften LINKER RAND, RECHTER RAND, OBERER RAND und UNTERER RAND wird der Abstand des Textes vom Rand des Feldes festgelegt. Diese Einstellung ist bei mehrzeiligen Textfeldern von Interesse.
- ZEILENABSTAND: Auch diese Eigenschaft ist lediglich bei mehrzeiligen Textfeldern von Interesse. Damit geben Sie den Zeilenabstand in der Einheit CM an.
- IST HYPERLINK: Setzen Sie diese Eigenschaft auf den Wert JA, wenn Daten im Textfeld als Hyperlink formatiert werden sollen. Diese Einstellung ist dann sinnvoll, wenn Sie beispielsweise eine E-Mail-Adresse eingeben und dabei die Möglichkeit haben möchten, direkt aus dem Formular heraus eine E-Mail zu schreiben.

Dateneigenschaften festlegen

Auf der zweiten Registerkarte DATEN können Sie die Daten-Eigenschaften eines Textfeldes einstellen. Dabei stehen Ihnen standardmäßig folgende Eigenschaften zur Verfügung:

- STEUERELEMENTINHALT: Hiermit wird die Datenherkunft des Textfeldes festgelegt. Dabei kann sich das Textfeld die Daten entweder aus einer Tabelle oder einer Abfrage holen.
- EINGABEFORMAT: Über diese Eigenschaft bestimmen Sie, wie die Daten ins Textfeld eingegeben werden dürfen. Wenn Sie den Mauszeiger auf dieses Feld setzen, erscheint am rechten Feldrand eine Schaltfläche mit Punkten. Mit einem Klick auf diese Schaltfläche starten Sie den EINGABEFORMAT-ASSISTENTEN, über den Sie das gültige Eingabeformat definieren können.

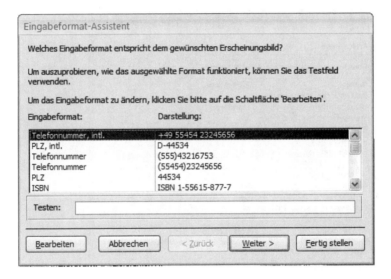

Abbildung 7.20:
Das Eingabeformat festlegen

- STANDARDWERT: Über diese Eigenschaft können Sie bestimmen, welchen Vorgabewert Sie bei neuen Datensätzen voreinstellen möchten.
- GÜLTIGKEITSREGEL: Mit dieser Eigenschaft können Sie eine Gültigkeitsregel für Textfelder definieren. Standardmäßig wird hierbei die schon eingestellte Gültigkeitsregel der verknüpften Tabelle mit übernommen.
- GÜLTIGKEITSMELDUNG: Mit dieser Eigenschaft können Sie eine Gültigkeitsmeldung definieren, die erscheinen soll, wenn die Gültigkeitsregel bei der Eingabe von Daten verletzt wird.
- AKTIVIERT: Über diese Eigenschaft legen Sie fest, ob ein Textfeld in einem Formular abgeblendet (deaktiviert) werden soll oder nicht. Setzen Sie diesen Wert auf NEIN, um ein Textfeld abzublenden.
- GESPERRT: Diese Eigenschaft erlaubt, ein Feld vor einer Eingabe zu schützen, indem Sie den Wert JA einstellen.

- FILTER ANWENDEN: Über diese Eigenschaft bestimmen Sie, ob ein Filter angezeigt werden soll, wenn Sie bei geöffnetem Formular aus dem Menü DATENSÄTZE den Befehl FILTER/FORMULARBASIERTER FILTER auswählen.

Ereigniseigenschaften angeben

Auf der Registerkarte EREIGNIS können Sie festlegen, ob ein Ereignis ausgeführt werden soll. Diesem Spezialthema ist im Buch ein eigenes Kapitel (Kapitel 9) gewidmet, weshalb an dieser Stelle nicht weiter darauf eingegangen werden soll.

Andere Eigenschaften einstellen

Auf der Registerkarte ANDERE können Sie unter anderem folgende Eigenschaften festlegen:

Abbildung 7.21: Andere Eigenschaften festlegen

- Über die Eigenschaft NAME geben Sie Ihren Steuerelementen einen Namen. Damit können Sie diese im Code direkt ansprechen.
- STATUSLEISTENTEXT: Mithilfe dieser Eigenschaft können Sie die Statusleiste programmieren. Sobald der Anwender in das so definierte Textfeld gelangt, können Sie automatisch einen vordefinierten Text in der Statusleiste anzeigen lassen. Damit haben Sie die Möglichkeit, einen beschreibenden Text zum Formularfeld auszugeben. Allerdings müssen Sie darauf achten, wenn Sie das Feld mit einem Tabellenfeld verknüpft haben, dass Access den Statusleistentext standardmäßig aus dem Feld BESCHREIBUNG des Tabellenentwurfs holt.
- EINGABETASTENVERHALTEN: Bei der Standardeinstellung von Formularen gelangen Sie mit der Taste ⏎ jeweils ins nächste Feld des Formulars. Wenn Sie das nicht wünschen, sondern stattdessen eine neue Zeile in einem Textfeld/Memo-

feld beim Drücken dieser Taste einfügen möchten, dann setzen Sie diese Eigenschaft auf den Wert NEUE ZEILE IM FELD.
- AUTOKORREKTUR ZULASSEN: Ist dieser Eigenschaft der Wert JA zugewiesen worden, korrigiert Access automatisch Rechtschreibfehler in Eingabefeldern.
- VERTIKAL: Setzen Sie diese Eigenschaft auf den Wert JA, wenn der Text im Textfeld vertikal angezeigt werden soll.
- AUTOMATISCH WEITER: Setzen Sie diese Eigenschaft auf JA, wenn Sie dafür sorgen möchten, dass Access automatisch ins nächste Feld springt, wenn das letzte Zeichen bei einem vorgegebenen Eingabeformat gesetzt wurde. Dieser Mechanismus erspart Ihnen das Drücken der Taste ⏎, um zum nächsten Feld zu gelangen.
- IN REIHENFOLGE: Diese Eigenschaft bestimmt, ob das Formularfeld über die Taste ⇥ angesprungen werden kann.
- REIHENFOLGENPOSITION: Dahinter verbirgt sich die Aktivierreihenfolge des Formularfeldes, die Sie über das Menü ANSICHT und den Befehl AKTIVIERREIHENFOLGE eingestellt haben.
- STEUERELEMENTTIP-TEXT: Über diese Eigenschaft können Sie dem Formularfeld eine QuickInfo hinzufügen. Diese QuickInfo wird angezeigt, wenn Sie mit der Maus über das so definierte Formularfeld streichen.
- MARKE: Diese Eigenschaft erlaubt es, beispielsweise einen Wert im Formularwert zu hinterlegen, der nicht angezeigt wird, den Sie aber später in Ihrem Code verwenden können, um zusätzliche Informationen abzulegen oder auszulesen.

Wie Sie sehen, haben Sie eine ganze Menge an Eigenschaften für Formulare bereits standardmäßig zur Verfügung, die Sie nicht erst programmieren müssen, sondern sofort und direkt einsetzen können.

7.3.10 Bedingte Formatierung

Wenn Sie sich in Excel auskennen, dann ist Ihnen diese Funktion vermutlich bereits geläufig. Mithilfe dieser Funktion können Sie auf bestimmte Eingaben eines Anwenders in ein Formular formattechnisch reagieren. So können Sie beispielsweise die Formatierung einer Zahl abhängig machen von ihrer Höhe. In der Praxis können Sie negative Zahlen rot und positive Zahlen schwarz formatieren lassen oder den Lagerbestand über die Formatierung überwachen, indem Sie sich bei eng werdenden Lagerbeständen durch die Formatierung darauf aufmerksam machen lassen.

Formatieren Sie im nächsten Beispiel das Feld LAGERBESTAND im Formular ARTIKEL mithilfe der bedingten Formatierung. Dabei werden Sie für den Lagerbestand mehrere Bedingungen formulieren und verschiedene Hintergrundfarben einsetzen.

Kapitel 7 • Programmierung von Dialogen, Steuerelementen und Formularen

Um die bedingte Formatierung anzuwenden, gehen Sie wie folgt vor:

1. Öffnen Sie das Formular ARTIKEL in der Entwurfsansicht.
2. Klicken Sie mit der rechten Maustaste auf das Feld LAGERBESTAND.
3. Wählen Sie aus dem Kontextmenü den Befehl BEDINGTE FORMATIERUNG.

Abbildung 7.22:
Die bedingte Formatierung anwenden

4. Klicken Sie auf NEUE REGEL.

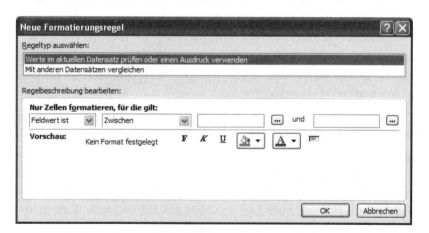

Abbildung 7.23:
Eine neue Formatierungsregel erstellen

5. Wählen Sie den Regeltyp WERTE IM AKTUELLEN DATENSATZ PRÜFEN ODER EINEN AUSDRUCK VERWENDEN.
6. Geben Sie die die Regel ein, dass der Feldwert zum Beispiel zwischen »0« und »5« liegt, und formatieren Sie für diesen Fall das Feld mit den zur Verfügung stehenden Symbolen.
7. Klicken Sie auf die Schaltfläche OK.
8. Wiederholen Sie die Vorgehensweise, bis Sie mehrere Bedingungen definiert haben (siehe Abbildung 7.24).

Formulare erstellen

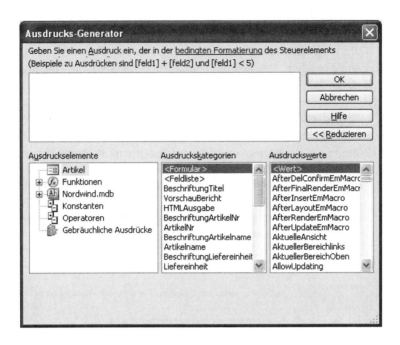

Abbildung 7.24:
Typisches Beispiel mit drei Bedingungen (die »Lagerampel«)

9. Bestätigen Sie Ihre Einstellungen mit OK.

Beenden Sie die Entwurfsansicht des Formulars, und starten Sie das Formular. Blättern Sie jetzt einmal mithilfe der Steuersymbole durch Ihr Formular.

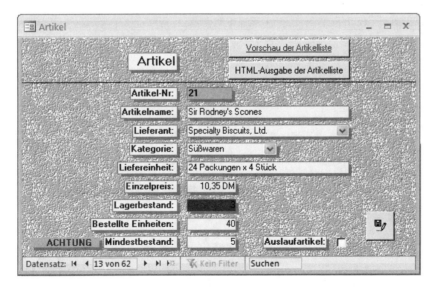

Abbildung 7.25:
Bei Minderbestand erscheint der Hintergrund des Feldes LAGERBESTAND gefärbt.

7.3.11 Schaltflächen einfügen

Um die Programmierung Ihrer Schaltflächen brauchen Sie sich in Access keine Sorgen zu machen. Der Befehlsschaltflächen-Assistent hat eine Menge an fertigen Codes, die Sie für Ihre Formulare einsetzen können.

Um beispielsweise eine Prozedur für die Speicherung von Daten über ein Formular in einer Tabelle zu erstellen, verfahren Sie wie folgt:

1. Öffnen Sie das Formular ARTIKEL der Datenbank NORDWIND.MDB in der Entwurfsansicht.
2. Klicken Sie in der Toolbox auf das Symbol BEFEHLSSCHALTFLÄCHE und ziehen es auf Ihrem Formular auf. Anschließend wird der Befehlsschaltflächen-Assistent angezeigt. Sie müssen hierzu allerdings die Option STEUERELEMENT-ASSISTENTEN VERWENDEN aktiviert haben.

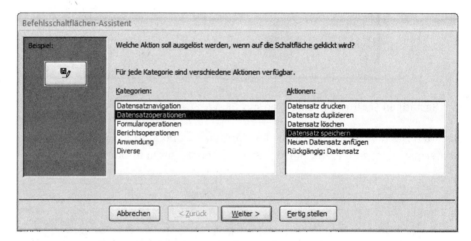

Abbildung 7.26: Die Prozedur für DATENSATZ SPEICHERN erzeugen lassen

Abbildung 7.27: Bild oder Beschriftung auswählen

Formulare erstellen

3. Markieren Sie im Feld KATEGORIEN den Eintrag DATENSATZOPERATIONEN.
4. Wählen Sie im Feld AKTIONEN den Eintrag DATENSATZ SPEICHERN.
5. Klicken Sie auf die Schaltfläche WEITER.
6. Entscheiden Sie sich für das Layout der Schaltfläche, indem Sie entweder nur Text anzeigen oder ein Symbol auf der Schaltfläche anzeigen lassen.
7. Klicken Sie auf WEITER.
8. Weisen Sie im nächsten Dialogfeld der Schaltfläche einen Namen zu, und klicken Sie auf FERTIG STELLEN, um die Erzeugung der Prozedur zu beenden.

Die Schaltfläche wurde nun in Ihr Formular eingefügt. Wo aber ist jetzt der Code? Klicken Sie mit der rechten Maustaste auf die neu eingefügte Schaltfläche und wählen aus dem Kontextmenü den Befehl EREIGNIS. Sie gelangen daraufhin automatisch in die Entwicklungsumgebung von Access und haben dann folgende Prozedur vor Augen.

Listing 7.6: Datensatz über Formularschaltfläche speichern

```
Private Sub Befehl143_Click()
On Error GoTo Err_Befehl143_Click
  DoCmd.DoMenuItem acFormBar, _
  acRecordsMenu, acSaveRecord, , acMenuVer70

Exit_Befehl143_Click:
  Exit Sub

Err_Befehl143_Click:
  MsgBox Err.Description
  Resume Exit_Befehl143_Click
End Sub
```

Dabei wird die Methode `DoMenuItem` eingesetzt. Diese Methode führt den angegebenen Menübefehl aus und hat folgende Syntax:

Die Syntax der Methode `DoMenuItem`

`DoMenuItem(Menüleiste, Menüname, Befehl, Unterbefehl, Version)`

Dem Argument `Menüleiste` weisen Sie die Konstante `acFormBar` zu. Damit sprechen Sie die komplette Menüleiste von Access an, die automatisch dann eingeblendet wird, wenn Sie ein Formular aufrufen.

Im Argument `Menüname` geben Sie an, um welches Menü in der Menüleiste es sich handeln soll. Dazu gibt Ihnen Access drei Konstanten vor:

- `acFile`: das Menü DATEI
- `acEditMenu`: das Menü BEARBEITEN
- `AcRecordsMenu`: das Menü DATENSÄTZE

Im Argument `Befehl` geben Sie den Befehl ein, der im Argument `Menüname` zu finden ist und den Sie ausführen möchten.

Tabelle 7.4:
Die Befehlskonstanten der Methode DoMenuItem

Befehl	Menü	Befehl
acNew	EINFÜGEN	NEUER DATENSATZ
acSaveForm	DATEI	SPEICHERN
acSaveFormAs	DATEI	SPEICHERN UNTER
acSaveRecord	DATENSÄTZE	DATENSATZ SPEICHERN
acUndo	BEARBEITEN	RÜCKGÄNGIG
acCut	BEARBEITEN	AUSSCHNEIDEN
acCopy	BEARBEITEN	KOPIEREN
acPaste	BEARBEITEN	EINFÜGEN
acDelete	BEARBEITEN	DATENSATZ LÖSCHEN
acSelectRecord	BEARBEITEN	DATENSATZ AUSWÄHLEN
acSelectAllRecords	BEARBEITEN	ALLE DATENSÄTZE AUSWÄHLEN
acObject	EINFÜGEN	OBJEKT
acRefresh	DATENSÄTZE	AKTUALISIEREN

Das Argument Unterbefehl wird nur dann verwendet, wenn Sie den Befehl OBJEKT aus dem Menü EINFÜGEN einsetzen. Die dazu zur Verfügung stehenden Konstanten lauten acObjectVerb und acObjectUpdate.

Das Argument Version müssen Sie nur einsetzen, wenn Sie eine ältere Access-Version im Einsatz haben. Setzen Sie die Konstante acMenuVer70 für Code ein, der für Microsoft Access 95-Datenbanken geschrieben wurde, die eingebaute Konstante acMenuVer20 kommt dann zur Anwendung, wenn Code für Microsoft Access-Datenbanken der Version 2.0 eingegeben wurde.

Die Methode DoMenuItem wird zwar verwendet, wenn Sie den Schaltflächen-Assistenten verwenden, um Schaltflächen-Code zu generieren. Diese Vorgehensweise können Sie aber auch beibehalten, um den Code-Rahmen in der Entwicklungsumgebung automatisch erzeugen zu lassen. Danach können Sie die Methode DoMenuItem aber durch die aktuellere und schnellere Methode RunCommand austauschen. Das sieht dann wie folgt aus:

Listing 7.7: Datensatz über Formularschaltfläche speichern (RunCommand)

```
Private Sub Befehl143_Click()
On Error GoTo Err_Befehl143_Click
    DoCmd.RunCommand (acCmdSaveRecord)
```

```
Exit_Befehl43_Click:
  Exit Sub

Err_Befehl43_Click:
  MsgBox Err.Description
  Resume Exit_Befehl43_Click
End Sub
```

Die Methode RunCommand hat nur noch ein Argument, das Sie in der Online-Hilfe zu Access-VBA nachlesen können. Für das Speichern eines Datensatzes ist das in diesem Beispiel die Konstante acCmdSaveRecord.

Wie Sie auf den letzten Seiten gesehen haben, werden bei diesen Aktionen nur Standardaufgaben durchgeführt. Für das Beispiel des Speicherns eines Datensatzes wurde der Datensatz ohne weitere Prüfung gespeichert. Wenn Sie daher über die Standardaufgaben bei Formularen hinausgehen möchten, müssen Sie anderen Quellcode dafür einsetzen, der im weiteren Verlauf des Kapitels aufgeführt und erklärt wird.

7.3.12 Weitere wichtige Schaltflächen integrieren

Im Formular SCHALTFLÄCHEN werden nun über den Schaltflächen-Assistenten einige weitere Schaltflächen eingefügt.

Datensatz suchen

Um eine einfache Suche im Formular zu integrieren, fügen Sie zunächst eine Schaltfläche auf Ihrem Formular ein, um den Befehlsschaltflächen-Assistenten aufzurufen. Dort markieren Sie im Listenfeld KATEGORIEN den Eintrag DATENSATZNAVIGATION und aktivieren im Listenfeld AKTIONEN den Befehl DATENSATZ SUCHEN. Befolgen Sie die danach folgende Anweisungen des Assistenten und klicken am Ende auf die Schaltfläche FERTIG STELLEN, um den dazu notwendigen Code zu erstellen.

Listing 7.8: Datensatz suchen

```
Private Sub Befehl65_Click()
On Error GoTo Err_Befehl65_Click
  'Suchen Datensatz

  Screen.PreviousControl.SetFocus
  DoCmd.DoMenuItem acFormBar, _
    acEditMenu, 10, , acMenuVer70

Exit_Befehl65_Click:
  Exit Sub

Err_Befehl65_Click:
  MsgBox Err.Description
  Resume Exit_Befehl65_Click
End Sub
```

Über die Prozedur aus Listing 7.8 wird der STANDARD-SUCHEN-Dialog von Access aufgerufen.

Abbildung 7.28:
Eine Standardsuche durchführen

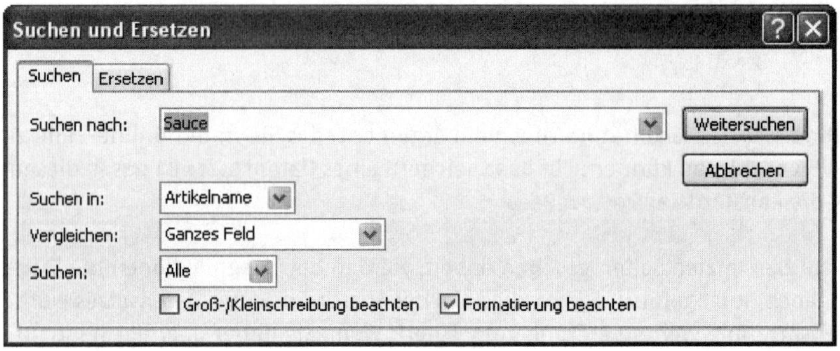

Der etwas schnellere Befehl, um die Standardsuche aufzurufen, lautet:

```
DoCmd.RunCommand (acCmdFind)
```

Datensatz duplizieren

Um einen Datensatz zu duplizieren und an das Ende einer Tabelle zu stellen, fügen Sie eine Schaltfläche ein, und markieren Sie im Listenfeld KATEGORIEN den Eintrag DATENSATZOPERATIONEN und aktivieren im Listenfeld AKTIONEN den Befehl DATENSATZ DUPLIZIEREN. Befolgen Sie die danach folgenden Anweisungen des Assistenten und klicken am Ende auf die Schaltfläche FERTIG STELLEN, um den dazu notwendigen Code zu erstellen.

Listing 7.9: Datensatz duplizieren und am Ende einfügen

```
Private Sub Befehl68_Click()
On Error GoTo Err_Befehl68_Click
    'Datensatz duplizieren
    
    DoCmd.DoMenuItem acFormBar, _
        acEditMenu, 8, , acMenuVer70
    DoCmd.DoMenuItem acFormBar, _
        acEditMenu, 2, , acMenuVer70
    DoCmd.DoMenuItem acFormBar, _
        acEditMenu, 5, , acMenuVer70

Exit_Befehl68_Click:
    Exit Sub
    
Err_Befehl68_Click:
    MsgBox Err.Description
    Resume Exit_Befehl68_Click
End Sub
```

Datensatz löschen

Um den aktiven Datensatz zu löschen, fügen Sie eine Schaltfläche ein, und markieren Sie im Listenfeld KATEGORIEN den Eintrag DATENSATZOPERATIONEN und aktivieren im Listenfeld AKTIONEN den Befehl DATENSATZ LÖSCHEN. Befolgen Sie die danach folgenden Anweisungen des Assistenten und klicken am Ende auf die Schaltfläche FERTIG STELLEN, um den dazu notwendigen Code zu erstellen.

Listing 7.10: Datensatz löschen

```
Private Sub Befehl70_Click()
On Error GoTo Err_Befehl70_Click
'Datensatz löschen

'DoCmd.DoMenuItem acFormBar, acEditMenu, _
8, , acMenuVer70
'DoCmd.DoMenuItem acFormBar, acEditMenu, _
6, , acMenuVer70
'oder
DoCmd.RunCommand (acCmdDeleteRecord)

Exit_Befehl70_Click:
  Exit Sub

Err_Befehl70_Click:
  MsgBox Err.Description
  Resume Exit_Befehl70_Click
End Sub
```

Formularinhalt drucken

Um den aktiven Datensatz zu drucken, fügen Sie eine Schaltfläche ein, und markieren Sie im Listenfeld KATEGORIEN den Eintrag FORMULAROPTIONEN und aktivieren im Listenfeld AKTIONEN den Befehl AKTUELLES FORMULAR DRUCKEN. Befolgen Sie die danach folgende Anweisungen des Assistenten und klicken am Ende auf die Schaltfläche FERTIG STELLEN, um den dazu notwendigen Code zu erstellen.

Listing 7.11: Formularinhalt drucken

```
Private Sub Befehl72_Click()
On Error GoTo Err_Befehl72_Click
'Drucken Formularinhalt

  DoCmd.PrintOut

Exit_Befehl72_Click:
  Exit Sub

Err_Befehl72_Click:
  MsgBox Err.Description
  Resume Exit_Befehl72_Click
End Sub
```

Mithilfe der Methode `PrintOut` geben Sie den Inhalt des aktuellen Formulars auf dem Drucker aus.

Drucken einer hinterlegten Tabelle

Um eine komplette Tabelle zu drucken, die hinter einem Formular liegt, fügen Sie eine Schaltfläche ein, und markieren Sie im Listenfeld KATEGORIEN den Eintrag FORMULAROPTIONEN und aktivieren im Listenfeld AKTIONEN den Befehl FORMULAR DRUCKEN. Befolgen Sie die danach folgenden Anweisungen des Assistenten und klicken am Ende auf die Schaltfläche FERTIG STELLEN, um den dazu notwendigen Code zu erstellen.

Listing 7.12: Hinterlegte Tabelle aus Formular ausdrucken

```
Private Sub Befehl71_Click()
On Error GoTo Err_Befehl71_Click
'Drucken von Tabelle
  Dim stDocName As String
  Dim MyForm As Form

  stDocName = "Alphabetische Artikelliste"
  Set MyForm = Screen.ActiveForm
  DoCmd.SelectObject acForm, stDocName, True
  DoCmd.PrintOut
  DoCmd.SelectObject acForm, MyForm.Name, False

Exit_Befehl71_Click:
  Exit Sub

Err_Befehl71_Click:
  MsgBox Err.Description
  Resume Exit_Befehl71_Click
End Sub
```

Excel-Session starten

Um eine externe Anwendung zu starten, beispielsweise Microsoft Excel, fügen Sie eine Schaltfläche ein, und markieren Sie im Assistenten im Listenfeld KATEGORIEN den Eintrag ANWENDUNG und aktivieren im Listenfeld AKTIONEN den Befehl MS EXCEL AUSFÜHREN. Befolgen Sie die danach folgenden Anweisungen des Assistenten und klicken am Ende auf die Schaltfläche FERTIG STELLEN, um den dazu notwendigen Code zu erstellen, den Sie dann wie im folgenden Listing erweitern können.

Listing 7.13: Die Applikation Excel starten

```
Private Sub Befehl74_Click()
On Error GoTo Err_Befehl74_Click
'Excel starten und neue Mappe einfügen
Dim oApp As Object
```

Formulare erstellen

```
  Set oApp = CreateObject("Excel.Application")
  oApp.Visible = True
  oApp.Workbooks.Add

Exit_Befehl74_Click:
  Exit Sub

Err_Befehl74_Click:
  MsgBox Err.Description
  Resume Exit_Befehl74_Click
End Sub
```

Mithilfe der Anweisung `Set oApp = CreateObject("Excel.Application")` erstellen Sie ein neues Excel-Objekt. Über die Eigenschaft `Visible` teilen Sie mit, dass diese Anwendung sichtbar sein soll. Die Methode `Add` fügt eine neue Arbeitsmappe hinzu.

Word-Session starten

Um Microsoft Word zu starten und ein neues Dokument einzufügen, integrieren Sie über den Assistenten eine Schaltfläche, und markieren Sie im Listenfeld KATEGORIEN den Eintrag ANWENDUNG. Aktivieren Sie im Listenfeld AKTIONEN den Befehl MS WORD AUSFÜHREN. Befolgen Sie die danach folgenden Anweisungen des Assistenten und klicken am Ende auf die Schaltfläche FERTIG STELLEN, um den dazu notwendigen Code zu erstellen, den Sie dann wie im folgenden Listing erweitern können.

Listing 7.14: Die Applikation Word starten

```
Private Sub Befehl76_Click()
On Error GoTo Err_Befehl76_Click
'Word starten und neues Dokument einfügen
Dim oApp As Object

  Set oApp = CreateObject("Word.Application")
  oApp.Visible = True
  oApp.Documents.Add

Exit_Befehl76_Click:
  Exit Sub

Err_Befehl76_Click:
  MsgBox Err.Description
  Resume Exit_Befehl76_Click
End Sub
```

Mithilfe der Anweisung `Set oApp = CreateObject("Word.Application")` erstellen Sie ein neues Word-Objekt. Über die Eigenschaft `Visible` teilen Sie mit, dass diese Anwendung sichtbar sein soll. Die Methode `Add` fügt ein neues Dokument hinzu.

7.3.13 Identifizieren von Steuerelementen

Um auf einzelne Steuerelemente in Formularen zuzugreifen, müssen Sie erst einmal wissen, wie Sie diese ansprechen können. Dazu können Sie mit der folgenden Prozedur aus Listing 7.15 alle verwendeten Steuerelemente des Formulars ARTIKEL aus der Datenbank NORDWIND.MDB auslesen und im Direktbereich von Access ausgeben. Fügen Sie ein neues Modul ein und erfassen die folgende Prozedur:

Listing 7.15: Datenfelder in Formular auslesen

```
Sub FormularFelderAusgeben()
   Dim frm As Form
   Dim obj As Object

   Set frm = Form_Artikel
   For Each obj In frm.Controls
     Debug.Print obj.Name
   Next obj
End Sub
```

Definieren Sie im ersten Schritt eine Variable vom Typ Form. Danach geben Sie über die Anweisung Set bekannt, um welches Formular es sich dabei handeln soll. Achten Sie dabei darauf, dass es sich um den Namen des Formulars handeln muss, den Sie in der Entwicklungsumgebung im Projekt-Explorer unter der Rubrik MICROSOFT ACCESS KLASSENOBJEKTE auswählen. Bauen Sie danach eine Schleife auf, die jedes Objekt im Formular durchläuft und den Namen des Objekts mithilfe der Eigenschaft Name ermittelt.

Abbildung 7.29: Steuerelemente auslesen

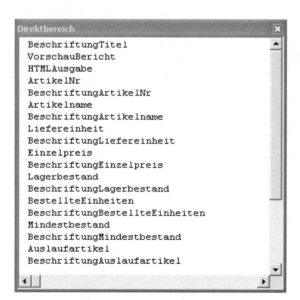

Sie haben jetzt zwar die Namen der Steuerelemente, aber Sie wissen noch nicht, um welches Steuerelement es sich dabei handelt. Um diese Frage zu beantworten, setzen Sie die Eigenschaft `ControlType` ein, die Ihnen die Art des Steuerelements ausgibt. Sehen Sie dazu ein Beispiel in Listing 7.16.

Listing 7.16: Steuerelement-Typen aus Formularen ermitteln (Index)

```
Sub FormularSteuerelementTypen()
  Dim frm As Form
  Dim obj As Object

  Set frm = Form_Artikel
  For Each obj In frm.Controls
    Debug.Print "Typ: " & obj.ControlType & _
      " Name: " & obj.Name
  Next obj
End Sub
```

Der Typ des Steuerelementes kann über einen Indexwert ermittelt werden. So haben Textfelder den Index 109, Beschriftungsfelder den Wert 100, Schaltflächen den Wert 104 und Kontrollkästchen den Wert 106.

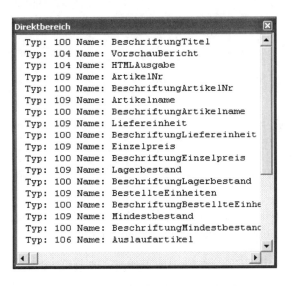

Abbildung 7.30: Steuerelement-Typ und -Namen ausgeben

Die Typen der einzelnen Steuerelemente können Sie aber auch über Konstanten ermitteln. Sehen Sie sich dazu die folgende Tabelle an.

Tabelle 7.5:
Die Konstanten, um die Steuerelemente zu identifizieren

Konstante	Steuerelement
acBoundObjectFrame	Gebundenes Objektfeld
acCheckBox	Kontrollkästchen
acComboBox	Kombinationsfeld
acCommandButton	Befehlsschaltfläche
acCustomControl	ActiveX-Steuerelement
acImage	Bild
acLabel	Bezeichnungsfeld
acLine	Linie
acListBox	Listenfeld
acObjectFrame	ungebundenes Objektfeld oder Diagramm
acOptionButton	Optionsschaltfläche
acOptionGroup	Optionsgruppe
acPage	Seite
acPageBreak	Seitenwechsel
acRectangle	Rechteck
acSubform	Unterformular/-bericht
acTabCtl	Registersteuerelement
acTextBox	Textfeld
acToggleButton	Umschaltfläche

Mit diesen Informationen können Sie jetzt eine Prozedur programmieren, die diese Steuerelemente eindeutig identifiziert.

Listing 7.17: Steuerelement-Typen aus Formularen ermitteln (Namen)

```
Sub FormularSteuerelementNamen()
   Dim frm As Form
   Dim obj As Object
   Dim str As String
   
   Set frm = Form_Artikel
   For Each obj In frm.Controls
   
      Select Case obj.ControlType
        Case 100
           str = "Beschriftung"
```

```
        Case 101
            str = "Rechteck"
        Case 102
            str = "Linie"
        Case 103
            str = "Bild"
        Case 104
            str = "Schaltfläche"
        Case 105
            str = "Optionsschaltfläche"
        Case 106
            str = "Kontrollkästchen"
        Case 107
            str = "Gruppenfeld"
        Case 109
            str = "Textfeld"
        Case 110
            str = "Listenfeld"
        Case 111
            str = "Kombinationsfeld"
        Case 114
            str = "OLE Objekt - ungebunden"
        Case 118
            str = "Seitenumbruch"
        Case 122
            str = "Umschaltfläche"
        Case 123
            str = "Registersteuerelement"
        Case Else
            str = ""
    End Select
    Debug.Print "Typ: " & obj.ControlType & _
        "=" & str & Chr(13) & "Name: " & _
        obj.Name & Chr(13)
  Next obj
End Sub
```

Sammeln Sie in einer `Select Case`-Anweisung die verschiedenen Indizes der Steuerelemente und weisen über die Variable `str` einen Text hinzu. Diesen geben Sie dann im Direktbereich aus.

Abbildung 7.31:
Steuerelement-Typ
und -Namen
ausgeben

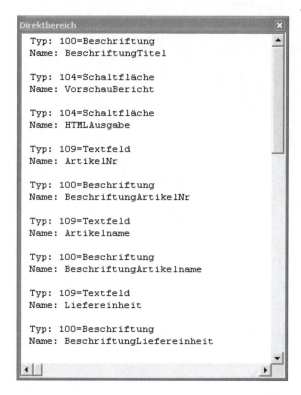

7.3.14 Formular aufrufen

Die Syntax der Methode OpenForm

Um ein Formular mit VBA aufzurufen, setzen Sie die Methode `OpenForm` ein. Diese Methode hat folgende Syntax:

```
OpenForm(Formularname, Ansicht, Filtername, Bedingung, Datenmodus, Fenstermodus, Öffnungsargumente)
```

Im Argument `Formularname` geben Sie den Namen des Formulars an, das Sie öffnen möchten.

Beim Argument `Ansicht` können Sie die Art der Ansicht Ihres Formulars festlegen. Wählen Sie dort die Konstante `acDesign`, um das Formular in der Entwurfsansicht aufzurufen. Die Konstante `acNormal` ruft das Formular wie gewohnt auf. Sie können diese Konstante aber auch weglassen.

In den Argumenten `Filtername` und `Bedingung` können Sie einen Filter angeben, um nur bestimmte Datensätze im Formular anzuzeigen. Dieser Filter muss dann wie folgt angegeben werden: `"Einzelpreis > 50"` oder `"Artikelname = 'Donuts'"`. Wenn Sie `Artikelname` angeben, muss der angegebene Zeichenfolgenausdruck dem gültigen Namen einer Abfrage in der aktuellen Datenbank entsprechen.

Mit dem Argument `Datenmodus` können Sie festlegen, welche Aufgaben der Anwender im Formular durchführen kann. Dabei stehen Ihnen folgende Konstanten zur Verfügung.

- `acFormAdd`: Der Anwender kann neue Datensätze im Formular hinzufügen, jedoch keine bestehenden Datensätze bearbeiten.
- `acFormEdit`: Der Anwender kann bestehende Datensätze im Formular bearbeiten und neue Datensätze hinzufügen.
- `AcFormPropertySettings`: Mit dieser Standardkonstante können Sie alle Aktionen im Formular durchführen.
- `acFormReadOnly`: Der Anwender kann die Datensätze im Formular nur ansehen.

Mit dem Argument `Fenstermodus` legen Sie fest, wie das Formular angezeigt werden soll.

- Wählen Sie die Konstante `acWindowNormal`, um das Formular in der Standardansicht anzuzeigen.
- Verwenden Sie die Konstante `acHidden`, wenn das Formular ausgeblendet geöffnet werden soll.
- Setzen Sie die Konstante `acIcon` ein, um das Formular unten am Bildschirm in Form eines kleinen Symbols in der Titelleiste anzuzeigen.
- Die Konstante `acDialog` können Sie einsetzen, wenn Sie das Formular als Dialogfeld anzeigen möchten. Dabei können Sie mit einer anderen Aufgabe erst wieder weiterarbeiten, wenn Sie das Formular geschlossen haben.

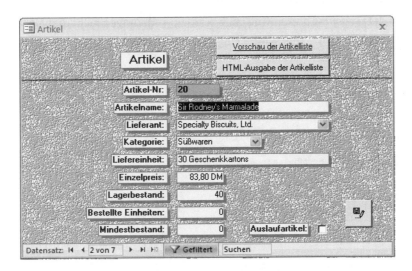

Abbildung 7.32:
Die gefilterte Anzeige des Formulars ARTIKEL

Im Argument `ÖffnungsArgumente` können Sie dem Formular bereits beim Öffnen bestimmte Werte bzw. Einstellungen mitgeben.

Sehen Sie in Listing 7.18, wie Sie das Formular ARTIKEL aufrufen.

Listing 7.18: Formular mit der Methode `OpenForm` aufrufen

```
Sub FormularÖffnen()
   DoCmd.OpenForm "Artikel", acNormal, , _
      "Einzelpreis > 50", , acDialog
End Sub
```

7.3.15 Formulare schließen

Mithilfe der Methode `Close` können Sie ein Formular schließen. Im folgenden Listing 7.19 wird das Formular ARTIKEL geschlossen.

Listing 7.19: Formular mit der Methode `Close` schließen

```
Sub FormularSchließen()
   DoCmd.Close acForm, "Artikel", acSaveYes
End Sub
```

Die Syntax der Methode `Close`

Die Methode `Close` hat folgende Syntax:

`Close(Objekttyp, Objektname, Speichern)`

Beim Argumenttyp `Objekttyp` müssen Sie angeben, dass es sich hier um ein Formular handeln soll. Geben Sie daher die Konstante `acForm` an.

Der `Objektname` enthält den Namen des Formulars.

Mithilfe des Arguments `Speichern` geben Sie bekannt, wie bzw. ob Änderungen vor dem Schließen des Formulars gespeichert werden sollen. Dazu stehen folgende Konstanten zur Verfügung:

- `AcSaveNo`: Bei dieser Konstante werden Änderungen nicht gespeichert.
- `AcSavePrompt`: Hier wird nachgefragt, ob Änderungen am Formular gespeichert werden sollen. Dies ist die Standardeinstellung.
- `AcSaveYes`: Bei dieser Konstante werden Änderungen beim Schließen des Formulars ohne Rückfrage gespeichert.

Möchten Sie gleich mehrere Formulare auf einmal schließen, sieht die dazugehörige Lösung wie folgt aus:

Listing 7.20: Alle geöffneten Formulare schließen

```
Sub AlleGeöffnetenFormulareSchließen()
   Dim i As Integer
   Dim intGesamt As Integer

   intGesamt = Forms.Count - 1
   For i = intGesamt To 0 Step -1
      DoCmd.Close acForm, Forms(i).Name
   Next
End Sub
```

Mithilfe der Methode Count ermitteln Sie die Anzahl der geöffneten Formulare und speichern diese Information in der Variablen INTGESAMT. Setzen Sie danach ein Schleife auf, die rückwärts zählt und die einzelnen Formulare nacheinander schließt.

7.3.16 Textfelder programmieren

Das wohl beliebteste Steuerelement in Access ist die Textbox. Über sie können Sie sowohl Daten eingeben als auch anzeigen lassen.

Textfelder formatieren

Im nächsten Beispiel aus Listing 7.21 werden alle Textfelder eines Formulars mit der Hintergrundfarbe ROT belegt.

Listing 7.21: Alle Textfelder in einem Formular mit der Hintergrundfarbe ROT belegen

```
Sub TexfelderFormatieren()
  Dim frm As Form
  Dim obj As control
  Dim lngFarbeRot As Long

  lngFarbeRot = RGB(255, 0, 0)

  Set frm = Form_ArtikelFormular
  For Each obj In frm.Controls
    If obj.ControlType = acTextBox Then _
      obj.BackColor = lngFarbeRot
  Next obj
End Sub
```

Die Farbe des Hintergrunds können Sie mit der Funktion RGB erzeugen. Dabei müssen Sie sich die Farbe zusammenmischen. Als Argumente müssen Sie hierbei drei Werte angeben. Der erste Wert steht für den Rotanteil der Farbe, der zweite für den grünen Anteil und der dritte für den blauen Anteil. Die folgende Tabelle listet einige typische Farbmischungen auf.

Farbe	Rot-Wert	Grün-Wert	Blau-Wert
Schwarz	0	0	0
Blau	0	0	255
Grün	0	255	0
Cyan	0	255	255
Rot	255	0	0
Magenta	255	0	255
Gelb	255	255	0
Weiß	255	255	255

Tabelle 7.6: Die Farbwerte der Funktion RGB

Kapitel 7 • Programmierung von Dialogen, Steuerelementen und Formularen

Nachdem Sie Ihre gewünschte Farbe zusammengemischt haben, setzen Sie eine Schleife auf und durchlaufen alle Steuerelemente des Formulars. Über die Eigenschaft ControlType prüfen Sie dabei, ob es sich um ein Textfeld handelt. Ist dies der Fall, setzen Sie die Eigenschaft BackColor ein, um den Hintergrund des Textfeldes zu formatieren.

> **INFO**
>
> Das Beispiel aus Listing 7.21 wurde an einem nicht geöffneten Formular angewendet. Möchten Sie eine Aktion anhand eines geöffneten Formulars ausführen, dann müssen Sie den Code im Projekt-Explorer in der Kategorie MICROSOFT ACCESS KLASSEN-OBJEKTE hinterlegen.

Textfelder positionieren

Standardmäßig wird der Text in Textfeldern bei Formularen immer komplett markiert, sobald Sie diese mit der Taste ⇆ anspringen. Diese komplette Markierung der Daten in einem Textfeld hat den Vorteil, dass Sie sie mit einem Klick löschen, kopieren bzw. ausschneiden können. Es gibt jedoch Fälle, bei denen dieser Automatismus eher unerwünscht ist. Sie haben daher die Möglichkeit, das Setzen des Mauszeigers im Textfeld bzw. die Art der Markierung im Textfeld selber festzulegen.

Im folgenden Beispiel soll die nicht komplette Markierung eines Textes in einem Textfeld vorgenommen werden. Stattdessen wird der Mauszeiger hinter das letzte Textzeichen des markierten Abschnitts gesetzt, sobald Sie das Textfeld aktivieren.

> **STEP**
>
> Um diese Lösung umzusetzen, verfahren Sie wie folgt:
> 1. Klicken Sie das betreffende Textfeld in der Entwurfsansicht des Formulars mit der rechten Maustaste an und wählen den Befehl EIGENSCHAFTEN aus dem Kontextmenü.
> 2. Wechseln Sie zur Registerkarte EREIGNIS.
> 3. Setzen Sie den Mauszeiger in das Feld BEIM HINGEHEN und klicken auf das Symbol ganz rechts in diesem Feld.
> 4. Erfassen Sie folgende Ereignisprozedur.

Listing 7.22: Markierung im Textfeld ändern (am Ende des Textes)

```
Private Sub Name_Enter()
   Me!Name.SelStart = Me!Name.SelLength
End Sub
```

Mithilfe der Eigenschaft SelStart können Sie die Startposition des markierten Textabschnitts eines Textfeldes festlegen. Sollte noch kein Text eingefügt worden sein, legen Sie über diese Eigenschaft die Einfügemarke des Mauszeigers fest. Durch die Eigenschaft SelLength können Sie die Anzahl der markierten Zeichen in einem Textfeld ermitteln. Der Trick, um den Zellenzeiger hinter das letzte Zeichen des Textes zu legen, besteht nun darin, dass Sie der Eigenschaft SelStart den Wert übergeben, den die Eigenschaft SelLength ermittelt hat.

Formulare erstellen

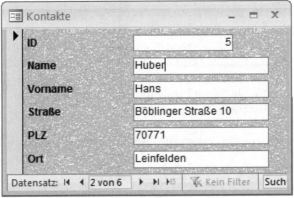

Abbildung 7.33:
Die Standardmarkierung (oben) und die programmierte Lösung (unten)

Analog zur Lösung aus Listing 7.22 können Sie auch den Mauszeiger vor das erste Zeichen im Textfeld setzen. Den Code für diese Lösung sehen Sie in Listing 7.23.

Listing 7.23: Markierung im Textfeld ändern (am Anfang des Textes)

```
Private Sub Vorname_Enter()
  Me!Vorname.SelStart = 0
End Sub
```

Interessant bei diesem Beispiel ist, dass Sie die Startposition auf den Wert 0 setzen müssen, um an den Beginn des Textfeldes zu gelangen.

Textfelder überwachen

Im nächsten Beispiel soll eine Meldung am Bildschirm erscheinen, wenn ein Einzelpreis eines Artikels geändert wurde.

Um diese Aufgabe umzusetzen, befolgen Sie die nächsten Arbeitsschritte:

1. Öffnen Sie Ihr Formular in der Entwurfsansicht.
2. Klicken Sie mit der rechten Maustaste das Datenfeld im Formular an, das Sie auf diese Weise überwachen möchten, und wählen Sie aus dem Kontextmenü den Befehl EIGENSCHAFTEN.

3. Wechseln Sie zur Registerkarte EREIGNIS.
4. Setzen Sie den Mauszeiger ins Feld BEI GEÄNDERT, und klicken Sie auf die Schaltfläche ganz rechts im Feld.

Abbildung 7.34:
Den Code-Generator aufrufen

5. Wählen Sie im Dialogfeld GENERATOR AUSWÄHLEN den Eintrag CODE-GENERATOR.
6. Bestätigen Sie Ihre Wahl mit OK.

Ergänzen Sie den gerade erstellten Code um folgende Zeilen:

Listing 7.24: Preisänderungen überwachen

```
Private Sub Einzelpreis_Dirty(Cancel As Integer)
  MsgBox "Sie haben den Preis geändert!"
End Sub
```

Bei der Prozedur aus Listing 7.24 handelt es sich um ein sogenanntes Ereignis, das automatisch dann ausgelöst wird, wenn Sie im Feld EINZELPREIS eine Änderung vornehmen.

Lernen Sie mehr über *Ereignisse* im Kapitel 9 dieses Buches.

Textfelderinhalte retten

Bevor Sie einen Datensatz in einem Formular ändern, können Sie die alten Formularinhalte sichern lassen. Damit haben Sie die Möglichkeit, Ihre Eingaben bzw. Änderungen rückgängig zu machen.

Schreiben Sie in der nächsten Aufgabe eine Prozedur, die die alten Werte eines Formulars in den Direktbereich schreibt. Den Code für diese Aufgabe sehen Sie in Listing 7.25.

Listing 7.25: Alte Textwerte sichern

```
Private Sub Befehl22_Click()
  Dim ctl As control

  For Each ctl In Me.Controls
    With ctl
      If .ControlType = acTextBox Then
        Debug.Print .OldValue
      End If
    End With
  Next ctl
End Sub
```

Mit dem Schlüsselwort Me haben Sie die Möglichkeit, auf alle Steuerelemente des momentan geöffneten Formulars zuzugreifen. Starten Sie eine Schleife, in der Sie alle Steuerelemente im geöffneten Formular abarbeiten. Mithilfe der Eigenschaft ControlType können Sie überprüfen, ob es sich bei dem jeweiligen Steuerelement um ein Textfeld handelt. Wenn ja, dann wenden Sie die Eigenschaft OldValue an, um die ursprünglichen Werte zu speichern.

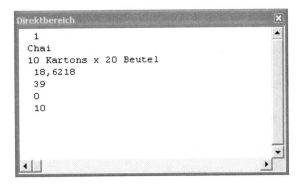

Abbildung 7.35:
Die ursprünglichen Werte des Formulars

Die Eigenschaft OldValue können Sie natürlich nur dann anwenden, wenn sich Ihr Formular auf eine verknüpfte Tabelle oder Abfrage bezieht.

Die Eigenschaft OldValue wurde im vorherigen Beispiel aus Listing 7.25 für alle Textfelder angewendet. In der Praxis werden Sie meist einzelne Felder überwachen und bei ungültigen Eingaben zurücksetzen. Im folgenden Beispiel wird das Feld LAGERBESTAND des Formulars ARTIKEL überwacht. Immer wenn im Formular ein Lagerbestand < 1 eingegeben wird, soll der ursprüngliche Wert wiederhergestellt werden.

Die folgende Prozedur aus Listing 7.26 wurde hinter eine Schaltfläche im Formular gelegt:

Listing 7.26: Den ursprünglichen Wert wiederherstellen

```
Private Sub Befehl25_Click()
  Dim ctlTextbox As control
  Dim intLb As Integer

  intLb = Me!Lagerbestand.Value
  If intLb < 1 Then _
    Me!Lagerbestand = Me!Lagerbestand.OldValue
    MsgBox "Der Lagerbestand darf nicht < 1 sein!"
  End If
End Sub
```

Speichern Sie zuerst den neu erfassten Wert im Feld LAGERBESTAND. Prüfen Sie danach, ob dieser Bestand unterhalb des Wertes 1 liegt. Wenn ja, dann stellen Sie den ursprünglichen Wert mithilfe der Eigenschaft OldValue wieder ein.

QuickInfos hinzufügen

Standardmäßig sehen Sie in der Statusleiste von Access die Feldbeschreibungen in den einzelnen Formularfeldern, sofern es sich bei den Formularen um verknüpfte Tabellen handelt. Zusätzlich können Sie für Textfelder auch noch eine QuickInfo hinzufügen, die angezeigt wird, wenn Sie den Mauszeiger über das jeweilige Textfeld bewegen und eine kleine Weile dort belassen. In der folgenden Prozedur aus Listing 7.27, die hinter eine Schaltfläche gelegt wurde, wird eine einheitliche QuickInfo hinterlegt.

Listing 7.27: Textfeldern im Formular eine QuickInfo zuweisen

```
Private Sub Befehl26_Click()
  Dim ctl As Control
  For Each ctl In Me.Controls
    With ctl
      If .ControlType = acTextBox Then
        .ControlTipText = _
          "Hier bitte Eingabe vornehmen!"
      End If
    End With
  Next ctl
End Sub
```

Durchlaufen Sie mithilfe einer Schleife alle Steuerelemente im aktiven Formular. Über die Eigenschaft ControlType prüfen Sie, ob es sich beim jeweiligen Steuerelement um ein Textfeld handelt. Wenn ja, dann setzen Sie die Eigenschaft ControlTipText ein, um eine QuickInfo hinzuzufügen.

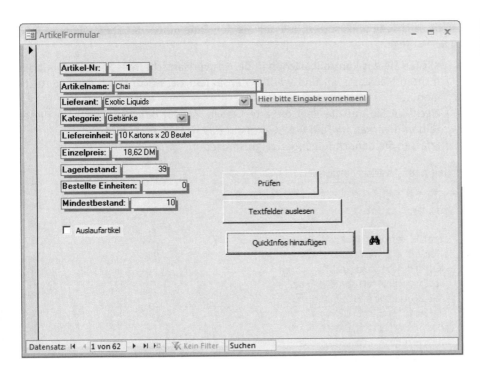

Abbildung 7.36:
QuickInfo hinzufügen

Textfelder aktivieren und sperren

Ein häufig eingesetztes Stilmittel bei Formularen ist, die Textfelder bei Bedarf zu deaktivieren bzw. zu sperren. So können Sie auf bestimmte Eingaben des Anwenders reagieren, wenn diese nicht wie erwartet vorgenommen werden. Für diesen Mechanismus setzen Sie die Eigenschaft Enabled ein, die Sie auf den Wert True setzen. Damit deaktivieren Sie ein Textfeld. Es wird dann abgeblendet im Formular angezeigt und kann nicht editiert werden.

Mithilfe der Eigenschaft Locked, die Sie auf den Wert True setzen, können Sie ein Textfeld vor Veränderungen schützen. Dieses können Sie zwar standardmäßig noch ansteuern, eine Bearbeitung ist aber nicht möglich.

In den meisten Fällen werden diese beiden Eigenschaften gemeinsam eingesetzt, denn es ist nicht immer sinnvoll, ein Textfeld aktiviert zu lassen, wenn der Anwender keine Änderungen daran ausführen darf. In diesem Fall ist es besser, beide Eigenschaften kombiniert einzusetzen.

Im nächsten Beispiel wenden Sie diesen Mechanismus einmal am Formular ARTIKELFORMULAR aus der Datenbank NORDWIND.MDB an. Dabei soll das Kontrollkästchen AUSLAUFARTIKEL überwacht werden. Immer wenn ein Anwender einen Artikel als Auslaufartikel kennzeichnet, sollen die Felder MINDESTBESTAND, EINZELPREIS, LAGERBESTAND und BESTELLTEEINHEITEN deaktiviert und gesperrt werden.

Kapitel 7 • Programmierung von Dialogen, Steuerelementen und Formularen

 Um diese Lösung umzusetzen, müssen Sie den Code hinter das Steuerelement Auslaufartikel legen.

1. Klicken Sie das Kontrollkästchen in der Entwurfsansicht Ihres Formulars mit der rechten Maustaste an und wählen den Befehl Eigenschaften aus dem Kontextmenü.
2. Wechseln Sie auf die Registerkarte Ereignis, setzen den Mauszeiger in dieses Feld und klicken im Feld Beim Klicken auf das Symbol ganz rechts.
3. Erfassen Sie danach folgende Ereignisprozedur:

Listing 7.28: Textfelder deaktivieren und sperren

```
Private Sub Auslaufartikel_Click()
  Dim intVal As Integer

  intVal = Me!Auslaufartikel.Value
  If intVal = 0 Then
    Me!Mindestbestand.Enabled = True
    Me!Einzelpreis.Enabled = True
    Me!Lagerbestand.Enabled = True
    Me!BestellteEinheiten.Enabled = True
    Me!Mindestbestand.Locked = True
    Me!Einzelpreis.Locked = True
    Me!Lagerbestand.Locked = True
    Me!BestellteEinheiten.Locked = True
  Else
    Me!Mindestbestand.Enabled = False
    Me!Einzelpreis.Enabled = False
    Me!Lagerbestand.Enabled = False
    Me!BestellteEinheiten.Enabled = False
    Me!Mindestbestand.Locked = False
    Me!Einzelpreis.Locked = False
    Me!Lagerbestand.Locked = False
    Me!BestellteEinheiten.Locked = False
  End If
End Sub
```

Fangen Sie nun die Mausklicks des Anwenders auf das Kontrollkästchen ab. Aktiviert der Anwender das Kontrollkästchen Auslaufartikel, wird der Wert 0 an Sie gemeldet. Diese Rückmeldung nutzen Sie, um eine Abfrage aufzusetzen und die einzelnen Textfelder zu deaktivieren und zu sperren.

Formulare erstellen

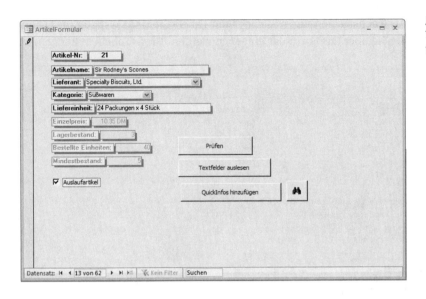

Abbildung 7.37:
Textfelder deaktivieren und sperren

Eingaben in Textfeldern zaubern

Ein besonders schöner Effekt in Formularen ist, wenn Sie wie von Zauberhand eine Eingabe in einem Textfeld vornehmen und Access dann weitere Textfelder automatisch füllt. Auf diese Weise können Sie beispielsweise eine Postleitzahl in einem Formulartextfeld erfassen und sich das dazugehörige Textfeld ORT automatisch füllen lassen. Damit dieser Mechanismus funktioniert, müssen Sie im ersten Schritt eine Tabelle anlegen, die eine Aufschlüsselung von der Postleitzahl zum dazugehörigen Ort liefert. Die Tabelle kann wie folgt aussehen:

Abbildung 7.38:
Die Tabelle PLZ_TAB

PLZ_ID	PLZ	Ort
1	70469	Stuttgart
2	70839	Gerlingen
3	70771	Leinfelden
4	81829	München
5	55264	Nieder-Olm
6	72768	Reutlingen
7	72793	Pfullingen
8	08056	Zwickau
9	71069	Sindelfingen
10	71032	Böblingen
11	70825	Korntal
12	71254	Ditzingen
13	41564	Kaarst
14	71732	Tamm
15	70736	Fellbach
18	72076	Tübingen
19	86438	Kissing

Kapitel 7 • Programmierung von Dialogen, Steuerelementen und Formularen

Als Nächstes benötigen Sie noch ein Tabelle, in der Sie später die Daten speichern, die Sie über das Formular eingeben werden. Diese Tabelle hat folgenden Aufbau:

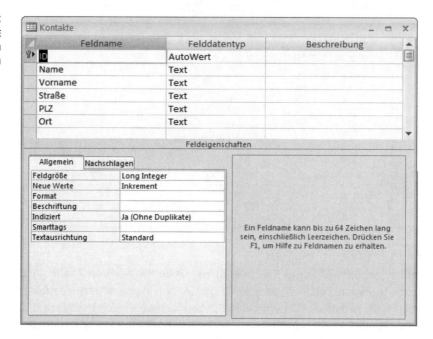

Abbildung 7.39:
Die Tabelle KONTAKTE zum Speichern von Adressdaten

Nun fehlt noch das Formular, über das Sie die Adressdaten erfassen. Nutzen Sie dazu den Assistenten für die Formularerstellung und geben als Quelle die Tabelle KONTAKTE an. Hat der Assistent das Formular erstellt, geben Sie dem Formular den Namen KONTAKTE. Jetzt können Sie das Formular automatisieren.

Dabei befolgen Sie die nächsten Arbeitsschritte:

1. Klicken Sie mit der rechten Maustaste auf das Feld PLZ in der Entwurfsansicht des Formulars KONTAKTE, und wählen Sie den Befehl EIGENSCHAFTEN.
2. Wechseln Sie auf die Registerkarte EREIGNIS und stellen das Ereignis BEIM VERLASSEN ein. Dadurch wird ein Ereignis erzeugt, das genau dann eintritt, wenn Sie das Feld PLZ nach der Eingabe verlassen. Dies ist genau der richtige Zeitpunkt, um nun automatisch die dazugehörige Ortsbezeichnung ins Feld ORT einzufügen.
3. Erfassen Sie in der Entwicklungsumgebung das Ereignis aus Listing 7.29:

Listing 7.29: Textfelder automatisch füllen lassen

```
Private Sub PLZ_Exit(Cancel As Integer)
  Dim varStadt As Variant

  varStadt = DLookup("Ort", "PLZ_Tab", _
    "PLZ = Forms![Kontakte]![PLZ]")
  If (Not IsNull(varStadt)) Then
    Me![Ort] = varStadt
```

```
      Else
         MsgBox "PLZ/Stadt noch nicht angelegt"
      ..End If
End Sub
```

In der Ereignisprozedur aus Listing 7.29 setzen Sie die Methode `DLookUp` ein, um auf Informationen einer anderen Tabelle zuzugreifen und diese in Ihrem Formular zu verarbeiten.

Die Methode `DLookUp` hat folgende Syntax:

Die Syntax der Methode `DLookUp`

`DLookup(Ausdruck, Domäne, Kriterien)`

Im Argument `Ausdruck` geben Sie an, für welches Feld im Formular Sie eine Füllung benötigen.

Im Argument `Domäne` geben Sie an, woher Access diese Informationen holen soll. In unserem Beispiel ist das die Tabelle PLZ_TAB.

Im letzten Argument `Kriterien` geben Sie an, was konkret miteinander verglichen werden soll. Dabei geben Sie an, dass das Feld PLZ aus der Tabelle PLZ_TAB mit dem Feld PLZ aus dem Formular KONTAKTE verglichen werden soll.

Werten Sie den Rückgabewert aus, den Ihnen die Methode `DlookUp` liefert. Die Methode liefert Ihnen den Wert 0 zurück, wenn die Suche nicht erfolgreich war. Die Suche war dann nicht erfolgreich, wenn eine eingegebene Postleitzahl im Formular in der Tabelle PLZ_TAB noch nicht angelegt ist. In diesem Fall muss der Anwender den Ort selbst erfassen. Wurde hingegen ein richtiger Wert gefunden, übertragen Sie den Inhalt der Variablen V_Stadt in das Formularfeld ORT.

Abbildung 7.40: Der Ort wird automatisch ergänzt.

Natürlich sind Sie jetzt noch nicht fertig! Sie möchten ja ein lernendes Access-Formular als Ergebnis haben. Für den Fall, dass Access noch keine Zuordnung von der Postleitzahl zum Ort in der Tabelle PLZ_TAB hat, soll dieser automatisch angelegt werden. Dazu können Sie das bereits ausgefüllte Feld PLZ im Formular nützen. Die andere Information, den Ort, fragen Sie dann über ein Eingabefeld ab, das automatisch angezeigt wird, wenn Access den zur Postleitzahl gehörenden Ort nicht ermitteln kann. Die Ereignisprozedur aus Listing 7.29 wird dazu um einige Zeilen erweitert.

Kapitel 7 • Programmierung von Dialogen, Steuerelementen und Formularen

Listing 7.30: Ein lernendes Formular programmieren

```
Private Sub PLZ_Exit(Cancel As Integer)
  Dim varStadt As Variant
  Dim strStadt As String
  Dim strPLZ As String
  Dim conn As New ADODB.Connection
  Dim rst As ADODB.Recordset

  varStadt = DLookup("Ort", "PLZ_Tab", _
    "PLZ = Forms![Kontakte]![PLZ]")
  If (Not IsNull(varStadt)) Then
    Me![Ort] = varStadt
  Else
    strStadt = InputBox("Bitte geben Sie den Ort ein!")
    strPLZ = Me!PLZ
    Me!Ort = strStadt

    Set conn = CurrentProject.Connection
    Set rst = New ADODB.Recordset
    rst.Open "PLZ_Tab", conn, adOpenKeyset, _
      adLockOptimistic
    rst.AddNew
    rst!PLZ = strPLZ
    rst!Ort = strStadt
    rst.Update
    rst.Close
    Set rst = Nothing
    Set conn = Nothing
  End If
End Sub
```

> **REF** Die Programmierung von Tabellen wurde bereits in Kapitel 5 behandelt, daher wird an dieser Stelle nicht näher darauf eingegangen.

Textfelder dynamisch ein- und ausblenden

Ein weiterer interessanter Effekt, den Sie zur Laufzeit einer Prozedur durchführen können, ist das Ein- und Ausblenden bestimmter Textfelder. Dieses Ein- und Ausblenden können Sie von Eingaben der Anwender abhängig machen.

Im folgenden Beispiel wurde eine Umschaltfläche in ein Formular eingefügt und danach mit dem CLICK-Ereignis hinterlegt. Mit einem Klick auf diese Umschaltfläche wurden ein paar Textfelder dynamisch ausgeblendet, ein erneuter Klick auf diese Umschaltfläche blendet die Textfelder wieder ein.

Listing 7.31: Textfelder dynamisch ein- und ausblenden

```
Private Sub Umschaltfläche24_Click()
  If Umschaltfläche24.Value = 0 Then
    Umschaltfläche24.Caption = "Einblenden"
    Me!Homepage.Visible = False
    Me!Telefax.Visible = False
```

Formulare erstellen

```
      Me!Telefon.Visible = False
   Else
      Umschaltfläche24.Caption = "Ausblenden"
      Me!Homepage.Visible = True
      Me!Telefax.Visible = True
      Me!Telefon.Visible = True
   End If
End Sub
```

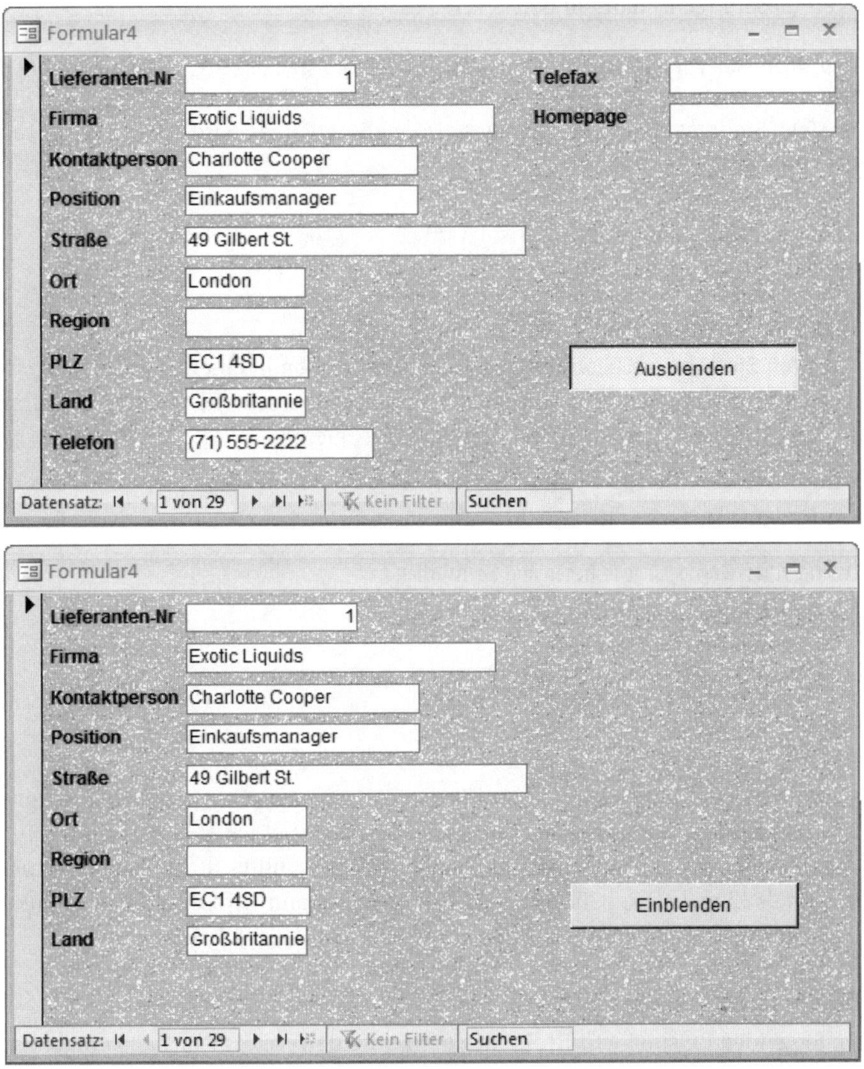

Abbildung 7.41:
Textfelder ein- und ausblenden

Die Umschaltfläche kennt genau zwei Zustände, Der erste Zustand ist, wenn die Umschaltfläche gedrückt ist. Dann meldet sie den Wert -1. Wenn Sie dann noch einmal klicken, können Sie den Status der Umschaltfläche über den Rückgabewert 0 ermitteln. In Abhängigkeit von diesem Status können Sie mithilfe der Eigenschaft Caption die Beschriftung der Umschaltfläche dynamisch ändern. Dynamisch ausblenden können Sie die einzelnen Textfelder, indem Sie die Eigenschaft Visible auf den Wert False setzen. Um diese wieder einzublenden, setzen Sie den Wert dieser Eigenschaft auf den Wert True.

NEU Neu in dieser Version ist die Eigenschaft DisplayAsHyperlink, die es erlaubt, den Text in Textfeldern als Hyperlink anzuzeigen. Im folgenden Codestück wird das Textfeld HOMEPAGE dauerhaft als Hyperlink definiert. Dies wird bereits beim Laden der Form festgelegt.

```
Private Sub Form_Load()
Homepage.DisplayAsHyperlink = acDisplayAsHyperlinkAlways
End Sub
```

Textfelder begrenzen

Möchten Sie nur eine bestimmte Anzahl von Zeichen in einem Textfeld zulassen, dann können Sie schon während der Eingabe überprüfen, wann diese Grenze erreicht wird, und dementsprechend darauf reagieren.

Beim folgenden Beispiel wurde im FORMULAR20 ein Textfeld eingefügt, das über das Ereignis KeyPress überwacht wird.

Listing 7.32: Eingabelänge festlegen und überwachen

```
Private Sub Text0_KeyPress(KeyAscii As Integer)
  If Len(Text0.Text) > 20 Then
    MsgBox "Es dürfen nur 20 Zeichen eingegeben werden!"
    Text0.Text = Left(Text0.Text, 20)
  End If
End Sub
```

Mithilfe der Funktion Len können Sie die Anzahl der eingegebenen Zeichen im Textfeld zählen. Das Ereignis KeyPress wird dabei bei jeder Eingabe ausgeführt. Die Überprüfung der Eingabelänge findet im Hintergrund statt. Wird die definierte maximale Eingabelänge für das Textfeld erreicht, dann wird mithilfe der Funktion Left die Eingabe korrigiert und in das Textfeld zurück geschrieben.

Datentyp bei Eingabe überwachen

Im folgenden Beispiel wurde ein zweites Textfeld in das FORMULAR20 eingefügt. In diesem Textfeld dürfen nur numerische Wert eingetragen werden. Wird ein Buchstabe eingegeben, dann soll eine Meldung erscheinen. Die Ereignisprozedur für diese Aufgabe lautet:

Listing 7.33: Es werden nur numerische Eingaben erlaubt.

```
Private Sub Text3_KeyPress(KeyAscii As Integer)
  'Nur numerische Eingaben zulassen
    If IsNumeric(Chr(KeyAscii)) = True Then
  Else
    MsgBox "Es sind nur numerische Ziffern erlaubt"
  End If
End Sub
```

Mithilfe der Funktion `Isnumeric` können Sie überwachen, ob eine numerische Eingabe vorgenommen wurde. Diese Prüfung können Sie Zeichen für Zeichen gleich nach der direkten Eingabe kontrollieren.

7.3.17 Bezeichnungsfelder einsetzen

Bezeichnungsfelder werden in erster Linie in Access verwendet, um Textfelder zu beschriften. Diese beiden Steuerelemente können Sie auch dazu einsetzen, um ein bisschen Bewegung in Ihre Formulare zu bekommen.

Im folgenden Beispiel wird im Formular ARTIKEL dynamisch ein rotes Warnfeld eingeblendet, wenn der Lagerbestand unter einen bestimmten Wert fällt.

Um diese Aufgabe umzusetzen, öffnen Sie das Formular ARTIKEL in der Entwurfsansicht und fügen ein Bezeichnungsfeld ein. Formatieren Sie dieses mithilfe des Eigenschaftenfensters auf dem Ribbon FORMAT. Aktivieren Sie dann im Feld SICHTBAR den Eintrag NEIN. Wundern Sie sich nicht, wenn das Bezeichnungsfeld in der Entwurfsansicht immer noch angezeigt wird. Sobald Sie das Formular in der Normalansicht öffnen, ist dieses Bezeichnungsfeld dann standardmäßig nicht mehr zu sehen. Dieses Feld soll nur eingeblendet werden, wenn der Lagerbestand eines Artikels unter den Mindestbestand rutscht.

Ob der Mechanismus nun einzustellen ist, müssen Sie immer dann überprüfen, wenn über die Blätter-Symbole die einzelnen Datensätze angezeigt werden. Dazu klicken Sie mit der rechten Maustaste auf das rechteckige Symbol links oben im Formular und wählen den Befehl EIGENSCHAFTEN. Wechseln Sie danach auf die Registerkarte EREIGNIS, setzen den Mauszeiger auf das Feld BEIM ANZEIGEN und klicken das Symbol ganz rechts im Feld, um den Code zu erzeugen. Erfassen Sie danach den Code aus Listing 7.34.

Kapitel 7 • Programmierung von Dialogen, Steuerelementen und Formularen

Abbildung 7.42:
Der Lagerbestand befindet sich unter dem Mindestbestand.

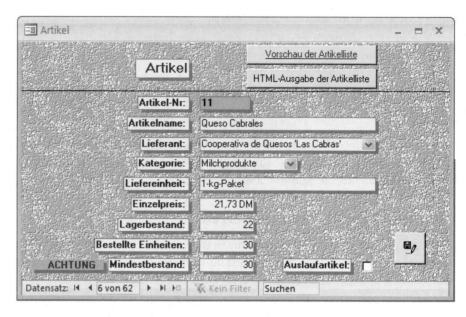

Listing 7.34: Bearbeitungsfeld dynamisch ein- und ausblenden

```
Private Sub Form_Current()
   If Me!Lagerbestand < Me!Mindestbestand Then
      Me!Warnung.Visible = True
   Else
      Me!Warnung.Visible = False
   End If
End Sub
```

7.3.18 Kombinationsfeldlisten erstellen und programmieren

In einem Kombinationsfeld können Sie eine ganze Reihe von Informationen speichern und diese beispielsweise an Textfelder übergeben.

In der folgenden Aufgabe wird ein Formular erstellt, das zunächst nur ein Dropdown-Feld enthält, das mit der Tabelle ARTIKEL verknüpft ist.

1. Erstellen Sie ein neues Formular.
2. Klicken Sie in der Symbolleiste TOOLBOX bzw. im Ribbon STEUERELEMENTE auf das Symbol KOMBINATIONSFELD, und achten Sie darauf, dass dort die Option STEUERELEMENT-ASSISTENTEN VERWENDEN aktiviert ist. Dadurch wird ein Assistent gestartet, der Ihnen beim Verknüpfen der Daten mit dem Kombinationsfeld hilft.
3. Klicken Sie die erste Optionsschaltfläche, um Ihr Steuerelement mit einer Tabelle zu verknüpfen.
4. Klicken Sie auf die Schaltfläche WEITER.
5. Markieren Sie im nächsten Schritt des Assistenten die Tabelle, die Sie mit dem Steuerelement verknüpfen möchten.
6. Klicken Sie danach auf WEITER.

Formulare erstellen

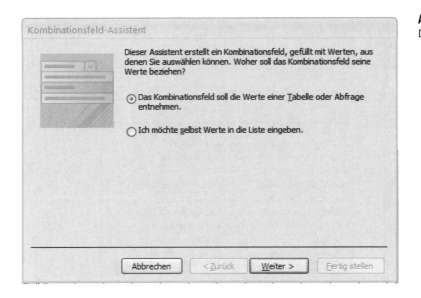

Abbildung 7.43:
Daten verknüpfen

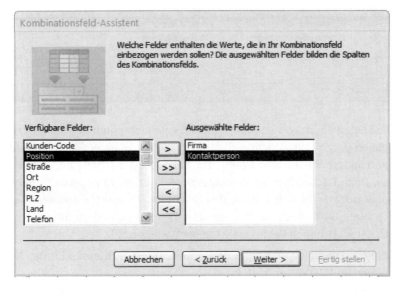

Abbildung 7.44:
Übertragen der gewünschten Felder

7. Betätigen Sie die Symbole > bzw. >>, um einzelne Felder bzw. alle Datenfelder mit dem Kombinationsfeld zu verknüpfen.
8. Klicken Sie danach auf WEITER.
9. Passen Sie in den nächsten Schritten des Assistenten eventuelle Sortierreihenfolgen und die Spaltenbreiten an und klicken auf WEITER.
10. Geben Sie im letzten Schritt die Beschriftung des Kombinationsfeldes an, und klicken Sie auf FERTIG STELLEN.

Speichern Sie das bisherige Formular, und rufen Sie es auf, indem Sie die Taste [F5] drücken.

Abbildung 7.45:
Das eingefügte und verknüpfte Kombinationsfeld

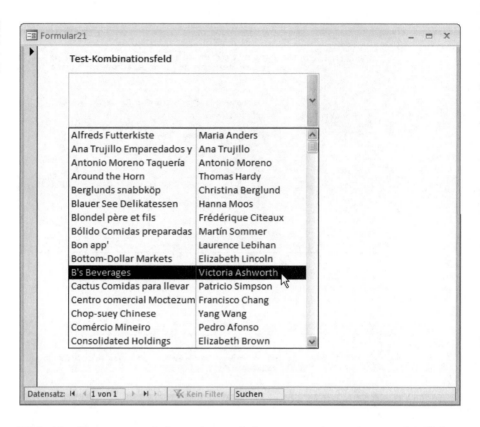

Die beiden übertragenen Informationen sind momentan in zwei unterschiedlichen Spalten dargestellt. Möchten Sie Informationen in einer Spalte zusammenfassen, dann ändern Sie die SQL-Anweisung bei den Eigenschaften des Kombinationsfeldes. Dazu klicken Sie das Kombinationsfeld in der Entwurfsansicht mit der rechten Maustaste an und wählen den Befehl EIGENSCHAFTEN aus dem Kontextmenü. Wechseln Sie danach zur Registerkarte DATEN und ändern die vorher eingestellte SQL-Anweisung im Feld DATENHERKUNFT wie folgt ab:

Vorher SELECT DISTINCTROW Kunden.[Kunden-Code], Kunden.Firma, Kunden.Kontaktperson FROM Kunden;

Nachher SELECT DISTINCTROW Kunden.[Kunden-Code], Kunden.Firma & " / " & Kunden.Kontaktperson FROM Kunden;

Die beiden Felder FIRMA und KONTAKTPERSON werden nun in einer Spalte dargestellt.

Um das Ganze zu vervollständigen, müssen Sie noch eine Anpassung vornehmen. Die Anzeige der Spalten muss um genau eine Spalte reduziert werden. Wechseln Sie dazu auf die Registerkarte FORMAT des EIGENSCHAFTENBLATTS für das Kombinationsfeld und passen das Feld SPALTENANZAHL sowie das Feld SPALTENBREITEN entsprechend an.

Formulare erstellen

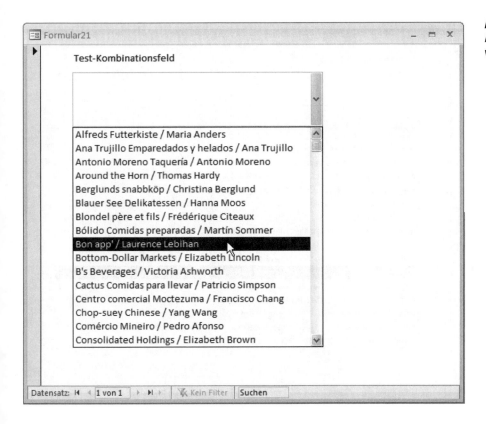

Abbildung 7.46:
Aus zwei Spalten wurde eine.

Möchten Sie eine komplette Tabelle mit einem Kombinationsfeld verknüpfen, aber nicht alle Daten in den Spalten anzeigen, dann gehen Sie wie folgt vor:

1. Fügen Sie ein Kombinationsfeld in ein Formular ein. Gehen Sie dazu vor wie gerade eben beschrieben.
2. Klicken Sie das eingefügte Kombinationsfeld in der Entwurfsansicht mit der rechten Maustaste an, und wählen Sie den Befehl EIGENSCHAFTEN aus dem Kontextmenü.
3. Wechseln Sie zur Registerkarte DATEN.
4. Setzen Sie den Mauszeiger auf das Feld DATENSATZHERKUNFT, und erfassen Sie die folgende SQL-Anweisung: `SELECT DISTINCTROW * FROM Kunden;`
5. Wechseln Sie danach zur Registerkarte FORMAT, und passen Sie im Feld SPALTEN-ANZAHL die gewünschte Anzahl von Spalten an, die angezeigt werden sollen. Passen Sie bei Bedarf auch das Feld LISTENBREITE an.

Großartig an den Kombinationsfeldern ist, dass Sie zwar alle Datenfelder einer Tabelle im Kombinationsfeld anzeigen können, aber nicht müssen. Indem Sie die entsprechenden Spaltenbreiten auf den Wert 0 setzen, stehen die Felder zwar für die weitere Programmierung zur Verfügung, werden aber nicht angezeigt. Diese Möglichkeit wird im nächsten Beispiel eingesetzt.

Abbildung 7.47:
Vom kompletten Datensatz werden nur die ersten drei Spalten angezeigt.

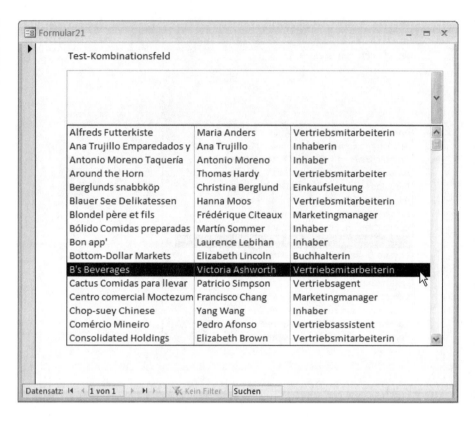

Hier wird eine komplette Tabelle in ein Kombinationsfeld eingelesen. Jedoch wird nur ein Feld daraus im Kombinationsfeld angezeigt. Die anderen Felder sollen dann in Textfeldern daneben angezeigt werden.

Um dieses Beispiel umzusetzen, befolgen Sie die nächsten Arbeitsschritte:

1. Legen Sie ein neues Formular an und fügen ein Kombinationsfeld ein. Nützen Sie dazu den Assistenten und führen die einzelnen Schritte nacheinander durch. Achten Sie dabei darauf, dass Sie alle Felder der Tabelle KUNDEN für das Kombinationsfeld übernehmen.
2. Klicken Sie in der Entwurfsansicht das Kombinationsfeld mit der rechten Maustaste an und wählen den Befehl EIGENSCHAFTEN.
3. Wechseln Sie zur Registerkarte FORMAT.
4. Geben Sie im Feld SPALTENANZAHL die Anzahl der Spalten an, auf die Sie im Formular zugreifen möchten.
5. Sollen nicht alle Spalten angezeigt werden, dann setzen Sie die nicht erwünschten Spalten im Feld SPALTENBREITEN auf den Wert 0CM. Achten Sie darauf, dass die beiden Felder SPALTENANZAHL und SPALTENBREITEN aufeinander abgestimmt sind.
6. Fügen Sie nun Ihre Textfelder neben dem Kombinationsfeld ein, und rufen Sie danach das Eigenschaftenfenster der einzelnen Textfelder auf.

Formulare erstellen

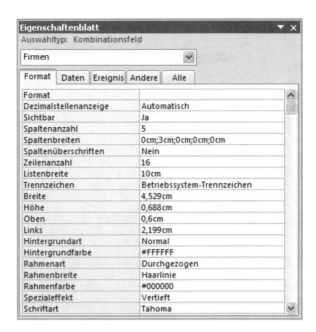

Abbildung 7.48:
Die Spaltenbreiten und -anzahl festlegen

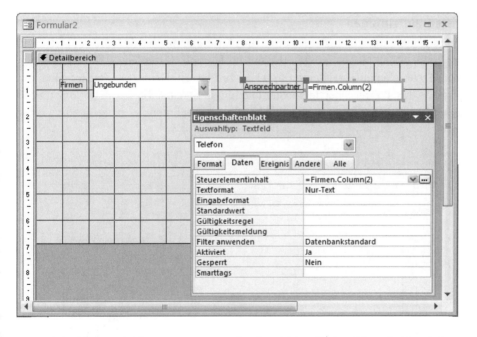

Abbildung 7.49:
Verknüpfen von Textfeldern mit Kombinationsfeldern

7. Geben Sie im Feld STEUERELEMENTINHALT des Textfeldes die benötigte Spalteninformation des Kombinationsfeldes an.
8. Wiederholen Sie die Vorgehensweise, bis Sie alle Textfelder mit dem Kombinationsfeld verknüpft haben. Denken Sie daran, den Spaltenindex anzupassen.

Abbildung 7.50:
Die Auswahl aus dem Kombinationsfeld füllt die restlichen Felder.

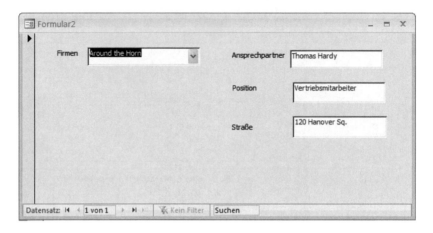

7.3.19 Listenfelder programmieren

Nicht immer wollen Sie Kombinationsfelder oder Listenfelder mit Einträgen aus verknüpften Tabellen oder Abfragen füllen. Für diesen Zweck können Sie diese beiden Steuerelemente auch selber füllen.

Listenfeld einfügen

Im folgenden Beispiel legen Sie ein neues Formular an, auf dem Sie ein Listenfeld und eine Schaltfläche einfügen. Beim Einfügen des Listenfeldes können Sie sich vom Steuerelement-Assistenten unterstützen lassen. Geben Sie dort lediglich an, dass Sie Ihre Werte selbst dem Listenfeld hinzufügen möchten. Die Vorlage für das Formular können Sie der nächsten Abbildung entnehmen.

Abbildung 7.51:
Die Ausgangssituation

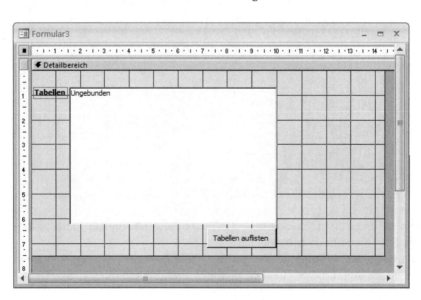

Formulare erstellen

Listenfeld füllen

In das Listenfeld sollen nun die Namen aller in der aktuell geladenen Datenbank befindlichen Tabellen eingefügt werden. Setzen Sie für diese Aufgabe die Methode ADDITEM ein. Legen Sie hinter die Schaltfläche die Prozedur aus Listing 7.35. Klicken Sie die Schaltfläche mit der rechten Maustaste an, wählen den Befehl EIGENSCHAFTEN, wechseln auf die Registerkarte EREIGNIS, setzen den Mauszeiger ins Feld BEIM KLICKEN und führen einen Klick auf das Symbol ganz rechts durch.

Listing 7.35: Ein Listenfeld über eine Prozedur füllen

```
Private Sub Befehl3_Click()
  Dim cat As ADOX.Catalog
  Dim tbiTabInfo As ADOX.Table

  Set cat = New ADOX.Catalog
  cat.ActiveConnection = CurrentProject.Connection

  For Each tbiTabInfo In cat.Tables
    With tbiTabInfo
      If .Type = "TABLE" Then
        Me!Tabellenliste.AddItem .Name
      End If
    End With
  Next
  Set cat = Nothing
End Sub
```

Mithilfe des Schlüsselworts Me können Sie auf alle Steuerelemente des aktiven Formulars zurückgreifen. Sie brauchen daher nicht den kompletten Namen des Formulars einzutippen. Das Kombinationsfeld haben Sie vorher mit dem Namen TABELLENLISTE benannt.

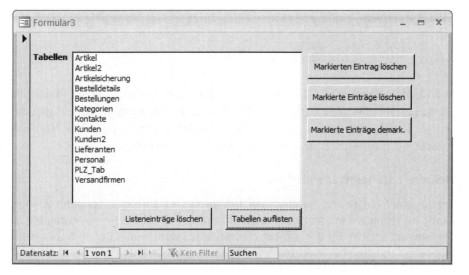

Abbildung 7.52: Alle Tabellen der Datenbank wurden im Listenfeld dokumentiert.

Alle Listenfeldeinträge löschen

Im nächsten Schritt fügen Sie eine weitere Schaltfläche in Ihr Formular ein, die die Einträge im Listenfeld löschen soll. Die Prozedur für diese Aufgabe lautet:

Listing 7.36: Ein Listenfeld von seinen Einträgen befreien

```
Private Sub Befehl7_Click()
  Dim i As Integer

  For i = Me!Tabellenliste.ListCount - 1 To 0 Step -1
    Me!Tabellenliste.RemoveItem (i)
  Next i
End Sub
```

Mithilfe der Eigenschaft `ListCount` können Sie ermitteln, wie viele Einträge sich in einem Listenfeld befinden. In Abhängigkeit davon basteln Sie sich Ihre Schleife. Innerhalb der Schleife wenden Sie die Methode `RemoveItem` an, um die einzelnen Einträge aus dem Listenfeld zu löschen.

Achten Sie darauf, dass Sie in der Schleifenbedingung bei der Eigenschaft `ListCount` den Wert 1 subtrahieren müssen, um keinen Absturz zu erzeugen.

Einzelne Listeneinträge löschen

Beim Löschen von Einträgen aus einem Listenfeld können Sie selbstverständlich auch einzelne Einträge löschen. Hier kommt es darauf an, ob Sie es zulassen, dass auch mehrere Einträge im Listenfeld gelöscht werden können. In der nächsten Prozedur aus Listing 7.37 wird jeweils der markierte Listeneintrag aus dem Listenfeld entfernt.

Listing 7.37: Einzelne Listeneinträge entfernen

```
Private Sub Befehl8_Click()
  Dim i As Integer

  i = Me!Tabellenliste.ListIndex
  Me!Tabellenliste.RemoveItem (i)
End Sub
```

Mithilfe der Eigenschaft `ListIndex` können Sie herausfinden, welcher Eintrag in einem Listenfeld gerade markiert ist. Der markierte Eintrag im Listenfeld gibt die genaue Position im Listenfeld an. Diese Position übergeben Sie der Methode `RemoveItem`, die diesen Eintrag dann aus dem Listenfeld entfernt.

Mehrere Listeneinträge löschen

Um aus einem Listenfeld, bei dem lediglich jeweils ein Eintrag ausgewählt werden kann, ein Listenfeld mit Mehrfachauswahl zu machen, klicken Sie das Listenfeld in der Entwurfsansicht mit der rechten Maustaste an, wählen den Befehl EIGENSCHAFTEN aus dem Kontextmenü, wechseln zur Registerkarte ANDERE und aktivieren im Feld MEHRFACHAUSWAHL den Eintrag EINZELN.

Wenn Sie mehrere markierte Einträge aus einem Listenfeld löschen möchten, dann verwenden Sie die Prozedur `MarkierteZeilenLöschen` aus Listing 7.38. Da diese Funktionalität bei einem weiteren Ereignis in diesem Formular (Listing 7.42) nochmals benötigt wird, wurde der Code nicht direkt in die Ereignisprozedur `Befehl9_Click` geschrieben, sondern in eine separate Prozedur, die von der Ereignisprozedur `Befehl9_Click` aufgerufen wird.

Listing 7.38: Mehrere markierte Listeneinträge entfernen

```
Private Sub MarkierteZeilenLöschen()
  Dim varItem As Variant
  Dim intAnzGewählt As Long
  Dim avarIndex() As Long
  Dim i As Integer
  Dim intListCount As Long

  'Array initialisieren mit maximaler Anzahl
  'der zu erwartenden ausgewählten Zeilen
  intListCount = Me.Tabellenliste.ListCount
  ReDim avarIndex(intListCount)

  'Indizes der ausgewählten Zeilen speichern
  For Each varItem In Me.Tabellenliste.ItemsSelected
    avarIndex(intAnzGewählt) = varItem
    intAnzGewählt = intAnzGewählt + 1
  Next

  'Ausgewählte Zeilen löschen
  For i = intAnzGewählt - 1 To 0 Step -1
    Me.Tabellenliste.RemoveItem avarIndex(i)
  Next
End Sub

Private Sub Befehl9_Click()
  MarkierteZeilenLöschen
End Sub
```

Da in diesem Fall mehrere Einträge im Listenfeld markiert werden können, definieren Sie zu Beginn der Prozedur eine Array-Variable. In dieser Variablen werden zuerst alle markierten Zeilen im Listenfeld gespeichert.

Erst wenn die Indizes aller ausgewählten Zeilen gespeichert wurden, löschen Sie in einer Schleife die ausgewählten Zeilen, und zwar beginnend mit den höheren Indizes. Würden Sie mit den niederen Indizes beginnen, würden sich nach jeder Löschung die Indizes der noch folgenden zu löschenden Zeilen um je einen Wert verschieben, und Sie würden die falschen Einträge löschen.

Abbildung 7.53:
Mehrere markierte Einträge aus Listenfeld entfernen

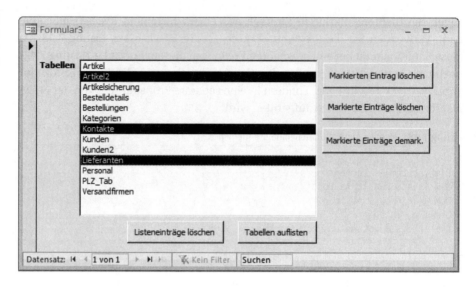

Listeneinträge demarkieren

Eine weitere Lösung, die Sie anbieten können, ist das automatische Demarkieren bereits markierter Einträge im Listenfeld. Die Lösung dieser Aufgabenstellung sehen Sie in Listing 7.39.

Listing 7.39: Markierte Listeneinträge demarkieren

```
Private Sub Befehl10_Click()
  Dim varItem As Variant
  Dim ctl As Control

  Set ctl = Me!Tabellenliste
  For Each varItem In ctl.ItemsSelected
    ctl.Selected(varItem) = False
  Next varItem
End Sub
```

Über die Eigenschaft `ItemsSelected` können Sie die markierten Einträge im Listenfeld prüfen. In einer Schleife arbeiten Sie alle markierten Einträge im Listenfeld ab und entfernen dabei die Markierung, indem Sie die Eigenschaft `Selected` auf den Wert `False` setzen.

Listeneinträge mit Aktionen ausstatten

Im folgenden Beispiel soll eine markierte Tabelle im Listenfeld durch einen Doppelklick geöffnet werden.

Formulare erstellen

Um diese Lösung umzusetzen, befolgen Sie die nächsten Arbeitsschritte:

1. Klicken Sie das Listenfeld in der Entwurfsansicht mit der rechten Maustaste an, und wählen Sie den Befehl EIGENSCHAFTEN aus dem Kontextmenü.
2. Wechseln Sie auf die Registerkarte EREIGNIS, setzen den Mauszeiger ins Feld BEIM DOPPELKLICKEN und klicken auf das Symbol ganz rechts im Feld.
3. Im Dialogfeld GENERATOR AUSWÄHLEN wählen Sie den Eintrag CODE-GENERATOR und klicken auf OK.
4. Erfassen Sie den Code aus Listing 7.40:

Listing 7.40: Ein Doppelklick auf den Listeneintlrag löst eine Aktion aus.

```
Private Sub Tabellenliste_DblClick(Cancel As Integer)
  Dim i As Integer
  Dim ctl As Control

  Set ctl = Me!Tabellenliste
  i = Me!Tabellenliste.ListIndex
  DoCmd.OpenTable ctl.ItemData(i), acViewNormal, acEdit
End Sub
```

Die Ereignisprozedur wird automatisch ausgeführt, wenn Sie den markierten Eintrag im Listenfeld doppelt anklicken. Um weniger Schreibarbeit zu haben, setzen Sie die Anweisung `Set` ein und geben an, um welches Steuerelement es sich handeln soll. Mithilfe der Eigenschaft `ListIndex` ermitteln Sie die aktuelle Position der markierten Zeile im Listenfeld. Danach wenden Sie die Methode `OpenTable` an, um die markierte Tabelle im Listenfeld zu öffnen. Über die Eigenschaft `ItemData` können Sie den Text einer markierten Zeile im Listenfeld ermitteln. Damit der richtige Text angezeigt wird, geben Sie dieser Eigenschaft den ermittelten Indexwert der Eigenschaft `ListIndex`.

Wenn Sie eine Mehrfachauswahl in einem Listenfeld ermöglicht haben, muss der Code zum Öffnen aller markierten Tabelle ein wenig anders aussehen. Legen Sie den Code aus Listing 7.41 hinter eine Schaltfläche.

Listing 7.41: Alle markierten Tabellen im Listenfeld öffnen

```
Private Sub Befehl11_Click()
  Dim varItem As Variant
  Dim ctl As Control

  Set ctl = Me!Tabellenliste
  For Each varItem In ctl.ItemsSelected
    DoCmd.OpenTable ctl.ItemData(varItem), acViewNormal
    ctl.Selected(varItem) = False
  Next varItem
End Sub
```

Damit Sie mehrere Einträge in einer Variablen speichern können, müssen Sie diese als `Variant` anlegen. Durchlaufen Sie danach eine Schleife, in der Sie alle markierten Einträge im Listenfeld abarbeiten. Setzen Sie die Eigenschaft ItemData ein, um die Namen der einzelnen Tabellen herauszufinden und um diese wiederum über die Methode OpenTable öffnen zu können. Entfernen Sie danach die markierten Einträge im Listenfeld, indem Sie die Eigenschaft Selected auf den Wert False setzen.

Möchten Sie mit dem Klick auf eine Schaltfläche alle markierten Tabellen im Listenfeld löschen, denken Sie daran, ebenso den Eintrag für die gelöschte Tabelle aus dem Listenfeld zu nehmen. Den Code für diese Aufgabe sehen Sie in Listing 7.42.

Listing 7.42: Alle markierten Tabellen im Listenfeld löschen

```
Private Sub Befehl2_Click()
  Dim varItem As Variant
  Dim ctl As Control

  Set ctl = Me!Tabellenliste
  For Each varItem In ctl.ItemsSelected
    DoCmd.DeleteObject acTable, ctl.ItemData(varItem)
  Next varItem
  MarkierteZeilenLöschen
End Sub
```

Mithilfe der Methode DeleteObject können Sie ein Access-Objekt löschen. Mittels der Konstante acTable geben Sie an, dass es sich dabei um eine Tabelle handeln soll. Zum Löschen der markierten Zeilen im Listenfeld wird die Prozedur MarkierteZeilenLöschen aus Listing 7.38 aufgerufen.

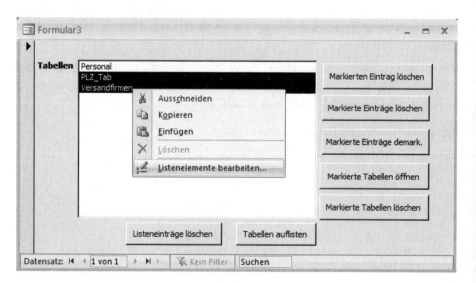

Abbildung 7.54: Im Kontextmenü wird ein neuer Befehl angeboten.

Ab dieser Version ist es möglich, bereits existierende Einträge in Listenfelder (auch Comboboxen) nachträglich anzupassen bzw. zu erweitern. Die dazu notwendige Eigenschaft heißt AllowValueListEdits. Am besten wird diese Eigenschaft schon beim Laden des Formulars angegeben.

```
Private Sub Form_Load()
Me.Tabellenliste.AllowValueListEdits = True
End Sub
```

7.3.20 Kontrollkästchen programmieren

Setzen Sie Kontrollkästchen in Formularen ein, um mehrere Optionen zuzulassen. Ein Kontrollkästchen kann entweder aktiviert oder nicht aktiviert sein. Bei aktiviertem Zustand erscheint im Kästchen ein Häkchen. Wenn Sie Kontrollkästchen in einer Gruppe verwenden, können sowohl eines als auch mehrere aktiviert sein.

Wenn Sie die Kontrollkästchen in einer Optionsgruppe positionieren, dann kann jeweils nur eines aktiviert werden. Stehen diese außerhalb einer Optionsgruppe, dann können standardmäßig alle Kontrollkästchen aktiviert werden. Möchten Sie trotzdem nicht auf die optischen Vorteile einer Optionsgruppe verzichten, ziehen Sie über die TOOLBOX bzw. STEUERELEMENTE ein Rechteck auf und fügen die Kontrollkästchen danach ein. Jetzt können Sie alle Kontrollkästchen aktivieren, und trotzdem kommt die Optik nicht zu kurz.

Im folgenden Beispiel sollen über ein Formular mehrere Abfragen angeboten werden. Der Anwender hat dann die Möglichkeit, mehrere Abfragen über Kontrollkästchen nacheinander anzukreuzen und zu starten. Schauen Sie sich dazu die folgende Ausgangssituation an.

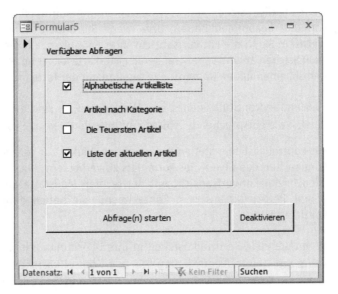

Abbildung 7.55: Mehrere Abfragen können gestartet werden.

Fügen Sie die Ereignisprozedur aus Listing 7.43 hinter der Schaltfläche ein. Die Prozedur sieht wie folgt aus:

Listing 7.43: Mehrere Abfragen nacheinander starten mithilfe von Kontrollkästchen

```
Private Sub Befehl17_Click()
   Const strAbfr01 As String = _
      "Alphabetische Artikelliste"
   Const strAbfr02 As String = _
      "Artikel nach Kategorie"
   Const strAbfr03 As String = _
      "Die zehn teuersten Artikel"
   Const strAbfr04 As String = _
      "Liste der aktuellen Artikel"

   If Me!Kontrollkästchen1.Value = -1 Then _
      DoCmd.OpenQuery strAbfr01, acViewNormal
   If Me!Kontrollkästchen2.Value = -1 Then _
      DoCmd.OpenQuery strAbfr02, acViewNormal
   If Me!Kontrollkästchen3.Value = -1 Then _
      DoCmd.OpenQuery strAbfr03, acViewNormal
   If Me!Kontrollkästchen4.Value = -1 Then _
      DoCmd.OpenQuery strAbfr04, acViewNormal
End Sub
```

Definieren Sie zu Beginn der Prozedur die Namen der Abfragen, die Sie starten möchten. Selbstverständlich hätten Sie auch den Text bei den Kontrollkästchen dazu benutzen können, um die einzelnen Abfragen zu starten. In diesem Fall müssten die Beschriftungen aber mit den Namen der Abfragen übereinstimmen. Mithilfe von Konstanten haben Sie aber die Möglichkeit, die Beschriftungsfelder bei den Kontrollkästchen flexibel zu halten.

> **INFO** Wenn Sie nicht sicher sind, welche Namen Ihre Kontrollkästchen beim Einfügen ins Formular bekommen haben, bzw. wenn Sie andere Namen vergeben möchten, wechseln Sie in die Entwurfsansicht Ihres Formulars, klicken das betreffende Kontrollkästchen an und sehen auf der Registerkarte ANDERE im Feld NAME nach. Dort können Sie einen neuen Namen zuweisen und mit der Taste ⏎ bestätigen.

Weisen die Kontrollkästchen den Wert –1 auf, so sind diese aktiviert. Starten Sie danach die entsprechende Abfrage mithilfe der Methode OpenQuery.

> **TIPP** Für Kontrollkästchen stehen Ihnen schöne Effekte zur Verfügung, die Sie einsetzen können, um das Layout des Formulars zu verbessern. Klicken Sie das Kontrollkästchen in der Entwurfsansicht mit der rechten Maustaste an, und wählen Sie den Befehl SPEZIALEFFEKT aus dem Kontextmenü. Sie haben dann Zugriff auf mehrere Spezialeffekte.

Wenn Sie viele Kontrollkästchen in Ihren Formularen einsetzen, dann ist es gut, wenn Sie eine Prozedur haben, die alle Kontrollkästchen bei Bedarf initialisiert. Die Lösung für diese Aufgabe können Sie Listing 7.44 entnehmen.

Listing 7.44: Alle Kontrollkästchen eines Formulars deaktivieren

```
Private Sub Befehl18_Click()
  Dim frm As Form
  Dim obj As Object

  Set frm = Form_Formular5
  For Each obj In frm.Controls
    If obj.ControlType = acCheckBox Then obj.Value = 0
  Next obj
End Sub
```

Geben Sie zu Beginn der Prozedur bekannt, um welches Formular es sich dabei handelt. Danach setzen Sie eine Schleife auf, die alle Steuerelemente im Formular durchsucht. Über die Eigenschaft `ControlType` bekommen Sie heraus, ob es sich beim jeweiligen Steuerelement um ein Kontrollkästchen handelt. Indem Sie der Eigenschaft `Value` den Wert 0 zuweisen, deaktivieren Sie das Kontrollkästchen.

7.3.21 Optionsschaltflächen programmieren

Die Optionsschaltflächen in Access haben dieselben Eigenschaften wie die Kontrollkästchen. Als eine Eigenart von Access im Vergleich zu den anderen Office-Programmen können Sie Optionsschaltflächen dazu einsetzen, gleich mehrere Optionen auf einmal zu aktivieren. Möchten Sie hingegen die ursprüngliche Funktion so einstellen, dass Sie jeweils nur eine Option auswählen können, müssen Sie die einzelnen Optionsschaltflächen in eine Optionsgruppe einfügen.

Im folgenden Beispiel soll eine Euro-Konvertierung vorgenommen werden. Die Beträge liegen in einer Access-Tabelle in Dollar vor und sollen in Euro umgerechnet werden. In dieser Aufgabe soll aber auch eine Rückwärtsrechnung, also von Euro in Dollar, möglich sein. Entwerfen Sie ein Formular nach folgendem Vorbild:

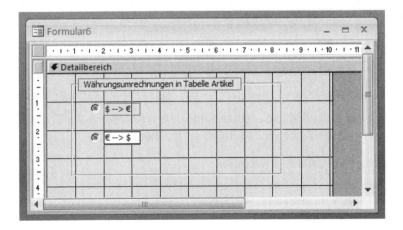

Abbildung 7.56: Der Währungsrechner in Access

Bei diesem Beispiel soll keine separate Schaltfläche eingesetzt werden, um die Konvertierungsprozeduren zu starten. Hier soll direkt nach dem Klicken auf die Optionsschaltfläche die entsprechende Konvertierung ausgeführt werden.

Klicken Sie jetzt die erste Optionsschaltfläche mit der rechten Maustaste an, wählen den Befehl EIGENSCHAFTEN aus dem Kontextmenü und starten das Ereignis BEI MAUSTASTE AB. Erfassen Sie danach die Ereignisprozedur aus Listing 7.45.

Listing 7.45: Prozedur, die nach Maustastenabdruck gestartet wird

```
Private Sub Option6_MouseDown _
  (Button As Integer, Shift As Integer, _
  X As Single, Y As Single)
  EUROKonvertierung
End Sub
```

Innerhalb des Ereignisses rufen Sie die Prozedur EUROKonvertierung auf, die Sie im Projekt-Explorer im MODUL1 ablegen.

Listing 7.46: Dollar in EUR konvertieren

```
Sub EuroKonvertierung()
  Dim conn As New ADODB.Connection
  Dim rst As ADODB.Recordset
  Dim lng As Long
  Dim str As String

  str = "UPDATE Artikel SET " & _
    "Einzelpreis = Format(Einzelpreis*1.3314)" & _
    " WHERE Not Einzelpreis IS Null"

  Set conn = CurrentProject.Connection
  Set rst = New ADODB.Recordset
  rst.Open "Artikel", conn, adOpenKeyset, _
    adLockOptimistic
  conn.Execute CommandText:=str, RecordsAffected:=lng
  MsgBox "Es wurden " & lng & " Sätze konvertiert!"
  rst.Close

  Set rst = Nothing
  Set conn = Nothing
End Sub
```

Nur der Vollständigkeit halber finden Sie nachfolgend die Prozedur, mit der Sie aus den Euro-Beträgen Dollar-Beträge machen.

Listing 7.47: EUR in Dollar konvertieren

```
Sub UndZurückInDollar()
  Dim conn As New ADODB.Connection
  Dim rst As ADODB.Recordset
  Dim lng As Long
  Dim str As String
```

```
str = "UPDATE Artikel SET " & _
  "Einzelpreis=Format(Einzelpreis/1.3314)" & _
  " WHERE Not Einzelpreis IS Null"

Set conn = CurrentProject.Connection
Set rst = New ADODB.Recordset
rst.Open "Artikel", conn, adOpenKeyset, _
  adLockOptimistic
conn.Execute CommandText:=str, RecordsAffected:=lng
MsgBox "Es wurden " & lng & " Sätze konvertiert!"

  rst.Close
  Set rst = Nothing
  Set conn = Nothing
End Sub
```

Da ich in Kapitel 5 bereits eingehend die Programmierung von Tabellen beschrieben habe, werden die Prozeduren aus Listing 7.46 und Listing 7.47 hier nicht weiter erklärt.

Im folgenden Beispiel sollen die verschiedenen Spezialeffekte demonstriert werden, die Sie für Steuerelemente anwenden können. Entwerfen Sie daher zunächst ein neues Formular und fügen ein Gruppenfeld, fünf Optionsschaltflächen sowie ein Rechteck ein.

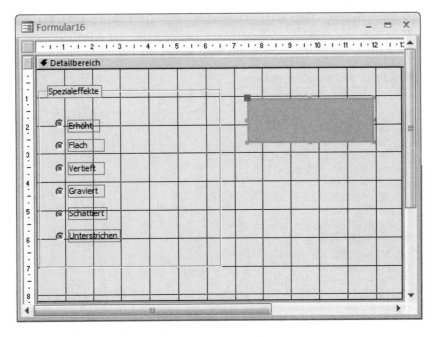

Abbildung 7.57:
Die Spezialeffekte für die Steuerelemente

Kapitel 7 • Programmierung von Dialogen, Steuerelementen und Formularen

Je nach aktivierter Optionsschaltfläche soll das links daneben stehende Rechteck mit dem jeweiligen Spezialeffekt belegt werden. Da alle Optionsschaltflächen in einem Gruppenfeld sind, kann immer nur ein Optionsfeld aktiviert sein. Ein Optionsfeld wird aktiviert, indem man mit der Maus draufklickt. Genau dieser Vorgang kann über ein Ereignis festgehalten werden. Dieses Ereignis heißt Mouse-Down. Stellen Sie daher für alle Optionsfelder dieses Ereignis ein und erfassen dazu den folgenden Code, der exemplarisch für die ersten beiden Effekte aufgelistet wird.

Listing 7.48: Die Aktivierung von Optionsfeldern auswerten

```
Private Sub Option8_MouseDown (Button As Integer, _
  Shift As Integer, X As Single, Y As Single)

    WasWurdeGedrückt ("Erhöht")
End Sub


Private Sub Option10_MouseDown (Button As Integer, _
  Shift As Integer, X As Single, Y As Single)

    WasWurdeGedrückt ("Flach")
End Sub
```

Beim Klicken auf eine Optionsschaltfläche wird das Ereignis Mousedown ausgelöst. In diesem Fall wird die Prozedur WasWurdeGedrückt aufgerufen und ein Text übergeben, über den dann weitere Aktionen durchgeführt werden können. Die Prozedur für die Anwendung der Spezialeffekte lautet wie folgt:

Listing 7.49: Die Spezialeffekte anwenden

```
Sub WasWurdeGedrückt(str As String)
  Select Case str
    Case "Flach"
      Me.Rechteck14.SpecialEffect = 0
    Case "Erhöht"
      Me.Rechteck14.SpecialEffect = 1
    Case "Vertieft"
      Me.Rechteck14.SpecialEffect = 2
    Case "Graviert"
      Me.Rechteck14.SpecialEffect = 3
    Case "Schattiert"
      Me.Rechteck14.SpecialEffect = 4
    Case "Unterstrichen"
      Me.Rechteck14.SpecialEffect = 5
  End Select
End Sub
```

Werten Sie über die Select Case-Anweisung aus, welches Optionsfeld gedrückt wurde. Über die Eigenschaft SpecialEffect weisen Sie dem Steuerelement RECHTECK14 den jeweilig gewünschten Spezialeffekt zu.

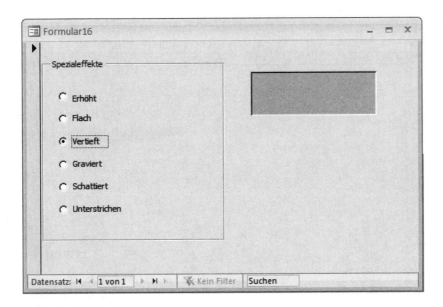

Abbildung 7.58:
Spezialeffekte auf Mausklick einstellen

7.3.22 Registerelemente programmieren

Access bietet bei Formularen die Möglichkeit, Daten in einem Formular auf mehreren Registerkarten einzugeben. Damit können Sie Daten besser strukturieren. Beispielsweise können Sie so persönliche Daten von geschäftlichen Adressdaten trennen und auf zwei verschiedenen Registern eingeben und verwalten.

Wenn Sie dieses Steuerelement einsetzen, müssen Sie darauf achten, dass Sie es gleich zu Beginn beim Entwurf des Formulars einfügen. Erst danach sollten Sie die einzelnen Steuerelemente einfügen.

Registerelement anlegen, Felder einfügen und aufrufen

Im folgenden Beispiel erstellen Sie ein Adressenformular. Greifen Sie zu diesem Zweck auf die Tabelle PERSONAL aus der Beispieldatenbank NORDWIND.MDB zurück. Legen Sie zunächst ein leeres Formular an und fügen danach das Steuerelement REGISTERSTEUERELEMENT ein.

Passen Sie im nächsten Schritt die Beschriftung der Registerkartenreiter an. (GESCHÄFTLICH und PRIVAT). Passen Sie dazu im Dialog EIGENSCHAFTEN auf der Registerkarte ANDERE das Feld BESCHRIFTUNG an. Fügen Sie danach die Felder aus dem Fenster PERSONAL in Ihr Formular auf der entsprechenden Registerkarte ein.

Einzelne Felder brauchen Sie nicht einzeln einzufügen. Weitaus schneller und besser geht es, wenn Sie die gewünschten Felder im Fenster PERSONAL mithilfe der Taste [Strg] markieren und dann komplett ins Formular ziehen. Access ordnet die einzelnen Datenfelder selbst optimal ausgerichtet im Formular an.

Kapitel 7 • Programmierung von Dialogen, Steuerelementen und Formularen

Abbildung 7.59:
Die noch leeren
Registerkarten

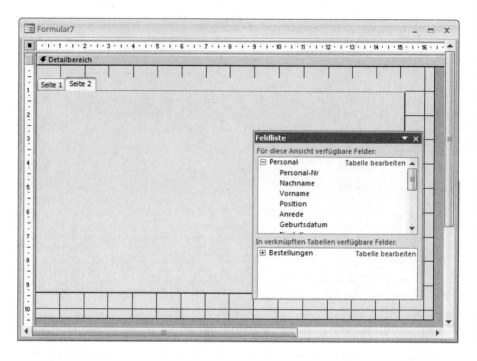

Abbildung 7.60:
Das fertige
Personalformular

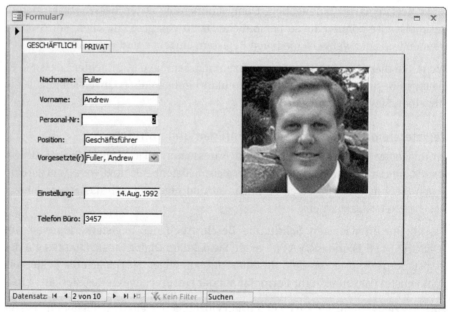

Wie gewohnt wechseln Sie die Registerkarte, indem Sie auf den Registerkartenreiter oben klicken. Diesen Vorgang führen Sie in VBA durch, indem Sie die Eigenschaft Value des Steuerelements verändern. Dabei müssen Sie wissen, dass das Steuerelement aus mehreren Teilen besteht. Sie können das komplette Steuerelement ansprechen, indem Sie im Eigenschaftenfenster nach dem Namen REGISTERSTR0 im Dropdown-Fenster nachsehen. Die darunter liegenden Elemente werden standardmäßig als SEITE1 und SEITE2 bezeichnet. Mithilfe dieser Eckdaten können Sie nun beispielsweise dafür sorgen, dass beim Aufruf des Formulars automatisch eine bestimmte Registerkarte standardmäßig angezeigt wird.

Listing 7.50: Formular mit der gewünschten Registerkarte aufrufen

```
Private Sub Form_Current()
  Me!RegisterStr0.Value = 1
End Sub
```

Indem Sie die Eigenschaft `Value` auf den Wert 1 setzen, wird die zweite Registerkarte aktiviert. Ja, Sie haben richtig gelesen. Die Zählung beginnt hier beim Wert 0. Der Wert 0 repräsentiert die erste Registerkarte, der Wert 1 die zweite usw.

Registerkarte einfügen und benennen

Selbstverständlich können Sie mehr als nur zwei Registerkarten einfügen. Um dies über VBA-Code auszuführen, starten Sie die Prozedur aus Listing 7.51, die Sie in einem Modul speichern. Mithilfe der Prozedur wird eine weitere Registerkarte hinzugefügt und benannt.

Listing 7.51: Registerkarte einfügen und benennen

```
Sub RegisterEinfügenUndBenennen()
  Dim frm As Form
  Dim tabCtl As TabControl
  Dim i As Integer

  DoCmd.OpenForm "Formular7", acDesign
  Set frm = Forms!Formular7
  Set tabCtl = frm!RegisterStr0
  tabCtl.Pages.Add
  i = tabCtl.Pages.Count - 1
  tabCtl.Pages(i).Caption = "Weitere Infos"
  DoCmd.Close acForm, "Formular7", acSaveYes
  DoCmd.OpenForm "Formular7"
End Sub
```

Definieren Sie im ersten Schritt eine Objektvariable vom Typ `Form`. In dieser Objektvariablen verwalten Sie den Namen des Formulars. Definieren Sie danach ein Objekt vom Typ `TabControl`. Mit dieser Objektvariablen haben Sie Zugriff auf das komplette Steuerelement. Öffnen Sie mithilfe der Methode `OpenForm` das Formular FORMULAR7. Achten Sie dabei darauf, dass Sie die Konstante `acDesign` einsetzen, da Sie das Formular in der Entwurfsansicht öffnen müssen, um eine derartige Änderung durchzuführen. Geben Sie nun bekannt, wie das Formular sowie das Registersteuerelement heißen. Dazu setzen Sie die Anweisung `Set` ein. Danach haben Sie Zugriff auf alle darunter liegenden Objekte wie zum Beispiel auch auf das Auflistungsobjekt `Pages`, das alle Registerkarten des Registerelements enthält.

Kapitel 7 • Programmierung von Dialogen, Steuerelementen und Formularen

Wenden Sie die Methode `Add` an, um eine neue Registerkarte einzufügen. Standardmäßig wird die neue Registerkarte nach der letzten angeordnet. Selbstverständlich haben Sie aber auch schon beim Anlegen dieser neuen Registerkarte die Möglichkeit, eine genaue Position anzugeben. Dazu müssen Sie dann im Anschluss an die Methode `Add` einen Indexwert angeben, der der Position entspricht. So wird die Anweisung `Register.Pages.Add 0` die neue Registerkarte zu Beginn des Steuerelementes einfügen.

In unserem Beispiel habe ich mich entschlossen, die neue Registerkarte am Ende der bereits bestehenden Registerkarten anzuordnen. Diese würde dann den Index 2 tragen. Was aber ist, wenn Sie nicht genau wissen, wie viele Registerkarten bereits im Register sind? Für diesen Fall wenden Sie die Eigenschaft `Count` an, um die genau Anzahl der bereits bestehenden Registerkarten zu zählen. Da die Eigenschaft `Count` richtig zählt, also beim Wert 1 beginnt, das Auflistungsobjekt aber den Wert 0 für die erste Registerkarte aufweist, müssen Sie daran denken, den Wert 1 noch zu subtrahieren, um auch die richtige Registerkarte zu benennen. Die Benennung selbst führen Sie mithilfe der Eigenschaft `Caption` durch. Schließen Sie im Anschluss daran das Formular und geben als Konstante den Wert `acSaveYes` an, damit Sie die Änderung nicht mit einem Klick bestätigen müssen. Öffnen Sie gleich danach das Formular erneut. Dieses Mal brauchen Sie bei der Methode `OpenForm` keine Konstante anzugeben, da Sie das Formular in der Normalansicht öffnen möchten.

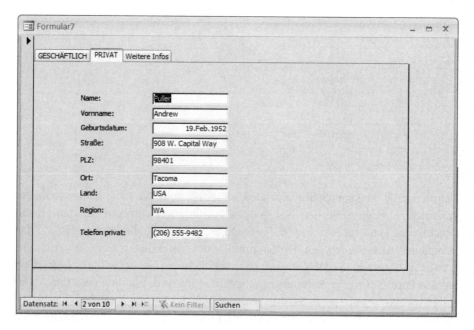

Abbildung 7.61:
Die Registerkarte WEITERE INFOS wurde eingefügt.

Registerkarte suchen und löschen

In der nächsten Prozedur aus Listing 7.52 werden Sie die gerade eingefügte Registerkarte im Formular suchen und wieder löschen.

Listing 7.52: Registerkarte suchen und löschen

```
Sub RegisterKarteLöschen()
  Dim frm As Form
  Dim tabCtl As TabControl
  Dim i As Integer

  DoCmd.OpenForm "Formular7", acDesign
  Set frm = Forms!Formular7
  Set tabCtl = frm!RegisterStr0
  i = 0
  Do Until i = tabCtl.Pages.Count
    i = i + 1
    If tabCtl.Pages(i).Caption = "Weitere Infos" Then _
      tabCtl.Pages.Remove (i)
  Loop
  DoCmd.Close acForm, "Formular7", acSaveYes
  DoCmd.OpenForm "Formular7"
End Sub
```

In einer Schleife durchlaufen Sie alle Registerkarten des Registerelements. Innerhalb der Schleife fragen Sie die Eigenschaft `Caption` ab. Wird dabei die richtige Registerkarte gefunden, dann löschen Sie diese mithilfe der Methode `Remove`.

7.3.23 Die Uhr im Formular

Eine Uhr, die nicht standardmäßig in Formularen zur Verfügung steht, können Sie recht schnell selbst kreieren. Legen Sie dazu ein neues Formular an, und fügen Sie eine Schaltfläche und eine Umschaltfläche ohne Text ein.

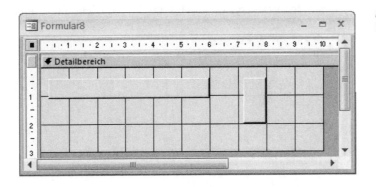

Abbildung 7.62:
Die Ausgangsbasis

Geben Sie der Schaltfläche (links) den Namen UHR, indem Sie im Eigenschaftenfenster auf der Registerkarte ANDERE das Feld NAME ausfüllen. Klicken Sie mit der rechten Maustaste auf das schwarze Quadrat links oben im Formular, und wählen

Sie den Befehl EIGENSCHAFTEN aus dem Kontextmenü. Wechseln Sie zur Registerkarte EREIGNIS und setzen den Mauszeiger ins Feld BEI ZEITGEBER. Klicken Sie jetzt auf das Symbol dieses Feldes ganz rechts und erfassen folgendes Ereignis:

Listing 7.53: Eine Uhr auf einer Schaltfläche anzeigen

```
Private Sub Form_Timer()
  Me!UHR.Caption = Format(Now, "dddd, _
    dd mmm yyyy, hh:mm:ss")
End Sub
```

Mit der Funktion `Format` können Sie das aktuelle Datum sowie die Uhrzeit nach Ihren Vorstellungen gestalten.

Was jetzt noch fehlt, ist eine Möglichkeit, die Uhr anzuhalten bzw. wieder zu starten. Klicken Sie dazu die Umschaltfläche (rechts) mit der rechten Maustaste an, wechseln zur Registerkarte EREIGNIS und setzen den Mauszeiger ins Feld BEIM KLICKEN. Klicken Sie jetzt auf das Symbol dieses Feldes ganz rechts und erfassen folgendes Ereignis:

Listing 7.54: Die Uhr stoppen und wieder starten

```
Private Sub Umschaltfläche1_Click()
  If Umschaltfläche1.Value = -1 Then
    Me.TimerInterval = 1000
    Me.Umschaltfläche1.Caption = "Ein"
  Else
    Me.TimerInterval = 0
    Me.Umschaltfläche1.Caption = "Aus"
  End If
End Sub
```

Mit der Eigenschaft `TimerInterval` können Sie in Millisekunden die Länge des Intervalls angeben, das zwischen zwei Timer-Ereignissen eines Formulars liegen soll. Setzen Sie diese Eigenschaft auf den Wert 0, wird die Funktion abgeschaltet. Bei einem Intervall von 1.000 wird die Uhr jede Sekunde einmal aktualisiert.

Abbildung 7.63:
Jederzeit die aktuelle Uhrzeit im Blick

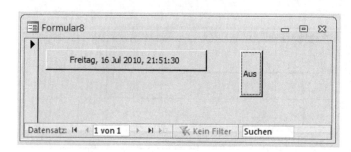

Formulare erstellen

7.3.24 Das Kalender-Steuerelement einbinden

Standardmäßig ist das Kalender-Steuerelement nicht direkt in der TOOLBOX aufgeführt. Sie können dieses Steuerelement aber trotzdem hinzufügen. Legen Sie dazu ein neues Formular an und klicken in der TOOLBOX auf das Symbol WEITERE STEUERELEMENTE. Daraufhin klappt ein Menü auf, in dem Sie das Steuerelement KALENDER-STEUERELEMENT 10.0 für Access 2002, das Steuerelement KALENDER-STEUERELEMENT 11.0 für Access 2003 bzw. das Steuerelement KALENDER-STEUERELEMENT 12.0 für Access 2007 auswählen können. Ziehen Sie dieses Element auf Ihrem Formular in der gewünschten Größe auf.

Anwender alter Access-Versionen müssen darauf achten, dass das Kalender-Steuerelement nicht Bestandteil von Office 2010 ist. Das Sterelement kann daher erst dann eingesetzt werden, wenn die Datei MSCAL.OCX verfügbar und im Windows-System registriert ist.

Im Bedarfsfall müssen Sie die Datei von der Microsoft-Site downloaden und in einem geeigneten Ordner auf Ihrem PC speichern. Normal werden solche Dateien im Ordner \Windows\System32 gespeichert.

Nach START > AUSFÜHREN geben Sie den Befehl für die Registrierung ein:

REGSVR32.EXE C:\WINDOWS\SYSTEM32\MSCAL.OCX

Erst dann kann in der Entwicklungsumgebung unter EXTRAS und VERWEISE die Objektbibliothek MICROSOFT CALENDAR CONTROL 12.0 aktiviert werden, und danach gelingt auch die Auswahl des Kalender-Steuerelements in der Werkzeugleiste.

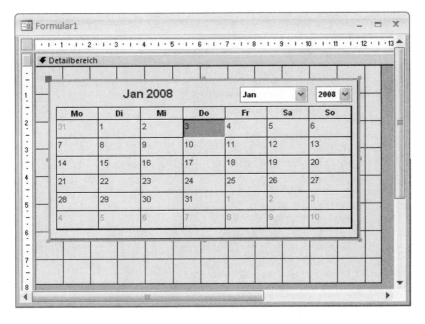

Abbildung 7.64: Das ins Formular integrierte Kalender-Steuerelement

Kapitel 7 • Programmierung von Dialogen, Steuerelementen und Formularen

 Diesen Kalender können Sie übrigens ganz individuell einstellen. Dabei können Sie die Darstellung sowie die verwendeten Farben und die Schriftart nach Ihren Wünschen anpassen. Klicken Sie dazu in der Entwurfsansicht des Formulars mit der rechten Maustaste auf das Kalender-Steuerelement und wählen den Befehl KALENDER-OBJEKT/EIGENSCHAFTEN.

Das angeklickte Datum verarbeiten

Fügen Sie jetzt im Formular unter dem Kalender-Steuerelement noch ein Listenfeld ein. Im Eigenschaftenfenster setzen Sie dieses Listenfeld im Feld DATENHERKUNFT auf den Eintrag WERTLISTE.

Die Aufgabe besteht nun darin, in das Listenfeld alle Bestellungen eines ausgewählten Datums einzufügen. Dabei können Sie das Klick-Ereignis nützen, um das aktuell ausgewählte Datum zu ermitteln. Im Hintergrund durchsuchen Sie dann die Tabelle BESTELLUNGEN und fügen alle zum Datum passenden Bestellungen in das Listenfeld ein. Den Code für diese Aufgabe können Sie dem Listing 7.55 entnehmen.

Listing 7.55: Alle Bestellungen eines bestimmten Datums in eine Listbox füllen

```
Private Sub Calendar2_Click()
  Dim dtm As Date
  Dim conn As New ADODB.Connection
  Dim rst As ADODB.Recordset
  Dim i As Integer
  Dim str As String

  For i = Me!Listenfeld.listCount - 1 To 0 Step -1
    Me!Listenfeld.RemoveItem (i)
  Next i
  dtm = Calendar2.Value

  str = "Lieferdatum='" & dtm & "'"
  Set conn = CurrentProject.Connection
  Set rst = New ADODB.Recordset
  With rst
    .Open "Bestellungen", conn, adOpenKeyset, _
      adLockOptimistic
    .Find Criteria:=s, SearchDirection:=adSearchForward
    If Not .EOF Then
      Do While Not .EOF
        Me!Listenfeld.AddItem _
          .Fields("Empfänger").Value & _
          " ! " & .Fields("Straße").Value & _
          " ! " & .Fields("Ort").Value & _
          " ! " & .Fields("PLZ").Value
        .Find Criteria:=s, SkipRecords:=1
      Loop
    Else
      MsgBox "Datensatz nicht gefunden"
```

Formulare erstellen

```
    End If
    .Close
End With

conn.Close
Set rst = Nothing
Set conn = Nothing
End Sub
```

Das Listenfeld muss immer dann geleert werden, wenn Sie auf ein anderes Datum im Kalender-Steuerelement klicken, damit lediglich die Bestellungen des ausgewählten Datums angezeigt werden. Übertragen Sie danach das angeklickte Datum in eine Variable vom Typ Date. Erstellen Sie sich danach das Suchkriterium in der String-Variablen str. Im Anschluss stellen Sie die Verbindung zu der Tabelle BESTELLUNGEN her und setzen die Methode Find ein, um den ersten zutreffenden Datensatz zu finden. In einer Schleife arbeiten Sie alle gefunden Datensätze ab und übertragen diese mit der Methode AddItem ins Listenfeld. Schließen Sie am Ende die Tabelle und lösen die Verbindungen.

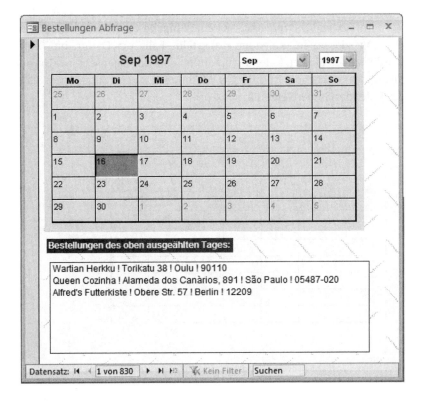

Abbildung 7.65: Alle Bestellungen vom 16. September 1997 im Überblick

Kalender voreinstellen

Standardmäßig wird der Kalender im Formular mit dem aktuellen Tagesdatum voreingestellt. Möchten Sie dies einmal nicht, sondern den Kalender aufgrund einer Eingabe in ein Textfeld einstellen, legen Sie ein neues Formular an und fügen das Kalender-Steuerelement sowie ein Textfeld ein.

Benennen Sie das Textfeld im Eigenschaftenfenster auf der Registerkarte ANDERE mit dem Namen DATUMSFELD. Legen Sie dann folgendes Ereignis hinter das Kalender-Ereignis BEIM HINGEHEN.

Listing 7.56: Den Kalender mithilfe eines Textfeldes einstellen

```
Private Sub Calendar0_Enter()
  If IsNull(Me!Datumsfeld) = False Then
    Me.Calendar0.Value = Me!Datumsfeld
  Else
    Me.Calendar0.Value = Date
  End If
  Me.Calendar0.Refresh
End Sub
```

Wird im Textfeld DATUMSEINGABE keine Eingabe vorgenommen, so wird das aktuelle Tagesdatum im Kalender eingestellt. Falls ein Datum im Textfeld erfasst wurde, stellen Sie den Kalender ein, indem Sie der Eigenschaft Value den Wert des Textfeldes übergeben. Mithilfe der Methode Refresh aktualisieren Sie die Ansicht des Kalender-Steuerelements.

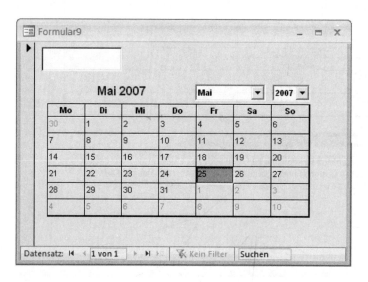

Abbildung 7.66: Der Kalender stellt sich automatisch richtig ein.

In der folgenden Tabelle werden die wichtigsten Eigenschaften und Methoden des Kalender-Steuerelements noch einmal zusammengefasst.

Tabelle 7.7:
Die wichtigsten Methoden und Eigenschaften für den Kalender

Eigenschaft (E)/ Methode (M)	Beschreibung
Value (E)	Gibt den Wert aus, der momentan im Steuerelement aktiviert ist, also beispielsweise ein einzelner Tag.
Day (E)	Der aktuelle Monatstag im Kalender-Steuerelement kann eingestellt oder abgefragt werden.
Month (E)	Über diese Eigenschaft können Sie angeben, welcher Monat im Kalender-Steuerelement angezeigt werden soll.
Year (E)	Mit dieser Eigenschaft können Sie bestimmen, welches Jahr im Kalender-Steuerelement angezeigt wird. Dabei können Jahrszahlen zwischen 1900 und 2100 angegeben werden.
ShowDateSelectors (E)	Mit dieser Eigenschaft können Sie bestimmen, ob die Drop-down-Listenfelder für Monat und Jahr im Kalender-Steuerelement angezeigt werden.
DayLength (E)	Mit dieser Eigenschaft können Sie bestimmen, in welchem Format (kurz, mittel oder lang) die Wochentage im Kalender-Steuerelement angezeigt werden. Die kurze Ausgabeform M, D, M wird erreicht, indem diese Eigenschaft auf den Wert 0 gesetzt wird. Setzen Sie diese Eigenschaft auf den Wert 1, wenn die Tagesnamen Mo, Di, Mi angezeigt werden sollen. Die Langform Montag, Dienstag, Mittwoch wird erreicht, indem man der Eigenschaft den Wert 2 zuweist.
MonthLength (E)	Mit dieser Eigenschaft können Sie bestimmen, ob die Monate im Monat-/Jahr-Titel im Kalender-Steuerelement im kurzen oder langen Format angezeigt werden. Wenn Sie diese Eigenschaft auf den Wert 0 setzen, dann werden die Monate in Kurzschreibweise Jan, Feb, Mär angezeigt. Wird diese Eigenschaft auf den Wert 2 gesetzt, erfolgt die Formatierung der Monate im Langformat Januar, Februar.
FirstDay (E)	Mit dieser Eigenschaft können Sie bestimmen, welcher Wochentag in der ersten Spalte des Kalender-Steuerelements angezeigt wird. Dabei beginnt der Sonntag mit der Ziffer 1, und der Samstag endet mit der 6. Um also den Montag als ersten Tag der Woche im Kalender anzuzeigen, setzen Sie diese Eigenschaft auf den Wert 2.
NextDay (M)	Mit dieser Methode können Sie den Wert eines Kalender-Steuerelements um einen Tag erhöhen und es aktualisieren.
NextWeek (M)	Mit dieser Methode können Sie den Wert eines Kalender-Steuerelements um eine Woche erhöhen und es aktualisieren.
NextMonth (M)	Mit dieser Methode können Sie den Wert eines Kalender-Steuerelements um einen Monat erhöhen und es aktualisieren.
NextYear (M)	Mit dieser Methode können Sie den Wert eines Kalender-Steuerelements um ein Jahr erhöhen und es aktualisieren.
PreviousDay (M)	Mit dieser Methode können Sie den Wert eines Kalender-Steuerelements um einen Tag vermindern und es aktualisieren.
PreviousWeek (M)	Mit dieser Methode können Sie den Wert eines Kalender-Steuerelements um eine Woche vermindern und es aktualisieren.
PreviousMonth (M)	Mit dieser Methode können Sie den Wert eines Kalender-Steuerelements um einen Monat vermindern und es aktualisieren.

Tabelle 7.7:
Die wichtigsten Methoden und Eigenschaften für den Kalender (Forts.)

Eigenschaft (E)/ Methode (M)	Beschreibung
PreviousYear (M)	Mit dieser Methode können Sie den Wert eines Kalender-Steuerelements um ein Jahr vermindern und es aktualisieren.
Today (M)	Mit dieser Methode können Sie den Wert des Kalender-Steuerelements auf das heutige Datum einstellen.

7.3.25 Laufbalken programmieren

Werden über ein Formular längere Prozeduren abgearbeitet, sollten Sie sich überlegen, ob Sie nicht einen Fortschrittsbalken anbieten möchten. Bei länger andauernden Prozeduren ist es empfehlenswert, den Anwender während des Programmablaufs mit gelegentlichen Meldungen in der Statusleiste oder sogar einem Verlaufsbalken über die einzelnen Schritte bzw. den Fortschritt des Programmablaufs in Kenntnis zu setzen.

Fortschrittsbalken Marke Eigenbau

Einen Fortschrittsbalken können Sie selbst herstellen, indem Sie zunächst ein neues Formular anlegen und zwei Schaltflächen einfügen. Eine der Schaltflächen soll dann zum Fortschrittsbalken umfunktioniert werden. Geben Sie dieser Schaltfläche im Ereignis-Fenster auf der Registerkarte ANDERE den Namen FORTSCHRITT.

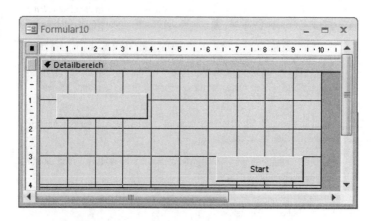

Abbildung 7.67: Fortschrittsbalken programmieren

Legen Sie hinter das Klick-Ereignis der Schaltfläche START den folgenden Code:

Listing 7.57: Einen eigenen Fortschrittsbalken programmieren

```
Private Sub Befehl2_Click()
    Dim i As Integer
    Dim iMax As Integer
    On Error Resume Next
```

```
  Me!Fortschritt.Width = 0
  iMax = 10000
  For i = 1 To iMax
    Me!Fortschritt.Width = (i + 1) / 2
    Me!Fortschritt.Caption = Int(i / 100) & " %"

    Me!Fortschritt.FontBold = True
    Me!Fortschritt.ForeColor = RGB(0, 0, 256)
    DoEvents
  Next
End Sub
```

Im ersten Schritt setzen Sie die Breite des Verlaufsbalkens über die Eigenschaft Width auf den Wert 0. Damit wird er unsichtbar. Danach setzen Sie die maximale Größe des Verlaufsbalkens auf den Wert 10.000 Pixel. Durchlaufen Sie dann die For Next-Schleife genau 10.000-mal. Mit jedem Schleifendurchlauf wächst der Verlaufsbalken um ein Stück. Die Breite des Balkens legen Sie mit der Eigenschaft Width fest. Als Text soll jeweils der Prozentwert ausgegeben werden, der sich aus der Formel (i+1)/100 ergibt. Damit im Verlaufsbalken nur ganze Zahlen ohne Nachkommastellen angezeigt werden, verwenden Sie die Funktion Int. Stellen Sie die Schriftartfarbe auf BLAU unter Anwendung der Funktion RGB sowie den Schriftschnitt über die Eigenschaft FontBold auf FETT, damit der Text auf dem Verlaufsbalken auch klar erkennbar wird.

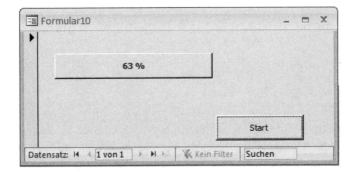

Abbildung 7.68: Laufbalken mit Prozentwert ausgeben

Fortschrittsbalken durch ein Steuerelement erzeugen

Eine andere Methode für die Erstellung eines Laufbalkens ist die Nutzung eines zusätzlichen Steuerelements, das Sie in Windows bestimmt schon öfter gesehen haben, wenn Sie Programme installiert haben. Das Steuerelement MICROSOFT PROGRESSBAR CONTROL können Sie aktivieren, indem Sie das Symbol WEITERE STEUERELEMENTE in der TOOLBOX bzw. den Ribbon STEUERELEMENTE anklicken und das Steuerelement aus der Liste auswählen. Fügen Sie dieses Steuerelement und eine Schaltfläche in ein neues Formular ein.

Abbildung 7.69:
Das Microsoft
PROGRESSBAR-Steuer-
element

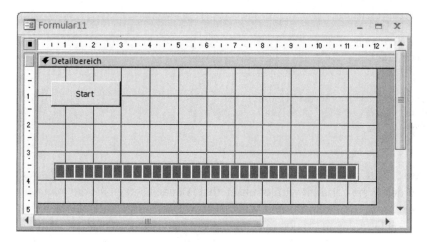

Legen Sie jetzt hinter die Schaltfläche START folgenden Code:

Listing 7.58: Einen Fortschrittsbalken über ein Steuerelement einsetzen

```
Private Sub Befehl0_Click()
  Dim i As Integer

  Me!ProgressBar1.Min = 0
  Me!ProgressBar1.Max = 1000

  For i = Me!ProgressBar1.Min To Me!ProgressBar1.Max
    Me!ProgressBar1.Value = i
    i = i + 1
    Sleep 10
  Next
  Me!ProgressBar1.Value = 0
End Sub
```

Mithilfe der Eigenschaften Min bzw. Max können Sie den Start- bzw. Endwert des Steuerelements bestimmen. Mit diesen beiden Informationen können Sie sich dann eine Schleife zusammenstellen, die so lange durchlaufen wird, bis der Max-Wert erreicht ist. Läuft Ihnen der Fortschrittsbalken zu schnell, dann erhöhen Sie einfach die über die Sleep-Funktion eingestellte Wartezeit pro Schleifendurchlauf. Den Fortschrittsbalken bekommen Sie automatisch zum Laufen, wenn Sie die Eigenschaft Value bei jedem Schleifendurchlauf auf einen höheren Wert setzen.

TIPP Die Art des Fortschrittsbalkens sowie dessen Aussehen können Sie übrigens anpassen. Klicken Sie dazu in der Entwurfsansicht des Formulars mit der rechten Maustaste auf das Steuerelement und wählen den Befehl PROGCTRL-OBJEKT/PROPERTIES aus dem Kontextmenü.

Formulare erstellen

Abbildung 7.70:
Weitere Einstellungsmöglichkeiten für das Steuerelement

Um einen Fortschrittsbalken zum Beispiel nicht horizontal (Standard), sondern vertikal abzuspielen, wählen Sie im Drop-down-Feld ORIENTATION den Eintrag 1 – CCORIENTATIONVERTICAL und bestätigen mit OK.

7.3.26 Der Slider

Unter dem Steuerelement SLIDER versteht man einen Schieberegler, über den man Werte in einem bestimmten Wertebereich, beispielsweise 0–100, einstellen kann. Dieses Steuerelement wird gerne in Verbindung mit einem Textfeld verwendet, in dem man den eingestellten Wert des Sliders anzeigt.

Das Steuerelement MICROSOFT SLIDER CONTROL können Sie aktivieren, indem Sie das Symbol WEITERE STEUERELEMENTE in der TOOLBOX anklicken und das Steuerelement aus der Liste auswählen. Fügen Sie dieses Steuerelement und eine Schaltfläche in ein neues Formular ein.

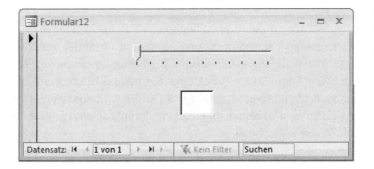

Abbildung 7.71:
Der Slider wird mit einem Textfeld kombiniert.

409

Um den Wert des Sliders beispielsweise in ein Textfeld zu übertragen, erfassen Sie die folgende Prozedur:

Listing 7.59: Den Slider einsetzen

```
Private Sub Slider0_Scroll()
  Text1.Value = Slider0.Value
End Sub
```

Das Ereignis `Slider_Scroll` wird automatisch dann ausgeführt, wenn Sie den Slider nach rechts oder links ziehen. Bei dieser Veränderung schreiben Sie seinen aktuellen Wert direkt in das Textfeld.

Um die Art des Sliders und seinen Wertebereich einzustellen, klicken Sie in der Entwurfsansicht des Formulars mit der rechten Maustaste auf das Steuerelement und wählen den Befehl SLIDER-OBJEKT/PROPERTIES aus dem Kontextmenü.

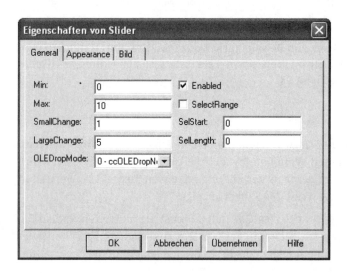

Abbildung 7.72: Aussehen und Wertebereich des Sliders einstellen

7.3.27 Das TreeView-Steuerelement

Wie der Name dieses Steuerelementes zeigt, können Sie mithilfe dieses Steuerelements ganze Verzeichnisbäume auf einem Formular abbilden. Machen Sie das TREEVIEW-Steuerelement auf Ihrer Werkzeugsammlung verfügbar und fügen es in ein neues Formular ein. Integrieren Sie zusätzlich noch eine weitere Schaltfläche. Im nächsten Beispiel setzen Sie das TREEVIEW-Steuerelement ein, um alle momentan geöffneten Arbeitsmappen sowie deren Tabellen in einer übersichtlichen Art und Weise anzuzeigen.

Da das TREEVIEW-Steuerelement schon beim Aufruf des Formulars gefüllt sein muss, setzen Sie zu diesem Zweck auch hier das Ereignis `Form_Load` ein, das Sie im folgenden Listing sehen können. Dabei sollen alle Module der aktiven Datenbank im TREEVIEW-Steuerelement angezeigt werden. Über die Zeile `Expanded = True` erreichen Sie, dass der oberste Knoten des Baumes expandiert dargestellt wird und Sie somit die angehängten Knoten auch wirklich sehen.

Listing 7.60: Module im TREEVIEW-Steuerelement anzeigen

```
Private Sub Form_Load()
  Dim node As node
  Dim obj As AccessObject
  Dim dbs As Object

  Set dbs = Application.CurrentProject
  Set node = TreeView0.Nodes.Add(, , , dbs.Name)
  For Each obj In dbs.AllModules
    TreeView0.Nodes.Add node.Index, _
      tvwChild, , obj.Name
  Next obj
  'Zweig aufgeklappt darstellen
  node.Expanded = True
End Sub
```

Ermitteln Sie zuerst den Namen der aktiven Datenbank. Fügen Sie diesen Namen über die Methode Add in das Steuerelement TREEVIEW als neuen Zweig ein. Unterhalb dieses Zweiges ermitteln Sie die Namen der Module, die in der Datenbank enthalten sind. Fügen Sie diese Modulnamen unterhalb des Hauptzweiges wiederum über die Methode Add ein.

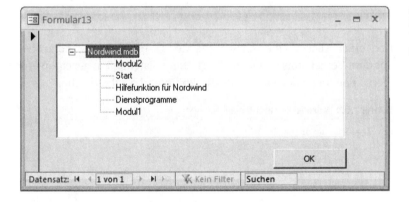

Abbildung 7.73: Module über das TREEVIEW-Element anzeigen

Um nun herauszufinden, welchen Eintrag Sie gewählt haben, hinterlegen Sie das Ereignis Click direkt hinter der Schaltfläche OK.

Listing 7.61: Die Auswahl im TREEVIEW ermitteln

```
Private Sub Befehl1_Click()
  MsgBox " Sie haben das Modul " & _
    TreeView0.SelectedItem & " ausgewählt!"
End Sub
```

Über die Eigenschaft SelectedItem können Sie den momentan ausgewählten Eintrag im TREEVIEW-Steuerelement ermitteln.

7.3.28 Das Media Player-Steuerelement

Standardmäßig wird der Media Player mit Windows ausgeliefert. Aber auch als Steuerelement steht er Ihnen in Access zur Verfügung. Im folgenden Beispiel sollen auf einem Formular über ein Listenfeld sämtliche Videodateien (*.mpg) eines Ordners angeboten werden. Über einen Doppelklick auf das gewünschte Video soll dieses dann im Media Player-Steuerelement abgespielt werden.

Legen Sie zunächst ein neues, noch leeres Formular an und fügen das Media Player-Steuerelement, ein Listenfeld und eine Schaltfläche ein.

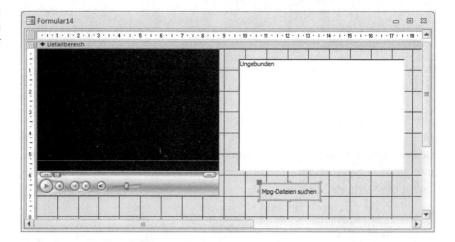

Abbildung 7.74:
Der Media Player in einem Formular

Über einen Klick auf die Schaltfläche MPG-DATEIEN SUCHEN sollen alle Mpg-Dateien aus dem Verzeichnis C:\EIGENE DATEIEN im Listenfeld angezeigt werden. Legen Sie hierzu den folgenden Quellcode direkt hinter die Schaltfläche.

Listing 7.62: Videodateien in Listenfeld einlesen

```
Private Sub Befehl6_Click()
  Dim strFileName As Variant
  Dim strSearchDir As String
  Dim i As Integer

  'Remove all items from the ListBox.
  For i = 1 To Liste4.listCount
    Liste4.RemoveItem 0
  Next i

  strSearchDir = "C:\Eigene Dateien\"
  strFileName = Dir(strSearchDir & "*.mpg")
  Do Until strFileName = ""
    Liste4.AddItem strSearchDir & strFileName
    strFileName = Dir
  Loop

End Sub
```

Führen Sie eine Suche nach den MPG-Dateien durch. Dazu verwenden Sie die Funktion Dir, um die einzelnen Dateien im angegebenen Verzeichnis zu ermitteln. Speichern Sie zunächst den Pfad des Verzeichnisses, in dem Sie suchen möchten, in der String-Variablen strSearchDir ab. Da Ihnen die Funktion Dir die gefundenen Dateien ohne Pfad angibt, können Sie mit der Variablen im weiteren Verlauf der Prozedur für jede gefundene Datei den gesamten Dateipfad konstruieren. Zur Suche wird über das Sternzeichen bekannt gegeben, dass alle Dateien mit der Endung MPG gesucht werden sollen. Über die Methode AddItem fügen Sie den Dateipfad der gefundenen Videodateien in das Listenfeld ein.

Über einen Doppelklick auf die gewünschte Videodatei soll diese danach im Media Player-Steuerelement geladen und abgespielt werden. Setzen Sie für diesen Zweck das Ereignis DblClick ein.

Listing 7.63: Videos per Doppelklick abspielen

```
Private Sub Liste4_DblClick(Cancel As Integer)
  MediaPlayer3.FileName = Liste4.Value
End Sub
```

Mithilfe der Eigenschaft FileName können Sie bestimmen, welche Videodatei im Media Player-Steuerelement abgespielt werden soll. Diesen Namen können Sie direkt aus dem Listenfeld über die Eigenschaft Value übernehmen.

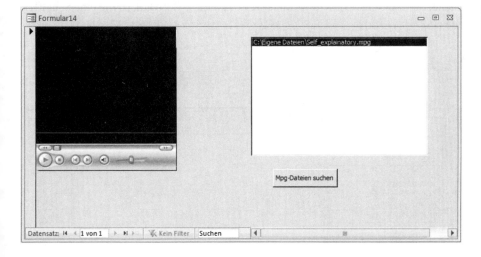

Abbildung 7.75: Videos schnell suchen und abspielen

7.3.29 Hyperlink in Formular integrieren

Um diese Aufgabe durchzuführen, legen Sie ein neues Formular an, fügen eine Befehlsschaltfläche ein und beschriften diese mit der Internetseite, die Sie per Mausklick aufrufen möchten. Erfassen Sie danach die dazu notwendige API-Funktion ShellExecute und schreiben das Click-Ereignis.

Listing 7.64: Hyperlink in Formular integrieren

```
Private Declare Function ShellExecute Lib _
 "shell32.dll" Alias "ShellExecuteA" _
 (ByVal hwnd As Long, ByVal lpOperation As String, _
 ByVal lpFile As String, ByVal lpParameters As String, _
 ByVal lpDirectory As String, ByVal bShowCMD As Long) _
 As Long

Private Sub Befehl0_Click()
 ShellExecute Me.hwnd, "open", Befehl0.Caption, 0, 0, 5
End Sub
```

Die Sprungadresse für die Internetseite holen Sie sich direkt aus der Beschriftung der Schaltfläche mithilfe der Eigenschaft Caption. Die notwendige Aktion heißt open, was nichts anderes bedeutet, als dass die Internetseite geöffnet werden soll.

7.3.30 ImageList und ListView programmieren

Soll mit Grafiken programmiert werden, die beispielsweise in einem Listbox-ähnlichen Objekt angezeigt werden sollen, dann setzen Sie das IMAGELIST CONTROL ein, um die Grafiken zu definieren, und nützen danach das Steuerelement LISTVIEW, um die Grafiken anzuzeigen.

Legen Sie jetzt ein neues Formular an und fügen nacheinander die Steuerelemente MICROSOFT IMAGELIST CONTROL, MICROSOFT LISTVIEW CONTROL sowie eine Schaltfläche ein.

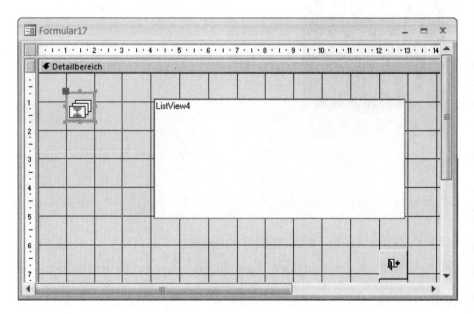

Abbildung 7.76:
Die beiden Bild-Steuerelemente im Zusammenspiel

Formulare erstellen

Das IMAGELIST CONTROL dient dazu, um Bilddateien aufzunehmen. Klicken Sie daher das Element mit der rechten Maustaste an und wählen aus dem Kontextmenü den Befehl IMAGELISTCTRL-OBJECT/PROPERTIES. Wechseln Sie danach auf die Registerkarte IMAGES.

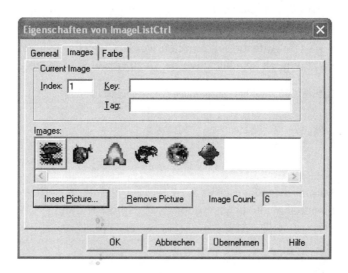

Abbildung 7.77: Bilddateien festlegen

Über die Schaltfläche INSERT PICTURE können Sie die gewünschten Bilder definieren, die später angezeigt werden sollen. Beenden Sie diese Aktion mit einem Klick auf OK.

Die nächste Aufgabe besteht nun darin, diese Bilder im LISTVIEW-Steuerelement anzuzeigen. Der Zeitpunkt hierfür kann beispielsweise der des Öffnens des Formulars sein. Dazu setzen Sie das Ereignis Form_Load ein, das genau dann ausgeführt wird, wenn das Formular gestartet wird.

Listing 7.65: Grafiken im LISTVIEW-Steuerelement anzeigen

```
Private Sub Form_Load()
  Dim objPic As Object

  ListView4.ListItems.Clear
  ListView4.Icons = ImageList1.Object

  Set objPic = ListView4.ListItems.Add(, , "Blume", 1)
  Set objPic = ListView4.ListItems.Add(, , "Fisch", 2)
  Set objPic = ListView4.ListItems.Add(, , "Feuer", 3)
  Set objPic = ListView4.ListItems.Add(, , "Frosch", 4)
  Set objPic = ListView4.ListItems.Add(, , "Erde", 5)
  Set objPic = ListView4.ListItems.Add(, , "Welt", 6)
End Sub
```

Über die Eigenschaft `Icons` können die Bilder aus dem Steuerelement IMAGELIST dem Steuerelement LISTVIEW zugänglich gemacht werden. Mithilfe der Methode `Clear` löschen Sie das LISTVIEW-Steuerelement zu Beginn der Prozedur. Über die Methode `Add` fügen Sie nun die einzelnen Bilder dem LISTVIEW-Steuerelement hinzu. Dabei können Sie den Text definieren, der unter dem Bild erscheinen soll. Achten Sie auch darauf, dass Sie den Index jeweils um den Wert 1 hochsetzen.

Als letzte Aufgabe soll ermittelt werden, welches Symbol im LISTVIEW-Steuerelement doppelt angeklickt wurde. Dazu setzen Sie das Ereignis `DblClick` ein.

Listing 7.66: Welches Symbol wurde doppelt angeklickt?

```
Private Sub ListView4_DblClick()
  MsgBox "Sie haben das Bild " & _
    ListView4.SelectedItem & _
    " doppelt angeklickt!", vbInformation
End Sub
```

Mithilfe der Eigenschaft `SelectedITem` können Sie ermitteln, welches Symbol im Steuerelement LISTVIEW doppelt angeklickt wurde.

Abbildung 7.78:
Symbole doppelt anklicken

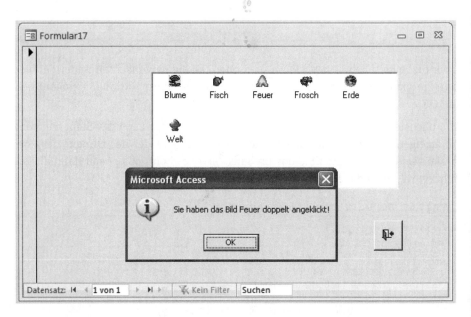

7.3.31 Diagramme in Formulare integrieren

Wenn Sie mit Diagrammen in Formularen arbeiten möchten, dann können Sie das Steuerelement MICROSOFT OFFICE CHART 10.0 (Access 2002) bzw. MICROSOFT OFFICE CHART 11.0 (Access 2003) benutzen.

Formulare erstellen

Ab Access 2007 haben Sie das MICROSOFT OFFICE CHART-Steuerelement grundsätzlich nicht mehr zur Verfügung, sofern Sie nicht auch eine frühere Office-Version auf Ihrem PC installiert haben. Sie haben jedoch prinzipiell die Möglichkeit, sich die sogenannten MICROSOFT WEB COMPONENTS in der Version 11 von der Microsoft-Homepage herunterzuladen und auf Ihrem PC zu installieren. Dadurch haben Sie auch in Ihrer Access 2007 bzw. 2010 Version grundsätzlich die Möglichkeit, das hier vorgestellte Steuerelement einzusetzen. Ab Access 2007 empfiehlt sich jedoch, das im nächsten Kapitel 7.3.32 vorgestellte Diagramm-Steuerelement einzusetzen.

Zur Verwendung des MICROSOFT OFFICE CHART-Steuerelements fügen Sie dieses zunächst auf einem neuen, leeren Formular ein.

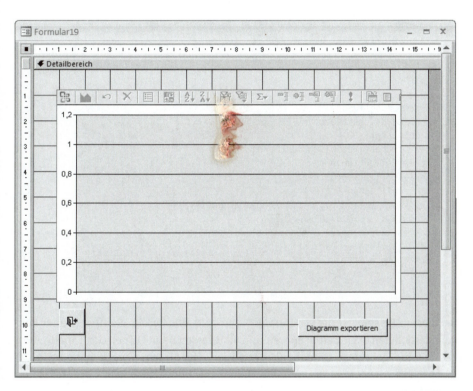

Abbildung 7.79: Das Steuerelement MICROSOFT OFFICE CHART ist noch leer.

Die Aufgabe besteht nun darin, die Tabelle ARTIKEL der Datenbank NORDWIND.MDB anzuzapfen und die fünf billigsten Artikel aus dieser Tabelle in einem Säulendiagramm anzuzeigen. Diese Aufgabe soll im Hintergrund stattfinden und direkt nach dem Öffnen des FORMULAR19 stattfinden. Erfassen Sie zu diesem Zweck das Ereignis Form_Load.

Listing 7.67: Daten auswerten und in einem Diagramm darstellen

```
Private Sub Form_Load()
  Dim conn As New ADODB.Connection
  Dim rst As ADODB.Recordset
```

```
Dim obj As AccessObject
Dim avarWert(4) As Variant
Dim avarBez(4) As Variant
Dim i As Integer
Dim ChSp

Set conn = CurrentProject.Connection
Set rst = New ADODB.Recordset
With rst
  .CursorLocation = adUseClient
  .Open "Artikel", conn, adOpenKeyset, _
    adLockOptimistic
  .Sort = "Einzelpreis Asc"
  For i = 0 To 4
    avarWert(i) = rst("Einzelpreis")
    avarBez(i) = rst("Artikelname")
    .MoveNext
  Next i
End With

'Diagrammerstellung
Set ChSp = Me.ChartSpace0
With ChSp.Charts(0)
.Type = chChartTypeColumnClustered
  .SeriesCollection.Add
  .SeriesCollection(0).Caption = _
    "Die biligsten Artikel"
  .SeriesCollection(0).SetData chDimCategories, _
    chDataLiteral, avarBez
  .SeriesCollection(0).SetData chDimValues, _
    chDataLiteral, avarWert
  .HasLegend = True
  .HasTitle = True
End With
End Sub
```

Bei diesem Beispiel ist die Datenbank NORDWIND.MDB bereits geöffnet. Daher können Sie sich den `Open`-Befehl sparen und stattdessen beim Öffnen der Tabelle ARTIKEL auf die geöffnete Datenbank verweisen. Zu diesem Zweck haben Sie der Eigenschaft `Connection` die aktuelle Datenbank über das Objekt `CurrentProject` zugewiesen.

Über die Anweisung `Set` mit dem Zusatz `New` erstellen Sie ein neues `RecordSet`-Objekt. In dieses Objekt wird später der gefundene Satz übertragen, geändert und dann zurück geschrieben.

Wenden Sie danach die Eigenschaft `Sort` an, und geben Sie vor, nach welchen Kriterien sortiert werden soll. Haben Sie mehrere Sortierkriterien zur Auswahl, dann geben Sie diese entsprechend der Sortierreihenfolge getrennt durch Kommata ein. Bei der Sortierreihenfolge selbst können Sie entweder `ASC` für aufsteigende Sortierung oder `DESC` für absteigende Sortierung angeben. Dabei erfassen Sie nach dem Feldnamen ein Leerzeichen und hängen die gewünschte Sortierkonstante an.

In einer nachfolgenden Schleife, die genau fünfmal durchlaufen wird, werden die Einzelpreise sowie die dazugehörenden Artikelbezeichnungen der billigsten Artikel ermittelt und in die Array-Variablen avarWert und avarBez geschrieben.

Haben Sie die billigsten Artikel ermittelt, kann es daran gehen, diese Artikel in einem Diagramm darzustellen. Da bereits ein noch leeres Diagramm existiert, brauchen Sie kein neues hinzuzufügen, sondern eben nur bekannt zu geben, dass das leere Diagramm nun gefüllt werden soll. Dabei geben Sie zunächst über die Eigenschaft Type bekannt, welcher Diagrammtyp eingesetzt werden soll. In der Online-Hilfe können Sie die dafür notwendigen Konstanten für die entsprechenden Diagramme selbst nachlesen. Es stehen Ihnen dabei weit über 50 verschiedene Diagrammtypen zur Verfügung.

Eine Datenreihe wird über die Anweisung SeriesCollection.Add eingefügt. Dabei erhält die erste Datenreihe den Index 0, die zweite den Index 1 usw. Da Sie für dieses Beispiel nur eine Datenreihe benötigen, in der die billigsten Artikelpreise dargestellt werden sollen, entfällt hier das Einfügen mehrerer Datenreihen. Über die Eigenschaft Caption wird die Beschreibung festgelegt, die später als Titel wie auch als Legendentext verwendet werden kann.

Mithilfe der Methode SetData werden die Daten für das Diagramm zugewiesen. Diese Daten haben Sie vorher in den Variant-Variablen Wert und Bez gespeichert. Über die Eigenschaften HasLegend und HasTitel bestimmen Sie, dass eine Legende bzw. ein Diagrammtitel angezeigt werden soll.

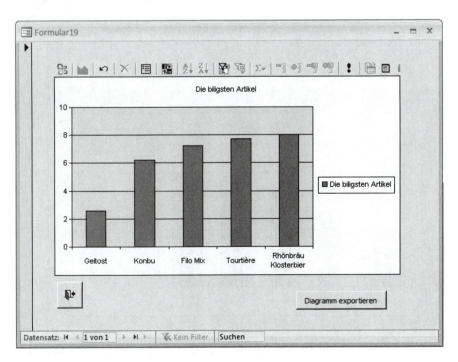

Abbildung 7.80: Die billigsten Artikel werden in einem Diagramm angezeigt.

Vergessen Sie dann nicht, die Tabelle über die Methode Close zu schließen und die Objektverweise wieder aufzuheben.

Wenn Sie das im Formular angezeigte Diagramm exportieren möchten, dann wenden Sie die Methode ExportPicture an. Erweitern Sie zu diesem Zweck die gerade beschriebene Aufgabe, indem Sie im FORMULAR19 eine weitere Schaltfläche integrieren und die Export-Prozedur erfassen.

Listing 7.68: Diagramm exportieren

```
Private Sub Befehl1_Click()
  Dim ChSp
  Set ChSp = Me.ChartSpace0

  ChSp.ExportPicture Application.CurrentProject.Path _
    & "\TopFive.gif", "gif" ', 320, 240
End Sub
```

Mithilfe der Anweisung Application.CurrentProject.Path stellen Sie zur Speicherung des Diagramms das Verzeichnis ein, in dem auch Ihre aktuell geladene Datenbank gespeichert ist. Danach wenden Sie die Methode ExportPicture an, um das Diagramm-Objekt als Bilddatei zu exportieren. Bei dieser Methode müssen Sie den Namen der Datei sowie den verwendeten Grafikfilter angeben. Möglich sind dabei auch noch zwei weitere Argumente, um die Breite und Höhe der Exportdatei festzulegen. Fehlen diese beiden letzten Argumente, dann wird das Diagramm im Verhältnis 1:1 exportiert.

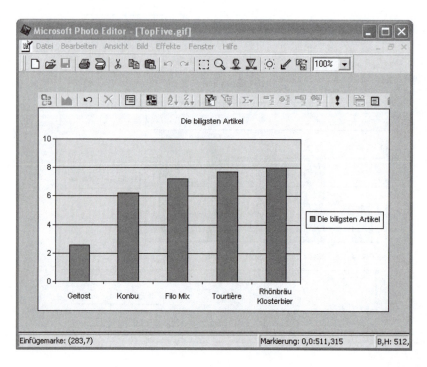

Abbildung 7.81: Das Diagramm wurde als GIF-Grafikdatei exportiert.

7.3.32 Diagramme in Formulare integrieren in Access 2010

Microsoft hat ab Access-Version 2007 nun standardmäßig ein Diagramm-Steuerelement in die Hauptgruppe der Formularsteuerelemente übernommen. Damit ist man nicht mehr gezwungen, Diagramm-Steuerelemente aus der Liste der weiteren Steuerelemente aus externen Bibliotheken zu verwenden. Generell kann ja die Verwendung von Objekten aus externen Bibliotheken, die Sie über Verweise einbinden, zu Problemen führen, wenn Sie Ihre Access-Datenbank weitergeben möchten und auf dem Ziel-PC die entsprechende Bibliothek nicht installiert ist. Dieses Problem umgehen Sie, wenn Sie nur die Steuerelemente einsetzen, die Access standardmäßig zur Verfügung stellt, wie in diesem Fall das neue Steuerelement DIAGRAMM.

Wie im vorigen Kapitel zeigen wir in dieser Übung die fünf billigsten Artikel an, verknüpfen hier das Diagramm aber direkt mit einer Abfrage, sodass wir hier ausnahmsweise keine VBA-Prozedur erstellen.

Platzieren Sie in einem leeren Formular zunächst ein Steuerelement DIAGRAMM. Der Diagramm-Assistent wird gestartet. Wählen Sie auf der ersten Seite des Diagramm-Assistenten die Tabelle ARTIKEL, und klicken Sie auf WEITER.

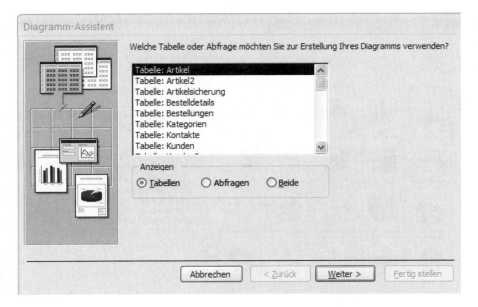

Abbildung 7.82:
Tabelle oder Abfrage im DIAGRAMM-ASSISTENTEN auswählen

Wählen Sie auf der zweiten Seite des Diagramm-Assistenten die Felder Artikelname und Einzelpreis aus. Dies sind die Daten, die wir im Diagramm anzeigen möchten.

Abbildung 7.83:
Darzustellende Felder im DIAGRAMM-ASSISTENTEN auswählen.

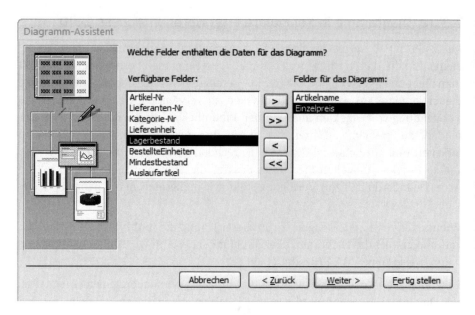

Auf der dritten Seite des Diagramm-Assistenten haben Sie die Möglichkeit, zwischen verschiedenen Diagrammtypen auszuwählen. In unserem Fall wählen wir den Diagrammtyp SÄULENDIAGRAMM.

Abbildung 7.84:
Der DIAGRAMM-ASSISTENT bietet eine Vielzahl von Diagrammtypen.

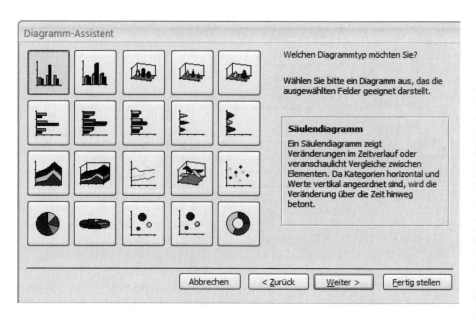

Auf der vierten Seite können Sie festlegen, welche der zuvor ausgewählten Felder wie im Diagramm dargestellt werden.

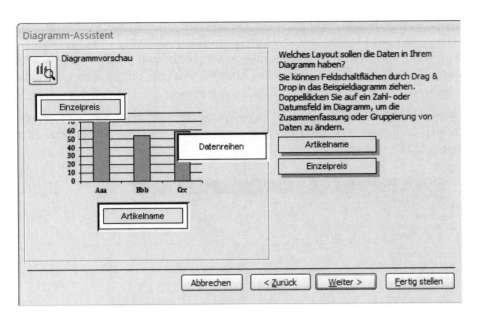

Abbildung 7.85:
Zuordnung der Felder zu den Diagrammachsen

Auf der letzen Seite können Sie Ihrem Diagramm noch einen Titel geben und festlegen, ob in Ihrem Diagramm eine Legende angezeigt werden soll. Geben Sie als Name »Die billigsten Artikel« ein, und klicken Sie auf FERTIG STELLEN.

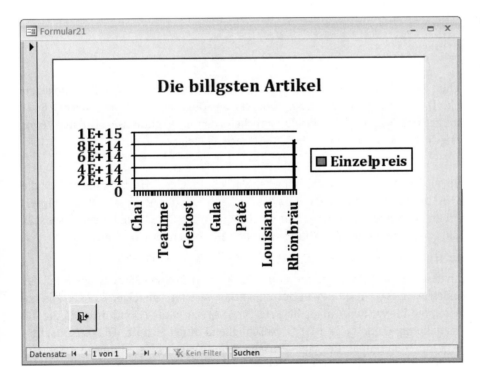

Abbildung 7.86:
Das Formular zeigt noch nicht das gewünschte Ergebnis.

Wenn Sie sich nun Ihr Formular in der Formularansicht ansehen, werden Sie feststellen, dass das Diagramm bisher noch nicht das gewünschte Ergebnis zeigt. Es wird mehr oder weniger versucht, alle Artikel im Diagramm darzustellen. Wir wollen jedoch nur die fünf billigsten Artikel darstellen. Um dies zu erreichen, müssen wir noch eine kleine Modifikation vornehmen.

Lassen Sie sich Ihr Formular in der Entwurfsansicht anzeigen, klicken Sie mit der rechten Maustaste auf das Diagramm, und wählen Sie im Kontextmenü den Menüpunkt EIGENSCHAFTEN aus.

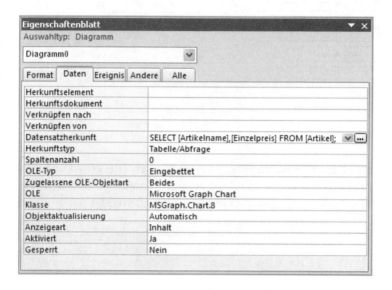

Abbildung 7.87:
Das Feld DATENSATZ-HERKUNFT zeigt die SQL-Abfrage, auf der das Diagramm basiert.

Sehen Sie sich auf dem dann angezeigten EIGENSCHAFTENBLATT auf der Registerseite DATEN das Feld DATENSATZHERKUNFT an. Dort sehen Sie, auf welcher SQL-Abfrage das Diagramm basiert. Entsprechend der im Diagramm-Assistenten zuvor festgelegten Auswahl lautet die SQL-Abfrage wie folgt:

SELECT [Artikelname],[Einzelpreis] FROM [Artikel]

Wir möchten jedoch nur die billigsten Artikel anzeigen. Hierzu müssen wir die SQL-Abfrage so modifizieren, dass das Suchergebnis der Abfrage nach Einzelpreis sortiert wird und die Abfrage nur die TOP fünf des Gesamtsuchergebnisses enthält. Die modifizierte SQL-Abfrage müsste dann folgendermaßen aussehen.

SELECT TOP 5 [Artikelname],[Einzelpreis] FROM [Artikel] ORDER BY [Einzelpreis]

Um die Änderung einfacher vornehmen zu können, können Sie sich den Inhalt des Feldes DATENSATZHERKUNFT in der ZOOM-DARSTELLUNG anzeigen lassen. Positionieren Sie hierzu den Cursor im Feld DATENSATZHERKUNFT, und drücken Sie die Tastenkombination ⇧ + F2. Anschließend öffnet sich der Dialog ZOOM und zeigt Ihnen den Inhalt des zuvor ausgewählten Datenfeldes, in unserem Fall den Inhalt des Feldes DATENSATZHERKUNFT.

Formulare erstellen

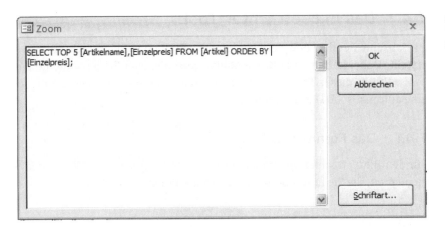

Abbildung 7.88:
Die modifizierte
SQL-Abfrage im
Dialog ZOOM

Nehmen Sie die Modifikation der SQL-Abfrage vor, und schließen Sie den Dialog mit OK. Anschließend bekommen Sie im Diagramm, wie gewünscht, nur die fünf billigsten Artikel angezeigt.

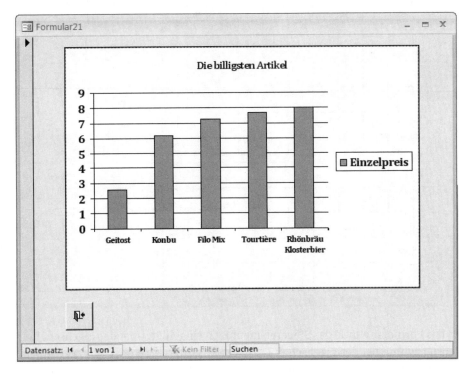

Abbildung 7.89:
Die modifizierte
SQL-Abfrage im
Dialog ZOOM

425

7.4 Das Bildbetrachter-Tool

Als abschließendes Beispiel werden ein Bildbetrachter- sowie Diashow-Tool erstellt. Dabei kommt eine ganze Menge verschiedener Steuerelemente zum Einsatz. Mithilfe dieses Tools können Sie Bilddateien direkt in Access betrachten und eine automatische Diashow starten.

7.4.1 Das Formular zeichnen

Für den Bildbetrachter benötigen Sie ein neues Formular, das Sie mit den Steuerelementen, die Sie in Abbildung 7.89 sehen können, bestücken.

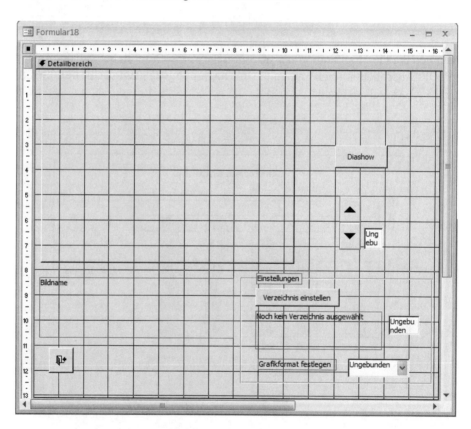

Abbildung 7.90: Der Rohbau des Bildbetrachters

In das Formular wurde das Steuerelement BILD eingefügt. Über das Eigenschaftenfenster wurde bei der Eigenschaft GRÖSSENANPASSUNG die Konstante ZOOMEN eingestellt. Dies bedeutet, dass kleinere Bilder auf die volle Größe des Bild-Fensters vergrößert werden. Dabei bleiben die Proportionen aber immer gleich. Unter der Rubrik SPEZIALEFFEKT wurde die Konstante ERHÖHT ausgewählt. Diese Einstellung bewirkt, dass der Rahmen des Bildes erhöht ist.

Unterhalb des Bild-Fensters wurde ein Bezeichnungsfeld TXTDATEIPFAD eingefügt. Dort wird später der jeweilige Dateipfad des Bildes, das aktuell geladen ist, angezeigt.

Im Gruppenfeld EINSTELLUNGEN kann über die Schaltfläche BEFEHL8 das gewünschte Verzeichnis, in dem die Bilddateien sich befinden, eingestellt werden. Im darunter liegenden Bezeichnungsfeld TXTVERZEICHNIS wird der eingestellte Pfad angezeigt. Über das Kombinationsfeld CBODATEIFILTER muss das Grafikformat eingestellt werden, in dem Ihre Bilddateien vorliegen. Danach wird die Anzahl der gefundenen Bilddateien im Textfeld TEXT13 ausgegeben.

Rechts neben dem Bild-Fenster befindet sich die Schaltfläche DIASHOW, über die die einzelnen Bilder nacheinander in einer bestimmten zeitlichen Abfolge angezeigt werden können.

Über das Spinbutton-Steuerelement SPINBUTTON5 können einzelne Bilder nacheinander manuell aufgerufen und anschließend im Bild-Fenster angezeigt werden. Im Textfeld TEXT16 wird dabei jeweils die Bildnummer angezeigt.

7.4.2 Das Formular programmieren

Im ersten Schritt müssen beim Öffnen des Formulars bestimmte Aufgaben vorgenommen werden. Unter anderem muss das Kombinationsfeld CBODATEIFILTER mit den auswählbaren Grafikformaten initialisiert und somit zur Verfügung gestellt werden. Für diese Aufgabe wird das Formularereignis Form_Load eingesetzt. Alle Verarbeitungsschritte, die innerhalb dieses Ereignisses stehen, werden somit ausgeführt.

Listing 7.69: Die zugelassenen Grafikformate festlegen

```
Option Compare Database
Option Explicit

Private lngAnzBilder As Long
Private astrBildPfade() As String

Private Sub Form_Load()
  With cboDateifilter
    .AddItem "GF auswählen"
    .AddItem "*.jpg"
    .AddItem "*.bmp"
    .AddItem "*.tif"
    .AddItem "*.wmf"
  End With

  lngAnzBilder = 0

End Sub
```

Kapitel 7 • Programmierung von Dialogen, Steuerelementen und Formularen

Zu Beginn werden einige Variablen als private, innerhalb des Formulars globale Variablen definiert, die Sie später noch brauchen werden. Danach wird im Ereignis `Form_Load` dafür gesorgt, dass das Kombinationsfeld mithilfe der Methode `AddItem` gefüllt wird.

Die Schaltfläche zum Schließen des Formulars können Sie sich bei der Erstellung des Formulars automatisch generieren lassen. Dabei wird über den BEFEHLS-SCHALTFLÄCHEN-ASSISTENTEN abgefragt, welchen Zweck die Schaltfläche haben soll.

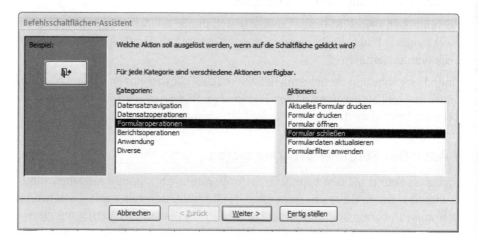

Abbildung 7.91:
Die Standardschaltfläche für das Schließen eines Formulars vom Assistenten erzeugen lassen

Im Dialog BEFEHLSSCHALTFLÄCHEN-ASSISTENT aktivieren Sie im Listenfeld KATEGORIEN den Eintrag FORMULAROPERATIONEN. Im Listenfeld AKTIONEN klicken Sie den Befehl FORMULAR SCHLIESSEN an und klicken im Anschluss daran auf die Schaltfläche FERTIG STELLEN. Der jetzt automatisch generierte Code sieht wie folgt aus:

Listing 7.70: Das aktuell geöffnete Formular schließen

```
Private Sub Befehl5_Click()
'Formular schließen
On Error GoTo Err_Befehl5_Click
  DoCmd.Close

Exit_Befehl5_Click:
  Exit Sub

Err_Befehl5_Click:
  MsgBox Err.Description
  Resume Exit_Befehl5_Click

End Sub
```

Als nächste Aufgabe soll das Verzeichnis eingestellt werden, in dem Sie Ihre Bilddateien gespeichert haben. Dazu legen Sie den folgenden Quellcode direkt hinter die Schaltfläche VERZEICHNIS EINSTELLEN.

Listing 7.71: Der »Bilder-Pfad« soll eingestellt werden.

```
Private Sub Befehl8_Click()
  Dim strVerz As String

  'Verzeichnis einstellen
  strVerz = OrdnerAuswahl & "\"

  If strVerz = "\" Then
    'Kein Verzeichnis ausgewählt
    txtVerzeichnis.Caption = ""
  Else
    'Verzeichnis ausgewählt
    txtVerzeichnis.Caption = strVerz
  End If
  Text13.Value = ""
End Sub
```

Gleich in der ersten Zeile der Prozedur wird die Funktion OrdnerAuswahl aufgerufen. Das Ergebnis dieser Funktion ist ein ausgewählter Dateipfad, der im Bezeichnungsfeld TXTVERZEICHNIS gespeichert wird.

Über die Funktion OrdnerAuswahl soll zur Auswahl des gewünschten Verzeichnisses ein Verzeichnisbaum angezeigt werden, über den der Anwender leicht das Bilderverzeichnis auswählen kann. Für diese Aufgabe werden die API-Funktionen SHGetPathFromIDList und SHBrowseForFolder eingesetzt. Erfassen Sie diese beiden API-Funktionen in einem neuen Modul, hier MODUL2.

Listing 7.72: Den Verzeichnisbaum anzeigen und auswerten

```
Public Type BROWSEINFO
  hOwner As Long
  pidlRoot As Long
  pszDisplayName As String
  lpszTitle As String
  ulFlags As Long
  lpfn As Long
  lParam As Long
  iImage As Long
End Type

Declare Function SHGetPathFromIDList Lib _
  "shell32.dll" Alias "SHGetPathFromIDListA" _
  (ByVal pidl As Long, ByVal pszPath As String) As Long

Declare Function SHBrowseForFolder Lib _
  "shell32.dll" Alias "SHBrowseForFolderA" _
  (lpBrowseInfo As BROWSEINFO) As Long

Function OrdnerAuswahl() As String
  Dim bInfo As BROWSEINFO
  Dim strPath As String
  Dim r As Long, X As Long, pos As Integer
```

```
            bInfo.pidlRoot = 0&
            ' Titel des Dialogs
            bInfo.lpszTitle = _
                "Wählen Sie bitte einen Ordner aus."
            ' Unterverzeichnisses ermitteln
            bInfo.ulFlags = &H1
            ' Dialog anzeigen
            X = SHBrowseForFolder(bInfo)
            strPath = Space$(512)
            ' Ausgewähltes Verzeichnis einlesen
            r = SHGetPathFromIDList(ByVal X, ByVal strPath)
            If r Then
              pos = InStr(strPath, Chr$(0))
              OrdnerAuswahl = Left(strPath, pos - 1)
            Else
              OrdnerAuswahl = ""
            End If
End Function
```

Die API-Funktion SHBrowseForFolder bietet einen kompletten Dialog an, aus dem man das gewünschte Verzeichnis auswählen kann. Eine weitere API-Funktion SHGetPathFromIDList wertet das ausgewählte Verzeichnis aus.

Abbildung 7.92:
Der Dialog mit der Baumstruktur wird angezeigt.

Nach dem Klicken der Schaltfläche OK wird der markierte Pfad an die aufrufende Prozedur übergeben und im Formular in das Bezeichnungsfeld TXTVERZEICHNIS geschrieben.

Als nächste Aufgabe muss im Kombinationsfels CBODATEIFILTER das Grafikformat ausgewählt werden, in dem Ihre Bilder vorliegen. Danach laufen die folgenden Aktionen ab:

- Es wird die Anzahl der Bilder ermittelt, die im ausgewählten Grafikformat im vorher eingestellten Verzeichnis vorliegen
- Das erste Bild aus diesem Verzeichnis wird im Bild-Fenster geladen und angezeigt.

Diese Auswahl aus dem Kombinationsfeld kann über das Ereignis Change festgehalten werden.

Listing 7.73: Auf die Auswahl im Kombinationsfeld reagieren

```
Private Sub cboDateifilter_Change()
  'Grafikformat auswählen
  On Error Resume Next

  If txtVerzeichnis.Caption <> "" Then
    'Verzeichnis wurde schon ausgewählt
    BilderlisteAktualisieren
    'Steuerelemente updaten gem. Suchergebnis
    Text13.Value = lngAnzBilder
    SpinButton5.Value = 1
    Bild0.Picture = astrBildPfade(0)
    txtDateipfad.Caption = astrBildPfade(0)
  End If

End Sub
```

Nachdem das gewünschte Grafikformat eingestellt wurde, muss geprüft werden, ob bereits ein Verzeichnis ausgewählt ist. Wenn nicht, dann steht ein leerer String im Bezeichnungsfeld TXTVERZEICHNIS. In diesem Fall soll keine weitere Aktion erfolgen. Anderenfalls wird über die im folgenden Listing dargestellte Prozedur BilderlisteAktualisieren nach den Grafikdateien gesucht.

Listing 7.74: Funktion zur Suche der Grafikdateien

```
Private Sub BilderlisteAktualisieren()
  Dim str As String
  Dim strVerz As String
  Dim strFilter As String

  ReDim astrBildPfade(0)
  lngAnzBilder = 0

  strFilter = cboDateifilter.Value
  strVerz = txtVerzeichnis.Caption

  Debug.Print "Eingestelltes Grafikformat: " & strFilter
  Debug.Print "Suche im Verzeichnis: " & strVerz

  str = Dir(strVerz & strFilter)
  Do Until str = ""
    Debug.Print "Gefundene Datei: "; str

    lngAnzBilder = lngAnzBilder + 1
```

```
        ReDim Preserve astrBildPfade(lngAnzBilder)

        astrBildPfade(lngAnzBilder - 1) = strVerz & str
        'Nächste Datei
        str = Dir
    Loop
    Debug.Print "Anzahl gefunden: " & lngAnzBilder

End Sub
```

Die Prozedur holt sich eingestellten Pfad und eingestellten Dateifilter direkt von den Steuerelementen TXTVERZEICHNIS und CBODATEIFILTER. Zur Dateisuche wird die bereits vorgestellte Funktion DIR eingesetzt. In einer Schleife werden im Suchverzeichnis alle zum Dateifilter passenden Bilddateien gesucht und in der formularglobalen Variablen ASTRBILDPFADE abgespeichert. Die Variable ASTRBILDPFADE ist ein String-Array, das über die Funktion REDIM entsprechend der Anzahl der gefundenen Dateien dynamisch vergrößert wird. Die Option PRESERVE bewirkt, dass bei Ausführung der REDIM-Funktion, die im Array bereits enthaltenen Elemente nicht verloren gehen.

Die Anzahl der gefundenen Dateien und damit auch die Größe der Variablen ASTRBILDPFADE werden in der formularglobalen Variablen LNGANZBILDER gespeichert. Zur Bestimmung der Array-Größe wird im gesamten Formular ausschließlich die Variable LNGANZBILDER verwendet und bewusst auf den Einsatz der Funktion UBOUND verzichtet, da UBOUND in unserem Fall einen Fehler erzeugen würde, wenn das Array ASTRBILDPFADE noch die Größe 0 hat.

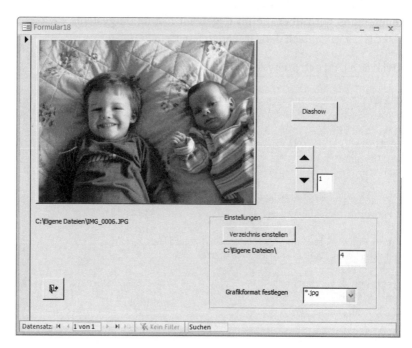

Abbildung 7.93:
Das erste Bild aus der Sammlung wird angezeigt.

Nach Ausführung der Prozedur BILDERLISTEAKTUALISIEREN werden die Steuerelemente des Formulars entsprechend dem Suchergebnis aktualisiert.

Immer wenn ein neuer Eintrag (Änderung des Grafikformats) im Kombinationsfeld ausgewählt wird, wird die Suche erneut gestartet und der Inhalt der Steuerelemente aktualisiert.

Wurden der Pfad und das Grafikformat eingestellt, kann mithilfe der Drehschaltflächen (SPINNBUTTON5) das gesamte Grafikverzeichnis Bild für Bild im Formular angezeigt werden. Der Code, der hierfür hinter die Drehschaltfläche gelegt werden muss, kann im folgenden Listing eingesehen werden.

Listing 7.75: Die Spinbuttons programmieren

```
Private Sub SpinButton5_Change()
On Error GoTo Fehler

  'Index zurücksetzen, wenn Obergrenze erreicht
  If (SpinButton5.Value > lngAnzBilder) Then _
    SpinButton5.Value = 1

  'Index auf Maxwert setzen, wenn Untergrenze erreicht
  If (SpinButton5.Value = 0) Then _
    SpinButton5.Value = lngAnzBilder

  Text16.Value = SpinButton5.Value
  txtDateipfad.Caption = _
    astrBildPfade(SpinButton5.Value - 1)
  Bild0.Picture = astrBildPfade(SpinButton5.Value - 1)

  Exit Sub

Fehler:
End Sub
```

Mithilfe der Eigenschaft Picture kann eine Grafik in das Steuerelement BILD geholt werden. Dabei wird die entsprechende Bildnummer über die Drehschaltfläche eingestellt.

Selbstverständlich kann man die Bilder auch nacheinander und voll automatisch abspielen lassen. Dazu erfassen Sie die folgende Prozedur, die Sie hinter die Schaltfläche DIASHOW legen.

Listing 7.76: Die vollautomatische Diashow starten

```
Private Sub Befehl20_Click()
  'Automatische Diashow starten
  Dim i As Integer

  On Error GoTo Fehler
  BilderlisteAktualisieren
```

```
    For i = 1 To lngAnzBilder
      Text16.Value = i
      txtDateipfad.Caption = astrBildPfade(i - 1)
      Bild0.Picture = astrBildPfade(i - 1)
      'Steuerelemente neu zeichnen
      Form.Repaint
      Sleep 2000
    Next i
    Exit Sub

Fehler:
    MsgBox "Grafiken konnten nicht gefunden werden!"

End Sub
```

Im ersten Schritt wird die Suche nach den Grafiken über die Prozedur `Bilder-listeAktualisieren` durchgeführt. Danach werden alle gefundenen Grafiken in einer Schleife abgearbeitet. Innerhalb der Schleife werden die entsprechenden Info-Felder (Bildnamen und Bildzähler) gefüllt und die Grafik mithilfe der Eigenschaft `Picture` in das Formular geladen. Nach jeder Aktualisierung der Steuerelemente wird über die Prozedur `Form.Repaint` sichergestellt, dass der neue Inhalt der Steuerelemente im Formular auch aktualisiert d. h. dargestellt, wird. Anschließend wird zwei Sekunden pausiert, bevor das nächste Bild ins Formular eingeblendet wird. Diese Verzögerung wird durch die API-Funktion `Sleep` erreicht.

Diese API-Funktion finden Sie im MODUL2.

Listing 7.77: Diese API-Funktion bremst ein wenig.

```
Declare Sub Sleep Lib "Kernel32.dll" (ByVal SchlafZeit As Long)
```

Die »Pausenzeit« der Funktion `Sleep` wird in Millisekunden angegeben.

Kapitel 8
Berichte erstellen und programmieren

Mithilfe von Berichten haben Sie die Möglichkeit, Daten wirkungsvoll in gedruckter Form auszugeben. Beim Gestalten der Berichte stehen Ihnen viele Wege offen, da Sie die Größe und Darstellung aller Bestandteile eines Berichts selbst bestimmen können.

Die meisten Berichte sind an eine oder mehrere Tabellen und Abfragen gebunden. Die Felder in den zugrunde liegenden Tabellen und Abfragen werden als Datenquellen eines Berichts bezeichnet. Ein Bericht muss allerdings nicht alle Felder aus der zugrunde liegenden Tabelle oder Abfrage enthalten, sondern Sie können die Felder auswählen, die Sie im Bericht haben möchten.

Unter anderem werden in diesem Kapitel folgende Fragen beantwortet:

Die Themen dieses Kapitels

- Welche Arten von Berichten gibt es?
- Wie bearbeite ich Berichte mit der Methode DoCmd?
- Wie erstelle ich neue Berichte mit VBA?
- Wie kann ich Berichte formatieren?
- Wie kann ich Grafikelemente in Berichte integrieren?
- Wie kann ich Berichte bzw. Berichtselemente identifizieren?
- Wie kann ich die Berichtserstellung voll automatisieren?

Alle Prozeduren und Funktionen aus diesem Kapitel finden Sie auf der CD-ROM zum Buch im Ordner Kap08 unter dem Namen Nordwind.mdb. Öffnen Sie darin das Modul1.

8.1 Berichtsarten in Access

Access unterscheidet diverse Berichte, die Sie alle mit dem Berichts-Assistenten erstellen können. Es empfiehlt sich auch, genau diese Vorgehensweise vor der Programmierung von Berichten durchzuführen.

Bevor Sie einen neuen Bericht über den Berichts-Assistenten erstellen, müssen Sie sich Gedanken machen, welche Art von Bericht Sie einsetzen möchten. Access bietet Ihnen dazu folgende Berichtsarten an:

1. DETAILBERICHTE: Bei einem Detailbericht gibt es zu jedem einzelnen Datensatz auch einen Satz im Bericht. Diese Sätze werden dann nach bestimmten Gesichtspunkten gruppiert. Damit ist ein lückenloser Nachweis möglich. Bei

Detailberichten werden Fragen nach Lagerbewegungen, Verkäufen, Bestellungen usw. beispielsweise in einem bestimmten Zeitraum beantwortet. Ein Beispiel für einen solchen Bericht in der Datenbank NORDWIND.MDB ist der Bericht UMSÄTZE NACH JAHR.

2. BERICHTE MIT ZUSAMMENFASSUNG: Bei diesen Berichten werden nicht mehr alle Daten ausgegeben. Die Daten werden im Vorfeld gruppiert und zusammengefasst. Als Ergebnis erhalten Sie nur noch wenige Zeilen, also eine verdichtete Darstellung. Ein Beispiel für einen solchen Bericht in der Datenbank NORDWIND.MDB ist der Bericht ZUSAMMENFASSUNG DER JAHRESUMSÄTZE.

3. BERICHTE MIT DIAGRAMMEN: Bei dieser Berichtsform werden die Daten zusätzlich über ein Diagramm aufbereitet. Auch diese Aufgabe können Sie ohne eine einzige Zeile VBA standardmäßig sehr schnell ausführen. Ein Beispiel für einen solchen Bericht in der Datenbank NORDWIND.MDB ist der Bericht UMSÄTZE NACH KATEGORIE.

4. FORMULARBERICHTE: Der Berichts-Assistent unterstützt ebenso Berichte, die wie Formulare aussehen können. Ein Beispiel für einen solchen Bericht in der Datenbank NORDWIND.MDB ist der Bericht RECHNUNG.

5. ETIKETTENBERICHTE: Mithilfe des Etiketten-Assistenten können Sie Etiketten erstellen und dabei die Etikettengröße sowie die Seitenmaße festlegen. Ein Beispiel für einen solchen Spezialbericht in der Datenbank NORDWIND.MDB ist der Bericht KUNDENETIKETTEN.

8.2 Der Berichtsaufbau

Wenn Sie einen Bericht erstellen, dann hat dieser standardmäßig einen vorgegebenen Aufbau:

- Im SEITENKOPF können Sie Informationen ablegen wie Überschriften, Logos, Datum usw., die auf jeder Druckseite wiederholt werden.
- Der DETAILBEREICH enthält die wirklichen Daten des Berichts. Diese Daten werden aus einer Tabelle bzw. einem Bericht geholt.
- Im SEITENFUSS geben Sie Daten wie die Seitennummerierung, den Namen des Berichts und seinen Speicherort aus.

Es gibt noch weitere Bestandteile eines Berichts, die bei Bedarf verwendet werden können. So können Sie zu Beginn eines Berichts ein Titelblatt definieren, das als Berichtskopf bezeichnet wird. Dieser Berichtskopf wird dann nur einmalig gedruckt. Genauso gibt es auch einen Berichtsfuß, der am Ende eines Berichts als Abschluss gedruckt werden kann.

Innerhalb des Detailbereichs können Sie mehrere Gruppenköpfe und Gruppenfüße einrichten. Mithilfe dieser Elemente können Sie die Daten gruppieren und übersichtlich anordnen.

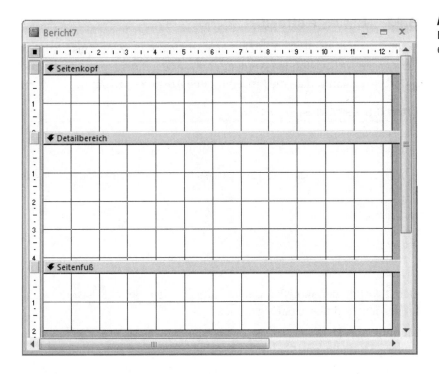

Abbildung 8.1:
Das Grundgerüst eines Berichts

8.3 Berichte entwerfen

Um einen Bericht auf die schnellste Art und Weise zu erzeugen, setzen Sie den Berichts-Assistenten ein. Wenn Sie Ihren Bericht selbst von Hand erstellen möchten, können Sie natürlich auch in die Entwurfsansicht gehen und die einzelnen Bestandteile eines Berichts selbst zusammenstellen. Diese Vorgehensweise ist jedoch sehr zeitaufwendig und nicht zu empfehlen. Besser ist es, den Berichts-Assistenten zu nutzen, um einen Bericht zu erstellen und das Ergebnis daraus dann anzupassen.

Da es sich hier um ein Programmierbuch handelt und bereits in Kapitel 7 beschrieben wurde, wie man einen Assistenten benutzt, wird hier auf eine weitere Beschreibung zugunsten anderer Themen verzichtet.

8.4 Berichte bearbeiten mit DoCmd

Bei einfacheren Aktionen wie Öffnen, Suchen, Drucken und Schließen von Berichten können Sie mit dem Objekt `DoCmd` arbeiten. Sie können die Methoden des `DoCmd`-Objekts verwenden, um Microsoft Access-Aktionen aus Visual Basic heraus auszuführen.

8.4.1 Berichte öffnen

Möchten Sie einen Bericht öffnen, starten Sie die Prozedur aus Listing 8.1. Sollte der Bericht nicht gefunden werden, dann sorgen Sie mit der Anweisung `On Error GoTo Fehler` dafür, dass die Prozedur ohne Absturz durchläuft.

Listing 8.1: Bericht öffnen

```
Sub BerichtÖffnen()
  On Error GoTo Fehler

  DoCmd.OpenReport "Umsätze nach Kategorie", _
    acViewPreview
  DoCmd.Maximize
  Exit Sub

Fehler:
  MsgBox "Der Bericht konnte nicht gefunden werden!"
End Sub
```

Damit wird in der aktuellen Datenbank nach dem Bericht UMSÄTZE NACH KATEGORIE gesucht und dieser dann geöffnet.

Die Syntax der Methode OpenReport

Mithilfe der Methode `OpenReport` öffnen Sie einen Bericht in Access. Diese Methode hat folgende Syntax:

`OpenReport(ReportName, View, FilterName, WhereCondition, WindowMode, OpenArgs)`

Im Argument `ReportName` geben Sie den Namen des Berichts an, den Sie öffnen möchten.

Beim Argument `View` können Sie entscheiden, wie Sie Ihren Bericht anzeigen möchten. Es stehen Ihnen dabei folgende Konstanten zur Verfügung.

- `acViewDesign` öffnet den Bericht in der Entwurfsansicht.
- `acViewNormal` erstellt den Bericht und druckt ihn direkt aus. Sie bekommen den Bericht nicht angezeigt (Standardeinstellung).
- `acViewPreview` zeigt den Bericht in der Seitenansicht an.

Beim nächsten Argument `FilterName` und dem darauffolgenden `WhereCondition` können Sie einen bestimmten Filter einstellen und somit eine Vorauswahl treffen, welche Teile des Berichts angezeigt werden sollen.

Mit dem Argument `WindowMode` legen Sie fest, wie das Formular angezeigt werden soll.

- Wählen Sie die Konstante `acWindowNormal`, um den Bericht in der Standardansicht anzuzeigen.
- Verwenden Sie die Konstante `acHidden`, wenn der Bericht ausgeblendet geöffnet werden soll.
- Setzen Sie die Konstante `acIcon` ein, um den Bericht unten am Bildschirm in der Titelleiste als kleines Symbol anzuzeigen.

Berichte bearbeiten mit DoCmd

- Die Konstante `acDialog` können Sie einsetzen, wenn Sie den Bericht als Dialog anzeigen möchten. Dabei können Sie mit einer anderen Aufgabe erst wieder weiterarbeiten, wenn Sie den Bericht geschlossen haben.

Im Argument `OpenArgs` können Sie dem Bericht bereits beim Öffnen bestimmte Werte bzw. Einstellungen mitgeben.

Da dieser standardmäßig nicht allzu groß angezeigt wird, setzen Sie die Methode `Maximize` ein, um ihn in der Vollbildansicht anzuzeigen.

Bericht aus einer anderen Datenbank öffnen

Befindet sich der Bericht nicht in der aktuell geöffneten Datenbank, können Sie im Hintergrund auf die externe Datenbank zugreifen und ihn ausdrucken. Diese Aufgabe erledigt die Prozedur aus Listing 8.2.

Listing 8.2: Bericht aus anderer Datenbank öffnen

```
Sub ÖffnenBerichtAusAndererDB()
  Dim objAccApp As Access.Application

  Set objAccApp = New Access.Application
  With objAccApp
    .OpenCurrentDatabase _
       "C:\Eigene Dateien\nordwind.mdb"
    .DoCmd.OpenReport "Umsätze nach Kategorie", _
       acViewNormal
  End With
  objAccApp.Quit
  Set objAccApp = Nothing
End Sub
```

Damit der ganze Vorgang nahezu unbemerkt im Hintergrund ablaufen kann, definieren Sie eine neue Access-Objektvariable. Danach öffnen Sie die gewünschte Datenbank und starten den Bericht. Danach beenden Sie über die Methode `Quit` die zusätzliche, im Hintergrund laufende Access-Sitzung.

Bericht mit Vorauswahl öffnen

Möchten Sie einen Bericht öffnen und dann bereits eine Vorauswahl an Sätzen treffen, die angezeigt werden sollen, setzen Sie die Prozedur aus Listing 8.3 ein. Sie öffnet den Bericht ALPHABETISCHE ARTIKELLISTE und listet alle Artikel des Lieferanten TOKYO TRADERS auf.

Listing 8.3: Bericht öffnen und Datensätze voreinstellen

```
Sub BerichtÖffnenUndVoreinstellen()
  On Error GoTo Fehler
  DoCmd.OpenReport "Alphabetische Artikelliste", _
    acViewPreview, , "[Lieferanten-Nr] = 4"
  DoCmd.RunCommand acCmdZoom100
  Exit Sub
```

```
Fehler:
  MsgBox "Der Bericht konnte nicht gefunden werden!"
End Sub
```

Die Lieferantennummer 4 entspricht in der Datenbank NORDWIND.MDB in der Tabelle ARTIKEL dem Lieferanten TOKYO TRADERS. Diese Nummer sowie den Feldnamen übergeben Sie der Methode `OpenReport` über das Argument `WhereCondition`.

Stellen Sie danach eine genügend große Ansicht ein, indem Sie den Zoom von Access ansteuern. Dies gelingt Ihnen über die Methode `RunCommand`, der Sie die Konstante `acCMDZoom100` übergeben.

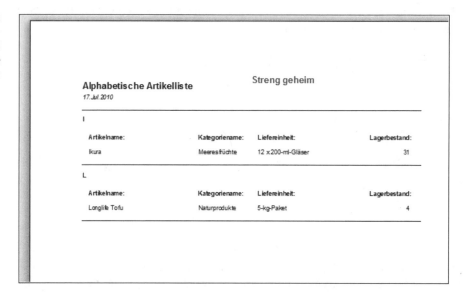

Abbildung 8.2: Den Bericht aufrufen und bestimmte Sätze voreinstellen

Im nächsten Beispiel sollen Etiketten gedruckt werden. Dabei dürfen aber nur Etiketten für Kunden aus Deutschland gedruckt werden. Die Lösung für diese Aufgabe können Sie der Prozedur aus Listing 8.4 entnehmen.

Listing 8.4: Das Drucken von Etiketten einschränken

```
Sub ÖffnenMitVoreinstellen2()
  DoCmd.OpenReport ReportName:="Kundenetiketten", _
    View:=acViewPreview, WhereCondition:="Land = " _
    & "'" & "Deutschland" & "'"
  DoCmd.RunCommand acCmdZoom100
End Sub
```

Bei diesem Beispiel können Sie sehen, dass Sie die einzelnen Argumente der Methode `OpenReport` auch angeben können, wenn Sie den Argumentnamen, gefolgt von einem Doppelpunkt sowie einem Gleichheitszeichen, angeben. Dadurch lässt sich die Standardreihenfolge, nach der Sie die Argumente normalerweise angeben müssen, frei variieren.

Berichte bearbeiten mit DoCmd

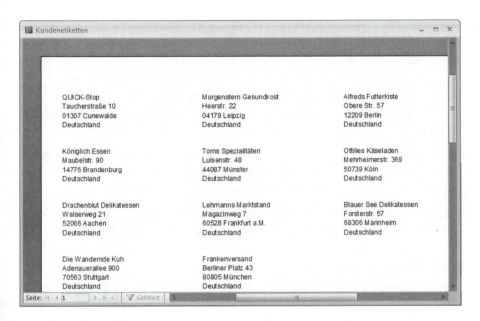

Abbildung 8.3:
Nur Etiketten für deutsche Kunden ausdrucken

Ein weiteres Beispiel dafür, wie Sie die Methode `RunCommand` insbesondere bei Berichten einsetzen können, liefert Ihnen die Prozedur aus Listing 8.5.

Listing 8.5: Bericht aufrufen und Dialogfeld DRUCKEN anzeigen

```
Sub BerichtÖffnenDruckereinstellen()
  DoCmd.OpenReport "Umsätze nach Kategorie", _
    acViewPreview
  DoCmd.RunCommand acCmdPrint
End Sub
```

Die Prozedur aus Listing 8.5 öffnet den Bericht UMSÄTZE NACH KATEGORIE und ruft direkt im Anschluss das Dialogfeld DRUCKEN auf. Dort haben Sie die Möglichkeit, einen anderen Drucker einzustellen und die Anzahl der Kopien einzustellen.

8.4.2 Berichte drucken

Standardmäßig werden Berichte sofort gedruckt, wenn Sie diese aufrufen. Der Bericht wird dann einmal komplett ausgedruckt. Sie haben vorher keine Möglichkeit, Einschränkungen der Datensätze bzw. die Anzahl der Kopien einzustellen. Mithilfe der Methode `PrintOut` gelingt Ihnen dieses Vorhaben jedoch. Die Syntax dieser Methode lautet:

Die Syntax der Methode `PrintOut`

`PrintOut (Druckbereich, Von, Bis, Druckqualität, Exemplare, ExemplareSortieren)`

Im Argument `Druckbereich` können Sie eine Konstante angeben. Dabei stehen folgende Konstanten zur Verfügung:

- `acPages`: Bei dieser Konstante können Sie die Seitenzahlen angeben, die Sie ausdrucken möchten. Dabei müssen Sie im nächsten Argument die genauen Werte angeben.
- `acPrintAll`: Diese Konstante bewirkt, dass der komplette Bericht ausgedruckt wird. Hier handelt es sich um eine Standardeinstellung von Access.
- `acSelection`: Bei dieser Konstanten werden nur die markierten Datensätze ausgedruckt.

Mit den Argumenten Von und Bis geben Sie an, welche Seiten gedruckt werden sollen. Dieses Argument brauchen Sie natürlich nur dann anzugeben, wenn Sie im Argument Druckbereich die Konstante `acPages` angegeben haben.

Das Argument Druckqualität bestimmt die Qualität und nicht zuletzt auch die Geschwindigkeit des Druckvorgangs. Hierfür stehen folgende Konstanten zur Verfügung:

- `acDraft`: Mit dieser Konstante drucken Sie den Bericht in Entwurfsqualität aus.
- `acHigh`: Diese Druckqualität ist sehr hoch und hat damit die längste Druckdauer (Standard).
- `acLow`: Niedrige Druckqualität mit deutlichen Vorteilen bei der Ausdruckgeschwindigkeit
- `acMedium`: Mittlere Druckqualität als Kompromiss zwischen Druckgeschwindigkeit und Druckqualität

Im Argument Exemplare können Sie die Anzahl der Kopien eingeben, die Sie von dem Bericht wünschen. Der Standardwert liegt hier bei einem Exemplar und kann daher auch weggelassen werden.

Das letzte Argument ExemplareSortieren geben Sie an, wenn Sie mehrere Kopien des Berichts drucken und den Ausdruck danach nicht von Hand sortieren möchten. Geben Sie hier den Wert True an, um die Berichtsseiten während des Druckvorgangs zu sortieren.

Im folgenden Beispiel werden die ersten beiden Seiten eines Berichts direkt auf den Drucker geschickt und mit fünf Kopien in mittlerer Qualität gedruckt.

Listing 8.6: Bericht mit Kopien drucken und sortieren

```
Sub BerichtDrucken()
  DoCmd.OpenReport "Umsätze nach Kategorie", _
    acViewPreview
  DoCmd.PrintOut acPages, 1, 2, acMedium, 5, True
End Sub
```

Mit der Eigenschaft FastLaserPrinting können Sie bestimmen, ob Linien und Rechtecke durch Linien aus Textzeichen (vergleichbar mit den Zeichen Unterstrich (_) und vertikaler Strich (|)) ersetzt werden, wenn Sie einen Bericht mit einem der gängigen Laserdrucker drucken. Das Drucken kann erheblich schneller erfolgen, wenn Linien und Rechtecke durch Linien aus Textzeichen ersetzt werden.

8.4.3 Berichte kopieren und umbenennen

Möchten Sie einen Bericht zur Sicherheit in eine andere Datenbank transportieren, können Sie hierfür die Methode `CopyObject` einsetzen.

Im folgenden Beispiel wird der Bericht KATALOG aus der aktuellen Datenbank kopiert und in eine andere Datenbank eingefügt. Dabei muss die Zieldatenbank nicht geöffnet sein.

Listing 8.7: Bericht kopieren und in anderer Datenbank ablegen

```
Sub BerichtKopieren()
  DoCmd.CopyObject "C:\Eigene Dateien\Nordwind.mdb", _
    "Artikelkatalog", acReport, "Katalog"
  MsgBox "Kopieraktion durchgeführt!"
End Sub
```

Die Methode `CopyObject` können Sie einsetzen, um einen Bericht zu kopieren. Diese Methode hat folgende Syntax:

Die Syntax der Methode `CopyObject`

`CopyObject(Zieldatenbank, NeuerName, Quellobjekttyp, Quellobjektname)`

Die Kopieraktion führen Sie von der aktuell geöffneten Datenbank aus durch. Im Argument `Zieldatenbank` geben Sie den Pfad sowie den Namen der Datenbank an, in die Sie den Bericht kopieren möchten. Lassen Sie dieses Argument leer, wenn Sie den Bericht innerhalb der aktuellen Datenbank kopieren möchten.

Mit dem Argument `NeuerName` geben Sie an, wie der kopierte Bericht heißen soll.

Im Argument `Quellobjekttyp` geben Sie in einer Konstanten an, ob Sie einen Bericht (`acReport`), eine Tabelle (`acTable`), eine Abfrage (`acQuery`), ein Modul (`acModule`) oder sonstige Objekte kopieren wollen.

Mit dem letzten Argument `Quellobjektname` geben Sie den Namen des Berichts an, den Sie kopieren möchten.

INFO Wenn Sie die Argumente `Quellobjekttyp` und `Quellobjektname` nicht angeben, kopiert Microsoft Access das im Datenbank-Fenster markierte Objekt.

Das Umbenennen von Berichten funktioniert ganz ähnlich. In der folgenden Prozedur in Listing 8.8 wird ein Bericht umbenannt.

Listing 8.8: Bericht umbenennen

```
Sub BerichtUmbenennen()
  DoCmd.Rename "Verzeichnis", acReport, "Artikelkatalog"
  MsgBox "Bericht wurde umbenannt!"
End Sub
```

Um einem Bericht einen anderen Namen zu geben, setzen Sie die Methode `Rename` ein. Diese Methode hat folgende Syntax:

Die Syntax der Methode `Rename`

`Ausdruck.Rename(NewName, ObjectType, OldName)`

Im Argument `NewName` geben Sie bekannt, wie der Bericht nach der Umbenennung heißen soll.

Beim Argument `ObjectType` geben Sie an, ob Sie einen Bericht (`acReport`), eine Tabelle (`acTable`), eine Abfrage (`acQuery`) oder ein sonstiges Objekt umbenennen möchten. Es gelten hierbei dieselben Konstanten wie schon vorher bei der Methode `CopyObject` beschrieben.

Das Argument `OldName` beinhaltet den alten Namen des Berichts.

8.4.4 Berichte ausgeben

Wenn Sie Berichte in Access erstellen und diese dann an Kunden weitergeben müssen, die kein Access im Einsatz haben, dann können Sie diese Access-Berichte in ein anderes Format konvertieren. Dazu setzen Sie die Methode `OutPutTo` ein. Diese Methode wird in Kapitel 10 dieses Buches ausführlich beschrieben.

8.5 Berichte formatieren

Für die Formatierung von Berichten steht Ihnen eine ganze Reihe von Eigenschaften zur Verfügung; je nachdem, welches Berichtsobjekt Sie dabei formatieren möchten.

8.5.1 Magenta und Weiß im Wechsel

Beim nächsten Beispiel wird ein Bericht etwas farblich angepasst. Dabei soll jeweils eine Zeile des Berichts mit der Farbe Weiß und die folgende Zeile mit der Farbe Gelb formatiert werden. Dazu setzen Sie das Ereignis `Format` des Detailbereichs ein.

Listing 8.9: Den Bericht formatieren

```
Private Sub Detail_Format(Cancel As Integer, _
  FormatCount As Integer)
  Static i As Integer
  If i Mod 2 = 0 Then
    'Farbe Magenta
    Me.Detail.BackColor = RGB(255, 0, 255)
  Else
    'Farbe Weiß
    Me.Detail.BackColor = RGB(255, 255, 255)
  End If
End Sub
```

Die statische Variable zu Beginn des Ereignisses wird jeweils um den Wert 1 erhöht, wenn das Ereignis ausgeführt wird, d.h., wenn eine Formatierung vorgenommen wurde. Innerhalb der Schleife wird über die Funktion `Mod` geprüft, ob die Division ein gerades bzw. ein ungerades Ergebnis liefert. Je nach Ergebnis wird mithilfe der Eigenschaft `BackColor` der Hintergrund des Berichts angesprochen. Über den Einsatz der Funktion `RGB` wird dann jeweils die gewünschte Farbe festgelegt.

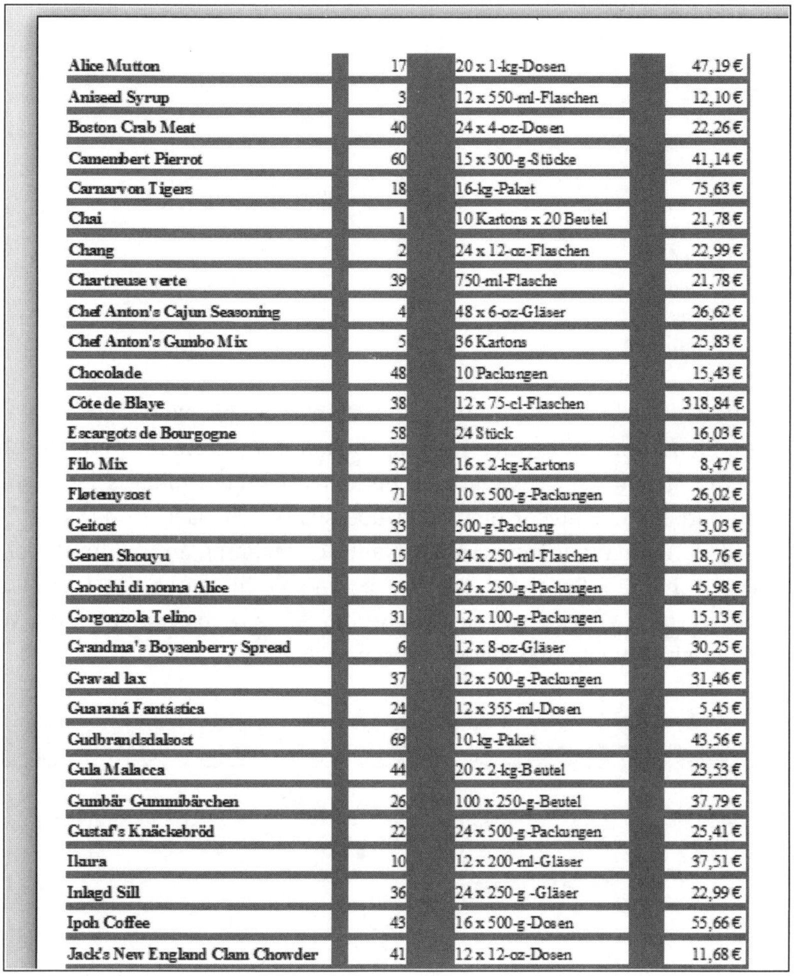

Alice Mutton	17	20 x 1-kg-Dosen	47,19 €
Aniseed Syrup	3	12 x 550-ml-Flaschen	12,10 €
Boston Crab Meat	40	24 x 4-oz-Dosen	22,26 €
Camembert Pierrot	60	15 x 300-g-Stücke	41,14 €
Carnarvon Tigers	18	16-kg-Paket	75,63 €
Chai	1	10 Kartons x 20 Beutel	21,78 €
Chang	2	24 x 12-oz-Flaschen	22,99 €
Chartreuse verte	39	750-ml-Flasche	21,78 €
Chef Anton's Cajun Seasoning	4	48 x 6-oz-Gläser	26,62 €
Chef Anton's Gumbo Mix	5	36 Kartons	25,83 €
Chocolade	48	10 Packungen	15,43 €
Côte de Blaye	38	12 x 75-cl-Flaschen	318,84 €
Escargots de Bourgogne	58	24 Stück	16,03 €
Filo Mix	52	16 x 2-kg-Kartons	8,47 €
Fløtemysost	71	10 x 500-g-Packungen	26,02 €
Geitost	33	500-g-Packung	3,03 €
Genen Shouyu	15	24 x 250-ml-Flaschen	18,76 €
Gnocchi di nonna Alice	56	24 x 250-g-Packungen	45,98 €
Gorgonzola Telino	31	12 x 100-g-Packungen	15,13 €
Grandma's Boysenberry Spread	6	12 x 8-oz-Gläser	30,25 €
Gravad lax	37	12 x 500-g-Packungen	31,46 €
Guaraná Fantástica	24	12 x 355-ml-Dosen	5,45 €
Gudbrandsdalsost	69	10-kg-Paket	43,56 €
Gula Malacca	44	20 x 2-kg-Beutel	23,53 €
Gumbär Gummibärchen	26	100 x 250-g-Beutel	37,79 €
Gustaf's Knäckebröd	22	24 x 500-g-Packungen	25,41 €
Ikura	10	12 x 200-ml-Gläser	37,51 €
Inlagd Sill	36	24 x 250-g -Gläser	22,99 €
Ipoh Coffee	43	16 x 500-g-Dosen	55,66 €
Jack's New England Clam Chowder	41	12 x 12-oz-Dosen	11,68 €

Abbildung 8.4:
Einen Bericht formatieren

8.5.2 Schriftformatierungen anwenden

Bei der Wahl der gewünschten Schriftart, die Sie beispielsweise für einen Extratext im Schriftkopf anwenden möchten, müssen Sie diesen Text zuerst definieren. Beim folgenden Beispiel wird in einem Bericht im Schriftkopf der Text *Streng geheim* eingefügt und dann mithilfe diverser Eigenschaften formatiert.

8

Listing 8.10: Extratext für Berichtkopf einfügen und formatieren

```
Private Sub Berichtskopf_Format(Cancel As Integer, _
  FormatCount As Integer)
  Dim rpt As Report
  Dim str As String

  Set rpt = Me
  str = "Streng geheim"
  With rpt
     .ScaleMode = 3
     .FontName = "Courier"
     .FontSize = 12
     .FontBold = True
     .ForeColor = RGB(256, 0, 0)
     .CurrentX = rpt.ScaleWidth / 2
  End With
  rpt.Print str
End Sub
```

Definieren Sie im ersten Schritt eine Objektvariable vom Typ `Report`. Danach geben Sie mithilfe der Anweisung `Set` bekannt, dass Sie im weiteren Verlauf der Prozedur genau mit dem aktiven Bericht arbeiten wollen. Dies erspart Ihnen Schreibarbeit und macht den Code übersichtlicher. Geben Sie danach in einer `String`-Variablen den genauen Wortlaut der Meldung an, die im Berichtskopf in einer gesonderten Formatierung erscheinen soll. Im Anschluss daran wenden Sie die Anweisung `With` an, um sich wiederum Schreibarbeit zu ersparen. Weisen Sie dem Berichtsobjekt nun einige Eigenschaften zu.

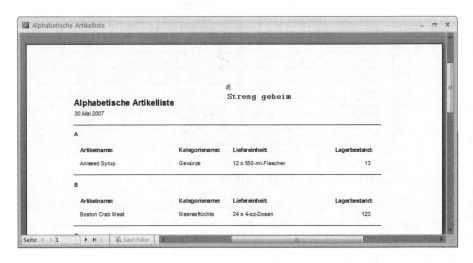

Abbildung 8.5:
Zusätzliche Meldung integrieren

Mithilfe der Eigenschaft `ScaleMode` bestimmen Sie, welche Maßeinheit verwendet werden soll. Die Konstante 3 steht hierbei für die Einheit `Pixel` und 2 beispielsweise für die Einheit cm. Über die Eigenschaft `FontName` können Sie in Abhängigkeit der installierten Schriftarten auf Ihrem PC eine Schriftart einstellen. Mit der

Eigenschaft `FontSize` geben Sie die Schriftgröße des Textes bekannt. Indem Sie die Eigenschaft `FontBold` auf den Wert `True` setzen, bestimmen Sie, dass der Text fett gedruckt werden soll. Die Eigenschaft `ForeColor` bestimmt hier die Schriftfarbe, die Sie über die Funktion `RGB` (Rot-Grün-Blau) selbst mischen können. Die genaue Position des Textes über die Eigenschaft `CurrentX` können Sie beispielsweise in Abhängigkeit der Breite des Berichts vornehmen. Im Beispiel wurde hier die Hälfte der Berichtsbreite ausgewählt.

Weitere Formatierungen an Berichten entnehmen Sie der folgenden Tabelle.

Eigenschaft	Beschreibung
BackColor	Legt die Hintergrundfarbe fest
FontBold	Formatiert die Schrift fett sowie die Rahmenfarbe für Rechtecke und Kreise
FillColor	Stellt die Füllfarbe für Rechtecke und Kreise dar
FillStyle	Legt das Füllmuster für Rechtecke und Kreise fest
ForeColor	Legt die Farbe des Textes fest
FontItalic	Formatiert die Schrift kursiv
FontName	Legt den Namen der Schriftart fest
FontSize	Legt die Schriftgröße fest
FontUnderline	Unterstreicht die einzelnen Zeichen

Tabelle 8.1: Formatierungsmöglichkeiten von Berichten

Bei der Wahl der Farbe, entweder für den Vorder- wie auch den Hintergrund, wird auf die Funktion `RGB` zurückgegriffen. Mit dieser Funktion können Sie sich alle möglichen Farben bestehend aus den einzelnen Grundfarben Rot, Grün und Blau zusammenmischen. In der folgenden Tabelle sind die wichtigsten Standardfarben für Sie bereits aufbereitet.

Rotanteil	Grünanteil	Blauanteil	Farbe
0	0	0	Schwarz
0	0	255	Blau
0	255	0	Grün
0	255	255	Zyan
255	0	0	Rot
255	0	255	Magenta
255	255	0	Gelb
255	255	255	Weiß

Tabelle 8.2: Die Standardfarben der Funktion `RGB`

Wenn Sie lediglich mit den 16 Grundfarben arbeiten möchten, dann können Sie auch die Funktion QBColor verwenden.

Listing 8.11: Die Funktion QBColor für die Grundfarben anwenden

```
Private Sub Berichtskopf_Format(Cancel As Integer, _
   FormatCount As Integer)
   Dim rpt As Report
   Dim str As String

   Set rpt = Me
   str = "Streng geheim"
   With rpt
     .ScaleMode = 3
     .FontName = "Courier"
     .FontSize = 12
     .FontBold = True
     .ForeColor = QBColor(4)
     .CurrentX = rpt.ScaleWidth / 2
   End With
   rpt.Print str
End Sub
```

Dabei können die weitere Farben wie folgt anwenden:

Tabelle 8.3: Die Standardfarben der Funktion QBColor

Farbnummer	Farbe
0	Schwarz
1	Blau
2	Grün
3	Cyan
4	Rot
5	Magenta
6	Gelb
7	Weiß
8	Grau
9	Hellblau
10	Hellgrün
11	Hellcyan
12	Hellrot
13	Hellmagenta
14	Hellgelb
15	Leuchtendes Weiß

8.6 Grafikelemente in Berichte integrieren

Sie können mithilfe einiger Methoden auch Kreise, Rechtecke, Linien und Dreiecke in Berichte einfügen.

8.6.1 Kreis einfügen

In nächsten Beispiel wird in den Kopf eines Berichts ein Kreis eingefügt. Sehen Sie sich dazu die Ausgangssituation in der folgenden Abbildung an.

Abbildung 8.6:
Die Ausgangssituation des Berichts

Die Aufgabe besteht darin, einen farbigen Kreis so einzufügen, dass dieser als Halbkreis unter dem Text *Herbstkatalog* eingefügt wird. Um diese Aufgabe zu lösen, integrieren Sie folgende Ereignisprozedur.

Listing 8.12: Einen Kreis einfügen

```
Private Sub Berichtskopf_Format _
  (Cancel As Integer, FormatCount As Integer)
  Dim sngH As Single
  Dim sngV As Single
  Dim sngRadius As Single
```

```
    Me.ScaleMode = 3
    sngH = Me.ScaleWidth / 2
    sngV = 2500
    sngRadius = 450
    Me.FillColor = RGB(255, 0, 255)
    Me.FillStyle = 0
    Me.Circle (sngH, sngV), sngRadius
End Sub
```

Über die Eigenschaft `ScaleMode` wird die Maßeinheit für die Koordinaten auf einer Seite angegeben, wenn die Methoden `Circle`, `Line`, `PSet` oder `Print` verwendet werden, während ein Bericht in der Seitenansicht angezeigt, gedruckt oder die Ausgabe in einer Datei gespeichert wird. Bei der Maßeinheit gelten folgende Konstanten:

Tabelle 8.4: Die Konstanten zur Festlegung der Maßeinheit

Einstellung	Beschreibung
0	Mindestens eine der Eigenschaften `ScaleHeight`, `ScaleWidth`, `ScaleLeft` und `ScaleTop` ist auf einen benutzerdefinierten Wert eingestellt.
1	(Standardeinstellung) Twip
2	Punkt
3	Pixel
4	Zeichen (horizontal = 120 Twips je Einheit; vertikal = 240 Twips je Einheit)
5	Zoll
6	Millimeter
7	Zentimeter

Mithilfe der Eigenschaft `ScaleWidth` legen Sie die horizontale Abmessung der Seite fest.

Über den Einsatz der `FillColor`-Eigenschaft geben Sie die Farbe an, mit der die Methoden `Line` und `Circle` Felder und Kreise in Berichten ausfüllen. Die Funktion `RGB` legt die Füllung des Grafikelements fest.

Mit der `FillStyle`-Eigenschaft können Sie angeben, ob ein Kreis oder eine Linie, der bzw. die mit der Methode `Circle` oder `Line` gezeichnet wird, transparent, undurchsichtig oder mit einem Muster gefüllt sein soll. Über folgende `FillStyle`-Konstanten geben Sie an, wie das Muster des Objekts aussehen soll.

Tabelle 8.5: Das Füllmuster von Grafikobjekten festlegen

Einstellung	Beschreibung
0	Undurchsichtig
1	(Standardeinstellung) Transparent
2	Horizontale Linie

Tabelle 8.5:
Das Füllmuster von Grafikobjekten festlegen (Forts.)

Einstellung	Beschreibung
3	Vertikale Linie
4	Steigende Diagonale
5	Fallende Diagonale
6	Kreuzschraffur
7	Diagonale Kreuzschraffur

Über den Einsatz der Methode Circle wird ein Kreis in den Bericht eingefügt. Für diese Aufgabe benötigt die Methode einige Argumente: Im ersten Argument legen Sie fest, an welcher X-Koordinate im Bericht der Kreis eingefügt werden soll. Hier geben Sie an, dass der Kreis in der Mitte des Berichts, den Sie über die Anweisung Me.ScaleWidth / 2 ermitteln können, eingefügt werden soll. Im nächsten Argument wird die Y-Koordinate des Kreises bestimmt. Im darauffolgenden Argument legen Sie den Radius des Kreises fest.

Abbildung 8.7:
Der Kreis wurde in den Bericht eingefügt.

Kapitel 8 • Berichte erstellen und programmieren

Im folgenden Beispiel fügen Sie unterschiedliche Kreise in einen Bericht ein. Dabei sollen die Kreise die Viertelstundenstellungen einer analogen Uhr darstellen. Bei der folgenden Lösung sind alle Zustände des Kreises dokumentiert. Es ist bei dieser Prozedur der Viertelkreis aktiviert. Die anderen Zustände sind als Kommentar hinterlegt.

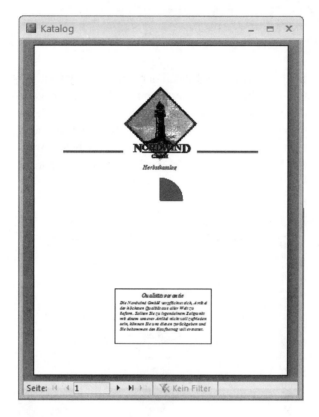

Abbildung 8.8: Der Viertelkreis wurde in den Bericht eingefügt.

Der Code für die Aufgabe lautet:

Listing 8.13: Verschiedene Kreissegmente zeichnen

```
Private Sub Berichtskopf_Format _
    (Cancel As Integer, FormatCount As Integer)
    Dim sngH As Single
    Dim sngV As Single
    Dim sngRadius As Single
    Const Pi = 3.1416

    Me.ScaleMode = 3
    sngH = Me.ScaleWidth / 2
    sngV = 2500
    sngRadius = 450
    Me.FillColor = RGB(255, 0, 255)
    Me.ForeColor = RGB(255, 0, 0)
```

```
    Me.FillStyle = 0

    'Halbkreis
    'Me.Circle _
        (sngH, sngV), sngRadius, , -0.00001, -2 * Pi / 2

    'Dreiviertelkreis
    'Me.Circle _
        (sngH, sngV), sngRadius, , -0.00001, -3 * Pi / 2

    'Viertelkreis
    Me.Circle _
        (sngH, sngV), sngRadius, , -0.00001, -1 * Pi / 2

    'kompletter Kreis
    'Me.Circle (sngH, sngV), sngRadius
End Sub
```

Je nach gewünschter Kreisform muss bei der Methode Circle ein Start- bzw. Endwert angegeben werden.

8.6.2 Mit Linien arbeiten

Über den Einsatz von Linien können Sie alle möglichen Grafikformen selbst erzeugen. Im nächsten Beispiel wird ein Rechteck aus Linien gezeichnet, das als Füllmuster eine Rasterung aufweist. Der Code für diese Aufgabe lautet:

Listing 8.14: Über Linien ein Viereck zeichnen

```
Private Sub Seitenkopfbereich_Print _
    (Cancel As Integer, PrintCount As Integer)

    Scale (10, 200)-(400, 10)
    Me.FillColor = RGB(255, 0, 255)
    Me.FillStyle = 6
    Line (10, 200)-(400, 10), RGB(255, 0, 0), B
End Sub
```

Über den Einsatz der Methode Scale definieren Sie zunächst das Koordinatensystem für ein Report-Objekt. Diese Methode hat folgende Syntax:

Scale(x1, y1, x2, y2)

Das Argument x1 legt die horizontale Koordinate fest, die die obere linke Ecke des Objekts definiert.

Das Argument y1 legt die vertikale Koordinate fest, die die obere linke Ecke des Objekts definiert.

Das Argument x2 legt die horizontale Koordinate fest, die die untere rechte Ecke des Objekts definiert.

Das Argument y2 legt die vertikale Koordinate fest, die die untere rechte Ecke des Objekts definiert.

Mithilfe der Eigenschaft `FillColor` legen Sie die Farbe der Füllung für das Rechteck fest. Dabei greifen Sie auf die Funktion `RGB` zu, um eine gewünschte Farbe zusammenzustellen.

Über die Eigenschaft `FillStyle` wird die Art und Weise des Musterhintergrundes bestimmt. Durch die Konstante 6 wird beispielsweise der Hintergrund des Objekts kariert dargestellt.

Über die Methode `Line` zeichnen Sie Linien und Rechtecke in ein Report-Objekt, wenn das `Print`-Ereignis eintritt. Die Syntax dieser Methode lautet:

```
Line(x1, y1, x2, y2, Farbe, Kürzel)
```

Das Argument x1 stellt die Koordinate des Anfangspunktes für die Linie oder das Rechteck dar.

Das Argument y1 ist der Wert, der die Koordinate des Anfangspunktes für die Linie oder das Rechteck bezeichnet.

Das Argument x2 ist der Wert, der die Koordinate des Endpunktes für die zu zeichnende Linie angibt.

Das Argument y2 ist der Wert, der die Koordinate des Endpunktes für die zu zeichnende Linie angibt.

Über das Argument `Farbe` kann man dem Objekt eine Linienfarbe zuweisen. Hier kann beispielsweise die Funktion `RGB` bzw. die Funktion `QBColor` zum Einsatz kommen.

Über das Kürzel B wird festgelegt, dass ein Rechteck gezeichnet werden soll. Das Kürzel BF bedeutet, dass das Rechteck farblich ausgefüllt werden soll. Dabei orientiert sich die Methode an den Einstellungen, die bei den Eigenschaften `FillColor` und `FillStyle` festgelegt wurden.

Abbildung 8.9:
Ein ausgefülltes Rechteck wurde eingefügt.

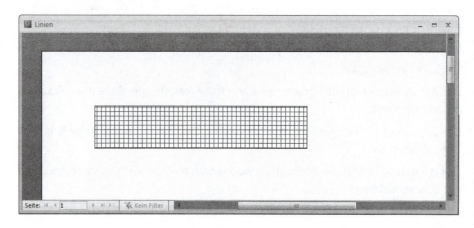

8.7 Berichte identifizieren

Um mit VBA an Berichten Änderungen vorzunehmen, müssen Sie die einzelnen Elemente von Berichten ansprechen. Die Prozedur in Listing 8.15 listet alle vorhandenen Berichte im Direkt-Fenster von Access auf.

Listing 8.15: Alle Berichte der Datenbank auflisten

```
Sub AlleBerichteAuflisten()
  Dim obj As AccessObject
  Dim conn As Object

  Set conn = Application.CurrentProject
  For Each obj In conn.AllReports
    Debug.Print obj.Name
  Next obj
End Sub
```

Durchlaufen Sie mit einer Schleife alle in der Datenbank befindlichen Berichte, die im Auflistungsobjekt `AllReports` verzeichnet sind. In der Schleife geben Sie die Namen der einzelnen Berichte mithilfe der Eigenschaft `Name` aus.

Abbildung 8.10: Alle Berichte in der aktiven Datenbank

8.7.1 Berichte zählen

Das Beispiel in Listing 8.15 hat zwar alle Berichte durchlaufen, aber Sie wissen nicht genau, wie viele Berichte in der Datenbank tatsächlich enthalten sind. Diese Anzahl ermitteln Sie über die Prozedur aus Listing 8.16.

Listing 8.16: Alle Berichte der Datenbank zählen

```
Sub BerichteZählen()
 MsgBox Application.CurrentProject.AllReports.Count
End Sub
```

Über die Eigenschaft `Count`, die Sie auf das Auflistungsprojekt `AllReports` anwenden, erhalten Sie die Anzahl der Berichte in Ihrer Datenbank.

8.7.2 Berichtselemente ansprechen

Gehen Sie nun noch einen Schritt weiter, und identifizieren Sie alle Elemente eines bestimmten Berichts. In der Prozedur aus Listing 8.17 öffnen Sie den Bericht UMSÄTZE NACH KATEGORIE in der Entwurfsansicht, lesen danach alle verwendeten Steuerelemente aus und geben diese im Direktbereich aus. Schließen Sie danach den Bericht mithilfe der Methode `Close`.

Listing 8.17: Alle Elemente eines Berichts ausgeben

```
Sub AlleElementeVonBerichtAuflisten()
  Dim obj As Object
  Dim rpt As Report

  DoCmd.OpenReport "Umsätze nach Kategorie", _
    acViewDesign
  Set rpt = Reports("Umsätze nach Kategorie")
    For Each obj In rpt
      Debug.Print obj.Name
    Next obj
  DoCmd.Close
End Sub
```

Geben Sie in der Objektvariablen vom Typ `Report` den Namen Ihres Berichts ein, den Sie näher unter die Lupe nehmen möchten. Setzen Sie danach eine Schleife auf, die die einzelnen Elemente nacheinander über die Eigenschaft `Name` ermittelt und über die Anweisung `Debug.Print` im Direkt-Fenster von Access ausgibt.

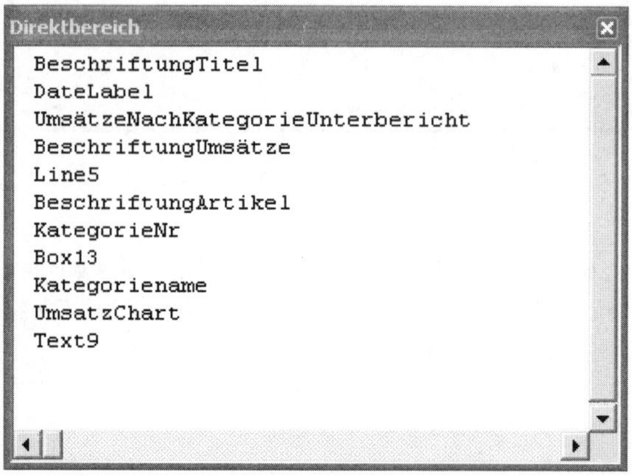

Abbildung 8.11:
Die Elemente eines Berichts ausgeben

```
Direktbereich
BeschriftungTitel
DateLabel
UmsätzeNachKategorieUnterbericht
BeschriftungUmsätze
Line5
BeschriftungArtikel
KategorieNr
Box13
Kategoriename
UmsatzChart
Text9
```

8.7.3 Berichtselemente auflisten

Da Sie jetzt noch nicht genau wissen, welche Typen von Elementen in Ihrem Bericht vorhanden sind, starten Sie die Prozedur aus Listing 8.18, um diese anzuzeigen.

Listing 8.18: Steuerelement-Typen eines Berichts ermitteln

```
Sub BerichtSteuerelementTypen()
  Dim rpt As Report
  Dim obj As Object

  DoCmd.OpenReport "Umsätze nach Kategorie", _
    acViewDesign
  Set rpt = Reports("Umsätze nach Kategorie")
  For Each obj In rpt.Controls
    Debug.Print "Typ: " & obj.ControlType & _
    " Name: " & obj.Name
  Next obj
  DoCmd.Close
End Sub
```

Der Typ des Steuerelements kann über einen Indexwert ermittelt werden. So haben Textfelder den Index 109, Beschriftungsfelder den Wert 100, Schaltflächen den Wert 104 und Kontrollkästchen den Wert 106.

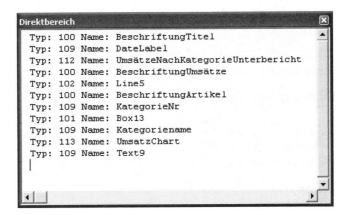

Abbildung 8.12: Indexwert der Steuerelemente

Die Typen der einzelnen Steuerelemente können Sie aber auch über Konstanten ermitteln. Sehen Sie sich dazu die folgende Tabelle an.

Konstante	Steuerelement
acBoundObjectFrame	Gebundenes Objektfeld
acCheckBox	Kontrollkästchen
acComboBox	Kombinationsfeld
acCommandButton	Befehlsschaltfläche

Tabelle 8.6: Die Konstanten, um die Steuerelemente zu identifizieren

Tabelle 8.6:
Die Konstanten, um die Steuerelemente zu identifizieren (Forts.)

Konstante	Steuerelement
acCustomControl	ActiveX-Steuerelement
acImage	Bild
acLabel	Bezeichnungsfeld
acLine	Linie
acListBox	Listenfeld
acObjectFrame	Ungebundenes Objektfeld oder Diagramm
acOptionButton	Optionsschaltfläche
acOptionGroup	Optionsgruppe
acPage	Seitenwechsel
acPageBreak	Seitenumbruch
acRectangle	Rechteck
acSubform	Unterformular/-bericht
acTabCtl	Register-Steuerelement
acTextBox	Textfeld
acToggleButton	Umschaltfläche

Mit diesen Informationen können Sie jetzt eine Prozedur erstellen, welche diese Steuerelemente eindeutig identifiziert.

Listing 8.19: Typnamen der Steuerelemente eines Berichts herausfinden

```
Sub FormularSteuerelementNamen()
  Dim obj As Object
  Dim str As String
  Dim rpt As Report

  DoCmd.OpenReport "Umsätze nach Kategorie", _
    acViewDesign
  Set rpt = Reports("Umsätze nach Kategorie")
  For Each obj In rpt.Controls
    Select Case obj.ControlType
      Case 100
        str = "Beschriftung"
      Case 101
        str = "Rechteck"
      Case 102
        str = "Linie"
      Case 103
        str = "Bild"
      Case 104
        str = "Schaltfläche"
```

```
      Case 105
        str = "Optionsschaltfläche"
      Case 106
        str = "Kontrollkästchen"
      Case 107
        str = "Gruppenfeld"
      Case 109
        str = "Textfeld"
      Case 110
        str = "Listenfeld"
      Case 111
        str = "Kombinationsfeld"
      Case 112
        str = "Unterbericht"
      Case 114
        str = "OLE Objekt - ungebunden"
      Case 118
        str = "Seitenumbruch"
      Case 122
        str = "Umschaltfläche"
      Case 123
        str = "Registersteuerelement"
      Case Else
        str = ""
    End Select
    Debug.Print "Typ: " & obj.ControlType & _
      "=" & str & Chr(13) & "Name: " & obj.Name _
      & Chr(13)
  Next obj
  DoCmd.Close
End Sub
```

Abbildung 8.13:
Steuerelement-Typ und -Namen ausgeben

Sammeln Sie in einer `Select Case`-Anweisung die verschiedenen Indizes der Steuerelemente, und weisen Sie über die Variable `s` einen Text zu. Diesen geben Sie dann im Direktbereich aus.

8.7.4 Die verschiedenen Sektionen eines Berichts

Ein Bericht ist standardmäßig in verschiedene Sektionen unterteilt. Mithilfe der Eigenschaft `Section` können Sie daher ganz gezielt bestimmte Teile des Berichts ansprechen. Die Berichtsteile können entweder über einen Index oder eine Konstante angesprochen werden. Entnehmen Sie aus der folgenden Tabelle die dabei möglichen Werte.

Tabelle 8.7: Die einzelnen Sektionen eines Berichts

Index	Konstante	Beschreibung
0	acDetail	Detailbereich
1	acHeader	Berichtskopf
2	acFooter	Berichtsfuß
3	acPageHeader	Seitenkopfbereich
4	acPageFooter	Seitenfußbereich
5	acGroupLevel1Header	Kopfbereich der Gruppenebene 1
6	acGroupLevel1Footer	Fußbereich der Gruppenebene 1
7	acGroupLevel2Header	Kopfbereich der Gruppenebene 2
8	acGroupLevel2Footer	Fußbereich der Gruppenebene 2

Das folgende Beispiel blendet beispielsweise den Detailbereich beim Öffnen des Formulars aus. Dabei soll nur die Struktur eines Berichts ohne Daten angezeigt werden.

Listing 8.20: Den Detailbereich eines Berichts ausblenden

```
Private Sub Report_Open(Cancel As Integer)
  Me.Section(acDetail).Visible = False
End Sub
```

Das Ereignis `Report_Open` tritt automatisch dann ein, wenn der Bereich geöffnet wird. Dies ist der ideale Zeitpunkt, um einzelne Sektionen ein- bzw. auszublenden. Eine Sektion können Sie ausblenden, indem Sie die Eigenschaft `Visible` auf den Wert `False` setzen.

8.8 Berichte erstellen

Um einen Bericht mithilfe von VBA anzulegen, setzen Sie die Methode CreateReport ein. Das folgende Beispiel aus Listing 8.21 zeigt Ihnen, wie Sie einen leeren Bericht anlegen.

Listing 8.21: Neuen Bericht anlegen

```
Sub NeuenBerichtEinfügen()
  Dim rpt As Report
  Dim str As String

  Set rpt = CreateReport
  rpt.RecordSource = "Bestellungen"
  str = rpt.Name
  DoCmd.Close acReport, str, acSaveYes
End Sub
```

Definieren Sie im ersten Schritt eine Objektvariable vom Typ Report. Damit haben Sie Zugriff auf alle berichtsbezogenen Methoden und Eigenschaften.

Um einen neuen Bericht anzulegen, setzen Sie die Methode CreateReport ein. Diese Methode hat folgende Syntax:

Die Syntax der Methode CreateReport

`CreateReport(Datenbank, Berichtsvorlage)`

Im Argument Datenbank geben Sie an, aus welcher Datenbank Sie die Berichtsvorlage für den neuen Bericht verwenden wollen. Lassen Sie dieses Argument komplett weg, wenn Sie einen leeren Bericht ohne Vorlage erstellen möchten.

Das Argument Berichtsvorlage enthält den Namen des Berichts, auf dessen Basis Sie den neuen Bericht erstellen möchten. Wenn Sie dieses Argument weglassen, legt Microsoft Access dem neuen Bericht die Vorlage zugrunde, die dort als Berichtsvorlage angegeben ist. Bei Access 2003 und früher finden Sie diese Einstellungen im Menü EXTRAS unter OPTIONEN auf der Registerkarte FORMULARE/BERICHTE. Bei Access 2010 ist diese Einstellung bei den OPTIONEN unter OBJEKT-DESIGNER im Abschnitt ENTWURFSANSICHT FÜR FORMULAR/BERICHTE zu finden.

Mithilfe der Eigenschaft RecordSource geben Sie die Tabelle an, auf die sich der Bericht beziehen soll.

Die Eigenschaft Name gibt den Namen des Berichts aus, den Sie verwenden, um den Bericht zu speichern.

Schließen Sie den noch geöffneten Bericht mithilfe der Methode Close. Diese Methode hat folgende Syntax:

Die Syntax der Methode Close

`Close(Objekttyp, Objektname, Speichern)`

Im Argument Objekttyp geben Sie die Konstante acReport an, um Access mitzuteilen, dass ein Bericht gespeichert werden soll.

Das Argument Objektname muss den Namen des zu schließenden Berichts enthalten.

Im Argument Speichern geben Sie an, ob Sie vor dem Schließen des Berichts noch eine Rückfrage-Meldung wegklicken möchten. Da dies völlig im Hintergrund passieren soll, geben Sie die Konstante acSaveYes an. Damit wird der neu angelegte Bericht ohne Rückfrage gespeichert.

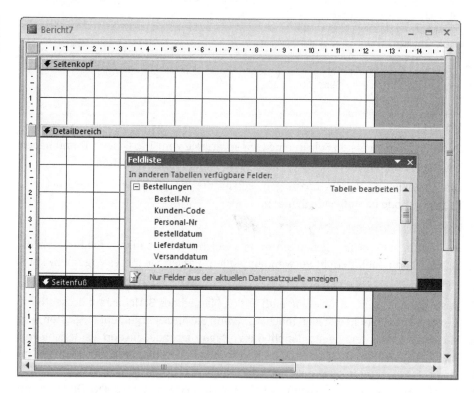

Abbildung 8.14: Einen neuen Bericht erstellen

8.8.1 Steuerelemente einfügen

Im nächsten Schritt fügen Sie Steuerelemente in einen Bericht ein. Für diese Aufgabe steht Ihnen die Methode CreateReportControl zur Verfügung. Mit ihr können Sie alle möglichen Steuerelemente in Ihren Bericht einfügen.

Die Prozedur aus Listing 8.22 erstellt einen Bericht und fügt ein Text- sowie ein Bezeichnungsfeld ein.

Listing 8.22: Steuerelemente in Bericht einfügen

```
Sub BerichtselementeEinfügen()
   Dim rpt As Report
   Dim lblBez As Control
   Dim ctlText As Control
```

```
Set rpt = CreateReport
rpt.RecordSource = "Bestellungen"

Set ctlText = CreateReportControl(rpt.Name, _
   acTextBox, acDetail, "", "Empfänger", 1200, _
   50, 800, 200)

Set lblBez = CreateReportControl _
   (rpt.Name, acLabel, , ctlText.Name, "Empfänger", _
   150, 50, 800, 200)
End Sub
```

Erstellen Sie im ersten Schritt wie schon beschrieben einen Bericht mithilfe der Methode `CreateReport`. Danach fügen Sie über die Methode `CreateReportControl` die einzelnen Steuerelemente in Ihren Bericht ein. Diese Methode hat folgende Syntax:

Die Syntax der Methode CreateReport-Control

```
CreateReportControl(Berichtsname, Steuerelementtyp, Bereich, Übergeordnet,
Spaltenname, Links, Oben, Breite, Höhe)
```

Im Argument `Berichtsname` geben Sie den Namen des Berichts an, in den Sie die Steuerelemente einfügen möchten.

Das Argument `Steuerelementtyp` bestimmt die Art des Steuerelements. Sehen Sie sich dazu die folgende Tabelle an. Sie enthält alle zur Verfügung stehenden Steuerelemente.

Konstante	Steuerelement
acBoundObjectFrame	Gebundenes Objektfeld
acCheckBox	Kontrollkästchen
acComboBox	Kombinationsfeldliste
acCommandButton	Befehlsschaltfläche
acCustomControl	Zusatz-Steuerelement
acImage	Bild
acLabel	Bezeichnungsfeld
acLine	Linie
acListBox	Listenfeld
acObjectFrame	Ungebundenes Objektfeld
acOptionButton	Optionsschaltfläche
acOptionGroup	Gruppenfeld
acPage	Seitenwechsel

Tabelle 8.8: Die Steuerelemente für Berichte

Tabelle 8.8:
Die Steuerelemente für Berichte (Forts.)

Konstante	Steuerelement
acPageBreak	Seitenumbruch
acRectangle	Rechteck
acSubform	Unterbericht
acTabCtl	Register-Steuerelement
acTextBox	Textfeld
acToggleButton	Umschaltfläche

Das Argument Bereich gibt an, wo das Steuerelement genau eingefügt werden soll. Auch hierfür gibt es vorgefertigte Konstanten:

- acDetail: Bei dieser Standardeinstellung wird das Steuerelement in den Detailbereich des Berichts eingefügt.
- acFooter: Das Steuerelement wird im Berichtsfuß eingefügt.
- acGroupLevel1Footer: Gruppenfuß 1
- acGroupLevel1Header: Gruppenkopf 1
- acGroupLevel2Footer: Gruppenfuß 2
- acGroupLevel2Header: Gruppenkopf 2
- acHeader: Berichtskopf
- acPageFooter: Seitenfuß
- acPageHeader: Seitenkopf

Das Argument Übergeordnet gibt den Namen des übergeordneten Steuerelements eines zugeordneten Steuerelements an. Bei Steuerelementen ohne übergeordnetes Steuerelement verwenden Sie eine leere Zeichenfolge für dieses Argument, oder Sie lassen es weg.

Im Argument Spaltennamen geben Sie den Feldnamen des verknüpften Feldes der Tabelle an, sofern es sich um ein gebundenes Steuerelement handelt. Möchten Sie keine Verknüpfung zu einem Tabellenfeld herstellen, dann geben Sie dieses Argument nicht an.

Mit den nächsten vier Argumenten Links, Oben, Breite und Höhe können Sie die genaue Position sowie deren Abmessung einstellen. Die Einheit für diese Positionierung wird in TWIPS ausgegeben. Dabei entsprechen 567 TWIPS einem Zentimeter.

Die Prozedur aus Listing 8.22 war ja ganz gut, wenn Sie aber auf diese Weise alle Steuerelemente anlegen möchten, dann wird das eine gute Tippübung. Komfortabler ist die folgende Lösung:

Berichte erstellen

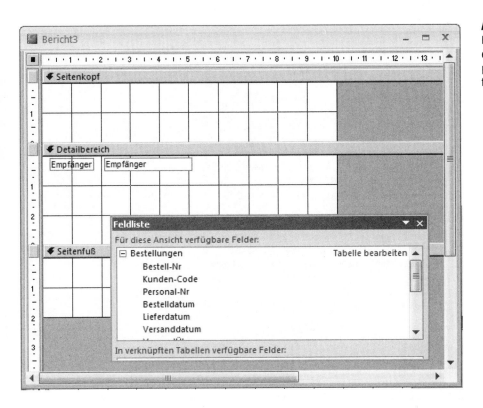

Abbildung 8.15:
Die ersten Steuerelemente im Bericht per Prozedur eingefügt

8.8.2 Vollautomatische Berichtserstellung

Das Ziel, das bei der Berichtserstellung vorschwebt, sind das vollautomatische Anlegen des Berichts sowie das Einfügen und Verknüpfen der Steuerelemente. Eine Lösung zeigt die Prozedur aus Listing 8.23 auf, die einen Bericht auf Basis der Tabelle KUNDEN erstellt und alle dazu benötigten Steuerelemente automatisch in den Bericht einfügt und verknüpft.

Listing 8.23: Steuerelemente automatisch in den Bericht einfügen

```
Sub BerichtErstellen()
  Dim conn As New ADODB.Connection
  Dim rst As ADODB.Recordset
  Dim fldDatenfeld As ADODB.Field
  Dim ctlTextFeld As Control
  Dim ctlBezFeld As Control
  Dim lngPosOben As Long
  Dim lngPosLinks As Long
  Dim rpt As Report

  Set rpt = CreateReport
  lngPosLinks = 0
  lngPosOben = 0
  rpt.Report.RecordSource = "Kunden"
```

```
        Set conn = CurrentProject.Connection
        Set rst = New ADODB.Recordset

        rst.Open "SELECT * FROM Kunden " _
          & "WHERE Land = 'Deutschland'", _
          conn, adOpenKeyset, adLockOptimistic

        For Each fldDatenfeld In rst.Fields
          Set ctlTextFeld = _
            CreateReportControl(rpt.Report.Name, _
            acTextBox, acDetail, , fldDatenfeld.Name, _
            lngPosLinks + 1500, lngPosOben)
          ctlTextFeld.SizeToFit

          Set ctlBezFeld = _
            CreateReportControl(rpt.Report.Name, _
            acLabel, acDetail, ctlTextFeld.Name, _
            fldDatenfeld.Name, lngPosLinks, lngPosOben, _
            1400, ctlTextFeld.Height)
          ctlBezFeld.SizeToFit
          lngPosOben = lngPosOben + ctlTextFeld.Height + 50
        Next

        rst.Close
        Set rst = Nothing
End Sub
```

Erstellen Sie im ersten Schritt über die Methode CreateReport einen neuen, noch leeren Bericht. Legen Sie danach die Koordinaten für das erste Bezeichnungsfeld durch die Variablen Pos_Oben und Pos_Links fest. Diese Festlegung der Positionen führen Sie ganz bewusst über Variablen schon am Beginn der Prozedur durch, damit Sie später diese nur hochaddieren müssen, um zur jeweils nächsten Einfügeposition zu gelangen.

Mithilfe der Eigenschaft RecordSource geben Sie bekannt, dass der Bericht auf die Tabelle KUNDEN zugreifen soll. Stellen Sie danach die Verbindung zur Datenquelle her und erstellen ein neues Recordset-Objekt.

Führen Sie dann nach dem Öffnen der Tabelle KUNDEN eine SQL-Abfrage durch, die alle Kunden aus Deutschland im Recordset-Objekt DBS speichert. Über das Auflistungsobjekt Fields können Sie nun alle Datenfelder in einer Schleife abarbeiten. Für jedes Datenfeld wird sowohl ein Textfeld als auch ein Bezeichnungsfeld angelegt. Das Bezeichnungsfeld erhält dabei automatisch die Beschriftung des Datenfeldes.

Mithilfe der Methode SizeToFit können Sie einen weiteren Automatismus nützen. Diese Eigenschaft passt das angegebene Steuerelement automatisch an den Text an, den das Steuerelement zugewiesen bekommt.

Damit die Einfügeposition der neuen Steuerelemente am Ende der Schleife verschoben wird, addieren Sie zur Variablen Pos_Oben den Wert 1500. Beim nächsten Schleifendurchlauf wird dadurch die neue Einfügeposition festgelegt.

Berichte erstellen

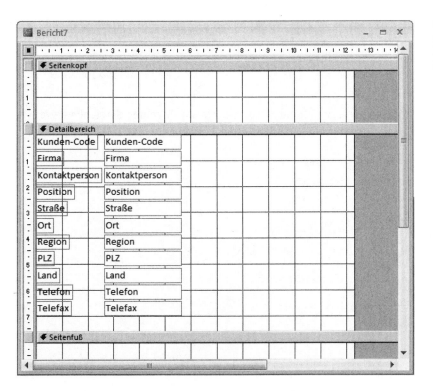

Abbildung 8.16:
Automatisches Einfügen von Steuerelementen

8.8.3 Bereiche vergrößern

Wie Sie sehen, ist der Detailbereich in Abbildung 8.16 fast zu klein geraten. Um die einzelnen Bereiche anzupassen, können Sie auf die Eigenschaft Section zugreifen und die Größe der einzelnen Bereiche anpassen. Dabei geben Sie dieser Eigenschaft einen Index oder eine fest definierte Konstante mit, um den gewünschten Bereich anzusprechen.

Index	Konstante	Beschreibung
0	acDetail	Berichtsdetailbereich
1	acHeader	Berichtskopfbereich
2	acFooter	Berichtsfußbereich
3	acPageHeader	Berichtsseitenkopfbereich
4	acPageFooter	Berichtsseitenfußbereich
5	acGroupLevel1Header	Gruppierungsebene 1
6	acGroupLevel1Footer	Gruppierungsebene 1 Fußbereich

Tabelle 8.9:
Die Bereichskonstanten und der Bereichsindex

Tabelle 8.9:
Die Bereichskonstanten und der Bereichsindex (Forts.)

Index	Konstante	Beschreibung
7	acGroupLevel2Header	Gruppierungsebene 2
8	acGroupLevel2Footer	Gruppierungsebene 2 Fußbereich

Möchten Sie jetzt anhand dieser Indizes die einzelnen Bereiche vergrößern, setzen Sie die Prozedur aus Listing 8.24 ein.

Listing 8.24: Bereichsgrößen festlegen

```
Sub BereicheEinstellen()
   Dim rpt As Report

   Set rpt = CreateReport

   rpt.RecordSource = "Bestellungen"
   'Detailbereich
   rpt.Section(0).Height = 3000

   'Seitenkopf
   rpt.Section(3).Height = 500

   'Seitenfuß
   rpt.Section(4).Height = 500
End Sub
```

Mithilfe der Eigenschaft Height können Sie die Größe eines Bereichs verändern.

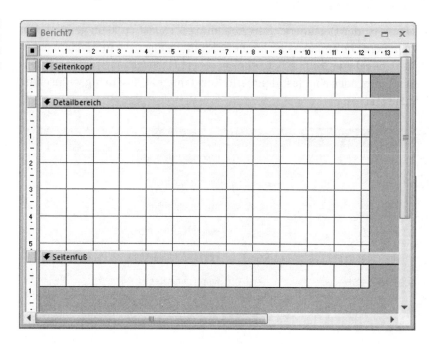

Abbildung 8.17:
Die Bereichsgrößen eines Berichts durch VBA ändern

8.8.4 Bereiche ein- und ausblenden

In der Abbildung 8.17 sollen nun zusätzlich noch die beiden Bereiche BERICHTS-KOPF und BERICHTSFUSS eingeblendet werden. Der Berichtskopf wird nur zu Beginn des Berichts einmalig gedruckt, der Berichtsfuß nur einmalig als Abschlussseite am Ende des Berichts ausgegeben.

Listing 8.25: Bereiche einblenden und einstellen

```
Sub BereicheEinblendenUndEinstellen()
  Dim rpt As Report

  Set rpt = CreateReport
  rpt.RecordSource = "Bestellungen"
  'Detailbereich
  rpt.Section(0).Height = 3000
  'Seitenkopf
  rpt.Section(3).Height = 500
  'Seitenfuß
  rpt.Section(4).Height = 500

  'Berichtskopf- und Berichtsfuß einblenden
  DoCmd.RunCommand acCmdReportHdrFtr
  'Berichtskopf
  rpt.Section(1).Height = 600
  'Berichtsfuß
  rpt.Section(2).Height = 600
End Sub
```

Sie können die Größe eines Bereichs nur dann verändern, wenn Sie diesen vorher eingeblendet haben. Im Falle des Berichtskopfes und des Berichtsfußes können Sie das über die Methode `RunCommand` erreichen, der Sie die Konstante `acCmdReportHdrFtr` übergeben.

Möchten Sie den Seitenkopf und den Seitenfuß ausblenden und nur den Detailbericht bearbeiten, starten Sie die Prozedur aus Listing 8.26.

Listing 8.26: Seitenkopf und Seitenfuß ausblenden

```
Sub SeitenTeileWeg()
  Dim rpt As Report

  Set rpt = CreateReport
  rpt.RecordSource = "Bestellungen"

  'Seitenkopf- und Seitenfuß ausblenden
  DoCmd.RunCommand acCmdPageHdrFtr
End Sub
```

Kapitel 8 • Berichte erstellen und programmieren

Abbildung 8.18:
Alle Bereiche sind jetzt eingeblendet.

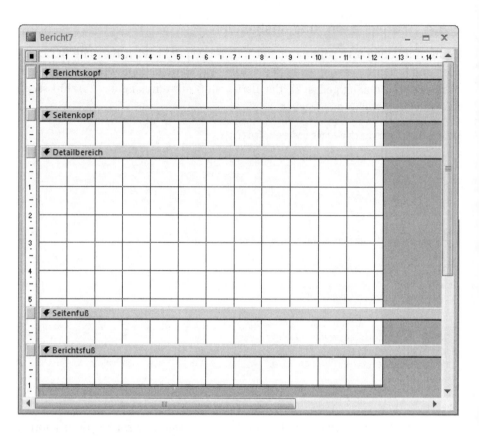

Abbildung 8.19:
Nur den Detailbereich anzeigen

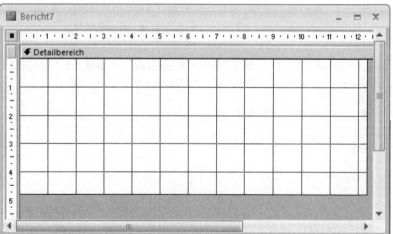

8.8.5 Seitenzahlen, Datum und Namen

Seither haben Sie lediglich den Detailbereich eines Berichts mit diversen Steuerelementen gefüllt. In der nächsten Aufgabe sollen folgende Informationen im Bericht verfügbar sein:

- Der Seitenkopf soll den Namen des Berichts sowie das aktuelle Datum enthalten.
- Im Detailbereich sollen Daten aus der Tabelle ARTIKEL eingelesen werden. Dabei interessiert uns der ARTIKELNAME sowie der LAGERBESTAND der Artikel.
- Im Seitenfuß sollen auf der linken Seite der Benutzername und rechts die Seitenzahlen in der Form »Seite XX von XY Seiten« stehen.

Die Prozedur zum Umsetzen dieser Aufgabe sehen Sie in Listing 8.27.

Listing 8.27: Verschiedene Steuerelemente in den Bericht einfügen (Teil 1)

```
Sub KomplettBerichtErstellen()
  Dim ctlTitel As Control
  Dim ctlDatTitel As Control
  Dim ctlText As Control
  Dim ctlBez As Control
  Dim ctlEnde As Control
  Dim ctlSeiten As Control
  Dim rpt As Report

  Set rpt = CreateReport
  rpt.RecordSource = "Artikel"
  'Detailbereich
  rpt.Section(0).Height = 1000
  'Seitenkopf
  rpt.Section(3).Height = 500
  'Seitenfuß
  rpt.Section(4).Height = 500

  'Titel in Seitenkopf einfügen
  Set ctlTitel = CreateReportControl _
    (rpt.Name, acLabel, acPageHeader, _
    vbNullString, rpt.Name, 100, 100, 1000, 500)

  Set ctlDatTitel = CreateReportControl _
    (rpt.Name, acLabel, acPageHeader, _
    vbNullString, Date, 7500, 100, 1000, 500)

  'Textfelder in Detailbereich
  Set ctlText = _
    CreateReportControl(rpt.Name, acTextBox, _
    acDetail, "", "Artikelname", 2000, 50, 5000, 250)

  Set ctlBez = _
    CreateReportControl(rpt.Name, acLabel, , _
    ctlText.Name, "Artikelname", 150, 50, 800, 200)
```

Kapitel 8 • Berichte erstellen und programmieren

```
  Set ctlText = _
    CreateReportControl(rpt.Name, acTextBox, _
    acDetail, "", "Lagerbestand", 2000, 350, 500, 250)

  Set ctlBez = _
    CreateReportControl(rpt.Name, acLabel, , _
    ctlText.Name, "Lagerbestand", 150, 350, 800, 200)

  'Textfelder in Fußzeile
  Set ctlEnde = _
    CreateReportControl(rpt.Name, acLabel, _
    acPageFooter, vbNullString, _
    Application.CurrentUser, 100, 100, 1000, 500)

  Set ctlSeiten = _
    CreateReportControl(rpt.Name, acTextBox, _
    acPageFooter, vbNullString, "='Seite ' & [page] & _
    ' von ' & [pages]", 7500, 100, 1000, 500)
End Sub
```

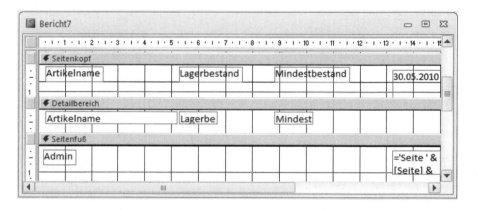

Abbildung 8.20:
Das Ergebnis der Komplettprozedur

Gehen wir nun auf einzelne Teile der Prozedur aus Listing 8.27 ein.

```
  Set ctlTitel = CreateReportControl _
    (rpt.Name, acLabel, acPageHeader, _
    vbNullString, rpt.Name, 100, 100, 1000, 500)

  Set ctlDatTitel = CreateReportControl _
    (rpt.Name, acLabel, acPageHeader, _
    vbNullString, Date, 7500, 100, 1000, 500)
```

Mithilfe der Methode CreateReportControl erstellen Sie ein Steuerelement, das Sie durch die Konstante acPageHeader in den Seitenkopf Ihres Berichts bringen. Damit im Seitenkopf der Name des Berichtes angezeigt wird, setzen Sie die Eigenschaft Name ein, die Sie auf das Objekt Report anwenden. Da dieses Steuerelement kein übergeordnetes Steuerelement aufweist, setzen Sie im Argument die Konstante vbNullString ein. Das ist eine Zeichenfolge mit dem Wert 0. Die Positionierung des Steuerelements erfolgt wieder über die vier Konstanten Links, Oben, Breite und `Höhe`, denen Sie einen Wert zuweisen. Das Datum für den Seitenkopf bekommen Sie über die Funktion `Date`.

Den nächsten Teil, das Einfügen der Steuerelemente in den Detailbereich, überspringen wir an dieser Stelle, da er schon weiter oben beschrieben wurde. Gehen wir also zum Seitenfuß, in dem der aktive Anwendername sowie eine Seitennummerierung stehen sollen.

```
Set ctlEnde = _
    CreateReportControl(rpt.Name, acLabel, _
    acPageFooter, vbNullString, _
    Application.CurrentUser, 100, 100, 1000, 500)

Set ctlSeiten = _
    CreateReportControl(rpt.Name, acTextBox, _
    acPageFooter, vbNullString, "='Seite ' & [page] & _
    'von ' & [pages]", 7500, 100, 1000, 500)
```

Über die Methode `CreateReportControl` erstellen Sie ein Steuerelement, das Sie durch die Konstante `acPageFooter` in den Seitenfuß Ihres Berichts bringen. Damit im Seitenfuß der Name des aktuellen Benutzers der Datenbank zurückgegeben wird, setzen Sie die Methode `CurrentUser` ein, die Sie auf das Objekt `Application` anwenden.

Bei der Seitennummerierung ist es wichtig, die Syntax des Befehls richtig anzugeben. Dabei setzen Sie den ganzen Text zunächst in doppelte Anführungszeichen. Da Sie innerhalb dieses Textes weitere Konstanten (Seite ... von) angeben sollen, müssen Sie diese in einfache Anführungszeichen setzen. Das Objekt `Page` repräsentiert die aktuelle Seite desselben. Im Auflistungsobjekt `Pages` sind alle Seiten des Berichts erfasst.

8.8.6 Überschriften, Trennlinien und Summen

Im nächsten Beispiel soll ein Bericht basierend auf der Tabelle ARTIKEL der Datenbank NORDWIND.MDB erstellt werden. Dabei sollen folgende Informationen in den einzelnen Bereichen abgelegt werden:

- Im Berichtskopf soll eine größere Überschrift eingestellt werden.
- Im Seitenkopf soll eine horizontale Trennlinie gezogen werden. Des Weiteren müssen in diesem Bereich die Spaltenüberschriften stehen.
- In den Detailbereich sollen die Datenfelder ARTIKELNAME, LAGERBESTAND und MINDESTBESTAND integriert werden.
- In den Seitenfuß sollen der aktuelle Benutzer sowie eine Seitennummerierung eingeführt werden.
- Im Berichtsfuß soll das Feld LAGERBESTAND summiert werden.

Die Lösung dieser Aufgabe können Sie in Listing 8.28 sehen.

Listing 8.28: Verschiedene Steuerelemente in den Bericht einfügen (Teil 2)

```
Sub BerichtMitTrennlinienUndSumme()
  Dim ctlDatTitel As Control
  Dim ctlText As Control
  Dim txt As TextBox
  Dim ctlBez As Control
  Dim ctlFormel As Control
  Dim ctlLinie As Control
  Dim ctlEnde As Control
  Dim ctlSeiten As Control
  Dim rpt As Report
  Dim str As String

  Set rpt = CreateReport
  rpt.RecordSource = "Artikel"
  rpt.Section(0).Height = 500
  rpt.Section(3).Height = 500
  rpt.Section(4).Height = 500

  'Steuerelemente im Seitenkopf
  Set ctlLinie = CreateReportControl _
    (rpt.Name, acLine, acPageHeader, _
    vbNullString, vbNullString, 0, 350, 8500, 10)
  Set ctlBez = CreateReportControl _
    (rpt.Name, acLabel, acPageHeader, vbNullString, _
    "Artikelname", 150, 50, 800, 200)
  Set ctlBez = CreateReportControl _
    (rpt.Name, acLabel, acPageHeader, vbNullString, _
    "Lagerbestand", 3000, 50, 800, 200)
  Set ctlBez = CreateReportControl _
    (rpt.Name, acLabel, acPageHeader, vbNullString, _
    "Mindestbestand", 5000, 50, 800, 200)
  Set ctlDatTitel = CreateReportControl _
    (rpt.Name, acLabel, acPageHeader, _
    vbNullString, Date, 7500, 100, 1000, 500)

  'Textfelder in Detailbereich
  Set ctlText = _
    CreateReportControl(rpt.Name, acTextBox, _
    acDetail, "", "Artikelname", 150, 50, 2800, 250)
  Set txt = _
    CreateReportControl(rpt.Name, acTextBox, _
    acDetail, vbNullString, "Lagerbestand", _
    3000, 50, 800, 250)
  txt.Name = "Lagerbestand"
  Set ctlText = _
    CreateReportControl(rpt.Name, acTextBox, _
    acDetail, vbNullString, "Mindestbestand", _
    5000, 50, 800, 250)
```

```
'Steuerelemente im Seitenfuß
Set ctlLinie = CreateReportControl _
   (rpt.Name, acLine, acPageFooter, _
   vbNullString, vbNullString, 0, 0, 8500, 10)
Set ctlEnde = CreateReportControl _
   (rpt.Name, acLabel, acPageFooter, _
   vbNullString, Application.CurrentUser, _
   100, 100, 1000, 500)
Set ctlSeiten = CreateReportControl _
   (rpt.Name, acTextBox, acPageFooter, _
   vbNullString, "='Seite ' & [page] _
   & ' von ' & [pages]", _
   7500, 100, 1000, 500)

'Steuerelemente im Bereichskopf
DoCmd.RunCommand acCmdReportHdrFtr
Set ctlBez = CreateReportControl _
   (rpt.Name, acLabel, acHeader, vbNullString, _
   vbNullString, 150, 500, 5000, 750)
ctlBez.FontName = "Times New Roman"
ctlBez.FontSize = "20"
ctlBez.Caption = "Artikelliste-Lagerbestände"

'Steuerelemente im Bereichsfuß
Set ctlLinie = CreateReportControl _
   (rpt.Name, acLine, acFooter, _
   vbNullString, vbNullString, 0, 0, 8500, 10)
Set ctlBez = CreateReportControl _
   (rpt.Name, acLabel, acFooter, vbNullString, _
   "Gesamtlagerbestand:", 150, 100, 2000, 250)
Set ctlFormel = CreateReportControl _
   (rpt.Name, acTextBox, acFooter, _
   vbNullString, "=Sum([" & txt.Name & "])", _
   3000, 100, 2000, 250)

   str = rpt.Name
   DoCmd.Close acReport, str, acSaveYes
End Sub
```

Picken wir uns nun die einzelnen Abschnitte heraus, die noch nicht besprochen wurden.

```
Set ctlLinie = CreateReportControl _
   (rpt.Name, acLine, acPageHeader, _
   vbNullString, vbNullString, 0, 350, 8500, 10)

.... weiterer Code ....

Set ctlLinie = CreateReportControl _
   (rpt.Name, acLine, acFooter, _
   vbNullString, vbNullString, 0, 0, 8500, 10)
```

Abbildung 8.21:
Die Entwurfsansicht des neuen Berichts

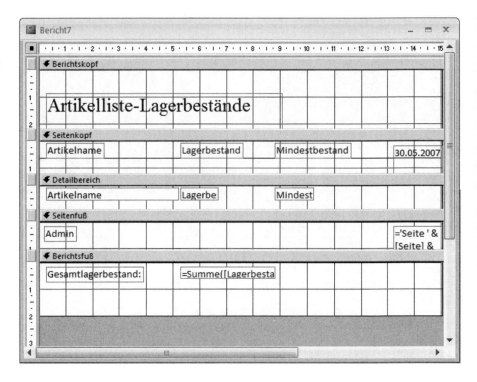

Über die Methode CreateReportControl können Sie eine Linie in den Seitenkopf des Formulars einfügen, indem Sie die Konstante acLine sowie die Bereichskonstante acPageHeader einsetzen. Dementsprechend bauen Sie dann noch eine Linie in den Seitenfuß des Formulars ein. Dabei müssen Sie die Bereichskonstante acPageFooter verwenden. Bei den Koordinaten geben Sie für das Argument Links den Wert 0 an, damit die Linie ganz am linken Rand beginnt. Beim Argument Oben definieren Sie nach Geschmack einen Wert. Achten Sie dabei darauf, dass Sie nicht die folgenden bzw. vorausgehenden Textfelder beeinträchtigen. Im Argument Breite geben Sie einen genügend großen Wert an, damit die Linie über die komplette Seite geht. Schön wäre hier auch eine Linie, die mittig ausgerichtet wird und rechts wie links nicht ganz bis zum Seitenrand reicht. Im letzten Argument Höhe bestimmen Sie die Höhe der Linie. Dabei ist zu beachten, dass Sie hierfür keinen zu großen Wert einsetzen sollten, da die Linie dann irgendwann gebrochen wird und nach rechts abfällt.

STOP Den Berichtskopf sowie den Berichtsfuß müssen Sie erst einblenden, bevor Sie diese Bereiche füllen können. Dazu verwenden Sie die Methode RunCommand, der Sie die Konstante acCmdReportHdrFtr übergeben.

```
'Steuerelemente im Bereichskopf
DoCmd.RunCommand acCmdReportHdrFtr
Set ctlBez = CreateReportControl _
   (rpt.Name, acLabel, acHeader, vbNullString, _
   vbNullString, 150, 500, 5000, 750)
ctlBez.FontName = "Times New Roman"
ctlBez.FontSize = "20"
ctlBez.Caption = "Artikelliste-Lagerbestände"
```

Die Überschrift, die nur auf der ersten Seite des Berichts angezeigt werden soll, müssen Sie im Berichtskopf Ihres Berichts ablegen. Dazu verwenden Sie die Bereichskonstante acHeader. Nach dem Einfügen des Bezeichnungsfelds können Sie den Text, den Sie in der Eigenschaft Caption festlegen, mithilfe weiterer Eigenschaften formatieren. Die Eigenschaft FontName gibt die Schriftart des Textes an, die Eigenschaft FontSize die Größe der Schrift.

```
Set ctlFormel = CreateReportControl _
   (rpt.Name, acTextBox, acFooter, _
   vbNullString, "=Sum([" & txt.Name & "])", _
   3000, 100, 2000, 250)
```

Im letzten Schritt der Prozedur aus Listing 8.28 fügen Sie eine Gesamtsumme der im Lager enthaltenen Artikel ein. Dazu greifen Sie auf das Textfeld LAGERBESTAND im Bericht zu und wenden die Funktion Summe an, die Sie in der Prozedur aber englischsprachig angeben müssen. Achten Sie dabei auf die korrekte Syntax des Befehls.

Noch einmal und ganz wichtig: Sie wenden die Summenfunktion nicht auf die verknüpfte Tabelle an, sondern auf das Textfeld im Bericht! Dabei wird die Funktion in englischer Schreibweise angegeben.

Neben der Funktion Summe (Sum) gibt es weitere Funktionen, die Sie aus der nächsten Tabelle ablesen können.

Funktion (Deutsch)	Funktion (VBA)	Bedeutung
Summe	Sum	Summierung
Max	Max	Größter Wert
Min	Min	Kleinster Wert
Mittelwert	Avg	Mittelwert

Tabelle 8.10: Die Auswertungsfunktionen in Access

Abbildung 8.22:
Die fertige
Artikelliste

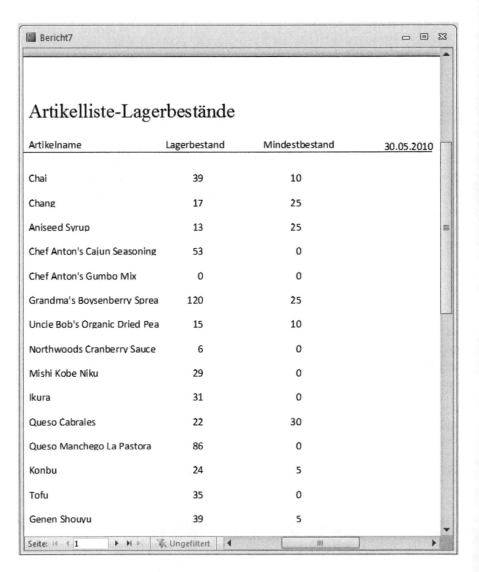

TEIL 3
Ereignisse und Zusammenarbeit mit Office

481	Ereignisse in Access programmieren	9
543	Access im Zusammenspiel mit Office	10
609	API-Funktionen einsetzen	11

In diesem Teil des Buches werden Sie Ereignisse in Access einsetzen, um noch mehr Automatismus und Arbeitserleichterung in Ihre Anwendung zu bringen. Die Zusammenarbeit von Access mit anderen Office-Komponenten und externen Anwendungen ist ein weiteres Thema dieses Teils. So erstellen Sie z. B. eine Schnittstelle für Access und Excel, über die Sie Daten mithilfe der Datenzugriffsmethode ADO austauschen können. Sie werden ebenso erfahren, wie Sie Daten zwischen Access und Word übertragen und E-Mails mit Access versenden können. Oft müssen einzelne Funktionen nicht mehr neu programmiert werden, sondern Sie können auf fertige API-Funktionen zurückgreifen. In Kapitel 11 finden Sie hierzu einige praktische Beispiele.

Kapitel 9
Ereignisse in Access programmieren

Access steckt voller Ereignisse, die Sie bei der Programmierung nutzen können. Unter einem Ereignis versteht man einen Vorgang in Access, auf den eine Aktion erfolgen kann. Diese Aktion können Sie selbst bestimmen. Ein typisches Beispiel für ein Ereignis ist zum Beispiel das Öffnen einer Datenbank oder eines Formulars.

Ereignisse sind vor allem dann interessant, wenn Sie Formulare und Berichte automatisieren möchten. So können Sie in Formularen beispielsweise auf bestimmte Eingaben der Anwender reagieren.

- Wie kann ich Ereignisse in Formularen einstellen?
- Wie kann ich den Zugriff auf ein bestimmtes Formular einschränken?
- Wie setze ich den Fokus auf ein bestimmtes Formularfeld?
- Wie prüfe ich eine verknüpfte Tabelle des Formulars?
- Wie kann ich einen Countdown programmieren?
- Wie kann ich beim Laden eines Formulars ein Listenfeld füllen?
- Wie blende ich Felder dynamisch ein und aus?
- Wie kann ich die Neuanlage von Sätzen überwachen?
- Wie zeichne ich Änderungen an bestehendem Datenmaterial auf?
- Wie kann ich Eingaben von Anwendern überprüfen?
- Wie kann ich Felder mit Vorgabewerten belegen?
- Wie kann ich die Löschung bestimmter Datensätze verhindern?
- Wie kann ich Maßnahmen lückenlos dokumentieren?
- Wie kann ich Formulare für den Verkaufsraum vorbereiten?
- Wie kann ich Steuerelemente bei Bedarf hervorheben?
- Wie werden Ereignisse der Reihenfolge nach ausgelöst?

Die Themen dieses Kapitels

Alle Prozeduren und Funktionen aus diesem Kapitel finden Sie auf der CD-ROM zum Buch im Ordner KAP09 unter dem Namen NORDWIND.MDB. Öffnen Sie dazu das MODUL1.

In Formularen können Sie eine ganze Reihe von Ereignissen einstellen, die Sie auf die Basis des Formulars oder auch auf einzelne Steuerelemente aufsetzen können. Standardmäßig werden in Access keine Ereignisse aktiviert, Sie müssen sie daher nach Bedarf selber aktivieren.

9.1 Das Ereignis Form_Open

Das Ereignis Open tritt dann ein, wenn Sie ein Formular aufrufen. Damit ist genau der Zeitpunkt gemeint, bevor der erste Datensatz angezeigt wird. Dieses Ereignis können Sie einsetzen, um Initialisierungsarbeiten im Formular bzw. Vorbelegungen einiger Steuerelemente vorzunehmen.

9.1.1 Zugang zu einem Formular einrichten

Mithilfe des Ereignisses Open können Sie beispielsweise eine Art Zugangsschutz für ein Formular einrichten. Dabei können Sie beim Öffnen eines Formulars über eine API-Funktion den Namen des Anwenders abfragen und in Abhängigkeit davon entweder den Zugang zulassen oder das Formular wieder schließen. Um diese Aufgabe umzusetzen, legen Sie eine neue Prozedur auf Modulebene an, die Sie in Listing 9.1 sehen können.

Listing 9.1: Anwendernamen beim Öffnen eines Formulars abfragen

```
Declare Function GetUserName Lib _
  "advapi32.dll" Alias _
  "GetUserNameA" (ByVal lpBuffer As String, _
  nSize As Long) As Long
```

Bei der Prozedur aus Listing 9.1 handelt es sich um eine API-Funktion, zu der Sie in Kapitel 10 noch weitere Beispiele finden.

STEP Stellen Sie jetzt das Ereignis Open im Formular PERSONAL ein, indem Sie folgende Arbeitsschritte befolgen:

1. Gehen Sie in die Entwurfsansicht des Formulars, in dem Sie das Ereignis einstellen möchten.
2. Klicken Sie mit der rechten Maustaste auf eine freie Stelle des Formulars, und wählen Sie den Befehl EIGENSCHAFTEN aus dem Kontextmenü.
3. Setzen Sie den Mauszeiger in die Zeile BEIM ÖFFNEN, und klicken Sie das Symbol mit den drei Punkten ganz rechts in der Zeile.
4. Im Dialogfeld GENERATOR AUSWÄHLEN wählen Sie den Eintrag CODE-GENERATOR und bestätigen mit OK.
5. Erfassen Sie dann die folgende Ereignisprozedur oder sehen in der Beispieldatenbank im Formular PERSONAL nach:

Listing 9.2: Das Ereignis Open einsetzen, um den angemeldeten Anwender zu überprüfen

```
Private Sub Form_Open(Cancel As Integer)
  Dim strID As String
  Dim lngSize As Long
  Dim lngAns As Long
```

```
    lngSize = 8
    strID = "        "
    lngAns = GetUserName(strID, lngSize)
    If strID <> "Held" Then _
        DoCmd.Close acForm, "Personal"
End Sub
```

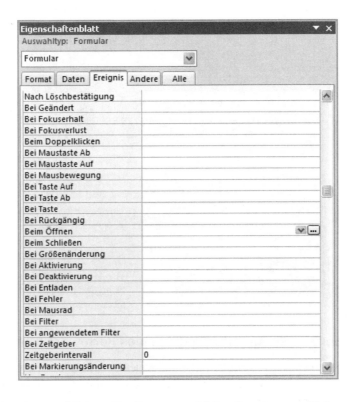

Abbildung 9.1:
Das Ereignis Open einstellen

Über die API-Funktion GetUser können Sie den angemeldeten Benutzer ermitteln. In einer anschließenden Abfrage stellen Sie fest, ob der berechtigte Anwender HELD versucht, das Formular PERSONAL zu öffnen. Wenn es sich dabei um einen anderen Anwender handelt, dann schließen Sie das Formular über die Methode Close.

9.1.2 Fokus auf bestimmtes Formularfeld setzen

Im folgenden Beispiel benutzen Sie das Ereignis Open, um nach dem Anzeigen eines Formulars den Mauszeiger in ein bestimmtes Datenfeld zu setzen. So setzen Sie den Mauszeiger im Formular ARTIKEL nach dem Öffnen in das Feld EINZELPREIS. Den Code für diese Aufgabe entnehmen Sie Listing 9.3.

Listing 9.3: Das Ereignis Open einsetzen, um auf ein bestimmtes Feld zu positionieren

```
Private Sub Form_Open(Cancel As Integer)
  Me.Einzelpreis.SetFocus
End Sub
```

Mithilfe des Schlüsselwortes Me haben Sie Zugriff auf alle Steuerelemente des aktiven Formulars. So können Sie auch das Steuerelement EINZELPREIS ansprechen und über die Methode SetFocus den Mauszeiger in das Feld setzen.

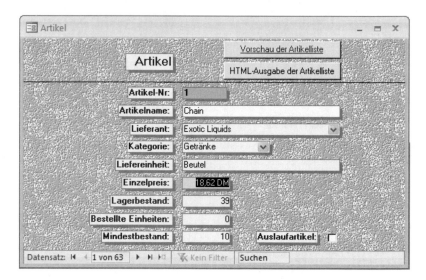

Abbildung 9.2: Das Feld EINZELPREIS nach dem Öffnen des Formulars fokussieren

9.1.3 Verknüpfte Tabelle eines Formulars prüfen

Haben Sie ein Formular mit einer Tabelle verknüpft und möchten Sie beim Öffnen prüfen, ob sich Datensätze in der verknüpften Tabelle befinden, setzen Sie die Prozedur aus Listing 9.4 hinter dem Formular ARTIKEL ein.

Listing 9.4: Das Ereignis Open einsetzen, um eine verknüpfte Tabelle zu überprüfen

```
Private Sub Form_Open(Cancel As Integer)
  Dim db As Database
  Dim rst As Recordset
  Set db = CurrentDb
  Set rst = db.OpenRecordset("Artikel3", dbOpenDynaset)
  If rst.RecordCount = 0 Then
    MsgBox "Es sind keine Daten in der Tabelle!"
    rst.Close
    Set db = Nothing
    Exit Sub
    End
  End If
  rst.Close
  Set db = Nothing
End Sub
```

Mithilfe der Methode `CurrentDB` können Sie den Namen der momentan geöffneten Datenbank ermitteln. Öffnen Sie danach die verknüpfte Tabelle, und überprüfen Sie, ob in ihr überhaupt Datensätze vorhanden sind. Ist dies der Fall, meldet die Eigenschaft `RecordCount` einen Wert > 0. In diesem Fall können Sie das Ereignis weiter fortführen und die Tabelle und Verbindung beenden. Im anderen Fall geben Sie eine Meldung auf dem Bildschirm aus, schließen die Tabelle, beenden die Verbindung und springen mit der Anweisung `Exit Sub` aus dem Ereignis.

9.2 Das Ereignis Form_Close

Das Ereignis `Close` tritt ein, wenn ein Formular geschlossen wurde und nicht mehr angezeigt wird. Das Schließen eines Formulars können Sie nicht über VBA verhindern.

9.2.1 Weitere Formulare und Tabellen schließen

Sicherheitshalber können Sie beim Schließen eines Formulars eventuell geöffnete Tabellen und Formulare automatisch schließen, indem Sie das Ereignis `Form_Close` einsetzen. Das folgende Beispiel schließt nach dem Beenden des Formulars LIEFERANTEN die Formulare ARTIKEL und ARTIKELLISTE.

Listing 9.5: Das Ereignis `Close` einsetzen, um mehrere geöffnete Formulare gleichzeitig zu schließen

```
Private Sub Form_Close()
  If IsLoaded("Artikelliste") Then _
    DoCmd.Close acForm, "Artikelliste"
  If IsLoaded("Artikel") Then _
    DoCmd.Close acForm, "Artikel"
  Requery
End Sub
```

Mithilfe der Eigenschaft `IsLoaded` können Sie überprüfen, ob ein bestimmtes Access-Objekt noch geöffnet ist. Wenn ja, dann wird der Wert `True` gemeldet. In diesem Fall wenden Sie die Methode `Close` an, um das Formular zu schließen.

Beim Einsatz der Methode `Close` verwenden Sie als Konstante `acForm`, um ein Formular zu beenden. Handelt es sich um eine Tabelle, die Sie schließen möchten, setzen Sie die Konstante `acTable` ein.

Die Ereignisprozedur aus Listing 9.5 können Sie noch etwas flexibler machen: Dazu stellen Sie im Formular STÖRUNG das Ereignis `Form_Close` ein. Wenn Sie dann dieses Formular schließen, werden alle noch geöffneten Formulare geschlossen.

Listing 9.6: Das Ereignis Close einsetzen, um alle noch geöffneten Formulare zu schließen

```
Private Sub Form_Close()
  Dim objAcc As AccessObject
  Dim dbs As Object

  Set dbs = Application.CurrentProject
  For Each objAcc In dbs.AllForms
    If objAcc.IsLoaded = _
      True And objAcc.Name <> "Störung" Then
        DoCmd.Close acForm, objAcc.Name
    End If
  Next objAcc
End Sub
```

Im Objekt `CurrentProject` sind alle in der Datenbank befindlichen Tabellen, Formulare und Abfragen enthalten. Im Auflistungsobjekt `AllForms` finden Sie alle Formulare, die es in der Datenbank gibt. Da es sich dabei um geöffnete wie auch geschlossene Formulare handeln kann, prüfen Sie diese mithilfe der Eigenschaft `IsLoaded`. Damit es zu keinem Programmfehler kommt, müssen Sie das Formular STÖRUNG von dieser Auflistung vorab ausnehmen. Schließen Sie die geöffneten Formulare, indem Sie die Methode `Close` einsetzen, der Sie die Konstante `acForm` sowie den Namen des geöffneten Formulars übergeben.

9.2.2 Countdown programmieren

Stellen Sie sich vor, Sie haben die Möglichkeit, mithilfe von Ereignissen einen schönen Countdown zu programmieren. So programmieren Sie im nächsten Beispiel das Formular LIEFERANTEN so, dass es nach ca. fünf Sekunden automatisch das dazugehörige Formular ARTIKEL schließt.

Diesen Countdown stellen Sie ein, indem Sie beim Schließen des Formulars LIEFERANTEN »den Zeitzünder scharf machen«. Dabei geben Sie folgendes Ereignis ein.

Listing 9.7: Das Ereignis Close einsetzen, um einen Countdown aufzusetzen

```
Sub Form_Close()
  Forms("Artikel").TimerInterval = 5000
End Sub
```

Mit der Eigenschaft `TimerInterval` können Sie in Millisekunden die Länge des Intervalls angeben, das zwischen zwei `Timer`-Ereignissen eines Formulars liegen soll.

Stellen Sie nun auf der anderen Seite im Formular ARTIKEL folgendes Ereignis ein.

Listing 9.8: Das Ereignis Form_Timer einsetzen, um nach fünf Sekunden ein Formular zu schließen

```
Sub Form_Timer()
  Me.TimerInterval = 0
  MsgBox "Zeit abgelaufen!"
  DoCmd.Close acForm, "Artikel"
End Sub
```

Setzen Sie die Eigenschaft `TimerInterval` auf den Wert 0. Rufen Sie danach testweise beide Formulare auf, und beenden Sie dann das Formular LIEFERANTEN. Gedulden Sie sich fünf Sekunden, und sehen Sie zu, wie auch das Formular ARTIKEL wie von Zauberhand geschlossen wird.

9.2.3 Öffnen nach Schließen

Eine weitere Idee, wie Sie das Ereignis `Close` in der Programmierung einsetzen können, ist folgende: Starten Sie nach dem Schließen eines bestimmten Formulars ein anderes!

Im nächsten Beispiel starten Sie nach dem Schließen des Formulars PERSONAL aus der Datenbank NORDWIND.MDB das Startformular HAUPTÜBERSICHT. Klemmen Sie dazu das Ereignis `Close` hinter das Formular PERSONAL.

Listing 9.9: Das Ereignis Form_Close einsetzen, um ein anderes Formular zu öffnen

```
Private Sub Form_Close()
  DoCmd.OpenForm "Hauptübersicht"
End Sub
```

Wenden Sie die Methode `OpenForm` an, um das Startformular HAUPTÜBERSICHT zu starten.

9.3 Das Ereignis Form_Load

Das Ereignis `Load` tritt ein, wenn ein Formular geöffnet und dessen Datensätze angezeigt werden. Dabei wird dieses Ereignis in der zeitlichen Reihenfolge vor dem Ereignis `Open` abgewickelt. Wenn Sie daher auf Werte bestimmter Datenfelder reagieren möchten, die nach dem Ereignis zur Verfügung stehen, dann ist dieses Ereignis das richtige.

9.3.1 Beim Laden des Formulars ein Listenfeld füllen

Im folgenden Beispiel wird im Listenfeld des FORMULAR3 der letzte Eintrag markiert. Dabei setzen Sie die beiden Ereignisse `Open` und `Load` nacheinander ein. Im ersten Schritt füllen Sie das Listenfeld innerhalb des Ereignisses `Open`, danach markieren Sie den letzten Eintrag innerhalb des Ereignisses `Load`.

Listing 9.10: Das Ereignis Open einsetzen, um ein Listenfeld zu füllen

```
Private Sub Form_Open(Cancel As Integer)
  Dim cat As ADOX.Catalog
  Dim tbiTabInfo  As ADOX.Table

  Set cat = New ADOX.Catalog
  cat.ActiveConnection = _
    CurrentProject.Connection

  For Each tbiTabInfo In cat.Tables
    With tbiTabInfo
      If .Type = "TABLE" Then
        Me!Tabellenliste.AddItem .Name
      End If
    End With
  Next

  Set cat = Nothing
End Sub
```

Im Anschluss daran setzen Sie die Markierung im Listenfeld auf den letzten Eintrag.

Listing 9.11: Das Ereignis Load einsetzen, um einen Listenfeldeintrag zu positionieren

```
Private Sub Form_Load()
  Dim i As Integer

  i = Me.Tabellenliste.ListCount
  Me.Tabellenliste.Selected(i - 1) = True
End Sub
```

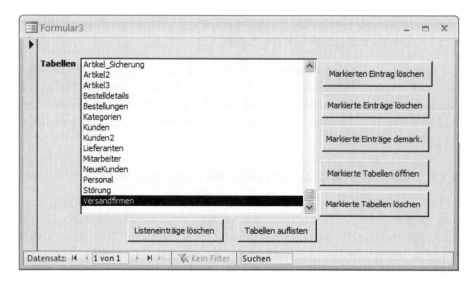

Abbildung 9.3: Der letzte Eintrag im Listenfeld wird markiert.

Mithilfe der Eigenschaft `ListCount` ermitteln Sie die Anzahl der Einträge im Listenfeld TABELLENLISTE. Da die Zählung bei Null anfängt, also der erste Eintrag im Listenfeld den Index 0 hat, müssen Sie vom letzten Eintrag des Listenfeldes den Wert 1 subtrahieren. Über die Eigenschaft `Selected` markieren Sie einen bestimmten Eintrag im Listenfeld. So markiert die Anweisung `Me.Tabellenliste.Selected(0) = True` den ersten Eintrag im Listenfeld und die Anweisung `Me.Tabellenliste.Selected(i - 1) = True` den letzten Eintrag.

9.4 Das Ereignis Form_Current

Das Ereignis `Current` tritt ein, wenn der Fokus auf einen Datensatz verschoben wird, der somit zum aktuellen Datensatz wird. Es tritt außerdem ein, wenn das Formular aktualisiert bzw. erneut abgefragt wird.

9.4.1 Letzter Datensatz erreicht?

Im nächsten Beispiel soll eine Meldung im Formular ARTIKEL ausgegeben werden, wenn Sie durch die einzelnen Datensätze blättern und am letzten Satz angekommen sind.

Listing 9.12: Das Ereignis `Current` einsetzen, um den letzten Satz in einem Formular zu ermitteln

```
Private Sub Form_Current()
  If Me.RecordsetClone.RecordCount _
    = Me.CurrentRecord Then MsgBox _
    "Letzter Satz erreicht!"
End Sub
```

Mit der Eigenschaft `RecordsetClone` stellen Sie eine Kopie der Abfrage oder Tabelle her, die dem Formular zugrunde liegt und von der Einstellung der Eigenschaft `RecordSource` des Formulars festgelegt wird. Mit dieser Kopie können Sie jetzt machen, was Sie wollen, ohne dass Sie damit Schaden anrichten können. Wenden Sie die Eigenschaft `RecordCount` an, um die Anzahl der hinterlegten Datensätze zu erfragen. Diese Anzahl vergleichen Sie dann mit dem momentan eingestellten Datensatz im Formular. Im Fall, dass der letzte Datensatz erreicht ist, geben Sie eine Meldung aus.

Im nächsten Beispiel können Sie aktiv dafür sorgen, dass nach dem Weiterblättern zum nächsten Satz der Fokus in ein bestimmtes Textfeld gesetzt und eine Listbox aktualisiert wird.

Listing 9.13: Das Ereignis Current einsetzen, um den Mauszeiger auf ein Feld zu setzen

```
Private Sub Form_Current()
  Me!TextFeldName.SetFocus
  Me!ListBoxName.Requery
End Sub
```

Die Methode SetFocus setzen Sie ein, um den Fokus auf ein bestimmtes Steuerelement im Formular zu setzen. Über die Methode Requery führen Sie die Abfrage, auf der das Formular oder Steuerelement basiert, nochmals durch. Es findet sozusagen eine Aktualisierung des Steuerelementes statt.

> **INFO**
> Die Methode Requery aktualisiert die einem Formular oder Steuerelement zugrunde liegenden Daten, um Datensätze anzuzeigen, die neu sind oder seit der letzten Abfrage aus der Datensatzquelle gelöscht wurden. Die Methode Refresh zeigt nur Änderungen, die an den aktuellen Datensätzen vorgenommen wurden, und keine neuen oder in der Datensatzquelle gelöschten Datensätze. Die Methode Reprint aktualisiert lediglich das angegebene Formular und dessen Steuerelemente.

9.4.2 Felder ein- und ausblenden

In Abhängigkeit bestimmter Datenfelder im Formular können Sie andere Formularfelder ein- und ausblenden. Im folgenden Beispiel wurde im Formular PERSONAL das Feld POSITION überwacht. Dabei soll die Telefonnummer dann ausgeblendet werden, wenn im Feld POSITION der Eintrag GESCHÄFTSFÜHRER steht. Die Lösung für diese Aufgabe können Sie in Listing 9.14 sehen.

Listing 9.14: Das Ereignis Current einsetzen, um Felder ein- und auszublenden

```
Private Sub Form_Current()
  If Me!Position = "Geschäftsführer" Then
    Me![Durchwahl Büro].Visible = False
  Else
    Me![Durchwahl Büro].Visible = True
  End If
End Sub
```

Mithilfe der Eigenschaft Visible können Sie ein Feld ausblenden, indem Sie dieser Eigenschaft den Wert False zuweisen.

> **STOP**
> Achten Sie bei Datenfeldern, die Leerzeichen im Feldnamen beinhalten, darauf, dass Sie den Feldnamen in eckige Klammern setzen.

Das Ereignis Form_Current

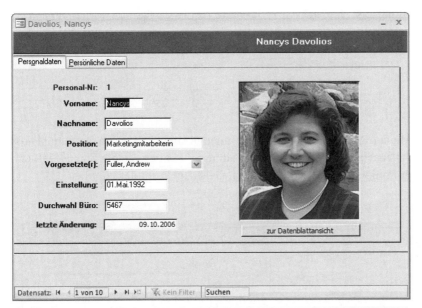

Abbildung 9.4:
Je nach Position Felder ein- und ausblenden

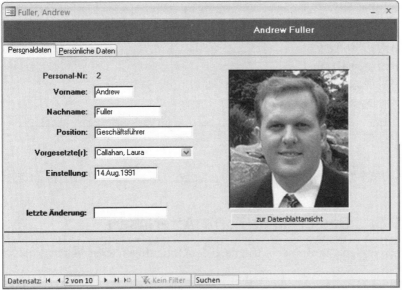

9.4.3 Titelleiste dynamisch verändern

Wenn Sie bei derselben Abfrage bleiben, können Sie sich überlegen, welche Informationen Sie in der Titelleiste des Formulars anzeigen möchten. Standardmäßig wird hierbei der Name des Formulars angezeigt. Möglich wäre aber auch, den Namen des jeweiligen Mitarbeiters anzuzeigen. Im Falle, dass ein neuer Satz angelegt wird, können Sie einen flexiblen Text in der Titelleiste ausgeben.

Listing 9.15: Das Ereignis Current einsetzen, um die Titelleiste eines Formulars zu füllen

```
Private Sub Form_Current()
  If Me.NewRecord Then
    Me.Caption = "Neueinstellung " & Date
  Else
    Me.Caption = Me!Nachname & ", " & Me!Vorname
  End If
End Sub
```

Mit der Eigenschaft NewRecord können Sie überprüfen, ob der aktuell ausgewählte Datensatz neu ist. Ist dies der Fall, dann können Sie die Eigenschaft Caption des Formulars verwenden, um die Titelleiste im Formular zu füllen.

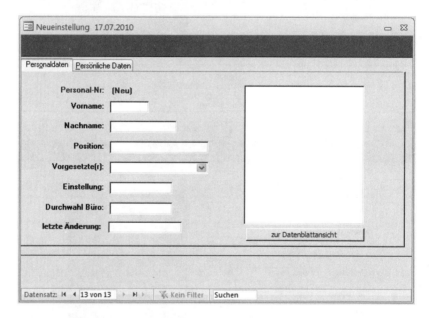

Abbildung 9.5: Variable Titel in Formulare einsetzen

9.5 Das Ereignis Form_AfterInsert

Das Ereignis AfterInsert tritt nach dem Hinzufügen eines neuen Datensatzes ein.

9.5.1 Reaktion auf die Anlage eines neuen Satzes

Stellen Sie sich vor, Sie verwalten Ihre Kunden in einer Datenbank. Dabei fügen Sie täglich neue Kunden hinzu. Jetzt wäre es gut, wenn Access die neu angelegten Kunden in einer separaten Tabelle speichern könnte. Sie können dann leicht die neuen Kunden mit einer E-Mail-Aktion oder einem persönlichen Schreiben willkommen heißen.

Möchten Sie auf die Anlage eines neuen Satzes reagieren, legen Sie zunächst eine Tabelle nach folgendem Format an:

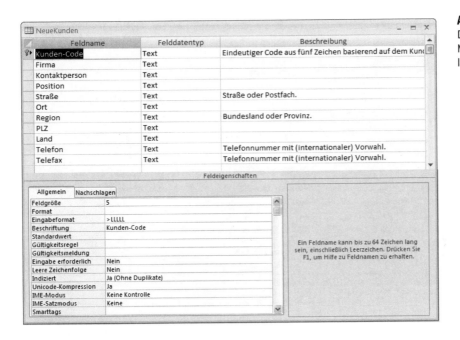

Abbildung 9.6:
Die Tabelle, um die Neukunden zusätzlich zu speichern

Setzen Sie danach die Prozedur aus Listing 9.16 ein.

Listing 9.16: Das Ereignis AfterInsert einsetzen, um auf eine Neuanlage eines Satzes zu reagieren

```
Private Sub Form_AfterInsert()
  Dim con As New ADODB.Connection
  Dim rst As ADODB.Recordset

  If Me.NewRecord = False Then
    MsgBox "Neuer Satz!"
    Set con = CurrentProject.Connection
    Set rst = New ADODB.Recordset
    rst.Open "NeueKunden", con, adOpenKeyset, _
      adLockOptimistic
    rst.AddNew
    rst![Kunden-Code] = Me![Kunden-Code]
    rst!Firma = Me!Firma
    rst!Kontaktperson = Me!Kontaktperson
    rst!Position = Me!Position
    rst!Straße = Me!Straße
    rst!Ort = Me!Ort
    rst!Region = Me!Region
    rst!PLZ = Me!PLZ
    rst!Land = Me!Land
    rst.Update
    rst.Close
    Set rst = Nothing
    Set con = Nothing
  End If
End Sub
```

Abbildung 9.7:
Der neue Kunde

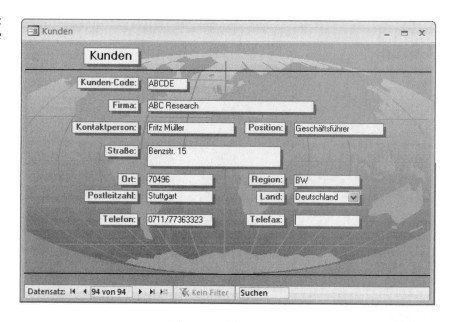

Nachdem Sie Ihre Eingaben über das Menü DATENSÄTZE und den Befehl DATENSATZ SPEICHERN gesichert haben, überprüfen Sie mithilfe der Eigenschaft NewRecord, ob der erfasste Datensatz ein Neuzugang ist. Wenn ja, stellen Sie die Verbindung zur Tabelle NEUEKUNDEN her. Legen Sie über die Methode AddNew einen neuen Satz in der Tabelle an und übertragen die Felder aus dem Formular KUNDEN in die Tabelle. Vergessen Sie dabei nicht, die Methode Update am Ende des Übertragungsvorganges anzugeben. Damit wird der Satz endgültig in der Tabelle gespeichert. Schließen Sie danach die Tabelle über die Methode Close und heben die Objektverknüpfung auf.

Abbildung 9.8:
Das Ergebnis: Die Neukunden sind in einer separaten Tabelle zusätzlich abgelegt.

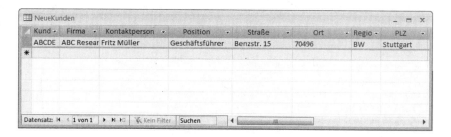

9.6 Das Ereignis Form_BeforeInsert

Das Ereignis BeforeInsert tritt auf, wenn der Benutzer das erste Zeichen in einen neuen Datensatz eingibt, jedoch bevor der entsprechende Datensatz tatsächlich erstellt wird. Dieses Ereignis können Sie beispielsweise einsetzen, um bestimmte Felder im Formular automatisch vorzubelegen.

9.6.1 Felder automatisch vorbelegen

Im nächsten Beispiel werden Sie im Formular KUNDEN während der Anlage eines neuen Kunden die Felder REGION und LAND automatisch füllen. Gehen Sie davon aus, dass diese beiden Felder nahezu immer dem zuletzt angelegten Datensatz entsprechen, da Sie gewöhnlich alle Kunden aus einem Land bzw. einer Region nacheinander eingeben.

Listing 9.17: Das Ereignis `BeforeInsert` einsetzen, um bei einer Neuanlage eines Satzes Felder vorzubelegen (dynamische Werte)

```
Sub Form_BeforeInsert(Cancel As Integer)
   [Region] = DLast("[Region]", "Kunden")
   [Land] = DLast("[Land]", "Kunden")
End Sub
```

Mithilfe der Methode `DLast` können Sie den zuletzt eingegebenen Datensatz in einer Tabelle ermitteln und beispielsweise in ein Formular übertragen.

Die Methode `DLast` hat folgende Syntax:

Die Syntax der Methode `DLast`

`DLast(Ausdruck, Domäne, Kriterien)`

Im Argument `Ausdruck` geben Sie das Datenfeld der Tabelle an, die Sie abfragen möchten. Beim Argument `Domäne` erfassen Sie den Namen der Tabelle, die mit dem Formular verknüpft ist. Über das Argument `Kriterien` können Sie noch ein Kriterium einstellen, das die Suche nach dem letzten dem Kriterium entsprechenden Satz ermöglicht.

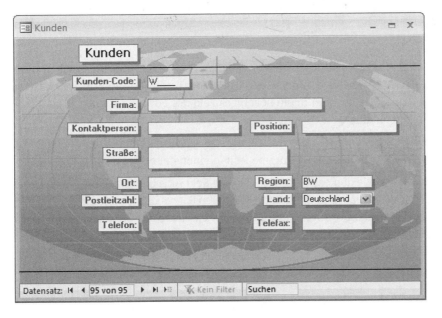

Abbildung 9.9: Nach der Eingabe des ersten Buchstabens werden bestimmte Felder vorbelegt.

Neben der Methode `DLast` gibt es weitere Methoden, über die Sie Ihre Datenbestände abfragen können. Entnehmen Sie diese der folgenden Tabelle:

Methode	Beschreibung
DFirst	Ermittelt den ersten Datensatz einer Tabelle/Abfrage, der einem bestimmten Kriterium entspricht
DLookup	Ermittelt den Wert eines Feldes einer Tabelle/Abfrage, der einem bestimmten Kriterium entspricht
DMax	Ermittelt den größten Wert eines Feldes in einer Tabelle/Abfrage
DMin	Ermittelt den kleinsten Wert eines Feldes in einer Tabelle/Abfrage
DAvg	Ermittelt den Mittelwert der Datensätze einer Datensatzgruppe
DCount	Ermittelt die Anzahl der Datensätze einer Datensatzgruppe
DSum	Ermittelt die Summe der Datensätze einer Datensatzgruppe
DStDEv	Ermittelt die Standardabweichung einer Gruppe von Werten in einer Datensatzgruppe
DVar	Ermittelt die Varianz einer Gruppe von Werten in einer Datensatzgruppe

Tabelle 9.1: Die Suchmethoden von Access

Selbstverständlich können Sie die Standardwerte von Datenfeldern in Formularen auch konstant definieren.

Listing 9.18: Das Ereignis `BeforeInsert` einsetzen, um bei einer Neuanlage eines Satzes Felder vorzubelegen (Festwerte)

```
Sub Form_BeforeInsert(Cancel As Integer)
  [Region] = "BW"
  [Land] = "Deutschland"
End Sub
```

Indem Sie die gewünschten Vorbelegungstexte in Anführungszeichen direkt den Feldern zuweisen, können Sie diese sofort in die Formularfelder füllen lassen, sobald der Anwender in ein beliebiges Feld des Formulars einen Wert bzw. Buchstaben eingibt.

Einen Schritt weiter geht die folgende Prozedur. Sie überträgt den ersten Datensatz im Formular immer automatisch in einen neuen Satz.

Nachdem Sie den ersten Buchstaben im Feld ARTIKELNAME eingegeben haben, sollen nun automatisch die Inhalte des ersten Satzes in die verknüpften Tabelle ARTIKEL übertragen werden. Für diesen Fall setzen Sie das Ereignis `Form_BeforeInsert` aus Listing 9.19 ein.

Das Ereignis Form_BeforeInsert

Abbildung 9.10:
Der Normalzustand vor der Anlage eines neuen Satzes

Listing 9.19: Das Ereignis `BeforeInsert` einsetzen, um bei einer Neuanlage eines Satzes Felder vorzubelegen (aus erstem Datensatz)

```
Private Sub Form_BeforeInsert(Cancel As Integer)
  Dim rst As Recordset
  Dim ctl As Object
  Dim i As Integer

  Set rst = Me.RecordsetClone
  If rst.RecordCount > 0 Then
    rst.MoveFirst
    Me.Artikelname = rst!Artikelname
    Me.Lieferanten_Nr = rst![Lieferanten-Nr]
    Me.Kategorie_Nr = rst![Kategorie-Nr]
    Me.Liefereinheit = rst!Liefereinheit
    Me.Einzelpreis = rst!Einzelpreis
    Me.Lagerbestand = 10
    Me.BestellteEinheiten = 10
    Me.Mindestbestand = 5
    Me.Auslaufartikel = False
  End If
End Sub
```

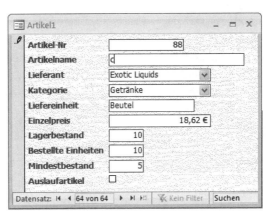

Abbildung 9.11:
Das Formular automatisch befüllen

9.6.2 Eingabemöglichkeit beschränken

Stellen Sie sich vor, Sie müssen eine Personaltabelle über ein Formular füllen. Vom Personalbüro haben Sie die Anweisung bekommen, bei einer Neuanlage eines Mitarbeiters zu reagieren. Da momentan ein Neueinstellungsstopp verordnet wurde, soll die derzeitige Anzahl der Mitarbeiter (10) in der Datenbank nicht erhöht werden.

Listing 9.20: Das Ereignis `BeforeInsert` einsetzen, um eine Eingabebeschränkung einzuführen

```
Private Sub Form_BeforeInsert(Cancel As Integer)
  If DCount("[Personal-Nr]", "Personal") > 10 _
    Then MsgBox "Rücksprache halten"
End Sub
```

Wird mithilfe der Methode `DCount` eine Anzahl der Mitarbeiter > 10 gemeldet, erscheint eine Meldung auf dem Bildschirm.

9.7 Das Ereignis Form_BeforeUpdate

Das Ereignis `BeforeUpdate` tritt auf, bevor geänderte Daten in einem Datensatz aktualisiert werden.

9.7.1 Rückfrage einholen

Das Ereignis `BeforeUpdate` können Sie einsetzen, um vor dem Speichern eines neuen Datensatzes bzw. einer Änderung eines bereits angelegten eine Rückfrage einzuholen.

Listing 9.21: Das Ereignis `BeforeUpdate` einsetzen, um eine Speicher-Rückfrage einzuholen

```
Private Sub Form_BeforeUpdate(Cancel As Integer)
  If MsgBox("Möchten Sie wirklich speichern?", _
    vbYesNo, "Speichern bestätigen") <> vbYes Then
    Cancel = True
    Me.Undo
  End If
End Sub
```

Fragen Sie über eine `MsgBox` ab, ob der veränderte Wert auch tatsächlich zurückgeschrieben werden soll. Ist dies nicht der Fall, dann wenden Sie die Methode `Undo` an, um den ursprünglichen Wert wieder einzustellen.

Das Ereignis Form_BeforeUpdate

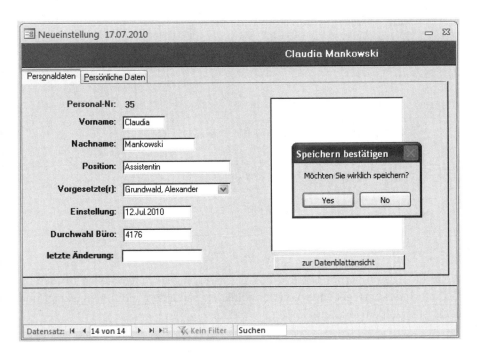

Abbildung 9.12:
Rückfrage bei Änderungen am Datenbestand einholen

9.7.2 Eingaben prüfen

Das Ereignis Form_BeforeUpdate können Sie unter anderem gut einsetzen, wenn Sie Eingaben in Formularfeldern kontrollieren möchten. In der Beispieldatenbank NORDWIND.MDB im Formular LIEFERANTEN ist für dieses Ereignis bereits ein Beispiel vorgegeben.

Listing 9.22: Das Ereignis BeforeUpdate einsetzen, um Postleitzahlen zu überprüfen

```
Private Sub Form_BeforeUpdate(Cancel As Integer)

  Select Case Me!Land

    Case IsNull(Me![Land])
      Exit Sub

    Case "Frankreich", "Italien", "Spanien", _
      "Deutschland"
      If Len(Me![Postleitzahl]) <> 5 Then
        MsgBox "PLZ muss 5 Zeichen lang sein.", _
          0, "Postleitzahlenfehler"
        Cancel = True
        Me![Postleitzahl].SetFocus
      End If

    Case "Australien", "Singapur"
      If Len(Me![Postleitzahl]) <> 4 Then
```

```
            MsgBox "PLZ muss 4 Zeichen lang sein.", _
               0, "Postleitzahlenfehler"
            Cancel = True
            Me![Postleitzahl].SetFocus
         End If

      Case "Kanada"
         If Not Me![Postleitzahl] Like _
           "[A-Z][0-9][A-Z] [0-9][A-Z][0-9]" Then
            MsgBox "PLZ ist ungültig." & _
               "Beispiel für kanadische PLZ: " _
               & "H1J 1C3", 0, "Postleitzahlenfehler"
            Cancel = True
            Me![Postleitzahl].SetFocus
         End If

   End Select
End Sub
```

Wenn die Anzahl der im Textfeld POSTLEITZAHL eingegebenen Stellen für den im Textfeld LAND eingegebenen Wert ungültig ist, soll eine Meldung angezeigt und der Postleitzahlenwert zurückgesetzt werden.

9.7.3 Eingabe in Formularfeld erzwingen

Ein ähnliches Beispiel ist auch folgendes: Sie wollen die Eingabe in ein Formularfeld erzwingen. Dazu setzen Sie die Ereignisprozedur aus Listing 9.23 ein.

Listing 9.23: Das Ereignis BeforeUpdate einsetzen, um eine Eingabe zu erzwingen

```
Private Sub Form_BeforeUpdate(Cancel As Integer)
   If IsNull(Me.Position) Then
      MsgBox "Geben Sie eine Position ein!"
      Cancel = True
   End If
End Sub
```

Mithilfe der Funktion IsNull können Sie überprüfen, ob in einem Feld eine Eingabe vorgenommen wurde. Wenn nicht, dann machen Sie den Anwender mit einer Bildschirmmeldung darauf aufmerksam.

9.7.4 Letztes Änderungsdatum anzeigen

Im nächsten Beispiel sollen Sie die Änderungen am Datenbestand dokumentieren. Fügen Sie dazu in die Tabelle PERSONAL der Datenbank NORDWIND.MDB ein zusätzliches Feld ein, dem Sie den Namen LETZTEÄNDERUNG geben. Definieren Sie dieses Feld als Datumstyp.

Fügen Sie danach noch ein neues Feld in das Formular PERSONAL ein und hinterlegen das Ereignis Form_BeforeUpdate.

Listing 9.24: Das Ereignis `BeforeUpdate` einsetzen, um das letzte Änderungsdatum festzuhalten

```
Private Sub Form_BeforeUpdate(Cancel As Integer)
  Me!LetzteÄnderung = Date
End Sub
```

Fügen Sie mithilfe der Funktion `Date` das aktuelle Tagesdatum in das Formularfeld LETZTEÄNDERUNG ein.

Das Änderungsdatum wird dann eingefügt, wenn Sie einen bestehenden Datensatz ändern und zum nächsten weiterblättern bzw. wenn Sie den Datensatz speichern, indem Sie aus dem Menü DATENSÄTZE den Befehl DATENSATZ SPEICHERN wählen.

Das Ereignis wird aber nur dann ausgelöst, wenn Sie tatsächlich eine Änderung vorgenommen haben.

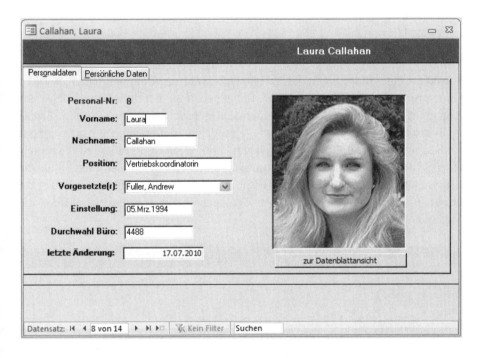

Abbildung 9.13:
Das Änderungsdatum wird gespeichert.

9.7.5 Alle Änderungen am Datenbestand dokumentieren

Im nächsten Schritt werden Sie alle Änderungen, die Sie über ein Formular an einer verknüpften Tabelle vornehmen, in eine Textdatei schreiben. Dabei überschreiben Sie die ursprünglichen Werte des Formulars. Die aktuellen Werte haben Sie dann in der Tabelle und im Formular.

Listing 9.25: Das Ereignis `BeforeUpdate` einsetzen, um die ursprünglichen Werte eines Formulars zu speichern

```
Private Sub Form_BeforeUpdate(Cancel As Integer)
  Dim ctl As Control
  Dim strDatei As String

  Me!LetzteÄnderung = Date
  strDatei = "C:\Eigene Dateien\Änderungen.txt"

  Open strDatei For Append As #1
  Print #1, "Letzte Änderung: " & Me!LetzteÄnderung
    For Each ctl In Me.Controls
      With ctl
        If .ControlType = acTextBox Then
          Print #1, .OldValue
        End If
      End With
    Next ctl
  Close #1
End Sub
```

Sobald Sie eine Änderung in der Tabelle PERSONAL vorgenommen haben, wird im Hintergrund eine Textdatei geöffnet. Dabei geben Sie bei der Methode `Open` das Argument `For Append` an. Damit werden alle Änderungen in der Textdatei jeweils an ihrem Ende angehängt. Schreiben Sie zu Beginn der jeweiligen Änderung das Änderungsdatum mithilfe der Anweisung `Print`. Danach durchlaufen Sie mittels einer Schleife alle Textfelder des Formulars. Innerhalb der Schleife setzen Sie die Eigenschaft `OldValue` ein, um die ursprünglichen Werte vor der Änderung zu ermitteln. Schließen Sie nach dem Schleifenaustritt die Textdatei über die Methode `Close`.

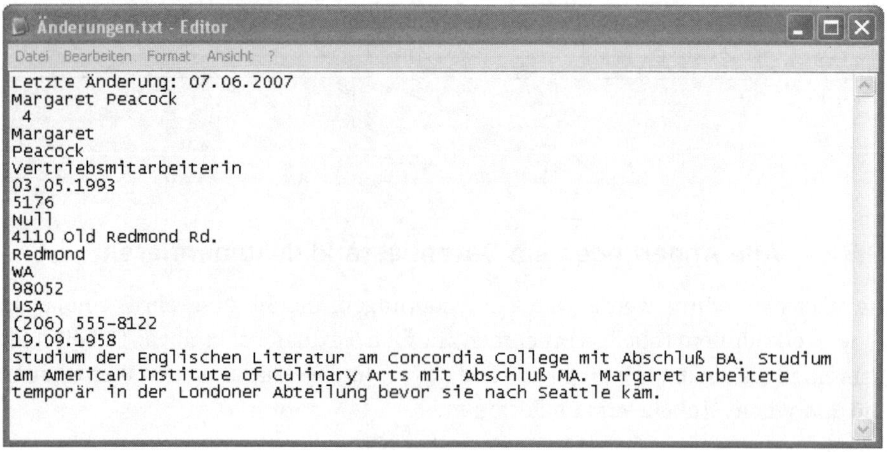

Abbildung 9.14:
Alle Änderungen in einer Textdatei dokumentieren

```
Änderungen.txt - Editor
Datei  Bearbeiten  Format  Ansicht  ?
Letzte Änderung: 07.06.2007
Margaret Peacock
 4
Margaret
Peacock
Vertriebsmitarbeiterin
03.05.1993
5176
Null
4110 Old Redmond Rd.
Redmond
WA
98052
USA
(206) 555-8122
19.09.1958
Studium der Englischen Literatur am Concordia College mit Abschluß BA. Studium
am American Institute of Culinary Arts mit Abschluß MA. Margaret arbeitete
temporär in der Londoner Abteilung bevor sie nach Seattle kam.
```

9.7.6 Neuanlage verhindern

Das Ereignis `Form_BeforeUpdate` können Sie ebenso einsetzen, wenn Sie eine Neuanlage eines Datensatzes über ein Formular verhindern möchten.

Listing 9.26: Das Ereignis `BeforeUpdate` einsetzen, um eine Neuanlage von Sätzen zu verhindern

```
Private Sub Form_BeforeUpdate(Cancel As Integer)
  If Me.NewRecord Then
    MsgBox "Es ist nicht möglich, neue Sätze anzuhängen!"
    Me.Undo
  End If
End Sub
```

Mithilfe der Eigenschaft `NewRecord` können Sie überprüfen, ob ein Satz neu angelegt wurde. In diesem Fall wird der Wert `True` zurückgegeben. Die Methode `Undo` setzen Sie ein, um die ursprünglichen Werte im Formular wiederherzustellen.

9.7.7 Keine Änderungen zulassen

Gehen Sie einen Schritt weiter, und lassen Sie im nächsten Beispiel in Listing 9.27 keine Änderung zu. Auch hier können Sie das Ereignis `Form_BeforeUpdate` einsetzen.

Listing 9.27: Das Ereignis `BeforeUpdate` einsetzen, um die Änderung an Sätzen rückgängig zu machen

```
Private Sub Form_BeforeUpdate(Cancel As Integer)
  If Me.Dirty Then
    MsgBox "Es ist nicht möglich, Sätze zu ändern!"
    Me.Undo
  End If
End Sub
```

Mit der Eigenschaft `Dirty` können Sie ermitteln, ob der aktuelle Datensatz seit dem letzten Speichern verändert wurde. Wenn ja, wenden Sie die Methode `Undo` an, um diese Änderung rückgängig zu machen.

9.8 Das Ereignis Form_AfterUpdate

Das Ereignis `AfterUpdate` tritt in einem Formular dann ein, wenn ein Datensatz aktualisiert wurde.

9.9 Das Ereignis Form_Delete

Das Ereignis `Form_Delete` tritt dann ein, wenn ein Anwender eine Aktion ausführt, z.B. das Drücken der Taste [Entf] zum Löschen eines Datensatzes, bevor der Datensatz tatsächlich gelöscht wird.

9.9.1 Löschung verhindern bei Kriterium

Wenn Sie einen Datensatz aus einem Formular löschen möchten, können Sie dies standardmäßig so machen, dass Sie im Formular dem Anwender entweder eine entsprechende Schaltfläche zur Verfügung stellen, in der Access-Applikation den Menüpunkt DATENSATZ LÖSCHEN wählen oder dem Anwender die Datenblattansicht des Formulars erlauben. In dieser kann dann der entsprechende Datensatz markiert werden, wie in Abbildung 9.15 dargestellt. Durch Drücken der Taste [Entf] kann dieser Datensatz dann gelöscht werden. Haben Sie wichtige Datensätze in Ihrem Datenbestand, die auf keinen Fall gelöscht werden dürfen, können Sie das Argument Cancel des Ereignisses Form_Delete einsetzen, um eine Löschung zu verhindern.

Im folgenden Beispiel darf kein Mitarbeiter aus dem Formular PERSONAL gelöscht werden, dessen Position GESCHÄFTSFÜHRER lautet.

Listing 9.28: Das Ereignis Form_Delete einsetzen, um die Löschung bestimmter Sätze zu verhindern

```
Private Sub Form_Delete(Cancel As Integer)
   If Me!Position = "Geschäftsführer" Then
   MsgBox Me!Position & _
      " können nicht gelöscht werden!"
   Cancel = True
   End If
End Sub
```

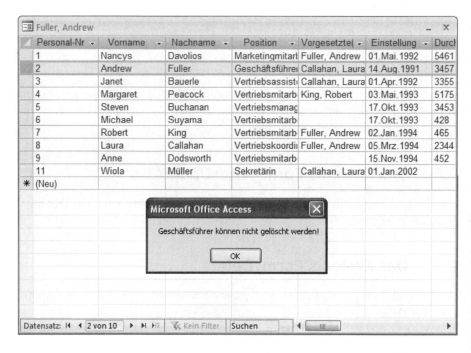

Abbildung 9.15: Geschäftsführer dürfen nicht aus der Datenbank entfernt werden.

9.9.2 Löschung mehrerer Datensätze verhindern

Wenn Sie ein Formular aufrufen und danach die Tastenkombination [Strg] + [A] drücken, sind alle Datensätze im Formular markiert. Ein anschließendes Drücken der Taste [Entf] löscht alle Datensätze, und zwar nicht nur aus dem Formular, sondern selbstverständlich auch aus der verknüpften Tabelle.

Im folgenden Beispiel werden Sie verhindern, dass der Anwender die Möglichkeit bekommt, mehrere Datensätze auf einmal zu löschen.

Dies gelingt Ihnen ganz leicht, wenn Sie die Ereignisprozedur aus Listing 9.29 einsetzen.

Listing 9.29: Das Ereignis `Form_Delete` einsetzen, um eine Komplettlöschung des Datenbestandes zu verhindern

```
Private Sub Form_Delete(Cancel As Integer)
  Static intCount As Integer
  
  If Me.SelHeight > 1 Then
    Cancel = True
    intCount = intCount + 1
    If intCount = Me.SelHeight Or _
      intCount = Me.Recordset.RecordCount Then
      
      MsgBox "Keine Chance zum Löschen!"
      intCount = 0
    End If
  Else
    Debug.Print "Ein gewählter Datensatz wird gelöscht"
  End If
End Sub
```

Mithilfe der Eigenschaft `SelHeight` können Sie die Anzahl der markierten Zeilen (Datensätze) im aktuellen Auswahlrechteck des Datenblattes einer Tabelle, einer Abfrage oder eines Formulars bzw. die Anzahl der markierten Datensätze in einem Endlosformular festlegen oder ermitteln. Diese Eigenschaft meldet einen Wert zurück. Wenn dieser Wert größer null ist, sind mehrere Datensätze markiert. In diesem Fall müssen Sie das Argument `Cancel` auf den Wert `True` setzen, um die Löschaktion für jeden einzelnen Satz abzubrechen. Dabei zählen Sie die Prozeduraufrufe so lange hoch, bis Sie den Prozeduraufruf für den letzten Datensatz erreicht haben. Dann geben Sie eine Bildschirmmeldung aus, die besagt, dass das Löschen so nicht möglich ist. Ansonsten finden keine weiteren Aktionen statt.

Bitte beachten Sie, dass die Variable INTCOUNT als statische Variable deklariert ist. Dies bedeutet, dass die Variable auch nach Verlassen der Prozedur im Speicher verbleibt. Bei erneutem Aufruf der Prozedur enthält die Variable den Wert, den sie beim letzten Verlassen der Prozedur hatte. Beim aller ersten Aufruf der Prozedur enthält die Variable den Wert 0. Die Variable wird erst beim Schließen des Formulars aus dem Speicher entfernt.

Zur Erkennung des Aufrufs für den letzten ausgewählten Datensatz wird die folgende Bedingung geprüft:

`intCount = Me.SelHeight Or intCount = Me.Recordset.RecordCount`

Um dies zu verstehen, müssen Sie wissen, wenn Sie, wie oben beschrieben, alle Datensätze auswählen, ist die Eigenschaft `SelHeight` um den Wert »1« höher als die tatsächliche Anzahl der Datensätze, die Ihr Formular überhaupt besitzt. Offensichtlich wird die leere Datensatzzeile »Neuer Datensatz« am Ende der Datentabelle auch ausgewählt. Hat Ihr Formular beispielsweise »zehn« Datensätze, würden Sie von der Eigenschaft `SelHeight` den Wert »11« zurückgeliefert bekommen. Die Prozedur `Form_Delete` würde allerdings nur zehnmal aufgerufen. Sie würden quasi den letzten Aufruf verpassen. Mit der Bedingung `intCount = Me.Recordset.RecordCount` erreichen Sie, dass Sie auch dann den letzten Aufruf detektieren, wenn `SelHeight` einen höheren Wert zurückliefert als die Anzahl der Datensätze, die Ihr Formular besitzt. Dies tritt wie gesagt nur auf, wenn Sie mit der Tastenkombination [Strg] + [A] alle Datensätze auswählen. Wählen Sie manuell mehrere Datensätze aus, ist die Prüfung der Bedingung `intCount = Me.SelHeight` die Bedingung, die den Prozeduraufruf für den letzten ausgewählten Datensatz korrekt detektiert.

Abbildung 9.16:
Löschung mehrerer Sätze verhindern

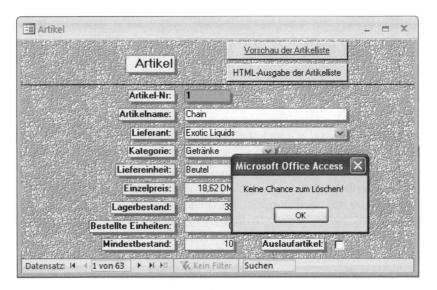

9.10 Das Ereignis Form_Dirty

Das Ereignis `Form_Dirty` tritt dann ein, wenn sich der Inhalt eines Formulars ändert. Dabei wird dieses Ereignis sofort ausgelöst, wenn Sie nur einen einzigen Buchstaben in ein Textfeld geben oder einen Eintrag über ein Drop-down-Feld auswählen.

9.10.1 Änderungen sofort speichern

Standardmäßig werden die geänderten Daten automatisch gespeichert, sobald Sie den nächsten Satz aktivieren oder den Datensatz über das Menü DATENSÄTZE speichern. Möchten Sie eine Änderung sofort nach der Eingabe speichern, dann setzen Sie das Ereignis Form_Dirty ein.

Listing 9.30: Das Ereignis Form_Dirty einsetzen, um Änderungen sofort zu speichern

```
Private Sub Form_Dirty(Cancel As Integer)
  If Me.Dirty = True Then
    RunCommand acCmdSaveRecord
  End If
End Sub
```

Wenn die Eigenschaft Dirty den Wert True liefert, haben Sie eine Änderung am Datensatz durchgeführt. Mithilfe der Methode RunCommand führen Sie einen Menübefehl aus. In diesem Fall ist es der Menübefehl DATENSÄTZE/DATENSATZ SPEICHERN.

Das Ereignis Form_Dirty wird jedoch nur dann ausgelöst, wenn Sie die erste Änderung an einem Datensatz durchgeführt haben.

9.11 Das Ereignis BeforeDelConfirm

Das Ereignis BeforeDelConfirm tritt auf, wenn ein Anwender einen oder mehrere Datensätze gelöscht hat, jedoch bevor Microsoft Access ein Dialogfeld anzeigt, in dem der Benutzer zur Bestätigung des Löschvorgangs aufgefordert wird.

9.11.1 Standard-Lösch-Abfrage ersetzen

Wenn Sie einen Datensatz aus einem Formular über das Menü BEARBEITEN und dem Befehl DATENSATZ LÖSCHEN entfernen möchten, wird von Access ein Standarddialogfeld angezeigt, in dem Sie die Löschaktion bestätigen müssen. Dieses Standarddialogfeld können Sie durch ein eigenes Dialogfeld ersetzen. Dieses Vorhaben gelingt Ihnen mit der Ereignisprozedur aus Listing 9.31.

Listing 9.31: Das Ereignis Form_BeforeDelConfirm einsetzen, um eine benutzerdefinierte Löschmeldung anzuzeigen

```
Private Sub Form_BeforeDelConfirm _
  (Cancel As Integer, Response As Integer)
  Response = acDataErrContinue
  If MsgBox("Möchten Sie wirklich löschen?", _
    vbOKCancel + vbQuestion) = vbCancel Then

    Cancel = True
  End If
End Sub
```

Im Dialogfeld zeigen Sie die Schaltflächen OK und ABBRECHEN an. Wenn die Schaltfläche ABBRECHEN angeklickt wurde, wird der Wert 2 zurückgemeldet, was der Konstante vbCancel entspricht. In diesem Fall setzen Sie das Argument Cancel auf den Wert True, um den Löschvorgang abzubrechen.

Abbildung 9.17:
Die Standardabfrage wurde durch eine eigene Abfrage ersetzt.

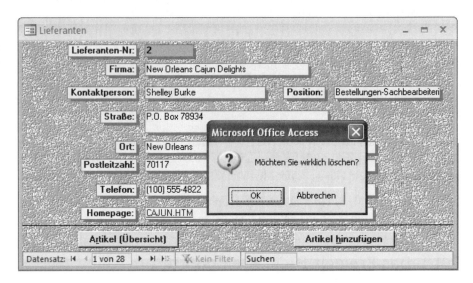

9.12 Das Ereignis Form_AfterDelConfirm

Das Ereignis AfterDelConfirm tritt auf, nachdem der Anwender den Löschvorgang bestätigt hat und die Datensätze tatsächlich gelöscht sind bzw. auch dann, wenn der Löschvorgang abgebrochen wurde.

9.12.1 Löschung bestätigen

In der folgenden Prozedur wird der Löschvorgang durch eine Meldung bestätigt. Zusätzlich geben Sie im Direkt-Fenster von Access aus, wer die Löschung ausgeführt hat. Weitere Informationen sind das Datum sowie die Uhrzeit der Löschung.

Listing 9.32: Das Ereignis Form_AfterDelConfirm einsetzen, um einen Löschvorgang zu bestätigen

```
Private Sub Form_AfterDelConfirm(Status As Integer)
  Select Case Status
    Case acDeleteOK
      MsgBox "Löschung erfolgt."
      Debug.Print "Löschung am " & Date & " " & _
        Time & " von " & Application.CurrentUser
    Case acDeleteUserCancel
      MsgBox "Der Löschvorgang wurde abgebrochen"
  End Select
End Sub
```

Über die Statuskonstanten können Sie in einer `Select Case`-Struktur abfragen, ob und wie der Datensatz gelöscht wurde.

9.13 Das Ereignis Form_Activate

Das Ereignis `Activate` tritt ein, wenn ein Formular den Fokus erhält und zum aktiven Fenster wird.

9.13.1 Formular maximieren

Das Ereignis `Form_Activate` können Sie beispielsweise nutzen, um ein Formular maximiert anzuzeigen, wenn es aktiviert wird. Den Code für diese Aufgabe sehen Sie in Listing 9.33.

Listing 9.33: Das Ereignis `Form_Activate` einsetzen, um ein Formular zu maximieren

```
Private Sub Form_Activate()
  DoCmd.Maximize
End Sub
```

Sie können die Methode `Maximize` verwenden, um das aktive Formular zu vergrößern, sodass es das Microsoft Access-Fenster ausfüllt.

9.13.2 Fokus setzen

Arbeiten Sie parallel an mehreren Formularen und Tabellen, so können Sie festlegen, in welchem Formularfeld der Mauszeiger positioniert werden soll, wenn Sie Ihr Formular wieder aktivieren. Den Code für diese Aufgabe sehen Sie in Listing 9.34.

Listing 9.34: Das Ereignis `Form_Activate` einsetzen, um den Fokus zu setzen

```
Private Sub Form_Activate()
  Me!Einzelpreis.SetFocus
End Sub
```

Die Methode `SetFocus` setzt den Mauszeiger in das angegebene Formular oder auf das angegebene Steuerelement im aktiven Formular.

9.13.3 Einen bestimmten Datensatz im Formular einstellen

Einen Schritt weiter als in der Prozedur aus Listing 9.34 können Sie gehen, wenn Sie bei Aktivierung eines Formulars immer einen bestimmten Datensatz im Formular anzeigen.

Die Prozedur aus Listing 9.35 springt im Formular STÖRUNG immer auf den letzten Satz.

Listing 9.35: Das Ereignis Form_Activate einsetzen, um einen bestimmten Satz im Formular einzustellen

```
Private Sub Form_Activate()
  DoCmd.GoToRecord , , acLast
End Sub
```

Setzen Sie die Methode `GoToRecord` ein und übergeben dieser Methode die Konstante `acLast`, um das Formular mit dem letzten Datensatz der verknüpften Tabelle einzustellen.

Entnehmen Sie bitte weitere Konstanten der Methode `GoToRecord` der folgenden Tabelle:

Tabelle 9.2: Die Sprungkonstanten der Methode GoToRecord

Konstante	Bedeutung
acFirst	Zum ersten Datensatz springen
acGoTo	Zu einem bestimmten Datensatz springen. Hier müssen Sie einen numerischen Wert angeben, der natürlich nicht höher sein darf als die Anzahl der Sätze insgesamt in der verknüpften Tabelle.
acLast	Zum letzten Datensatz springen
acNewRec	Ans Ende des Formulars springen, um einen neuen Datensatz einzugeben
acNext	Zum nächsten Datensatz springen (Standardeinstellung)
acPrevious	Zum vorherigen Datensatz springen

9.13.4 Formular aktualisieren

Das Ereignis `Form_Activate` können Sie dann einsetzen, wenn Sie nach dem Aktivieren sichergehen möchten, dass das Formular einen aktuellen Inhalt anzeigt; insbesondere wenn Sie mit Unterformularen arbeiten, können Sie dieses Ereignis gut einsetzen.

Die folgende Ereignisprozedur aktualisiert das Formular PERSONAL jedes Mal, wenn Sie dieses aktivieren.

Listing 9.36: Das Ereignis Form_Activate einsetzen, um ein Formular zu aktualisieren

```
Private Sub Form_Activate()
  Dim Buchz As Variant

  Buchz = Me.Bookmark
  Me.Requery
  Me.Refresh
  Me.Bookmark = Buchz
End Sub
```

Setzen Sie zu Beginn der Prozedur ein Lesezeichen, um sicherzustellen, dass Sie nach der Aktualisierung des Formulars noch denselben Datensatz angezeigt bekommen. Dazu können Sie die Eigenschaft `Bookmark` verwenden, um ein Lesezeichen festzulegen, das auf einen bestimmten Datensatz in der zugrunde liegenden Tabelle zeigt. Setzen Sie danach die Methode `Requery` ein, damit die zugrunde liegenden Daten eines angegebenen Formulars durch erneutes Abfragen der Datenquelle aktualisiert werden. Die Methode `Refresh` aktualisiert sofort die Datensätze der Datenherkunft für ein angegebenes Formular oder Datenblatt und berücksichtigt dadurch die Änderungen, die Sie oder andere Benutzer in einer Mehrbenutzerumgebung an den Daten vorgenommen haben.

Microsoft Access aktualisiert Datensätze automatisch aufgrund der Einstellung für die ANZEIGEAKTUALISIERUNG. Dies können Sie in den Optionen der Access-Applikation einstellen. Bei Access 2007 finden Sie diese Einstellungen direkt unter ERWEITERT. Für Access 2010 wurde die Kategorie CLIENTEINSTELLUNGEN eingefügt. Die ANZEIGEAKTUALISIERUNG befindet sich im Abschnitt ERWEITERT.

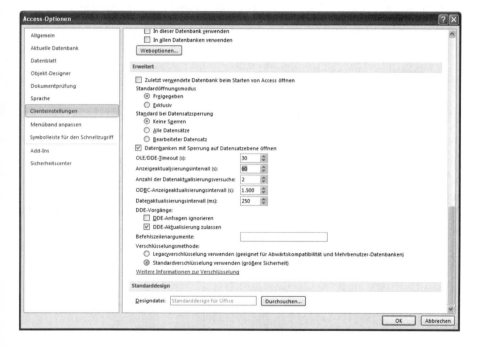

Abbildung 9.18: Das Intervall für die Anzeigeaktualisierung einstellen

9.14 Das Ereignis Form_Deactivate

Das Ereignis `Deactivate` tritt auf, wenn ein Formular den Fokus an ein Tabellen-, Abfrage-, Formular-, Berichts-, Makro- oder Modul-Fenster oder an das Datenbank-Fenster abgibt, d.h., immer wenn Sie Ihr Formular verlassen, wird dieses Ereignis ausgelöst.

9.15 Das Ereignis Form_Resize

Das Ereignis `Form_Resize` tritt ein, wenn ein Formular geöffnet wird und wenn sich seine Größe ändert.

Durch das Ausführen eines Makros oder einer Ereignisprozedur bei Eintreten des `Resize`-Ereignisses können Sie ein Steuerelement verschieben oder dessen Größe ändern, wenn sich die Größe des Formulars ändert, auf dem sich dieses Steuerelement befindet. Sie können das Ereignis `Resize` auch zur Neuberechnung von Variablen oder zum Zurücksetzen von Eigenschafteneinstellungen verwenden, die von der Größe des Formulars abhängen.

9.15.1 Automatisches Anpassen von Steuerelementen

Im nächsten Beispiel werden Sie die Länge der beiden Textfelder FIRMA und STRASSE im Formular KUNDEN variabel gestalten.

Listing 9.37: Das Ereignis `Form_Resize` zum dynamischen Ändern von Steuerelementen

```
Private Sub Form_Resize()
  Dim intBreite As Integer

  intBreite = Me.WindowWidth - 3000
  If intBreite < 1000 Then intBreite = 1000

  Me!Firma.Width = intBreite
  Me!Straße.Width = intBreite
End Sub
```

Über die Eigenschaft `WindowWidth` können Sie die Breite eines Formulars in der Einheit Twips ermitteln. Von der so ermittelten Breite subtrahieren Sie einen Konstantenwert, den Sie so groß wählen, dass die entsprechenden Eingabefelder in dem von Ihnen gewünschten Abstand vor dem rechten Formularrand enden. Die errechnete neue Breite weisen Sie den Textfeldern FIRMA und STRASSE als neue Breite zu. Sie erhalten somit einen Bewegungseffekt in Ihrem Formular. Durch die Zeile

```
intBreite < 1000 Then intBreite = 1000
```

stellen Sie sicher, dass die Breite der Eingabefelder nicht kleiner als 1000 Twips wird.

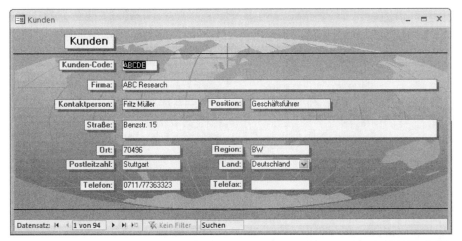
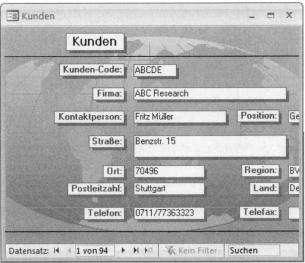

Abbildung 9.19:
Die Felder FIRMA und STRASSE verändern sich automatisch beim Verändern des Formulars.

9.16 Das Ereignis Form_DblClick

Bei Formularen tritt das Ereignis DblClick ein, wenn der Benutzer auf eine leere Fläche oder auf einen Datensatzmarkierer des Formulars doppelklickt.

9.16.1 Ein schneller Sprung zwischen den Ansichten

Standardmäßig rufen Sie ein Formular über einen Doppelklick in der Formularansicht auf. Möchten Sie einen besseren Überblick über die Inhalte eines Formulars haben, können Sie das Formular auch in der Datenblattansicht aufrufen. Dazu rufen Sie zunächst das Formular wie gewohnt auf. Danach wählen Sie aus dem Menü ANSICHT den Befehl DATENBLATTANSICHT.

Abbildung 9.20:
Die Datenblattansicht eines Formulars

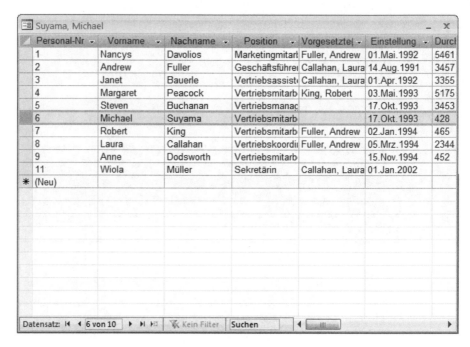

Diese Ansicht ähnelt der Tabellenansicht, mit dem Unterschied, dass hier wirklich das Formular aufgerufen wurde und nicht die verknüpfte Tabelle. Was machen Sie jetzt, wenn Sie ganz schnell wieder zurück in die Formularansicht wechseln möchten? In dem Fall können Sie das Ereignis Form_DblClick einsetzen, um einen Sprung zurück zu realisieren. Dazu hinterlegen Sie das folgende Ereignis.

Listing 9.38: Das Ereignis Form_DblClick zum schnellen Wechseln zwischen den Ansichten

```
Private Sub Form_DblClick(Cancel As Integer)
  DoCmd.RunCommand acCmdFormView
End Sub
```

Mithilfe der Methode RunCommand können Sie einen Menübefehl ausführen. Die dafür erforderliche Konstante schlagen Sie in der Online-Hilfe nach.

Möchten Sie den Doppelklick auch auf Detailbereichsebenen haben, dann verwenden Sie das Ereignis Sub Detailbereich_DblClick.

Klicken Sie danach einmal in der Datenblattansicht zur Zeile Nr. 6 MICHAEL SUYAMA durch.

Das Ereignis Form_DblClick

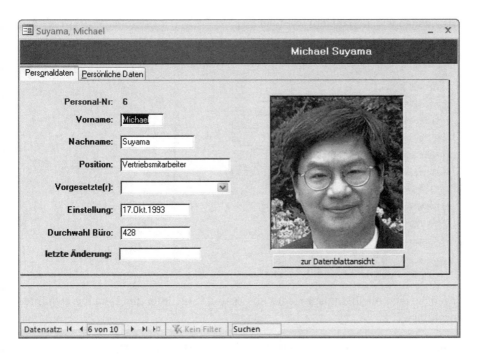

Abbildung 9.21:
Schneller umschalten von der Datenblattansicht zur Formularansicht

Den Sprung von der Formularansicht in die Datenblattansicht können Sie durchführen, indem Sie unterhalb des Bildes eine Schaltfläche und das `Click`-Ereignis aus Listing 9.39 hinterlegen.

Listing 9.39: Das Ereignis `Click` zum schnellen Wechseln zwischen den Ansichten einsetzen

```
Private Sub Befehl7_Click()
  DoCmd.RunCommand acCmdDatasheetView
End Sub
```

Übergeben Sie der Methode `RunCommand` die Konstante `acCmdDatasheetView`, um in die Datenblattansicht zu wechseln.

9.16.2 Verkaufsraum-Formular erstellen

Vielleicht haben Sie bereits ein Formular vorliegen, das Sie im Betrieb einsetzen. Wenn Sie jetzt aus diesem Formular ein Verkaufsraum-Formular erstellen möchten, können Sie das Ereignis `DetailBereich_DblClick` einsetzen, um bestimmte Felder, die den Kunden nicht zu interessieren haben, mit einem einzigen Doppelklick auszublenden. Sie sparen dadurch wertvolle Zeit und können mit denselben Formularen auf Messen, Verkaufsveranstaltungen arbeiten, ohne neue Formulare erstellen zu müssen.

Das Ausgangsformular sieht wie folgt aus:

Abbildung 9.22:
Das Originalformular

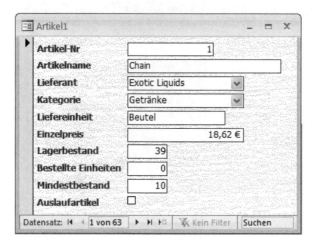

Legen Sie jetzt die Ereignisprozedur aus Listing 9.40 hinter den Detailbereich Ihres Formulars.

Listing 9.40: Das Ereignis DblClick zum Ein- und Ausblenden von Steuerelementen

```
Private Sub Detailbereich_DblClick _
  (Cancel As Integer)
  With Me
    .Lagerbestand.Visible = False
    .Lagerbestand_Bezeichnungsfeld.Visible = False
    .BestellteEinheiten.Visible = False
    .BestellteEinheiten_Bezeichnungsfeld.Visible = _
      False
    .Mindestbestand.Visible = False
    .Mindestbestand_Bezeichnungsfeld.Visible = False
    .Auslaufartikel.Visible = False
    .Auslaufartikel_Bezeichnungsfeld.Visible = False
  End With
End Sub
```

Setzen Sie die Eigenschaft Visible der Steuerelemente, die Sie ausblenden möchten, auf den Wert False.

 Das Wiedereinblenden der Steuerelemente funktioniert bei diesem Beispiel nur, wenn Sie das Formular schließen und erneut aufrufen. Diese Funktionalität wurde hier extra so vorgesehen.

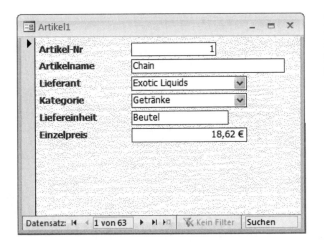

Abbildung 9.23:
Einige Felder wurden mit einem einzigen Doppelklick ausgeblendet.

9.17 Das Ereignis Click

Das Ereignis Click tritt auf, wenn der Benutzer die linke Maustaste klickt, während sich der Mauszeiger auf Steuerelement, Formular oder sonstigem Objekt befindet, das in der Lage ist, ein Click-Ereignis zu erzeugen.

9.17.1 Datum und Uhrzeit ausgeben

Haben Sie ein Formular vorliegen, in dem Sie Datums- und Zeitangaben durchführen müssen, können Sie das Click-Ereignis anwenden, um das aktuelle Datum und die Uhrzeit auf dem Bildschirm anzuzeigen. Im Formular BESTELLUNGEN wurde dieses Ereignis in Listing 9.41 eingestellt. Und zwar handelt es sich hierbei um eine Ereignisprozedur, die mit dem Formularfuß verknüpft ist.

Listing 9.41: Das Ereignis Click als Informationsmöglichkeit einsetzen

```
Private Sub Formularfuß_Click()
  MsgBox "Heute ist der " & Date & ", " _
    & Time & " Uhr!"
End Sub
```

Setzen Sie die Funktion Date ein, um das aktuelle Tagesdatum auszugeben. Die Funktion Time liefert die aktuelle Systemzeit. Vergrößern Sie das Formular nach dem Aufrufen nach unten, und klicken Sie danach auf den unteren Fußbereich des Formulars.

Abbildung 9.24:
Ein Klick im unteren Bereich des Formulars zeigt die MsgBox an.

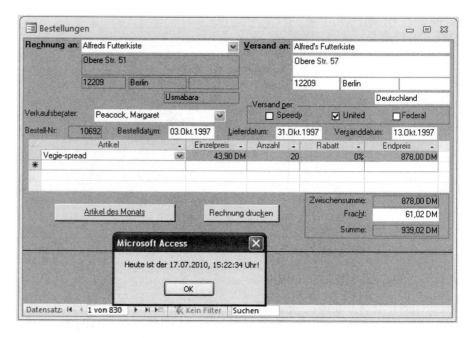

9.18 Die Ereignisse MouseDown und MouseUp

Mit diesen beiden Ereignissen, die eigentlich dem Click-Ereignis ähnlich sind, können Sie unter anderem überprüfen, welche Taste der Anwender gedrückt hat. Das Ereignis MouseDown tritt dann ein, wenn der Anwender eine Maustaste gedrückt hält. Das Ereignis MouseUp tritt auf, wenn der Anwender die gedrückte Maustaste wieder loslässt. Beides muss allerdings erfolgen, wenn der Mauszeiger sich über dem Objekt befindet, für das Sie eine Ereignisprozedur für das Click-Ereignis erstellt haben.

Das Ereignis MouseDown tritt vor dem Ereignis Click auf. Das Ereignis MouseUp liegt in der zeitlichen Reihenfolge hinter dem Click-Ereignis. Das Click-Ereignis erkennt zudem, wenn eine Maustaste gedrückt und losgelassen wurde. Dabei ist dieser Vorgang eine einzige Aktion. Ein weiterer Unterschied zwischen den Mausereignissen und dem Click-Ereignis besteht darin, dass die Mausereignisse es ermöglichen, zwischen der linken, der rechten und der mittleren Maustaste sowie den Tasten ⇧, Strg und Alt zu unterscheiden.

9.18.1 Welche Maustaste wurde gedrückt?

Sollen Sie auf einem Formular prüfen, welche Taste ein Anwender gedrückt hat, weil Sie abhängig davon bestimmte Aktionen durchführen müssen, setzen Sie die Ereignisprozedur aus Listing 9.42 im Formular KUNDEN ein.

Die Ereignisse MouseDown und MouseUp

Listing 9.42: Das Ereignis Form_MouseDown einsetzen, um die betätigte Taste zu ermitteln

```
Private Sub Form_MouseDown(Button As Integer, _
  Shift As Integer, X As Single, _
  Y As Single)

  If Button = acLeftButton Then
    MsgBox "Sie haben die linke Taste gedrückt."
  End If
  If Button = acRightButton Then
    MsgBox "Sie haben die rechte Taste gedrückt."
  End If
  If Button = acMiddleButton Then
    MsgBox "Sie haben die mittlere Taste gedrückt."
  End If
  If Shift = 1 Then MsgBox "Umschalt-Taste gedrückt"
  If Shift = 2 Then MsgBox "Strg-Taste gedrückt"
  If Shift = 4 Then MsgBox "Alt-Taste gedrückt"
End Sub
```

Das Argument `Button` hat drei Konstanten, über die Sie ermitteln können, welche Taste auf der Maus gedrückt wurde. Die dazugehörigen Zahlenwerte sind:

- `acLeftButton`: 1
- `acRightButton`: 2
- `acMiddleButton`: 4

Mithilfe des Arguments `Shift` können Sie feststellen, welche Tasten zusätzlich zu den Maustasten gedrückt wurden.

Hinter den Argumenten `X` und `Y` steht eine Zahl, die die aktuelle Position des Mauszeigers anzeigt. Die Werte `X` und `Y` beziehen sich dabei auf die linke obere Ecke des Objekts.

> **TIPP**
> In der Prozedur in Listing 9.42 haben Sie die Maustaste über Konstanten ausgelesen. Selbstverständlich stecken hinter diesen Konstanten auch Zahlenwerte. Sehen Sie die Auflösung dieser Konstanten in Listing 9.43.

Listing 9.43: Welche Maustaste wurde gedrückt?

```
Private Sub Form_MouseDown (Button As Integer, _
  Shift As Integer, X As Single, Y As Single)

  If Button = 1 Then MsgBox "Linke Maustaste!"
  If Button = 2 Then MsgBox "Rechte Maustaste!"
  If Button = 4 Then MsgBox "Mittlere Maustaste!"
End Sub
```

9.18.2 Auf Textfeld-Mausklick reagieren

Manchmal ist es praktisch, wenn Sie mit dem Mausklick auf ein Textfeld, in Kombination mit einer Steuertaste, eine Aktion mit dem Text eines Textfeldes ausführen können. So könnten Sie zum Beispiel den Steuerelementtext einer Rechtschreibprüfung unterziehen.

Das folgende Beispiel zeigt, wie im Falle eines Mausklicks mit der linken Maustaste bei gleichzeitig gedrückter [Strg]-Taste eine Prozedur RECHTSCHREIBPRÜFUNG aufgerufen wird. Als Parameter wird der Funktion RECHTSCHREIBPRÜFUNG der Text des Steuerelements übergeben. Die Funktion RECHTSCHREIBPRÜFUNG hätte dann z. B. die Möglichkeit, den Steuerelementtext zu modifizieren. Die Prozedur in Listing 9.44 ist eine Ereignisprozedur für das Textfeld BEMERKUNGEN im Formular PERSONAL.

Listing 9.44: Das Ereignis MouseDown einsetzen

```
Private Sub Bemerkungen_MouseDown(Button As Integer, _
  Shift As Integer, X As Single, Y As Single)

  If (Button = acLeftButton And Shift = 2) Then
    'Linke Maustaste betätigt mit gedrückter Shift-Taste
    Rechtschreibprüfung (Me!Bemerkungen.Value)
  End If

End Sub
```

Abbildung 9.25: Linker Mausklick mit [Strg]-Taste führt eine Aktion mit dem Textfeldinhalt durch

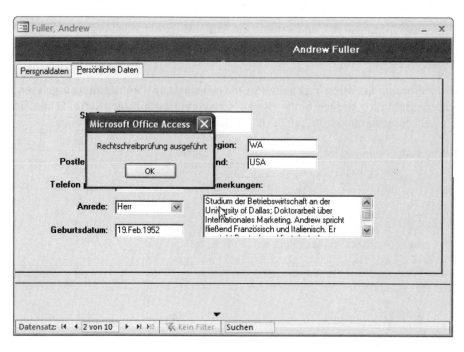

9.18.3 Schaltflächenfarbe verändern

Die beiden Ereignisse `MouseDown` und `MouseUp` können Sie auch auf einzelne Steuerelemente anwenden. Im nächsten Beispiel aus Listing 9.45 wird die Schriftfarbe einer Schaltfläche gelb gefärbt, wenn Sie diese anklicken. Die Schaltfläche erhält ihre ursprüngliche Farbe Schwarz zurück, wenn Sie die linke Maustaste wieder freigeben.

Um diese Aufgabe umzusetzen, legen Sie folgende beide Ereignisse hinter die Schaltfläche.

Listing 9.45: Die Ereignisse `MouseDown` und `MouseUp` einsetzen, um die Schrift einer Schaltfläche zu färben

```
Private Sub Befehl3_MouseDown _
(Button As Integer, Shift As Integer, _
 X As Single, Y As Single)
Dim lngYellow As Long

lngYellow = RGB(255, 255, 0)
Me!Befehl3.FontBold = True
Me!Befehl3.ForeColor = lngYellow
End Sub


Private Sub Befehl3_MouseUp _
(Button As Integer, Shift As Integer, _
 X As Single, Y As Single)
Dim lngBlack As Long

lngBlack = RGB(0, 0, 0)
Me!Befehl3.FontBold = True
Me!Befehl3.ForeColor = lngBlack
End Sub
```

Mithilfe der Funktion `RGB` können Sie Ihre Farben zusammenstellen. Dabei geben Sie die einzelnen Farbanteile mit numerischen Werten zwischen 0 und 255 an. Das erste Argument repräsentiert den Rotanteil der Farbe, das zweite den Grünanteil und das dritte den Blauanteil.

Mit der Eigenschaft `FontBold` können Sie die Schriftart fett formatieren. Durch die Eigenschaft `ForeColor` bestimmen Sie die Farbe der Schriftart. Übergeben Sie dieser Eigenschaft die vorher zusammengestellte Farbe.

Abbildung 9.26:
Die Schriftfarbe ändert sich dynamisch.

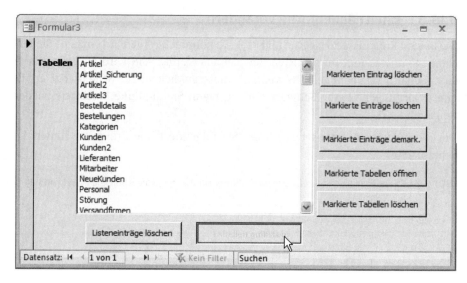

9.18.4 Kontextmenü deaktivieren

Wenn Sie in einem Formular die rechte Maustaste drücken, wird Ihnen standardmäßig ein Kontextmenü angeboten, über das Sie beispielsweise in eine andere Formularansicht springen können. Dieses Kontextmenü können Sie ausschalten, indem Sie das Ereignis MouseDown einsetzen. Dazu legen Sie fest, in welchem Bereich des Formulars dieses Kontextmenü ausgeschaltet werden soll.

Im folgenden Beispiel aus Listing 9.46 wird für den Detailbereich des Formulars KUNDEN2 das Kontextmenü abgeschaltet.

Listing 9.46: Das Ereignis MouseDown benutzen, um das Kontextmenü abzuschalten

```
Private Sub Detailbereich_MouseDown _
  (Button As Integer, Shift As Integer, _
  X As Single, Y As Single)

  If Button = acRightButton Then
    Me.ShortcutMenu = False
  End If
End Sub
```

Über die Abfrage der gedrückten Maustaste können Sie über das Argument acRightButton abfragen, ob die rechte Maustaste gedrückt wurde. Ist dies der Fall, schalten Sie das Kontextmenü ab, indem Sie die Eigenschaft ShortcutMenu auf den Wert False setzen.

9.19 Das Ereignis MouseMove

Das Ereignis `MouseMove` tritt ein, wenn der Benutzer die Maus bewegt. Es wird dabei ständig wiederholt ausgelöst, während sich der Mauszeiger über einem Objekt bewegt. Solange kein anderes Objekt ein Mausereignis auslöst, erkennt ein Objekt immer dann das Ereignis `MouseMove`, wenn der Mauszeiger innerhalb der Umrandung des Objekts positioniert wird.

9.19.1 Spezialeffekte für Textfelder einsetzen

Um ein Formular attraktiver zu gestalten, können Sie sich überlegen, ob Sie die einzelnen Textfelder nicht dynamisch gestalten möchten. So können Sie beispielsweise bei einer Mausbewegung über das Textfeld das Ereignis `MouseMove` auslösen, das wiederum dafür sorgen kann, dass ein Spezialeffekt für dieses Feld angewendet wird.

Der Ausgangszustand der Textfelder sieht wie folgt aus:

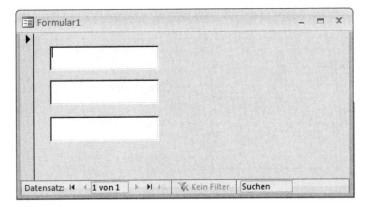

Abbildung 9.27: Der Ausgangszustand

Legen Sie nun hinter die einzelnen Textfelder die beiden Ereignisse `MouseMove` und `Exit`. Exemplarisch werden in Listing 9.47 die Ereignisse für das erste Textfeld aufgezeigt.

Listing 9.47: Das Ereignis `MouseDown` benutzen, um Spezialeffekte einzustellen

```
Private Sub Text1_MouseMove(Button As Integer, _
  Shift As Integer, X As Single, Y As Single)
  Me!Text1.SpecialEffect = 1
End Sub


Private Sub Text1_Exit(Cancel As Integer)
  Me!Text1.SpecialEffect = 2
End Sub
```

Wenden Sie die Eigenschaft `SpecialEffect` an, um nach einer Mausbewegung über das entsprechende Textfeld ein erhöhtes Textfeld anzuzeigen.

Selbstverständlich stehen Ihnen noch weitere Spezialeffekte zur Verfügung, die Sie der folgenden Tabelle entnehmen können:

Tabelle 9.3: Die Spezialeffekte in Access

Einstellung	Wert	Beschreibung
Flach	0	Das Objekt wird flach und in den Standardfarben des Systems oder in benutzerdefinierten Farben angezeigt, die in der Entwurfsansicht eingestellt wurden.
Erhöht	1	Das Objekt ist oben und links hervorgehoben und hat unten und rechts einen Schatten.
Vertieft	2	Das Objekt hat oben und links einen Schatten und ist unten und rechts hervorgehoben.
Graviert	3	Das Objekt hat eine vertiefte Linie um das Steuerelement.
Schattiert	4	Das Objekt hat einen Schatten unterhalb und rechts des Steuerelements.
Unterstrichen	5	Das Objekt hat eine vertiefte Linie unterhalb des Steuerelements.

Das Ereignis Exit setzen Sie dazu ein, um den Originalzustand des Textfeldes wiederherzustellen, nachdem Sie das Feld mit der Taste ⇆ verlassen haben.

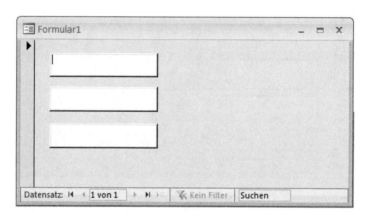

Abbildung 9.28: Die erhöhten Textfelder

9.20 Das Ereignis Schaltfläche_Click

Beim Ereignis Click handelt es sich um das wohl bekannteste Ereignis in Access überhaupt. Es wird ausgelöst, wenn Sie auf ein Steuerelement klicken.

9.20.1 Maßnahmen lückenlos dokumentieren

Stellen Sie sich vor, Sie arbeiten in einer Service-Abteilung. Jeden Tag führen Sie und Ihre Kollegen Reparaturmaßnahmen an Maschinen durch. Diese Reparaturen können mitunter einige Tage dauern und sind erst dann erledigt, wenn die Maschinen wieder laufen. Ihre einzelnen Arbeiten geben Sie in eine Access-Tabelle ein. Damit Ihre Kollegen, die parallel am selben Fall arbeiten, wissen, wie der Stand der Dinge ist, müssen alle Maßnahmen lückenlos aufgezeichnet werden. Um das folgende Beispiel nachvollziehen zu können, legen Sie zuerst einmal eine Tabelle nach folgendem Muster an:

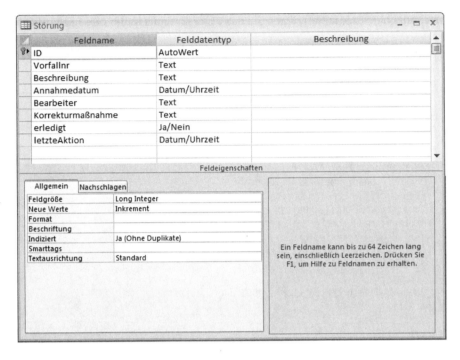

Abbildung 9.29:
Die Tabelle STÖRUNG in der Entwurfsansicht

Nachdem Sie die Tabelle angelegt haben, erstellen Sie mithilfe des Formular-Assistenten ein Formular und geben den ersten Satz ein.

Abbildung 9.30:
Das Formular STÖRUNG

Kapitel 9 • Ereignisse in Access programmieren

Wenn Sie jetzt die einzelnen Datensätze durchblättern, sehen Sie die letzte Maßnahme der Vorfallnummer 1799. Sie können aber auch gleich den angezeigten Datensatz ändern und dann die Schaltfläche SPEICHERN anklicken. Damit dieser Mechanismus funktioniert, legen Sie das Click-Ereignis hinter diese Schaltfläche.

Listing 9.48: Das Ereignis Click verwenden, um Datensätze gesondert abzuspeichern

```
Private Sub Befehl16_Click()
  Dim rst As Recordset

  Set rst = Me.RecordsetClone
  With rst
    .AddNew
    'lngID = !ID
    !Vorfallnr = Me!Vorfallnr
    !Beschreibung = Me!Beschreibung
    !Annahmedatum = Me!Annahmedatum
    !Bearbeiter = Me!Bearbeiter
    !Korrekturmaßnahme = Me!Korrekturmaßnahme
    !erledigt = Me!erledigt
    !letzteAktion = Me!letzteAktion
    Me.Undo
    .Update
    DoCmd.GoToRecord acDataForm, "Störung", acLast
  End With
  Set rst = Nothing
End Sub
```

Abbildung 9.31: Alle Vorgänge werden lückenlos aufgezeichnet.

Wenden Sie die Eigenschaft RecordSetClone an, um eine Kopie des aktiven Satzes zu erstellen. Setzen Sie danach die Methode AddNew an, um einen neuen Satz in die Tabelle einzufügen. Übertragen Sie dann die geänderten Maßnahmen in den neu erstellten Datensatz, und widerrufen Sie die Eingabe im Formular über die Methode Undo. Das mag Ihnen jetzt vielleicht ein bisschen eigenartig erscheinen, aber wenn

Sie das unterlassen, legen Sie einen neuen Satz an und überschreiben gleichzeitig den gerade eingestellten Datensatz im Formular. Setzen Sie die Methode `Update` ein, um den Satz endgültig in der Tabelle zu speichern. Da der neue Satz ganz am Ende des Formulars angehängt wurde, brauchen Sie jetzt nicht zu blättern, sondern können die Methode `GoToRecord` einsetzen, der Sie die Konstante `acLast` übergeben. Damit werden Sie automatisch zum letzten Satz transportiert.

9.21 Die Ereignisse GotFocus und LostFocus

Das Ereignis `GotFocus` tritt ein, wenn ein Formular oder ein Steuerelement den Fokus erhält. Das Ereignis `LostFocus` tritt ein, wenn ein Formular oder ein Steuerelement den Fokus abgibt. Diese beiden Ereignisse werden in der Praxis häufig eingesetzt, um Steuerelemente zu formatieren.

9.21.1 Formularfelder bei Eintritt färben

Eine gute Möglichkeit besteht darin, das aktive Feld eines Formulars immer dann hervorzuheben, wenn Sie es mit der Taste ⇥ anspringen.

Im nächsten Beispiel wird das aktive Feld des Formulars ARTIKEL jeweils mit der Hintergrundfarbe GELB belegt, wenn es aktiviert wird. Verlassen Sie dieses Feld wieder, dann wird die Hintergrundfarbe WEISS eingestellt.

Um diese Aufgabe umzusetzen, hinterlegen Sie alle Ihre Formularfelder mit den Ereignissen `GotFocus` bzw. `LostFocus`. Exemplarisch sehen Sie das in der folgenden Ereignisprozedur aus Listing 9.49 für das Textfeld ARTIKELNAME.

Listing 9.49: Die Ereignisse `GotFocus` und `LostFocus` einsetzen, um aktive Formularfelder hervorzuheben

```
Private Sub Artikelname_GotFocus()
   Me!Artikelname.BackColor = RGB(255, 255, 0)
End Sub


Private Sub Artikelname_LostFocus()
   Me!Artikelname.BackColor = RGB(255, 255, 255)
End Sub
```

Verwenden Sie die Funktion `RGB`, um Ihre Farben zusammenzustellen. Die Eigenschaft `BackColor` bestimmt den Hintergrund eines Formularfeldes.

Abbildung 9.32:
Das Feld EINZELPREIS hat den Focus und ist eingefärbt.

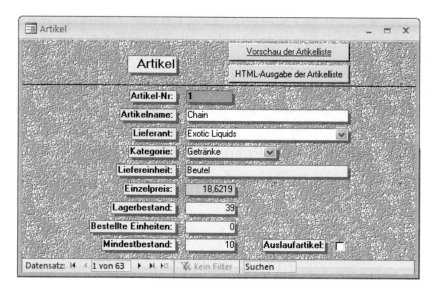

9.22 Die Key-Ereignisse

In Access können Sie auf jeden einzelnen Tastenklick reagieren. Dazu stehen Ihnen die Ereignisse KeyDown und KeyUp zur Verfügung. Eine Taste wird gedrückt (KeyDown), und eine wird losgelassen (KeyUp).

9.22.1 Welche Tastaturtaste wurde gedrückt?

Im folgenden Beispiel wird im FORMULAR4 das Textfeld TEXT0 überwacht. Dabei soll auf die gängigsten Tasten reagiert werden. Legen Sie dazu hinter das Textfeld das Ereignis KeyDown.

Listing 9.50: Tasteneingaben abfangen mithilfe des Ereignisses KeyDown

```
Private Sub Text0_KeyDown _
  (KeyCode As Integer, Shift As Integer)

  Select Case KeyCode
    Case vbKeyHome
      MsgBox "Sie haben die POS1-Taste gedrückt!"
    Case vbKeyEnd
      MsgBox "Sie haben die Ende-Taste gedrückt!"
    Case vbKeyEscape
      MsgBox "Sie haben die ESC-Taste gedrückt!"
    Case vbKeyReturn
      MsgBox "Sie haben die Enter-Taste gedrückt!"
    Case vbKeyDelete
      MsgBox "Sie haben die Entf-Taste gedrückt!"
```

```
    Case vbKeyBack
        MsgBox "Sie haben die Rücktaste gedrückt!"
    End Select
End Sub
```

In Access können Sie über Tastaturkonstanten jede beliebige Taste abfragen. Ausgenommen davon sind allerdings deutsche Sonderzeichen (ÄÖÜß).

Abbildung 9.33: Tastenklicks abfangen

Weitere Informationen über die Belegung der Tasten finden Sie im Antwort-Assistenten der Online-Hilfe unter dem Stichwort TASTEN-CODE-KONSTANTEN.

9.22.2 Datumsfelder automatisch erhöhen

Das Ereignis KeyDown können Sie hervorragend einsetzen, wenn Sie beispielsweise Datumsfelder schrittweise verändern möchten. Wurde bereits ein Datum eingegeben, können Sie dieses mithilfe der Tastenkombination [Strg] + [+] jeweils um ein bestimmtes Intervall erhöhen, ohne das Datum neu eingeben zu müssen. Alternativ dazu bewirkt die Tastenkombination [Strg] + [-] das schrittweise Vermindern des eingestellten Datums.

Listing 9.51: Das Ereignis Enter einsetzen, um Felder automatisch zu füllen

```
Private Sub Text0_Enter()
    If IsNull(Me!Text0) Then Me!Text0 = Date
End Sub
```

Mithilfe der Funktion `IsNull` können Sie überprüfen, ob ein Textfeld bereits einen Wert enthält. Wenn nicht, dann fügen Sie das aktuelle Datum über die Funktion `Date` in das Textfeld ein.

Im nächsten Schritt belegen Sie die Tastenkombination [Strg] + [+] (Ziffernblock) sowie die Tastenkombination [Strg] + [-] (Ziffernblock) mit der automatischen Inkrementierung. Setzen Sie dazu die Ereignisprozedur aus Listing 9.52 ein, die Sie im FORMULAR5 sehen können.

Listing 9.52: Das Ereignis KeyDown einsetzen, um ein Datumsfeld zu inkrementieren

```
Private Sub Text0_KeyDown _
  (KeyCode As Integer, Shift As Integer)

  Select Case KeyCode
    Case vbKeyAdd
      Me!Text0 = Me!Text0 + 1
    Case vbKeySubtract
      Me!Text0 = Me!Text0 - 1
  End Select
End Sub
```

Je nach gedrückter Taste auf dem Ziffernblock wird das eingestellte Datum entweder um das entsprechende Intervall (im Beispiel ist das ein Tag) addiert oder subtrahiert.

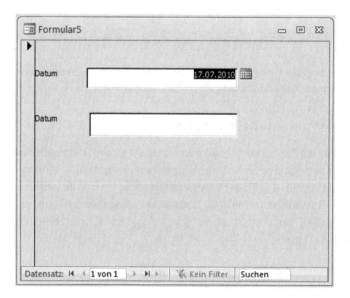

Abbildung 9.34: Datumsfeld je nach Taste hoch- bzw. runtersetzen

9.22.3 Datum und Zeit einfügen

Im folgenden Beispiel wird die Tastenkombination [Strg] + [D] dazu benutzt, um in ein Feld das aktuelle Datum einzufügen. Durch die Tastenkombination [Strg] + [T] soll die aktuelle Uhrzeit eingefügt werden. Je nachdem, welche Tastenkombination der Anwender drückt, soll die entsprechende Funktion eingefügt werden. Dabei muss auch das Bezeichnungsfeld variabel gehalten werden.

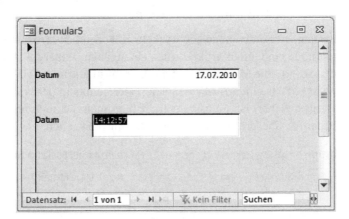

Abbildung 9.35:
Je nach Inhalt wird das Bezeichnungsfeld angepasst.

Setzen Sie auch für dieses Beispiel das Ereignis KeyDown ein. Sehen Sie die Ereignisprozedur für diese Aufgabe in Listing 9.53.

Listing 9.53: Das Ereignis KeyDown einsetzen, um Datum und Zeit dynamisch einzufügen

```
Private Sub Text2_KeyDown _
(KeyCode As Integer, Shift As Integer)

  If (Shift = acCtrlMask) And _
    (KeyCode = Asc("D")) Then
    Me.Text2 = Date
    Me.DatBez.Caption = "Datum"
  End If
  If (Shift = acCtrlMask) And _
    (KeyCode = Asc("T")) Then
    Me.Text2 = Time
    Me.DatBez.Caption = "Zeit"
  End If
End Sub
```

Da das Argument KeyCode einen numerischen Wert erwartet, wenden Sie die Funktion ASC an und übergeben ihr den gewünschten Buchstaben, zu dem Sie den zugeordneten numerischen Wert erhalten möchten. Im Argument Shift können Sie die Taste [Strg] abfragen, indem Sie die Konstante acCtrlMask verwenden. Das Datum fügen Sie über die Funktion Date, die Uhrzeit über die Funktion Time ein. Je nachdem, welche Tastenkombination Sie gedrückt haben, passen Sie das Bezeichnungsfeld DATBEZ entsprechend an, indem Sie die Eigenschaft Caption füllen.

9.23 Das Ereignis Steuerelement_BeforeUpdate

Das Ereignis BeforeUpdate tritt auf, bevor geänderte Daten in einem Steuerelement oder Datensatz aktualisiert werden. Dies ist ein guter Augenblick, um Gültigkeitsprüfungen durchzuführen, denn das Ereignis BeforeUpdate kann auch gecancelt werden, wenn die Gültigkeitsprüfung ein ungültiges Ergebnis liefert.

9.23.1 Artikel schon angelegt

Bei der Erfassung von neuen Artikeln im Formular ARTIKEL haben Sie beschlossen, nur noch eindeutige Artikelnamen einzugeben. Dabei soll Access Sie unterstützen und sofort eine Meldung auf dem Bildschirm erscheinen lassen, wenn Sie im Feld ARTIKELNAME einen Artikel eingeben, der bereits in der verknüpften Tabelle ARTIKEL gespeichert ist. Selbstverständlich können Sie auch noch ganz andere Felder in der Art überprüfen, wie Sie es in Listing 9.54 sehen.

Listing 9.54: Das Ereignis BeforeUpdate einsetzen, um auf Dubletten zu prüfen

```
Private Sub Artikelname_BeforeUpdate(Cancel As Integer)
  If (Not IsNull(DLookup("[ArtikelName]", _
    "Artikel", "[Artikelname] ='" _
    & Me!Artikelname & "'"))) Then

    MsgBox "Artikel existiert schon in der Tabelle"
    Cancel = True
    Me!Artikelname.Undo
  End If
End Sub
```

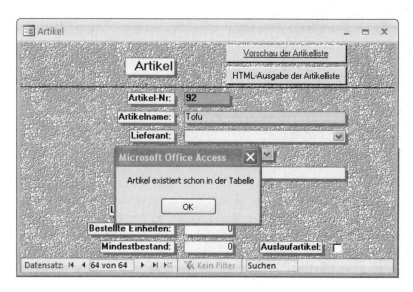

Abbildung 9.36: Die Eingabe wird nicht gespeichert.

Prüfen Sie mithilfe der Methode `DLookup`, ob der eingegebene Artikelname bereits in der verknüpften Tabelle ARTIKEL erfasst wurde. Diese Überprüfung kann natürlich entfallen, wenn Sie in dem Feld noch keinen Artikelnamen erfasst haben. Dafür sorgt die Funktion `IsNull`, die einen Wert vom Typ `Boolean`, nämlich `True` zurückgibt, wenn das Feld leer ist. Befindet sich der eingegebene Artikelname bereits in der verknüpften Tabelle, dann können Sie das Argument `Cancel` einsetzen, das Sie auf den Wert `True` setzen, um die Speicherung des Artikels abzubrechen.

Die Methode `Undo` stellt den ursprünglichen Wert des Feldes wieder ein.

9.23.2 Eingaben vervollständigen

Das Ereignis `BeforeUpdate` können Sie auch einsetzen, um einige Formularfelder automatisch füllen zu lassen. So können Sie beispielsweise bei der Eingabe der Kostenstelle die dazugehörige Abteilung und den Standort automatisch in die dafür zur Verfügung stehenden Formularfelder einfügen.

Für die nächste Aufgabe erstellen Sie vorerst eine Tabelle nach folgendem Vorbild:

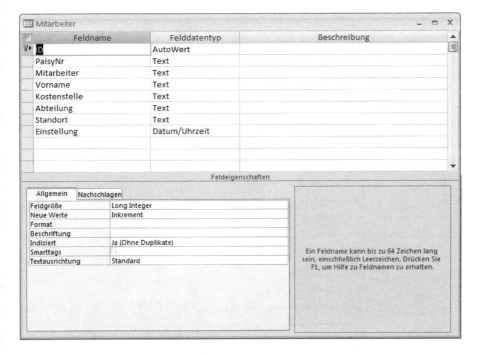

Abbildung 9.37: Die Mitarbeitertabelle

Erstellen Sie jetzt mithilfe des Formular-Assistenten ein Formular und stellen folgende Ereignisprozedur aus Listing 9.55 ein.

Listing 9.55: Das Ereignis BeforeUpdate einsetzen, um Felder automatisch zu füllen

```
Private Sub Kostenstelle_BeforeUpdate _
(Cancel As Integer)

If (Not IsNull(DLookup("[Kostenstelle]", _
  "Mitarbeiter", "[Kostenstelle] ='" _
  & Me!Kostenstelle & "'"))) Then
 Me!Abteilung = (DLookup("[Abteilung]", _
  "Mitarbeiter", "[Kostenstelle] ='" _
  & Me!Kostenstelle & "'"))
 Me!Standort = (DLookup("[Standort]", _
  "Mitarbeiter", "[Kostenstelle] ='" _
  & Me!Kostenstelle & "'"))
End If
End Sub
```

Prüfen Sie mithilfe der Methode DLookup, ob die eingegebene Kostenstelle bereits in der verknüpften Tabelle MITARBEITER erfasst wurde. Diese Überprüfung kann natürlich entfallen, wenn Sie in dem Feld noch keine Kostenstelle erfasst haben. Dafür sorgt die Funktion IsNull, die einen Wert vom Typ Boolean, nämlich True, zurückgibt, wenn das Feld leer ist. Befindet sich die eingegebene Kostenstelle bereits in der verknüpften Tabelle, dann wenden Sie abermals die Methode DLookup an, um die Textfelder ABTEILUNG und STANDORT zu füllen.

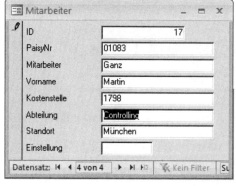

Abbildung 9.38: Automatisches Füllen bestimmter Felder

Nachdem Sie im Feld KOSTENSTELLE einen Eintrag gemacht haben, drücken Sie die Taste ⇥. Es werden daraufhin die Informationen ABTEILUNG sowie STANDORT automatisch gefüllt.

9.23.3 Postleitzahl prüfen

Das Ereignis `Before_Update` können Sie für die Überprüfung der Eingabe bei Postleitzahlen einsetzen.

Im folgenden Beispiel prüfen Sie im Formular KUNDEN2 nach der Eingabe der Postleitzahl, ob diese korrekt erfasst wurde.

Listing 9.56: Das Ereignis `BeforeUpdate` einsetzen, um die Richtigkeit der Postleitzahl zu überprüfen

```
Private Sub PLZ_BeforeUpdate(Cancel As Integer)
  If Me!Land = "Deutschland" And Len(Me!PLZ) <> 5 Then
    MsgBox "Keine gültige PLZ"
    Me!PLZ.Undo
    Cancel = True
  End If
End Sub
```

Da in Deutschland fünfstellige Postleitzahlen verwendet werden, überprüfen Sie diese in einer `If`-Anweisung. Wurde eine ungültige Postleitzahl verwendet, dann geben Sie eine Meldung auf dem Bildschirm aus und widerrufen die Eingabe, indem Sie die Methode `Undo` auf das Textfeld PLZ anwenden. Setzen Sie danach das Argument `Cancel` auf den Wert `True`, um eine Speicherung dieser falsch eingegebenen Postleitzahl zu verhindern.

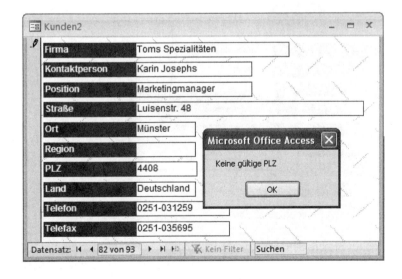

Abbildung 9.39:
Die Postleitzahl wurde falsch eingegeben.

9.23.4 Löschen von Eingaben rückgängig machen

Mithilfe des Ereignisses `BeforeUpdate` können Sie Ihre Anwender auch davon abhalten, bestimmte Muss-Felder im Formular KUNDEN2 zu löschen.

In der folgenden Ereignisprozedur aus Listing 9.57 wird verhindert, dass bereits erfasste Werte im Textfeld KONTAKTPERSON gelöscht werden.

Listing 9.57: Das Ereignis `BeforeUpdate` einsetzen, um das Löschen von Feldinhalten zu unterbinden

```
Private Sub Kontaktperson_BeforeUpdate(Cancel As Integer)
   If IsNull(Me.Kontaktperson) Then
      MsgBox "Sie müssen eine Kontaktperson angeben!"
      Me!Kontaktperson.Undo
      Cancel = True
   End If
End Sub
```

Mithilfe der Funktion `IsNull` bekommen Sie heraus, ob das Textfeld KONTAKTPERSON leer ist. Wenn ja, dann wurde die bereits erfasste Information gelöscht, oder es wurde bei einer Neuanlage eines Satzes keine Kontaktperson angegeben. Für den zweiten Fall können Sie das Ereignis `Exit` einsetzen. Im ersten Fall geben Sie eine Bildschirmmeldung aus und widerrufen die Löschung mithilfe der Methode `Undo`. Setzen Sie das Argument `Cancel` auf den Wert `True`, damit die Löschung des Textfelds KONTAKTPERSON nicht in der verknüpften Tabelle KUNDEN durchgeführt wird.

Abbildung 9.40: Löschungen rückgängig machen

Sobald Sie die Schaltfläche OK anklicken, wird der ursprüngliche Wert wieder in das Formular eingefügt. Sie haben keine Möglichkeit, einen Datensatz ohne Kontaktperson zu speichern.

Bei der Neuanlage eines Satzes hilft Ihnen dieses Ereignis nicht wirklich weiter. Dazu müssen Sie das Ereignis Exit einsetzen, das im Anschluss beschrieben wird.

9.24 Das Ereignis Steuerelement_Enter

Das Ereignis Enter tritt ein, bevor ein Steuerelement den Fokus von einem anderen Steuerelement desselben Formulars erhält. Dieses Ereignis wirkt sich nicht auf Kontrollkästchen, Optionsfelder oder Umschaltflächen in einer Optionsgruppe aus.

9.24.1 Vorabinformationen geben

Da das Ereignis Enter vor der eigentlichen Eingabe von Daten in ein Formular ausgeführt wird, eignet sich dieses Ereignis sehr gut dafür, dem Anwender mitzuteilen, wie er ein bestimmtes Feld in einem Formular auszufüllen hat.

Im nächsten Beispiel wird das Formular KATEGORIEN dahingehend erweitert, dass das mehrzeilige Textfeld BESCHREIBUNG richtig ausgefüllt wird. So soll beim Eintreten in das Textfeld automatisch eine Bildschirmmeldung angezeigt werden, die dem Anwender sagt, wie er die Daten dort einzugeben hat. Als kleine Besonderheit werden Sie dem Anwender eine mehrzeilige Bildschirmmeldung präsentieren. Hinterlegen Sie für diesen Zweck dem Textfeld BESCHREIBUNG das Ereignis Enter, das Sie im Listing 9.58 sehen können.

Listing 9.58: Das Ereignis Enter einsetzen, um Informationen auszugeben

```
Private Sub Beschreibung_Enter()
  If IsNull(Me!Beschreibung) Then
    MsgBox "Hallo Anwender " & Application.CurrentUser _
      & "," & Chr(13) & "geben Sie bitte ein paar " & _
      "erklärende Worte für die Kategorie " & _
      Me!Kategoriename & " ein!" & Chr(13) & _
      "Viele Grüße " & Chr(13) & _
      "Ihr Administrator", vbExclamation
  End If
End Sub
```

Einen Umbruch in einem Meldungsfenster können Sie mit der Funktion Chr erzeugen, der Sie den Zeichencode 13 übergeben.

Wenn Sie ermitteln, ob das Textfeld leer ist, können Sie die Funktion IsNull verwenden. Dabei ist es gleichgültig, ob es sich um einen neuen Datensatz handelt oder ob Sie in einem bereits existierenden Datensatz das Textfeld BESCHREIBUNG löschen. In beiden Fällen wird das Ereignis Enter ausgelöst. Möchten Sie gesondert ermitteln, ob es sich um einen neuen Datensatz handelt, setzen Sie die Eigenschaft NewRecord ein, die den Wert True liefert, wenn es sich um einen neuen Satz handelt.

Abbildung 9.41:
Einen erklärenden Text eingeben

9.25 Das Ereignis Steuerelement_Exit

Das Ereignis Exit tritt auf, unmittelbar bevor ein Steuerelement den Fokus an ein anderes Steuerelement desselben Formulars abgibt. Dieses Ereignis wirkt sich nicht auf Kontrollkästchen, Optionsfelder oder Umschaltflächen in einer Optionsgruppe aus.

9.25.1 Nachfrage starten

Das Ereignis Exit können Sie dazu verwenden, um abzufragen, ob eine Eingabe in ein Textfeld korrekt war. Dazu greifen Sie das Beispiel aus Listing 9.58 auf und fragen nach Erfassung einer Beschreibung der Kategorie im Formular KATEGORIE nach, ob dieses richtig war.

Listing 9.59: Das Ereignis Exit einsetzen, um Rückfragen einzuholen

```
Private Sub Beschreibung_Exit(Cancel As Integer)
   Dim str As String

   str = "Sie haben '" & Me!Beschreibung _
      & "' eingegeben" & _
      vbCrLf & "War das richtig?"
   If MsgBox(str, vbYesNo) = vbNo Then
      Cancel = True
   End If
End Sub
```

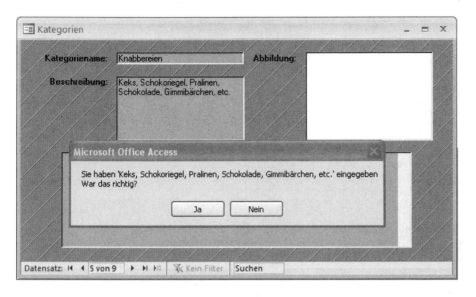

Abbildung 9.42:
Rückfrage einholen

Das Ereignis Exit wird genau dann ausgelöst, wenn Sie über die Taste ⇥ das Textfeld BESCHREIBUNG verlassen.

9.26 Die Reihenfolge der Ereignisse

Wie Sie im bisherigen Verlauf gesehen haben, reagieren viele Ereignisse ähnlich. Der einzige Unterschied zwischen einzelnen Ereignissen besteht darin, dass diese in einer bestimmten Reihenfolge nacheinander ablaufen. Bei manchen Ereignissen haben Sie die Möglichkeit, Aktionen abzubrechen. Diese Ereignisse haben dann in ihrer Kopfzeile immer das Argument Cancel, das Sie auf den Wert False setzen können, um das verbundene Ereignis abzubrechen.

9.26.1 Reihenfolge beim Öffnen und Schließen eines Formulars

Wenn Sie ein Formular zum ersten Mal öffnen, treten die folgenden Ereignisse in der angegebenen Reihenfolge ein:

Open, Load, Resize, Activate, Current

Möchten Sie die Ereignisse über das Eigenschaftenfenster einstellen, lauten die einzustellenden Ereignisse wie folgt:

BEIM ÖFFNEN, BEI LADEN, BEI GRÖSSENÄNDERUNG, BEI AKTIVIERUNG, BEIM ANZEIGEN

Abbildung 9.43:
Formular-Ereignisse über das Eigenschaften-Fenster einstellen

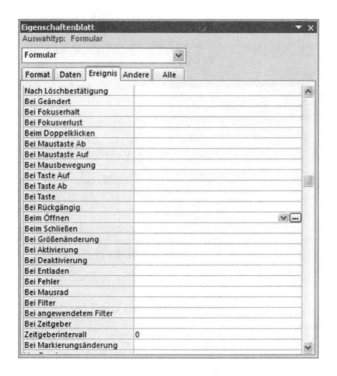

Wenn Sie ein Formular schließen, treten die folgenden Ereignisse in der angegebenen Reihenfolge ein:

Unload, Deactivate, Close

Um diese Ereignisse im Eigenschaftenfenster auf der Registerkarte EREIGNISSE einzusehen, klicken Sie folgende Ereignisse an:

BEI ENTLADEN, BEI DEAKTIVIERUNG, BEIM SCHLIESSEN

9.26.2 Aktivierreihenfolge bei Steuerelementen

Wenn Sie beispielsweise über die Taste von einem Textfeld in ein anderes wechseln, werden folgende Ereignisse nacheinander ausgelöst:

Enter, GotFocus, Exit, LostFocus

Diese Ereignisse heißen im Eigenschaftenfenster auf der Registerkarte EREIGNISSE wie folgt:

BEIM HINGEHEN, BEI FOKUSERHALT, BEIM VERLASSEN, BEI FOKUSVERLUST

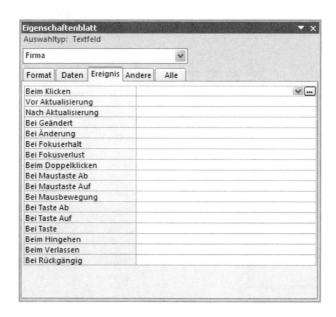

Abbildung 9.44:
Die Steuerelement-Ereignisse

9.26.3 Reihenfolge der Aktualisierungsereignisse

Für die Aktualisierung von Ereignissen stehen zwei in unmittelbarer Reihenfolge untereinander: `BeforeUpdate` und `AfterUpdate`.

Diese Ereignisse heißen im Eigenschaftenfenster VOR AKTUALISIERUNG und NACH AKTUALISIERUNG.

Wenn Sie in ein Steuerelement eines Formulars neue oder geänderte Daten eingeben und dann zu einem anderen Datensatz wechseln oder den Datensatz mit dem Befehl DATENSATZ SPEICHERN aus dem Menü DATENSÄTZE speichern, tritt zunächst das `BeforeUpdate`-Ereignis des Steuerelements und unmittelbar danach das `BeforeUpdate`-Ereignis des Formulars ein.

9.26.4 Eine komplette Kette von Ereignissen

Stellen Sie sich jetzt einmal vor, Sie müssen ein Formular öffnen, dann ein Textfeld anspringen, dort einen Wert eingeben und mit der Taste [⇥] zum nächsten Formularfeld wechseln. Die komplette Reihenfolge der Ereignisse sieht so aus:

`Open`, `Load`, `Enter`, `GotFocus`, `KeyDown`, `KeyPress`, `Change`, `KeyUp`, `BeforeUpdate`, `AfterUpdate`, `Exit`, `LostFocus`

Wollen Sie die Ereignisse über das Eigenschaftenfenster einsehen, lauten die Ereignisse wie folgt:

BEIM ÖFFNEN, BEI LADEN, BEIM HINGEHEN, BEI FOKUSERHALT, BEI MAUSTASTE AB, BEI TASTE, BEI GEÄNDERT, BEI TASTE AUF, VOR AKTUALISIERUNG, NACH AKTUALISIERUNG, BEIM VERLASSEN, BEI FOKUSVERLUST

Kapitel 10
Access im Zusammenspiel mit Office

Das Datenbankprogramm von Microsoft ist keine Anwendung, die auf sich allein gestellt ist. Sie können von Access aus auf andere Anwendungen zugreifen und Daten austauschen. Besonders oft werden in der Praxis Access-Daten in Textdateien geschrieben bzw. transferierte Textdateien von Host-Systemen in Access eingelesen. Auch der Datenzugriff innerhalb des Office-Pakets ist geregelt. So können Sie beispielsweise Daten zwischen den Office-Komponenten Access, Excel, PowerPoint und Word austauschen.

Unter anderem werden dabei folgende Fragen beantwortet:

Die Themen dieses Kapitels

- Welche Möglichkeiten habe ich, um Daten aus Access in einer Textdatei zu speichern?
- Wie kann ich Textdateien in eine Access-Tabelle einlesen?
- Wie übertrage ich Access-Tabellen nach Word?
- Wie kann ich Access-Daten punktgenau in Word-Dokumente einfügen?
- Wie kann ich meine Adressdatenbank in das Adressbuch von Outlook transferieren?
- Wie kann ich das Adressbuch von Outlook in eine Access-Tabelle übertragen?
- Wie kann ich Termine aus einer Access-Tabelle in den Terminkalender von Outlook transferieren?
- Wie kann ich eine Aufgabentabelle in die Aufgabenliste von Outlook übertragen?
- Wie kann ich Notizen nach Outlook übertragen?
- Wie exportiere ich Access-Tabellen nach Excel?
- Wie kann ich Excel-Tabellen in Access importieren?
- Wie kann ich eine Access-Datenbankabfrage von Excel aus ausführen?
- Wie kann ich ein Backup meiner Excel-Tabellen in einer Access-Tabelle durchführen?

Die in diesem Kapitel vorgestellten Lösungen finden Sie auf der CD-ROM zum Buch im Ordner KAP10 unter dem Namen NORDWIND.MDB bzw. in den Dateien WORDFORMULAR.DOC, EXCELFORMULAR.XLS und TRANSFER.MDB.

10.1 Textdateien im Zugriff von Access

In Access haben Sie standardmäßig die Möglichkeit, Tabellen als Textdateien zu speichern. Dazu öffnen Sie die Tabelle, rufen im Menü DATEI den Befehl EXPORTIEREN auf, wählen aus dem Drop-down-Feld DATEITYP den Eintrag TEXTDATEIEN, vergeben einen passenden Dateinamen und bestätigen mit OK. Bei Access 2007 und 2010 wählen Sie auf dem Ribbon EXTERNE DATEN in der Gruppe EXPORTIEREN das Element IN EINE TEXTDATEI EXPORTIEREN. Ebenso können Sie Textdateien in Access einlesen. Dazu rufen Sie im Menü DATEI den Befehl EXTERNE DATEN/IMPORTIEREN auf, stellen im Drop-down-Feld DATEITYP den Eintrag TEXTDATEIEN ein, wählen die gewünschte Textdatei aus und bestätigen mit IMPORTIEREN. Bei Access 2007 und 2010 wählen Sie auf dem Ribbon EXTERNE DATEN in der Gruppe IMPORTIEREN das Element TEXTDATEI IMPORTIEREN.

10.1.1 Textdateien speichern

Den Vorgang des Speicherns einer Textdatei können Sie selbstverständlich auch über VBA-Code automatisieren. So speichern Sie im folgenden Beispiel die Tabelle ARTIKEL aus der Datenbank NORDWIND.MDB in eine Textdatei. Als Trennzeichen verwenden Sie dabei das Semikolon. Aus diesem Grund geben Sie der Textdatei auch die Endung CSV. CSV steht für COMMA SEPARATED VALUES. CSV ist eine typische Dateinamenerweiterung für Textdateien, die durch Sonderzeichen getrennte Werte enthalten. Sie könnten der Datei jedoch genauso gut die Endung TXT geben.

Abbildung 10.1: Die Ausgangstabelle vor dem Datentransfer

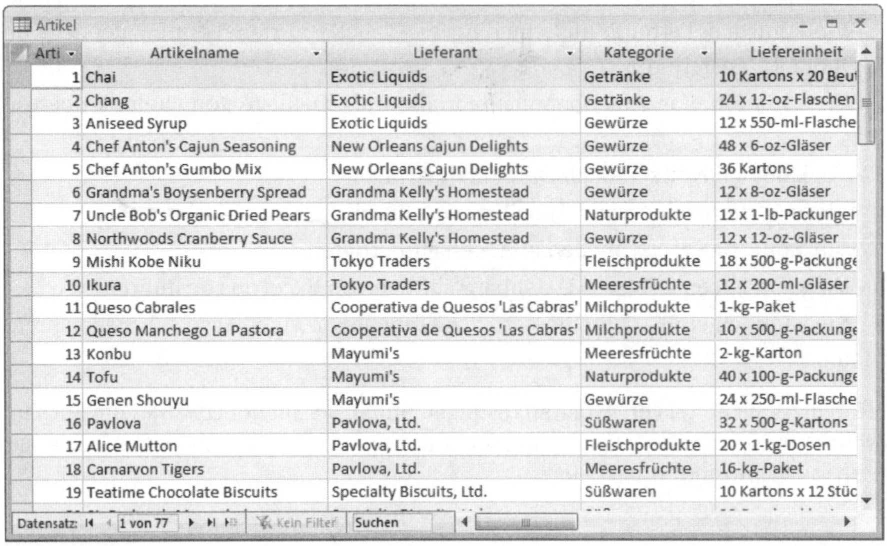

Artikel

Arti	Artikelname	Lieferant	Kategorie	Liefereinheit
1	Chai	Exotic Liquids	Getränke	10 Kartons x 20 Beu
2	Chang	Exotic Liquids	Getränke	24 x 12-oz-Flaschen
3	Aniseed Syrup	Exotic Liquids	Gewürze	12 x 550-ml-Flasche
4	Chef Anton's Cajun Seasoning	New Orleans Cajun Delights	Gewürze	48 x 6-oz-Gläser
5	Chef Anton's Gumbo Mix	New Orleans Cajun Delights	Gewürze	36 Kartons
6	Grandma's Boysenberry Spread	Grandma Kelly's Homestead	Gewürze	12 x 8-oz-Gläser
7	Uncle Bob's Organic Dried Pears	Grandma Kelly's Homestead	Naturprodukte	12 x 1-lb-Packunger
8	Northwoods Cranberry Sauce	Grandma Kelly's Homestead	Gewürze	12 x 12-oz-Gläser
9	Mishi Kobe Niku	Tokyo Traders	Fleischprodukte	18 x 500-g-Packung
10	Ikura	Tokyo Traders	Meeresfrüchte	12 x 200-ml-Gläser
11	Queso Cabrales	Cooperativa de Quesos 'Las Cabras'	Milchprodukte	1-kg-Paket
12	Queso Manchego La Pastora	Cooperativa de Quesos 'Las Cabras'	Milchprodukte	10 x 500-g-Packung
13	Konbu	Mayumi's	Meeresfrüchte	2-kg-Karton
14	Tofu	Mayumi's	Naturprodukte	40 x 100-g-Packung
15	Genen Shouyu	Mayumi's	Gewürze	24 x 250-ml-Flasche
16	Pavlova	Pavlova, Ltd.	Süßwaren	32 x 500-g-Kartons
17	Alice Mutton	Pavlova, Ltd.	Fleischprodukte	20 x 1-kg-Dosen
18	Carnarvon Tigers	Pavlova, Ltd.	Meeresfrüchte	16-kg-Paket
19	Teatime Chocolate Biscuits	Specialty Biscuits, Ltd.	Süßwaren	10 Kartons x 12 Stüc

Datensatz: 1 von 77 Kein Filter Suchen

Textdateien im Zugriff von Access

Beim Datentransfer sollen nur die Datenfelder ARTIKELNAME, LIEFEREINHEIT, MINDESTBESTAND, LAGERBESTAND und BESTELLTE EINHEITEN in die Textdatei übertragen werden. Sie brauchen bei der folgenden Prozedur aus Listing 10.1 die Tabelle ARTIKEL nicht zu öffnen. Das Öffnen, Verarbeiten und Transferieren der Daten in die Textdatei wird automatisch vorgenommen.

Listing 10.1: Teile einer Tabelle in eine Textdatei schreiben

```
Sub TabelleAlsTextdateiSpeichern()
  Dim rst As New ADODB.Recordset
  Dim str As String
  Dim lng As Long

  On Error GoTo Fehler
  rst.Open "Artikel", CurrentProject.Connection
  Open "C:\Eigene Dateien\Artikel.csv" For Output As #1
  lng = 0
  Do Until rst.EOF
   str = str & rst!Artikelname & ";" & _
   rst!Liefereinheit & ";" & rst!Einzelpreis & ";" & _
   rst!Mindestbestand & ";" & rst!Lagerbestand & ";" & _
   rst!BestellteEinheiten
   rst.MoveNext
   Print #1, str
   lng = lng + 1
   str = ""
  Loop
  Close #1
  MsgBox "Transfer beendet! Es wurden " & lng _
   & " Sätze übertragen!"
  rst.Close
  Set rst = Nothing
  Exit Sub
Fehler:
  MsgBox "Die angegebene Tabelle konnte nicht gefunden werden!"
End Sub
```

Definieren Sie im ersten Schritt ein ADO-Objekt vom Typ `Recordset`. Damit haben Sie Zugriff auf alle Tabellen in Access. Definieren Sie danach eine String-Variable, um später die einzelnen Datenfelder in dieser Variablen zwischenzuspeichern. In der folgenden Variablen `lng` sollen die übertragenen Datensätze gezählt und später ausgegeben werden. Öffnen Sie daraufhin mithilfe der Methode `Open` die Tabelle ARTIKEL in der aktuell geöffneten Datenbank. Mit der Anweisung `CurrentProject.Connection` fangen Sie den Namen der aktuellen Datenbank ein. Öffnen Sie dann über die Methode `Open` die Textdatei, in die die Daten hinein transferiert werden sollen. Dabei muss diese Textdatei keineswegs schon angelegt sein. Der Befehl `Open` erstellt diese neu, sofern sie noch nicht existiert. Sehen wir uns diese Methode einmal genauer an.

`Open Pfadname For Modus [Access-Zugriff] [Sperre] As [#]Dateinummer [Len=Satzlänge]`	**Die Syntax der Methode** Open

Im Argument Pfadname geben Sie das Laufwerk sowie den Dateinamen der Textdatei an, die Sie öffnen möchten.

Das Argument Modus legt den Zugriffsmodus für die Datei fest. Möglich sind die Modi Append, Binary, Input, Output oder Random. Wenn kein Modus festgelegt ist, wird die Datei im Zugriffsmodus Random geöffnet. In unserem Beispiel in Listing 10.1 wurde die Textdatei im Zugriffsmodus Output geöffnet, was darauf schließen lässt, dass Sie Sätze in diese Textdatei transferieren möchten. Würden Sie die Textdatei mit dem Zugriffsmodus Append öffnen, hinge die Prozedur bei mehrmaligem Start hintereinander die Daten immer unten an die Textdatei an, was zur Folge hätte, dass Sie die Datensätze mehrfach vorliegen hätten.

Das nächste optionale Argument Access-Zugriff legt die Operation fest, die mit der geöffneten Datei ausgeführt werden soll. Dabei setzen Sie entweder Read, wenn Sie die Textdatei nur lesen, oder Write, wenn Sie etwas in die Textdatei schreiben möchten. Wollen Sie beide Aktionen durchführen, dann setzen Sie die Konstante Read Write ein.

Beim optionalen Argument Sperre können Sie bestimmen, welche Operationen mit der geöffneten Datei von anderen Anwendungen durchgeführt werden dürfen oder nicht. Dabei können Sie bestimmte Zugriffe wie das Lesen und Schreiben zulassen oder verwehren. Zur Auswahl stehen Shared, Lock Read, Lock Write und Lock Read Write.

Mithilfe des Arguments Dateinummer vergeben Sie eine gültige Dateinummer im Bereich von 1 bis 511. Dabei haben Sie die Möglichkeit, bei den Modi Binary, Input und Random eine Datei mit einer anderen Dateinummer zu öffnen, ohne sie zuvor schließen zu müssen. In den Modi Append und Output müssen Sie eine Datei erst schließen, bevor diese mit einer anderen Dateinummer geöffnet werden kann. Wenn Sie dennoch versuchen, in eine bereits so geöffnete Textdatei zu schreiben, werden Sie daran gehindert und erhalten eine Fehlermeldung angezeigt.

Abbildung 10.2:
Die Datei ist bereits geöffnet.

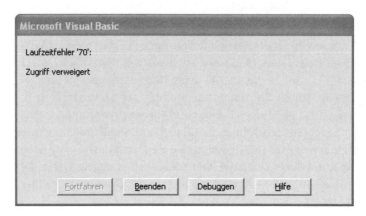

Im letzten optionalen Argument Satzlänge können Sie der Textdatei noch eine Satzlänge vorgeben. Dabei handelt es sich um eine Zahl, die kleiner oder gleich 32.767 (Bytes) ist. Bei Dateien mit wahlfreiem Zugriff ist dies die Datensatzlänge, bei sequenziellen Dateien die Anzahl der gepufferten Zeichen.

Haben Sie nun sowohl die Tabelle als auch die Textdatei geöffnet, setzen Sie die Zählvariable lng auf den Wert 0. Danach setzen Sie eine Schleife auf, die so lange durchlaufen wird, bis der letzte Datensatz in der Tabelle erreicht ist. Diese automatische Überprüfung nimmt die Eigenschaft EOF (End Of File) vor. Sie dürfen allerdings nicht vergessen, den Datenzeiger mithilfe der Methode MoveNext jeweils einen Satz weiter zu setzen, sobald Sie einen Satz übertragen haben. Sie erzeugen ansonsten eine Endlosschleife. Ebenfalls innerhalb der Schleife erstellen Sie eine Variable str, welche die einzelnen Datenfelder aus der Tabelle ARTIKEL aufnimmt. Vergessen Sie dabei nicht, nach jeder Feldinformation das Trennzeichen (;) einzusetzen.

Mithilfe der Anweisung Print drucken Sie den auf diese Weise geschriebenen augenblicklichen Inhalt der Variablen str direkt in die geöffnete Textdatei. Dabei müssen Sie dieselbe Dateinummer verwenden, die Sie schon beim Öffnen der Textdatei eingesetzt haben. Nur so wird gewährleistet, dass der »Ausdruck« auch in die gewünschte Textdatei geschrieben wird.

Sorgen Sie dafür, dass die Zählvariable lng bei jedem Schleifendurchlauf um den Wert 1 erhöht wird. Vergessen Sie auch nicht, am Ende eines jeden Schleifendurchlaufs die Variable str wieder zu initialisieren.

Wird das Ende der Tabelle ARTIKEL erreicht, dann ist das Schleifenabbruchskriterium erfüllt, und die Schleife wird verlassen. Schließen Sie die noch geöffnete Textdatei mit der Methode Close. Geben Sie danach eine Bildschirmmeldung aus, die die Anzahl der übertragenen Sätze beinhaltet. Schließen Sie dann ebenfalls über die Methode Close die Tabelle ARTIKEL und heben den Objektverweis mithilfe der Anweisung Set rst = Nothing wieder auf, um den reservierten Speicher wieder freizugeben.

Möchten Sie eine weitere Möglichkeit kennenlernen, über die Sie auf die Schnelle eine Tabelle als Textdatei speichern können?

Mithilfe der Methode TransferText können Sie genau diese Aufgabe leicht ausführen. Der Unterschied zur gerade vorgestellten Lösung besteht darin, dass Sie mit dieser Methode die komplette Tabelle als Textdatei speichern müssen. Sie haben dabei keine Möglichkeit, einzelne Felder zu ignorieren.

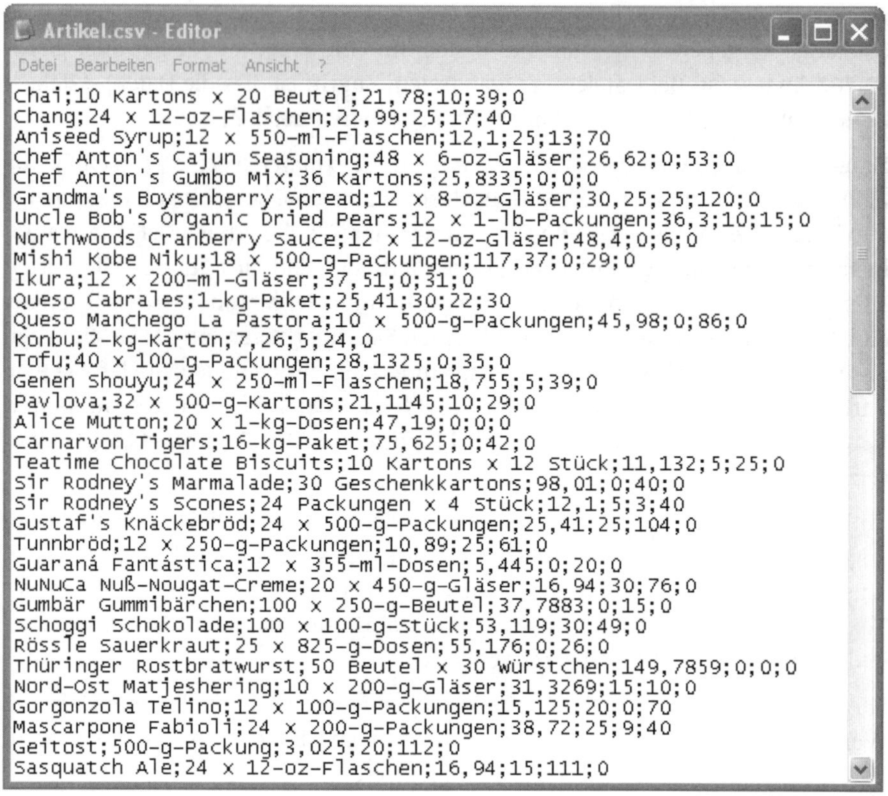

Abbildung 10.3:
Die Textdatei mit dem Semikolon als Trennzeichen

```
Chai;10 Kartons x 20 Beutel;21,78;10;39;0
Chang;24 x 12-oz-Flaschen;22,99;25;17;40
Aniseed Syrup;12 x 550-ml-Flaschen;12,1;25;13;70
Chef Anton's Cajun Seasoning;48 x 6-oz-Gläser;26,62;0;53;0
Chef Anton's Gumbo Mix;36 Kartons;25,8335;0;0;0
Grandma's Boysenberry Spread;12 x 8-oz-Gläser;30,25;25;120;0
Uncle Bob's Organic Dried Pears;12 x 1-lb-Packungen;36,3;10;15;0
Northwoods Cranberry Sauce;12 x 12-oz-Gläser;48,4;0;6;0
Mishi Kobe Niku;18 x 500-g-Packungen;117,37;0;29;0
Ikura;12 x 200-ml-Gläser;37,51;0;31;0
Queso Cabrales;1-kg-Paket;25,41;30;22;30
Queso Manchego La Pastora;10 x 500-g-Packungen;45,98;0;86;0
Konbu;2-kg-Karton;7,26;5;24;0
Tofu;40 x 100-g-Packungen;28,1325;0;35;0
Genen Shouyu;24 x 250-ml-Flaschen;18,755;5;39;0
Pavlova;32 x 500-g-Kartons;21,1145;10;29;0
Alice Mutton;20 x 1-kg-Dosen;47,19;0;0;0
Carnarvon Tigers;16-kg-Paket;75,625;0;42;0
Teatime Chocolate Biscuits;10 Kartons x 12 Stück;11,132;5;25;0
Sir Rodney's Marmalade;30 Geschenkkartons;98,01;0;40;0
Sir Rodney's Scones;24 Packungen x 4 Stück;12,1;5;3;40
Gustaf's Knäckebröd;24 x 500-g-Packungen;25,41;25;104;0
Tunnbröd;12 x 250-g-Packungen;10,89;25;61;0
Guaraná Fantástica;12 x 355-ml-Dosen;5,445;0;20;0
NuNuCa Nuß-Nougat-Creme;20 x 450-g-Gläser;16,94;30;76;0
Gumbär Gummibärchen;100 x 250-g-Beutel;37,7883;0;15;0
Schoggi Schokolade;100 x 100-g-Stück;53,119;30;49;0
Rössle Sauerkraut;25 x 825-g-Dosen;55,176;0;26;0
Thüringer Rostbratwurst;50 Beutel x 30 Würstchen;149,7859;0;0;0
Nord-Ost Matjeshering;10 x 200-g-Gläser;31,3269;15;10;0
Gorgonzola Telino;12 x 100-g-Packungen;15,125;20;0;70
Mascarpone Fabioli;24 x 200-g-Packungen;38,72;25;9;40
Geitost;500-g-Packung;3,025;20;112;0
Sasquatch Ale;24 x 12-oz-Flaschen;16,94;15;111;0
```

Listing 10.2: Tabelle in eine Textdatei schreiben (weitere Variante)

```
Sub TabelleAlsTextdateiSpeichernSchnell()
  DoCmd.TransferText acExportDelim, , "Artikel", _
    "C:\Eigene Dateien\Artikel.csv"
End Sub
```

Mithilfe der Methode `TransferText` können Sie sowohl Daten in Textdateien exportieren als auch Daten aus Textdateien in Access-Tabellen einlesen.

10.1.2 Textdateien exportieren

Eine weitere Möglichkeit, um Access-Tabellen in Textdateien zu speichern, bietet das `DoCmd`-Objekt. So speichert die Prozedur aus Listing 10.3 die Tabelle ARTIKEL im Verzeichnis C:\EIGENE DATEIEN unter dem Namen ARTIKEL.TXT.

Listing 10.3: Komplette Tabelle in eine Textdatei schreiben

```
Sub TabelleTransferieren()
  DoCmd.OutputTo acOutputTable, "Artikel", _
    acFormatTXT, "C:\Eigene Dateien\Artikel.txt", _
    True
End Sub
```

Mit der Methode `OutputTo` können Sie die Daten in einem bestimmten Microsoft Access-Datenbankobjekt (einem Datenblatt, einem Formular, einem Bericht, einem Modul oder einer Datenzugriffsseite) in verschiedenen Formaten ausgeben. Dabei lautet die Syntax dieser Methode wie folgt:

Die Syntax der Methode `OutputTo`

```
OutputTo(ObjectType, ObjectName, OutputFormat, OutputFile, AutoStart,
TemplateFile)
```

Über das Argument `ObjectType` legen Sie die Art des Access-Objekts fest, dessen Daten Sie exportieren möchten.

Dabei haben Sie folgende Möglichkeiten.

- `acOutputForm`: Export der Daten eines Formulars
- `acOutputFunction`: Export einer Funktion zur Sicherung
- `acOutputModule`: Export eines kompletten Moduls inkl. aller Funktionen und Prozeduren
- `acOutputQuery`: Export der Ergebnisse einer Abfrage
- `acOutputReport`: Export eines Berichts
- `acOutputServerView`: Export einer Serveransicht
- `acOutputStoredProcedure`: Export einer gespeicherten Prozedur
- `acOutputTable`: Export einer Tabelle

Beim Argument `ObjectName` geben Sie den Namen des Objekts an, das Sie exportieren möchten. In der Prozedur aus Listing 10.3 ist dies der Name des Objekts `acOutputTable` ARTIKEL.

Das Argument `OutPutFormat` legt fest, in welchem Datenformat Sie die Daten transferieren möchten. Die bekanntesten Formate heißen dabei wie folgt:

- `acFormatHTML` konvertiert die Daten in das HTML-Format.
- `acFormatRTF` konvertiert die Daten in das Rich-Text-Format. Dieses Format kann beispielsweise problemlos in Microsoft Word eingelesen werden.
- `acFormatTXT`: Mit diesem Format ist das Textformat gemeint.
- `acFormatXLS` konvertiert die Daten in das Microsoft Excel-Format.

Beim Argument `OutputFile` geben Sie den Pfad sowie den Dateinamen der Datei an, in die Sie die Daten transferieren möchten. Dabei muss die Datei noch nicht vorhanden sein. Access legt diese bei Bedarf selber an.

Mithilfe des Arguments `AutoStart` haben Sie die Möglichkeit, die so erstellte Exportdatei gleich zu öffnen. Verwenden Sie den Wert `True`, um die entsprechende auf Windows basierende Anwendung sofort zu starten. Setzen Sie das Argument auf den Wert `False`, oder lassen Sie es weg, wenn die Exportdatei nicht geöffnet werden soll.

Das Argument `TemplateFile` ist dann von Interesse, wenn Sie eine Vorlage beispielsweise für die HTML-Datei verwenden möchten. In diesem Fall ist der komplette Pfad dieser Vorlagendatei anzugeben.

Abbildung 10.4: Die exportierte Textdatei wurde bereits aufbereitet.

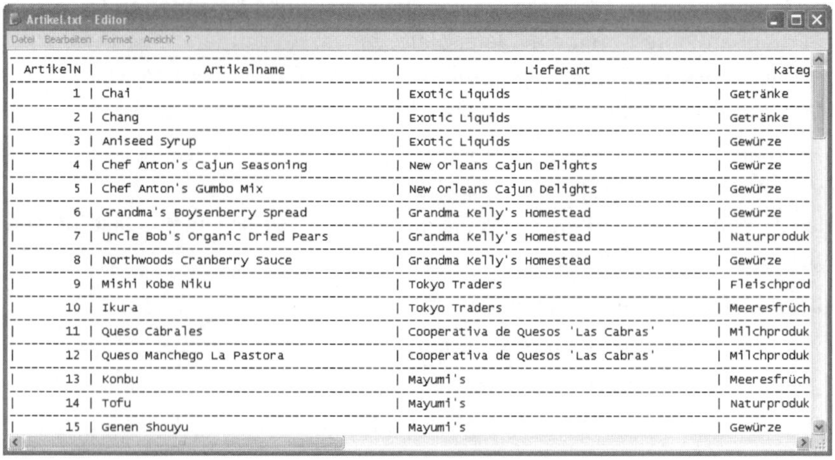

ArtikelN	Artikelname	Lieferant	Kateg
1	Chai	Exotic Liquids	Getränke
2	Chang	Exotic Liquids	Getränke
3	Aniseed Syrup	Exotic Liquids	Gewürze
4	Chef Anton's Cajun Seasoning	New Orleans Cajun Delights	Gewürze
5	Chef Anton's Gumbo Mix	New Orleans Cajun Delights	Gewürze
6	Grandma's Boysenberry Spread	Grandma Kelly's Homestead	Gewürze
7	Uncle Bob's Organic Dried Pears	Grandma Kelly's Homestead	Naturproduk
8	Northwoods Cranberry Sauce	Grandma Kelly's Homestead	Gewürze
9	Mishi Kobe Niku	Tokyo Traders	Fleischprod
10	Ikura	Tokyo Traders	Meeresfrüch
11	Queso Cabrales	Cooperativa de Quesos 'Las Cabras'	Milchproduk
12	Queso Manchego La Pastora	Cooperativa de Quesos 'Las Cabras'	Milchproduk
13	Konbu	Mayumi's	Meeresfrüch
14	Tofu	Mayumi's	Naturproduk
15	Genen Shouyu	Mayumi's	Gewürze

10.1.3 Codes sichern

Die Methode `OutputTo` bietet Ihnen die Möglichkeit, Ihre Programmierung zu sichern. Die Prozedur aus Listing 10.4 sichert das Modul MODUL1 in der Textdatei CODE.TXT im Verzeichnis C:\EIGENE DATEIEN.

Listing 10.4: Ein Modul sichern

```
Sub ModulTransferieren()
  DoCmd.OutputTo acOutputModule, "Modul1", _
    acFormatTXT, "C:\Eigene Dateien\Code.txt", True
End Sub
```

Indem Sie die Konstante `acOutputModule` verwenden, erkennt Access, dass es aus der Entwicklungsumgebung das MODUL1 exportieren soll. Mit der Konstante `acFormatTXT` legen Sie fest, dass dieser Transfer im Textformat stattfinden soll.

Haben Sie mehrere Module in Ihrer Datenbank untergebracht und möchten Sie diese alle sichern, dann setzen Sie die Prozedur aus Listing 10.5 ein.

Listing 10.5: Alle Module einer Datenbank sichern

```
Sub AlleModuleSpeichern()
  Dim obj As AccessObject
  Dim dbs As Object
  Dim i As Integer

  i = 0
  Set dbs = Application.CurrentProject
  For Each obj In dbs.AllModules
    i = i + 1
    DoCmd.OutputTo acOutputModule, obj.Name, _
       acFormatTXT, "C:\Eigene Dateien\Code" _
       & i & ".txt"
   Next obj
End Sub
```

Textdateien im Zugriff von Access

Abbildung 10.5:
Module sichern

Im Auflistungsobjekt `AllModules` sind alle Module der Datenbank verzeichnet. Sie können damit ganz elegant ein Modul nach dem anderen mithilfe einer Schleife ansprechen. Innerhalb der Schleife wenden Sie die Methode `OutputTo` an, um die einzelnen Module zu sichern. Dabei geben Sie den einzelnen Textdateien fortlaufende Namen, die sich aus dem Text `Code` und der Zählvariablen `i` zusammensetzen.

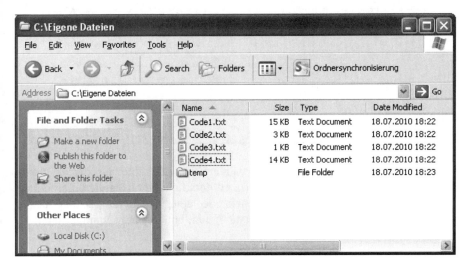

Abbildung 10.6:
Die vier Module wurden gesichert.

10.1.4 Textdateien einlesen

Beim Einlesen von Textdateien in Access können Sie die Methode `TransferText` einsetzen. Dazu benötigen Sie zuerst eine Importspezifikation. Diese enthält Informationen (beispielsweise über Dateiformat, Reihenfolge der Datumswerte oder Zahlenformate), die Microsoft Access zum Importieren einer Textdatei mit festgelegtem Format oder mit Trennzeichen verwendet. Die Importspezifikation legen Sie einmalig an und benutzen sie immer wieder.

STEP Sie können eine Importspezifikation mit dem Textimport-Assistenten erstellen, wenn Sie die nächsten Arbeitsschritte befolgen.

1. Wählen Sie bei geöffneter Datenbank, auf dem Ribbon EXTERNE DATEN, aus der Gruppe IMPORTIEREN das Element TEXTDATEI IMPORTIEREN, sofern Sie mit Access 2007 oder höher arbeiten. Arbeiten Sie mit früheren Versionen von Access, wählen Sie aus dem Menü DATEI den Befehl EXTERNE *DATEN/IMPORTIEREN*. Die folgenden Schritte beschreiben die Vorgehensweise bei Access 2010. Bei früheren Versionen von Access ist die Vorgehensweise jedoch recht ähnlich.

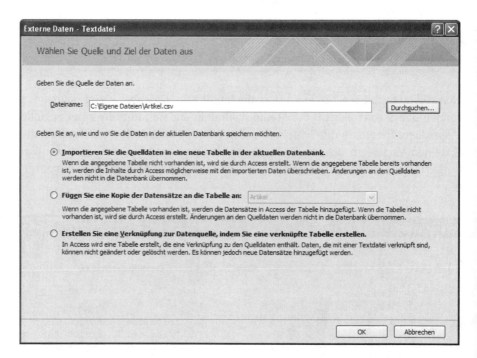

Abbildung 10.7: Textdatei auswählen

2. Im Dialogfeld EXTERNE DATEN – TEXTDATEI wählen Sie die Textdatei aus, die Sie in eine Access-Tabelle importieren möchten, und entscheiden, ob Sie die Datei importieren, die Datensätze anfügen wollen oder eine Verknüpfung zu der Tabelle erstellen möchten. Wählen Sie die erste Option, um die Daten zu importieren.
3. Klicken Sie auf die Schaltfläche OK.

Textdateien im Zugriff von Access

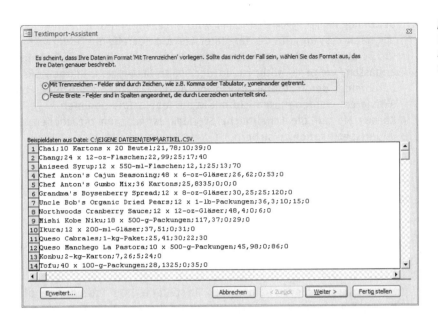

Abbildung 10.8:
Der Textimport-Assistent meldet sich.

4. Der TEXTIMPORT-ASSISTENT wird gestartet. Im angezeigten Dialog können Sie auswählen, ob die Daten der zu importierenden Datei durch Trennzeichen oder in Spalten mit fester Breite, also nur durch Leerzeichen getrennt, sind. Da bei der Textdatei ARTIKEL.CSV keine feste Feldbreite vorliegt und Sie das Semikolon als Trennzeichen vorfinden, aktivieren Sie in diesem Beispiel die erste Option.

5. Klicken Sie danach auf die Schaltfläche ERWEITERT... (bitte nicht verwechseln mit WEITER >!).

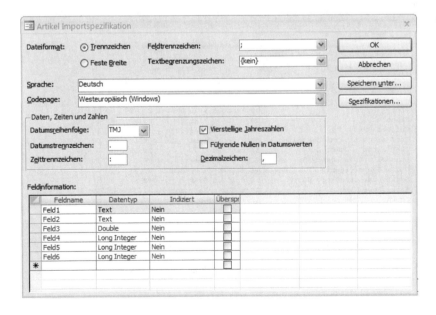

Abbildung 10.9:
Die Importspezifikation vornehmen

553

6. Der Dialog ARTIKEL IMPORTSPEZIFIKATION wird angezeigt. Im Gruppenfeld FELDINFORMATION hat Access anhand der Textdatei ARTIKEL.CSV bereits die Felder vom Datentyp für Sie automatisch vordefiniert. Diese Information können Sie natürlich noch anpassen, wenn es nötig ist. In der Spalte ÜBERSPRINGEN können Sie einzelne Datenfelder der Textdatei überspringen, d.h., wenn Sie einzelne Felder dort aktivieren, werden diese nicht mit in die Tabelle übernommen.
7. Klicken Sie auf die Schaltfläche SPEICHERN UNTER..., um die soeben definierte Importspezifikation zu sichern.

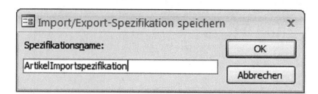

Abbildung 10.10:
Importspezifikation speichern

8. Geben Sie der Importspezifikation einen Namen, und bestätigen Sie mit OK. Merken Sie sich diesen Namen, den Sie später in Ihrer Prozedur benötigen.
9. Klicken Sie danach auf die Schaltfläche OK, um das Dialogfeld ARTIKEL IMPORTSPEZIFIKATIONEN zu schließen.
10. Im TEXTIMPORT-ASSISTENTEN wieder angekommen, klicken Sie auf WEITER, um zum nächsten Importschritt zu gelangen.
11. Übergehen Sie auch den nächsten Schritt (Abbildung 10.11) mit einem Klick auf die Schaltfläche WEITER.

Abbildung 10.11:
Trennzeichen festlegen

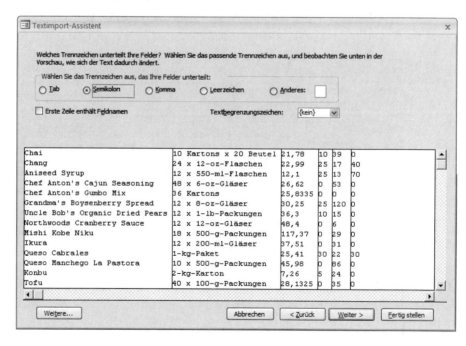

Textdateien im Zugriff von Access

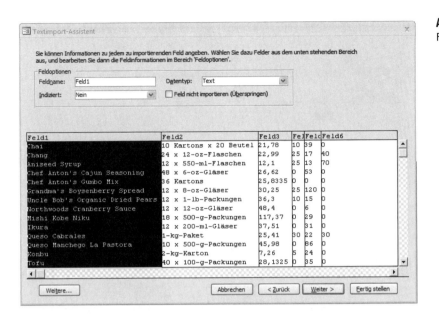

Abbildung 10.12:
Felder festlegen

12. In diesem Schritt (Abbildung 10.12) können Sie noch einmal festlegen, wie die einzelnen Felder definiert werden sollen. Da Sie diese Aufgabe aber bereits vorher über die Importspezifikation durchgeführt haben, klicken Sie auf die Schaltfläche WEITER.

13. Im nächsten Schritt des Assistenten können Sie festlegen, ob Sie einen Primärschlüssel anlegen möchten. Dabei können Sie diese Aufgabe von Access selbst ausführen lassen. Klicken Sie danach auf WEITER.

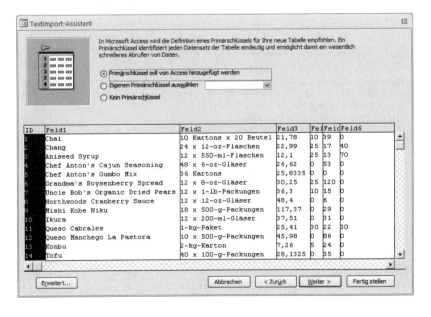

Abbildung 10.13:
Ein Primärschlüssel kann angelegt werden.

Abbildung 10.14:
Zieltabelle angeben

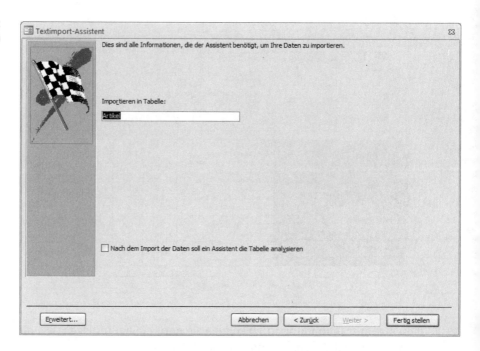

14. Geben Sie an, in welche Tabelle Sie die Textdatei einfügen möchten. Sollte diese Tabelle noch nicht existieren, wird sie von Access automatisch angelegt.
15. Klicken Sie abschließend auf die Schaltfläche FERTIG STELLEN.

Sie haben nun einmalig den Texttransfer durchgeführt und eine Importspezifikation erstellt. Die soeben ausgeführten Arbeitsschritte müssen in Zukunft nicht mehr wiederholt werden. Sie können stattdessen die Prozedur aus Listing 10.6 verwenden, die sich die Importspezifikation holt und den Datentransfer automatisch ausführt.

Listing 10.6: Textdatei in eine Tabelle einlesen

```
Sub TextdateiInTabelleEinlesen()
  DoCmd.TransferText acImportDelim, _
    "ArtikelImportspezifikation", _
    "ArtikelX", _
    "C:\Eigene Dateien\Artikel.csv", False
End Sub
```

Die Syntax der Methode TransferText

Die Methode TransferText hat folgende Syntax:

TransferText(Transfertyp, Spezifikationsname, Tabellenname, Dateiname, BesitztFeldnamen, HTML-Tabellenname)

Im Argument Transfertyp geben Sie über eine Konstante an, was sie konkret machen möchten. Sie haben dabei die Auswahl zwischen Import- und Exportkonstanten. Die genauen Bezeichnungen dieser Konstanten können Sie der Online-Hilfe entnehmen.

Im Argument `Spezifikationsname` geben Sie den Namen der Spezifikation an, den Sie vorher bestimmt haben.

Das Argument `Tabellenname` gibt den Namen der Zieltabelle an, in die der Transfer führen soll.

Die Datenquelle geben Sie im Argument `Dateiname` an. Geben Sie hierfür den kompletten Dateipfad sowie den Dateinamen an.

Setzen Sie das Argument `BesitztFeldnamen` auf den Wert `True`, wenn die zu importierende Textdatei als erste Zeile eine Überschriftenzeile enthält. Liegen nur die Daten ohne Überschriftenzeile vor, dann setzen Sie dieses Argument auf den Wert `False` oder lassen es weg.

Das optionale Argument `HTML-Tabellenname` ist nur dann von Interesse, wenn Sie einen Import von HTML-Dateien in eine Datenbank vornehmen möchten. Damit geben Sie den Namen der Tabelle oder Liste in der HTML-Datei an, die Sie importieren möchten.

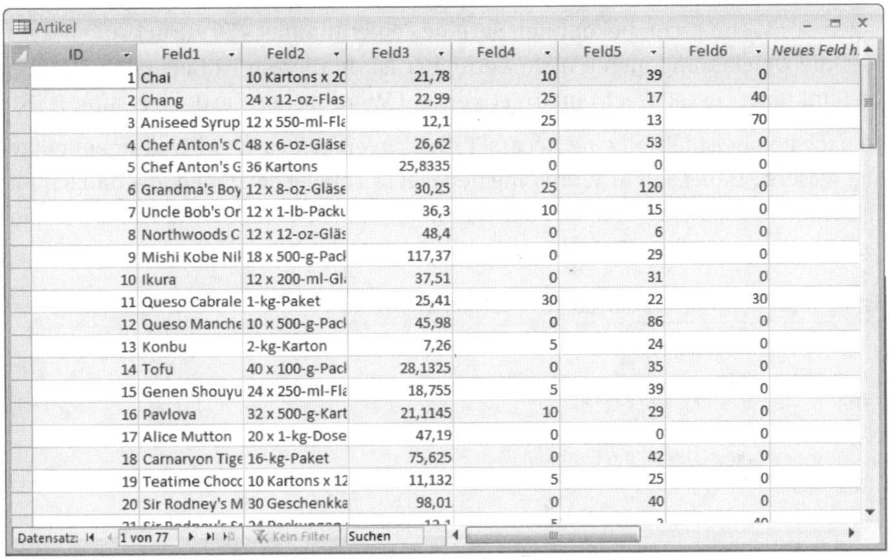
Artikel

ID	Feld1	Feld2	Feld3	Feld4	Feld5	Feld6	Neues Feld h
1	Chai	10 Kartons x 2C	21,78	10	39	0	
2	Chang	24 x 12-oz-Flas	22,99	25	17	40	
3	Aniseed Syrup	12 x 550-ml-Flä	12,1	25	13	70	
4	Chef Anton's C	48 x 6-oz-Gläse	26,62	0	53	0	
5	Chef Anton's G	36 Kartons	25,8335	0	0	0	
6	Grandma's Boy	12 x 8-oz-Gläse	30,25	25	120	0	
7	Uncle Bob's Or	12 x 1-lb-Packu	36,3	10	15	0	
8	Northwoods C	12 x 12-oz-Gläs	48,4	0	6	0	
9	Mishi Kobe Nil	18 x 500-g-Pacl	117,37	0	29	0	
10	Ikura	12 x 200-ml-Gl.	37,51	0	31	0	
11	Queso Cabrale	1-kg-Paket	25,41	30	22	30	
12	Queso Manche	10 x 500-g-Pacl	45,98	0	86	0	
13	Konbu	2-kg-Karton	7,26	5	24	0	
14	Tofu	40 x 100-g-Pacl	28,1325	0	35	0	
15	Genen Shouyu	24 x 250-ml-Flä	18,755	5	39	0	
16	Pavlova	32 x 500-g-Kart	21,1145	10	29	0	
17	Alice Mutton	20 x 1-kg-Dose	47,19	0	0	0	
18	Carnarvon Tige	16-kg-Paket	75,625	0	42	0	
19	Teatime Chocc	10 Kartons x 12	11,132	5	25	0	
20	Sir Rodney's M	30 Geschenkka	98,01	0	40	0	

Datensatz: 1 von 77 Kein Filter Suchen

Abbildung 10.15: Die Textdatei wurde in eine neue Tabelle importiert.

Möchten Sie gleich mehrere Textdateien mit demselben Aufbau in eine einzige Tabelle einlesen, lautet die Prozedur für diese Aufgabe wie folgt:

Listing 10.7: Mehrere Textdateien in eine Tabelle einlesen

```
Sub MehrereTextdateienInTabelleEinlesen()

   DoCmd.TransferText acImportDelim, _
      "ArtikelImportspezifikation", _
      "ArtikelX", _
      "C:\Eigene Dateien\Artikel.csv", False
```

10

```
      DoCmd.TransferText acImportDelim, _
         "ArtikelImportspezifikation", _
         "ArtikelX", _
         "C:\Eigene Dateien\Artikel2.csv", False
End Sub
```

Sie brauchen sich keine weiteren Gedanken zu machen. Die zweite Textdatei ARTIKEL2.CSV wird automatisch ans Ende der bereits bestehenden Tabelle ARTIKELX angehängt.

10.2 Access im Zusammenspiel mit Word

Möchten Sie Daten von Access nach Word übertragen, müssen Sie im ersten Schritt die Methoden `CreateObject` und `GetObject` einsetzen. So rufen Sie Ihre Textverarbeitung Word auf. Dabei prüfen Sie mithilfe der Funktion `GetObject`, ob Word bereits gestartet ist (für Word 2010 müssen Sie dafür die Versionsnummer 14, für Word 2007 die Versionsnummer 12, für Word 2003 die Versionsnummer 11, für Word 2002 die Versionsnummer 10, für Word 2000 die Versionsnummer 9 angeben). Wenn nicht, bekommen Sie eine Fehlernummer 429 zurück, die besagt, dass die Objektkomponente nicht verfügbar ist. In diesem Fall erstellen Sie über die Funktion `CreateObject` einen Verweis auf Word (sehen Sie dazu Listing 10.8).

Im nächsten Beispiel soll eine Access-Tabelle in ein neues Word-Dokument eingefügt werden. Dabei soll in Word eine neue leere Tabelle entstehen, die danach mit den einzelnen Datenfeldern aus der Datenbanktabelle gefüllt wird. Die etwas längere Prozedur für diese Aufgabe sehen Sie in Listing 10.8.

Listing 10.8: Teile einer Tabelle nach Word übertragen

```
Sub AccessTabelleNachWord()
   Dim objWordApp As Object
   Dim objWordDoc As Object
   Dim objAktPos As Object
   Dim rst As New ADODB.Recordset
   Dim tbl As Variant
   Dim x As Integer

   On Error GoTo Fehler
   rst.Open "Artikel", CurrentProject.Connection
   On Error Resume Next
   Set objWordApp = GetObject(, "Word.Application.14")
   If Err.Number = 429 Then
     Set objWordApp = CreateObject("Word.Application.14")
     Err.Number = 0
   End If
   objWordApp.Visible = True
   Set objWordDoc = objWordApp.Documents.Add
   With objWordApp.Selection
     .TypeText Text:="Artikelliste aus : " & _
     CurrentProject.Name
```

```
    .TypeParagraph
    .TypeText Text:="vom   " & Format(Now(), _
       "dd-mmm-yyyy")
    .TypeParagraph
  End With

  Set objAktPos = objWordDoc.Range(Start:=0, End:=0)
  objWordDoc.Tables.Add Range:=objAktPos, NumRows:=80, _
     NumColumns:=6
  Set tbl = objWordDoc.Tables(1)
  x = 1
  Do Until rst.EOF
    With tbl
      If IsNull(rst.Fields("Artikelname").Value) Then
        .Cell(x, 1).Range.Text = "Kein Namen"
      Else
        .Cell(x, 1).Range.Text = rst!Artikelname
      End If
      .Cell(x, 2).Range.Text = rst!Liefereinheit
      .Cell(x, 3).Range.Text = rst!Einzelpreis
      .Cell(x, 4).Range.Text = rst!Mindestbestand
      .Cell(x, 5).Range.Text = rst!Lagerbestand
      .Cell(x, 6).Range.Text = rst!BestellteEinheiten
      x = x + 1
      rst.MoveNext
    End With
  Loop

  Set objWordApp = Nothing
  Set objWordDoc = Nothing
  Exit Sub

Fehler:
  MsgBox "Tabelle wurde nicht gefunden!"
End Sub
```

Legen Sie im ersten Schritt die benötigten Objektvariablen an. Unter anderem brauchen Sie ein Objekt, um die Textverarbeitung Word zu verwalten, und eines, um das neue Dokument darin ansprechen zu können. Für Ihre Access-Datentabelle benötigen Sie ein Recordset-Objekt, über das Sie alle Sätze in der Tabelle ARTIKEL programmiertechnisch bearbeiten können. Nachdem Sie Ihre Tabelle sowie die Textverarbeitung Word mithilfe der Methode Open bzw. CreateObject gestartet haben, machen Sie die Word-Anwendung sichtbar. Dazu setzen Sie die Eigenschaft Visible auf den Wert True.

Mithilfe der Methode Add fügen Sie jetzt ein neues, noch leeres Dokument ein. Damit Sie später dieses neue Dokument weiter verarbeiten können, speichern Sie es in der Objektvariablen WordDoc.

Sie haben jetzt eine Mischung aus Access- und Word-VBA-Befehlen. Unterscheiden können Sie diese, indem Sie immer das anführende Objekt ansehen. `WordObj` und `WordDoc` beinhalten die Word-VBA-Befehle, das Objekt `rst` beinhaltet alle Access-VBA-Befehle.

```
With objWordApp.Selection
   .TypeText Text:="Artikelliste aus : " & _
   CurrentProject.Name
   .TypeParagraph
   .TypeText Text:="vom " & Format(Now(), _
       "dd-mmm-yyyy")
   .TypeParagraph
End With
```

Mithilfe der Word-Eigenschaft `Selection` können Sie einen markierten Bereich oder eine Einfügestelle im Dokument angeben. Über die Methode `TypeText` können Sie an die Einfügestelle einen beliebigen Text einfügen. Das Access-Objekt `CurrentProject` in Verbindung mit der Eigenschaft `Name` gibt Auskunft darüber, woher die Daten stammen, die übertragen werden sollen. Nach dem Einfügen des Textes fügen Sie einen leeren Absatz ein und geben danach das formatierte Tagesdatum aus.

Fügen Sie jetzt eine neue Tabelle in Ihr Dokument ein. Dazu müssen Sie vorher die Position im Dokument bestimmen, an der die neue Tabelle eingefügt werden soll. Diese Information speichern Sie in der Objektvariablen `AktPos`. Mithilfe der Methode `Add`, die Sie auf das Objekt `Tables` anwenden, fügen Sie Ihre neue Tabelle in das Dokument ein.

Die Methode `Add` zum Einfügen einer Tabelle hat folgende Syntax:

Die Syntax der Methode Add
`Add(Range, NumRows, NumColumns DefaultTableBehavior, AutoFitBehavior)`

Unter dem Argument `Range` geben Sie die genaue Einfügeposition der Tabelle bekannt.

Im Argument `NumRows` legen Sie die Anzahl der Zeilen fest, die in der Tabelle enthalten sein sollen.

Das Argument `NumColumns` legt die Anzahl der Spalten fest, die in der Tabelle enthalten sein sollen.

Mithilfe des Arguments `DefaultTableBehavior` können Sie entscheiden, ob sich die Zellengröße in der Tabelle automatisch ändert, wenn zu viele Zeichen in eine Zelle übertragen werden. Standardmäßig ist diese Einstellung über die Konstante `wdWord9TableBehavior` aktiviert und kann daher auch weggelassen werden. Möchten Sie, dass sich die Zellgröße nicht ändert, dann verwenden Sie die Konstante `wdWord8TableBehaviour`.

Im letzten Argument `AutoFitBehavior` legen Sie die Regeln für das AUTO-ANPASSEN der Zellen fest, nach denen die Tabellengröße in Word geändert wird. Dies kann eine der folgenden `WdAutoFitBehavior`-Konstanten sein: `wdAutoFit-Content`, `wdAutoFitFixed` oder `wdAutoFitWindow`. Wenn `DefaultTableBehavior` auf `wdWord8TableBehavior` gesetzt ist, wird dieses Argument ignoriert.

Um die Tabelle elegant ansprechen zu können, bilden Sie die Objektvariable `Tab-Wort` und speichern in ihr die erste Tabelle in Ihrem Dokument.

In einer anschließenden Schleife wird die Access-Tabelle ARTIKEL durchlaufen, und die einzelnen Feldinhalte werden in die dafür vorgesehenen Zellen der Word-Tabelle übertragen. Setzen Sie für diese Aufgabe das Word-Objekt `Cells` ein. Dieses Objekt erwartet einen Wert, der die jeweilige Zeile sowie einen Wert für die Spalte identifiziert. Mit dem Objekt `Range` ist die Zellenfläche der einzelnen Tabellenzelle gemeint, die Sie über die Eigenschaft `Text` füllen können. Als Text setzen Sie dabei natürlich die einzelnen Datenfelder Ihrer Access-Tabelle ein. Addieren Sie bei jedem eingelesenen Satz die Zählvariable `x`, die für die Zeile steht, um den Wert 1 zu erhöhen.

Vergessen Sie nicht, am Ende der Schleife den Zeiger über die Methode `MoveNext` auf den nächsten Datensatz in der Artikeltabelle zu setzen, da Sie sonst eine Endlosschleife produzieren.

Geben Sie am Ende der Prozedur aus Listing 10.8 den reservierten Speicher wieder frei, den Sie für die Objektvariablen `WordObj` und `WordDoc` benötigt haben.

Eine weitere sehr komfortable Art und Weise, eine Tabelle in ein Word-Dokument zu transferieren, können Sie mit der Methode `OutPutTo` einsetzen. Bei dieser Methode wird Ihnen der komplette Datentransfer weitestgehend abgenommen. Es wird die komplette Tabelle übertragen.

Listing 10.9: Komplette Tabelle nach Word übertragen

```
Sub TabelleNachWordTransferieren()
DoCmd.OutputTo acOutputTable, _
"Artikel", acFormatRTF, _
"C:\Eigene Dateien\Artikel.doc", True
End Sub
```

Da diese Methode bereits weiter oben im Kapitel besprochen wurde, wird an dieser Stelle nicht weiter darauf eingegangen. Interessant aber ist die Ausgabe dieses Datentransfers.

Abbildung 10.16:
Die in ein Word-Dokument übertragene Access-Tabelle

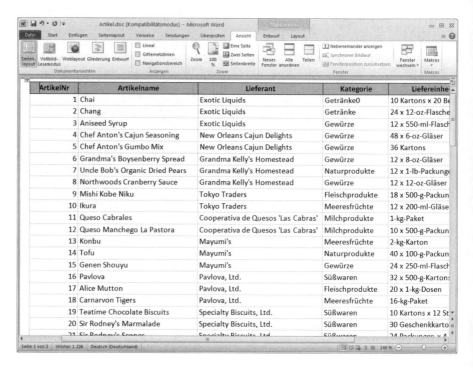

10.3 Word bedient sich einer Access-Datenbank

Der Datentransfer von Access nach Word läuft in den meisten Fällen genau umgekehrt. Stellen Sie sich dazu vor, Sie haben ein Word-Dokument und rufen jetzt beispielsweise Adressdaten aus einer Access-Tabelle ab. Diese Daten werden dann an bestimmten Textmarken in Ihr Dokument eingefügt. Um eine solche Lösung umzusetzen, müssen Sie in Word anfangen zu programmieren und dann mithilfe von ADO auf eine Adressdatenbank zugreifen. Es kann diese Aktion völlig im Hintergrund ablaufen, ohne dass der Anwender etwas davon merkt. Sie als Administrator haben dann die Möglichkeit, eine einzige Adressendatenbank anzulegen, auf die alle Ihre Anwender zugreifen. Es sollen in Zukunft keine Insellösungen mehr existieren, sondern alles soll über den Access-Datenbestand abgewickelt werden.

Folgende Schritte müssen Sie jetzt durchführen:

1. Anlage einer Adressdatenbank mit dem Namen ADRESSENDB und einer Tabelle ADRESSEN
2. Anlage eines Word-Dokuments mit Textmarken
3. Eingeben des Quellcodes in die Entwicklungsumgebung von Word

10.3.1 Die Adressdatenbank anlegen

Die Adressendatenbank, die später als Datenquelle für Ihre Textverarbeitung dienen soll, enthält die Datenfelder: KUNDENNR, KUNDENNAME, STRASSE, PLZ und ORT. Erstellen Sie jetzt eine neue Datenbank, und speichern Sie diese unter dem Namen KUNDENDB.MDB im Verzeichnis C:\EIGENE DATEIEN.

Danach erstellen Sie die Tabelle ADRESSEN, die in der Entwurfsansicht folgenden Aufbau hat:

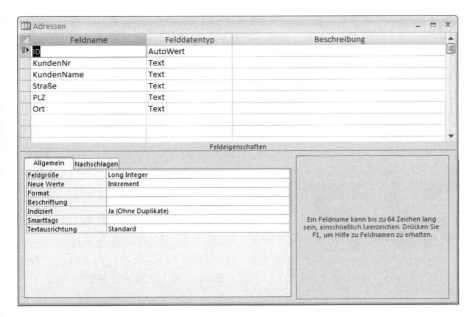

Abbildung 10.17:
Die Datenfelder der Tabelle ADRESSEN

Schließen Sie danach die Entwurfsansicht, und öffnen Sie die Tabelle ADRESSEN, um ein paar Kundenadressen zu erfassen.

Abbildung 10.18:
Einige wenige Adressdaten reichen vorerst.

Schließen Sie nun die Datenbank, und starten Sie Ihre Textverarbeitung.

10.3.2 Das Word-Dokument anlegen

Jetzt benötigen Sie ein Word-Dokument, von dem aus der Zugriff auf die Access-Datenbank stattfinden soll. Da es hier lediglich um das Prinzip gehen soll, reicht uns dabei ein recht einfaches Dokument. Fügen Sie also ein neues Dokument ein und integrieren eine Tabelle mit zwei Spalten und drei Zeilen. In der ersten Spalte erfassen Sie die Feldbezeichnungen, die Ihren Anwendern als Orientierungshilfe dienen sollen.

Abbildung 10.19:
Das Word-Dokument im Rohbau

Fügen Sie nun folgende Textmarken in der zweiten Spalte ein: KU_NA, KU_STR, KU_PLZ und KU_ORT.

Die Textmarken fügen Sie ein, indem Sie den Mauszeiger auf die gewünschte Zelle in der Tabelle setzen und aus dem Ribbon EINFÜGEN den Befehl TEXTMARKE wählen.

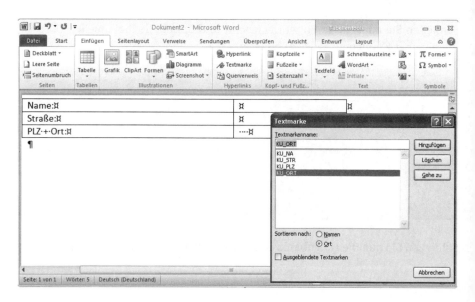

Abbildung 10.20:
Textmarken einfügen

Haben Sie alle Textmarken eingefügt, setzen Sie den Code ein, der die Daten aus der Access-Tabelle ADRESSEN holen und im Dokument an der gewünschten Stelle positionieren soll. Da Sie dabei nicht die komplette Datentabelle übertragen wollen, definieren Sie als Suchkriterium die KUNDENNR. Dieses Beispiel ist so vorgesehen, dass ein Kunde bei Ihrer Firma anruft und seine Kundennummer durchgibt. Diese Kundennummer soll der jeweilige Mitarbeiter dann in ein Dialogfeld eingeben und auf die Schaltfläche OK klicken. Im Hintergrund wird anschließend anhand dieser eingegebenen Kundennummer der gewünschte Kunde ermittelt. Die so ermittelten Adressdaten werden dann automatisch ins Word-Formular eingefügt.

10.3.3 Den VBA-Code erfassen

Sie finden den kompletten Code aus Listing 10.10 auf der mitgelieferten CD-ROM zum Buch im Ordner KAP10 unter dem Namen WORDFORMULAR.DOC.

Geben Sie nun den Code ein, indem Sie die nächsten Arbeitsschritte befolgen:

1. Drücken Sie die Tastenkombination [Alt] + [F11].
2. Klicken Sie in den Projekt-Explorer mit der rechten Maustaste, und wählen Sie den Befehl EINFÜGEN/MODUL.
3. Erfassen Sie auf der rechten Seite folgende Prozedur aus Listing 10.10.

Listing 10.10: Gezielt auf eine Access-Tabelle zugreifen und Daten nach Word übertragen

```
Sub DatenVonACCESSNachWORD()
  Dim objWord As Object
  Dim con As ADODB.Connection
  Dim rst As ADODB.Recordset
  Dim str As String
  Dim strKundenNr As String
  Dim strKundenname As String
  Dim strStraße As String
  Dim strPLZ As String
  Dim strOrt As String

  str = InputBox("Geben Sie die Kundennummer ein!")
  If str = "" Then Exit Sub
  str = "KundenNr='" & str & "'"

  Set con = New ADODB.Connection
  With con
    .Provider = "Microsoft.Jet.OLEDB.4.0"
    .Open "C:\Eigene Dateien\KundenDB.mdb"
  End With

  Set rst = New ADODB.Recordset
  With rst
    .Open Source:="Adressen", _
      ActiveConnection:=con, _
```

```
            CursorType:=adOpenKeyset, _
            LockType:=adLockOptimistic
         .Find Criteria:=str, _
            SearchDirection:=adSearchForward
         If Not .EOF Then
            strKundenNr = .Fields("KundenNr").Value
            strKundenname = .Fields("KundenName").Value
            strStraße = .Fields("Straße").Value
            strPLZ = .Fields("PLZ").Value
            strOrt = .Fields("Ort").Value
         Else
            MsgBox "Datensatz nicht gefunden"
         End If
         .Close
      End With
      con.Close
      
      Set rst = Nothing
      
      On Error Resume Next
      Set objWord = GetObject(, "Word.Application.14")
      
      With objWord
         .Selection.GoTo What:=wdGoToBookmark, Name:="KU_NA"
         .Selection.TypeText text:=strKundenname
         .Selection.GoTo What:=wdGoToBookmark, Name:="KU_STR"
         .Selection.TypeText text:=strStraße
         .Selection.GoTo What:=wdGoToBookmark, Name:="KU_PLZ"
         .Selection.TypeText text:=strPLZ
         .Selection.GoTo What:=wdGoToBookmark, Name:="KU_ORT"
         .Selection.TypeText text:=strOrt
         .ActiveDocument.Save
      End With
      
      Set objWord = Nothing
End Sub
```

Definieren Sie im ersten Schritt die Variablen, die Sie für diese Aktion brauchen. Dazu gehören unter anderem die String-Variablen, um die Ergebnisse aus der Access-Tabelle zwischenzuspeichern. Des Weiteren benötigen Sie Objekte, um die Anwendungen Access und Word zu steuern, und eine Objektvariable vom Typ `Recordset`, um die Access-Tabelle zu verarbeiten.

Gleich im Anschluss daran rufen Sie die Funktion `InputBox` auf und verlangen vom Anwender, eine Kundennummer einzugeben. Prüfen Sie die Eingabe, und bilden Sie danach den Suchstring. Dieser Suchstring muss denselben Namen enthalten wie derjenige, den Sie in Ihrer Access-Tabelle definiert haben.

Öffnen Sie danach die beteiligte Datenbank sowie die Tabelle ADRESSEN. Setzen Sie die Methode `Find` ein und übergeben ihr den Suchstring, den Sie sich in der Variablen `str` erstellt haben. War die Suche über die Kundennummer erfolgreich, dann meldet die Eigenschaft `EOF` den Wert `False`. Diese Eigenschaft hätte übrigens den Wert True gemeldet, wenn die Suche erfolglos gewesen wäre. Dann wäre nämlich der letzte Satz in der Tabelle erreicht. Weisen Sie nun den Variablen die gefundenen Werte zu und schließen die Access-Tabelle gleich danach über die Methode Close. Gleichzeitig schließen Sie auch die Datenbank.

Über die Funktion GetObject stellen Sie jetzt einen Verweis zum geöffneten Dokument her und speichern diesen Verweis unter der Objektvariablen WordObj. Sie haben jetzt Zugriff auf alle Word-VBA-Befehle.

Setzen Sie die Methode GoTo ein, um zur angegebenen Textmarke zu springen. Dieser Befehl funktioniert genau so, als würden Sie die Taste [F5] drücken, um das Dialogfeld SUCHEN UND ERSETZEN mit der Registerkarte GEHE ZU aufzurufen.

Abbildung 10.21:
Textmarke anspringen mit GoTo

Mithilfe der Methode GoTo können Sie neben Textmarken unter anderem auch Kommentare, Tabellen, Seiten und Zeilen anspringen.

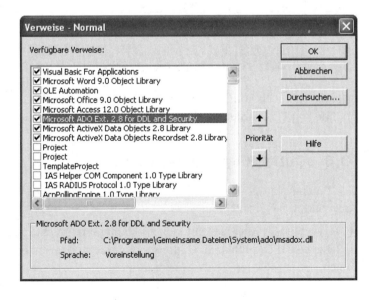

Abbildung 10.22:
Die ADO-Bibliothek einbinden

Fügen Sie mit der Methode `TypeText` den Inhalt der Variablen unmittelbar nach den Textmarken ins Dokument ein.

Bevor Sie die gerade erstellte Prozedur starten, binden Sie die ADO-Bibliothek noch in die Entwicklungsumgebung von Word ein. Dazu rufen Sie den Menübefehl EXTRAS/VERWEISE auf.

Aktivieren Sie die Bibliothek MICROSOFT ACTIVEX DATA OBJECTS: Die Version, die Sie von dieser Komponente zur Auswahl haben, hängt von Ihrer Access-Version ab. Bei Access bzw. Office 2010 finden Sie beispielsweise die Version 2.8 vor. Bestätigen Sie diese Einstellung mit OK.

Starten Sie nun die Prozedur, indem Sie in Word den Menübefehl EXTRAS/MAKRO/ MAKROS aufrufen. Wählen Sie das Makro `DatenVonAccessNachWord` im Listenfeld aus, und bestätigen Sie mit der Schaltfläche AUSFÜHREN.

Es wird daraufhin ein Dialogfeld angezeigt, in das Sie zum Beispiel die Kundennummer »K100« eingeben und mit OK bestätigen können.

Abbildung 10.23: Die Daten wurden erfolgreich übertragen.

Selbstverständlich können Sie diese Lösung ausbauen, da Sie in der Lage sind, mithilfe von Textmarken jede Stelle in Dokumenten anzusteuern und zu füllen.

10.4 Outlook und Access

Der Datenaustausch zwischen Outlook und Access bietet einige interessante Anwendungsmöglichkeiten:

- Verwenden Sie Microsoft Outlook als Mailing-Programm.
- Setzen Sie die Kontakte in Outlook ein, um Kontakte einzugeben und abzufragen.
- Sichern Sie Ihre Kontakte regelmäßig.
- Setzen Sie Microsoft Access als Kommunikationspartner im Office-Paket ein.

10.4.1 Adressentabelle in den Outlook-Kontaktordner

Stellen Sie sich vor, Sie haben erst seit Kurzem Outlook installiert. Ihre Adressen haben Sie bisher in einer Access-Tabelle verwaltet. Wie bekommen Sie jetzt Ihre Access-Adressdaten zu Outlook? Bevor Sie diese Aufgabe über eine Prozedur lösen, sehen Sie sich den Aufbau der Adressentabelle in Access an.

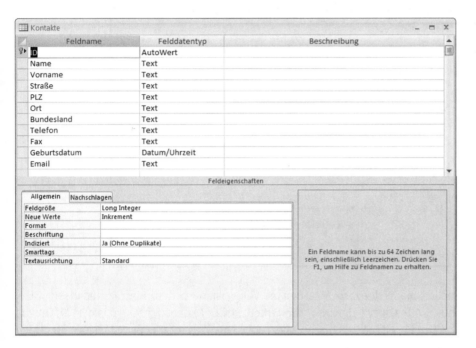

Abbildung 10.24:
Der Aufbau der Adressentabelle in der Entwurfsansicht

Wenn Sie dieses Beispiel Schritt für Schritt nachverfolgen, dann achten Sie auf die Benennung der Datenfelder. Diese entspricht später den Bezeichnungen in der Prozedur. Speichern Sie die Adressentabelle unter dem Namen KONTAKTE.

Im nächsten Schritt öffnen Sie die Tabelle KONTAKTE und geben ein paar Adressdaten ein.

Abbildung 10.25:
Exemplarisch ein paar Adressen, bereit für die Übernahme nach Outlook

Bevor Sie die Prozedur erstellen, sorgen Sie dafür, dass die Bibliothek OUTLOOK eingebunden wird. Dazu wechseln Sie über die Tastenkombination [Alt] + [F11] in die Entwicklungsumgebung von Access und rufen im Menü EXTRAS den Befehl VERWEISE auf.

Abbildung 10.26:
Die OUTLOOK-Bibliothek einbinden

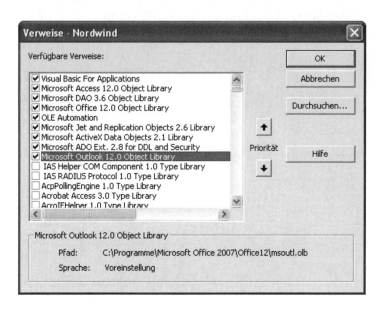

Suchen Sie in der Liste VERFÜGBARE VERWEISE nach dem Eintrag MICROSOFT OUTLOOK 10.0 OBJECT LIBRARY für Office 2002, MICROSOFT OUTLOOK 11.0 OBJECT LIBRARY für Office 2003 bzw. MICROSOFT OUTLOOK 12.0 OBJECT LIBRARY für Office 2007. Aktivieren Sie diesen Eintrag, und bestätigen Sie mit der Schaltfläche OK.

Fügen Sie jetzt die folgende Prozedur ein:

Listing 10.11: Adressdaten aus Access in den Kontaktordner von Outlook übertragen

```
Sub KontakteVonAccessInOutlookÜbertragen()
  Dim objOutlApp As Outlook.Application
  Dim objContactItem As Outlook.ContactItem
  Dim rst As New ADODB.Recordset
  Dim i As Integer

  Set objOutlApp = _
    CreateObject("Outlook.Application.14")
  rst.Open "Kontakte", CurrentProject.Connection
  i = 0

  On Error GoTo Fehler
  Do While Not rst.EOF
    Set objContactItem = _
      objOutlApp.CreateItem(olContactItem)
    With objContactItem
```

```
         .LastName = rst!Name
         .FirstName = rst!Vorname
         .BusinessAddressStreet = rst!Straße
         .BusinessAddressPostalCode = rst!PLZ
         .BusinessAddressCity = rst!Ort
         .BusinessAddressState = rst!Bundesland
         .BusinessTelephoneNumber = rst!Telefon
         .BusinessFaxNumber = rst!Fax
         .Birthday = rst!Geburtsdatum
         .Email1Address = rst!Email
         .Save
         i = i + 1
         rst.MoveNext
      End With
   Loop
   MsgBox "Es wurden " & i & " Kontakte übertragen!"
   rst.Close
   Set objContactItem = Nothing
   Set objOutlApp = Nothing
   Exit Sub
Fehler:
   MsgBox "Fehler aufgetreten!"
End Sub
```

Definieren Sie im ersten Schritt zwei Objektvariablen für Outlook. Die eine Variable `objOutlApp` gibt Ihnen die Möglichkeit, das Mailing-Programm direkt über VBA-Befehle anzusprechen. Die zweite Objektvariable `objContactItem` wählen Sie, um später auf den Kontaktordner von Outlook zugreifen zu können.

TIPP

Setzen Sie danach die Funktion `CreateObject` ein, um einen Verweis auf die OUTLOOK-Bibliothek zu setzen. Dabei bedeutet die Zahl 12, dass Outlook 2007 gemeint ist. Outlook 2003 weist die Zahl 11, Outlook 2002 die Zahl 10 auf. Möchten Sie mit Outlook 2000 arbeiten, tragen Sie hier die Zahl 9 ein. Haben Sie Outlook 97 noch im Einsatz, dann lassen Sie die Zahl weg.

Öffnen Sie im nächsten Schritt Ihre Access-Tabelle KONTAKTE über die Methode `Open`. Setzen Sie danach eine Schleife auf, die so lange durchlaufen wird, bis der letzte Datensatz in der Tabelle abgearbeitet ist. Damit Satz für Satz verarbeitet werden kann, müssen Sie daran denken, am Ende der Schleife die Methode `MoveNext` aufzurufen.

Mithilfe der Methode `CreateItem` erstellen Sie ein neues Outlook-Objekt. Welches Sie genau brauchen, können Sie über eine Konstante festlegen. Dabei stehen Ihnen folgende Konstanten zur Verfügung:

- `olAppointmentItem`: Mithilfe dieser Konstante fügen Sie einen neuen Termin in Ihren Terminkalender ein.
- `olContactItem`: Über diese Konstante können Sie einen neuen Kontakt erstellen.
- `olDistributionListItem` erstellt einen Eintrag in der Verteilerliste von Outlook.

- `olJournalItem`: Damit erstellen Sie einen neuen Journaleintrag.
- `olMailItem`: Hierbei können Sie einen neuen E-Mail-Eintrag erzeugen.
- `olNoteItem`: Über diese Konstante legen Sie eine neue Notiz an.
- `olPostItem`: Über diese Konstante können Sie eine E-Mail verschicken.
- `olTaskItem`: Über diese Konstante fügen Sie einen neuen Eintrag in Ihre Aufgabenliste ein.

Für unser Beispiel erstellen Sie also einen Kontakteintrag und verwenden daher die Konstante `olContactItem`. Damit wird der Kontakt angelegt und wartet auf seine Befüllung. Übertragen Sie die einzelnen Datenfelder aus Ihrer Access-Tabelle, indem Sie folgende Eigenschaften verwenden:

Tabelle 10.1:
Einige Angaben zur Kontaktperson

Eigenschaft	Bedeutung
LastName	Nachname der Kontaktperson
Firstname	Vorname der Kontaktperson
BusinessAddressStreet	Straße der Kontaktperson (Arbeitsplatz)
BusinessAddressPostalCode	Postleitzahl des Arbeitgebers
BusinessAddressCity	Geschäftssitz (Ort)
BusinessAddressState	Bundesland des Arbeitgebers
BusinessTelephoneNumber	geschäftliche Telefonnummer
BusinessFaxNumber	Faxnummer am Arbeitsplatz
Birthday	Geburtstag der Kontaktperson
EmailAddress	E-Mail-Adresse der Kontaktperson

Selbstverständlich gibt es noch einige weitere Infos, die Sie in Outlook im Kontaktordner speichern können. Diese finden Sie in der Online-Hilfe von Outlook.

Wenn Sie alle Informationen in den Outlook-Kontakt übertragen haben, verwenden Sie die Methode `Save`, um den Kontakt im Kontaktordner zu speichern. Um am Ende der Prozedur ausgeben zu können, wie viele Kontakte übertragen wurden, addieren Sie die Zählvariable `i` nach jedem Schleifendurchlauf um den Wert 1. Wurden alle Datenbankfelder der Tabelle KONTAKTE abgearbeitet, wird die Schleife verlassen. Geben Sie am Ende der Prozedur in einer Bildschirmmeldung die Anzahl der übertragenen Adressen aus. Vergessen Sie nicht, die Verweise auf die Outlook-Objekte zu entfernen, um den reservierten Arbeitsspeicher wieder freizugeben.

Outlook und Access

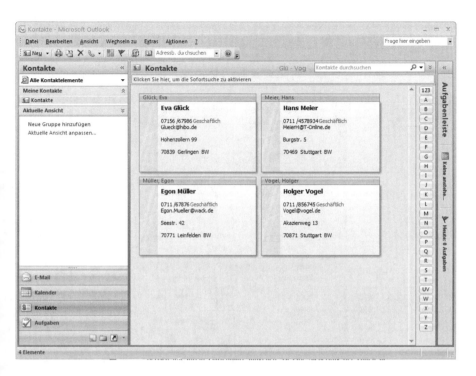

Abbildung 10.27:
Die Adressdaten wurden in den Kontaktordner von Outlook transferiert.

10.4.2 Den Kontaktorder in einer Access-Tabelle sichern

Die Kontakte sollen aus Outlook in eine Access-Datenbank überführt werden. Stellen Sie sich dazu folgendes Szenario vor:

Sie haben mehrere Arbeitsstationen, an denen Mitarbeiter täglich Outlook-Kontakte erfassen und pflegen. Am Ende eines jeden Arbeitstages sollen alle Stationen miteinander synchronisiert werden. Dabei gehen Sie den »Umweg« über eine Access-Datenbank. Die Access-Datenbank liegt auf einem Netzlaufwerk – die einzelnen Outlook-Dateien (OUTLOOK.PST) sind auf jedem Rechner lokal vorhanden. Da Outlook-Dateien sehr verschwenderisch mit Ihrem Plattenplatz umgehen, ist eine Sicherung der Daten in einer Access-Datenbank ein feine Sache. Im direkten Vergleich benötigt eine Access-Datenbank weitaus weniger Speicherplatz als eine Outlook-Datei. Auch für den schnellen Zugriff auf die Kontaktdaten und das Auswerten dieser Daten ist Access mit Sicherheit ein guter Partner für Outlook. Mit dem Zusammenspiel beider Komponenten haben Sie eine praktikable Lösung für die Eingabe, Verwaltung, Sicherung und Auswertung Ihrer Kontakte gefunden.

Um die folgende Prozedur in Listing 10.12 zu testen, ändern Sie ein paar Einträge im Kontaktordner von Outlook und fügen zwei neue Adressen hinzu.

Abbildung 10.28:
Zusätzliche Kontakte anlegen

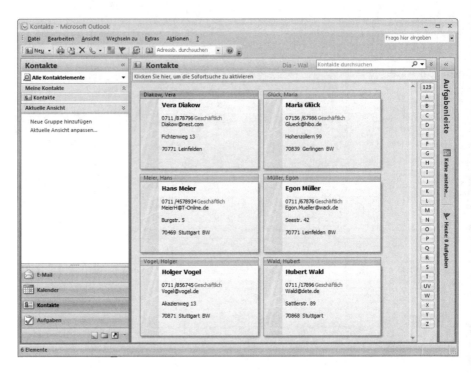

Die beiden Kontakte DIAKOW, VERA und WALD, HUBERT wurden hinzugefügt. Der Vorname von Frau GLÜCK wurde von EVA auf MARIA geändert. Laut Definition müssen alle drei Kontakte in der Access-Tabelle als Neuanlagen behandelt werden. Alle anderen Kontakte müssen nur aktualisiert werden. Starten Sie jetzt einmal die folgende Prozedur.

Listing 10.12: Den Kontaktordner von Outlook in eine Access-Tabelle übertragen

```
Sub KontakteAusOutlookÜbernehmen()
  Dim objArbeitsverz As Object
  Dim objKon As Object
  Dim rst As Recordset
  Dim db As Database
  Dim i As Integer
  Dim intNeu As Integer
  Dim intUpd As Integer
  Dim str, str2 As String
  Dim objOutlApp As New Outlook.Application

  On Error GoTo Fehler
  Set db = CurrentDb
  Set rst = db.OpenRecordset("Kontakte", dbOpenDynaset)

  i = 0
  intNeu = 0
  intUpd = 0
```

```
Set objArbeitsverz = _
  objOutlApp.GetNamespace("MAPI") _
  .GetDefaultFolder(olFolderContacts)
For i = 1 To objArbeitsverz.Items.Count
  Set objKon = objArbeitsverz.Items(i)
  str = objKon.LastName
  str2 = objKon.FirstName
  str = "Name = '" & str & "'"
  With objKon
    rst.FindFirst str
    If rst.NoMatch Then
      rst.AddNew
      rst!Name = .LastName
      rst!Vorname = .FirstName
      rst!Straße = .BusinessAddressStreet
      rst!PLZ = .BusinessAddressPostalCode
      rst!Ort = .BusinessAddressCity
      rst!Bundesland = .BusinessAddressState
      rst!Telefon = .BusinessTelephoneNumber
      rst!Fax = .BusinessFaxNumber
      rst!Geburtsdatum = .Birthday
      rst!Email = .EmailAddress
      intNeu = intNeu + 1
    Else
      If rst!Vorname = str2 Then
        rst.Edit
        rst!Straße = .BusinessAddressStreet
        rst!PLZ = .BusinessAddressPostalCode
        rst!Ort = .BusinessAddressCity
        rst!Bundesland = .BusinessAddressState
        rst!Telefon = .BusinessTelephoneNumber
        rst!Fax = .BusinessFaxNumber
        rst!Geburtsdatum = .Birthday
        rst!Email = .EmailAddress
        intUpd = intUpd + 1
      Else
        rst.AddNew
        rst!Name = .LastName
        rst!Vorname = .FirstName
        rst!Straße = .BusinessAddressStreet
        rst!PLZ = .BusinessAddressPostalCode
        rst!Ort = .BusinessAddressCity
        rst!Bundesland = .BusinessAddressState
        rst!Telefon = .BusinessTelephoneNumber
        rst!Fax = .BusinessFaxNumber
        rst!Geburtsdatum = .Birthday
        rst!Email = .EmailAddress
        intNeu = intNeu + 1
      End If
    End If
  End With
  rst.Update
Next i
```

```
        MsgBox "Datentransfer erfolgreich beendet! " _
            & Chr(13) & _
            "Es wurden " & intNeu & " Sätze angelegt, " _
            & Chr(13) & _
            "Es wurden " & intUpd & " Sätze upgedatet!"
        rst.Close
        Set objKon = Nothing
        Set objOutlApp = Nothing
        Exit Sub
Fehler:
        MsgBox "Es ist ein Fehler aufgetreten!"
End Sub
```

Am Ende der Prozedur wird die Anzahl der übertragenen Sätze angezeigt.

Abbildung 10.29:
Information über die Art der Übertragung

Die Prozedur ermittelt zuerst, wie viele Kontakte im Outlook-Kontaktordner angelegt sind. In Abhängigkeit davon wird eine Schleife durchlaufen, die alle Kontakte aus der lokalen Outlook-Datei (OUTLOOK.PST) in die zentrale Access-Kontakttabelle überträgt. Dabei wird geprüft, ob der zu übertragende Satz sich bereits in der Access-Kontakttabelle befindet. Als Prüfkriterium wird der Name herangezogen, der in der Variablen str zwischengespeichert wird. Mit der FindFirst-Methode wird der erste Datensatz in der Tabelle gesucht, der dem Kriterium entspricht. Wird kein zutreffender Satz gefunden, gibt die Eigenschaft NoMatch den Rückgabewert True zurück. In diesem Fall muss der komplette Kontakt aus Outlook in die Access-Kontakttabelle übernommen werden. Liefert die Eigenschaft NoMatch hingegen den Wert False zurück, entspricht das Suchkriterium NAME einem bereits angelegten Namen. Nun ist zu prüfen, ob der VORNAME aus Outlook mit dem Vornamen in der Kontakttabelle übereinstimmt. Wenn das so ist, darf kein neuer Satz angelegt, sondern lediglich der bereits bestehende Satz aktualisiert werden. Als aktualisierbare Informationen sind hier die Felder STRASSE, PLZ, ORT, BUNDESLAND, TELEFON und FAX vorgesehen. Das Update wird eingeleitet über die Methode Edit, die den aktuellen Datensatz aus dem zu aktualisierenden Recordset-Objekt in den Kopierpuffer kopiert, damit er anschließend bearbeitet werden kann. Jetzt werden die einzelnen Informationen übertragen.

Stimmt hingegen der vorher in der Variablen str2 gespeicherte Vorname nicht mit dem Outlook-VORNAMEN überein, muss der Satz in der Kontakttabelle neu angelegt werden. Dies geschieht über die AddNew-Methode. Gleich danach werden alle Kontaktfelder aus Outlook in den Kopierpuffer hineinkopiert.

Outlook und Access

Egal, ob es sich um ein Update oder eine Neuanlage handelt – erst die Methode Update sorgt dafür, dass der Inhalt des Kopierpuffers letztendlich in den Datensatz geschrieben wird. Für den Update-Fall sowie für den Neuanlage-Fall werden zwei verschiedene Zähler verwendet, die am Ende des Datenaustausches am Bildschirm ausgegeben werden. Um den Speicher am Ende wieder freizugeben, verwenden Sie das Schlüsselwort Nothing. Damit heben Sie die Verbindung der Objektvariablen zu den zugehörigen Objekten wieder auf.

Abbildung 10.30:
Die Outlook-Daten wurden übertragen bzw. aktualisiert.

10.4.3 Termine in den Terminkalender übertragen

Im nächsten Beispiel werden Sie Termine, die Sie in einer Access-Tabelle eintragen und verwalten, nach Outlook in Ihren Terminkalender übertragen. Als Ausgangstabelle haben Sie eine Access-Tabelle mit folgendem Aufbau vorliegen:

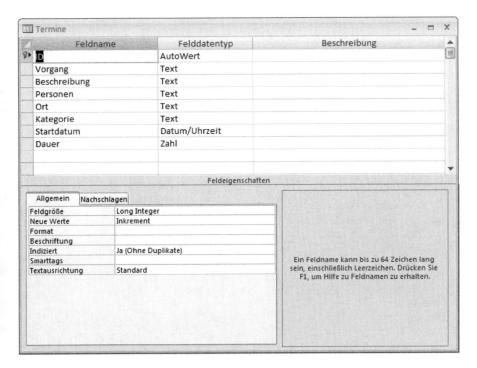

Abbildung 10.31:
Die Termin-Tabelle in Access

577

Speichern Sie diese Tabelle unter dem Namen TERMINE. Geben Sie danach einmal ein paar Termine ein.

Abbildung 10.32:
Zwei Termine zum Testen eintragen

Beim Startdatum erfassen Sie sowohl das Datum als auch die Uhrzeit des Termins. Im Datenfeld DAUER geben Sie die Dauer in Minuten ein.

Übertragen Sie jetzt Ihre Termine in den Terminkalender von Outlook. Starten Sie hierfür die Prozedur aus Listing 10.13:

Listing 10.13: Termine in den Terminkalender von Outlook transportieren

```
Sub TermineVonAccessInOutlookÜbertragen()
  Dim objOutlApp As Outlook.Application
  Dim objOutlTermin As Outlook.AppointmentItem
  Dim rst As New ADODB.Recordset
  Dim i As Integer

  Set objOutlApp = _
    CreateObject("Outlook.Application.14")
  rst.Open "Termine", CurrentProject.Connection
  i = 0

  On Error GoTo Fehler
  Do While Not rst.EOF
    Set objOutlTermin = _
      objOutlApp.CreateItem(olAppointmentItem)
    With objOutlTermin
      .Subject = rst!Vorgang
      .Body = rst!Beschreibung
      .RequiredAttendees = rst!Personen
      .Location = rst!Ort
      .Categories = rst!Kategorie
      .Start = rst!StartDatum
      .Duration = rst!Dauer
      .ReminderMinutesBeforeStart = 10
      .ReminderPlaySound = True
      .ReminderSet = True
      .Save
      i = i + 1
      rst.MoveNext
    End With
  Loop
  rst.Close
```

```
  MsgBox "Es wurden " & i & " Termine übertragen!"
  Set objOutlTermin = Nothing
  Set objOutlApp = Nothing
  Exit Sub
Fehler:
  MsgBox "Fehler aufgetreten!"
End Sub
```

Die Prozedur aus Listing 10.13 funktioniert im Prinzip ähnlich wie die Prozedur aus Listing 10.12. Der einzige Unterschied dabei ist, dass Sie bei der Methode `CreateItem` eine andere Konstante angeben. Mit der Konstante `olAppointmentItem` wird Ihnen die Möglichkeit gegeben, auf den Terminkalender von Outlook zuzugreifen.

Die typischen Eigenschaften, die Sie beim Terminkalender einsetzen können, entnehmen Sie bitte der folgenden Tabelle:

Eigenschaft	Beschreibung
Subject	Mit dieser Eigenschaft legen Sie den Betreff des Termins fest.
Body	Hier können Sie eine nähere Beschreibung hinterlegen, die im Textkörper ausgegeben wird.
RequiredAttendees	Damit werden die am Termin beteiligten Personen aufgelistet.
Location	Diese Eigenschaft legt den Ort des Termins fest.
Categories	Über diese Eigenschaft können Sie den Termin in einer Obergruppe zusammenfassen.
Start	Hiermit legen Sie das Startdatum sowie die Startzeit fest.
End	Über diese Eigenschaft können Sie das Ende eines Termins bestimmen.
Duration	Über diese Eigenschaft geben Sie die Dauer der Besprechung bzw. des Termins in Minuten an.
ReminderMinutesBeforeStart	Diese Eigenschaft gibt die Zahl der Minuten an, die eine Erinnerung vor dem Beginn eines Termins auf dem Bildschirm angezeigt werden soll.
ReminderPlaySound	Mithilfe dieser Eigenschaft können Sie die Erinnerungsmeldung auf dem Bildschirm noch zusätzlich mit einem Sound untermalen lassen.
ReminderSet	Über diese Eigenschaft schalten Sie die Erinnerungsfunktion ein.

Tabelle 10.2:
Einige Angaben zum Terminkalender

Abbildung 10.33:
Die Termine wurden nach Outlook übertragen.

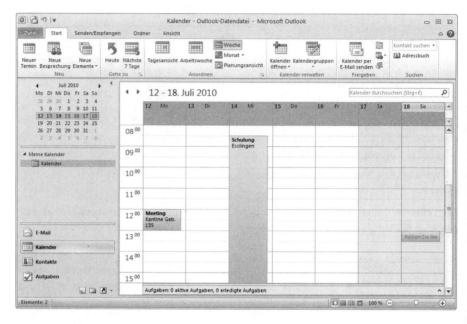

Wenn Sie den Termin doppelt anklicken, gelangen Sie zum folgenden Fenster:

Abbildung 10.34:
Nähere Infos zum Termin

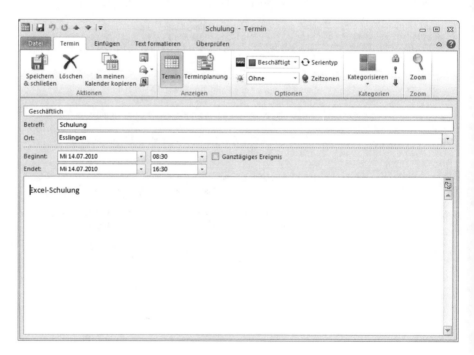

10.4.4 Aufgaben in die Aufgabenliste von Outlook übertragen

Angenommen, Sie haben bisher Ihre Aufgaben in eine Access-Tabelle eingetragen und dort verwaltet. Die Verwaltung Ihrer Aufgaben lässt sich jedoch wesentlich besser über Outlook erledigen. Dabei können Sie auf integrierte Warnmeldungen zurückgreifen, die Outlook automatisch anzeigt, wenn eine Aufgabe noch zu erledigen ist.

Als kleine Vorarbeit für diese Aufgabe legen Sie eine Access-Tabelle an, die folgenden Aufbau hat:

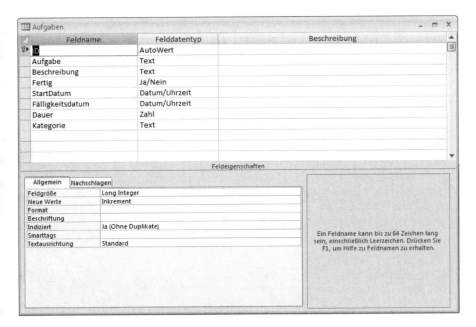

Abbildung 10.35:
Die Ausgangstabelle für den Datentransfer

Definieren Sie das Datenfeld FERTIG mit dem Felddatentyp JA/NEIN. Speichern Sie die Tabelle unter dem Namen AUFGABEN, und geben Sie ein paar Testdaten ein.

Abbildung 10.36:
Die beiden Aufgaben zum Testen

Erfassen Sie jetzt die Prozedur aus Listing 10.14, und starten Sie es.

Listing 10.14: Aufgaben aus einer Tabelle in die Aufgabenliste von Outlook transferieren

```
Sub AufgabenVonAccessNachOutlookÜbertragen()
  Dim objOutlApp As Outlook.Application
  Dim objOutlAufg As Outlook.TaskItem
  Dim rst As New ADODB.Recordset
  Dim i As Integer

  Set objOutlApp = CreateObject("Outlook.Application")
  rst.Open "Aufgaben", CurrentProject.Connection
  i = 0

  On Error GoTo Fehler
  Do While Not rst.EOF
    Set objOutlAufg = objOutlApp.CreateItem(olTaskItem)
    With objOutlAufg
      .Subject = rst!Aufgabe
      .Body = rst!Beschreibung
      .Complete = rst!Fertig
      .StartDate = rst!StartDatum
      .DueDate = rst!FälligkeitsDatum
      .ActualWork = rst!Dauer
      .Categories = rst!Kategorie
      If .Complete = False Then
        .ReminderSet = True
        .ReminderTime = DateAdd("n", -5, rst!StartDatum)
        .ReminderPlaySound = True
        .ReminderSoundFile = "C:\Windows\Media\Ding.WAV"
      End If
      .Save
      i = i + 1
      rst.MoveNext
    End With
  Loop
  rst.Close
  MsgBox "Es wurden " & i & " Aufgaben übertragen!"
  Set objOutlAufg = Nothing
  Set objOutlApp = Nothing
  Exit Sub
Fehler:
  MsgBox "Fehler aufgetreten!"
End Sub
```

Möchten Sie die Aufgabenliste von Outlook ansprechen, dann müssen Sie der Methode CreateItem die Konstante olTastItem mitgeben. Damit haben Sie unter anderem Zugriff auf die Eigenschaften, die in der folgenden Tabelle aufgelistet werden.

Outlook und Access

Eigenschaft	Beschreibung
Subject	Durch diese Eigenschaft können Sie den Betreff der Aufgabe festlegen.
Body	Hier können Sie eine nähere Beschreibung hinterlegen, die im Textkörper ausgegeben wird.
Complete	Diese Eigenschaft setzen Sie auf den Wert True, wenn Sie die Aufgabe bereits abgeschlossen haben.
StartDate	Über diese Eigenschaft legen Sie den Starttermin der Aufgabe fest.
DueDate	Mithilfe dieser Eigenschaft bestimmen Sie den Fälligkeitstermin Ihrer Aufgabe.
ActualWork	Über diese Eigenschaft können Sie einen Wert festlegen, der den Ist-Aufwand Ihrer Aufgabe in Minuten angibt.
Categories	Über diese Eigenschaft können Sie den Termin in einer Obergruppe zusammenfassen.
Complete	Dieser Eigenschaft geben Sie den Wert True, wenn die Aufgabe abgeschlossen ist.
ReminderMinutesBeforeStart	Diese Eigenschaft gibt die Zahl der Minuten an, die eine Erinnerung vor dem Beginn einer Aufgabe auf dem Bildschirm angezeigt werden soll.
ReminderPlaySound	Mithilfe dieser Eigenschaft können Sie die Erinnerungsmeldung auf dem Bildschirm noch zusätzlich mit einem Sound untermalen lassen.
ReminderSet	Über diese Eigenschaft schalten Sie die Erinnerungsfunktion ein.
ReminderSoundFile	Mithilfe dieser Eigenschaft können Sie eine andere Sounddatei angeben, die erklingen soll, wenn Sie das Erinnerungsfenster an eine Aufgabe erinnern soll.

Tabelle 10.3:
Einige Eigenschaften zur Aufgabenliste von Outlook

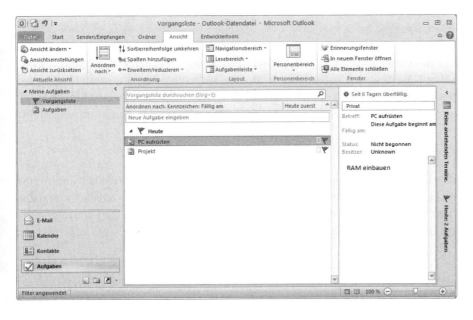

Abbildung 10.37:
Aufgaben und Termine in Outlook importieren

Schauen Sie sich nun folgende Code-Zeile aus Listing 10.14 an:

```
DateAdd("n", 5, DBS!StartDatum)
```

Über die Funktion `DateAdd` können Sie zu einem bestimmten Datum eine bestimmte Zeit hinzuaddieren. Damit haben Sie die Möglichkeit, die Erinnerungsfunktion von Outlook auf einfache Weise zu programmieren.

Die Syntax der Methode DateAdd

Die Funktion `DateAdd` hat folgende Syntax:

```
DateAdd(interval, number, date)
```

Im Argument `interval` müssen Sie das Zeitintervall bestimmen, das Sie einsetzen möchten. Sehen Sie sich dazu die folgende Tabelle an:

Tabelle 10.4: Die möglichen Zeitintervalle von DateAdd

Zeitintervallkürzel	Bedeutung
yyyy	Jahr
q	Quartal
m	Monat
y	Tag des Jahres
d	Tag
w	Wochentag
ww	Woche
h	Stunde
n	Minute
s	Sekunde

Im Argument `number` geben Sie einen numerischen Wert ein, den Sie zum angegebenen Datum im nächsten Argument `date` addieren oder von ihm subtrahieren möchten. In unserem Beispiel wurde in dem Datenfeld STARTDATUM fünf Minuten vor dem eigentlichen Starttermin der Aufgabe die Erinnerungsfunktion eingestellt.

10.4.5 Notizen aus Access übertragen

Im nächsten Beispiel gehen Sie davon aus, dass Sie alle Kundenanrufe in eine Access-Tabelle eingeben. Damit werden Sie eine Anrufhistorie anlegen und dabei nicht vergessen, welche Kunden Sie wieder zurückrufen müssen. Der Aufbau der Access-Tabelle sieht wie folgt aus:

Outlook und Access

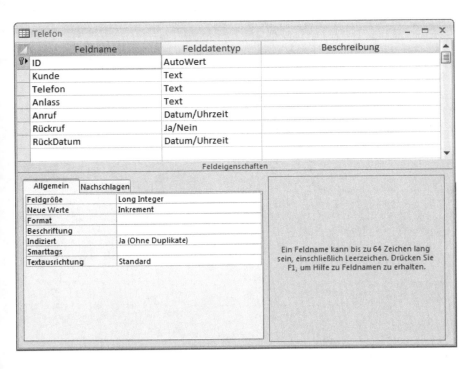

Abbildung 10.38:
Der Aufbau der Telefon-Hotline-Tabelle

Speichern Sie diese Tabelle unter dem Namen TELEFON. Geben Sie danach ein paar Testdaten ein, um später diese Telefonanrufe als Notizen nach Outlook zu übertragen. Dabei sollen lediglich Notizen für die Kunden angelegt werden, bei denen ein Rückruf notwenig ist. Sie haben dann eine Gedankenstütze und vergessen auch keinen Rückruf mehr.

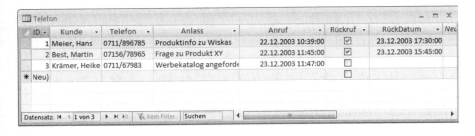

Abbildung 10.39:
Ein paar Notizen, bereit für den Transfer nach Outlook

Erfassen Sie jetzt die Prozedur, welche die Notizen nach Outlook transportieren soll.

Listing 10.15: Notizen aus einer Tabelle nach Outlook transferieren

```
Sub NotizenÜbertragen()
  Dim objOutlApp As Outlook.Application
  Dim objOutlNotiz As Outlook.NoteItem
  Dim rst As New ADODB.Recordset
```

585

```
    Set objOutlApp = CreateObject("Outlook.Application")
    Set objOutlNotiz = objOutlApp.CreateItem(olNoteItem)
    rst.Open "Telefon", CurrentProject.Connection
    Do While Not rst.EOF
    Set objOutlNotiz = objOutlApp.CreateItem(olNoteItem)
      With objOutlNotiz
        If rst!Rückruf = True Then
          .Body = rst!Kunde & "/" & rst!Anlass & _
            "/" & rst!Telefon & Chr(13) & _
            " Anruf vom: " & rst!Anruf & Chr(13) & _
            " Rückruf am: " & rst!Rückdatum
        Else
          On Error Resume Next
          .Delete
        End If
        .Color = olGreen
        .Save
        .Display
        rst.MoveNext
     End With
    Loop
    rst.Close
    Set objOutlNotiz = Nothing
    Set objOutlApp = Nothing
    Exit Sub
Fehler:
    MsgBox "Fehler aufgetreten!"
End Sub
```

Erzeugen Sie mithilfe der Methode CreateItem ein neues Outlook-Notizobjekt an, indem Sie der Methode die Konstante olNoteItem übergeben. Öffnen Sie danach die Access-Tabelle TELEFON und arbeiten in einer Schleife alle Einträge dieser Tabelle ab. Fragen Sie innerhalb der Schleife das Feld RÜCKRUF ab. Enthält dieses Feld den Wert True, dann füllen Sie das noch leere Notizobjekt mit Informationen. Ist kein Rückruf notwendig, dann löschen Sie die leere Notiz über die Methode Delete.

Definieren Sie danach die Farbe des Notiz-Fensters. Dabei stehen Ihnen folgende Farben über Farbkonstanten standardmäßig zur Verfügung: olBlue, olGreen, olPink, olWhite oder olYellow.

Abbildung 10.40:
Zwei Klebezettel auf dem Bildschirm

Speichern Sie die gerade angelegte Notiz mithilfe der Methode `Save`, und zeigen Sie die Notiz auf dem Bildschirm an, indem Sie die Eigenschaft `Display` einsetzen.

In Outlook können Sie die abgelegten Notizen in der Rubrik NOTIZEN finden.

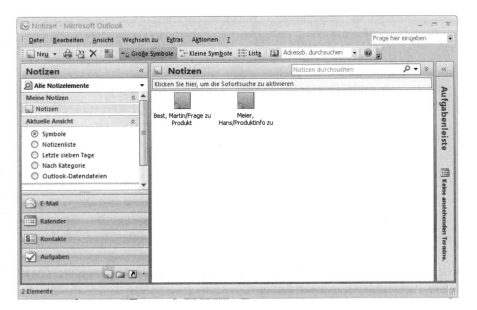

Abbildung 10.41:
Die Notizenverwaltung in Outlook

10.5 Access im Duett mit Excel

Beim Zusammenspiel von Access und Excel haben Sie sowohl die Möglichkeit, Daten nach Excel zu exportieren als auch Daten von Excel zu empfangen. Gerade wenn Sie eine Access-Tabelle haben und Ihr Kunde möglicherweise kein Access zur Verfügung hat, können Sie relativ leicht Ihre Access-Tabelle in eine Excel-Datei umwandeln.

10.5.1 Access-Tabelle in eine Excel-Tabelle wandeln

Im folgenden Beispiel aus Listing 10.16 wird die Access-Tabelle ARTIKEL in eine Excel-Arbeitsmappe ARTIKEL.XLS umgewandelt. Alles, was Sie dafür tun müssen, ist, die Methode `OutputTo` einzusetzen und das gewünschte Format festzulegen.

Listing 10.16: Access-Tabelle in eine Excel-Tabelle konvertieren

```
Sub TabelleNachExcelTransferieren()
  DoCmd.OutputTo acOutputTable, "Artikel", _
    acFormatXLS, "C:\Eigene Dateien\Artikel.xls", True
End Sub
```

Das Ergebnis aus diesen wenigen Zeilen Code kann sich sehen lassen.

Abbildung 10.42:
Die Excel-Datei ist schon vorformatiert.

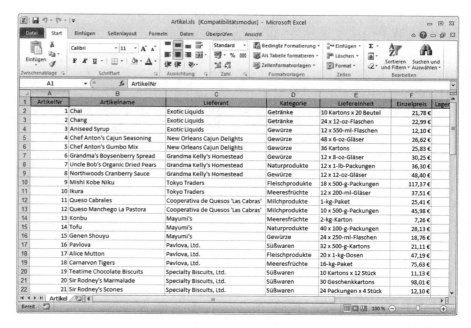

Sollte die Exportdatei ARTIKEL.XLS noch nicht vorliegen, dann erstellt Access diese Datei selbstverständlich automatisch für Sie.

Eine weitere Möglichkeit, um Daten von Access nach Excel zu transportieren, bietet die Methode `TransferSpreadsheet`.

Listing 10.17: Access-Tabelle in eine Excel-Tabelle konvertieren (Methode 2)

```
Sub TabelleNachExcelTransferieren02()
  DoCmd.TransferSpreadsheet acExport, _
    acSpreadsheetTypeExcel12, _
    "Artikel", "C:\Eigene Dateien\Artikel2.xls", True
End Sub
```

Um eine Access-Datentabelle in eine Excel-Arbeitsmappe oder gar in eine Lotus-Tabelle zu übertragen, setzen Sie die Methode `TransferSpreadsheet` ein.

Die Methode `TransferSpreadsheet` hat folgende Syntax:

Die Syntax der Methode Transfer-SpreadSheet

`TransferSpreadsheet(Transfertyp, Dateiformat, Tabellenname, Dateiname, BesitztFeldnamen, Bereich)`

Im Argument `Transfertyp` geben Sie an, welchen Transfer Sie genau durchführen möchten. Sie haben dabei die Auswahl zwischen dem Export (`acExport`), dem Import (`acImport`) oder einer Verknüpfung (`acLink`).

Im Argument `Dateiformat` geben Sie an, in welcher Excel-Version (bzw. Lotus-Version) Sie die Access-Tabelle exportieren möchten.

Im darauffolgenden Argument Tabellennamen geben Sie den Namen der zu exportierenden Access-Tabelle an. Über das Argument Dateinamen geben Sie das Ziel für den Datenexport bekannt. Dabei muss die angegebene Datenquelle nicht einmal existieren. Access legt diese neu für Sie an.

Beim Argument BesitztFeldnamen verwenden Sie den Wert True, um die erste Zeile der Kalkulationstabelle beim Importieren, Exportieren oder Verknüpfen zur Angabe der Feldnamen zu verwenden. Geben Sie hingegen den Wert False an, wenn die erste Zeile als normale Datenzeile gelten soll. Wenn Sie dieses Argument nicht angeben, wird der Standardwert False verwendet.

Das Argument Bereich gilt nur für Importoperationen und darf beim Export nicht angegeben werden. Beim Import werden standardmäßig immer alle Datensätze importiert, sofern dieses Argument nicht gesetzt wird.

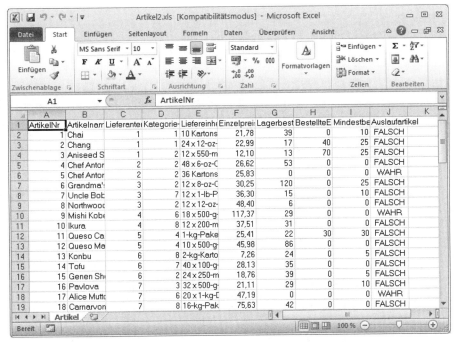

Abbildung 10.43:
Das Ergebnis der Methode Transfer-Spreadsheet

10.5.2 Excel-Daten in eine Access-Tabelle transferieren

Mithilfe der gerade vorgestellten Lösung durch die Methode TransferSpreadsheet können Sie auch Excel-Tabellen in eine Access-Datenbank importieren.

Die Prozedur für diese Aufgabe lautet:

Listing 10.18: Excel-Tabelle in eine Access-Tabelle überführen

```
Sub TabelleVonExcelImportieren()
  DoCmd.TransferSpreadsheet acImport, _
```

```
    acSpreadsheetTypeExcel12, _
    "ArtikelY", "C:\Eigene Dateien\Artikel.xls", True
End Sub
```

Übergeben Sie der Methode `TransferSpreadsheet` die Konstante `acImport`, um mitzuteilen, dass Access einen Import vornehmen soll. Als zweite Konstante geben Sie die Excel-Version an, in der die Tabelle vorliegt.

Dabei haben Sie folgende Möglichkeiten:

- `acSpreadsheetTypeExcel3` (Excel 3.0)
- `acSpreadsheetTypeExcel4` (Excel 4.0)
- `acSpreadsheetTypeExcel5` (Excel 5.0)
- `acSpreadsheetTypeExcel7` (Excel 95)
- `acSpreadsheetTypeExcel8` (Excel 97)
- `acSpreadsheetTypeExcel9` (Excel 2000)
- `acSpreadsheetTypeExcel10` (Excel 2002)
- `acSpreadsheetTypeExcel11` (Excel 2003)
- `acSpreadsheetTypeExcel12` (Excel 2007 und Excel 2010)

Abbildung 10.44: Die importierte Excel-Tabelle in Access

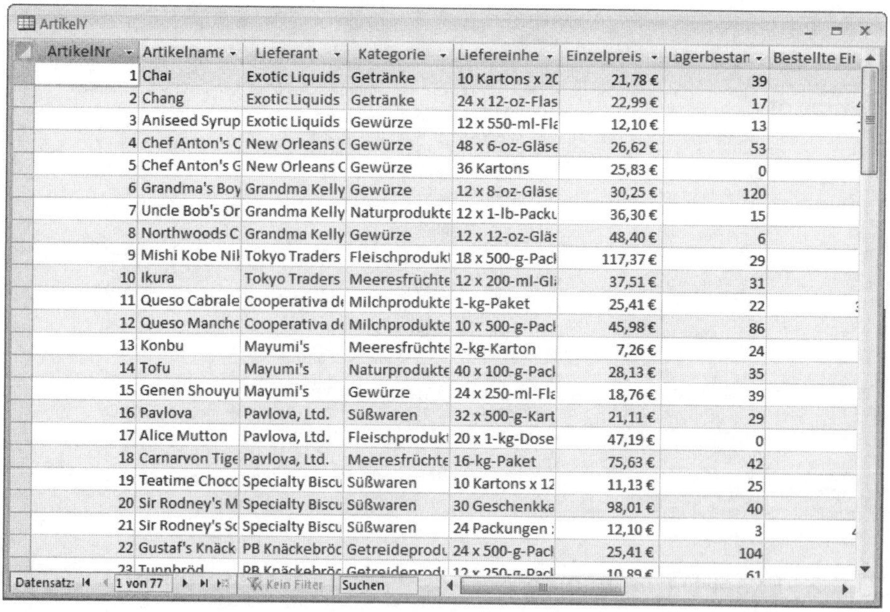

ArtikelY

ArtikelNr	Artikelname	Lieferant	Kategorie	Liefereinhe	Einzelpreis	Lagerbestar	Bestellte Ei
1	Chai	Exotic Liquids	Getränke	10 Kartons x 2C	21,78 €	39	
2	Chang	Exotic Liquids	Getränke	24 x 12-oz-Flas	22,99 €	17	
3	Aniseed Syrup	Exotic Liquids	Gewürze	12 x 550-ml-Fla	12,10 €	13	
4	Chef Anton's C	New Orleans C	Gewürze	48 x 6-oz-Gläse	26,62 €	53	
5	Chef Anton's G	New Orleans C	Gewürze	36 Kartons	25,83 €	0	
6	Grandma's Boy	Grandma Kelly	Gewürze	12 x 8-oz-Gläse	30,25 €	120	
7	Uncle Bob's Or	Grandma Kelly	Naturprodukte	12 x 1-lb-Packu	36,30 €	15	
8	Northwoods C	Grandma Kelly	Gewürze	12 x 12-oz-Gläs	48,40 €	6	
9	Mishi Kobe Nil	Tokyo Traders	Fleischprodukt	18 x 500-g-Pacl	117,37 €	29	
10	Ikura	Tokyo Traders	Meeresfrüchte	12 x 200-ml-Gl	37,51 €	31	
11	Queso Cabrale	Cooperativa de	Milchprodukte	1-kg-Paket	25,41 €	22	
12	Queso Manche	Cooperativa de	Milchprodukte	10 x 500-g-Pacl	45,98 €	86	
13	Konbu	Mayumi's	Meeresfrüchte	2-kg-Karton	7,26 €	24	
14	Tofu	Mayumi's	Naturprodukte	40 x 100-g-Pacl	28,13 €	35	
15	Genen Shouyu	Mayumi's	Gewürze	24 x 250-ml-Fla	18,76 €	39	
16	Pavlova	Pavlova, Ltd.	Süßwaren	32 x 500-g-Kart	21,11 €	29	
17	Alice Mutton	Pavlova, Ltd.	Fleischprodukt	20 x 1-kg-Dose	47,19 €	0	
18	Carnarvon Tige	Pavlova, Ltd.	Meeresfrüchte	16-kg-Paket	75,63 €	42	
19	Teatime Chocc	Specialty Biscu	Süßwaren	10 Kartons x 12	11,13 €	25	
20	Sir Rodney's M	Specialty Biscu	Süßwaren	30 Geschenkka	98,01 €	40	
21	Sir Rodney's Sc	Specialty Biscu	Süßwaren	24 Packungen	12,10 €	3	
22	Gustaf's Knäck	PB Knäckebröc	Getreideprodu	24 x 500-g-Pacl	25,41 €	104	
23	Tunnbröd	PB Knäckebröc	Getreideprodu	12 x 250-g-Pacl	10,89 €	61	

Datensatz: 1 von 77 Kein Filter Suchen

Wollen Sie nur einen Teil der Tabelle aus Excel in Ihre Access-Tabelle übernehmen, so haben Sie die Möglichkeit, im letzten Argument der Methode `TransferSpreadsheet` den Bereich anzugeben, der übertragen werden soll.

In der folgenden Prozedur aus Listing 10.19 werden die ersten zehn Zeilen und die ersten vier Spalten der Tabelle übertragen.

Listing 10.19: Teil einer Excel-Tabelle in eine Access-Tabelle überführen

```
Sub TeilVonTabelleVonExcelImportieren()
  DoCmd.TransferSpreadsheet acImport, _
    acSpreadsheetTypeExcel12, _
    "ArtikelY", "C:\Eigene Dateien\Artikel.xls", _
    True, "A1:D10"
End Sub
```

ArtikelNr	Artikelname	Lieferant	Kategorie
1	Chai	Exotic Liquids	Getränke
2	Chang	Exotic Liquids	Getränke
3	Aniseed Syrup	Exotic Liquids	Gewürze
4	Chef Anton's Cajun Seasor	New Orleans Cajun Deli	Gewürze
5	Chef Anton's Gumbo Mix	New Orleans Cajun Deli	Gewürze
6	Grandma's Boysenberry Sp	Grandma Kelly's Homes	Gewürze
7	Uncle Bob's Organic Dried	Grandma Kelly's Homes	Naturprodukte
8	Northwoods Cranberry Sau	Grandma Kelly's Homes	Gewürze
9	Mishi Kobe Niku	Tokyo Traders	Fleischprodukt

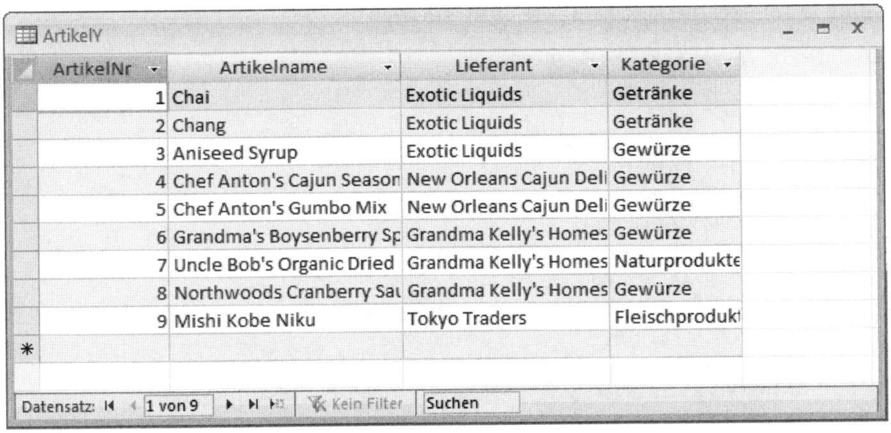

Abbildung 10.45: Einen Ausschnitt aus der Excel-Tabelle nach Access überführen

10.5.3 Bedingten Excel-Import durchführen

Bei obiger Lösung sind Sie nicht so variabel, wenn Sie beispielsweise nur bestimmte Datensätze aus einer Excel-Tabelle nach Access transferieren möchten.

In der nächsten Aufgabe erzeugen Sie eine neue Access-Tabelle, zapfen dann eine Excel-Tabelle an und übertragen nur bestimmte Datensätze. Bei dieser Aufgabe wurde in Excel eine Anrufliste angelegt, in der folgende Felder erfasst wurden:

Firma	Nachname	Vorname	Telefon	E-Mail	Kontakt
Panata GmbH	Küster	Bernd	0456/814362	KuersrB@panata.com	14
Bega	Müller	Harald	05564/73694	Hmueller@bega.de	3
IGB KG	Kurz	Katrin	0991/69843	KurzKat@igb.com	9
Hug GmbH	Vogel	Maria	09933/8873372	Mvogel@hug.com	4
Schnell-Office	Walter	Sven	0689/89577	Sven.Walter@Schnell-office.de	7
Schnell-Office	Meier	Eva	0689/89579	Eva.Maier@Schnell-office.de	2
Abraras	Tisch	Anita	0110/98467	TischA@abaras.com	6

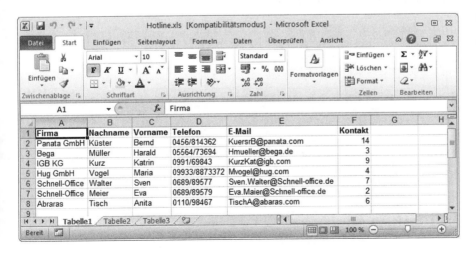

Abbildung 10.46: Die Ausgangstabelle in Excel

Jetzt sollen die Daten der Kunden in die Access-Tabelle KONTAKT übertragen werden, die mehr als fünfmal bei Ihnen angerufen haben. Es müssen also die Kunden KÜSTER, KURZ, WALTER und TISCH in die Access-Tabelle KONTAKT eingefügt werden.

Die Umsetzung für diesen bedingten Datentransfer können Sie dem Listing 10.20 entnehmen.

Listing 10.20: Bedingter Import von Excel-Daten nach Access

```
Sub TabelleErstellenUndExcelEinlesen()
  Dim con As ADODB.Connection
  Dim cat As ADOX.Catalog
  Dim tbiTabInfo As ADOX.Table
  Dim objXlApp As Object
  Dim objXlTab As Object
  Dim rst As ADODB.Recordset
  Dim strFirma As String
  Dim strNachname As String
  Dim strVorname As String
  Dim strTelefon As String
  Dim strEmail As String
  Dim intKontakt As Integer
  Dim i As Integer

  Set cat = New ADOX.Catalog
  cat.ActiveConnection = CurrentProject.Connection

  On Error GoTo Fehler
  Set tbiTabInfo = New ADOX.Table
  With tbiTabInfo
    .Name = "Kontakt"
    Set .ParentCatalog = cat
    With .Columns
      .Append "Firma", adVarWChar
      .Append "Nachname", adVarWChar
      .Append "Vorname", adVarWChar
      .Append "Telefon", adVarWChar, 20
      .Append "EMail", adLongVarWChar
      .Append "Kontakte", adInteger
    End With
  End With
  cat.Tables.Append tbiTabInfo
  Set cat = Nothing

  Set con = CurrentProject.Connection
  Set rst = New ADODB.Recordset
  rst.Open "Kontakt", con, adOpenKeyset, _
    adLockOptimistic

  On Error Resume Next
  Set objXlApp = GetObject(, "Excel.Application.14")
  If Err.Number = 429 Then
```

```
  Set objXlApp = CreateObject("Excel.Application.14")
  Err.Number = 0
End If
objXlApp.Visible = True
Set objXlTab = _
  objXlApp.workbooks.Open _
  ("C:\Eigene Dateien\Hotline.xls")
objXlTab.sheets("Tabelle1").Range("A2").Select
i = 2
Do Until objXlTab.sheets("Tabelle1") _
  .cells(i, 1).Value = ""
  With objXlTab.sheets("Tabelle1")
    strFirma = .cells(i, 1).Value
    strNachname = .cells(i, 2).Value
    strVorname = .cells(i, 3).Value
    strTelefon = .cells(i, 4).Value
    strEmail = .cells(i, 5).Value
    intKontakt = .cells(i, 6).Value
    i = i + 1
    If intKontakt > 5 Then
      rst.AddNew
      rst!Firma = strFirma
      rst!Nachname = strNachname
      rst!Vorname = strVorname
      rst!Telefon = strTelefon
      rst!Email = strEmail
      rst!Kontakte = intKontakt
      rst.Update
    End If
    .cells(i, 1).Select
  End With
Loop
rst.Close
objXlTab.Close
Set rst = Nothing
Set con = Nothing
Exit Sub
Fehler:
  MsgBox "Es trat ein Fehler auf!"
End Sub
```

Legen Sie zuerst eine Objektvariable vom Typ `Catalog` an. Über dieses Auflistungsobjekt können Sie auf Objekte wie Tabellen und Abfragen zugreifen. Stellen Sie mithilfe der Eigenschaft `ActiveConnection` die Verbindung zu Ihrem Provider und zu Ihrer Datenquelle her. Erzeugen Sie danach ein neues `Table`-Objekt, und definieren Sie die gewünschten Datenfelder. Wie das genau funktioniert, können Sie in Kapitel 5 nachlesen.

Öffnen Sie danach die Tabelle KONTAKT mithilfe der Methode `Open`. Nun ist die Access-Tabelle bereit, die Excel-Daten zu empfangen.

Im ersten Schritt erzeugen Sie ein Excel-Objekt, mit dem Sie Zugriff auf die Excel-VBA-Methoden und Eigenschaften bekommen. Dazu setzen Sie die Methode `CreateObject` ein und übergeben ihr das Applikationsobjekt von Excel.

Die Zahl 12 bedeutet hier übrigens, dass Sie mit der Version Excel 2007, die Zahl 11, dass Sie mit der Version Excel 2003 arbeiten möchten. Die Zahl 10 bedeutet, dass Sie mit der Version Excel 2003 arbeiten. Haben Sie z.B. Excel 2000, müssen Sie hier die Zahl 9 angeben. Für Excel 97 geben Sie die Zahl 8 an.

Natürlich ist es möglich, dass Sie die Anwendung Excel bereits geöffnet haben. In diesem Fall brauchen Sie kein neues Excel-Objekt anzulegen. Hier reicht es, wenn Sie über die Methode `GetObject` dieses geöffnete Objekt in den Vordergrund bringen. Versuchen Sie die Methode `GetObject` auf ein Objekt anzuwenden, das augenblicklich nicht zur Verfügung steht, weil es beispielsweise geschlossen ist, wird Ihnen die Fehlernummer 429 zurückgemeldet.

Nach Erzeugung des neuen Excel-Objekts bzw. vor dessen Aktivierung setzen Sie die Eigenschaft `Visible` ein, um das Excel-Programmfester anzuzeigen.

Definieren Sie nun ein weiteres Excel-Objekt, das die zu öffnende Arbeitsmappe darstellen soll. Die Arbeitsmappe wird über die Methode `Open` geöffnet, bei der Sie den Namen und den Pfad der Excel-Mappe angeben müssen.

Die Syntax der Methode Open

Die Methode `Open` hat dabei folgende Syntax:

```
Workbooks.Open(FileName, UpdateLinks, ReadOnly, _
  Format, Password, WriteResPassword,_
  IgnoreReadOnlyRecommended, Origin, Delimiter, _
  Editable, Notify, Converter, AddToMRU)
```

Besonders wichtig ist das Argument `UpdateLinks`. Sicher haben Sie schon einmal beim Öffnen einer Arbeitsmappe die Meldung mit der Frage erhalten, ob Sie die Verknüpfungen in der Arbeitsmappe aktualisieren möchten oder nicht. Diese Abfrage können Sie unterdrücken, indem Sie ein entsprechendes Argument 0 bis 3 einsetzen. Die Bedeutung der verschiedenen Werte entnehmen Sie der folgenden Tabelle:

Tabelle 10.5:
Die Aktualisierungskonstante der Methode Open

Konstante	Bedeutung
0	Keine Aktualisierung von Bezügen
1	Aktualisierung von externen Bezügen, jedoch nicht von Fernbezügen
2	Aktualisierung von Fernbezügen, jedoch nicht von externen Bezügen
3	Aktualisierung von externen Bezügen und Fernbezügen

Alle weiteren Argumente können Sie jederzeit in der Excel-VBA-Online-Hilfe nachlesen.

Nachdem die Excel-Mappe HOTLINE.XLS geöffnet ist, stellen Sie sicher, dass die richtige Zelle markiert ist. Bevor Sie die Startzelle über die Eigenschaft Range festlegen, sollten Sie sicher sein, dass Sie auch auf dem gewünschten Tabellenblatt sind. Setzen Sie dazu das Auflistungsobjekt Sheets ein. Geben Sie bei diesem Objekt den Namen der Tabelle an, auf die Sie zugreifen möchten.

Starten Sie danach eine Schleife, die so lange durchlaufen wird, bis der Mauszeiger auf die erste leere Zelle in Spalte A stößt. Um die einzelnen Zellen einer Excel-Tabelle ansprechen zu können, setzen Sie die Eigenschaft Cells ein. Diese Eigenschaft benötigt zwei Argumente. Das erste Argument steht für die aktuelle Zeile, das zweite symbolisiert die Spalte, in der der Mauszeiger gerade steht. Da Sie die Zeilen nacheinander durchlaufen müssen, setzen Sie eine Zählvariable ein, die Sie bei jedem Schleifendurchlauf hochzählen. Setzen Sie den Mauszeiger am Ende der Schleife genau eine Zeile weiter nach unten, indem Sie den Befehl .cells(i, 1).Select einsetzen. Dabei dürfen Sie natürlich nicht vergessen, die Zählvariable hochzusetzen. Mithilfe der Eigenschaft Value speichern Sie die einzelnen Informationen wie Firma, Nachname, Vorname usw. in den dafür vorgesehenen Variablen. Sehen Sie sich dazu an, wie die Zählvariable im zweiten Argument der Eigenschaft Cells hochgezählt wird.

Bevor Sie die einzelnen Felder in Ihrer Access-Tabelle speichern, prüfen Sie, ob die Kontakthäufigkeit > 5 ist. Ist dies der Fall, dann setzen Sie die Methode AddNew ein, um einen neuen Satz in der Access-Tabelle KONTAKT anzulegen. Danach füllen Sie die einzelnen Datenfelder mit dem Inhalt Ihrer Variablen. Erst durch den Einsatz der Methode Update speichern Sie diese neuen Informationen dauerhaft in der Access-Tabelle.

Nach der Verarbeitung schließen Sie sowohl die Excel-Mappe als auch die Access-Tabelle über die Methode Close. Heben Sie am Ende der Prozedur die Objektverweise wieder auf, indem Sie die Anweisung Set Objektvariable = Nothing einsetzen. Damit geben Sie den reservierten Platz im Arbeitsspeicher wieder frei.

Firma	Nachname	Vorname	Telefon	EMail	Kontakte
Panata GmbH	Küster	Bernd	0456/814362	KuersrB@pana	14
IGB KG	Kurz	Katrin	0991/69843	KurzKat@igb.c	9
Schnell-Office	Walter	Sven	0689/89577	Sven.Walter@	7
Abraras	Tisch	Anita	0110/98467	TischA@abara	6

Abbildung 10.47:
Es wurden nur Kundendaten übermittelt, die mehr als fünfmal Kontakt zu Ihnen hatten.

10.5.4 Excel greift auf Access zu

Sehr häufig kommt es vor, dass der Zugriff auch umgekehrt stattfindet.

Erstellen Sie z. B. ein Modell, bei dem Artikeldaten in einer Access-Datenbank verwaltet werden. Der Zugriff auf diese Datenbank soll von Excel mittels einer USERFORM stattfinden. Mit Zugriff ist in erster Linie eine Suchen-Funktion gemeint, die anhand der eingegebenen Artikelnummer die restlichen Artikeldaten aus Access holt und in der USERFORM anzeigt. Des Weiteren soll es aber auch möglich sein, die Daten in Excel zu ändern und in die Access-Datenbank zurückzuschreiben.

Als Access-Datenbank wird die NORDWIND.MDB eingesetzt. Legen Sie aber zunächst die USERFORM in Ihrer Excel-Arbeitsmappe an, indem Sie wie folgt vorgehen:

1. Wechseln Sie in die Entwicklungsumgebung von Excel mithilfe der Tastenkombination [Alt] + [F11].
2. Klicken Sie mit der rechten Maustaste in den Bereich des Projekt-Explorers.
3. Wählen Sie aus dem Kontextmenü den Befehl EINFÜGEN/USERFORM.

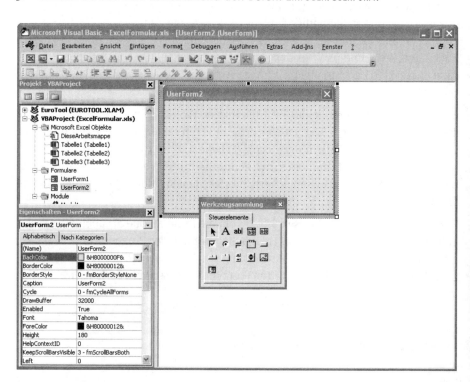

Abbildung 10.48: Die leere USERFORM

Sobald Sie Ihr erstes Formular USERFORM eingefügt haben, wird automatisch die Symbolleiste WERKZEUGSAMMLUNG eingeblendet. Diese Werkzeugsammlung nutzen Sie, um das noch leere Dialogfeld mit Elementen zu bestücken.

Entnehmen Sie der folgenden Tabelle die wichtigsten Steuerelemente der Symbolleiste WERKZEUGSAMMLUNG.

Symbol	Funktionsbeschreibung
▶	Markiert das entsprechende Element in der USERFORM
A	Hiermit können Sie Texte in Ihrer USERFORM platzieren, die meist im Zusammenspiel mit Textfeldern zu verwenden sind. Die Bezeichnungsfelder sind mit grauem Hintergrund auf der USERFORM hinterlegt.
abl	Damit sind Eingabefelder gemeint, mit denen Sie Texte oder Zahlen erfassen können.
	Ein Kombinationsfeld besteht streng genommen aus einem Eingabefeld, das mit einem Listenfeld gekoppelt ist. Kombinationsfelder erkennen Sie daran, dass sich rechts neben dem Eingabefeld ein kleiner Pfeil nach unten befindet. Mit einem Klick darauf werden Ihnen weitere Auswahlmöglichkeiten angeboten. In einem Kombinationsfeld kann immer nur ein Eintrag gewählt werden.
	Verwandt mit dem Kombinationsfeld ist auch das Listenfeld. Das Listenfeld benötigt jedoch mehr Platz, weil mehrere Einträge gleichzeitig angezeigt werden. Ein Listenfeld kann so eingestellt werden, dass mehrere Einträge ausgewählt werden können.
	Das RAHMEN-Steuerelement können Sie verwenden, um einzelne Elemente in einer Gruppe zusammenzufassen. Wichtig bei der Erstellung eines Rahmens ist, dass dieser vor den einzelnen Steuerelementen, die darin platziert werden sollen, eingefügt wird. Das Steuerelement RAHMEN besticht auch durch seine räumliche Darstellung und kann so auch eingesetzt werden, um die USERFORM optisch aufzupeppen.
☑	Das Kontrollkästchen kann entweder aktiviert oder nicht aktiviert sein. Bei aktiviertem Zustand erscheint im Kästchen ein Häkchen. Wenn Sie Kontrollkästchen in einer Gruppe verwenden, können sowohl eines als auch mehrere Kontrollkästchen aktiviert sein.
⊙	Das Optionsfeld, auch bekannt als Radiobutton, kann aktiviert oder nicht aktiviert sein. Bei aktiviertem Zustand ist es mit einem schwarzen Punkt ausgefüllt. Wenn Sie mehrere Optionsfelder innerhalb einer Gruppe verwenden, kann immer nur eine Option aktiviert sein.
	Das Umschaltfeld können Sie sich vorstellen wie einen Lichtschalter. Er hat genau zwei Zustände: Ein und Aus, die sich optisch leicht voneinander abheben.
	Hinter Befehlsschaltflächen legen Sie Ereignisprozeduren, um bestimmte Aktionen durch einen Mausklick mit der USERFORM auszuführen. Wenn Sie möchten, können Sie aber auch mit einer Tastenkombination eine Schaltfläche bedienen. Dazu schreiben Sie in der CAPTION-Eigenschaft das Zeichen & vor den gewünschten Buchstaben. Dieser Buchstabe in Verbindung mit der Taste % bildet dann die Tastenkombination für diese Schaltfläche.

Tabelle 10.6:
Die Standard-Steuerelemente

> **TIPP** Weitere Steuerelemente können Sie jederzeit einblenden, indem Sie mit der rechten Maustaste auf die Symbolleiste klicken und aus dem Kontextmenü den Befehl ZUSÄTZLICHE STEUERELEMENTE auswählen. Im Listenfeld VERFÜGBARE STEUERELEMENTE können Sie dann zusätzliche Steuerelemente per Mausklick Ihrer Symbolleiste hinzufügen.

Fügen Sie nun die einzelnen Steuerelemente in Ihre noch leere USERFORM ein. Dazu klicken Sie das gewünschte Steuerelement in der Symbolleiste WERKZEUGSAMMLUNG an und ziehen es in der gewünschten Größe auf Ihrer USERFORM auf. Das Ergebnis wird wie folgt aussehen:

Abbildung 10.49:
Die fertig gezeichnete USERFORM

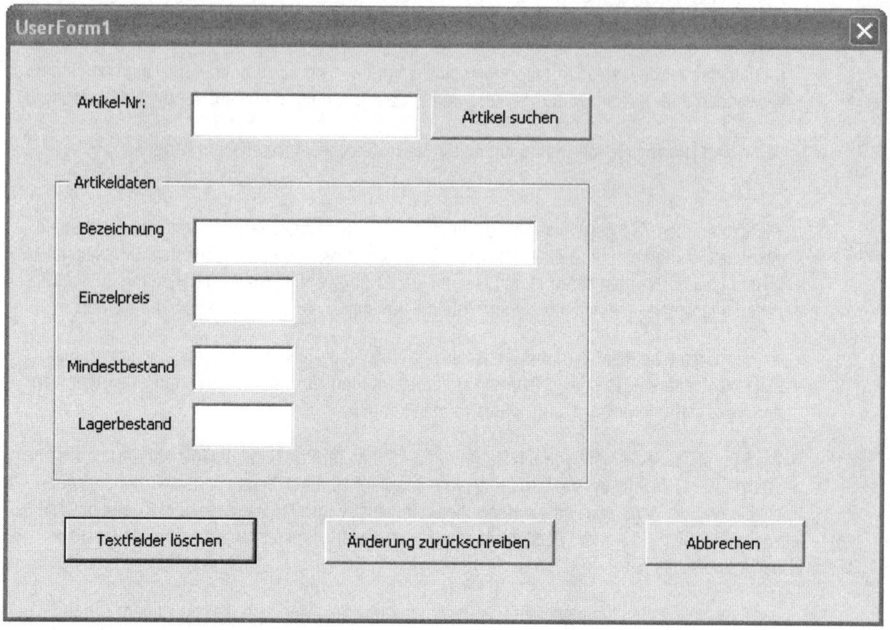

Um die USERFORM programmgesteuert anzuzeigen, fügen Sie ein neues Modul ein und erfassen die Prozedur aus Listing 10.21.

Listing 10.21: Aufruf einer USERFORM

```
Sub DialogAufrufen()
  UserForm1.Show
End Sub
```

Die Methode Show aktiviert die USERFORM mit dem Namen USERFORM1.

Seit Excel 2000 ist es erstmalig möglich, Dialogfelder auch ungebunden aufzurufen, d.h., ungebundene Dialogfelder müssen nicht beendet werden, um mit anderen Arbeiten in Excel fortfahren zu können. Wenn Sie eine ungebundene USERFORM aufrufen möchten, verwenden Sie die Anweisung UserForm1.Show vbModeless.

Wenn Sie eine USERFORM noch nicht anzeigen, sie aber schon einmal in den Speicher laden möchten, verwenden Sie die Anweisung Load UserForm1. Diese Anweisung ist dann wichtig, wenn Sie eine USERFORM bei Bedarf sehr schnell anzeigen möchten, und sie ist vor allem dann empfehlenswert, wenn Sie aufwendige Vorbereitungsarbeiten vor dem eigentlichen Anzeigen der USERFORM über die Methode Show durchführen müssen. Aufwendige Vorbereitungsarbeiten umfassen z.B. das Übertragen von Tabelleninhalten in viele Textfelder. Standardmäßig wird es aber in fast allen Fällen möglich sein, auf die Anweisung Load zu verzichten.

Um mit der Datenzugriffsmethode ADO überhaupt arbeiten zu können, müssen Sie vorher noch die Bibliothek MICROSOFT ACTIVEX DATA OBJECTS LIBRARY einbinden. Dazu wechseln Sie in die Entwicklungsumgebung, wählen aus dem Menü EXTRAS den Befehl VERWEISE, aktivieren diese Bibliothek und bestätigen mit OK.

Als nächste Aufgabe haben Sie genau drei VBA-Prozeduren zu schreiben:

eine Prozedur zum Zurückschreiben der in der USERFORM erfassten Daten auf das Tabellenblatt (Schaltfläche ARTIKEL SUCHEN),

eine Prozedur, welche die USERFORM ohne weitere Aktion beendet (Schaltfläche ABBRECHEN), und

eine Prozedur, um alle Textfelder auf einmal zu löschen (Schaltfläche TEXTFELDER LÖSCHEN).

Füllen Sie die USERFORM nun mit Leben, indem Sie Prozeduren hinter die Schaltflächen legen. Führen Sie dazu im ersten Schritt in der Entwicklungsumgebung von Excel einen Doppelklick auf die Schaltfläche ARTIKEL SUCHEN durch und erfassen die Prozedur aus Listing 10.22.

Listing 10.22: Zugriff auf Access über Excel (Suchfunktion)

```
Private Sub CommandButton1_Click()
  Dim con As New ADODB.Connection
  Dim rst As New ADODB.Recordset
  Dim frm As UserForm
  Dim str As String

  con.Open "Provider=Microsoft.Jet.OLEDB.4.0; " & _
    "Data Source=C:\Eigene Dateien\Nordwind.mdb;"

  Set frm = UserForm1
  str = frm.TextBox1.Value
  str = "ArtikelNr = " & str

  rst.Open "Artikel", con, adOpenKeyset, _
    adLockOptimistic
  On Error GoTo Fehler
  rst.Find str
  With frm
    .TextBox2.Value = rst!Artikelname
    .TextBox3.Value = rst!Einzelpreis
    .TextBox4.Value = rst!Mindestbestand
    .TextBox5.Value = rst!Lagerbestand
  End With
  rst.Close
  con.Close
  Exit Sub
```

```
Fehler:
    MsgBox "Der Satz " & str & _
      " konnte nicht gefunden werden!"
    rst.Close
    con.Close
End Sub
```

Definieren Sie zuerst eine Objektvariable vom Typ `Connection`, um später die Verbindung zur Datenquelle herzustellen. Als zweite Objektvariable benötigen Sie ein `Recordset`-Objekt, das später alle Datensätze der Datenquelle aufnehmen soll. Um die Verbindung zur Access-Datenbank herzustellen, benötigen Sie zuerst einmal eine Verbindung zu Ihrem Provider, die Sie mit der Methode `Open` herstellen. Dieser Provider stellt alle Funktionen zur Verfügung, die notwendig sind, um auf den Access-Datenbestand zuzugreifen. Die Datenbank NORDWIND.MDB ist jetzt geöffnet. Bilden Sie den Suchbegriff, der sich aus der Eingabe des ersten Textfeldes in Ihrer USERFORM ergibt. Ergänzen Sie diese Eingabe um den Namen des Datenfeldes ARTIKELNR. Öffnen Sie wiederum mit der Methode `Open` die Datentabelle, die den Artikelbestand enthält. Setzen Sie nun die Methode `Find` ein, der Sie den Suchbegriff übergeben.

Die Methode sucht im `Recordset`-Objekt `rst` nach dem Datensatz, der den angegebenen Kriterien entspricht. Ist das Kriterium erfüllt, wird der gefundene Datensatz zum aktuellen Datensatz des `Recordsets`. Jetzt können Sie die einzelnen Datenfelder aus dem `Recordset`-Objekt auslesen und in die Textfelder Ihrer USERFORM übertragen. Wird jedoch kein gültiger Satz gefunden, sorgt die `On Error`-Anweisung dafür, dass zum Ende der Prozedur verzweigt wird. Dort geben Sie zur Info eine Warnmeldung auf dem Bildschirm aus.

Achten Sie darauf, dass Sie am Ende der Prozedur sowohl die Verbindung zum Provider trennen als auch die Datenbank wieder schließen. In beiden Fällen setzen Sie die Methode `Close` ein.

Datenbank-Update durchführen

Im nächsten Schritt werden Sie die Aktualisierung der Access-Datenbank mit eingegebenen Excel-Daten angehen. Dabei muss unterschieden werden, ob ein bereits bestehender Satz upgedatet oder ein neuer Datensatz eingefügt werden muss. Klicken Sie in der Entwicklungsumgebung auf die Schaltfläche ÄNDERUNGEN ZURÜCKSCHREIBEN, und erfassen Sie die Prozedur aus Listing 10.23.

Listing 10.23: Zugriff auf Access über Excel (Update-Funktion)

```
Private Sub CommandButton3_Click()
    Dim con As New ADODB.Connection
    Dim rst As New ADODB.Recordset
    Dim frm As UserForm
    Dim str As String
```

```
  con.Open "Provider=Microsoft.Jet.OLEDB.4.0;" & _
    "Data Source=C:\Eigene Dateien\Nordwind.mdb;"
  rst.Open "Select * from Artikel", con, adOpenKeyset, _
    adLockOptimistic

  Set frm = UserForm1
  str = frm.TextBox1.Value
  str = "ArtikelNr = " & str

  On Error GoTo NeuerSatz
  rst.Find str
  With frm
    rst!Artikelname = .TextBox2.Value
    rst!Einzelpreis = .TextBox3.Value
    rst!Mindestbestand = .TextBox4.Value
    rst!Lagerbestand = .TextBox5.Value
    rst.Update
  End With
  rst.Close
  MsgBox "Satz geändert!"
  Exit Sub

NeuerSatz:
  rst.AddNew
  With frm
    rst!ArtikelNr = .TextBox1.Value
    rst!Artikelname = .TextBox2.Value
    rst!Einzelpreis = .TextBox3.Value
    rst!Mindestbestand = .TextBox4.Value
    rst!Lagerbestand = .TextBox5.Value
    rst.Update
  End With
  rst.Close
  MsgBox "Satz neu eingefügt!"
End Sub
```

Stellen Sie die Verbindung mit Ihrem Provider her, öffnen Sie die Datenbank, und lesen Sie mit der Anweisung `Select` alle Datensätze der Datentabelle in die `Recordset`-Objektvariable `rst`. Bilden Sie nun den Suchbegriff aus dem Inhalt des Textfeldes TEXTBOX1 (ARTIKEL-NR.), und wenden Sie die Methode `Find` an. Wird die Artikelnummer in der Access-Datenbank gefunden, schreiben Sie die aktuellen Feldinhalte aus der USERFORM direkt in die Datentabelle von Access.

Vergessen Sie nicht, zum Abschluss der Übertragung die Methode `Update` anzuwenden. Erst dann werden die Änderungen wirklich gespeichert.

Eine kleine Zusatzfunktion, die sehr nützlich ist, besteht darin, alle Textfelder in der USERFORM auf einmal zu löschen. Dazu wenden Sie die Prozedur aus Listing 10.24 an.

Listing 10.24: Textfelder in USERFORM löschen

```
Private Sub CommandButton2_Click()
  Dim ctl As Control

  For Each ctl In UserForm1.Controls
    If TypeName(ctl) = "TextBox" Then ctl.Text = ""
  Next ctl
End Sub
```

Klicken Sie in der Entwicklungsumgebung auf die Schaltfläche TEXTFELDER LÖSCHEN, und rufen Sie das Click-Ereignis der Schaltfläche auf. Setzen Sie eine Schleife auf, die alle eingefügten Steuerelemente kontrolliert und die ermittelten Textfelder initialisiert.

10.5.5 Datensicherung von Excel-Tabellen in Access (Backup)

Das Zusammenspiel zwischen Excel und Access können Sie auch im folgenden Beispiel sehr gut erkennen. Dabei sollen Excel-Daten in einer Access-Tabelle gesichert werden. Alles, was Sie dazu speichern müssen, sind folgende Informationen:

- den Namen der Excel-Arbeitsmappe,
- den Tabellennamen,
- die Zellenadresse,
- den Zellenwert bzw. die Zellenformel.

Setzen Sie diese Informationen in einer neuen Access-Tabelle um.

Abbildung 10.50: Die Access-Sicherungstabelle

Bevor Sie nun die Prozedur für den Datentransfer schreiben, entscheiden Sie sich für die Datenzugriffsmethode (DAO oder ADO), die Sie durchführen möchten. Im folgenden Quellcode wurde die Datenzugriffsmethode DAO gewählt. Binden Sie vorher die dazu notwendige Objektbibliothek ein, indem Sie in der Entwicklungsumgebung aus dem Menü EXTRAS den Befehl VERWEISE wählen. Im Dialog VERWEISE wählen Sie aus dem Listenfeld VERFÜGBARE VERWEISE die Bibliothek MICROSOFT DAO OBJECT LIBRARY und bestätigen Ihre Wahl mit OK. Sie haben jetzt Zugriff auf alle benötigten Befehle dieser Bibliothek. Binden Sie danach auch die Bibliothek MICROSOFT EXCEL OBJECT LIBRARY auf dieselbe Weise ein.

Legen Sie nun ein Verzeichnis unterhalb des Ordners C:\EIGENE DATEIEN mit dem Namen BACKUP an. Kopieren Sie dort alle Excel-Arbeitsmappen hinein, die Sie in einer Access-Datenbank sichern möchten.

Exemplarisch wird in diesem Beispiel unter anderem die Arbeitsmappe UMSATZ.XLS gesichert.

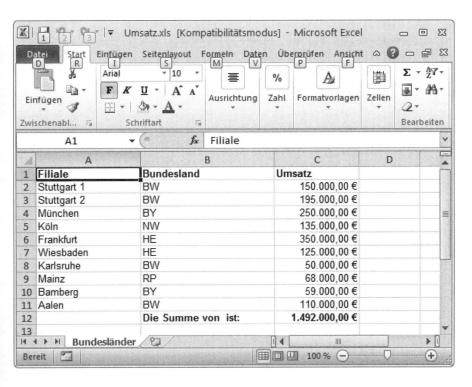

Abbildung 10.51:
Diese Excel-Tabelle wird in einer Access-Tabelle gesichert.

Erfassen Sie nun die folgende Prozedur, welche die Arbeitsmappen des Verzeichnisses C:\EIGENE DATEIEN\BACKUP nacheinander öffnet und die einzelnen Tabellen in die Access-Tabelle überführt. Dabei wird Zelle für Zelle übertragen, sofern diese einen Wert bzw. eine Formel/Funktion enthalten.

Listing 10.25: Excel-Arbeitsmappen in Access sichern

```vba
Sub ExcelDatenSichern()
  Dim db As Database
  Dim rst As Recordset
  Dim str As String
  Dim strPfad As String
  Dim objXlApp As Excel.Application
  Dim objTabelle As Worksheet
  Dim rngZelle As Range

  Set db = CurrentDb
  Set rst = db.OpenRecordset("ExcelDaten", _
    dbOpenDynaset)

  Set objXlApp = New Excel.Application
  strPfad = "C:\Eigene Dateien\Backup\"
  ChDir strPfad
  str = Dir$(strPfad & "*.xls")
  Do While Len(str) > 0
    str = strPfad & str
    objXlApp.Workbooks.Open str, updatelinks:=0
    For Each objTabelle In _
      objXlApp.ActiveWorkbook.Worksheets
      For Each rngZelle In objTabelle.UsedRange.Cells
        If rngZelle.Value <> "" Or rngZelle.Value > 0 _
        Then
          rst.AddNew
          rst!Datei_N = objXlApp.ActiveWorkbook.Name
          rst!Tabellen_N = objTabelle.Name
          rst!Zellen_A = rngZelle.Address
          If rngZelle.HasFormula = True Then
            rst!Wert = rngZelle.FormulaLocal
          Else
            rst!Wert = rngZelle.Value
          End If
          rst.Update
        End If
      Next rngZelle
    Next objTabelle
    objXlApp.ActiveWorkbook.Close
    str = Dir
  Loop
  db.Close

  Set db = Nothing
  Set objXlApp = Nothing
End Sub
```

Geben Sie zu Beginn der Prozedur bekannt, dass Sie eine Access-Tabelle in der aktuell geöffneten Datenbank laden möchten. Dazu setzen Sie die Methode CurrentDb ein. Öffnen Sie danach die Tabelle EXCELDATEN über die Methode OpenRecordSet.

Erstellen Sie nun über die Anweisung Set in Verbindung mit dem Schlüsselwort New ein neues Excel-Objekt. Legen Sie danach den Pfad fest, in dem die Access-Prozedur die Excel-Arbeitsmappen aufspüren soll, und wechseln über die Funktion ChDir direkt in dieses Verzeichnis.

Ermitteln Sie die erste Excel-Arbeitsmappe im Verzeichnis, indem Sie die Funktion Dir einsetzen und als Dateiendung den String *.xls übergeben.

Durchlaufen Sie im Anschluss daran eine Schleife, die so lange abgearbeitet wird, bis alle Excel-Arbeitsmappen des Verzeichnisses verarbeitet wurden. Dann liefert die Funktion Dir keine Ergebnisse mehr. Dies erkennen Sie daran, dass die Funktion Len für die Variable str einen Wert von 0 ausgibt.

Öffnen Sie danach die Excel-Arbeitsmappe über die Methode Open. Sollte diese Excel-Arbeitsmappe mit anderen Mappen verknüpft sein, dann werden Sie dieser Methode das Argument UpdateLinks:=0 übergeben. Damit verhindern Sie, dass Sie beim Öffnen der Arbeitsmappe einen VERKNÜPFUNG AKTUALISIEREN-Dialog wegklicken müssen.

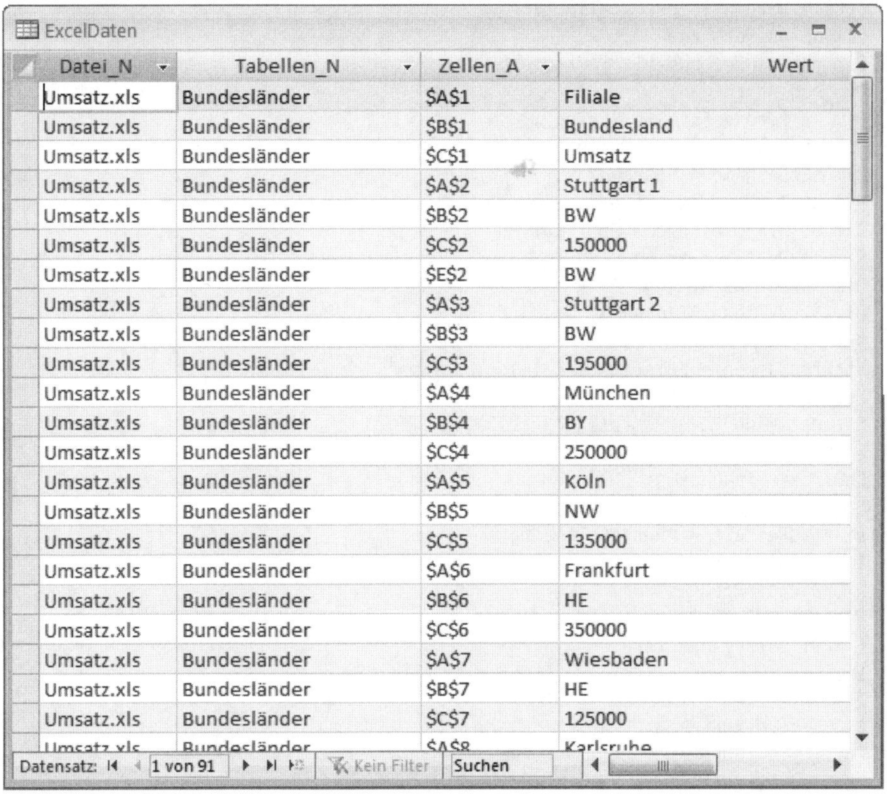

Abbildung 10.52: Das Ergebnis: Jede einzelne Zelle ist in der Access-Tabelle verzeichnet.

Datei_N	Tabellen_N	Zellen_A	Wert
Umsatz.xls	Bundesländer	A1	Filiale
Umsatz.xls	Bundesländer	B1	Bundesland
Umsatz.xls	Bundesländer	C1	Umsatz
Umsatz.xls	Bundesländer	A2	Stuttgart 1
Umsatz.xls	Bundesländer	B2	BW
Umsatz.xls	Bundesländer	C2	150000
Umsatz.xls	Bundesländer	E2	BW
Umsatz.xls	Bundesländer	A3	Stuttgart 2
Umsatz.xls	Bundesländer	B3	BW
Umsatz.xls	Bundesländer	C3	195000
Umsatz.xls	Bundesländer	A4	München
Umsatz.xls	Bundesländer	B4	BY
Umsatz.xls	Bundesländer	C4	250000
Umsatz.xls	Bundesländer	A5	Köln
Umsatz.xls	Bundesländer	B5	NW
Umsatz.xls	Bundesländer	C5	135000
Umsatz.xls	Bundesländer	A6	Frankfurt
Umsatz.xls	Bundesländer	B6	HE
Umsatz.xls	Bundesländer	C6	350000
Umsatz.xls	Bundesländer	A7	Wiesbaden
Umsatz.xls	Bundesländer	B7	HE
Umsatz.xls	Bundesländer	C7	125000
Umsatz.xls	Bundesländer	A8	Karlsruhe

Die nächste Schleife durchläuft alle Tabellen der zurzeit geladenen Excel-Arbeitsmappe. Eine weitere Schleife darunter werden in der jeweils aktiven Tabelle alle benutzten Zellen abgearbeitet. Befindet sich ein Wert in der Zelle, dann setzen Sie die Methode Add ein, um einen neuen Datensatz in der Access-Tabelle anzulegen, den Sie mit den einzelnen Informationen wie dem Namen der Arbeitsmappe, dem Namen der aktiven Tabelle, der Zellenadresse sowie dem Zelleninhalt füllen. Setzen Sie am Ende dieser Schleife die Methode Update ein, um den Datensatz in der Tabelle zu speichern. Haben Sie eine Arbeitsmappe komplett abgearbeitet, schließen Sie diese über die Methode Close.

10.5.6 Excel-Datei wiederherstellen (Restore)

Was jetzt noch fehlt, ist eine Lösung, mit der Sie Ihre gesicherten Excel-Dateien wiederherstellen können. Dabei werden Sie auf die Formatierungen verzichten und lediglich die Tabellen sowie die Zelleninhalte wiederherstellen. Es soll für das Zurückladen ein separates Verzeichnis angelegt werden, das mit dem Kürzel Restore sowie dem aktuellen Datum benannt werden soll.

Listing 10.26: Excel-Arbeitsmappen aus Access zurückladen

```
Sub ExcelDateiWiederHerstellen()
  Dim db As Database
  Dim rst As Recordset
  Dim lng As Long
  Dim strPfadRestore As String
  Dim strPfadBackup As String
  Dim strDatName As String
  Dim strTabName As String
  Dim objXlApp As Excel.Application
  Dim strWert As String
  Dim strAdr As String
  Dim strSpeicherPfad As String

  strPfadBackup = "C:\Eigene Dateien\Backup\"
  Set db = CurrentDb
  Set rst = db.OpenRecordset("ExcelDaten", _
    dbOpenDynaset)
  ChDir strPfadBackup
  Set objXlApp = New Excel.Application
  strPfadRestore = "Restore_" & Date
  If Len(Dir(strPfadRestore, vbDirectory)) Then
    ChDir strPfadRestore
  Else
    MkDir strPfadRestore
  End If

  ChDir strPfadBackup
  ChDir strPfadRestore
  objXlApp.SheetsInNewWorkbook = 1
  objXlApp.Workbooks.Add
  ActiveSheet.Name = "Doku"
  Range("A1").Value = "Restore vom " & Date
```

```
  For lng = 1 To 3
    ActiveWorkbook.Sheets.Add
    ActiveSheet.Name = rst!Tabellen_N
    strTabName = rst!Tabellen_N
    strDatName = rst!Datei_N
    objXlApp.Visible = True

    Do Until rst.EOF
      If rst!Tabellen_N <> strTabName Then Exit Do
      strWert = rst!Wert
      strAdr = Range(rst!Zellen_A).Address
      If IsNumeric(strWert) Then
        Range(strAdr).Value = strWert
      Else
        Range(strAdr).FormulaLocal = strWert
      End If
      rst.MoveNext
    Loop
  Next lng

  strSpeicherPfad = strPfadBackup & strPfadRestore _
    & "\" & strDatName
  ActiveWorkbook.SaveAs FileName:=strSpeicherPfad
  ActiveWorkbook.Close

  db.Close
  Set db = Nothing
  Set objXlApp = Nothing
End Sub
```

Geben Sie zu Beginn der Prozedur bekannt, dass Sie eine Access-Tabelle in der aktuell geöffneten Datenbank laden möchten. Dazu setzen Sie die Methode CurrentDb ein. Öffnen Sie danach die Tabelle EXCELDATEN über die Methode OpenRecordSet.

Erstellen Sie nun über die Anweisung Set in Verbindung mit dem Schlüsselwort New ein neues Excel-Objekt. Legen Sie den Pfad fest, in dem die Access-Prozedur die Excel-Arbeitsmappe öffnen soll, und wechseln über die Funktion ChDir direkt in dieses Verzeichnis.

Bilden Sie jetzt das RESTORE-Verzeichnis, und überprüfen Sie, ob dieses Verzeichnis nicht bereits schon existiert. Wenn ja, dann liefert die Funktion Len einen String zurück, der größer als der Wert 0 ist. Liefert diese Funktion hingegen den Wert 0 zurück, dann bedeutet dies, dass das Verzeichnis noch nicht existiert und angelegt werden muss. Dafür sorgt die Funktion MkDir.

Legen Sie im nächsten Schritt eine neue Excel-Arbeitsmappe an, indem Sie die Methode Add einsetzen. Dabei legen Sie vorher fest, dass sich lediglich eine neue Tabelle in dieser Arbeitsmappe befinden soll. Dieser Tabelle geben Sie den Namen DOKU und schreiben in die erste Zelle einen Hinweis und das aktuelle Datum.

Fügen Sie jetzt in einer Schleife weitere neue Tabellen mithilfe der Methode Add ein, die Sie auf die Eigenschaft Sheets anwenden, und benennen sie nach den im Datenbankfeld angegebenen Namen.

Zeigen Sie zwischendrin ruhig einmal die Excel-Anwendung an, indem Sie die Eigenschaft Visible auf den Wert True setzen.

In der folgenden Schleife beginnt das Füllen der Excel-Tabelle direkt aus der Access-Tabelle. Dort müssen Sie nur noch überprüfen, ob es sich um eine Formel oder einen Festwert handelt. Entsprechend müssen Sie entweder die Eigenschaft FormulaLocal oder die Eigenschaft Value anwenden.

Um zum nächsten Datensatz in der Tabelle zu springen, wenden Sie die Methode MoveNext an.

Nachdem der letzte Datensatz verarbeitet wurde und die Excel-Arbeitsmappe gefüllt ist, speichern Sie diese, indem Sie die Methode SaveAs einsetzen und den Namen über die Variable DatNam festlegen, die Sie vorher mit dem Datenbankfeld DATEI_N gefüllt haben.

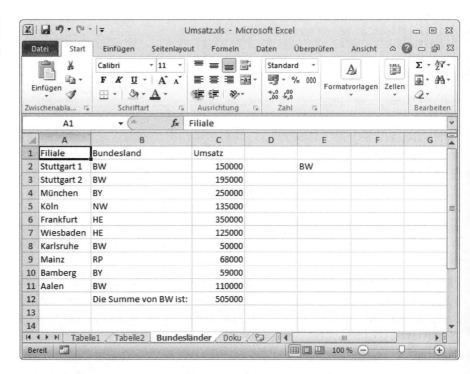

Abbildung 10.53:
Das Ergebnis der Wiederherstellung

Kapitel 11
API-Funktionen einsetzen

Erfahren Sie in diesem Kapitel, wie Sie mit API-Aufrufen typische Aufgaben in Access erledigen können.

Die Themen dieses Kapitels

Unter anderem werden dabei folgende Lösungen präsentiert:

- Ermitteln des CD-ROM-Laufwerks
- Automatisches Öffnen und Schließen des CD-ROM-Laufwerks
- Namen des angemeldeten Anwenders ermitteln
- Ermitteln der eingestellten Bildschirmauflösung
- Externes Programm starten und überwachen
- Anwendungsprogramme zum Schlafen schicken
- Windows-Version ermitteln
- Verzeichnisse erstellen und abfragen
- Den Windows-Info-Dialog aufrufen
- Die Umgebungsvariablen von Windows ausgeben
- Texte mit API-Aufrufen konvertieren
- Sounds und Signale über eine API-Funktion ausgeben
- Tastenklicks überwachen
- Internetstatus überprüfen

Die in diesem Kapitel vorgestellten Lösungen finden Sie auf der CD-ROM zum Buch im Ordner KAP11 unter dem Namen API.MDB.

Viele Aufgaben in Access müssen nicht unbedingt durch den Einsatz von VBA gelöst werden. Die meisten Lösungen stecken auch schon direkt in Windows. Ihr Betriebssystem stellt Ihnen eine ganze Reihe Dynamic Link Libraries (DLLs) zur Verfügung, die Sie bei der Programmierung von Access einsetzen können. Diese DLLs enthalten Funktionen, die u. a. für die Speicher- und Ressourcenverwaltung, die Bereitstellung von Dialog- und Steuerelementen, den Einsatz von Zeichenfunktionen, die Behandlung von Menü- und Symbolleisten, die Verwendung von Multimediafunktionen oder auch die Verwaltung von E-Mails verantwortlich sind.

Wie Sie sehen, decken API-Funktionen nahezu alle Aufgaben in Windows und somit auch in Access ab. Der Vorteil von API-Aufrufen ist beispielsweise auch deren universelle Einsetzbarkeit. Ob Sie in Access, Excel, Word oder einer anderen beliebigen Windows-Anwendung mit Programmierschnittstelle arbeiten, ist dabei gleichgültig. Sie können API-Funktionen aus nahezu jeder Anwendung aufrufen und für Ihre Aufgaben nutzen.

Die bekannteste API ist die Windows-API, zu der auch die DLLs gehören, aus denen das Windows-Betriebssystem besteht. Jede Windows-Anwendung kommuniziert direkt oder indirekt mit der Windows-API. Durch die Windows-API wird sichergestellt, dass das Verhalten aller unter Windows laufenden Anwendungen konsistent bleibt.

Ein Nachteil von API-Funktionen ist, dass Sie diese in der Online-Hilfe leider nicht nachschlagen können bzw. dass die Syntax zur Deklaration, also Verfügbarmachung innerhalb des Programms, von API-Funktionen recht kompliziert ist. Ein weiterer Punkt ist der, dass API-Funktionen sehr sensibel reagieren, wenn Sie irgendein Argument bzw. die Syntax der API-Funktion nicht genau einhalten. Access reagiert dann nicht selten mit einem Programmabsturz.

> **INFO** Wenn Sie im Besitz des Office-Developer-Pakets sind, können Sie mithilfe des API-Viewers gezielt nach bestimmten API-Funktionen suchen. Im Übrigen empfiehlt sich für dieses Thema weiterführende Literatur.

Da es sich in unserem Buch vorrangig um die VBA-Programmierung handeln soll, werden auf den nächsten Seiten gezielt einige Aufgaben vorgestellt, deren Einsatz in der Programmierung erstens viel Zeit spart und die zweitens in der Praxis gut verwendbar sind. Aber auch interessante Möglichkeiten durch die Verwendung von API-Funktionen sollen nicht zu kurz kommen.

11.1 Ermittlung des CD-ROM-Laufwerks

In der ersten Aufgabe werden Sie über den Einsatz einer API-Funktion herausfinden, welcher Laufwerksbuchstabe Ihrem CD-ROM-Laufwerk zugeordnet ist.

Listing 11.1: API-Funktion zur Ermittlung des CD-ROM-Laufwerks

```
Declare Function GetDriveType Lib "kernel32" Alias _
   "GetDriveTypeA" (ByVal nDrive As String) As Long

Declare Function GetLogicalDriveStrings Lib _
   "kernel32" Alias "GetLogicalDriveStringsA" _
   (ByVal nBufferLength As Long, _
    ByVal lpBuffer As String) As Long

Public Const DRIVE_CDROM As Long = 5

Function CdRomLWBuchstabe() As String
   Dim lngLWTyp As Long
   Dim strLW As String
   Dim lng As Long
   Dim lng1 As Long
   Dim strBuffer As String
```

```
  strBuffer = Space(200)
  lng = GetLogicalDriveStrings(200, strBuffer)
  If lng = 0 Then
    CdRomLWBuchstabe = vbNullString
    Exit Function
  End If
  lng1 = 1
  strLW = Mid(strBuffer, lng1, 3)
  Do While (Mid(strBuffer, lng1, 1) <> vbNullChar)
    lngLWTyp = GetDriveType(strLW)
    If lngLWTyp = 5 Then
      CdRomLWBuchstabe = strLW
      Exit Function
    End If
    lng1 = lng1 + 4
    strLW = Mid(strBuffer, lng1, 3)
  Loop
End Function
```

Bevor von VBA aus eine Funktion in einer DLL aufgerufen werden kann, müssen Sie VBA mitteilen, wo sich die Funktion befindet und wie sie aufgerufen wird. Dazu verwenden Sie eine `Declare`-Anweisung in einem Modul. Sobald der Verweis festgelegt ist, kann die DLL-Funktion so aufgerufen werden, als sei sie Teil des Projekts. Durch das Schlüsselwort `Lib` wird bestimmt, welche DLL die Funktion enthält. Folgende DLLs sind die am meisten verwendeten Bibliotheken in Windows:

- KERNEL32.DLL: Hier finden Sie Betriebssystemfunktionen z. B. für die Speicherverwaltung und die Ressourcenbehandlung.
- USER32.DLL: Diese DLL übernimmt die Fensterverwaltungsfunktionen wie z. B. Meldungen, Menüs, Symbolleisten und Kommunikation.
- GDI32.DLL: Damit ist die GDI-Bibliothek (GDI = Graphics Device Interface) gemeint. Sie enthält die Funktionen für die Geräteausgabe, z. B. Zeichnen, Anzeigen von Kontext und Schriftartenverwaltung.

Im zweiten Schritt schreiben Sie eine Funktion und definieren einen Puffer vom Typ `String`, in den Sie alle logischen Laufwerksbezeichnungen Ihres Systems einlesen. Danach rufen Sie die API-Funktion `GetLogicalDriveStrings` auf, die Ihnen alle verwendeten Laufwerksbuchstaben in den Puffer schreibt. Prüfen Sie nach dem Füllen des Puffers gleich einmal die Länge des Puffers. Sind im Puffer 0 Zeichen enthalten, konnte die API-Funktion keine Laufwerksbuchstaben ermitteln. In diesem Fall übergeben Sie der Funktion als Rückgabewert die Konstante `vbNullString`, die eine Zeichenfolge mit dem Wert 0 darstellt. Für den Fall, dass der Puffer gefüllt ist, setzen Sie die Verarbeitung fort.

Im nächsten Schritt müssen Sie die einzelnen Laufwerke auslesen. Dazu legen Sie die Startposition fest, bei der im Puffer begonnen werden soll, und speichern den Startwert 1 in der Variablen l. Zerlegen Sie danach den Puffer, indem Sie die Funktion `Mid` einsetzen. Die Funktion `Mid` überträgt eine bestimmte Anzahl von Zeichen (genau drei, z.B. a:\), beginnend bei der Startposition 1, in die String-Variable str. Setzen Sie nun eine Schleife auf, die den Puffer Stück für Stück zerlegt. Innerhalb der Schleife wenden Sie die API-Funktion GetDriveType an. Die liefert den Index für das Laufwerk in der Variablen strLW zurück. Jeder Laufwerkstyp weist einen eindeutigen Laufwerksindex auf. Diese Indizes können Sie der Tabelle 11.1 entnehmen.

Tabelle 11.1: Die Laufwerksindizes für die API-Funktion GetDriveType

Index	Beschreibung
2	Disketten oder auch ZIP-Laufwerk
3	Lokale Festplatte
4	Netzlaufwerk
5	CD-ROM-Laufwerk
6	RAM-Laufwerk

Abbildung 11.1: Den CD-ROM-Laufwerksbuchstaben ermitteln

Rufen Sie nun die API-Funktion über die Prozedur aus Listing 11.2 auf.

Listing 11.2: CD-ROM-Laufwerk ermitteln

```
Sub CDRomLW()
    Dim str As String

    str = CdRomLWBuchstabe()
    MsgBox "Das CDROM-Laufwerk hat den Buchstaben " & str
End Sub
```

11.2 Namen des Anwenders ermitteln

Im folgenden Beispiel soll der Name des angemeldeten Benutzers unter Windows ermittelt und ausgegeben werden. Für diesen Zweck greifen Sie auf die Bibliothek ADVAPI32.DLL zu und nutzen die API-Funktion GetUserName.

Erfassen Sie jetzt die API-Funktion aus Listing 0.2.

Listing 11.3: Anwendernamen ermitteln

```
Private Declare Function GetUserName _
  Lib "advapi32.dll" Alias _
  "GetUserNameA" (ByVal lpBuffer As String, _
  nSize As Long) As Long

Function AnwenderName() As String
  Dim lng As Long
  Dim str As String

  Const D_Puffer = 255
  str = Space(D_Puffer)
  lng = D_Puffer
  If CBool(GetUserName(str, lng)) Then
    AnwenderName = Left$(str, lng - 1)
  Else
    AnwenderName = ""
  End If
End Function

Sub WerBinIch()
  MsgBox "Der Anwender " & AnwenderName & _
    " ist angemeldet!"
End Sub
```

Rufen Sie über eine Prozedur die Funktion Anwendername auf. In dieser Funktion wird ein leerer Datenpuffer erzeugt. Danach rufen Sie die API-Funktion GetUser-Name auf und überprüfen, ob ein Anwendername ermittelt werden konnte. Um eventuell mitgeschleppte Leerzeichen abzuschneiden, setzen Sie die Funktion Left ein und übertragen den ermittelten Anwendernamen. Da die API-Funktion ein Zeichen zu viel überträgt, subtrahieren Sie dieses von der Gesamtlänge des ermittelten Anwendernamens.

Abbildung 11.2: Den Anwendernamen ermitteln

11.3 Bedienung des CD-ROM-Laufwerks

Haben Sie sich schon einmal überlegt, dass Sie Ihr CD-ROM-Laufwerk auch gut als Tassenhalter verwenden können? Dazu müssen Sie es nur öffnen, und schon haben Sie eine clevere Ablagemöglichkeit mehr. Diese nicht ganz ernst gemeinte Anwendung können Sie automatisieren, indem Sie Ihr CD-ROM-Laufwerk auf Kommando öffnen bzw. schließen. Die API-Funktion für diese Aufgabe heißt mciSendString.

Öffnen bzw. schließen Sie mithilfe der folgenden API-Funktion das CD-ROM-Laufwerk:

Listing 11.4: CD-ROM-Laufwerk ansprechen

```
Public Declare Function mciSendString _
  Lib "winmm.dll" Alias "mciSendStringA" _
  (ByVal lpstrCommand As String, _
  ByVal lpstrReturnString As String, _
  ByVal uReturnLength As Long, _
  ByVal hwndCallback As Long) As Long

Sub ÖffnenCDROMLaufwerk()
  mciSendString "Set CDAudio Door Open", 0&, 0, 0
End Sub

Sub SchließenCDROMLaufwerk()
  mciSendString "Set CDAudio Door Closed", 0&, 0, 0
End Sub
```

11.4 Die Bildschirmauflösung ermitteln

Wollen Sie prüfen, mit welcher Bildschirmauflösung ein Anwender arbeitet, dann setzen Sie die API-Funktion aus Listing 11.6 ein.

Listing 11.5: Bildschirmauflösung ermitteln

```
Declare Function GetDeviceCaps Lib "gdi32" _
  (ByVal hdc As Long, ByVal nIndex As Long) As Long
Declare Function GetDC Lib "user32" _
  (ByVal hwnd As Long) As Long
Declare Function ReleaseDC Lib "user32" _
  (ByVal hwnd As Long, ByVal hdc As Long) As Long

Const HORZRES = 8
Const VERTRES = 10

Sub BildschirmAuflösungErmitteln()
  MsgBox "Ihre Bildschirmauflösung lautet:" & _
    Chr(13) & BilschirmAuflösung()
End Sub

Function BilschirmAuflösung()
  Dim lngRval As Long
  Dim lngDc As Long
  Dim lngHSize As Long
  Dim lngVSize As Long

  lngDc = GetDC(0&)
  lngHSize = GetDeviceCaps(lngDc, HORZRES)
  lngVSize = GetDeviceCaps(lngDc, VERTRES)
```

```
    lngRval = ReleaseDC(0, lngDc)
    BilschirmAuflösung = lngHSize & "x" & lngVSize
End Function
```

Abbildung 11.3:
Bildschirm-
auflösung ausgeben

11.5 Ist ein externes Programm gestartet?

Im nächsten Beispiel prüfen Sie, ob Ihr E-Mail-Programm Outlook bereits gestartet ist. Die API-Funktion für diese Aufgabe finden Sie in Listing 11.7.

Listing 11.6: Ist ein externes Programm gegenwärtig geöffnet?

```
Private Declare Function FindWindow Lib "user32" _
  Alias "FindWindowA" (ByVal szClass$, ByVal szTitle$) _
  As Long

Sub MailProgrammAktiv()
  Dim hfenster As String

  hfenster = FindWindow(vbNullString, _
    "Microsoft Outlook")
  If hfenster = 0 Then MsgBox "Outlook nicht aktiv!" _
  Else MsgBox ("Outlook gestartet!")
End Sub
```

Über die API-Funktion `FindWindow` können Sie prüfen, ob eine andere Anwendung bereits gestartet ist. Ist dies der Fall, dann wird Ihnen ein Wert <>0 zurückgeliefert.

11.6 Externes Programm aufrufen

Um externe Programme aufzurufen, setzen Sie die API-Funktion `ShellExecute` ein. In der folgenden Prozedur wird beispielsweise der Windows-Rechner aufgerufen.

Listing 11.7: Ein externes Programm starten

```
Private Declare Function ShellExecute Lib _
  "shell32.dll" Alias "ShellExecuteA" _
  (ByVal hwnd As Long, ByVal lpOperation As String, _
  ByVal lpFile As String, _
  ByVal lpParameters As String, _
  ByVal lpDirectory As String, ByVal bShowCMD As Long) _
  As Long
```

```
Sub RechnerAufrufen()
  Dim hwnd As Long

  ShellExecute hwnd, "open", "calc.exe", 0, 0, SW_SHOW
End Sub
```

Übergeben Sie der API-Funktion unter anderem den Namen der Anwendung, die Sie starten möchten.

Abbildung 11.4:
Ein externes Programm aufrufen

11.7 Wie lange läuft ein externes Programm?

Im nächsten Beispiel soll ermittelt werden, wie lange ein externes Programm läuft, und der Start- und Endezeitpunkt im Direkt-Fenster dokumentiert werden. Nehmen wir beispielsweise an, Sie möchten protokollieren, wann und wie lange Sie das Spiel »Solitär« gespielt haben. Dazu setzen Sie die API-Funktionen OpenProcess sowie GetExitCodeProcess ein. Die eine API-Funktion eröffnet und überwacht den Start einer externen Anwendung, die andere meldet das Beenden einer Anwendung zurück.

Listing 11.8: Wie lange läuft ein gestartetes Programm?

```
Declare Function OpenProcess Lib "kernel32" _
  (ByVal dwDesiredAccess As Long, _
  ByVal bInheritHandle As Long, _
  ByVal dwProcessId As Long) As Long

Declare Function GetExitCodeProcess Lib "kernel32" _
  (ByVal L_Prozess As Long, _
  l_Ende As Long) As Long

Public Const PROCESS_QUERY_INFORMATION = &H400
Public Const STILL_ACTIVE = &H103
```

Wie lange läuft ein externes Programm?

```vb
Sub StartenExternerAnwendung()
  Dim lng As Long
  Dim dtmBeginn As Date
  Dim dtmEnde As Date
  Dim lngProzess As Long
  Dim lngStatus As Long

  dtmBeginn = Now

  Debug.Print "Start des Programms um: " & Now
  lng = Shell("sol.exe", 1)
  lngProzess = _
    OpenProcess(PROCESS_QUERY_INFORMATION, False, lng)

  MsgBox "Zeitnahme läuft..."

  Do While lngStatus = STILL_ACTIVE
    GetExitCodeProcess lngProzess, lngStatus
    DoEvents
  Loop

  dtmEnde = Now
  Debug.Print "Die Anwendung wurde um " & Now _
    & " beendet!"
  Debug.Print "Das Programm lief genau: " & _
  Format(dtmEnde - dtmBeginn, "s") & " Sekunden!"
End Sub
```

Speichern Sie gleich zu Beginn der Prozedur die aktuelle Uhrzeit mithilfe der Funktion Now in der Variablen Beginn. Danach schreiben Sie diesen Startzeitpunkt in das Direkt-Fenster. Als Nächstes setzen Sie die Funktion Shell ein, um das externe Programm zu starten. Dabei haben Sie die Möglichkeit, als Argument die Anordnung der externen Anwendung auf dem Bildschirm zu bestimmen. Entnehmen Sie diese verschiedenen Indizes und deren Bedeutung der folgenden Tabelle:

Index	Beschreibung
0	Das Fenster der aufgerufenen Anwendung ist ausgeblendet, und das ausgeblendete Fenster erhält den Fokus.
1	Das Fenster hat den Fokus, und die ursprüngliche Größe und Position werden wiederhergestellt.
2	Das Fenster wird als Symbol mit Fokus angezeigt.
3	Das Fenster wird maximiert (Vollbild) mit Fokus angezeigt.
4	Die zuletzt verwendete Größe und Position des Fensters werden wiederhergestellt. Das momentan aktive Fenster bleibt aktiv.
6	Das Fenster wird als Symbol angezeigt. Das momentan aktive Fenster bleibt aktiv.

Tabelle 11.2:
Die Möglichkeiten bei der Fensteranordnung von Programmen

Rufen Sie jetzt die erste API-Funktion OpenProcess auf, die den aktiven Prozess (im Beispiel das Spiel »Solitär«) verwaltet. Den Rückgabewert dieser Funktion speichern Sie in einer Variablen vom Datentyp Long. Setzen Sie nun eine Schleife auf, die so lange abgearbeitet wird, bis die API-Funktion GetExitCodeProcess die Beendigung des externen Programms meldet. Mithilfe der Funktion DoEvents übergeben Sie die Steuerung an das Betriebssystem, damit andere Ereignisse verarbeitet werden können. Somit läuft diese Schleife im Hintergrund weiter und wird erst beendet, wenn der Prozess beendet ist. Nach Beendigung der externen Anwendung schreiben Sie die Laufzeit des externen Programms in das Direkt-Fenster. Die Laufzeit ermitteln Sie, indem Sie wiederum die Funktion Now heranziehen und diese Zeit mit der vorher gespeicherten Startzeit in der Variablen Beginn abgleichen.

Abbildung 11.5:
Start und Ende eines Programms festhalten

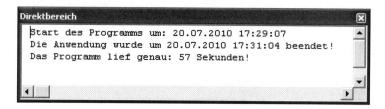

11.8 Access schlafen schicken

Möchten Sie eine Anwendung ein wenig zum Schlafen schicken, dann können Sie die API-Funktion aus Listing 11.10 einsetzen.

Listing 11.9: API-Funktion zum »Schlafenlegen« einer Anwendung

```
Declare Sub Sleep Lib "kernel32.dll" _
  (ByVal SleepTime As Long)

Sub AccessZumSchlafenSchicken()
  Sleep (10000)
  MsgBox "Ruhepause beendet"
End Sub
```

 Die Zeitangabe ist in Millisekunden angegeben.

11.9 Verzeichnisse erstellen

Neben der Standard-VBA-Funktion MkDir, mit der ein neuer Ordner angelegt werden kann, gibt es auch hierfür eine eigene API-Funktion. Über API-Funktionen haben Sie ganz allgemein Zugriff auf alle Ordner und Laufwerke Ihres Betriebssystems. So können Sie auch Verzeichnisse erstellen und löschen. In Listing 11.11 wird nach einer Benutzereingabe das gewünschte Verzeichnis erstellt.

Listing 11.10: Verzeichnis erstellen mit einer API-Funktion

```
Private Declare Function CreateDirectory Lib _
  "kernel32" Alias "CreateDirectoryA" _
  (ByVal lpPathName As String, _
  lpSecurityAttributes As SECURITY_ATTRIBUTES) As Long

Private Type SECURITY_ATTRIBUTES
  nLength As Long
  lpSecurityDescriptor As Long
  bInheritHandle As Long
End Type

Sub VerzeichnisErstellen()
  Dim Security As SECURITY_ATTRIBUTES
  Dim lng As Long
  Dim str As String

  str = InputBox("Geben Sie das Verzeichnis ein", _
    "Verzeichnis erstellen", "C:\Test")
  If str = "" Then Exit Sub

  lng = CreateDirectory(str, Security)
  If lng = 0 Then
    MsgBox "Das Verzeichnis konnte nicht erstellt" _
      & " werden!", vbCritical + vbOKOnly
  End If
End Sub
```

Mit der API-Funktion CreateDirectory können Sie eigene Verzeichnisse auf Ihrer Festplatte anlegen.

Abbildung 11.6:
Verzeichnis anlegen

11.10 Verzeichnis löschen

Um ein Verzeichnis zu entfernen, können Sie die API-Funktion RemoveDirectory einsetzen.

Listing 11.11: Verzeichnis löschen mit einer API-Funktion

```
Private Declare Function RemoveDirectory Lib _
  "kernel32" Alias "RemoveDirectoryA" _
  (ByVal lpPathName As String) As Long
```

```
Sub VerzeichnisLöschen()
  Dim lng As Long
  lng = RemoveDirectory("C:\Test")
End Sub
```

11.11 Verzeichnisbaum anzeigen und auswerten

Im folgenden Beispiel wird Ihre Verzeichnisstruktur in einem Dialogfeld als Verzeichnisbaum angezeigt und ausgewertet.

Listing 11.12: Verzeichnis auswählen und abfragen

```
Type BROWSEINFO
  hOwner As Long
  pidlRoot As Long
  pszDisplayName As String
  lpszTitle As String
  ulFlags As Long
  lpfn As Long
  lParam As Long
  iImage As Long
End Type

Declare Function SHGetPathFromIDList Lib "shell32.dll" _
  Alias "SHGetPathFromIDListA" _
  (ByVal pidl As Long, ByVal pszPath As _
  String) As Long

Declare Function SHBrowseForFolder Lib "shell32.dll" _
  Alias "SHBrowseForFolderA" _
  (lpBrowseInfo As BROWSEINFO) As Long

Declare Function FindWindow Lib "user32" _
  Alias "FindWindowA" (ByVal _
  lpClassName As String, _
  ByVal lpWindowName As String) As Long

Function VerzeichnisErmitteln() As String
  Dim bInfo As BROWSEINFO
  Dim strPath As String
  Dim lng As Long

  lng = SHBrowseForFolder(bInfo)
  strPath = Space$(512)
  If SHGetPathFromIDList(ByVal lng, ByVal strPath) Then
    VerzeichnisErmitteln = Left(strPath, _
    InStr(strPath, Chr$(0)) - 1)
  Else
    VerzeichnisErmitteln = ""
  End If
End Function
```

```
Sub VerzeichnisBaum()
  Dim strVerz As String

  strVerz = VerzeichnisErmitteln()
  If strVerz = "" Then Exit Sub
  MsgBox "Das ausgewählte Verzeichnis lautet: " _
    & strVerz
End Sub
```

Abbildung 11.7:
Ordner auswählen

11.12 Windows-Version ermitteln

Um die installierte Windows-Version zu ermitteln, können Sie mit der API-Funktion GetVersionEx arbeiten.

Listing 11.13: Die installierte Windows-Version erkennen

```
Private Type OSVERSIONINFO
  dwOSVersionInfoSize As Long
  dwMajorVersion As Long
  dwMinorVersion As Long
  dwBuildNumber As Long
  dwPlatformId As Long
  szCSDVersion As String * 128
End Type

Private Const VER_PLATFORM_WIN32s = 0
Private Const VER_PLATFORM_WIN32_WINDOWS = 1
Private Const VER_PLATFORM_WIN32_NT = 2

Private Declare Function GetVersionEx Lib "kernel32" _
  Alias "GetVersionExA" _
  (lpVersionInformation As OSVERSIONINFO) As Long
```

```
Sub WindowsVersion()
  Dim osInfo As OSVERSIONINFO
  Dim lngRet As Long

  osInfo.dwOSVersionInfoSize = 148
  osInfo.szCSDVersion = Space(128)

  lngRet = GetVersionEx(osInfo)

  Select Case osInfo.dwPlatformId
    Case VER_PLATFORM_WIN32s
      Debug.Print "Win32s on Windows 3.1"
    Case VER_PLATFORM_WIN32_WINDOWS
      If osInfo.dwMinorVersion = 0 Then
        Debug.Print "Win32 mit Windows 95"
      Else
        Debug.Print "Win32 mit Windows 98"
      End If
    Case VER_PLATFORM_WIN32_NT
      If osInfo.dwMajorVersion = 5 And _
        osInfo.dwMinorVersion = 0 Then
        Debug.Print "Win32 mit Windows 2000"
      Else
        If osInfo.dwMajorVersion = 5 And _
          osInfo.dwMinorVersion >= 1 Then
          Debug.Print "Win32 mit Windows XP"
        Else
          Debug.Print "Win32 mit Windows NT"
        End If
      End If
    Case Else
      Debug.Print "Betriebssystem unbekannt!"
  End Select

  Debug.Print "Version: " & osInfo.dwMajorVersion _
    & "." & osInfo.dwMinorVersion
  Debug.Print "Build: " & osInfo.dwBuildNumber
  Debug.Print "Info: " & osInfo.szCSDVersion
End Sub
```

Die neueren Windows-Versionen werden über die `dwplatformId` mit dem Wert 2 interpretiert. Darunter werten Sie die Argumente `dwMinorVersion` und `dwMajorVersion` aus, um das Betriebssystem zu bestimmen.

Abbildung 11.8:
Die Windows-Version feststellen

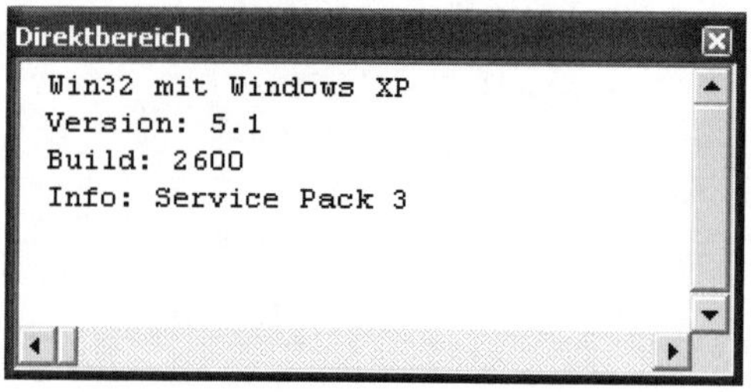

```
Direktbereich
Win32 mit Windows XP
Version: 5.1
Build: 2600
Info: Service Pack 3
```

11.13 Windows-Verzeichnis ermitteln

Da es mehrere Windows-Versionen gibt und diese sich namentlich auch unterscheiden können, ist es wichtig zu wissen, wie der exakte Name des Windows-Verzeichnisses lautet. Für diese Aufgabe können Sie folgende API-Funktion aus Listing 11.15 einsetzen.

Listing 11.14: Windows-Verzeichnis ermitteln

```
Declare Function api_GetWindowsDirectory Lib _
  "kernel32" Alias "GetWindowsDirectoryA" _
  (ByVal lpBuffer As String, ByVal nSize As Long) _
  As Long

Function GetWinDir() As String
  Dim lpBuffer As String * 255
  Dim lngLength As Long

  lngLength = _
    api_GetWindowsDirectory(lpBuffer, Len(lpBuffer))
  GetWinDir = Left(lpBuffer, lngLength)
End Function

Sub WindowsVerzeichnis()
  Dim str As String
  str = GetWinDir
  MsgBox "Ihr Windows-Verzeichnis heißt: " & str
End Sub
```

Abbildung 11.9: Windows-Verzeichnis ausgeben

11.14 Windows-Systemverzeichnis ermitteln

Soll das Windows-Systemverzeichnis ermittelt werden, dann setzen Sie die API-Funktion `GetSystemDirektory` aus dem folgenden Listing ein.

Listing 11.15: Windows-Systemverzeichnis ermitteln

```
Declare Function GetSystemDirectory Lib _
  "kernel32" Alias "GetSystemDirectoryA" _
  (ByVal lpBuffer As String, ByVal nSize As Long) _
  As Long

Function GetSystemDir() As String
  Dim lpBuffer As String * 255
  Dim lngLength As Long
```

```
    lngLength = _
       GetSystemDirectory(lpBuffer, Len(lpBuffer))
       GetSystemDir = Left(lpBuffer, lngLength)
End Function

Sub WindowsSystemVerzeichnis()
   Dim str As String
   str = GetSystemDir
   MsgBox "Ihr Windows-Systemverzeichnis heißt: " & str
End Sub
```

11.15 Das temporäre Verzeichnis ermitteln

Windows benötigt ein Verzeichnis, in dem es temporäre Dateien ablegt, die bei Bedarf geladen bzw. wieder geschlossen werden. Um dieses temporäre Verzeichnis aufzuspüren, setzen Sie die API-Funktion GetTempPath ein.

Listing 11.16: Das temporäre Verzeichnis ermitteln

```
Declare Function GetTempPath Lib _
   "kernel32" Alias "GetTempPathA" _
   (ByVal nSize As Long, ByVal lpBuffer As String) _
   As Long

Function GetTempDir() As String
   Dim lpBuffer As String * 255
   Dim lngLength As Long

   lngLength = _
      GetTempPath(Len(lpBuffer), lpBuffer)
      GetTempDir = Left(lpBuffer, lngLength)
End Function

Sub TemporäresVerzeichnis()
   Dim str As String
   str = GetTempDir
   MsgBox "Ihr temporäres Verzeichnis heißt: " & str
End Sub
```

11.16 Das aktuelle Verzeichnis ermitteln

Neben der API-Funktion GetWindowsDirekctory gibt es weitere API-Funktionen, um bestimmte Verzeichnisse zu ermitteln. Mithilfe der Funktion GetCurrentDirectory können Sie ermitteln, welches Verzeichnis gerade aktiv ist.

Listing 11.17: Das aktuelle Verzeichnis ermitteln

```
Declare Function GetCurrentDirectory Lib _
  "kernel32" Alias "GetCurrentDirectoryA" _
  (ByVal nSize As Long, ByVal lpBuffer As String) _
  As Long

Function GetAktDir() As String
  Dim lpBuffer As String * 255
  Dim lngLength As Long

  lngLength = _
    GetCurrentDirectory(Len(lpBuffer), lpBuffer)
  GetAktDir = Left(lpBuffer, lngLength)
End Function

Sub AktuellesVerzeichnis()
  Dim str As String

  str = GetAktDir
    MsgBox "Ihr aktuelles Verzeichnis heißt: " & str
End Sub
```

Abbildung 11.10: Das aktuelle Verzeichnis ausgeben

11.17 Windows-Info-Bildschirm anzeigen

Möchten Sie einen Info-Bildschirm in Excel anzeigen, dann können Sie dazu die API-Funktion ShellAbout einsetzen. Das spart Ihnen das Entwerfen und Programmieren eines eigenen Dialogs.

Listing 11.18: API-Funktion zum Anzeigen eines Info-Bildschirms

```
Private Declare Function ShellAbout Lib "shell32.dll" _
  Alias "ShellAboutA" (ByVal hwnd As Long, _
  ByVal szApp As String, ByVal szOtherStuff As String, _
  ByVal hIcon As Long) As Long

Sub BildschirmAnzeigen()
  Dim lngHwnd As Long
  Dim lngSymbol As Long

  ShellAbout lngHwnd, "Held-Office", _
    "Bernd Held, MVP für Microsoft Excel" & vbCrLf & _
    "http://held-office.de", lngSymbol
End Sub
```

Abbildung 11.11:
Modifizierten Windows-Info-Dialog anzeigen

11.18 Access-Verzeichnis ermitteln

Sie können Access auch starten, indem Sie auf Ihrem Windows-Desktop die Schaltfläche START klicken und dann den Befehl AUSFÜHREN wählen. Im Dialogfeld AUSFÜHREN klicken Sie auf die Schaltfläche DURCHSUCHEN, stellen Ihr Office-Verzeichnis ein und markieren die Datei MSACCESS.EXE.

Um genau diesen Pfad zu ermitteln, können Sie die API-Funktion GetCommandLine aus Listing 11.19 verwenden.

Listing 11.19: Ermitteln des Access-Startverzeichnisses

```
Declare Function GetCommandLine Lib "Kernel32" _
  Alias "GetCommandLineA" () As String

Sub VerzeichnisAccessAnsteuern()
  MsgBox "Access befindet sich unter: " & _
    GetCommandLine()
End Sub
```

Die API-Funktion besteht lediglich aus einem Kommando, das Sie durch eine Prozedur aufrufen und über die Funktion MsgBox auf dem Bildschirm ausgeben.

Abbildung 11.12:
Das Startverzeichnis von Access ausgeben

11.19 Standardverzeichnis festlegen

Standardmäßig ist das Verzeichnis EIGENE DATEIEN Ihr Standardverzeichnis in Access. Hier werden Access-Datenbanken standardmäßig gespeichert, bzw. beim Dialog ÖFFNEN wird immer dieses Verzeichnis eingestellt. Diese Einstellung können Sie ändern, indem Sie die API-Funktion SetCurrentDirectoryA aus Listing 11.20 einsetzen.

Listing 11.20: Standardverzeichnis festlegen

```
Private Declare Function SetCurrentDirectoryA _
  Lib "kernel32" (ByVal lpPathName As String) As Long

Sub VerzeichnisFestlegenÜberAPI()
  SetCurrentDirectoryA ("c:\temp")
End Sub
```

11.20 Dateityp und Anwendung ermitteln

Im nächsten Beispiel soll ausgehend von einer bestimmten Datei die dazugehörige Anwendung ermittelt werden. Der Code für diese Aufgabe lautet:

Listing 11.21: Die zur Datei gehörende Anwendung ermitteln

```
Private Declare Function FindExecutable _
  Lib "shell32.dll" _
  Alias "FindExecutableA" (ByVal lpFile As String, _
  ByVal lpDirectory As String, _
  ByVal lpResult As String) As Long

Public Function AppFile(Datei As String) As String
  Dim str As String

  str = Space(256)
  FindExecutable Datei, vbNullString, str
  AppFile = Left$(str, InStr(str, vbNullChar) - 1)
End Function

Sub Datei()
  Dim str As String

  str = AppFile("C:\Eigene Dateien\Umsatz.xls")
  If str <> "" Then
    MsgBox "Die dazugehörige Anwendung lautet: " _
      & vbLf & str
  Else
    MsgBox "Anwendung konnte nicht ermittelt werden!", _
      vbCritical
  End If
End Sub
```

Wenn Sie eine Datei mitsamt dem Pfad angeben, liefert `FindExecutable` den kompletten Pfad zur verknüpften Anwendung zurück, der in einem String über den Parameter `lpResult` übergeben wird. Existiert die angegebene Datei nicht, so wird ein Leerstring zurückgegeben.

Abbildung 11.13: Hier wurde eine Excel-Mappe untersucht.

11.21 Kurze Pfadnamen ermitteln

Bei sehr ausgeprägten Verzeichnisstrukturen wird der Pfad in Windows oft umbrochen. Die API-Funktion, die dafür verantwortlich ist, heißt `GetShortPathName`.

Listing 11.22: Die gekürzte Pfadangabe ausgeben

```
Declare Function GetShortPathName Lib "kernel32" _
   Alias "GetShortPathNameA" _
   (ByVal lpszLongPath As String, _
   ByVal lpszShortPath As String, _
   ByVal cchBuffer As Long) As Long

Sub KurzerDateiname()
   Dim lngLangerName As String
   Dim lngKurzerName As String
   Dim lng As Long

   lngLangerName = Application.CurrentDb.Name
   lngKurzerName = Space$(250)

   lng = GetShortPathName(lngLangerName, lngKurzerName, _
      Len(lngKurzerName))

   lngKurzerName = Left$(lngKurzerName, lng)
   MsgBox " Kurz: " & lngKurzerName & vbLf & _
      "Lang: " & Application.CurrentDb.Name, vbInformation
End Sub
```

Über die Anweisung `Application.CurrentDb.Name` ermitteln Sie den Dateinamen inklusive des Pfades der aktuell geöffneten Datenbank. Die Variable `KurzerName` wird mit 250 Leerzeichen zunächst initialisiert. Danach wird die API-Funktion `GetShortPathName` aufgerufen. Dieser Funktion wird sowohl die Variable `LangerName` als auch die noch leere Variable `KurzerName` sowie deren Länge übergeben. Die API-Funktion kürzt den Pfadnamen, den Sie danach über die Funktion `MsgBox` auf dem Bildschirm ausgeben.

Abbildung 11.14:
Gegenüberstellung von kurzen und normalen Pfaden

11.22 Computernamen ermitteln

Den Computernamen können Sie in der Systemsteuerung von Windows unter NETZWERK herausfinden. Schneller geht es aber mit der API-Funktion `GetComputerName` aus Listing 11.23.

Listing 11.23: Computernamen ausgeben

```
Private Declare Function GetComputerName Lib _
   "kernel32" Alias "GetComputerNameA" _
   (ByVal lpBuffer As String, nSize As Long) As Long

Sub ComputerNameAnzeigen()
   Dim strName As String
   
   strName = String(255, Chr$(0))
   GetComputerName strName, 255
   MsgBox "Der Computer heißt: " & strName
End Sub
```

Über die API-Funktion `GetComputerName` können Sie den Computernamen ermitteln.

Abbildung 11.15:
Computernamen ausgeben

11.23 Texte mit API-Funktionen konvertieren

Es ist möglich, mithilfe von API-Funktionen auch Texte zu konvertieren. So konvertiert die API-Funktion `CharUpper` einen Text in Großschreibweise und entspricht dabei der VBA-Funktion `UCase`. Die API-Funktion `CharLower` konvertiert einen vorgegebenen Text in Kleinschreibweise und findet ihre Entsprechung in der VBA-Funktion `LCase`.

Listing 11.24: Texte konvertieren

```
Private Declare Function CharLower Lib "user32" _
  Alias "CharLowerA" (ByVal lpsz As String) As Long

Private Declare Function CharUpper Lib "user32" _
  Alias "CharUpperA" (ByVal lpsz As String) As Long

Sub TexteUmsetzen()
  Dim str As String

  str = "API Funktionen sind ok!"
  Debug.Print "Originalzustand: " + str
  CharUpper str
  Debug.Print "GROß: " + str
  CharLower str
  Debug.Print "klein: " + str
End Sub
```

Das Ergebnis der Konvertierungsfunktionen wird im Direktbereich ausgegeben.

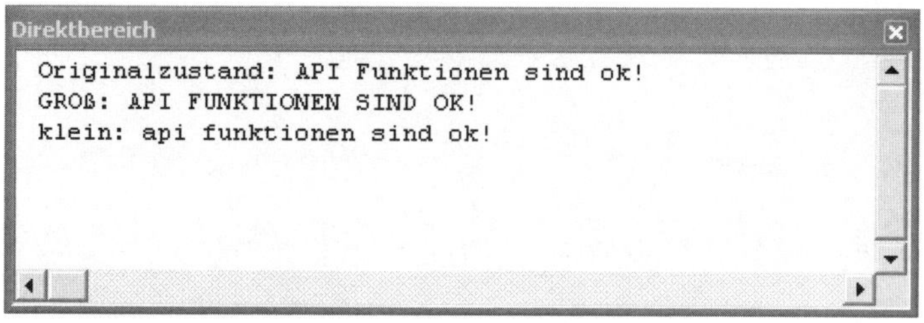

Abbildung 11.16: Texte mit API-Funktionen konvertieren

```
Direktbereich
Originalzustand: API Funktionen sind ok!
GROß: API FUNKTIONEN SIND OK!
klein: api funktionen sind ok!
```

11.24 Zwischenablage löschen

Möchten Sie die Zwischenablage durch ein API-Funktion löschen, verwenden Sie die API-Funktion aus Listing 11.25.

Listing 11.25: Zwischenablage löschen

```
Private Declare Function OpenClipboard Lib "user32" _
  (ByVal hwnd As Long) As Long

Private Declare Function EmptyClipboard _
  Lib "user32" () As Long

Private Declare Function CloseClipboard _
  Lib "user32" () As Long

Sub ZwischenablageLeeren()
  If OpenClipboard(0&) <> 0 Then
     Call EmptyClipboard
     Call CloseClipboard
  End If
End Sub
```

Befindet sich etwas in der Zwischenablage, dann meldet die API-Funktion Open-Clipboard einen Wert <> 0. In diesem Fall rufen Sie die beiden API-Funktionen nacheinander auf. Die OpenClipboard-Funktion wird dazu verwendet, die Zwischenlage zu öffnen, zu prüfen und zu verhindern, dass ihr Inhalt durch andere Anwendungen geändert wird. Mit der GetClipboardData-Funktion werden die in der Zwischenablage gespeicherten Daten zurückgegeben, während die CloseClipboard-Funktion dazu dient, die Zwischenablage zu schließen und sie für andere Anwendungen wieder verfügbar zu machen.

11.25 Soundkarte checken

Bevor Sie Klangdateien auf Ihrem Computer abspielen können, müssen Sie zunächst einen Test durchführen, der Ihnen zeigt, ob überhaupt eine Soundkarte auf Ihrem System verfügbar ist. Für diese Aufgabe können Sie die API-Funktion WaveOutGetNumDevs einsetzen.

Listing 11.26: Überprüfen, ob Soundkarte einsatzbereit ist

```
Private Declare Function waveOutGetNumDevs _
  Lib "winmm.dll" () As Long

Function PrüfenSound() As Boolean
  PrüfenSound = waveOutGetNumDevs()
End Function

Sub SoundMöglich()
  If PrüfenSound = True Then
    MsgBox "Soundkarte verfügbar!", vbInformation
  Else
    MsgBox "Soundkarte verfügbar!", vbInformation
  End If
End Sub
```

11.26 Sounds per API-Funktion ausgeben

Mithilfe von API-Funktionen können Sie auch Ihre Soundkarte ansprechen. Mit der API-Funktion sndPlaySound32 aus Listing 11.27 spielen Sie eine WAV-Datei ab.

Listing 11.27: Sounddatei abspielen

```
Declare Function sndPlaySound32 Lib "winmm.dll" Alias _
  "sndPlaySoundA" (ByVal lpszSoundName As String, _
  ByVal uFlags As Long) As Long

Sub SoundAusgeben()
  Call sndPlaySound32("c:\APPLAUSE.WAV", 0)
End Sub
```

11.27 PC piepsen lassen

Soll Ihr PC nur einen Piepton abgeben, dann setzen Sie die API-Funktion Beep ein.

Listing 11.28: PC piepsen lassen

```
Declare Function Beep Lib "kernel32.dll" _
  (ByVal dwFreq As Long, ByVal dwDuration As Long) _
  As Long

Sub ComputerPiepst()
  Dim lng As Long

  lng = Beep(250, 1000)
  If lng = 0 Then
    MsgBox "PC kann nicht piepsen!"
  End If
End Sub
```

Die API-Funktion benötigt zwei Parameter. Im ersten Argument legen Sie fest, mit wie viel Hertz der Piepton erzeugt werden soll. Mögliche noch hörbare Werte liegen im Bereich zwischen 37 und 5.500. Im zweiten Argument legen Sie die Dauer des Pieptons in Millisekunden fest.

11.28 Tasten abfangen

Durch den Einsatz von API-Funktionen können Sie bestimmte Tasten abfangen. Im folgenden Beispiel wird die Taste [Esc] überwacht.

Listing 11.29: API-Funktion zum Abfangen von Tastenklicks

```
Type KeyboardBytes
  kbb(0 To 255) As Byte
End Type

Declare Function GetKeyboardState Lib "User32.dll" _
  (kbArray As KeyboardBytes) As Long

Sub TasteESCabfangen()
  Dim kbArray As KeyboardBytes
  Do
    DoEvents
      GetKeyboardState kbArray
      If kbArray.kbb(27) And 128 Then
        ESCgedrückt
      End If
  ' Makro beenden mit STRG
  Loop Until kbArray.kbb(17) And 128
End Sub
```

```
Sub ESCgedrückt()
  MsgBox "Sie haben die Taste ESC gedrückt"
End Sub
```

Starten Sie die Prozedur TasteESCAbfangen. Dieses Programm läuft im Hintergrund ab und gibt jedes Mal eine Bildschirmmeldung aus, wenn Sie die Taste [Esc] drücken. Drücken Sie die Taste [Strg], um diese Prozedur wieder zu beenden und die Überwachung der Taste [Esc] abzuschließen.

11.29 Dateien suchen

Mithilfe der API-Funktion SearchTreeForFile können Sie auch Dateien suchen und deren Speicherpfad ermitteln.

Listing 11.30: Datei suchen über eine API-Funktion

```
Private Declare Function SearchTreeForFile _
  Lib "imagehlp" (ByVal RootPath As String, _
  ByVal InputPathName As String, _
  ByVal OutputPathBuffer As String) As Long

Const Verzeichnisse = 100

Sub DateiSuchen()
  Dim str As String
  Dim lng As Long

  str = String(Verzeichnisse, 0)
  lng = SearchTreeForFile("C:\", "Umsatz2010.xls", str)
  If lng <> 0 Then
    MsgBox "Datei wurde gefunden: " & vbLf & _
      str, vbInformation
  Else
    MsgBox "Datei konnte nicht gefunden werden!", _
      vbCritical
  End If
End Sub
```

Abbildung 11.17: Dateien suchen

11.30 Datei-Informationen auslesen

Mithilfe von API-Funktionen lassen sich Datumsinformationen zu Dateien ermitteln. So werden im folgenden Beispiel das Erstellungsdatum, das letzte Zugriffsdatum sowie das letzte Speicherdatum einer Datenbank ermittelt.

Listing 11.31: Datei-Informationen auslesen

```
Public Declare Function FindFirstFile _
   Lib "kernel32" Alias "FindFirstFileA" _
   (ByVal lpFileName As String, lpFindFileData _
   As WIN32_FIND_DATA) As Long

Public Declare Function FileTimeToSystemTime _
   Lib "kernel32" _
   (lpFileTime As FILETIME, lpSystemTime As SYSTEMTIME) _
   As Long

Declare Function FileTimeToLocalFileTime _
   Lib "kernel32" _
   (lpFileTime As FILETIME, _
   lpLocalFileTime As FILETIME) As Long

Public Type FILETIME
   dwLowDateTime As Long
   dwHighDateTime As Long
End Type

Public Type SYSTEMTIME
   wYear As Integer
   wMonth As Integer
   wDayOfWeek As Integer
   wDay As Integer
   wHour As Integer
   wMinute As Integer
   wSecond As Integer
   wMilliseconds As Long
End Type

Public Type WIN32_FIND_DATA
   dwFileAttributes As Long
   ftCreationTime As FILETIME
   ftLastAccessTime As FILETIME
   ftLastWriteTime As FILETIME
   ftName As String * 150
End Type

Private Function DatPrüf(FT As FILETIME) As String
   Dim ST As SYSTEMTIME
   Dim LT As FILETIME
   Dim lngt As Long
   Dim lngDatum As Double
   Dim lngZeit As Double
```

Datei-Informationen auslesen

```
    lngt = FileTimeToLocalFileTime(FT, LT)
    lngt = FileTimeToSystemTime(LT, ST)
    If lngt Then
      lngDatum = DateSerial(ST.wYear, ST.wMonth, ST.wDay)
      lngZeit = TimeSerial(ST.wHour, ST.wMinute, _
      ST.wSecond)
      lngDatum = lngDatum + lngZeit

      If lngDatum > 0 Then
        DatPrüf = Format$(lngDatum, "dd.mm.yy hh:mm:ss")
      Else
        DatPrüf = "kein gültiges Datum"
      End If
    End If
End Function


Sub DateiInfoDialog()
  Dim hFile As Long
  Dim WFD As WIN32_FIND_DATA
  Dim strDatei As String
  Dim strErstellt As String
  Dim strGespeichert As String
  Dim strZugriff As String

  strDatei = Application.CurrentDb.Name
  hFile = FindFirstFile(strDatei, WFD)

  If hFile > 0 Then
    strErstellt = DatPrüf(WFD.ftCreationTime)
    strGespeichert = DatPrüf(WFD.ftLastWriteTime)
    strZugriff = DatPrüf(WFD.ftLastAccessTime)
    MsgBox "Datei angelegt: " & strErstellt & vbLf _
      & "Letzte Änderung: " & strGespeichert & vbLf _
      & "Letzter strZugriff: " & strZugriff, _
      vbInformation, strDatei
  Else
    MsgBox "Datei wurde nicht gefunden!", vbCritical, _
      strDatei
  End If
End Sub
```

Mithilfe der Anweisung `Application.CurrentDb.Name` ermitteln Sie den Namen der aktuell geöffneten Datenbank. Diesen Namen übergeben Sie an die API-Funktion `FindFirstFile`. Danach übergeben Sie die Datei-Informationen an die Funktion `DatPrüf`. Dort werden die gewünschten Informationen ermittelt und in das richtige Format gebracht und an die aufrufende Prozedur zurückgegeben. Hier werden alle Informationen zusammengefasst und in einer Bildschirmmeldung ausgegeben.

Abbildung 11.18:
Datei-Informationen ausgeben

11.31 Internetverbindung aktiv?

Wenn Sie mit einer VBA-Prozedur auf das Internet zugreifen möchten, dann sollten Sie vorher prüfen, ob überhaupt eine Verbindung mit dem Internet besteht.

Listing 11.32: Internetverbindung überprüfen

```
Public Declare Function InternetGetConnectedState _
  Lib "wininet.dll" _
  (ByRef lpdwFlags As Long, _
  ByVal dwReserved As Long) As Long

Sub InternetAktiv()
  Dim bool As Boolean

  bool = InternetGetConnectedState(0&, 0&)
  If bool = True Then
    MsgBox "Internetverbindung steht!"
  Else
    MsgBox "Internetverbindung fehlt!!"
  End If
End Sub
```

Über die API-Funktion `InternetGetConnectedState` lässt sich ermitteln, ob eine Verbindung mit dem Internet besteht. Wenn ja, dann meldet diese Funktion den Wert `True` zurück, den Sie auswerten können.

11.32 Cursorposition in Pixel angeben

In Excel oder Access haben Sie in einer Tabelle über die Koordinaten der Zeilen und Spalten einen relativ schnellen Überblick, wo genau der Mauszeiger steht. Diese Angabe in der A1-Schreibweise sagt aber nicht aus, wo der Mauszeiger genau steht. Die genaue Position des Mauszeigers können Sie nur über die API-Funktion `GetCursorPos` bestimmen. Je nach Breite der Spalten bzw. Höhe der Zeilen ändern sich dann die Koordinaten.

Cursorposition in Pixel angeben

Listing 11.33: Punktgenaue Koordinaten ermitteln

```
Declare Function GetCursorPos Lib "user32" _
  (lpPoint As POINTAPI) As Long

Type POINTAPI
  x As Long
  y As Long
End Type

Sub KoordinatenErmitteln()
  Dim pnt As POINTAPI
  Dim i As Integer

  i = GetCursorPos(pnt)
  If i <> 0 Then
    MsgBox "X-Position: " & pnt.x & vbLf & _
    "Y-Position: " & pnt.y, vbInformation
  Else
    MsgBox "Es konnte keine Position ermittelt werden"
  End If
End Sub
```

Definieren Sie zuerst die Struktur POINTAPI, in der Sie die Position des Mauszeigers in Form der Pixel-Koordinaten speichern. Wenden Sie im Anschluss daran die API-Funktion GetCursorPos an, die Ihnen die aktuelle Position des Mauszeigers wiedergibt. Geben Sie die Koordinaten danach in einer Meldung auf dem Bildschirm aus.

Abbildung 11.19:
Exakte Pixel-Koordinaten des Mauszeigers ausgeben

TEIL 4
Tuning, Schutz und Internet

641	Datenbanken und Quellcode schützen	12
655	VBE-Programmierung in Access	13
683	Anwendungen optimieren und reparieren	14
695	Access und das Internet	15

In diesem Teil des Buches stelle ich Ihnen einige Methoden vor, mit denen Sie Ihre Datenbanken sowie den Quellcode zuverlässig schützen können. So erfahren Sie, wie Sie auf Module innerhalb der Entwicklungsumgebung zugreifen können. Dies ist insbesondere dann sehr nützlich, wenn es darum geht, Ihre Module zu sichern bzw. bestimmte Module in andere Datenbanken zu überführen. Ein weiterer Schwerpunkt dieses Teils ist, wie Sie Ihre Anwendung optimieren können, sodass sie schneller und sicherer abläuft. Das abschließende Kapitel beschäftigt sich mit der Frage, wie Sie interne Funktionen in Access-VBA einsetzen können. Dabei erstellen Sie u. a. einen Mini-Browser, greifen auf E-Mail-Adressen von Outlook zu und fügen Textfelder mit Hyperlink-Charakter in Ihre Formulare ein.

Kapitel 12
Datenbanken und Quellcode schützen

Microsoft Access bietet zahlreiche Sicherheitsfunktionen für Datenbankdateien (.MDB) oder Projektdateien (.ADP) an, mit deren Hilfe Sie Ihre Datenbanken und den Quellcode schützen können. Dadurch verhindern Sie, dass ein Anwender versehentlich oder auch mit Absicht Ihre Objekte oder Quellcodes ändert, was sich dahingehend auswirken kann, dass Ihre Lösungen nicht mehr funktionieren. In diesem Kapitel werden Verfahren aufgezeigt, über die Sie Ihre Access-Lösung schützen können.

Unter anderem finden Sie in diesem Kapitel Lösungen zu folgenden Fragestellungen:

- Wie kann ich meine Access-Lösung mithilfe bestimmter Startoptionen absichern?
- Wie kann ich ein Zugriffskennwort für meine Datenbank festlegen?
- Wie kann ich ein Zugriffskennwort über VBA einstellen?
- Wie kann ich ein Zugriffskennwort über VBA ändern?
- Wie kann ich ein Zugriffskennwort über VBA löschen?
- Wie kann ich die Anzeige meines Quellcodes unterdrücken?
- Wie kann ich eine Datenbank ohne Quellcode speichern?
- Wie kann ich eine Datenbank verschlüsseln?

Die Themen dieses Kapitels

Die in diesem Kapitel vorgestellten Lösungen finden Sie auf der CD-ROM zum Buch im Ordner KAP12 unter dem Namen NORDWIND.MDB bzw. DB1.MDB.

12.1 Access-Lösung mithilfe von Startparametern absichern

Startoptionen ermöglichen es Ihnen, den Zugriff auf bestimmte Standardmenüs und Symbolleisten, auf das Datenbankfenster sowie auf Spezialtasten weitreichend einzuschränken.

Im folgenden Beispiel werden Sie das Formular ARTIKEL gleich nach dem Start der Datenbank einblenden und bestimmte Aktionen verhindern. Die folgende Beschreibung der Einstellung der Startoptionen bezieht sich auf die Access-Version 2010. Bei früheren Access-Versionen ist die Einstellung jedoch ähnlich.

Kapitel 12 • Datenbanken und Quellcode schützen

1. Klicken Sie auf die MENÜ-SCHALTFLÄCHE (bei Access 2007 den OFFICE-BUTTON), und wählen Sie anschließend die Schaltfläche OPTIONEN. Bei Access-Versionen 2003 oder früher wählen Sie aus dem Menü EXTRAS den Befehl START.

Abbildung 12.1:
Den Dialog OPTIONEN starten

2. Der Dialog Access-Optionen wird angezeigt. Wählen Sie in der Navigationsleiste des Dialogs den Punkt AKTUELLE DATENBANK.
3. Im Drop-down-Feld FORMULAR ANZEIGEN stellen Sie das Formular ARTIKEL ein.
4. Klicken Sie im Feld MENÜLEISTE auf den Namen der gewünschten Menüleiste.
5. Deaktivieren Sie die Kontrollkästchen ACCESS-SPEZIALTASTEN VERWENDEN, NAVIGATIONSBEREICH ANZEIGEN, VOLLSTÄNDIGE MENÜS ZULASSEN, STANDARDKONTEXTMENÜS ZULASSEN und INTEGRIERTE SYMBOLLEISTEN ZULASSEN.
6. Bestätigen Sie Ihre Einstellung mit OK.
7. Schließen Sie jetzt Ihre Datenbank.

Nach dem erneuten Starten von Access wird das Formular ARTIKEL direkt geöffnet. Sie haben jetzt beispielsweise keine Möglichkeit mehr, über die Tastenkombination [Alt] + [F11] in die Entwicklungsumgebung zu gelangen.

Schützen einer Datenbank über ein Kennwort

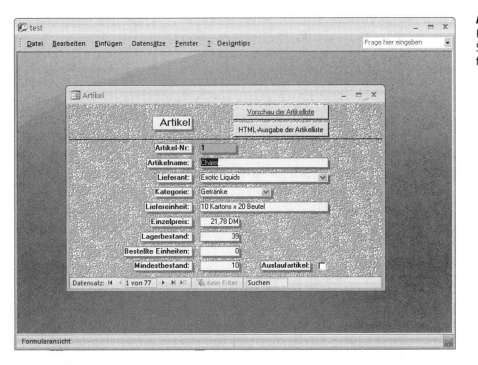

Abbildung 12.2: Bestimmte Standardelemente fehlen

Der Anwender kann ab sofort lediglich das Formular ARTIKEL bedienen. Alle anderen Aktionen sind hier tabu.

Wenn Sie beim Öffnen einer so geschützten Datenbank die Taste ⬆ gedrückt halten, umgehen Sie die eingestellten Startoptionen. Möchten Sie diese Möglichkeit zusätzlich ausschließen, können Sie dies prinzipiell über einen VBA-Befehl durch Setzen der Eigenschaft AllowBypassKey auf den Wert False erreichen. Sie müssten dann einen Mechanismus implementieren, wie Sie Ihre Datenbank durch diese Eigenschaft verriegeln, aber auch wieder entriegeln können. Vergessen Sie Letzteres und haben die zuvor beschriebenen Einstellungen in den Startoptionen getätigt, sind Sie Opfer Ihres eigenen Sicherheitssystems geworden. Mit anderen Worte, Sie können die von Ihnen getätigte Verriegelung selbst nicht mehr rückgängig machen. Von diesem Verfahren ist daher prinzipiell abzuraten.

12.2 Schützen einer Datenbank über ein Kennwort

Eine weitere Möglichkeit, eine Datenbank zu schützen, besteht darin, diese mit einem Zugangskennwort zu belegen. Bevor Sie diese Aufgabe vornehmen, müssen Sie sicherstellen, dass die Datenbank gerade nicht von einem weiteren Anwender geöffnet ist. Dazu muss die Datenbank von Ihnen im EXKLUSIVMODUS geöffnet werden. Sonst ist das Setzen eines Zugangskennworts nicht möglich.

Haben Sie die Datenbank nicht im EXKLUSIVMODUS geöffnet und versuchen ein Kennwort festzulegen, erhalten Sie eine Fehlermeldung.

Abbildung 12.3:
Zur Festlegung eines Kennworts muss die Datenbank im Exklusivmodus geöffnet sein.

Um eine Datenbank im EXKLUSIVMODUS zu öffnen und ein Zugangskennwort festzulegen, gehen Sie wie folgt vor. Die Beschreibung bezieht sich hier wieder auf Access 2010. Bei früheren Access-Versionen ist das Prinzip jedoch ähnlich:

1. Schließen Sie die Datenbank.
2. Klicken Sie auf die MENÜ-SCHALTFLÄCHE und den Befehl ÖFFNEN. Es wird der Dialog ÖFFNEN angezeigt.
3. Markieren Sie die zu öffnende Datenbank, und klicken Sie auf den Pfeil neben der Schaltfläche ÖFFNEN. Wählen Sie EXKLUSIV ÖFFNEN aus.
4. Der nächste Schritt hängt davon ab, ob Sie eine Datenbank im Access 2007/2010-Format (ACCDB) oder eine Datenbank im alten Format (MDB), im sogenannten Kompatibilitätsmodus geöffnet haben. Haben Sie eine Datenbank im alten Format geöffnet, wählen Sie auf dem Ribbon DATENBANKTOOLS aus der Gruppe DATENBANKTOOLS das Element DATENBANKKENNWORT FESTLEGEN. Haben Sie eine Datenbank im ACCDB-Format geöffnet, wählen Sie aus der Gruppe DATENBANKTOOLS das Element MIT KENNWORT VERSCHLÜSSELN.

Abbildung 12.4:
Kennwort festlegen

5. Geben Sie im Dialogfeld DATENBANKKENNWORT FESTLEGEN ein Kennwort ein, und bestätigen Sie dieses.
6. Klicken Sie danach auf die Schaltfläche OK.

Wenn nun in Zukunft versucht wird, die so geschützte Datenbank zu öffnen, muss das Kennwort eingegeben werden. Achten Sie darauf, dass Sie sich das Kennwort aufschreiben und an einer sicheren Stelle deponieren. Es gibt standardmäßig keine Möglichkeit, eine Datenbank ohne das Kennwort zu öffnen.

Schützen einer Datenbank über ein Kennwort

Microsoft hat im neuen ACCDB-Format das Festlegen eines Kennworts sinnvollerweise mit einer gleichzeitigen Verschlüsselung der Datenbank kombiniert. Beim alten MDB-Format waren Kennwort festlegen und Verschlüsseln zwei separate Schritte. Was Verschlüsselung bedeutet, wird in Kapitel 12.4 beschrieben.

12.2.1 Geschützte Datenbank per VBA öffnen (DAO)

Im Zusammenhang mit dem Öffnen geschützter Datenbanken besteht die interessante Möglichkeit, diese Aufgabe über eine VBA-Prozedur auszuführen. Die Prozedur aus Listing 12.1 öffnet die geschützte externe Datenbank NORDWIND.MDB, die sich im Verzeichnis C:\EIGENE DATEIEN befindet.

Als kleine Vorarbeit für diese Aufgabe aktivieren Sie eine zusätzliche Bibliothek, indem Sie wie folgt vorgehen:

1. Wechseln Sie in die Entwicklungsumgebung.
2. Wählen Sie aus dem Menü EXTRAS den Befehl VERWEISE.

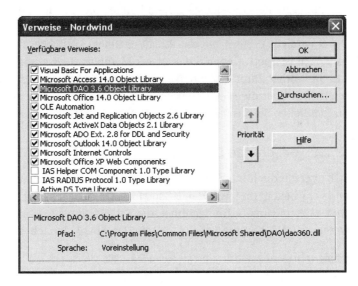

Abbildung 12.5:
Die DAO-Bibliothek aktivieren

3. Aktivieren Sie die Bibliothek MICROSOFT DAO OBJECT LIBRARY.in der Ihnen vorliegenden Version.
4. Bestätigen Sie Ihre Einstellung mit OK.

Erfassen Sie jetzt folgende Prozedur:

Listing 12.1: Geschützte Datenbank per Code öffnen (DAO)

```
Sub DatenbankMitKennwortÖffnen()
  Dim objAcc As Object
  Dim strPass As String
  Dim db As Database
```

Kapitel 12 • Datenbanken und Quellcode schützen

```
  Set objAcc = CreateObject("Access.Application.12")
  strPass = ";PWD=test;"
  On Error GoTo Fehler
  Set db = objAcc.DBEngine.OpenDatabase _
    ("D:\Eigene Dateien\Nordwind.mdb", False, False, _
    strPass)
  objAcc.OpenCurrentDatabase _
    "C:\Eigene Dateien\Nordwind.mdb"
  db.Close
  Set db = Nothing
  Exit Sub
Fehler:
  MsgBox "Die Datenbank konnte nicht geöffnet werden!"
End Sub
```

Im ersten Schritt erstellen Sie mithilfe der Methode `CreateObject` ein neues Access-Objekt. Danach setzen Sie das Kennwort in der Variablen `strPass` zusammen. Die `DBEngine` ist das Objekt der obersten Ebene in einem DAO-Objektmodell. Das `DBEngine`-Objekt enthält und steuert alle anderen Objekte in der DAO-Objekthierarchie. Über dieses Objekt können Sie die Methode `OpendDatabase` einsetzen, um eine angegebene Datenbank in einem `Workspace`-Objekt zu öffnen. Dabei wird ein Verweis auf das `Database`-Objekt zurückgegeben, das diese Datenbank repräsentiert. Geben Sie in dieser Methode als Argument Ihr Kennwort ein, das Sie vorher Ihrer Datenbank zugewiesen haben. Öffnen Sie die Datenbank schließlich über die Methode `OpenCurrentDatabase` in dem neuen Access-Objekt, und schließen Sie das `Database`-Objekt über die Methode `Close`.

12.2.2 Geschütze Datenbank per VBA öffnen (ADO)

Selbstverständlich können Sie eine geschützte Datenbank auch über ADO öffnen und verarbeiten. Im folgenden Beispiel aus Listing 12.2 wird die Datenbank NORDWIND.MDB im Hintergrund geöffnet, die Tabelle ARTIKEL ebenso, die Artikelnamen werden ausgelesen, die Tabelle und die Datenbank danach wieder geschlossen.

Listing 12.2: Geschützte Datenbank per Code öffnen (ADO)

```
Sub DatenbankÖffnen()
  Dim con As ADODB.Connection
  Dim rst As ADODB.Recordset

  Set con = New ADODB.Connection
  With con
    .Provider = "Microsoft.Jet.OLEDB.4.0"
    .Properties("Jet OLEDB:Database Password") = "test"
    .Mode = adModeReadWrite
    .Open "D:\Eigene Dateien\Nordwind.mdb"
  End With
```

```
Set rst = New ADODB.Recordset
rst.CursorType = adOpenDynamic
rst.LockType = adLockPessimistic
rst.Open "Artikel", con, , , adCmdTable

Do While Not rst.EOF
   Debug.Print rst!Artikelname
   rst.MoveNext
Loop

rst.Close
con.Close
Set con = Nothing
End Sub
```

Über die Eigenschaft `Provider` geben Sie den Namen des Providers für das `Connection`-Objekt an. Mit der `Properties`-Auflistung übergeben Sie der Verbindung Ihr Kennwort. Über die Eigenschaft `Mode` können Sie die Berechtigungen für das Ändern von Daten im `Connection`-Objekt `con` bestimmen. Dabei können Sie folgende Möglichkeiten aus Tabelle 12.1 einsetzen:

Konstante	Beschreibung
adModeUnknown	Diese Standardeinstellung gibt an, dass die Berechtigungen noch nicht festgelegt wurden oder nicht bestimmt werden können.
adModeRead	Gibt schreibgeschützte Berechtigungen an
adModeWrite	Gibt Nur-Lese-Berechtigungen an
adModeReadWrite	Gibt Schreib-/Leseberechtigungen an
adModeShareDenyRead	Verhindert das Öffnen einer Verbindung mit Leseberechtigungen durch andere Personen
adModeShareDenyWrite	Verhindert das Öffnen einer Verbindung mit Schreibberechtigungen durch andere Personen
adModeShareExclusive	Verhindert das Öffnen einer Verbindung durch andere Personen
adModeShareDenyNone	Verhindert das Öffnen einer Verbindung mit beliebigen Berechtigungen durch andere Personen

Tabelle 12.1:
Die Konstanten der Eigenschaft `Mode`

Mithilfe der Methode `Open` öffnen Sie die Datenbank. Im nächsten Schritt erzeugen Sie ein neues `Recordset`-Objekt und geben über die Eigenschaft `CursorType` an, welcher Cursor beim Öffnen des `Recordset`-Objekts verwendet werden soll. Diese Eigenschaft legen Sie über Cursor-Konstanten fest, die Sie in der Tabelle 12.2 einsehen können.

Tabelle 12.2:
Die Konstanten der Eigenschaft `CursorType`

Konstante	Beschreibung
adOpenForwardOnly	Vorwärts-Cursor (Voreinstellung). Dieser Cursor ist identisch mit einem statischen Cursor, mit dem Unterschied, dass ein Blättern durch die Datensätze nur in Vorwärtsrichtung möglich ist. Dies verbessert die Leistung in Situationen, in denen nur ein einziger Durchlauf durch ein Recordset durchgeführt werden muss.
adOpenKeyset	Cursor vom Typ Keyset. Ähnelt einem dynamischen Cursor, mit dem Unterschied, dass von anderen Personen hinzugefügte Datensätze nicht angezeigt werden können, obwohl ein Zugriff auf von anderen Benutzern gelöschte Datensätze von Ihrem Recordset aus nicht möglich ist. Von anderen Personen vorgenommene Datenänderungen können weiterhin angezeigt werden.
adOpenDynamic	Dynamischer Cursor. Von anderen Personen vorgenommene Zusätze, Änderungen und Löschvorgänge können angezeigt werden. Alle Bewegungsarten durch den Datensatz sind zulässig, außer Lesezeichen (sofern der Provider diese nicht unterstützt).
adOpenStatic	Statischer Cursor. Eine statische Kopie einer Gruppe von Datensätzen, anhand deren Daten gesucht und Berichte generiert werden können. Von anderen Benutzern vorgenommene Zusätze, Änderungen oder Löschvorgänge können nicht angezeigt werden.

Über die Eigenschaft `LockType` legen Sie die Art der Sperrung fest, die während des Bearbeitens auf Datensätze angelegt wird. Auch bei dieser Eigenschaft können Sie die Sperrung über Konstanten festlegen, wie Sie in Tabelle 12.3 sehen können.

Tabelle 12.3:
Die Konstanten der Eigenschaft `LockType`

Konstante	Beschreibung
adLockReadOnly	Voreinstellung. Schreibgeschützt – Sie können die Daten nicht ändern.
adLockPessimistic	Vollständiges Sperren, Datensatz für Datensatz – der Provider führt die notwendigen Schritte aus, um das erfolgreiche Bearbeiten der Datensätze sicherzustellen, üblicherweise indem er Datensätze in der Datenquelle sofort beim Bearbeiten sperrt.
adLockOptimistic	Teilweises Sperren, Datensatz für Datensatz – der Provider verwendet teilweises Sperren, indem er Datensätze nur sperrt, wenn Sie die Update-Methode aufrufen.
adLockBatchOptimistic	Teilweise Stapelaktualisierungen – erforderlich für den Stapelaktualisierungsmodus, im Gegensatz zum Modus für sofortige Aktualisierung

Öffnen Sie die Tabelle ARTIKEL, indem Sie die Methode `Open` einsetzen. Über die Konstante `adCmdTable` geben Sie an, dass ADO eine SQL-Abfrage generieren soll, um alle Zeilen der in `Source` benannten Tabelle zurückzugeben.

Durchlaufen Sie im Anschluss eine Schleife, die so lange durchlaufen wird, bis die Eigenschaft `EOF` erfüllt ist. Dann ist der letzte Satz erreicht. Innerhalb der Schleife geben Sie die Artikelnamen der Tabelle ARTIKEL im Direktbereich von Access aus. Positionieren Sie mit der Methode `MoveNext` jeweils auf den nächsten Datensatz in der Tabelle.

Schließen Sie danach die Tabelle und die Datenbank über die Methode Close und heben die Objektverknüpfung auf.

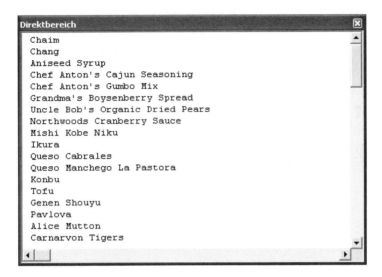

Abbildung 12.6:
Alle Artikel im Direktbereich ausgeben

12.2.3 Datenbankkennwort ändern

Im nächsten Beispiel ändern Sie ein Kennwort für eine Datenbank über eine VBA-Prozedur. Dabei entfallen die sonst üblichen Arbeitsschritte zum Ändern eines Kennworts. Stellen Sie sicher, dass der Objektverweis auf die DAO-Bibliothek gesetzt ist, und starten Sie danach die Prozedur aus Listing 12.3.

Listing 12.3: Kennwort einer geschützten Datenbank ändern (DAO)

```
Sub KennwortÄndern()
  Dim db As DAO.Database
  Dim str As String
  Dim strAltPwd As String
  Dim strNeuPwd As String

  strAltPwd = "test"
  strNeuPwd = "testNeu"
  str = ";pwd=" & strAltPwd

  Set db = OpenDatabase _
    (Name:="C:\Eigene Dateien\Nordwind.mdb", _
    Options:=True, ReadOnly:=False, Connect:=str)

  With db
     .NewPassword strAltPwd, strNeuPwd
     .Close
  End With
  Set db = Nothing
End Sub
```

Kapitel 12 • Datenbanken und Quellcode schützen

Öffnen Sie die Datenbank über die Methode `OpenDatabase` und setzen danach die Methode `NewPassword` ein, um ein neues Kennwort für die Datenbank einzustellen.

Die Zeichenfolgen in den Variablen `strAltPwd` und `strNeuPwd` dürfen maximal 14 Zeichen lang sein und alle Zeichen außer dem ASCII-Zeichen 0 enthalten.

Sie können ein Kennwort löschen, indem Sie in der Variablen `strNeuPwd` der Methode `NewPassword` als neues Passwort einen leeren String übergeben.

12.3 Quellcode schützen

Wenn es Ihnen darum geht, Ihren Quellcode zu schützen, dann haben Sie dazu zwei Möglichkeiten:

1. Hinterlegen eines Kennwortes, mit dem Sie die Anzeige des Quellcodes verhindern können
2. Umwandeln der Datenbank in ein Format, bei dem der Quellcode nur noch kompiliert vorliegt und weder verändert noch eingesehen werden kann

12.3.1 Kennwort für die Anzeige des Quellcodes anlegen

Möchten Sie Ihren Quellcode vor neugierigen Augen schützen, dann vergeben Sie ein Kennwort. Dabei befolgen Sie die folgenden Arbeitsschritte:

1. Wechseln Sie in die Entwicklungsumgebung von Access.
2. Klicken Sie Ihr VBA-Projekt im Projekt-Explorer mit der rechten Maustaste an, und wählen Sie aus dem Kontextmenü den Befehl EIGENSCHAFTEN VON.
3. Wechseln Sie auf die Registerkarte SCHUTZ.

Abbildung 12.7:
VBA-Projekt mit Kennwort belegen

650

Quellcode schützen

4. Aktivieren Sie das Kontrollkästchen PROJEKT FÜR DIE ANZEIGE SPERREN.
5. Erfassen und bestätigen Sie ein Kennwort in den beiden unteren Eingabefeldern.
6. Bestätigen Sie Ihre Einstellung mit OK.

Damit diese Einstellung wirksam wird, schließen Sie Ihre Datenbank, und öffnen Sie sie direkt im Anschluss. Wechseln Sie über die Tastenkombination [Alt] + [F11] in die Entwicklungsumgebung, und versuchen Sie, Ihr VBA-Projekt zu öffnen.

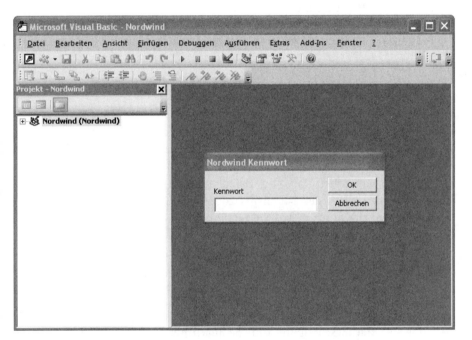

Abbildung 12.8: Ohne Kennworteingabe können Sie den Code nicht betrachten.

12.3.2 Datenbank ohne Quellcode speichern

Wenn Sie sich entschließen, eine Datenbank ohne Quellcode zu speichern, oder wenn der Quellcode kompiliert vorliegt, müssen Sie Ihre Datenbank im MDE-Format abspeichern. Wenn Sie eine Datenbank in diesem Format speichern, wird eine Kopie Ihrer Datenbank erstellt, die keinen VBA-Quellcode enthält und zudem kleiner ist als die Originaldatenbank. Die Code-Anweisungen liegen nun kompiliert vor und können weiter und sogar noch schneller ausgeführt werden. Es besteht jedoch keine Möglichkeit, den Quellcode anzuzeigen bzw. zu bearbeiten.

Als kleinen Nebeneffekt haben Sie bei diesem Format auch keine Möglichkeit mehr, die Entwurfsansicht von Formularen und Berichten aufzurufen. Kurz gesagt, es sind auch die Formulare und Berichte vor einer Veränderung sicher. Nebenbei haben Sie auch keine Chance, neue Formulare oder Berichte in die

MDE-Datei einzufügen. Selbst das Einfügen von Modulen ist nicht möglich. Aus einer MDE-Datei können auch keine Tabellen, Abfragen, Formulare oder Berichte importiert bzw. exportiert werden, sodass Sie auch hierbei auf der sicheren Seite sind.

STEP Um aus Ihrer Datenbank eine MDE-Datei zu erzeugen, befolgen Sie die nächsten Arbeitsschritte:

1. Öffnen Sie die Datenbank aus der Sie eine MDE-Datei erzeugen möchten.
2. Wählen Sie auf der Registerkarte DATENBANKTOOLS aus der Gruppe DATENBANKTOOLS das Element MDE ERSTELLEN.
3. Legen Sie im Dialog SPEICHERN UNTER Name und Speicherort der Zieldatei fest.
4. Bestätigen Sie diesen Vorgang mit Klick auf SPEICHERN.

12.4 Datenbanken verschlüsseln

Möchten Sie eine Datenbank vor dem unbefugten Zugriff durch andere Anwender schützen, haben Sie die Möglichkeit, die Datenbank zu verschlüsseln. Prinzipiell besteht ja bei einer nur durch ein Kennwort geschützten Datenbank die Möglichkeit, durch Verwendung von externen Programmen, im einfachsten Fall einem simplen Editor, die rohen Daten der Datenbankdatei zu lesen und so, zumindest teilweise, an den Inhalt der Datenbank zu gelangen. Durch die Verschlüsselung wird die Datenbank durch diese externen Programme unlesbar und so gegen ein unbefugtes Anzeigen oder Verwenden geschützt. Sie können die Datenbankdatei natürlich trotzdem in einem Editor öffnen. Sie werden jedoch dann keinen lesbaren Text vorfinden.

INFO Wie in Kapitel 12.2 beschrieben sind seit Access 2007, mit dem neuen ACCDB-Format, die Aktionen Kennwort festlegen und Verschlüsselung miteinander kombiniert. Die folgende Beschreibung trifft demnach nur zu, wenn Sie eine Datei im MDB-Format vorliegen haben

STEP Damit die Verschlüsselung im MDB-Format überhaupt etwas bringt, muss die Datenbank natürlich auch durch ein Kennwort geschützt werden. Dies wurde in Kapitel 12.2 beschrieben. Um aus Ihrer geöffneten Datenbank eine neue, verschlüsselte Datenbankdatei zu erzeugen, befolgen Sie die nächsten Arbeitsschritte.

1. Wählen Sie auf der Registerkarte DATENBANKTOOLS aus der Gruppe DATENBANKTOOLS das Element DATENBANK VER-/ENTSCHLÜSSELN.
2. Geben Sie im Dialogfeld DATENBANK CODIEREN ALS Pfad und Name der Zieldatei an.
3. Klicken Sie auf die Schaltfläche SPEICHERN.

Datenbanken verschlüsseln

Beachten Sie, dass Sie nach Durchführung der Verschlüsselung zwei Dateien vorliegen haben; zum einen Ihre originale Datenbank in unverschlüsselter Form, zum anderen die neue, verschlüsselte Variante. Sie können eine verschlüsselte Datei auch wieder entschlüsseln. Die Arbeitsschritte entsprechen denen der Verschlüsselung.

Durch das Verschlüsseln wird die Leistungsfähigkeit einer Datenbank um bis zu 15% reduziert. Des Weiteren kann eine verschlüsselte Datenbank mit Programmen wie DriveSpace, WinZip oder PKZIP nicht weiter komprimiert werden. Wenn Sie eine verschlüsselte Datenbank komprimieren, ändert sich ihre Größe daher nicht.

Die Verschlüsselung einer Datenbank können Sie auch mithilfe einer Prozedur bewerkstelligen.

Listing 12.4: Datenbanken verschlüsseln

```
Sub DatenbankVerschlüsseln()
  Dim db As Database

  Set db = OpenDatabase _
    ("C:\Eigene Dateien\Nordwind.mdb")
  If Dir("C:\Eigene Dateien\NordwindKopie.mdb") _
    <> "" Then _
    Kill "C:\Eigene Dateien\NordwindKopie.mdb"
  DBEngine.CompactDatabase _
    "C:\Eigene Dateien\Nordwind.mdb", _
    "C:\Eigene Dateien\NordwindKopie.mdb"
End Sub
```

Prüfen Sie mithilfe der Funktion `Dir`, ob die verschlüsselte Kopie der Datenbank bereits vorliegt. Ist dies der Fall, dann setzen Sie die Anweisung `Kill` ein, um diese Datenbank zu löschen. Wenden Sie danach die Methode `CompactDatabase` an, um sie zu verschlüsseln.

Kapitel 13
VBE-Programmierung in Access

Über die VBE-Programmierung können Sie direkt auf Module und Formulare in einer Datenbank zugreifen. Dies werden Sie dann tun, wenn Sie beispielsweise Ihren Quellcode in Textdateien sichern oder auch weitergeben möchten. Ebenso können Sie VBE dazu einsetzen, eine Datenbank von Modulen, Ereignissen und Formularen zu säubern. Eine weitere Einsatzmöglichkeit ist das gezielte Bestücken von Datenbanken mit bestimmten Prozeduren bzw. bereits vorhandenen Quellcode an einer bestimmten Stelle zu aktualisieren oder zu ersetzen.

Der Begriff VBE bedeutet übrigens Visual Basic Editor und meint die Entwicklungsumgebung von Access.

In diesem Kapitel werden folgende Fragen beantwortet:

Die Themen dieses Kapitels

- Wie richte ich die VBE-Bibliothek ein?
- Wie kann ich weitere Bibliotheken einrichten?
- Wie kann ich nicht verfügbare Verweise aufspüren?
- Wie wechsle ich in die Entwicklungsumgebung von Access?
- Wie lese ich die Objektbibliotheken aus?
- Wie füge ich neue Module ein?
- Wie kann ich Module und Prozeduren löschen?
- Wie kann ich einzelne Befehle suchen und ersetzen?
- Wie versorge ich Module mit Quellcode?
- Wie kann ich meinen Quellcode sichern?
- Wie kann ich Module drucken?
- Wie identifiziere ich VB-Komponenten?
- Wie kann ich meine Prozeduren verwalten?
- Wie kann ich eine Liste meiner Prozeduren erstellen?

Alle Prozeduren und Funktionen aus diesem Kapitel finden Sie auf der CD-ROM zum Buch im Ordner KAP13 unter dem Namen VBE.MDB.

13.1 Die VBE-Bibliothek einbinden

Die VBE-Programmierung bedingt, dass Sie die Objektbibliothek MICROSOFT VISUAL BASIC FOR APPLICATIONS EXTENSIBILITY 5.3 einbinden.

Dazu gehen Sie wie folgt vor:

1. Wechseln Sie in die Entwicklungsumgebung.
2. Wählen Sie aus dem Menü EXTRAS den Befehl VERWEISE.

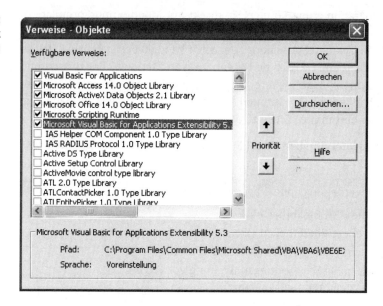

Abbildung 13.1:
Die VBE-Bibliothek einbinden

3. Klicken Sie im Listenfeld VERFÜGBARE VERWEISE auf das Kontrollkästchen der Bibliothek MICROSOFT VISUAL BASIC FOR APPLICATIONS EXTENSIBILITY 5.3.

Bestätigen Sie diese Einstellung mit OK.

Selbstverständlich können Sie diese manuelle Einstellung auch elegant durch eine Prozedur vornehmen.

Listing 13.1: VBE aktivieren

```
Sub VBEAktivieren()
  Dim objVBE As Object
  
  On Error Resume Next
  objVBE = Application.VBE.ActiveVBProject.References. _
    AddFromGuid _
    ("{0002E157-0000-0000-C000-000000000046}", _
    5, 3)
End Sub
```

Die Methode `AddFromGuid` fügt der `References`-Auflistung einen Verweis hinzu, wobei der global eindeutige Bezeichner (GUID) des Verweises verwendet wird.

Die komplette Syntax lautet:

`AddFromGuid(GUID, HauptNr, NebenNr) As Reference`

Die Syntax der Methode `AddFromGuid`

Das Argument `Guid` gibt einen Wert vom Typ `String` zurück, der die Klassen-ID eines Objekts enthält. Bei der `Guid` handelt es sich um eine eindeutige Nummer, welche die Bibliothek identifiziert.

Das Argument `HauptNr` gibt einen Wert vom Typ `Long` zurück, der die Hauptversionsnummer der Klassenbibliothek, auf die verwiesen wird, enthält.

Das Argument `NebenNr` gibt einen Wert vom Typ `Long` zurück, der die Nebenversionsnummer der Klassenbibliothek, auf die verwiesen wird, anzeigt. Beide Nummern sind notwendig, um die Bibliothek richtig zu adressieren. Anhand dieser beiden Nummern durchsucht die Methode `AddFromGuid` die Registrierung, um den hinzuzufügenden Verweis zu ermitteln und einzubinden.

Der Vollständigkeit halber sei noch hinzugefügt, dass Sie Verweise auch wieder über eine Prozedur entfernen können. Im folgenden Listing 13.2 wird die gerade eingebundene VBE-Bibliothek wieder deaktiviert.

Listing 13.2: VBE deaktivieren

```
Sub VBEDeaktivieren()
  Dim objVBE As Object

  On Error Resume Next
  Set objVBE = _
     Application.VBE.ActiveVBProject.References
  objVBE.Remove objVBE("VBIDE")
End Sub
```

Über die Methode `Remove` entfernen Sie den Verweis auf die eingebundene Bibliothek aus der aktiven Arbeitsmappe.

Sobald Sie die Bibliothek für die VBE-Programmierung eingebunden haben, können Sie auf alle Objekte, Methoden und Eigenschaften zugreifen, die in dieser Bibliothek gespeichert sind. Um mehr Informationen zu einem bestimmten Befehl zu erhalten, können Sie sich entweder das Objektmodell ansehen und sich dann hierarchisch von oben nach unten durcharbeiten oder den Befehl mit dem Mauszeiger markieren und die Taste [F1] drücken, um die Online-Hilfe aufzurufen.

Um die Entwicklungsumgebung aufzurufen, setzen Sie die Prozedur aus Listing 13.3 ein.

Listing 13.3: VBE per Prozedur aufrufen

```
Sub VBEEditorAufrufen()
  With Application.VBE.MainWindow
    .SetFocus
    .Visible = True
  End With
End Sub
```

Das VBE-Objekt hat mehrere Auflistungsobjekte für den Zugriff auf die einzelnen Elemente:

VBProjects-Auflistung: In diesem Auflistungsobjekt sind alle geöffneten Projekte in der Entwicklungsumgebung verzeichnet.

AddIns-Auflistung: Sie regelt den Zugriff auf die Auflistung der Add-Ins.

Windows-Auflistung stellt Methoden und Eigenschaften für den Zugriff auf die Fenster wie z. B. Projekt- und Eigenschaftenfenster bereit.

CodePanes-Auflistung ist für den Zugriff auf die geöffneten Code-Bereiche eines Projekts verantwortlich.

CommandBars-Auflistung kümmert sich um den Zugriff auf die Auflistung der Befehlsleisten.

13.2 Weitere Bibliotheken einbinden/entfernen

Neben der etwas kompliziert aussehenden Methode AddFromGuid gibt es auch die Möglichkeit, Bibliotheken über deren Dateinamen einzubinden.

Im folgenden Beispiel werden die Bibliotheken MICROSOFT FORMS 2.0 OBJECT LIBRARY und OLE AUTOMATION eingebunden.

Listing 13.4: Weitere Verweise einrichten

```
Sub WeitereBibliothekenEinbinden()
  Dim objVBE As Object

  Set objVBE = _
    Application.VBE.ActiveVBProject.References
  On Error Resume Next
  objVBE.AddFromFile "StdOle2.tlb"
  objVBE.AddFromFile "Fm20.dll"
End Sub
```

Mit der Methode AddFromFile fügen Sie dem Projekt einen Verweis aus einer Datei hinzu. Dazu muss allerdings der Name der Bibliothek bekannt sein. Diesen können Sie über den Menübefehl EXTRAS/VERWEISE im zugehörigen Dialogfeld nachsehen.

Weitere Bibliotheken einbinden/entfernen

Um herauszufinden, welche Objekte, Methoden und Eigenschaften in einer bestimmten Bibliothek enthalten sind, müssen Sie diese vorher einbinden. Anschließend können Sie in der Entwicklungsumgebung die Taste [F2] drücken, um den Objektkatalog anzuzeigen.

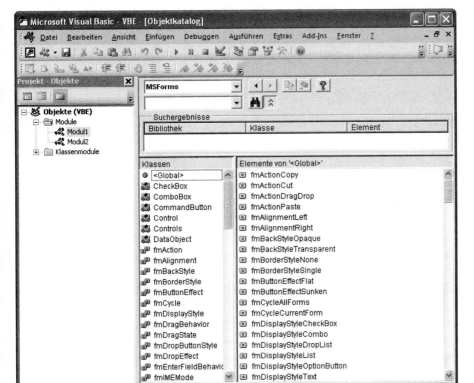

Abbildung 13.2:
Der Inhalt der Bibliothek MSFORMS 2.0

Um die eben eingebundenen Bibliotheken wieder zu deaktivieren, starten Sie die Prozedur aus Listing 13.5.

Listing 13.5: Bibliotheken deaktivieren

```
Sub BibliothekenDeaktivieren()
  Dim objVBE As Object

  On Error Resume Next
  Set objVBE = _
    Application.VBE.ActiveVBProject.References
  objVBE.Remove objVBE("MSForms")
  objVBE.Remove objVBE("stdole")
End Sub
```

Wenn Sie die Methode Remove zum Entfernen der Verweise auf eine Bibliothek einsetzen, müssen Sie wissen, wie der entsprechende Objektname der Bibliothek lautet.

13.3 Fehlerhafte Verweise ermitteln

Ist eine Bibliothek in der Entwicklungsumgebung nicht verfügbar, dann kann es beim Ausführen von VBA-Code zu Fehlern kommen. Mit einer Prozedur können Sie im Vorfeld schon fehlerhafte Verweise aufspüren und im Direkt-Fenster der Entwicklungsumgebung ausgeben.

Listing 13.6: Fehlerhafte Verweise aufspüren

```
Sub VerweisCheck()
  Dim ref As Reference

  For Each ref In Application.References
    If ref.IsBroken = True Then
      Debug.Print ref.Name & vbLf & _
        ref.FullPath & vbLf
    End If
  Next ref
End Sub
```

Definieren Sie im ersten Schritt eine Objektvariable vom Typ Reference. Danach durchlaufen Sie in einer Schleife alle Verweise, indem Sie das Auflistungsobjekt References abfragen. Über die Eigenschaft IsBroken können Sie prüfen, ob der jeweilige Verweis gültig ist. Kann ein Verweis nicht ermittelt werden, dann liefert diese Eigenschaft den Wert True. In diesem Fall geben Sie den Namen des Verweises mithilfe der Eigenschaft Name sowie den kompletten Pfad des Verweises über die Eigenschaft FullPath im Direkt-Fenster der Entwicklungsumgebung aus.

13.4 In die VBE springen

Standardmäßig drücken Sie die Tastenkombination [Alt] + [F11], um in die Entwicklungsumgebung zu gelangen. Diesen Vorgang können Sie aber auch durch eine Prozedur ausführen, die Sie im nächsten Listing sehen.

Listing 13.7: Der Sprung in die VBE

```
Sub VBEAnzeigen()
  Application.VBE.MainWindow.Visible = True
End Sub
```

Setzen Sie die Eigenschaft Visible des Objekts MainWindow auf den Wert True, um in die Entwicklungsumgebung zu springen. Dementsprechend starten Sie die folgende Prozedur, um die Entwicklungsumgebung zu verlassen.

Listing 13.8: Die VBE verlassen

```
Sub VBEVerstecken()
  Application.VBE.MainWindow.Visible = False
End Sub
```

13.5 Objektbibliotheken auslesen

Um zu sehen, welche Verweise auf Bibliotheken in Ihrer Datenbank gesetzt sind, wie die Bibliotheken heißen und wo sie gespeichert sind, wenden Sie die folgende Prozedur aus Listing 13.9 an.

Listing 13.9: Bibliotheken recherchieren

```
Sub InfosZuBibliothekenAusgeben()
  Dim i As Integer
  Dim objPrj As Object

  Set objPrj = Application.VBE.VBProjects(1)
  For i = 1 To objPrj.References.Count
    Debug.Print objPrj.References(i).Name & ": " & _
    objPrj.References(i).Description & Chr(13) & _
    " --> " & objPrj.References(i).FullPath & Chr(13)
  Next i
  Set objPrj = Nothing
End Sub
```

Neben dem Objektnamen jeder eingebundenen Bibliothek geben Sie zusätzlich auch noch die genaue Bezeichnung sowie den Speicherort der Bibliothek im Direkt-Fenster aus.

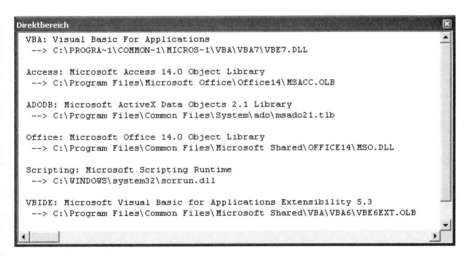

Abbildung 13.3: Informationen zu eingebundenen Bibliotheken ausgeben

13.6 Neue Module einfügen

Um einer Datenbank ein neues, noch leeres Modul hinzuzufügen, setzen Sie die Methode Add ein. Im folgenden Beispiel wird der aktiven Arbeitsmappe ein neues Modul mit dem Namen NEUESMODUL hinzugefügt.

Listing 13.10: Neues Modul hinzufügen

```
Sub NeuesModulHinzufügen()
  Dim obj As VBComponent

  Set obj = _
    Application.VBE.ActiveVBProject.VBComponents.Add _
    (vbext_ct_StdModule)
  obj.Name = "NeuesModul"
End Sub
```

Die Methode Add verwendet die Konstante vbext_ct_StdModule, die ein normales Modul repräsentiert.

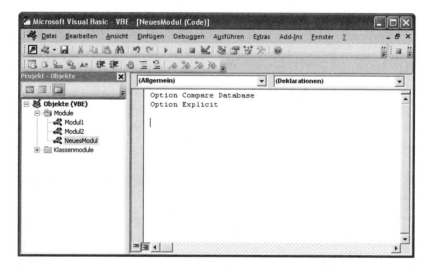

Abbildung 13.4: Ein neues Modul wurde eingefügt.

Selbstverständlich können Sie über diese Methode auch Klassenmodule und Formulare in Ihr Projekt einfügen. Entnehmen Sie die dazu notwendigen Konstanten der folgenden Tabelle:

Tabelle 13.1: Die Konstanten für die Methode Add

Konstante	Erklärung
vbext_ct_ClassModule	Fügt der Auflistung ein Klassenmodul hinzu
vbext_ct_MSForm	Fügt der Auflistung ein Formular hinzu
vbext_ct_StdModule	Fügt der Auflistung ein Standardmodul hinzu
vbext_pt_StandAlone	Fügt der Auflistung ein Stand-alone-Projekt hinzu

13.7 Modul(e) löschen

Wenn Sie bereits vorhandene Module in einer Datenbank löschen möchten, um z. B. im Anschluss daran ein neues überarbeitetes Modul einzufügen, dann starten Sie die folgende Prozedur:

Listing 13.11: Modul löschen

```
Sub ModulLöschen()
  Dim obj As Object

  On Error Resume Next
  Set obj = Application.VBE.ActiveVBProject
  With obj
    .VBComponents.Remove .VBComponents("NeuesModul")
  End With
End Sub
```

Mit der Methode `Remove` können Sie ein bestimmtes Modul löschen. Die `On Error`-Anweisung verhindert einen Prozedurabsturz, wenn das Modul nicht gefunden werden kann, weil es eventuell bereits gelöscht wurde.

13.8 Prozedur(en) löschen

Wie Sie ein einzelnes Modul aus einer Datenbank löschen, wissen Sie bereits. Wie aber können Sie alle Prozeduren, Ereignisse und Funktionen aus einer Datenbank entfernen? Die Antwort auf diese Frage liefert Ihnen die Prozedur aus Listing 13.12.

Nachdem Sie die Prozedur ausgeführt haben, müssen Sie die Originaldatei nochmals von der CD-ROM kopieren.

Listing 13.12: Alle VB-Komponenten aus Datenbank entfernen

```
Sub ProzedurenEntfernen()
  Dim obj As Object

  If Val(Application.Version) >= 8 Then
    With Application.VBE.ActiveVBProject
      For Each obj In .VBComponents
        Select Case obj.Type
          Case 1, 2
            .VBComponents.Remove obj
          Case Else
            With obj.CodeModule
              If .CountOfLines > 0 Then
                .DeleteLines 1, .CountOfLines
              End If
            End With
        End Select
      Next
```

```
      End With
   End If
End Sub
```

Im ersten Schritt prüfen Sie, ob Sie die Version Access 97 oder höher verwenden. Wenn dies der Fall ist, dann löschen Sie zuerst die Module und eventuell in der Datenbank befindliche Klassenmodule. Die Eigenschaft Type meldet in diesem Fall den Rückgabewert 1 bzw. 2. Im anderen Fall handelt es sich um Ereignisse, die in der Datenbank beispielsweise hinter Formularen und Berichten stehen. Direkt im Anschluss wenden Sie die Methode Delete an, um diese Code-Elemente zu löschen.

Möchten Sie aus einem ganz bestimmten Modul eine Prozedur entfernen, dann müssen Sie diese Prozedur zuerst finden. Im folgenden Listing wird in MODUL1 nach der Prozedur TEST gesucht. Wenn diese Prozedur gefunden wird, dann soll diese aus dem Modul entfernt werden. Sind weder Prozedur noch Modul vorhanden, wird dies mit einer entsprechenden Fehlerbehandlung abgefangen.

Listing 13.13: Eine bestimmte Prozedur entfernen

```
Sub ProzedurLöschen()
   On Error GoTo Fehler
   Dim obj As Object
   Dim lngStart As Long
   Dim lngAnzahl As Integer

   Set obj = _
      Application.VBE.ActiveVBProject.VBComponents _
      ("Modul1").CodeModule

   With obj
      lngStart = .ProcLStart("Test", vbext_pk_Proc)
      lngAnzahl = .ProcCountLines("Test", vbext_pk_Proc)
      .DeleteLines lngStart, lngAnzahl
   End With

   Exit Sub

Fehler:
   Select Case Err.Number
      Case 9
         MsgBox "Gesuchtes Modul ist nicht vorhanden"
      Case 35
         MsgBox "Eine Prozedur mit diesem Namen" _
            & " gibt es nicht!"
      Case Else
         MsgBox Err.Number & vbCrLf & Err.Description
   End Select
End Sub
```

Um die gesuchte Prozedur zu finden, setzen Sie die Eigenschaft ProcStartLine ein. Dieser Eigenschaft wird der Name der zu löschenden Prozedur zugewiesen. Damit ermitteln Sie die Startzeile der angegebenen Prozedur. Diese Informationen werden in der Variablen lngStart gespeichert. Mithilfe der Eigenschaft ProcOf-Lines können Sie die Anzahl der Code-Zeilen der angegebenen Prozedur ermitteln. Auch hier geben Sie als Argument den Namen der Prozedur an. Speichern Sie die ermittelte Anzahl in der Variablen lngAnzahl. Bei beiden Eigenschaften geben Sie jeweils im zweiten Argument an, welches die Art der zu suchenden Prozedur ist. Über die Konstante vbext_pk_Proc werden alle Prozeduren mit Ausnahme von Eigenschaftenprozeduren durchsucht. Wenden Sie jetzt die Methode DeleteLines an, um die gefundene Prozedur zu löschen. Dabei geben Sie der Methode sowohl die erste als auch die letzte zu löschende Zeile an.

13.9 Einzelne Texte/Befehle im Quellcode finden

Möchten Sie einen bestimmten Text oder Befehl im Quellcode finden, dann können Sie die Methode Find einsetzen. Im folgenden Beispiel wird nach der Methode InsertLines im MODUL1 gesucht. Ist die Suche erfolgreich verlaufen, dann soll der entsprechende Befehl im Quellcode markiert werden.

Listing 13.14: Einen bestimmten Befehl im Modul suchen und markieren

```
Sub BefehlFinden()
  Dim obj As Object
  Dim lngZeiStart As Long
  Dim lngZeiEnde As Long
  Dim lngSpStart As Long
  Dim lngSpEnde As Long
  Dim bool As Boolean

  Set obj = _
     Application.VBE.ActiveVBProject.VBComponents _
     ("Modul1").CodeModule

  With obj
    bool = .Find("InsertLines", lngZeiStart, _
       lngSpStart, lngZeiEnde, lngSpEnde)
    If bool = True Then
      .CodePane.SetSelection lngZeiStart, lngSpStart, _
      lngZeiEnde, lngSpEnde
    Else
      MsgBox "Der Befehl konnte nicht gefunden werden!"
    End If
  End With
  Set obj = Nothing
End Sub
```

Die Methode Find hat fünf Argumente, die gefüllt werden müssen. Im ersten Argument geben Sie den Text an, der im Quellcode gesucht werden soll. Im zweiten Argument wird die Zeilennummer festgelegt, bei der die Suche beginnen soll. Das dritte Argument legt die Startspalte fest, ab der gesucht werden soll. Dabei beginnt die erste Spalte ganz links. Im vierten Argument wird die Endzeile angegeben, also die Zeile, bis zu der gesucht werden soll. Im letzten Argument wird die Spalte angegeben, bis zu der gesucht werden soll.

War die Suche erfolgreich, dann wird ein Wahrheitswert zurückgegeben. In diesem Fall wenden Sie die Methode SetSelection an und übergeben ihr die gerade durch die Methode Find gefüllten Variablen. Damit wird der gefundene Text im Quellcode markiert.

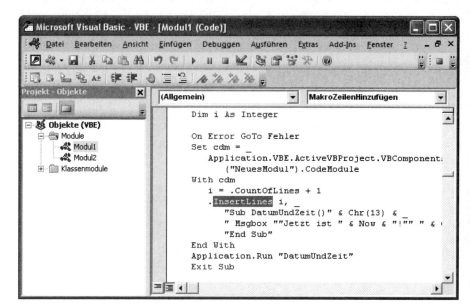

Abbildung 13.5: Einen Befehl im Quellcode finden und markieren

Beim folgenden Beispiel soll eine E-Mail-Adresse in einem bestimmten Modul ausgetauscht werden. Da diese Mail-Adresse dort mehrfach vorkommen kann, muss die Lösung dynamisch programmiert werden.

Listing 13.15: Texte in einem Modul suchen und ersetzen

```
Sub TextAustauschen()
  Dim lngZeiStart As Long
  Dim lngZeiEnde As Long
  Dim lngSpStart As Long
  Dim lngSpEnde As Long
  Dim strAlt As String
  Dim strNeu As String
  Dim cdm As CodeModule
  Dim bool As Boolean
  Const strSuchText As String _
     = "Machero@aol.com"
  Const strErsetzText As String _
     = "Held-office@t-online.de"

  Set cdm = Application.VBE.ActiveVBProject _
    .VBComponents("Modul2").CodeModule
```

```
    bool = cdm.Find(strSuchText, lngZeiStart + 1, _
      lngSpStart, lngZeiEnde, lngSpEnde, False, False)
    While bool = True
      strAlt = cdm.Lines(lngZeiEnde, 1)
      strNeu = Replace(strAlt, strSuchText, strErsetzText)
      cdm.ReplaceLine lngZeiEnde, strNeu
      lngZeiStart = lngZeiEnde + 1
      lngZeiEnde = cdm.CountOfLines
      lngSpStart = 1
      lngSpEnde = 250
      bool = cdm.Find(strSuchText, lngZeiStart + 1, _
        lngSpStart, lngZeiEnde, lngSpEnde)
    Wend
End Sub
```

Deklarieren Sie zu Beginn der Prozedur zunächst den Text, der gesucht, sowie den Text, der als Ersatz genommen werden soll. Danach legen Sie über die Anweisung Set fest, in welchem Modul gesucht werden soll. Wenden Sie dann die Methode Find an, um den gewünschten Text aufzuspüren. Speichern Sie das Ergebnis der Suche in einer booleschen Variablen. War die Suche erfolgreich, dann steht in dieser Variablen der Wert True. Außerdem sind danach alle Argumente der Methode Find gefüllt, sodass feststeht, wo sich der gesuchte Text im Modul befindet.

Mithilfe der Funktion Replace ersetzen Sie jetzt die alte E-Mail-Adresse durch die neue. Die eigentliche Code-Zeile wird über die Methode ReplaceLine ausgetauscht. Erhöhen Sie danach die Variable lZeileStart um den Wert 1, um die Suche nicht wieder von vorne beginnen zu lassen. Wiederholen Sie in einer Schleife so lange die Suche, bis es kein Suchergebnis mehr gibt. In diesem Fall wird die boolesche Variable bool dann auf den Wert False gesetzt, was den Abbruch der Schleife zur Folge hat.

13.10 Module mit Quellcode versorgen (Import)

Nachdem Sie ein neues Modul in die Datenbank eingefügt haben, können Sie nun beginnen, das Modul mit Prozeduren zu bestücken. Je nach Umfang bieten sich dafür zwei Möglichkeiten an:

- Zeilenweises Einfügen in das Modul
- Import einer Textdatei, die die komplette Prozedur in das Modul einfügt

Im ersten Beispiel fügen Sie Quellcode zeilenweise in Ihr neues Modul ein. Sehen Sie sich dazu Listing 13.16 an.

Listing 13.16: Modul mit Prozedur bestücken (Variante 1)

```
Sub CodeZeilenHinzufügen()
  Dim cdm As CodeModule
  Dim i As Integer

  On Error GoTo Fehler
  Set cdm = _
    Application.VBE.ActiveVBProject.VBComponents _
      ("NeuesModul").CodeModule
  With cdm
    i = .CountOfLines + 1
    .InsertLines i, _
      "Sub DatumUndZeit()" & Chr(13) & _
      " Msgbox ""Jetzt ist " & Now & "!"" " _
      & Chr(13) & "End Sub"
  End With
  Application.Run "DatumUndZeit"
  Exit Sub

Fehler:
  MsgBox "Es existiert kein Modul mit diesem Namen!"
End Sub
```

In der Prozedur aus Listing 13.16 wird ein Code zeilenweise übertragen. Die Eigenschaft `CountOfLines` ermittelt, wie viele Code-Zeilen im Modul bereits enthalten sind, und addiert den Wert 1 dazu. Diese Maßnahme ist notwendig, um eventuell bereits bestehende Prozeduren nicht zu überschreiben. Die Funktion `Chr(13)` im obigen Listing sorgt für den jeweiligen Zeilenvorschub. Die Eigenschaft `Now` gibt das aktuelle Datum inklusive der Uhrzeit aus. Mit der Methode `Run` wird die soeben eingefügte Prozedur sofort gestartet.

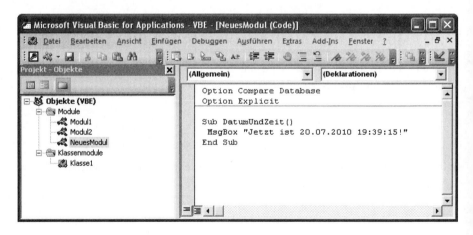

Abbildung 13.6:
Eine Prozedur wurde in das neue Modul eingefügt.

Module mit Quellcode versorgen (Import)

Die zweite Variante ist für größere Code-Fragmente besser geeignet. Als Voraussetzung dafür müssen Sie eine VBA-Prozedur in einer Textdatei speichern und danach einlesen.

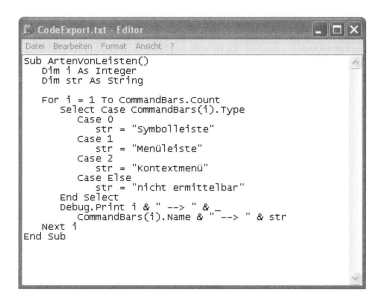

Abbildung 13.7: Die Ausgangssituation

Speichern Sie die Datei im Verzeichnis C:\EIGENE DATEIEN unter dem Namen CODEEXPORT.TXT. Starten Sie danach die Prozedur aus Listing 13.17.

Listing 13.17: Modul mit Prozedur bestücken (Variante 2)

```
Sub CodeAusTextdateiImportieren()
  Dim cdm As CodeModule
  Dim i   As Integer
  Const strDatei As String _
    = "C:\Eigene Dateien\CodeExport.txt"

  Set cdm = Application.VBE.ActiveVBProject _
    .VBComponents("NeuesModul").CodeModule
  cdm.AddFromFile strDatei
End Sub
```

Mithilfe der Methode `AddFromFile` fügen Sie dem Modul `NeuesModul` den Quellcode aus der Textdatei CODEEXPORT.TXT hinzu.

Die Inhalte der Textdatei werden, beginnend in der Zeile, die der ersten Prozedur im Code-Modul vorangeht, eingefügt. Enthält das Modul noch keine Prozeduren, so fügt die Methode `AddFromFile` die Inhalte der Textdatei am Ende des Moduls an.

Abbildung 13.8:
Eine mehrzeilige Prozedur wurde in ein Modul eingefügt.

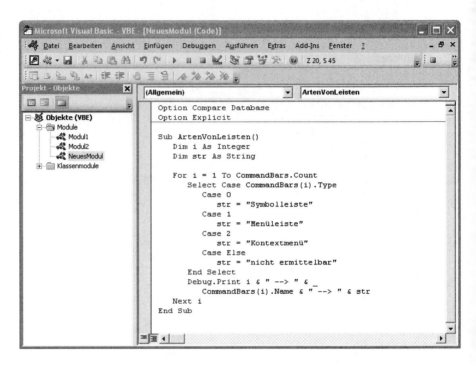

13.11 Prozeduren sichern (Export)

Neben dem Import von Textdateien in Modulen ist auch eine Exportfunktion für Module in Access vorgesehen, mit der Sie Ihren Programmcode in Textdateien sichern können.

Die Prozedur aus Listing 13.18 exportiert alle Prozeduren in MODUL1 in eine Textdatei und speichert diese im Verzeichnis C:\EIGENE DATEIEN unter dem Namen SICHERUNG.TXT.

Listing 13.18: Modul in einer Textdatei sichern

```
Sub ModulInTextdateiSichern()
  Dim obj As Object
  Const strDatei = "C:\Eigene Dateien\Sicherung.txt"

  On Error Resume Next
  Set obj = _
    Application.VBE.ActiveVBProject _
      .VBComponents("Modul1")
    With obj
      .Export strDatei
    End With
End Sub
```

Mit der Methode `Export` sichern Sie alle Prozeduren aus MODUL1 als Textdatei.

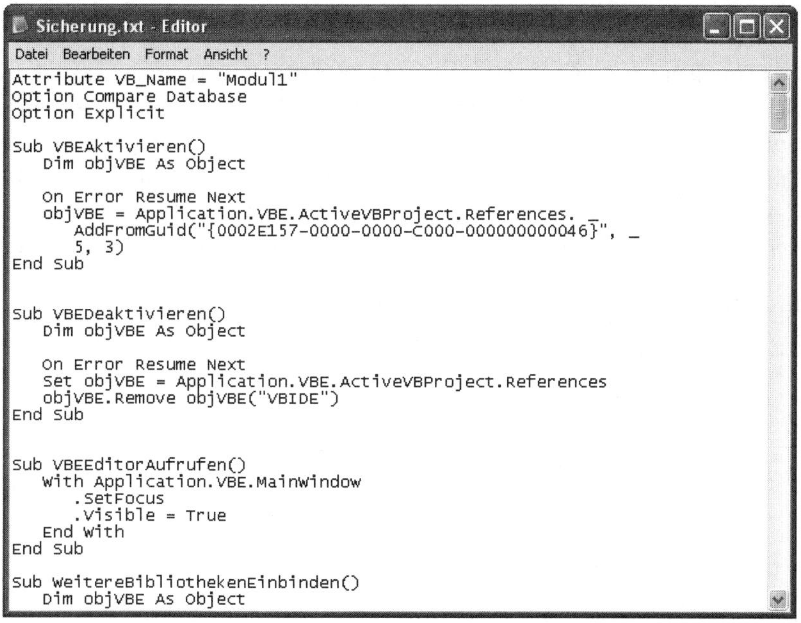

Prozeduren sichern (Export)

Abbildung 13.9:
Prozedur schnell und sicher exportieren

Sollen alle Standardmodule in diverse Textdateien geschrieben werden, dann setzen Sie hierfür die folgende Prozedur ein.

Listing 13.19: Alle Module in diversen Textdateien sichern

```
Sub AlleModuleSichern()
  Dim obj As Object
  Dim i As Integer
  Const ExportDatei = "C:\Eigene Dateien\Komplett"
  i = 1
  For Each obj In _
    Application.VBE.ActiveVBProject.VBComponents
    If obj.Type = 1 Then
      DoCmd.OutputTo acOutputModule, obj.Name, _
        acFormatTXT, ExportDatei & i & ".txt"
      i = i + 1
    End If
  Next obj
End Sub
```

Beim Export der einzelnen Module, bei denen nur Standardmodule exportiert werden sollen, werden mehrere Exportdateien angelegt. In einer Schleife werden alle VBE-Objekte durchlaufen und geprüft, ob es sich tatsächlich um ein Standardmodul handelt. Wenn ja, dann gibt die Eigenschaft Type den Wert 1 zurück. In diesem Fall wenden Sie die Methode OutPutTo an und geben dabei an, welches Modul in welchem Format gespeichert werden soll. Erhöhen Sie nach jedem Schreiben einer Exportdatei die Laufvariable i um den Wert 1. Dadurch bekommt die erste Exportdatei den Namen KOMPLETT1.TXT, die zweite KOMPLETT2.TXT usw.

13.12 Module drucken

Das Drucken von Modulen ist standardmäßig über das Menü DATEI und den Befehl DRUCKEN möglich. Dabei besteht aber keine Möglichkeit, das Aussehen des Ausdrucks sowie die Formatierung der Schriftart speziell für den Druck zu bestimmen. Eine Lösung für dieses Problem besteht darin, zuerst das komplette Modul in eine Textdatei zu schreiben, diese dann beispielsweise in Excel zu öffnen und zu formatieren. Nach dem Ausdruck dieser formatierten Datei erfolgt die Löschung derselben.

Listing 13.20: Ein komplettes Modul formatiert ausdrucken

```
Sub ModulDrucken()
  Dim obj As Object
  Dim str As String

  Application.VBE.ActiveVBProject.VBComponents _
    ("Modul1").Export "c:\Eigene Dateien\Codes.txt"
  Set obj = CreateObject("Excel.Application")

  obj.Workbooks.OpenText "c:\Eigene Dateien\Codes.txt"
  With obj.Activeworkbook.ActiveSheet.Cells
    .Font.Name = "Courier"
    .Font.Size = 8
    .PrintOut
  End With
  obj.Activeworkbook.Close savechanges:=False
  Kill "c:\Eigene Dateien\Codes.txt"

  Set obj = Nothing
End Sub
```

Deklarieren Sie zunächst eine Objektvariable vom Typ `Object`. Danach wenden Sie die Methode `Export` an, um das gewünschte Modul als Textdatei zu exportieren. Geben Sie neben dem Dateinamen auch den Pfadnamen an. Dies erleichtert später das Wiederfinden der Textdatei. Erstellen Sie nun ein Excel-Objekt und öffnen die als Text gespeicherte Code-Datei mithilfe der Methode `OpenText`. Formatieren Sie danach alle Zellen der aktiven Tabelle, indem Sie eine gewünschte Schriftart sowie Schriftgröße einstellen. Über die Methode `Printout` geben Sie die so formatierte Textdatei auf dem Drucker aus. Schließen Sie die noch geöffnete Excel-Mappe über die Methode Close. Geben Sie dabei als Argument `SaveChanges:=False` an. Diese Einstellung bewirkt, dass Sie keine Rückfrage erhalten, ob die Datei gespeichert werden soll. Wenden Sie zum Schluss der Prozedur noch die Anweisung `Kill` an, um die Textdatei zu löschen.

13.13 Lines Of Code ermitteln

In den Anfangszeiten der Programmierung wurde oft noch die Programmierleistung nach Lines of Code honoriert und beurteilt. Da aber nicht immer Masse auch

Klasse ist, ist diese Beurteilung heute mit Vorsicht zu genießen. Für eine grobe Einschätzung eines Softwareprojektes mag die Anzahl der Code-Zeilen dennoch ausreichen.

Die folgende Prozedur ermittelt die Code-Zeilen eines Moduls.

Listing 13.21: Die Code-Zeilen eines Moduls zählen

```
Sub CodeZeilenZählen()
  Dim obj As Object

  On Error Resume Next
  Set obj = Application.VBE.ActiveVBProject _
    .VBComponents("Modul1")
  MsgBox "Das Modul <" & obj.Name & _
    "> hat genau " & obj.CodeModule.CountOfLines & _
    " Codezeilen.", vbInformation
End Sub
```

Mithilfe der Eigenschaft CountOfLines können Sie die Anzahl der Code-Zeilen in einem Modul ermitteln.

Abbildung 13.10:
Die Code-Zeilen eines Moduls zählen

Sollen wirklich alle Code-Zeilen aus dem gesamten Projekt zusammengezählt werden, also inklusive der Zeilen, die hinter Formularen, Berichten, in Standard- und Klassenmodulen enthalten sind, dann erweitern Sie die gerade vorgestellte Prozedur wie folgt:

Listing 13.22: Die Code-Zeilen eines kompletten Projekts zählen

```
Sub CodeZeilenZählenKomplett()
  Dim obj As Object
  Dim lng As Long

  lng = 0
  For Each obj In Application.VBE _
    .ActiveVBProject.VBComponents
    lng = lng + obj.CodeModule.CountOfLines
  Next obj

  MsgBox "Das Projekt hat genau " & lng & _
    " Codezeilen.", vbInformation
End Sub
```

In einer Schleife durchlaufen Sie alle VB-Komponenten und ermitteln über die Eigenschaft CountOfLines die jeweiligen Code-Zeilen. Geben Sie diese am Ende der Prozedur über die Funktion MsgBox auf dem Bildschirm aus.

13.14 Identifikation von VB-Komponenten

Bislang haben Sie nur mit Modulen gearbeitet. In Ihrer Datenbank kann es aber noch mehr Komponenten geben, zum Beispiel Formulare und Klassenmodule. Schreiben Sie eine kleine Prozedur, die die verschiedenen Komponenten Ihrer Arbeitsmappe im Direkt-Fenster ausgibt.

Listing 13.23: VB-Komponenten identifizieren

```
Sub KomponentenAusgeben()
  Dim obj As VBComponent
  
  For Each obj In Application.VBE _
    .ActiveVBProject.VBComponents
    Debug.Print "Name der Komponente: " & obj.Name & _
      Chr(13) & "Typ der Komponente: " & _
      obj.Type & Chr(13)
  Next obj
End Sub
```

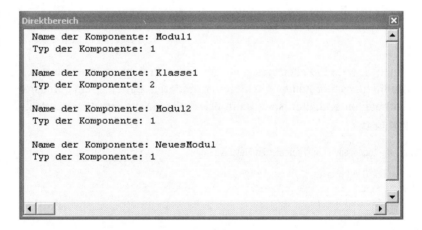

Abbildung 13.11: Den Komponententyp bestimmen

In Abbildung 13.12 können Sie sehen, dass jede Komponente ihren eindeutigen Typ aufweist. Dies ermöglicht das gezielte Ansprechen einzelner Komponenten.

13.15 Prozeduren auflisten

Möchten Sie eine Liste aller Prozeduren erstellen, die in einem bestimmten Modul gespeichert sind, dann können Sie die folgende Prozedur einsetzen:

Listing 13.24: Alle Prozeduren eines Moduls auflisten

```
Sub ProzedurenAuflisten()
  Dim obj As Object
  Dim lng As Long
  Dim str As String

  Set obj = Application.VBE.ActiveVBProject _
    .VBComponents("Modul1").CodeModule

  With obj
    lng = .CountOfDeclarationLines + 1
    Do Until lng >= .CountOfLines
      str = str & .ProcOfLine(lng, vbext_pk_Proc) & vbLf
      lng = lng + .ProcCountLines(.ProcOfLine(lng, _
        vbext_pk_Proc), vbext_pk_Proc)
    Loop
  End With
  MsgBox str
  Set obj = Nothing
End Sub
```

Zu Beginn der Prozedur erfahren Sie mithilfe der Eigenschaft CountOfDeclarationLines die Anzahl der Code-Zeilen im Deklarationsabschnitt des Code-Moduls.

Abbildung 13.12:
Alle Prozeduren eines Moduls auflisten

Mithilfe der Eigenschaft ProcOfLine können Sie den Namen der jeweiligen Prozedur im MODUL1 ermitteln. Diese Eigenschaft benötigt zwei Argumente: Im ersten Argument geben Sie die Startzeile an, ab der nach dem Prozedurnamen gesucht werden soll. Im zweiten Argument wird die Art der zu suchenden Prozedur festgelegt. Über die Konstante vbext_pk_Proc wird dabei bestimmt, dass Prozeduren und Funktionen ermittelt werden sollen.

Über die Eigenschaft CountOfLines ermitteln Sie die Gesamtzahl der Code-Zeilen in einem Modul.

Soll diese Lösung auf alle Standardmodule ausgeweitet werden, dann erfassen Sie den folgenden Prozedurcode:

Listing 13.25: Alle Prozeduren der Standardmodule auflisten

```
Sub ProzedurenAuflistenKomplett()
  Dim objVbKomp As VBComponent
  Dim obj As Object
  Dim lng As Long
  Dim str As String

  For Each objVbKomp In _
    Application.VBE.ActiveVBProject.VBComponents
    If objVbKomp.Type = 1 Then
      Set obj = objVbKomp.CodeModule
      With obj
        lng = .CountOfDeclarationLines + 1
        Do Until lng >= .CountOfLines
          str = str & _
            .ProcOfLine(lng, vbext_pk_Proc) & vbLf
          lng = lng + _
            .ProcCountLines(.ProcOfLine(lng, _
            vbext_pk_Proc), vbext_pk_Proc)
        Loop
      End With
    End If
  Next objVbKomp
  MsgBox str

  Set obj = Nothing
  Set objVbKomp = Nothing
End Sub
```

Über die Eigenschaft Type können Sie feststellen, ob es sich bei dem jeweiligen Objekt auch um ein Standardmodul handelt. In diesem Fall meldet die Eigenschaft den Wert 1 zurück.

Sollen alle Standard- und Klassenmodule in den Direktbereich geschrieben werden, dann lautet die Prozedur für diese Aufgabe:

Listing 13.26: Alle Prozeduren der Standard- und Klassenmodule im Direkt-Fenster auflisten

```
Sub ProzedurListeErstellenDirektbereich()
  Dim cmp As VBComponent
  Dim lng As Long
  Dim str As String
  Dim cdm As CodeModule
```

```
  For Each cmp In Application.VBE _
    .ActiveVBProject.VBComponents
    If cmp.Type = 1 Or cmp.Type = 2 Then
      Debug.Print cmp.Name & ":"
      Set cdm = cmp.CodeModule
      With cdm
         lng = .CountOfDeclarationLines + 1
         Do Until lng >= .CountOfLines
           str = str & .ProcOfLine(lng, vbext_pk_Proc) _
             & vbLf
           lng = lng + .ProcCountLines(.ProcOfLine(lng, _
             vbext_pk_Proc), vbext_pk_Proc)
         Loop
         Debug.Print str
       End With
    End If
    str = ""
  Next cmp

  Debug.Print vbLf
  Set cdm = Nothing
  Set cmp = Nothing
End Sub
```

Abbildung 13.13:
Alle Prozeduren im Direktbereich ausgeben

13.16 Die eigene VBA-Datenbank anlegen

Auf der mit dem Buch ausgelieferten CD-ROM finden Sie eine Access-Datenbank mit dem Namen VBA_DB.MDB. In dieser können Sie eigene Prozeduren verwalten.

Abbildung 13.14:
Prozeduren in Access verwalten

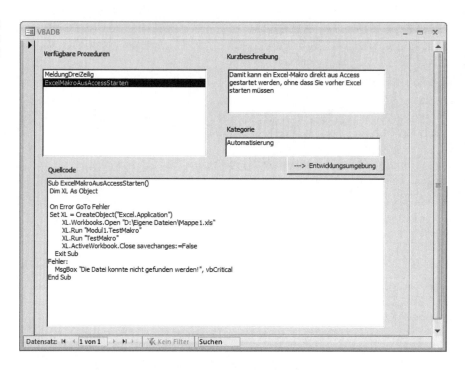

In dieser Datenbank werden die einzelnen Prozeduren in einer Tabelle mit dem Namen PROZEDUREN abgelegt. Die Tabelle hat folgenden Aufbau:

Abbildung 13.15:
Der Aufbau der Tabelle PROZEDUREN

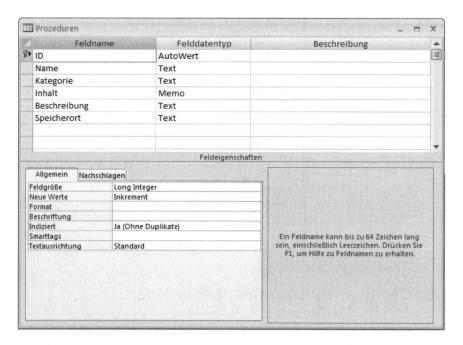

Die einzelnen Prozedurtexte werden in das Feld INHALT der Tabelle PROZEDUREN kopiert. Die Namen der Prozeduren werden direkt im Formular VBADB im Listenfeld beim Öffnen des Formulars eingelesen.

Beim Klick auf eine der dort angebotenen Prozeduren müssen die dazugehörigen Informationen derselben aus der Tabelle PROZEDUREN gelesen werden. Dazu öffnen Sie das Formular VBADB in der Entwurfsansicht und stellen das Ereignis Liste0_Click ein.

Listing 13.27: Die Prozedur-Infos anzeigen

```
Private Sub Liste0_Click()
  Dim str As String
  Dim con As ADODB.Connection
  Dim rst As ADODB.Recordset

  str = Me.Liste0.Column(1, Me.Liste0.ListIndex)
  str = "Name='" & str & "'"

  Set con = CurrentProject.Connection
  Set rst = New ADODB.Recordset

  With rst
    .Open "Prozeduren", con, adOpenKeyset, _
      adLockOptimistic
    .Find Criteria:=str, _
      SearchDirection:=adSearchForward
    Do While Not .EOF
      Me.Text2.Value = .Fields("Beschreibung").Value
      Me.Text9.Value = .Fields("Kategorie").Value
      Me.Text15.Value = .Fields("Inhalt").Value
      .Find Criteria:=str, skiprecords:=1
    Loop
  End With
End Sub
```

Ermitteln Sie im ersten Schritt die ausgewählte Prozedur im Listenfeld, indem Sie die Eigenschaft ListIndex einsetzen. Setzen Sie danach das Suchen-Kriterium zusammen, das sich aus dem Feldnamen der Tabelle sowie dem gerade ermittelten Prozedurnamen zusammensetzt. Öffnen Sie danach die Tabelle PROZEDUREN und wenden die Methode Find an, um die Informationen zur Prozedur in dieser Tabelle zu finden. Übertragen Sie die Werte der einzelnen Felder aus der Tabelle direkt in die Textfelder des Formulars.

13.17 Der Zugriff auf einzelne Prozeduren

Der Zugriff auf die einzelnen Prozeduren wurde im vorhergehenden Beispiel über eine Tabelle vorgenommen, die alle Prozeduren in einem Feld beinhaltete. Im folgenden Beispiel werden die Inhalte einzelner Module in einem Listenfeld angezeigt.

Fügen Sie dazu ein neues Formular ein und integrieren ein Kombinationsfeld, ein Listenfeld sowie eine Schaltfläche.

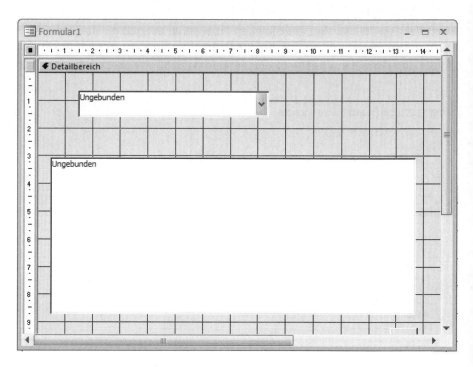

Abbildung 13.16: Das Formular zum Anzeigen der Prozeduren

Legen Sie im ersten Schritt den Quellcode, der den Dialog beendet, hinter die Schaltfläche.

Listing 13.28: Das Formular schließen

```
Private Sub Befehl4_Click()
On Error GoTo Err_Befehl4_Click
    DoCmd.Close

Exit_Befehl4_Click:
    Exit Sub

Err_Befehl4_Click:
    MsgBox Err.Description
    Resume Exit_Befehl4_Click
End Sub
```

Im nächsten Schritt fügen Sie beim Laden des Formulars alle in der Datenbank existierenden Module in das Kombinationsfeld ein. Für diese Aufgabe können Sie das Load-Ereignis einsetzen, das automatisch ausgeführt wird, sobald das Formular geöffnet wird.

Der Zugriff auf einzelne Prozeduren

Listing 13.29: Alle Modulnamen ins Kombinationsfeld schreiben

```
Private Sub Form_Load()
  Dim cmp As VBComponent

  For Each cmp In Application.VBE _
    .ActiveVBProject.VBComponents
    If cmp.Type = 1 Then
      Kombinationsfeld0.AddItem cmp.Name
    End If
  Next cmp
End Sub
```

In einer Schleife durchlaufen Sie alle VB-Komponenten der Datenbank. Innerhalb der Schleife prüfen Sie, ob es sich dabei um jeweils ein Standardmodul handelt. Wenn ja, dann meldet die Eigenschaft Type für diese Komponente den Wert 1. In diesem Fall wenden Sie die Methode AddItem an, um das Listenfeld zu füllen. Über die Eigenschaft Name ermitteln Sie dabei den Namen der jeweiligen Komponente.

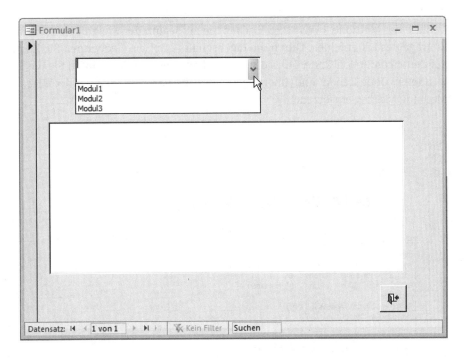

Abbildung 13.17:
Die Modulnamen wurden in das Kombinationsfeld eingefügt.

Im nächsten Schritt soll das Listenfeld mit den Prozeduren gefüllt werden, die im gewünschten Modul aus der Kombinationsliste ausgewählt wurden.

Listing 13.30: Alle Prozeduren aus einem ausgewählten Modul anzeigen

```
Private Sub Kombinationsfeld0_Click()
  Dim str As String
  Dim i As Integer

  Do Until Liste2.ListCount = 0
    Liste2.RemoveItem (0)
  Loop

  With Application.VBE.ActiveVBProject. _
    VBComponents(Kombinationsfeld0.Value).CodeModule
    For i = 1 To .CountOfLines
      str = .Lines(i, 1)
      If Len(str) > 0 Then
        Liste2.AddItem str
      End If
    Next i
  End With
End Sub
```

Mithilfe der Methode `RemoveItem` löschen Sie zu Beginn der Ereignisprozedur alle Einträge des Listenfeldes. Durch die Eigenschaft `CodeModule` gewinnen Sie Zugriff auf den eigentlichen Code. Über die Eigenschaft `CountOfLines` zählen Sie die verwendeten Code-Zeilen und übertragen diese in das Listenfeld, indem Sie die Methode `AddItem` einsetzen.

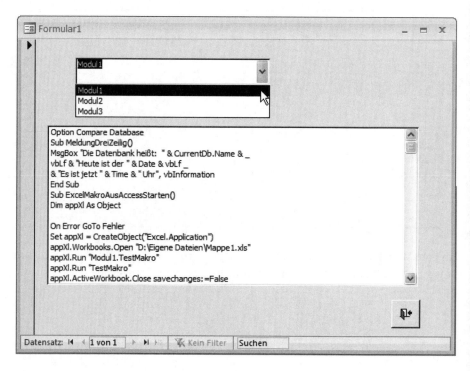

Abbildung 13.18: Alle Prozeduren eines Moduls im Listenfeld auflisten

Kapitel 14
Anwendungen optimieren und reparieren

Bei der Optimierung Ihrer VBA-Projekte gibt es immer mehrere Möglichkeiten. Das hat mit VBA-Access zunächst nichts zu tun, denn es liegt in der Hardware begründet. Es ist klar, dass ein schnellerer PC mit mehr Arbeitsspeicher auch Ihren VBA-Code schneller abarbeiten kann. Dies soll aber nicht Thema dieses Kapitels sein. Vielmehr ist es interessant zu wissen, was man tun kann, um seinen Quellcode zu optimieren. Schon bei der Gestaltung von Tabellen, Abfragen, Formularen und Berichten kann man darauf achten, dass es bei der Programmierung nicht zu Engpässen kommt.

Folgende Fragestellungen werden deshalb unter anderem in diesem Kapitel behandelt:

Die Themen dieses Kapitels

- Wie kann ich meine Access-Umgebung analysieren?
- Wie kann ich meine Arbeit dokumentieren?
- Setze ich die richtigen Befehle ein?
- Wie kann ich Bremsbefehle ausschalten?
- Wie kann ich Code-Zeilen minimieren?
- Wie kann ich eine Datenbank reparieren?

14.1 Die automatische Leistungsanalyse

Microsoft Access beinhaltet ein Tool, mit dem Sie die Leistungsfähigkeit Ihrer Datenbankobjekte untersuchen können. Dieses Tool starten Sie bei Access 2010, indem Sie auf dem Ribbon DATENBANKTOOLS in der Gruppe ANALYSIEREN das Element LEISTUNG WIRD ANALYSIERT wählen. Bei Access-Versionen vor 2007 wählen Sie aus dem Menü EXTRAS den Befehl ANALYSE/LEISTUNG. Das Tool bietet in seiner Oberfläche die Möglichkeit, verschiedene Objekte in Access zu analysieren. Wechseln Sie zur Registerkarte ALLE OBJEKTTYPEN.

Abbildung 14.1:
Komplett-Analyse durchführen

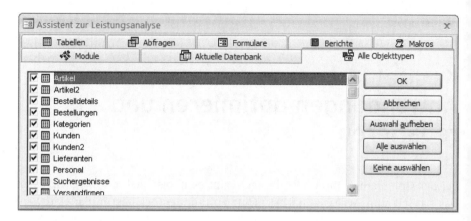

Wählen Sie im Listenfeld die Objekte aus, die Sie untersuchen wollen, und klicken Sie auf OK. Idealerweise führen Sie eine Komplett-Analyse durch.

Abbildung 14.2:
Die Vorschläge des Assistenten

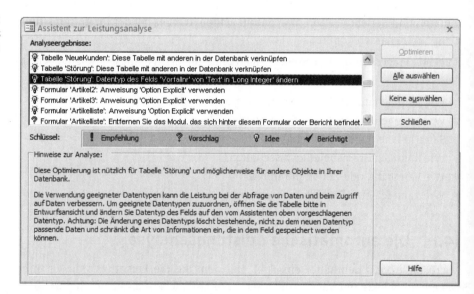

14.1.1 Den richtigen Datentyp einsetzen

Im Listenfeld von Abbildung 14.2 sehen Sie eine markierte Zeile. Im darunter liegenden Gruppenfeld finden Sie wertvolle Hinweise, was dem Assistenten dazu aufgefallen ist und was Sie konkret ändern können, um Ihr Access-Projekt zu optimieren. Bei diesem markierten Eintrag hat der Assistent bemerkt, dass in der Tabelle STÖRUNG das Feld VORFALLNR als Text definiert wurde. Er rät daher, diese VORFALLNR als LONG INTEGER-Datentyp anzulegen. Diese Änderung kann sich deutlich auf die Geschwindigkeit Ihrer VBA-Projekte auswirken.

14.1.2 Programmleichen entfernen

Blättern Sie weiter nach unten im Listenfeld. Dort finden Sie den Eintrag, der in Abbildung 14.3 markiert ist.

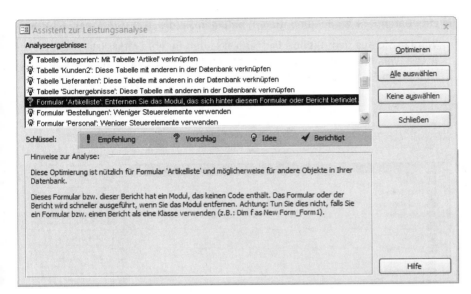

Abbildung 14.3:
Leere Prozeduren entfernen

Während der Entwicklung von VBA-Codes werden Sie natürlich einige Versuche unternehmen, bis Sie zum Erfolg gelangen. Gerade beim Probieren und Testen entstehen oftmals leere oder nicht gebrauchte Prozeduren. Bei eingestellten Ereignisprozeduren, die keinen weiteren Code beinhalten, werden diese Prozeduren trotzdem ausgeführt, was sich auf die Geschwindigkeit Ihres VBA-Projekts auswirken kann. Der Assistent spürt also auch diese Überreste nicht mehr benötigter Code-Leichen auf und macht Sie darauf aufmerksam.

14.1.3 Variablen deklarieren

Einen Eintrag weiter unten im Listenfeld finden Sie den Befehl ANWEISUNG 'OPTION EXPLICIT' VERWENDEN. Dahinter verbirgt sich Folgendes. Diese Anweisung zwingt Sie dazu, alle Variablen, die Sie verwenden, auch vorher zu deklarieren. Nicht deklarierte Variablen werden von Access zwar automatisch deklariert, aber dafür wird dann immer der Datentyp VARIANT verwendet, der mit Abstand am meisten Speicher benötigt.

14.1.4 Zu viele Steuerelemente meiden

Möchten Sie Ihre Formulare schneller gestalten, müssen Sie darauf achten, nicht allzu viele Steuerelemente darauf zu platzieren. Besser wäre hier, die Steuerelemente auf mehrere Formulare zu verteilen und diese dann bei Bedarf anzuziehen.

14.2 Datenbanken dokumentieren

Ein weiterer Punkt, den Sie generell beachten sollten, ist die Dokumentation Ihrer Arbeit. Auch dabei können Sie sich durch ein Tool von Microsoft helfen lassen.

Um eine Datenbank zu dokumentieren, befolgen Sie die nächsten Arbeitsschritte:

1. Wählen Sie aus dem Ribbon DATENBANKTOOLS den Befehl DATENBANKDOKUMENTIER. Für Access Versionen 2003 oder früher finden Sie diese Funktion im Menü EXTRAS unter dem Eintrag ANALYSE/DOKUMENTIERER.

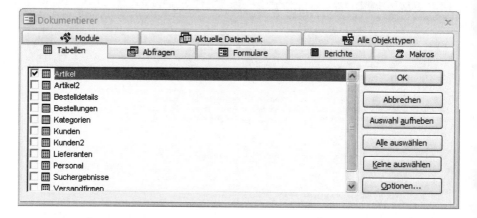

Abbildung 14.4: Objekte auswählen

2. Wechseln Sie zur Registerkarte, die das Access-Objekt enthält, das Sie dokumentieren möchten.
3. Klicken Sie die Schaltfläche OPTIONEN an, um die Dokumentationsdetails näher zu bestimmen.

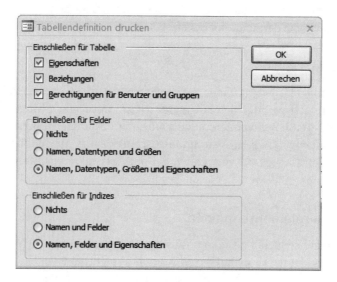

Abbildung 14.5: Tabellendefinitionen einstellen

4. Aktivieren Sie die gewünschten Tabellendefinitionen, und klicken Sie auf OK.
5. Starten Sie die Dokumentation mit einem Klick auf OK.

Der Dokumentierer liefert Ihnen einen formschönen Ausdruck, den Sie ablegen können.

14.3 Tabellen optimal anlegen

Auch der Aufbau von Tabellen selbst kann sich sehr negativ auf die Laufzeit von VBA-Code auswirken. Access ist ein Datenbankprogramm, also sollten Sie keine doppelten Informationen in einer Tabelle speichern, sondern diese nach den Prinzipien der Normalisierung gestalten. Wie das in etwa aussehen kann, können Sie sehen, wenn Sie die Beispieldatenbank von Microsoft, NORDWIND.MDB, öffnen. Wählen Sie bei Access 2010 im Ribbon DATENBANKTOOLS in der Gruppe BEZIEHUNGEN das Element BEZIEHUNGEN bzw. bei Access-Versionen vor 2007 im Menü EXTRAS den Befehl BEZIEHUNGEN.

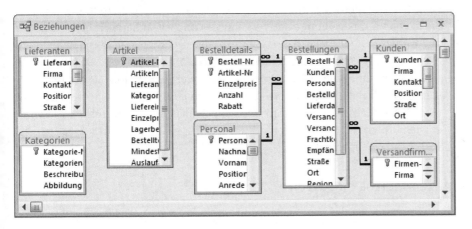

Abbildung 14.6: Die Beziehungen zwischen den einzelnen Tabellen

Wie Sie eine Normalisierung in Access durchführen, können Sie in der Online-Hilfe unter dem Stichwort GRUNDLAGEN DES DATENBANKENTWURFS nachlesen.

14.3.1 Primärschlüssel

In jeder Tabelle sollte es mindestens ein Feld oder eine Gruppe von Feldern geben, das bzw. die jeden einzelnen Datensatz der Tabelle eindeutig identifiziert. Diese Information wird »Primärschlüssel der Tabelle« genannt. Nachdem Sie einer Tabelle einen Primärschlüssel zugewiesen haben, verhindert Access, dass Duplikate oder NULL-Werte in Primärschlüsselfelder eingegeben werden.

Access bietet folgende Primärschlüssel an:

- AUTOWERT-PRIMÄRSCHLÜSSEL: Dabei handelt es sich um ein AUTOWERT-Feld, das so eingestellt werden kann, dass mit jedem der Tabelle hinzugefügten Datensatz automatisch eine fortlaufende Nummer eingegeben wird. Das Zuweisen eines solchen Feldes als Primärschlüssel einer Tabelle ist das einfachste Verfahren zum Erstellen eines Primärschlüssels. Wenn Sie vor dem Speichern einer neu erstellten Tabelle keinen Primärschlüssel festlegen, fragt Access, ob es einen für Sie erstellen soll. Wenn Sie auf JA klicken, erstellt Access einen AUTOWERT-PRIMÄRSCHLÜSSEL.

- EIN-FELD-PRIMÄRSCHLÜSSEL: Wenn Sie ein Feld mit eindeutigen Werten haben wie z. B. Personalnummern oder Artikelnummern, können Sie dieses Feld als Primärschlüssel festlegen. Sie können einen Primärschlüssel für ein Feld angeben, das bereits Daten enthält, solange dieses Feld keine doppelten Werte oder NULL-Werte enthält.

- MEHR-FELDER-PRIMÄRSCHLÜSSEL: In Situationen, in denen die Eindeutigkeit eines einzelnen Feldes nicht gewährleistet werden kann, können Sie zwei oder mehr Felder als Primärschlüssel festlegen. Dies geschieht am häufigsten bei Tabellen, die in einer n:n-Beziehung zum Verknüpfen von zwei anderen Tabellen verwendet werden. Die Tabelle BESTELLDETAILS aus der Microsoft Beispieldatenbank NORDWIND.MDB kann z. B. die Tabellen BESTELLUNGEN und ARTIKEL miteinander verknüpfen. Ihr Primärschlüssel besteht aus zwei Feldern: BESTELL-NR und ARTIKEL-NR. Die Tabelle BESTELLDETAILS kann viele Bestellungen und Artikel enthalten, aber jeder Artikel kann pro Bestellung nur einmal aufgeführt werden. So entsteht durch die Kombination der Felder BESTELL-NR und ARTIKEL-NR ein entsprechender Primärschlüssel.

14.3.2 Indizes einsetzen

Ein Index beschleunigt das Suchen und Sortieren von Datensätzen in Microsoft Access. Access verwendet Indizes in einer Tabelle, vergleichbar mit einem Index in einem Buch: Bei der Suche nach Daten sucht Access im Index nach dem Speicherort der Daten. Sie können Indizes auf der Basis eines einzelnen Feldes oder mehrerer Felder erstellen. Selbstverständlich sollten Sie auch nicht für jedes Feld einen Index definieren, da sonst der Schuss nach hinten losgeht. Indizes benötigen zum einen wertvollen Speicherplatz, und zum anderen wird dadurch die Neuanlage von Datensätzen, das Bearbeiten der Sätze sowie das Löschen von Daten eher langsamer.

14.4 Abfragen entsprechend dem Ziel aufsetzen

Auch bei der Erstellung von Abfragen gibt es ein paar Dinge, die Sie beachten können, um den Ablauf zu beschleunigen.

Als Erstes sollten Sie nur die Spalten in Ihre Ergebnistabelle aufnehmen, die Sie wirklich benötigen. Das nachträgliche Hinzufügen von weiteren Spalten ist aber auch kein großes Problem.

14.5 Die richtigen Befehle

Selbst wenn Ihr VBA-Code fehlerfrei läuft, gibt es häufig immer noch etwas zu optimieren. Optimieren können Sie die Ablaufgeschwindigkeit sowie die Strukturierung Ihres Quellcodes. So ist durch den Einsatz bestimmter Befehle und die Definition der richtigen Variablen schon viel gewonnen. Nicht immer liegt es jedoch am VBA-Code selbst, wenn die Geschwindigkeit zu wünschen übrig lässt. Auch daran können Sie etwas verbessern.

14.5.1 Objekte exakt deklarieren

Wenn Sie beispielsweise ein Formular untersuchen und zu diesem Zweck die Namen aller Textfelder in den Direktbereich von Access schreiben möchten, gibt es dafür mehrere Möglichkeiten.

Listing 14.1: Textfelder eines Formulars auslesen (Variante 1)

```
Sub FormularTextFelderAusgeben()
  Dim frm As Form
  Dim obj As Object

  Set frm = Form_Artikel
  For Each obj In frm.Controls
    If obj.ControlType = 109 Then Debug.Print obj.Name
  Next obj
End Sub
```

Bei der Prozedur aus Listing 14.1 wurde eine ganz allgemeine Objektvariable definiert. Sie wissen aber, dass es sich dabei um ein Steuerelement handelt. Übernehmen Sie daher den Code aus Listing 14.2.

Abbildung 14.7: Alle Textfelder des Formulars ARTIKEL ausgeben

Listing 14.2: Textfelder eines Formulars auslesen (Variante 2)

```
Sub FormularTextFelderAusgebenII()
  Dim frm As Form
  Dim obj As Control

  Set frm = Form_Artikel

  For Each obj In frm.Controls
    If obj.ControlType = acTextbox _
      Then Debug.Print obj.Name
  Next obj
End Sub
```

Anstatt des Indexwertes 109 können Sie auch die Konstante `acTextBox` einsetzen. Ein Effekt auf die Geschwindigkeit des Codes ist nicht nachweisbar, aber der Code wird dadurch deutlich besser lesbar.

14.5.2 Variablen und Konstanten einsetzen

Vergessen Sie nicht, alle Variablen, die Sie in der Prozedur verwenden, vorher zu deklarieren. Wenn Sie Variablen in der Prozedur verwenden, die vorher nicht deklariert worden sind, nimmt Access an, dass es sich dabei um Variablen vom Typ `Variant` handelt.

Lesen Sie mehr zum richtigen Einsatz von Variablen in Kapitel 2.

Um noch mehr Schnelligkeit beim Interpretieren der einzelnen Befehle zu bekommen, können Sie sich auch überlegen, möglichst kurze Namen bei der Benennung von Variablen und Konstanten zu verwenden. Allerdings wird dadurch die Lesbarkeit des Codes ziemlich eingeschränkt.

Bei der Definition von Variablen müssen Sie ebenso auf die richtige Syntax der Variablendefinition achten. So definieren Sie mit der Anweisung

```
Dim i_Map, i_Bla, i_Spa, i_Zei As Integer
```

nur die erste Variable vom Typ `Integer`. Die restlichen Variablen sind vom Datentyp `Variant`.

Richtig wäre:

```
Dim i_Map As Integer, i_Bla As Integer, _
  i_Spa As Integer, i_Zeile As Integer
```

Wenn Sie sich die Frage stellen, ob Sie bestimmte Werte, die während des Ablaufs einer Prozedur konstant bleiben, besser in Variablen oder in Konstanten speichern sollten, entscheiden Sie sich für den Einsatz von Konstanten.

14.5.3 Berechnung und Bildschirmaktualisierung ausschalten

Wenn Sie Visual Basic-Code ausführen, der die auf dem Bildschirm angezeigten Objekte stark ändert, wird der Code in der Regel schneller ausgeführt, wenn Sie die Bildschirmaktualisierung ausschalten, bis die Prozedur beendet ist. Sie können die Aktualisierung auch ausschalten, wenn der Code Änderungen durchführt, die der Benutzer nicht sehen soll.

Über die Anweisung DoCmd.Echo False schalten Sie die Bildschirmaktualisierung aus. Am Ende der Prozedur sollten Sie den Wert dieser Eigenschaft wieder auf den Wert True setzen.

14.5.4 Warnmeldungen ausschalten

In Access werden viele Aktionen wie das Löschen einer Tabelle mit einer Rückfrage quittiert.

Abbildung 14.8: Die Rückfrage ausschalten

Wenn Sie beispielsweise das Formular ARTIKEL3 ohne weitere Einmischung von Access per VBA-Code löschen möchten, dann starten Sie das Prozedur aus Listing 14.3.

Listing 14.3: Die Bildschirmmeldungen ausschalten

```
Sub FormularLöschen()
  DoCmd.SetWarnings False
  DoCmd.DeleteObject acForm, "Formular3"
  DoCmd.SetWarnings True
End Sub
```

14.5.5 Die Anweisung With

Machen Sie fleißig von der Anweisung With Gebrauch. Sie führt eine Reihe von Anweisungen für ein einzelnes Objekt oder einen benutzerdefinierten Typ aus. Damit können Sie sich eine Menge Schreibarbeit sparen und zusätzlich noch die Code-Ausführung beschleunigen. Die folgende Prozedur ruft den Office Assistenten auf.

Kapitel 14 • Anwendungen optimieren und reparieren

Listing 14.4: Die etwas langsamere Methode

```
Sub TabelleInitialisieren(adr AS ADDRSTRUCT)
  Dim Nervensäge As Object

  Set Nervensäge = Assistant.NewBalloon
    Nervensäge.Heading = "Themen"
    Nervensäge.Icon = msoIconTip
    Nervensäge.Mode = msoModeAutoDown
    Nervensäge.BalloonType = msoBalloonTypeButtons
    Nervensäge.Labels(1).Text = _
      "Strukturierte Programmierung"
    Nervensäge.Labels(2).Text = _
      "Schnelle Programmierung"
    Nervensäge.Labels(3).Text = "Sichere Programmierung"
    Nervensäge.Animation = msoAnimationGreeting
    Nervensäge.Button = msoButtonSetNone
    Nervensäge.Show
End Sub
```

In der Prozedur aus Listing 14.4 wurde immerhin schon die Anweisung `Set` eingesetzt, um über die Variable `Karle` einen Objektverweis zu erstellen und damit alle Eigenschaften und Methoden zum Objekt `Assistant` zu bekommen. Trotzdem fehlt dem Code noch die Anweisung `With`, die ihn noch übersichtlicher macht.

Listing 14.5: Die bessere und schnellere Variante

```
Sub OfficeAssistentAufrufen()
  Dim Nervensäge As Object

  Set Nervensäge = Assistant.NewBalloon
  With Nervensäge
    .Heading = "Themen"
    .Icon = msoIconTip
    .Mode = msoModeAutoDown
    .BalloonType = msoBalloonTypeButtons
    .Labels(1).Text = "Strukturierte Programmierung"
    .Labels(2).Text = "Schnelle Programmierung"
    .Labels(3).Text = "Sichere Programmierung"
    .Animation = msoAnimationGreeting
    .Button = msoButtonSetNone
    .Show
  End With
  Set Nervensäge = Nothing
End Sub
```

> **INFO** Die beiden oberen Beispiele können Sie ab Access 2007 nicht mehr verwenden, da es den Office-Assistenten seit dieser Office-Version nicht mehr gibt. Ob Sie den kleinen Kerl vermissen, müssen Sie für sich selbst entscheiden.

14.6 Wie kann ich eine Datenbank reparieren?

In den meisten Fällen erkennt Microsoft Access schon beim Öffnen einer Access-Datenbank, wenn etwas damit nicht in Ordnung ist. Access bietet Ihnen dann sofort die Möglichkeit, diese Datenbank zu reparieren. Schäden an Access-Datenbanken können von unterschiedlicher Art sein. Möglicherweise sind Tabellen beschädigt, Formulare oder Berichte nicht mehr funktionsfähig, oder es können auch Informationen über das VBA-Projekt fehlen. Alle diese Fehler können Sie versuchen zu reparieren, indem Sie, bei Access-Versionen vor Access 2007, aus dem Menü EXTRAS den Befehl DATENBANK-DIENSTPROGRAMME/DATENBANK KOMPRIMIEREN UND REPARIEREN auswählen. Bei Access 2007 wählen Sie die OFFICE-Schaltfläche, anschließend den Menüpunkt VERWALTEN und schließlich DATENBANK KOMPRIMIEREN UND REPARIEREN. Bei Access 2010 wählen Sie die DATEI-Schaltfläche. Dort steht bei den Informationen zu der aktuell geöffneten Datenbank eine Schaltfläche DATENBANK KOMPRIMIEREN UND REPARIEREN zur Verfügung.

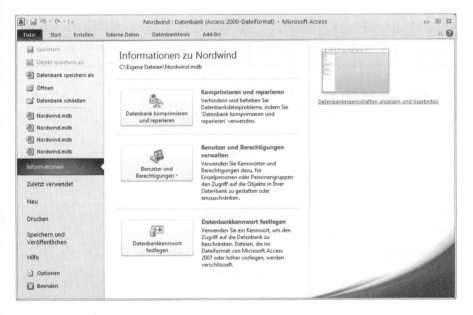

Abbildung 14.9:
Die Datenbank komprimieren und reparieren

Um Schäden an Datenbanken zu vermeiden, können Sie auch standardmäßig dafür sorgen, dass nach jedem Schließen diese Pflegemaßnahmen automatisch durchgeführt werden.

Um dies einzustellen, verfahren Sie wie folgt:

1. Wählen Sie die Schaltfläche MENÜ und dort den Dialog OPTIONEN.
2. Wechseln Sie auf AKTUELLE DATENBANK.

Abbildung 14.10:
Access-Datenbank automatisch komprimieren und reparieren

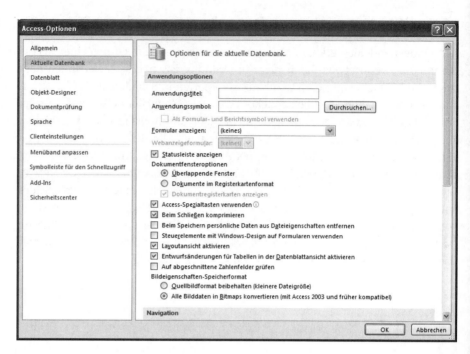

3. Aktivieren Sie das Kontrollkästchen BEIM SCHLIESSEN KOMPRIMIEREN.
4. Bestätigen Sie Ihre Einstellung mit OK.

Kapitel 15
Access und das Internet

Access und das Internet haben einige Berührungspunkte wie zum Beispiel das Verschicken von E-Mails direkt aus Access heraus. Dazu müssen Sie nicht extra Ihr E-Mail-Programm starten, eine Datenbank anhängen, die Empfänger festlegen und die E-Mail-Nachricht abschicken. Sämtliche Aufgaben können Sie auch direkt in Access erledigen.

Unter anderem finden Sie in diesem Kapitel Lösungen zu folgenden Fragestellungen:

- Wie kann ich eine Text-E-Mail direkt aus Access versenden?
- Wie kann ich eine E-Mail mit Anhang versenden?
- Wie kann ich eine E-Mail gleich an mehrere Personen versenden?
- Wie kann ich für das Mailen eine Access-Tabelle mit E-Mail-Adressen verwenden (Serien-E-Mail)?
- Wie kann ich meine E-Mails aus dem Posteingang von Outlook in eine Access-Tabelle überführen?
- Wie kann ich alle gesendeten E-Mails in einer Access-Tabelle dokumentieren?
- Wie kann ich einen Mini-Browser herstellen?
- Wie kann ich E-Mails in Formularen absetzen?
- Wie prüfe und formatiere ich Hyperlinks in Formularen?
- Wie kann ich Datenzugriffsseiten erstellen?
- Wie kann ich Datenzugriffsseiten ansprechen?
- Wie kann ich Access-Objekte in das HTML-Format umwandeln?
- Wie überführe ich meine Access-Objekte ins XML-Format?
- Wie kann ich auf den Text einer Internetseite zugreifen?

Die Themen dieses Kapitels

Alle Prozeduren und Funktionen aus diesem Kapitel finden Sie auf der CD-ROM zum Buch im Ordner KAP15 unter dem Namen NORDWIND.MDB bzw. MAILING.MDB.

15.1 E-Mail verschicken

Für das Versenden von E-Mails können Sie in Access die Methode `SendObject` einsetzen. Dabei können Sie ganz genau festlegen, welchen Bestandteil einer Access-Datenbank Sie versenden möchten. Ferner übergeben Sie dieser Methode die Adressaten sowie den Begleittext der E-Mail.

Die Methode `SendObject` hat folgende Syntax:

Die Syntax der Methode SendObject

SendObject(Objekttyp, Objektname, Ausgabeformat, An, Cc, Bcc, Betreff, Nachricht, NachrichtBearbeiten, Vorlagedatei)

Das erste Argument der Methode `SendObject` lautet `Objekttyp`. Geben Sie in einer Konstanten an, welchen Bestandteil der Datenbank Sie per E-Mail versenden möchten. Folgende Konstanten stehen Ihnen dabei zur Verfügung:

- `acSendDataAccessPage`: Eine Access-Datenzugriffsseite wird einem E-Mail-Empfänger zugestellt.
- `acSendForm`: Eine Formular soll über eine E-Mail versendet werden.
- `acSendModule`: Ein Modul wird per E-Mail versendet.
- `acSendNoObject`: Es wird lediglich eine Text-E-Mail ohne Anhang versendet. Es handelt sich dabei um die Standardeinstellung.
- `acSendQuery`: Hierbei soll eine Abfrage per E-Mail versendet werden.
- `acSendReport`: Bei dieser Angabe wird ein Bericht versendet.
- `acSendTable`: Diese Konstante steht für das Versenden einer bestimmten Tabelle aus einer Datenbank.

Im nächsten Argument `Objektname` muss der Name des Objekts angegeben werden, der per E-Mail versendet werden soll.

Mithilfe des Arguments `Ausgabeformat` können Sie festlegen, in welcher Form das Access-Objekt versendet werden soll. Dabei haben Sie unter anderem die Auswahl zwischen folgenden Konstanten:

- `acFormatHTML`: Hier erfolgt eine Ausgabe des Access-Objektes über das HTML-Format, das Sie mit jedem Browser ansehen können.
- `acFormatRTF`: Beim RTF-Format handelt es sich um ein Textformat, das Sie mit nahezu jedem Textverarbeitungsprogramm öffnen können.
- `acFormatTXT`: Dieses Textformat ist mit jedem Text-Editor, beispielsweise Notepad im Zubehör-Programm von Windows, zu lesen.
- `acFormatXLS`: Dabei handelt es sich um das Excel-Tabellenformat.
- `AcFormatDAP`: Bei dieser Konstante handelt es sich um Datenzugriffsseiten.

Beim Argument `An` müssen Sie die Empfänger auflisten, deren Namen in die AN-Zeile der E-Mail-Nachricht aufgenommen werden sollen. Die Empfängernamen in diesem Argument müssen durch Semikola (;) oder durch jenes Listentrennzeichen voneinander getrennt werden, das auf der Registerkarte ZAHLEN des Dialogfelds LÄNDEREINSTELLUNGEN in der Windows-Systemsteuerung festgelegt ist.

Das Argument `Cc` gibt an, an welche E-Mail-Empfänger Sie die E-Mail als Kopie schicken möchten. Es gelten dabei dieselben Optionen wie auch beim Argument `An`.

Beim Argument `Bcc` können Sie E-Mail-Empfänger eine »blinde Kopie« der E-Mail schicken, ohne dass der eigentliche Empfänger der E-Mail, der unter dem Argument `An` angegeben wurde, etwas davon erfährt.

Das Argument `Betreff` repräsentiert die Betreff-Zeile der E-Mail-Nachricht. Geben Sie dort einen Betreff in doppelten Anführungsstrichen an.

Im Argument `Nachricht` geben Sie den Text an, der in die E-Mail eingefügt werden soll. Wenn Sie dieses Argument nicht angeben, wird nur das Objekt, jedoch kein Text in die E-Mail-Nachricht aufgenommen.

Mithilfe des Arguments `NachrichtBearbeiten` können Sie entscheiden, ob Sie die E-Mail direkt absenden oder zur weiteren Bearbeitung vorher öffnen möchten. Setzen Sie dieses Argument auf den Wert `False`, um die Nachricht direkt zu versenden. Setzen Sie das Argument auf den Wert `True`, um die E-Mail zur weiteren Bearbeitung zu öffnen.

Beim Argument `Vorlagedatei` handelt es ich um einen optionalen Wert, der den vollständigen Namen und Pfad der Datei angibt, die als Vorlage für eine HTML-Datei verwendet werden soll.

Module können nur im MS-DOS-Textformat ausgegeben werden. Wenn Sie also für das Argument `Objekttyp` den Wert `acSendModule` nehmen, müssen Sie für das Argument `Ausgabeformat` den Wert `acFormatTXT` angeben.

15.1.1 Text-E-Mail versenden

Im folgenden Beispiel versenden Sie eine Text-E-Mail direkt aus Access.

Listing 15.1: Text-E-Mail versenden

```
Sub TextEMailVersenden()
  DoCmd.SendObject , , , "Held-office@t-online.de", _
    "Machero@aol.com", , _
    "Feedback erwünscht", "Sehr geehrter KundeXY, _
    " & vbCrLf & _
    "Bitte schicken Sie mir ein Feedback" & _
    vbCrLf & "zu meiner Anfrage vom 15.06.2010" & _
    vbCrLf & vbCrLf & _
    "Viele Grüße" & vbCrLf & _
    "Bernd Held", True
End Sub
```

Die ersten drei Argumente der Methode SendObject werden nicht benötigt. Geben Sie daher drei Kommata nacheinander ein. Geben Sie dann erst die Empfänger-E-Mail-Adresse und nachfolgend die Adresse an, an die die E-Mail als Kopie gehen soll. Geben Sie dann den Titel sowie den eigentlichen E-Mail-Text an. Um Zeilenumbrüche im E-Mail-Text einzufügen, arbeiten Sie mit der Konstanten vbCrLf. Damit wird ein Zeilenumbruch in der E-Mail erzeugt. Setzen Sie das Argument NachrichtBearbeiten auf den Wert True, um die E-Mail vor dem Versenden für eine weitere Bearbeitung zu öffnen. Ihr registriertes E-Mail-Programm wird gestartet, und die neue Email wird sendebereit geöffnet.

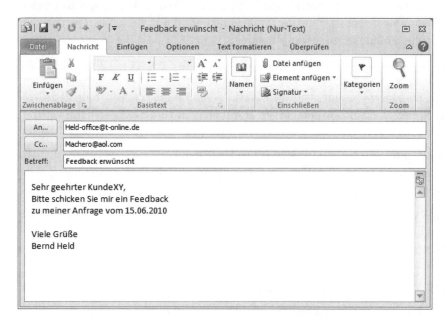

Abbildung 15.1: Text-E-Mail direkt über Access versenden

15.1.2 E-Mail über API-Funktion versenden

Eine einfache Text-E-Mail können Sie auch mithilfe der API-Funktion ShellExecute versenden.

Listing 15.2: Text-E-Mail über eine API-Funktion versenden

```
Private Declare Function ShellExecute _
   Lib "Shell32.dll" _
   Alias "ShellExecuteA" (ByVal hWnd As Long, _
   ByVal lpOperation As String, ByVal lpFile As String, _
   ByVal lpParameters As String, ByVal _
   lpDirectory As String, _
   ByVal nShowCmd As Long) As Long
```

```
Sub Mail(eMail As String, _
  Optional Subject As String, _
  Optional Body As String)

  Call ShellExecute(0&, "Open", "mailto:" + eMail + _
  "?Subject=" + Subject + "&Body=" + Body, "", "", 1)
End Sub

Sub MailSenden()
  Call Mail("Held-office@t-online.de", "Anfrage", _
    "Wie geht das?")
End Sub
```

Übergeben Sie der API-Funktion als Argument Ihre E-Mail-Adresse sowie den gewünschten Titel und den Text.

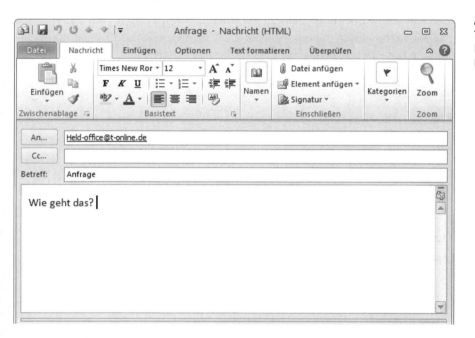

Abbildung 15.2: Text-E-Mail mithilfe einer API-Funktion versenden

15.1.3 E-Mail mit Anhang versenden

Wollen Sie aus einer Access-Datenbank ein bestimmtes Objekt wie beispielsweise eine Tabelle oder gar ein Modul per E-Mail verschicken, dann verwenden Sie die Methode SendObject und geben genau an, welches Objekt Sie in welchem Ausgabeformat versenden möchten.

Im folgenden Beispiel wird aus der Datenbank NORDWIND.MDB die Tabelle PERSONAL an mehrere E-Mail-Empfänger versendet.

Listing 15.3: E-Mail mit Dateianhang versenden

```
Sub EMailVersendenMitAnhang()
  DoCmd.SendObject acSendTable, "Personal", _
    acFormatXLS, _
    "Held-office@t-online.de; Machero@aol.com", , , _
    "Die aktuelle Personalliste", _
    "Hallo Kollegen, " & vbCrLf & _
    "Anbei die aktuelle Personalliste!" & _
    vbCrLf & "Viele Grüße" & vbCrLf & _
    "Otto Kuhn" & vbCrLf & "(Personalabteilung)", True
End Sub
```

Geben Sie im Argument Objekttyp den Typ des Access-Objekts an. Spezifizieren Sie danach noch den Namen des Objekts und legen das Ausgabeformat fest. Setzen Sie das Argument NachrichtBearbeiten auf den Wert False, um die E-Mail ohne weitere Bearbeitung direkt zu versenden. Wenn Sie den Wert auf True setzen, wird ein Fenster mit einer neuen Nachricht erstellt. Im Anhang finden Sie dann die Datei Personal.xls.

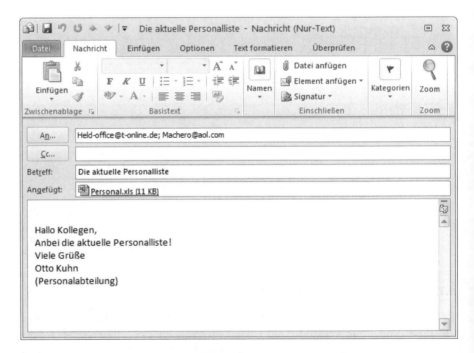

Abbildung 15.3: E-Mail mit Dateianhang versenden

15.1.4 Dynamische Auswahl von E-Mail-Adressen

Im nächsten Beispiel greifen Sie auf die E-Mail-Kontakte aus Outlook zurück und versenden Tabellen, Abfragen oder Berichte an einen bzw. mehrere E-Mail-Empfänger.

E-Mail verschicken

Erstellen Sie zunächst ein neues Formular nach folgendem Muster:

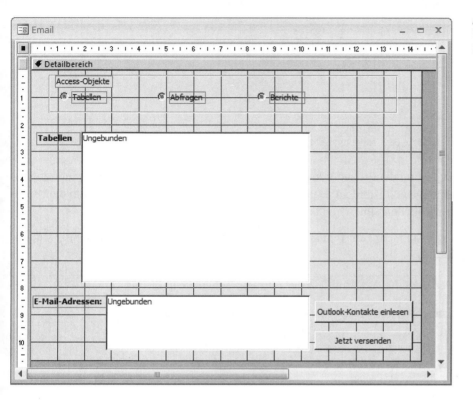

Abbildung 15.4:
Der Rohaufbau des Formulars

Im oberen Gruppenfeld bestimmen Sie, was genau im darunter liegenden Listenfeld angezeigt werden soll. Möglich sind dabei Tabellen, Abfragen und Berichte. Das Bezeichnungsfeld am linken Rand des Listenfelds passt sich je nach Auswahl dynamisch an.

Hinterlegen Sie jetzt die einzelnen Einleseroutinen hinter den drei Optionsschaltflächen. Zuerst belegen Sie die erste Optionsschaltfläche mit folgendem Code aus Listing 15.4.

Listing 15.4: Listenfeld mit allen Tabellennamen der aktiven Datenbank füllen

```
Private Sub Option17_MouseDown(Button As Integer,
  Shift As Integer, X As Single, Y As Single)
    Dim cat As ADOX.Catalog
    Dim tbi As ADOX.Table
    Dim i As Integer

    For i = Me!Tabellenliste.ListCount - 1 To 0 Step -1
       Me!Tabellenliste.RemoveItem (i)
    Next i
```

```
    Set cat = New ADOX.Catalog
    cat.ActiveConnection = CurrentProject.Connection

    For Each tbi In cat.Tables
       With tbi
          If tbi.Type = "TABLE" Then
             Me!Tabellenliste.AddItem .Name
          End If
       End With
    Next
    Set cat = Nothing
    Me!Spl_Bezeichnungsfeld.Caption = "Tabellen"
End Sub
```

Zu Beginn der Prozedur löschen Sie sicherheitshalber alle bisher vorgenommenen Einträge im Listenfeld. Danach setzen Sie die Methode AddItem ein, um die einzelnen Tabellennamen in das Listenfeld einzulesen.

REF Lesen Sie mehr zum Thema *Tabellen und deren Programmierung* in Kapitel 5 dieses Buches.

Den Code für das Ermitteln der Abfragen sehen Sie in Listing 15.5.

Listing 15.5: Listenfeld mit allen Abfragen der aktiven Datenbank füllen

```
Private Sub Option19_MouseDown(Button As Integer, _
  Shift As Integer, X As Single, Y As Single)
  Dim obj As AccessObject
  Dim dbs As Object
  Dim i  As Integer

  For i = Me!Tabellenliste.ListCount - 1 To 0 Step -1
    Me!Tabellenliste.RemoveItem (i)
  Next i

  Set dbs = Application.CurrentData
  For Each obj In dbs.AllQueries
    Me!Tabellenliste.AddItem obj.Name
  Next obj
  Me!Spl_Bezeichnungsfeld.Caption = "Abfragen"
End Sub
```

Das dynamische Ändern der Beschriftung des Bezeichnungsfeldes nehmen Sie in der letzten Zeile der Prozedur aus Listing 15.5 vor.

REF Lesen Sie mehr zum Thema *Abfragen und deren Programmierung* in Kapitel 6 dieses Buches.

Nun fehlt noch das Listing 15.6, das dafür eingesetzt wird, die Namen aller Berichte in das Listenfeld zu schreiben.

E-Mail verschicken

Listing 15.6: Listenfeld mit allen Berichten der aktiven Datenbank füllen

```
Private Sub Option21_MouseDown(Button As Integer, _
   Shift As Integer, X As Single, Y As Single)

   Dim obj As AccessObject
   Dim dbs As Object
   Dim i   As Integer

   For i = Me!Tabellenliste.ListCount - 1 To 0 Step -1
      Me!Tabellenliste.RemoveItem (i)
   Next i
   Set dbs = Application.CurrentProject
   For Each obj In dbs.AllReports
      Me!Tabellenliste.AddItem obj.Name
   Next obj
   Me!Spl_Bezeichnungsfeld.Caption = "Berichte"
End Sub
```

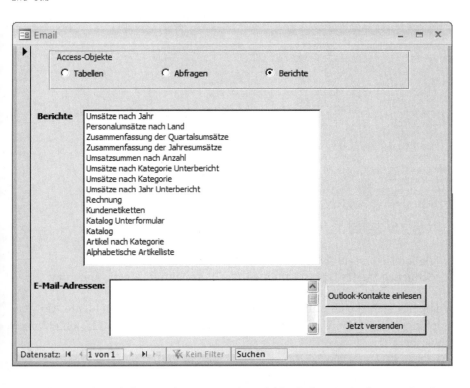

Abbildung 15.5: Die verschiedenen Access-Objekte im Listenfeld einlesen

Im nächsten Schritt füllen Sie das untere Listenfeld mit den Outlook-Kontaktadressen.

> **INFO** Damit es beim Zugriff auf die Kontakte in Outlook zu keinen Problemen kommt, müssen Sie in der Entwicklungsumgebung von Access die Bibliothek MICROSOFT OUTLOOK OBJECT LIBRARY im Menü EXTRAS über den Befehl VERWEISE einbinden.

> **STEP** Das Listenfeld soll zweispaltig sein. Dazu verfahren Sie wie folgt:
> 1. Gehen Sie in die Entwurfsansicht des Formulars.
> 2. Klicken Sie das untere Listenfeld mit der rechten Maustaste an, und wählen Sie den Befehl EIGENSCHAFTEN.
> 3. Wechseln Sie auf den Ribbon FORMAT.

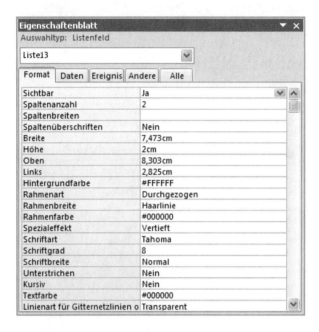

Abbildung 15.6: Spaltenanzahl festlegen

> 4. Geben Sie im Feld SPALTENANZAHL den Wert 2 an.
> 5. Schließen Sie das Eigenschaftenfenster, und speichern Sie die Änderung.

Wenn Sie eine Tabelle, Abfrage oder einen Bericht auch gleich an mehrere E-Mail-Empfänger versenden wollen, müssen Sie diese Eigenschaft dem Listenfeld noch zuweisen.

> **STEP** Dazu befolgen Sie die nächsten Arbeitsschritte:
> 1. Wechseln Sie in die Entwurfsansicht des Formulars.
> 2. Gehen Sie in den EIGENSCHAFTEN-Dialog des unteren Listenfeldes.
> 3. Wechseln Sie auf den Ribbon ANDERE.
> 4. Wählen Sie im Feld MEHRFACHAUSWAHL den Eintrag EINZELN aus.
> 5. Schließen Sie das Eigenschaftenfenster, und speichern Sie dabei Ihre Einstellung.

Legen Sie die Prozedur aus Listing 15.7 hinter die Schaltfläche OUTLOOK-KONTAKTE EINLESEN.

Listing 15.7: Listenfeld mit Outlook-Kontakten füllen

```
Private Sub Befehl23_Click()
  Dim objArbVerz As Object
  Dim objKon As Object
  Dim i As Integer
  Dim str As String
  Dim str2 As String
  Dim strEmailAdr As String
  Dim objOutlApp As New Outlook.Application

  On Error Resume Next
  For i = Me!Liste13.ListCount - 1 To 0 Step -1
     Me!Liste13.RemoveItem (i)
  Next i

  i = 0
  Set objArbVerz = objOutlApp.GetNamespace("MAPI"). _
  GetDefaultFolder(olFolderContacts)
  For i = 1 To objArbVerz.Items.Count
    Set objKon = objArbVerz.Items(i)
    str = objKon.LastName
    str2 = objKon.FirstName
    strEmailAdr = objKon.Email1Address
    Me!Liste13.AddItem str2 & ", " & str & ";" _
      & strEmailAdr
  Next i
  Set objKon = Nothing
  Set objOutlApp = Nothing
  Exit Sub
End Sub
```

Da es sich bei dem Listenfeld um ein mehrspaltiges handelt, müssen Sie die einzelnen Spalteninhalte getrennt durch das Semikolon angeben. In der ersten Spalte, die übrigens den Index 0 hat, geben Sie den Vor- und Nachnamen an. In die zweite Spalte schreiben Sie die E-Mail-Adresse.

Lesen Sie mehr zum Thema *Access im Zusammenspiel mit Outlook* in Kapitel 10 dieses Buches.

Sorgen Sie nun dafür, dass die unten ausgewählten E-Mail-Empfänger das oben ausgewählte Access-Objekt erhalten. Legen Sie die Prozedur aus Listing 15.8 hinter die Schaltfläche JETZT VERSENDEN.

Abbildung 15.7:
Namen und E-Mail-Adressen aus Outlook einlesen

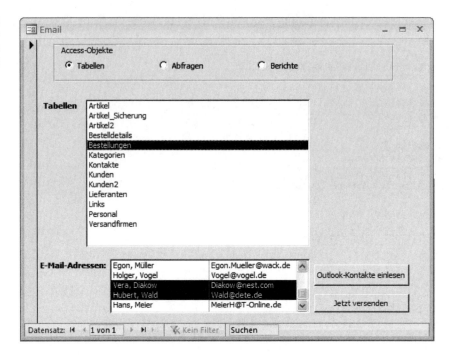

Listing 15.8: E-Mails mit Dateianhang an mehrere Empfänger senden

```
Private Private Sub Befehl24_Click()
  Dim varItem As Variant
  Dim ctlTabelList As control
  Dim ctlEmailList As control
  Dim i As Integer
  Const MailText = "Hallo Anwender!" & _
    " Anbei die regelmäßigen Informationen!"

  Set ctlTabelList = Me!Tabellenliste
  i = Me!Tabellenliste.ListIndex
  Set ctlEmailList = Me!Liste13
  For Each varItem In ctlEmailList.ItemsSelected
    If Me!Sp1_Bezeichnungsfeld.Caption = _
      "Tabellen" Then _
        DoCmd.SendObject acSendTable, _
        ctlTabelList.ItemData(i), _
        acFormatTXT, ctlEmailList.ItemData(varItem), _
        , , "Tabelle", MailText, True
    If Me!Sp1_Bezeichnungsfeld.Caption = _
      "Abfragen" Then _
        DoCmd.SendObject acSendQuery, _
        ctlTabelList.ItemData(i), _
        acFormatTXT, ctlEmailList.ItemData(varItem), _
        , , "Abfrage", MailText, True
    If Me!Sp1_Bezeichnungsfeld.Caption = _
      "Berichte" Then _
        DoCmd.SendObject acSendReport, _
```

```
            ctlTabelList.ItemData(i), _
            acFormatTXT, ctlEmailList.ItemData(varItem), _
            , , "Bericht", MailText, True
        ctlEmailList.Selected(varItem) = False
   Next varItem
End Sub
```

Den Text, der in der eigentlichen E-Mail-Nachricht eingefügt werden soll, können Sie später, um ihn einfach ändern zu können, in einer Konstanten zu Beginn der Prozedur anlegen.

Danach ermitteln Sie über die Eigenschaft ListIndex, welcher Eintrag im oberen Listenfeld vorgenommen wurde. Dabei wird der Index ausgegeben. Arbeiten Sie dann alle markierten E-Mail-Adressen im unteren Listenfeld ab, und versenden Sie die entsprechenden E-Mails mithilfe der Methode SendObject. Über die Eigenschaft ItemData, der Sie den Index übergeben, den Sie gerade mit ListIndex ermittelt haben, können Sie den Namen des Access-Objekts im oberen Listenfeld erfragen. Als Ausgabeformat wählen Sie in diesem Beispiel die Konstante acFormatTXT, um sicherzustellen, dass wirklich jeder der Empfänger Ihre Tabelle, Ihre Abfrage oder Ihren Bericht lesen kann. Um die E-Mail-Adresse aus dem unteren Listenfeld zu extrahieren, ist es ausreichend, wenn Sie direkt auf das Objekt mit dem Index lngItem verweisen. Geben Sie einen Titel für die E-Mail an, der je nach ausgewähltem Access-Objekt anders sein sollte. Für den E-Mail-Text greifen Sie auf den Text zurück, den Sie zu Beginn der Prozedur definiert haben.

Es empfiehlt sich, so viele Anwendungen wie möglich zu schließen, da bei dieser Lösung sehr viel Arbeitsspeicher benötigt wird.

Abbildung 15.8:
Die E-Mails müssen nur noch abgeschickt werden.

15.1.5 E-Mail-Verteiler zusammenstellen

Für die nächste Aufgabenstellung benötigen Sie eine Tabelle mit E-Mail-Adressen. Sie greifen danach auf diese Tabelle zu, lesen alle E-Mail-Adressen aus und erstellen eine Sammel-E-Mail. Die Tabelle, die Sie für diese Aufgabe benötigen, hat folgenden Aufbau:

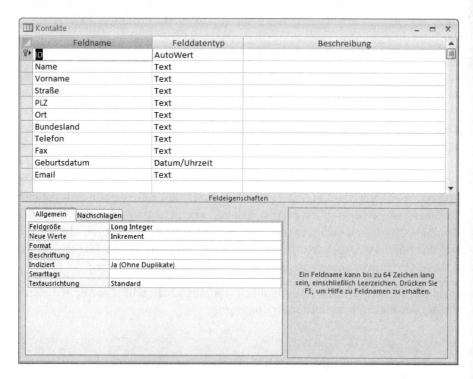

Abbildung 15.9: Die Ausgangstabelle mit den E-Mail-Adressen

Schreiben Sie jetzt die Prozedur, die alle Adressen anzeigt, die in dieser Tabelle erfasst wurden.

Listing 15.9: E-Mail-Empfänger aus einer Datentabelle holen

```
Sub MehrereEMailsVersenden()
   Dim db As Database
   Dim rst As Recordset
   Dim str As String
   Dim strEmailAdr As String
   Const strTitel = "ACHTUNG"
   Const strMailText = "Auf dem Server befinden sich" _
      & " neue Updates!"

   Set db = CurrentDb()
   strEmailAdr = ""
   str = "SELECT EMail from Kontakte"
   Set rst = db.OpenRecordset(str)
```

```
Do Until rst.EOF
   If Not IsNull(rst!eMail) Then
      strEmailAdr = strEmailAdr & rst!eMail & "; "
   End If
   rst.MoveNext
Loop
strEmailAdr = Left(strEmailAdr, Len(strEmailAdr) - 2)
DoCmd.SendObject acSendNoObject, , , strEmailAdr, _
   , , strTitel, strMailText
End Sub
```

Den Titel sowie den eigentlichen Text der E-Mail (Rundschreiben) können Sie als Konstante zu Beginn der Prozedur definieren. Danach stellen Sie die Verbindung zur Tabelle her und formulieren die SQL-Abfrage zunächst in einer String-Variablen. Öffnen Sie die Datentabelle über die Methode `OpenRecordSet`, und durchlaufen Sie alle Datensätze dieser Tabelle. Indem Sie die Funktion `IsNull` verwenden, verhindern Sie, dass Datensätze, die keine E-Mail-Adresse beinhalten, nicht mit verarbeitet werden. Stellen Sie nun den String zusammen, indem Sie jeweils die E-Mail-Adressen miteinander verknüpfen und mit einem Semikolon voneinander trennen. Nachdem alle Datensätze der Tabelle abgearbeitet wurden, ist die `EOF`-Bedingung zu Beginn der Schleife erfüllt, und diese wird daraufhin verlassen. Als Nächstes müssen Sie dafür sorgen, dass aus dem String das letzte Trennzeichen hinter der letzten E-Mail-Adresse wieder entfernt wird. Dazu setzen Sie die Funktionen `Left` und `Len` ein. Erstellen Sie nun eine E-Mail-Nachricht, indem Sie die Methode `SendObject` einsetzen und die bereits mehrmals beschriebenen Argumente einsetzen.

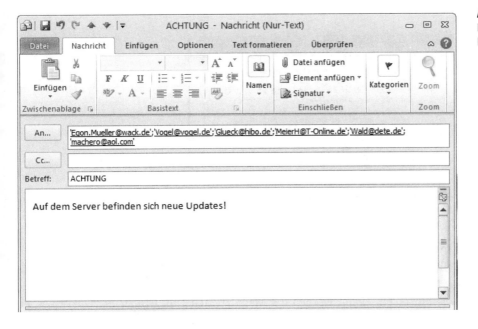

Abbildung 15.10:
Eine Sammel-E-Mail erstellen

Wollen Sie die E-Mails einzeln verschicken, dann starten Sie die Prozedur aus Listing 15.10.

Listing 15.10: Massen-E-Mails einzeln verschicken und bestätigen

```
Sub MehrereEMailsVersendenII()
  Dim db As Database
  Dim rst As Recordset
  Dim str As String
  Const strTitel = "ACHTUNG"
  Const strMailText = "Auf dem Server befinden " _
    & "sich neue Updates!"

  Set db = CurrentDb()
  str = "SELECT EMail from Kontakte"
  Set rst = db.OpenRecordset(str)
  Do Until rst.EOF
    If Not IsNull(rst!eMail) Then
      DoCmd.SendObject acSendNoObject, , , _
        rst!eMail, , , strTitel, strMailText, False
    End If
    rst.MoveNext
  Loop
End Sub
```

Bauen Sie die Methode `SendObject` in die Schleife ein. So erzeugen Sie eine standardisierte E-Mail-Nachricht, bei der jeweils nur ein Empfänger angegeben ist. Ein Nachteil der Methode `SendObject` ist, dass Outlook mit einer Warnmeldung reagiert. Hier müssen Sie für jede neu generierte E-Mail manuell Ihr Okay geben. Nach Klicken auf ERTEILEN wird die Nachricht verschickt.

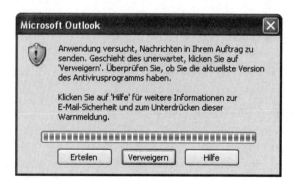

Abbildung 15.11: Jede einzelne E-Mail bestätigen

Nachdem die Prozedur aus Listing 15.10 beendet wurde, werfen Sie einen Blick in Ihren Postausgang.

Sollte Sie das Klicken der ERTEILEN-Schaltfläche jedes Mal stören, dann können Sie die Mails auch später verschicken und statt der Methode `SendObject` die Methode `Save` einsetzen. Damit werden die Mails zunächst im Ordner ENTWÜRFE gespeichert. Zu einem späteren Zeitpunkt können Sie dann über Ihr E-Mail-Programm alle Mails mit einem Klick abschicken.

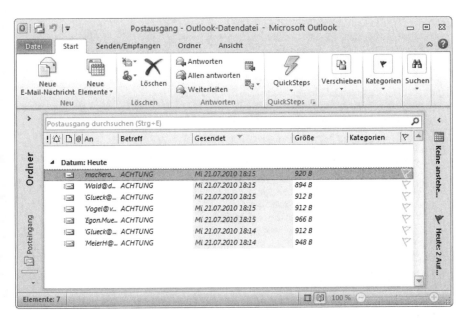

Abbildung 15.12: Die E-Mails müssen noch einzeln verschickt werden.

15.1.6 Posteingang auslesen

Wollen Sie Ihre eingegangenen E-Mails aus dem Outlook-Posteingangsordner in eine Datenbank überführen und auswerten, dann können Sie per VBA eine Tabelle anlegen und die E-Mail-Informationen aus Outlook in diese Tabelle einfügen. Dabei sollen folgende Felder dokumentiert werden:

- Der Titel der E-Mail
- Der Name des Absenders der E-Mail
- Datum/Uhrzeit des E-Mail-Eingangs
- Die Anzahl der Dateianhänge der E-Mail
- Den Lesestatus der E-Mail

Erfassen Sie jetzt die Prozedur aus Listing 0.4, welche die Tabelle MAILDOKU anlegt, im Hintergrund auf Ihren Posteingangsordner zugreift und die einzelnen E-Mail-Informationen dort einträgt.

Listing 15.11: Den Posteingang dokumentieren

```
Sub EMailsAuslesen()
  Dim objFold As Outlook.MAPIFolder
  Dim intGes As Integer
  Dim i As Integer
  Dim intMailZähler As Integer
  Dim con As New ADODB.Connection
```

```
Dim rst As ADODB.Recordset
Dim str As String
Dim varItem As Object

str = "CREATE TABLE MailDoku " & _
  "(Titel Text(200), Erhalten DateTime, " & _
  "Absender Text(50), Anhang Long)"
  DoCmd.RunSQL str

Application.RefreshDatabaseWindow

Set con = CurrentProject.Connection
Set rst = New ADODB.Recordset
rst.Open "MailDoku", con, adOpenKeyset, _
  adLockOptimistic

Set objFold = GetObject("", _
  "Outlook.Application").GetNamespace _
  ("MAPI").GetDefaultFolder(olFolderInbox)
intGes = objFold.Items.Count
i = 0
intMailZähler = 0
While i < intGes
  i = i + 1
  Set varItem = objFold.Items(i)
  With varItem
    intMailZähler = intMailZähler + 1
    rst.AddNew
    rst!Titel = .Subject
    rst!Erhalten = Format(.ReceivedTime, _
      "dd.mm.yyyy hh:mm")
    rst!Anhang = .Attachments.Count
    rst!Absender = .SenderName
      If Not .UnRead = -1 Then
        rst!Gelesen = "Nein"
      Else
        rst!Gelesen = "Ja"
      End If
    rst.Update
  End With
Wend
rst.Close
Set objFold = Nothing
Set rst = Nothing
Set con = Nothing
End Sub
```

Verwenden Sie die SQL-Anweisung CREATE TABLE, um eine neue Tabelle in Ihrer Datenbank anzulegen. Dabei bestimmen Sie Name, Feldtyp und Größe des Feldes. Die so erstellte Tabelle ist vorerst aber noch leer.

Geben Sie bei der SQL-Anweisung CREATE TABLE den Namen der neuen Tabelle an. Danach definieren Sie die einzelnen Felder, teilen Access mit, um welchen Datentyp es sich handelt, und legen die Größe des Datenfeldes fest. Führen Sie direkt im Anschluss daran die Methode RunSQL durch, um die neue Tabelle anzulegen.

Denken Sie daran, am Ende der Prozedur mithilfe der Methode RefreshDataBaseWindow die Ansicht zu aktualisieren, da sonst die neue Tabelle nicht angezeigt wird. Diese Methode simuliert das Drücken der Taste F5.

Stellen Sie im Anschluss daran eine Verbindung zur aktuellen Datenbank über das Objekt CurrentProject her, und öffnen Sie die gerade angelegte Tabelle über die Methode Open.

Mithilfe der Methoden GetObject und GetDefaultFolder, der Sie die Konstante olFolderInbox übergeben, gewinnen Sie direkten Zugriff auf Ihren Posteingangsordner von Outlook.

Über die Eigenschaft Count zählen Sie zunächst, wie viele E-Mails (Items) sich im Posteingang befinden. Arbeiten Sie danach alle E-Mails ab, indem Sie eine Schleife einsetzen. Innerhalb der Schleife setzen Sie die Methode AddNew ein, um einen neuen Datensatz anzulegen. Danach fragen Sie die Betreff-Zeile über die Eigenschaft Subject ab und speichern diese Information im Datenbankfeld TITEL.

Über die Eigenschaft SenderName finden Sie heraus, von wem die E-Mail an Sie gesendet wurde. Sichern Sie diese Information im Datenbankfeld ABSENDER.

Die Eigenschaft ReceivedTime liefert Ihnen das genaue Datum sowie die Uhrzeit des E-Mail-Eingangs. Diese Zeitangaben können Sie über die Funktion Format in das gewünschte Format überführen und im Datenbankfeld ERHALTEN ablegen.

Mithilfe der Eigenschaft Count, die Sie auf das Objekt Attachments anwenden, erfahren Sie, wie viele Anhänge im E-Mail vorhanden waren. Diesen Wert übertragen Sie in das Datenbankfeld ANHANG.

Die Eigenschaft UnRead liefert den Wert -1, sofern eine E-Mail noch nicht gelesen wurde. In Abhängigkeit dieses Wertes schreiben Sie entweder den Text JA oder NEIN in das Datenbankfeld GELESEN.

Setzen Sie die Methode Update ein, um den jeweils angelegten Datensatz tatsächlich auch dauerhaft zu sichern.

Wenn alle E-Mails abgearbeitet wurden, verlässt Access die Schleife und wendet die Methode Close an, um die Datenbanktabelle zu schließen.

Öffnen Sie die Tabelle gleich wieder direkt im Anschluss und setzen die Eigenschaft Sort ein, um die dokumentierten E-Mails nach dem Posteingangsdatum zu sortieren.

Abbildung 15.13:
Alle eingegangenen E-Mails in einer Datentabelle dokumentiert

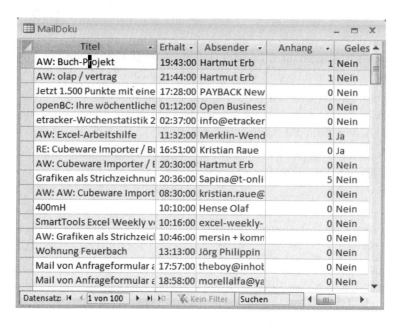

15.1.7 Alle gesendeten Mails dokumentieren

Möchten Sie alle gesendeten E-Mails in eine Datenbanktabelle überführen, dann können folgende Punkte von Interesse sein:

- Der Titel der E-Mail
- Der Empfänger der E-Mail
- Datum/Uhrzeit, an dem/zu der Sie die E-Mail versendet haben
- Die Anzahl der Anhänge
- Die Größe der E-Mail

Erfassen Sie nun die Prozedur aus Listing 15.12.

Listing 15.12: Die versendeten E-Mails dokumentieren

```
Sub AuslesenVersendeteMails()
  Dim objMFol As Outlook.MAPIFolder
  Dim intGes As Integer
  Dim i As Integer
  Dim intMailZ As Integer
  Dim con As New ADODB.Connection
  Dim rst As ADODB.Recordset
  Dim str As String
  
  str = "CREATE TABLE MailSEND " & _
    "(Titel Text(100), Empfänger Text(255), " & _
    "Gesendet DateTime, Anhang INTEGER, " & _
    "Größe INTEGER)"
  DoCmd.RunSQL str
```

```
  Application.RefreshDatabaseWindow

  Set con = CurrentProject.Connection
  Set rst = New ADODB.Recordset
  rst.Open "MailSEND", con, adOpenKeyset, _
    adLockOptimistic

  Set objMFol = _
    GetObject("", "Outlook.Application").GetNamespace _
    ("MAPI").GetDefaultFolder(olFolderSentMail)

  intGes = objMFol.Items.Count
  i = 0
  intMailZ = 0

  While i < intGes
    i = i + 1
    With objMFol.Items(i)
      intMailZ = intMailZ + 1
      rst.AddNew
      rst!Titel = .Subject
      rst!Empfänger = .To
      rst!Gesendet = Format(.SentOn, "dd.mm.yyyy hh:mm")
      rst!Anhang = .Attachments.Count
      rst!Größe = .Size
      rst.Update
    End With
  Wend

  rst.Close

  With rst
    .CursorLocation = adUseClient
    .Open "MailSEND", con, adOpenKeyset, _
      adLockOptimistic
    .Sort = "Gesendet ASC"
  End With

  Set objMFol = Nothing
  Set rst = Nothing
  Set con = Nothing
End Sub
```

Verwenden Sie die SQL-Anweisung CREATE TABLE, um die neue Tabelle MAILSEND in Ihrer Datenbank anzulegen. Dabei bestimmen Sie Name, Feldtyp und Größe des Feldes.

Geben Sie bei der SQL-Anweisung CREATE TABLE den Namen der neuen Tabelle an. Danach definieren Sie die einzelnen Felder, teilen Access mit, um welchen Datentyp es sich handelt, und legen die Größe des Datenfeldes fest. Führen Sie direkt im Anschluss daran die Methode RunSQL durch, um die neue Tabelle anzulegen.

Stellen Sie dann eine Verbindung zur aktuellen Datenbank über das Objekt `CurrentProject` her, und öffnen Sie die gerade angelegte Tabelle über die Methode `Open`.

Mithilfe der Methoden `GetObject` und `GetDefaultFolder`, denen Sie die Konstante `olFolderSentMail` übergeben, gewinnen Sie direkten Zugriff auf den Ordner in Outlook, der Ihre versendeten E-Mails enthält.

Über die Eigenschaft `Count` zählen Sie zunächst, wie viele E-Mails (Items) sich im Ordner GESENDETE OBJEKTE befinden. Arbeiten Sie danach alle E-Mails ab, indem Sie eine Schleife einsetzen. Innerhalb der Schleife setzen Sie die Methode `AddNew` ein, um einen neuen Datensatz anzulegen. Danach fragen Sie die Betreff-Zeile über die Eigenschaft `Subject` ab und speichern diese Information im Datenbankfeld TITEL.

Über die Eigenschaft `TO` finden Sie heraus, an wen Sie die E-Mail gesendet haben. Sichern Sie diese Information im Datenbankfeld EMPFÄNGER.

Die Eigenschaft `SentOn` liefert Ihnen das genaue Datum sowie die Uhrzeit des E-Mail-Ausgangs. Diese Zeitangaben können Sie über die Funktion `Format` in das gewünschte Format überführen und im Datenbankfeld GESENDET ablegen.

Mithilfe der Eigenschaft `Count`, die Sie auf das Objekt `Attachments` anwenden, erfahren Sie, wie viele Anhänge in der E-Mail vorhanden waren. Diesen Wert übertragen Sie in das Datenbankfeld ANHANG.

Mit der Eigenschaft `Size` können Sie die Größe der E-Mail-Nachricht abfragen. Speichern Sie diese Information im Datenbankfeld GRÖSSE.

Setzen Sie die Methode `Update` ein, um den jeweils angelegten Datensatz tatsächlich auch dauerhaft zu sichern.

Wenn alle E-Mails abgearbeitet wurden, verlässt Access die Schleife und wendet die Methode `Close` an, um die Datenbanktabelle zu schließen.

Öffnen Sie die Tabelle gleich wieder direkt im Anschluss und setzen die Eigenschaft `Sort` ein, um die dokumentierten E-Mails nach dem Postausgangsdatum zu sortieren.

Abbildung 15.14:
Alle gesendeten E-Mails in einer Access-Tabelle dokumentiert

Titel	Empfänger	Gesen	Anhang	Größe
AW: Makro Passwortschutz	'Rainer Tierlieb'	03:50:00	0	11227
Bernd an Tobias	'Tobias Neher INFO'	14:08:00	0	2955
fußball	'Conny Haberzett'	14:12:00	0	1955
AW: Bearbeitung der Vorzeichen unserer idee	'Martin Brünninghaus'	22:53:00	1	53969
	'Martin Brünninghaus'	08:44:00	0	2153
AW: Fehlerfindung im Buch Excel 2003	'Susanne Gaertner'	10:04:00	0	7570
AW: Laufzeitfehler 6	'Martin Brünninghaus'	12:09:00	0	5335
AW:	'Stiller Uwe'	12:12:00	2	211539
AW: Tortenkalkulation	'Albert Abele'	12:25:00	0	4304
AW: Testdatei	'Martin Brünninghaus'	12:47:00	1	53687
AW: Testdatei	'Martin Brünninghaus'	13:06:00	1	118164
AW: Re-2: Testdatei	'Martin Brünninghaus'	14:59:00	1	53520

15.1.8 Dateianhänge speichern

Bei der nächsten Lösung geht es darum, alle Mails aus dem aktiven Outlook-Ordner in einem vorher angelegten Verzeichnis zu speichern. Dabei werden die einzelnen Anhänge zusätzlich in einer Excel-Tabelle dokumentiert. Bevor Sie diese Lösung starten, binden Sie die Bibliothek MICROSOFT EXCEL in die Entwicklungsumgebung ein, starten Outlook und aktivieren den Ordner, aus dem Sie die Anhänge sichern möchten. Legen Sie zusätzlich noch ein Verzeichnis mit dem Namen C:\TEST auf Ihrer Festplatte an.

Listing 15.13: Anhänge aus Outlook speichern

```
Sub AnhängeSpeichern()
  Dim objOlApp As New Outlook.Application
  Dim objOlExp As Outlook.Explorer
  Dim lngAnzMax As Long
  Dim lngMailZZ As Long
  Dim lngAnhangZZ As Long
  Dim lngZei As Long
  Dim objEMail As Object
  Dim objXL As Excel.Application

  Set objOlExp = objOlApp.ActiveExplorer
  lngAnzMax = objOlExp.CurrentFolder.Items.Count
  lngZei = 1
  Set objXL = CreateObject("Excel.Application")
  objXL.Workbooks.Add

  For lngMailZZ = 1 To lngAnzMax
    Set objEMail = objOlExp.CurrentFolder _
      .Items(lngMailZZ)
    If objEMail.Attachments.Count > 0 Then
      For lngAnhangZZ = 1 To _
        objEMail.Attachments.Count

        objEMail.Attachments.Item(lngAnhangZZ) _
          .SaveAsFile "C:\Test\" & _
          objEMail.Attachments.Item(lngAnhangZZ)

        With objXL.Sheets("Tabelle1")
          .Cells(lngZei, 1).Value = _
            objEMail.Attachments.Item(lngAnhangZZ)
            lngZei = lngZei + 1
        End With
      Next lngAnhangZZ
    End If
    Set objEMail = Nothing
  Next lngMailZZ

  objXL.ActiveWorkbook.SaveAs "c:\Test\Mails.xls"
  objXL.ActiveWorkbook.Close
```

```
        Set objOlExp = Nothing
        Set objOlApp = Nothing
        Set objXL = Nothing
End Sub
```

Im ersten Schritt wird ein Verweis auf die Applikation OUTLOOK über die Anweisung `Dim objOlApp As New Outlook.Application` eingerichtet. Dadurch kann man alle Outlook-VBA-Befehle auch in Access nutzen. Da die Anhänge auch dokumentiert werden sollen, muss noch eine zusätzliche Excel-Sitzung eröffnet werden. Dazu setzen Sie die Funktion `CreateObject` ein und erstellen mithilfe der Methode `Add` eine neue, noch leere Excel-Arbeitsmappe.

Danach wird über die Methode `ActiveExplorer` der Zugriff auf die aktive Outlook-Applikation hergestellt. Im nächsten Schritt werden alle E-Mails des aktiven Mail-Ordners gezählt, das heißt, man muss vor dem Start der Prozedur den gewünschten Ordner in Outlook aktivieren. Das Zählen der E-Mails wird über die Anweisung `objOlExp.CurrentFolder.Items.Count` durchgeführt. Danach werden alle E-Mails des vorher eingestellten Ordners in Outlook über eine Schleife abgearbeitet. Im Falle, dass eine E-Mail einen Anhang hat, meldet die Anweisung `objEMail.Attachments.Count` einen Wert größer null. In diesem Fall wird der Anhang über die Methode `SaveAsFile` im angegebenen Verzeichnis gespeichert. Am Ende der Prozedur werden die Objektverweise über das Schlüsselwort `Nothing` aufgehoben, um den Speicher wieder freizugeben.

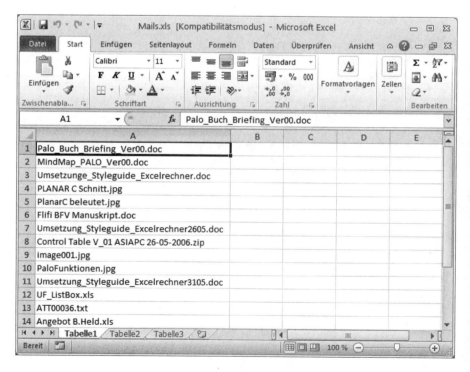

Abbildung 15.15:
Alle Anhänge eines Ordners wurden gesichert und dokumentiert.

15.2 Mini-Browser erstellen

Mithilfe eines zusätzlichen Steuerelements können Sie in ein Formular einen Mini-Browser einbinden und zum Laufen bringen.

Legen Sie für diese Aufgabe ein neues, noch leeres Formular an und befolgen danach die nächsten Arbeitsschritte:

1. Klicken Sie auf das Symbol WEITERE STEUERELEMENTE in der Symbolleiste TOOLBOX.
2. Wählen Sie aus dem Kontextmenü das Steuerelement MICROSOFT WEBBROWSER.
3. Ziehen Sie das Steuerelement in der gewünschten Größe auf Ihrem Formular auf.
4. Integrieren Sie zusätzlich noch ein Textfeld sowie eine Schaltfläche.
5. Legen Sie folgenden Code aus Listing 15.14 hinter die Befehlsschaltfläche.

Listing 15.14: Mini-Browser in Formular einfügen

```
Private Sub Befehl3_Click()
  Me!WebBrowser6.Navigate Me!Text1.Value
End Sub
```

Rufen Sie das Formular auf und geben in das Textfeld eine gültige URL ein:

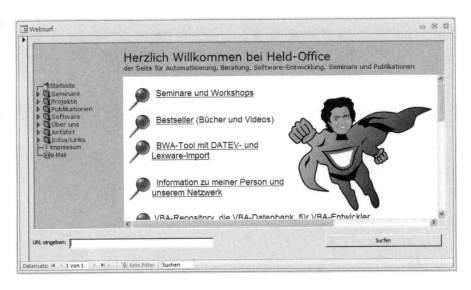

Abbildung 15.16: Den Internet Explorer in ein Formular integrieren

15.3 Arbeiten mit Hyperlinks

Mit Hyperlinks können Sie hervorragend in Formularen arbeiten. Dabei können Sie unter anderem direkt aus einem Formular eine E-Mail verfassen und abschicken, Webabfragen starten oder Textfelder als Hyperlink-Felder umsetzen.

15.3.1 E-Mail direkt aus einem Formular absetzen

Möchten Sie direkt aus einem Formular ein E-Mail-Fenster öffnen, erstellen Sie als Erstes ein neues Formular, fügen ein Listenfeld und eine Schaltfläche ein.

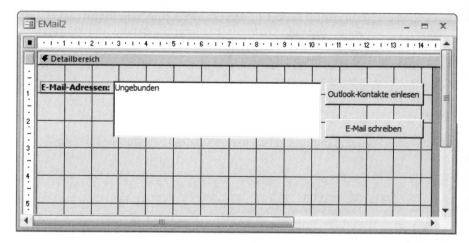

Abbildung 15.17: Das E-Mail-Formular

Hinter die Schaltfläche OUTLOOK-KONTAKTE EINLESEN kopieren Sie die Prozedur aus Listing 15.9. Hinter die Schaltfläche E-MAIL SCHREIBEN legen Sie die Prozedur aus Listing 15.15.

Listing 15.15: E-Mail direkt aus Formular aufrufen

```
Private Sub Befehl24_Click()
   Dim varItem As Variant
   Dim ctl As control

   Set ctl = Me!Liste13
   For Each varItem In ctl.ItemsSelected
      Application.FollowHyperlink "mailto:" _
         & ctl.ItemData(varItem)
      ctl.Selected(varItem) = False
   Next varItem
End Sub
```

Damit ein E-Mail-Fenster aufgerufen werden kann, müssen Sie das Kürzel mailTo vor die eigentliche E-Mail-Adresse stellen.

Arbeiten mit Hyperlinks

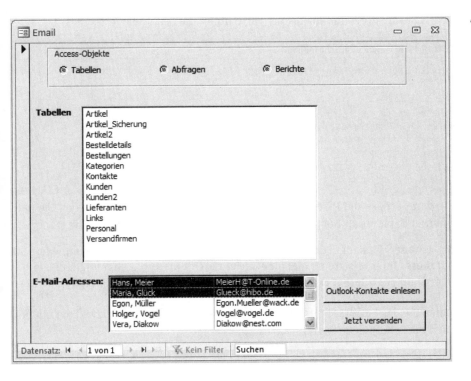

Abbildung 15.18:
Über ein Formular
E-Mails versenden

15.3.2 Webabfrage starten

In der nächsten Aufgabe werden Sie eine Webabfrage erstellen. Dabei soll in einem Formular ein Suchbegriff über ein Textfeld erfasst und an den Internet Explorer übergeben werden. Der Internet Explorer durchsucht dann alle Einträge einer bestimmten Suchmaschine, die dem eingegebenen Begriff entsprechen.

Hierfür erstellen Sie ein neues Formular, das wie folgt aussehen kann:

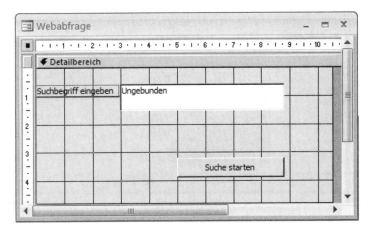

Abbildung 15.19:
Webabfrage durchführen

Legen Sie die Prozedur aus Listing 15.16 hinter die Schaltfläche SUCHE STARTEN.

Listing 15.16: Webabfrage durchführen

```
Private Sub Befehl2_Click()
Dim Suchen As Double

 Suchen = _
 Shell("C:\Programme\Internet Explorer\Iexplore.exe" & _
    " " & "http://www.google.com/search?q=" & _
    Me.Text0, 1)
End Sub
```

Über die Funktion Shell rufen Sie den Internet Explorer von Microsoft auf. Achten Sie darauf, dass die Pfad- und Laufwerksangaben stimmen. Übergeben Sie dem Internet Explorer als Such-String die Internetadresse der Suchmaschine GOOGLE.

TIPP Die genaue Syntax der Suche bei GOOGLE können Sie selbst nachvollziehen, wenn Sie auf dieser Internetseite einmal eine Suche durchführen, die angezeigte URL in das Adressfeld des Internet Explorers kopieren und in Ihren Quellcode integrieren.

Rufen Sie das Formular nun auf, geben Ihren Wohnort in das Textfeld ein und klicken die Schaltfläche SUCHE STARTEN an.

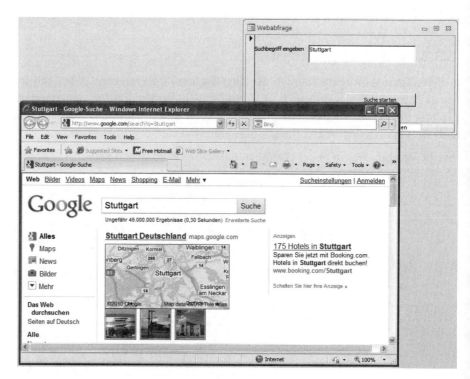

Abbildung 15.20: Die Suchen-Funktion für ein Formular gestalten

15.3.3 Textfelder mit Hyperlink-Charakter erstellen

Stellen Sie sich vor, Sie haben ein Formular vorliegen, in dem ein bestimmtes Feld fest als Hyperlink-Feld vorgesehen ist. Um diese Eigenschaft festzulegen, brauchen Sie keine einzige Zeile selbst zu programmieren.

Diese Eigenschaft legen Sie wie folgt fest:

1. Wechseln Sie in die Entwurfsansicht Ihres Formulars, und öffnen Sie das Eigenschaftenblatt.
2. Klicken Sie das Textfeld mit der rechten Maustaste an, das Sie als Hyperlink-Feld definieren möchten.
3. Wechseln Sie zum Ribbon FORMAT.

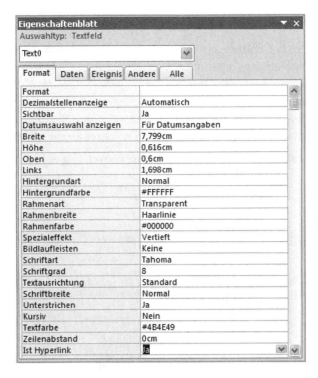

Abbildung 15.21: Hyperlink-Eigenschaft festlegen

4. Aktivieren Sie im Feld IST HYPERLINK den Eintrag JA.
5. Speichern Sie diese Änderung, und schließen Sie Ihr Formular.

Fügen Sie nun eine zusätzliche Schaltfläche in Ihr Formular ein, und legen Sie die Prozedur von Listing 15.17 hinter diese Schaltfläche.

Listing 15.17: Hyperlink-Adresse anspringen

```
Private Sub Befehl2_Click()
  Application.FollowHyperlink Me!Text0.Value
End Sub
```

Setzen Sie die Methode FollowHyperlink ein, um zum angegebenen Ziel zu gelangen, das in das Textfeld TEXT0 eingegeben wurde.

Abbildung 15.22:
Textfeld als Hyperlink-Feld festlegen

15.3.4 Die intelligente Prüfung

Bei der vorherigen Lösung hatten Sie noch das Problem, dass alle Eingaben im Textfeld als Hyperlink umgesetzt wurden, auch wenn sie gar nicht als solche eingegeben wurden. Bei der nachfolgenden Lösung überprüfen Sie die Eingaben in zwei Textfeldern nach ihrer Richtigkeit. Es sollen nur Hyperlinks umgesetzt werden, die entweder das Zeichen @ für eine E-Mail-Adresse oder das Buchstabenkürzel HTTP für eine gültige Internetadresse beinhalten.

Erstellen Sie zunächst ein Formular nach folgendem Aufbau:

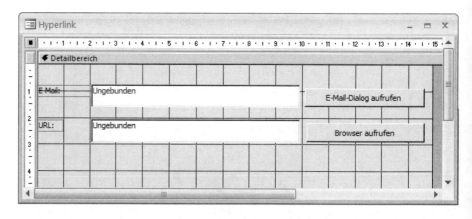

Abbildung 15.23:
Die Ausgangssituation

Nun muss eine Prüfung im ersten Textfeld darüber erfolgen, ob eine gültige E-Mail-Adresse eingegeben wurde. Wenn ja, setzen Sie das Textfeld als Hyperlink um, indem Sie die Schriftfarbe BLAU und den Schriftschnitt FETT einsetzen. Außerdem aktivieren Sie die Schaltfläche E-MAIL-DIALOG AUFRUFEN. Anderenfalls weisen Sie dem eingegebenen Text die Schriftfarbe SCHWARZ und den Schriftschnitt NORMAL zu.

Um diese Aufgabe zu lösen, weisen Sie dem ersten Textfeld das Ereignis aus Listing 15.18 zu. Dieses Ereignis startet automatisch, wenn Sie Ihre Eingabe vorgenommen haben und mit der Taste ⇆ zum nächsten Steuerelement des Formulars wechseln.

Listing 15.18: E-Mail-Adressen prüfen und formatieren

```
Private Sub Text0_BeforeUpdate(Cancel As Integer)
  If InStr(Me!Text0.Value, "@") > 0 Then
    Me!Text0.IsHyperlink = True
    Me!Text0.ForeColor = RGB(0, 0, 256)
    Me!Text0.FontBold = True
    Me!Befehl2.Enabled = True
  Else
    Me!Text0.ForeColor = RGB(0, 0, 0)
    Me!Text0.FontBold = False
    Me!Befehl2.Enabled = False
  End If
End Sub
```

Mithilfe der Funktion `InStr` können Sie prüfen, ob eine bestimmte Zeichenfolge in einem String, hier also in einem Textfeld, vorkommt. Wenn ja, meldet diese Funktion einen Wert größer 0 zurück. Der zurückgegebene Wert gibt die genaue Position des Vorkommens im String an. Kann diese Funktion daher keinen Klammeraffen im Textfeld finden, wird der Wert 0 geliefert. Wurde eine korrekte E-Mail-Adresse eingegeben, dann setzen Sie die Eigenschaft `IsHyperlink` ein, um diese Eingabe zu einem Hyperlink zu machen. Formatieren Sie die Textfarbe über die Eigenschaft `ForeColor`, und wenden Sie dabei die Funktion `RGB` an, um die gewünschte Farbe (hier Blau) festzulegen. Geben Sie zusätzlich die Schrift im Fettdruck aus, und verwenden Sie für diese Aufgabe die Eigenschaft `FontBold`, die Sie auf den Wert `True` setzen. Falls keine gültige E-Mail-Adresse erfasst wurde, weisen Sie die Schriftfarbe SCHWARZ zu, setzen die FETT-Formatierung zurück und deaktivieren die Schaltfläche E-MAIL-DIALOG AUFRUFEN, indem Sie die Eigenschaft `Enabled` auf den Wert `False` setzen.

Im zweiten Textfeld prüfen Sie, ob eine gültige Internetadresse erfasst wurde. Wenn ja, setzen Sie das Textfeld als Hyperlink um, indem Sie die Schriftfarbe BLAU und den Schriftschnitt FETT einstellen. Außerdem aktivieren Sie die Schaltfläche BROWSER AUFRUFEN. Anderenfalls weisen Sie dem eingegebenen Text die Schriftfarbe SCHWARZ und den Schriftschnitt NORMAL zu. Den Code für diese Aufgabe sehen Sie in Listing 15.19:

Listing 15.19: Hyperlinks prüfen und formatieren

```
Private Sub Text3_BeforeUpdate(Cancel As Integer)
  Me!Text3.ForeColor = RGB(0, 0, 0)
    If InStr(Me!Text3.Value, "http") > 0 Then
    Me!Text3.IsHyperlink = True
    Me!Text3.ForeColor = RGB(0, 0, 256)
```

```
        Me!Text3.FontBold = True
        Me!Befehl5.Enabled = True
    Else
        Me!Text3.ForeColor = RGB(0, 0, 0)
        Me!Text3.FontBold = False
        Me!Befehl5.Enabled = False
    End If
End Sub
```

Starten Sie jetzt das Formular und geben im ersten Textfeld eine gültige E-Mail-Adresse ein. Im zweiten Textfeld erfassen Sie eine ungültige Internetadresse.

Abbildung 15.24:
Je nach Eingabe formatieren und (de)aktivieren

Im zweiten Textfeld wurde eine ungültige Internetadresse eingegeben, was mit einem Deaktivieren der Schaltfläche BROWSER AUFRUFEN quittiert wird.

15.4 Datenzugriffsseiten im Internet ablegen

Selbstverständlich können Sie Datenbanken nicht nur lokal betreiben, sondern auch im Internet sogenannte Datenzugriffsseiten ablegen und diese dazu einsetzen, um Ihren lokalen Datenbestand abzufragen bzw. zu aktualisieren.

15.4.1 Datenzugriffsseiten erstellen

Die Datenzugriffsseiten erstellen Sie wie ganz normale Formulare, die Sie über den Assistenten erzeugen.

> **INFO** Die folgenden Beispiele im Zusammenhang mit die Datenzugriffsseiten haben in Access 2007 und Access 2010 keine Gültigkeit mehr. Datenzugriffsseiten wurden seit Access 2007 durch die sogenannten SharePoint Services ersetzt. Dieses Thema ist jedoch nicht Bestandteil dieses Buches. Daher sind die folgenden Seiten nur für Anwender der Version vor Access 2007.

Datenzugriffsseiten im Internet ablegen

Befolgen Sie die nächsten Arbeitsschritte, um eine Datenzugriffsseite zu erstellen.

1. Klicken Sie in der Datenbankleiste auf den Eintrag SEITEN.
2. Führen Sie danach einen Doppelklick auf den Befehl ERSTELLT EINE DATENZUGRIFFS-SEITE UNTER VERWENDUNG DES ASSISTENTEN aus.

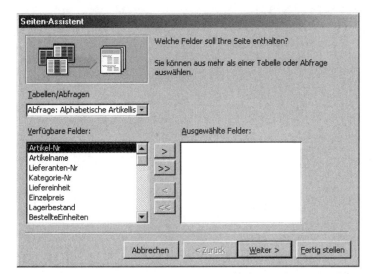

Abbildung 15.25:
Den Assistenten zur Erstellung einer Datenzugriffsseite einsetzen

3. Wählen Sie im Drop-down-Feld TABELLEN/ABFRAGEN die Quelle für Ihr Online-Formular aus.
4. Entscheiden Sie sich für die Felder, die in der Datenzugriffsseite angezeigt werden sollen. Übertragen Sie die gewünschten Felder vom linken in das rechte Listenfeld, indem Sie die Schaltflächen einsetzen.
5. Klicken Sie danach auf die Schaltfläche WEITER.

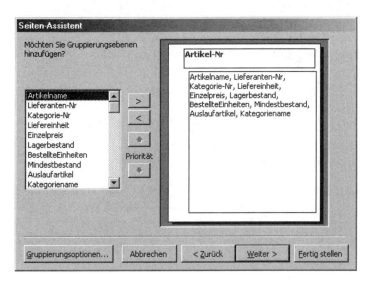

Abbildung 15.26:
Gruppierungsebenen einfügen

6. Wählen Sie bei Bedarf eine Gruppierungsebene aus. Betrachten Sie die Auswirkung der Gruppierung im Vorschau-Fenster.
7. Klicken Sie auf die Schaltfläche WEITER, um zum nächsten Schritt des Assistenten zu gelangen.

Abbildung 15.27:
Sortierreihenfolge festlegen

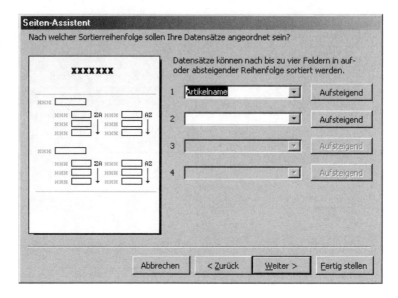

8. Bestimmen Sie die Sortierreihenfolge der Datenzugriffsseite, indem Sie das gewünschte Sortierfeld aus den Drop-down-Listen auswählen und mithilfe der Umschaltfläche AUFSTEIGEND bzw. ABSTEIGEND die Sortierung festlegen.
9. Klicken Sie auf WEITER.

Abbildung 15.28:
Der letzte Schritt

Datenzugriffsseiten im Internet ablegen

10. Geben Sie der Zugriffsseite einen Namen.
11. Aktivieren Sie die Option SEITE ÖFFNEN, damit das Resultat sofort angezeigt wird.
12. Klicken Sie die Schaltfläche FERTIG STELLEN, um die Datenzugriffsseite zu erzeugen.

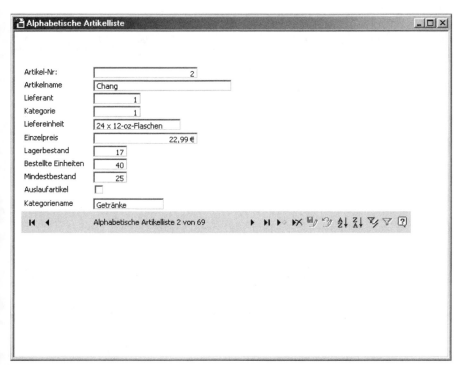

Abbildung 15.29:
Die Datenzugriffsseite fürs Internet

Die Datenzugriffsseite wird standardmäßig als HTML-Datei im selben Verzeichnis gespeichert wie die aktuelle Datenbank.

15.4.2 Datenzugriffsseiten per Code erstellen

Selbstverständlich können Sie Ihre Datenzugriffsseiten auch dynamisch per Code erzeugen lassen. Das folgende Beispiel aus Listing 15.20 erstellt eine leere Datenzugriffsseite und weist dieser Seite ein bestimmtes Layout zu.

Listing 15.20: Datenzugriffsseite mit Layout erstellen

```
Sub DatenzugriffseiteErzeugen()
  Dim dapSeite As DataAccessPage

  Set dapSeite = _
    Application.CreateDataAccessPage("Artikelbestand", _
    True)
    dapSeite.ApplyTheme "citrus"
  DoCmd.Close acDataAccessPage, dapSeite.Name, acSaveYes
End Sub
```

Kapitel 15 • Access und das Internet

Mithilfe der Methode `CreateDataAccessPage` erstellen Sie eine Datenzugriffsseite. Mit der Methode `ApplyTheme` können Sie das Microsoft Office-Design für eine angegebene Datenzugriffsseite festlegen. Dazu müssen Sie die standardmäßig angebotenen Designs natürlich kennen. Ein paar davon können Sie der folgenden Tabelle entnehmen.

Design	Beschreibung
artsy	Ein Design mit einem leichten schwarzen Hintergrund
blank	Dieses Design hat einen leeren Hintergrund.
blends	Bei diesem Design wird am linken Rand ein bläulicher Balken angezeigt.
BluePrnt	Dieses Design beinhaltet einen weißen Hintergrund und kleine hellblaue Quadrate.
BoldStri	Bei diesem Design ist die Datenzugriffsseite vertikal liniert.
CapSules	Dieses Design gibt die Datenzugriffsseite auf weißem Hintergrund und mit formschönen grünlichen Elementen aus.
Citrus	Bei diesem Design wird eine frühlingshafte Musterung verwendet.
expeditn	Dieses Design gibt die Datenzugriffsseite in einem sandfarbenen Muster aus.
indust	Dieses Design belegt die Datenzugriffsseite mit einem gleichmäßigen grauen Muster auf weißem Hintergrund.
ricepapr	Dieses Design weist der Datenzugriffsseite eine reisförmige Musterung auf olivgrünem Hintergrund zu.
rmnsque	Bei diesem Design wird der Datenzugriffsseite ein gepunktetes Muster auf hellgrauem Hintergrund zugewiesen.
strtedge	Dieses Design erzeugt eine ganz feine horizontale Linierung auf weißem Grund.
sumipntg	Bei diesem Design wird ein Marmor ähnlicher Effekt auf der Datenzugriffsseite erzeugt.

Tabelle 15.1: Mögliche Designkonstanten für Datenzugriffsseiten

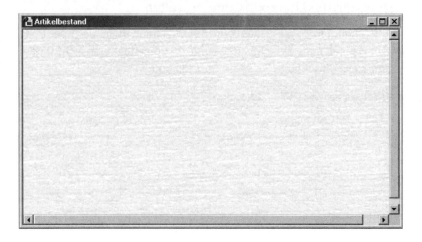

Abbildung 15.30: Die Datenzugriffsseite mit der Designkonstanten `sumipntg`

15.4.3 Datenzugriffsseiten auslesen

Um zu ermitteln, welche Datenzugriffsseiten in Ihrer aktuellen Datenbank vorhanden sind, können Sie die Prozedur aus Listing 15.21 einsetzen.

Listing 15.21: Datenzugriffsseiten ausgeben

```
Sub DatenzugriffseitenAusgeben()
  Dim dap As AccessObject
  Dim obj As Object

  Set obj = Application.CurrentProject
  For Each dap In obj.AllDataAccessPages
    Debug.Print dap.Name
  Next dap
End Sub
```

Über das Objekt CurrentProject kommen Sie an alle Access-Objekte der aktuellen Datenbank heran. So haben Sie auch Zugriff auf das Auflistungsobjekt AllDataAccessPages, in dem alle Datenzugriffsseiten der aktuellen Datenbank verzeichnet sind. Diese geben Sie über die Anweisung Debug.Print im Direkt-Fenster der Entwicklungsumgebung aus.

Abbildung 15.31: Alle Datenzugriffsseiten der aktuellen Datenbank

Um, herauszufinden, wo genau sich die Datenzugriffsseiten auf Ihrer Festplatte befinden, können Sie die Prozedur aus Listing 15.22 einsetzen.

Listing 15.22: Datenzugriffsseiten (Quellen) ausgeben

```
Sub DatenzugriffseitenQuellenAusgeben()
  Dim objAcc As AccessObject
  Dim obj As Object

  Set obj = Application.CurrentProject
  For Each objAcc In obj.AllDataAccessPages
    Debug.Print "Die Datenzugriffsseite:'" _
      & objAcc.Name & Chr(13) & _
      "' ist gespeichert unter: " & Chr(13) _
      & objAcc.FullName & Chr(13)
  Next objAcc
End Sub
```

Mit der Eigenschaft `FullName` können Sie den vollständigen Pfad (einschließlich des Dateinamens) der Datenzugriffsseite ermitteln.

15.4.4 Datenzugriffsseiten anzeigen

Die Syntax der Methode OpenData-AccessPage

Um eine Datenzugriffsseite anzuzeigen, können Sie die Methode `OpenDataAccessPage` einsetzen. Diese Methode hat folgende Syntax:

`OpenDataAccessPage(DatenzugriffseitenName, Ansicht)`

Im Argument `DatenzugriffseitenName` hier Datenzugriffsseite wie in den anderen Listings, soll das so sein? geben Sie den Namen der Seite an, die Sie öffnen möchten.

Im Argument `Ansicht` können Sie mithilfe einer Konstanten entscheiden, wie Sie diese Datenzugriffsseite öffnen möchten. Es stehen dabei folgende Konstanten zur Verfügung:

- `acDataAccessPageBrowse`: Bei dieser Standardeinstellung wird die Datenzugriffsseite in der Seitenansicht von Access geöffnet.
- `acDataAccessPageDesign`: Die Datenzugriffsseite wird in der Entwurfsansicht geöffnet.

15.4.5 Datenzugriffsseiten anpassen

Über VBA-Code können Sie jederzeit bestehende Datenzugriffsseiten anpassen und wieder speichern. In der folgenden Prozedur aus Listing 15.23 wird eine Datenzugriffsseite geöffnet, ein bestimmtes Steuerelement angesprungen und verändert.

Listing 15.23: Datenzugriffsseite im Entwurfsmodus öffnen und anpassen

```
Sub DatenzugriffseiteÖffnenUndÄndern()
  Const str = "Alphabetische Artikelliste"

  With DoCmd
    .Echo False
    .OpenDataAccessPage str, acDataAccessPageDesign
    With DataAccessPages(str)
      .ApplyTheme "expeditn"
      .Document.all("Bezeichnungsfeld0").InnerText = _
        "Heute ist " & Format(Date, "dd.mm.yyyy")
    End With
    .Close acDataAccessPage, str, acSaveYes
    .OpenDataAccessPage str, acDataAccessPageBrowse
    .Echo True
  End With
End Sub
```

Tabellen in Internetformate transferieren

Beim Ausführen einer Prozedur in Microsoft Access werden durch Bildschirmaktualisierungen oft Informationen angezeigt, die für die Funktionalität der Prozedur ohne Bedeutung sind. Wenn Sie das Argument Echo auf den Wert False setzen, wird die Prozedur ohne Bildschirmaktualisierung ausgeführt. Beim Beenden der Prozedur schaltet Microsoft Access automatisch Echo wieder ein und aktualisiert das Fenster.

Öffnen Sie die Datenzugriffsseite im Entwurfsmodus mithilfe der Methode Open-DataAccessPage, indem Sie die Konstante acDataAcessPageDesign einsetzen. Führen Sie danach die Methode ApplyTheme aus, um der Datenzugriffsseite ein neues Design zuzuweisen. Danach greifen Sie auf das Bezeichnungsfeld zu und legen über die Eigenschaft InnerText den Text des Feldes fest. Dabei geben Sie das aktuelle Datum aus. Schließen Sie die Datenzugriffsseite, und speichern Sie dabei die Änderungen, indem Sie der Methode Close den Namen der Seite sowie die Konstante acSaveYes übergeben. Öffnen Sie danach gleich im Anschluss die Seite in der Seitenansicht.

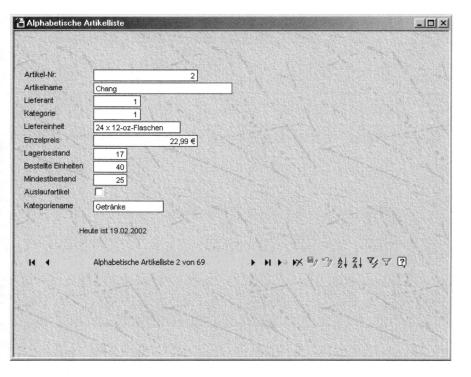

Abbildung 15.32:
Datenzugriffsseiten anpassen

15.5 Tabellen in Internetformate transferieren

Access bietet einige Möglichkeiten an, wie Sie Ihre Tabelle in Internetformate überführen können. Dabei können Sie Ihre Tabellen sowohl in das HTML-Format als auch in das XML-Format transferieren.

15.5.1 Tabelle als HTML-Datei abspeichern

Um eine Tabelle in das HTML-Format zu überführen rufen Sie, bei Access-Versionen bis Access 2003, den Menübefehl DATEI/EXPORTIEREN auf. Bei Access 2007 und Access 2010 wählen Sie auf dem Ribbon EXTERNE DATEN aus der Gruppe EXPORTIEREN in dem Modul WEITERE das Element HTML-DOKUMENT.

Den ganzen Vorgang können Sie über eine Prozedur noch schneller durchführen.

Listing 15.24: Tabelle als HTML-Datei konvertieren

```
Sub TabelleInHTMLkonvertieren()
  DoCmd.OpenTable "Artikel", acViewNormal
  DoCmd.OutputTo acOutputTable, "Artikel", _
     acFormatHTML, "Artikel.htm"
  DoCmd.Close acTable, "Artikel"
End Sub
```

Mit der Methode `OutPutTo` können Sie eine Tabelle im HTML-Format speichern, indem Sie die Konstante `acFormatHTML` verwenden.

Abbildung 15.33:
Die ARTIKEL-Tabelle im HTML-Format

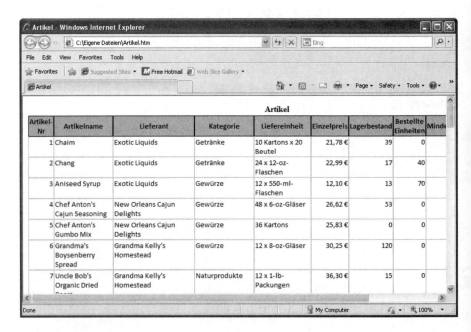

In der nächsten Prozedur aus Listing 15.25 wandeln Sie alle Tabellen Ihrer Datenbank in das HTML-Format um.

Listing 15.25: Alle Tabellen als HTML-Dateien konvertieren

```
Sub AlleTabellenKonvertieren()
  Dim objAcc As AccessObject
  Dim obj As Object

  Set obj = Application.CurrentData
  DoCmd.Echo False
  For Each objAcc In obj.AllTables
    DoCmd.OpenTable objAcc.Name, acViewNormal
    DoCmd.OutputTo acOutputTable, objAcc.Name, _
      acFormatHTML, objAcc.Name & ".htm"
    DoCmd.Close acTable, objAcc.Name
  Next objAcc
  DoCmd.Echo True
End Sub
```

Setzen Sie das Auflistungsobjekt AllTables ein, um an alle Tabellen heranzukommen, die in der aktuellen Datenbank angelegt wurden. Öffnen Sie danach jede einzelne Tabelle, wandeln diese um und schließen die Tabelle wieder. Damit der Bildschirm während dieser Aktion ruhig bleibt, setzen Sie die Methode Echo auf den Wert False.

15.5.2 Tabelle in ein XML-Dokument umwandeln

Auch für das XML-Dateiformat existiert eine Schnittstelle in Access, über die Sie Ihre Tabellen in dieses XML-Format überführen können. Auf die spezifischen Einzelheiten der XML-Sprache gehe ich in diesem Buch nicht weiter ein, da es den Rahmen des Buches sprengen würde und am eigentlichen Thema VBA vorbeigeht.

Um eine Tabelle in das XML-Format zu bringen, rufen Sie, bei Access-Versionen bis Access 2003, den Menübefehl DATEI/EXPORTIEREN auf. Bei Access 2007 und 2010 wählen Sie auf dem Ribbon EXTERNE DATEN in der Gruppe EXPORTIEREN das Element XML-DATEI.

Abbildung 15.34: Tabelle in das XML-Format überführen

Sofern Sie keinen speziellen XML-Editor auf Ihrem PC installiert haben, wird mit einem Doppelklick auf die Datei ARTIKEL.XML diese im Internet Explorer angezeigt. Der Internet Explorer hat quasi eine XML-Anzeigefunktion integriert.

Abbildung 15.35:
Die Tabelle ARTIKEL im XML-Format

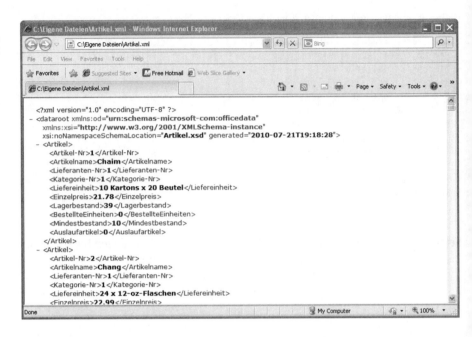

Auch diesen Vorgang können Sie über eine Prozedur automatisieren. Sehen Sie sich dazu Listing 15.26 an.

Listing 15.26: Eine Tabelle in das XML-Format überführen

```
Sub TabelleInXMLKonvertieren()
  Application.ExportXML acExportTable, "Artikel", _
    "Artikel.xml", "artikel.xsd"
End Sub
```

Mithilfe der Methode `ExportXML` können Sie Access-Objekte in das XML-Format umwandeln. Diese Methode hat eine ganze Reihe optionaler Argumente, die Sie in der Online-Hilfe von Access-VBA nachlesen können.

15.6 URLs auslesen

In der folgenden Aufgabe wird der Text einer Internetseite ausgelesen. Dazu befindet sich auf der CD-ROM im Verzeichnis KAP15 die Datei INDEX.HTM, die geöffnet im Internet Explorer wie folgt aussieht:

URLs auslesen

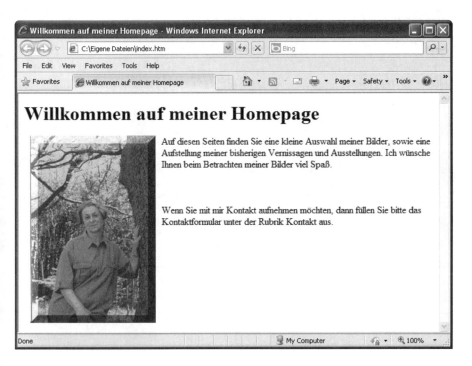

Abbildung 15.36:
Die Internetseite der polnischen Malerin Romana Kaczyc

Der Text dieser Seite soll nun ausgelesen und in einer Bildschirmmeldung ausgegeben werden. Erfassen Sie dazu zunächst eine Funktion, der der Name sowie der Speicherort der HTML-Datei übergeben wird. Als Rückgabe soll dann der Text dieser Seite erscheinen.

Listing 15.27: Funktion, die den Text einer Internetseite extrahiert

```
Function URLText(strUrl As String) As String
  Dim obj As Object

  Set obj = CreateObject("InternetExplorer.Application")
  obj.Navigate strUrl
  URLText = obj.Document.Body.InnerText
  obj.Quit
  Set obj = Nothing
End Function
```

Durch die Anweisung `CreateObject` wird eine neue Internet Explorer-Sitzung erstellt. Über die Methode `Navigate` laden Sie die angegebene Seite. Mithilfe der Eigenschaft `Innertext`, mit der Sie auf das Objekt `Body` im aktuell geladenen Dokument zugreifen, können Sie den Text der Internetseite abfragen. Die Anwendung wird am Ende über die Methode `Quit` beendet. Danach wird der Objektverweis durch die Anweisung `Set obj = Nothing` aufgehoben.

Schreiben Sie jetzt die Prozedur, welche die Funktion URLTEXT aufruft.

Listing 15.28: Inhalt einer Internetseite am Bildschirm ausgeben

```
Sub OeffnenIE()
  Dim str As String

  str = URLText(Application.CurrentProject.Path & _
    "\index.htm")
  MsgBox str
End Sub
```

Abbildung 15.37:
Der Text direkt aus dem Internet wird in einer Msgbox angezeigt.

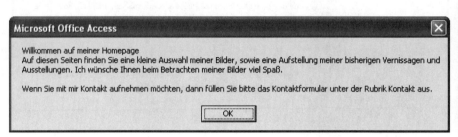

TEIL 5
Praxisführer

741	Menüs, Symbolleisten und die Access 2007/2010-Ribbons programmieren	16
773	Fehlerbehandlung in Access	17
783	FAQ für Access-Entwickler	18

Im abschließenden Teil des Buches, dem Praxisführer, wird der Frage nachgegangen, was Sie unternehmen können, wenn eine Prozedur nicht den gewünschten Erfolg bringt bzw. wenn Sie eine Prozedur erst gar nicht zum Laufen bringen. Angefangen von der Ermittlung und Beseitigung von Fehlern und einer Access-FAQ bis hin zur Recherche nach Material im Internet sind alle relevanten Themen enthalten. Ein weiteres interessantes Thema dieses Teils ist die Programmierung von Menü- und Symbolleisten. Dabei greifen Sie u. a. auf integrierte Access-Funktionen zu und stellen diese Funktionalität in selbst erstellten Leisten zur Verfügung. In Kapitel 18 dieses Buches stellen wir Ihnen unsere VBA-Datenbank, das VBA-Repository, vor. Mit dieser Datenbank können Sie schnell und sicher die gewünschte Prozedur finden und in Ihre Projekte übernehmen.

Kapitel 16
Menüs, Symbolleisten und die Access 2007/2010-Ribbons programmieren

Ab der Access-Version 2007 gibt es keine Menü- und Symbolleisten mehr. Diese wurden durch die sogenannte Multifunktionsleiste, im Englischen »the Ribbon«, ersetzt. Da das englische Wort etwas einfacher ist, sprechen wir in diesem Buch stets von den Ribbons. Die Ribbons können mithilfe der Auszeichnungssprache XML programmiert und dann in Access-Datenbanken eingebunden werden.

Der erste Teil des Kapitels richtet sich an Anwender der Access-Versionen 2000 bis 2003. Im zweiten Teil finden Sie eine Einführung in die Programmierung von Ribbons bei Access 2007 und 2010.

16.1 Allgemeines zu Menü- und Symbolleisten

Alle Leisten in Access werden durch das Objekt CommandBars beschrieben. Die einzelnen Leisten können Sie über die Eigenschaft Type unterscheiden; so liefert eine Symbolleiste den Index 0, eine Menüleiste den Index 1 und ein Kontextmenü den Index 2. Weiterhin können Leisten ganz gezielt über einen eindeutigen ID-Wert angesprochen werden.

Alle Prozeduren und Funktionen aus diesem Abschnitt finden Sie auf der CD-ROM zum Buch im Ordner KAP16 unter dem Namen LEISTEN.MDB.

Die folgende Prozedur in Listing 16.1 schreibt alle Leisten von Access mit ihrem eindeutigen ID-Wert, Namen und Typ in den Direktbereich.

Listing 16.1: Alle Namen, ID-Werte und Typen von Leisten werden in den Direktbereich geschrieben.

```
Sub ArtenVonLeisten()
  Dim i As Integer
  Dim str As String

  For i = 1 To CommandBars.Count
    Select Case CommandBars(i).Type
      Case 0
        str = "Symbolleiste"
      Case 1
        str = "Menüleiste"
      Case 2
        str = "Kontextmenü"
```

```
      Case Else
         str = "nicht ermittelbar"
   End Select
   Debug.Print i & " --> " & _
   CommandBars(i).Name & " --> " & str
  Next i
End Sub
```

Ermitteln Sie im ersten Schritt alle vorhandenen Leisten von Access, indem Sie diese mithilfe der Methode `Count` zählen. Über die Eigenschaft `Type` geben Sie die Art der Befehlsleiste zurück. Entnehmen Sie die möglichen Konstanten bzw. Indexwerte Tabelle 16.1.

Tabelle 16.1: Die möglichen Leistentypen in Access

Index	Konstante	Befehlsleiste
0	msoBarTypeNormal	Symbolleiste
1	msoBarTypeMenuBar	Menüleiste
2	msoBarTypePopup	Kontextmenü

Mit der Eigenschaft `Name` ermitteln Sie den Namen der Befehlsleiste. Den eindeutigen Index haben Sie bereits durch das Hochzählen der Variablen `i` herausgefunden. Über die Anweisung `Debug.Print` geben Sie alle Informationen über die vorhandenen Befehlsleisten im Direktbereich aus.

Abbildung 16.1: Leistentyp herausfinden

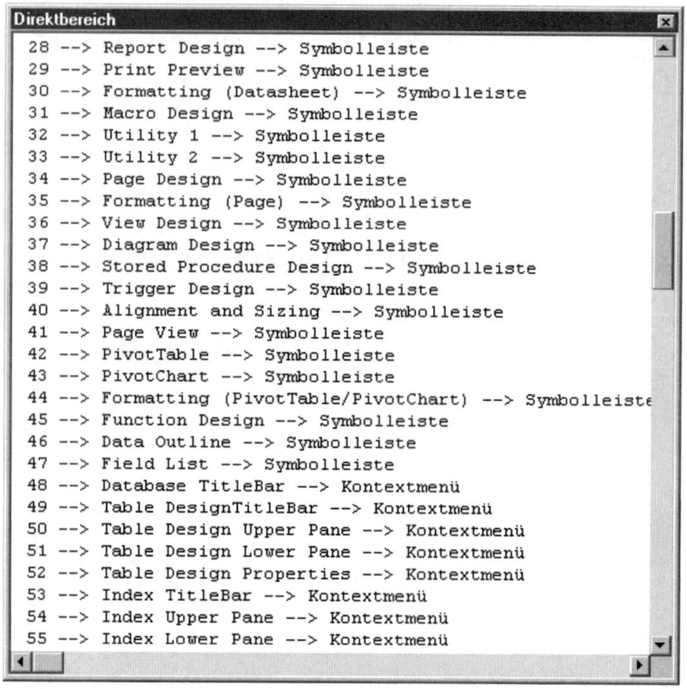

```
Direktbereich
28 --> Report Design --> Symbolleiste
29 --> Print Preview --> Symbolleiste
30 --> Formatting (Datasheet) --> Symbolleiste
31 --> Macro Design --> Symbolleiste
32 --> Utility 1 --> Symbolleiste
33 --> Utility 2 --> Symbolleiste
34 --> Page Design --> Symbolleiste
35 --> Formatting (Page) --> Symbolleiste
36 --> View Design --> Symbolleiste
37 --> Diagram Design --> Symbolleiste
38 --> Stored Procedure Design --> Symbolleiste
39 --> Trigger Design --> Symbolleiste
40 --> Alignment and Sizing --> Symbolleiste
41 --> Page View --> Symbolleiste
42 --> PivotTable --> Symbolleiste
43 --> PivotChart --> Symbolleiste
44 --> Formatting (PivotTable/PivotChart) --> Symbolleiste
45 --> Function Design --> Symbolleiste
46 --> Data Outline --> Symbolleiste
47 --> Field List --> Symbolleiste
48 --> Database TitleBar --> Kontextmenü
49 --> Table DesignTitleBar --> Kontextmenü
50 --> Table Design Upper Pane --> Kontextmenü
51 --> Table Design Lower Pane --> Kontextmenü
52 --> Table Design Properties --> Kontextmenü
53 --> Index TitleBar --> Kontextmenü
54 --> Index Upper Pane --> Kontextmenü
55 --> Index Lower Pane --> Kontextmenü
```

16.2 Symbolleisten programmieren

Wenn Sie in der Normalansicht von Access mit der rechten Maustaste auf die Symbolleiste DATENBANK klicken und den Befehl ANPASSEN aus dem Kontextmenü wählen, erhalten Sie das folgende Dialogfeld angezeigt:

Abbildung 16.2:
Alle zur Verfügung stehenden Symbolleisten werden angezeigt.

Diese angezeigten Symbolleisten können Sie gezielt mit VBA ansprechen. Jede einzelne Symbolleiste hat einen eindeutigen Index. Die Symbolleiste DATENBANK hat beispielsweise den Index 2.

16.2.1 Symbolleiste ein- und ausblenden

In der folgenden Prozedur blenden Sie die Symbolleiste DATENBANK ein und aus.

Listing 16.2: Symbolleiste ein- und ausblenden

```
Sub SymbolleisteDatenbankAnzeigen()
   Application.CommandBars(2).Visible = True
End Sub

Sub SymbolleisteDatenbankAusblenden()
   Application.CommandBars(2).Visible = False
End Sub
```

Mithilfe der Eigenschaft Visible können Sie eine Symbolleiste ein- und ausblenden. Setzen Sie diese Eigenschaft auf den Wert True, wenn Sie eine Symbolleiste einblenden möchten. Verwenden Sie den Wert False, um sie auszublenden.

Alternativ zu der gerade gezeigten Vorgehensweise können Sie auch mit der Methode ShowToolbar arbeiten, um eine Symbolleiste einzublenden. Im folgenden Beispiel blenden Sie die Symbolleiste WEB ein.

Listing 16.3: Symbolleiste WEB einblenden

```
Sub SymbolleisteEinblenden02()
   DoCmd.ShowToolbar "Web", acToolbarYes
End Sub
```

Um die Symbolleiste WEB wieder auszublenden, benutzen Sie dieselbe Methode, übergeben aber eine andere Konstante.

Listing 16.4: Symbolleiste WEB ausblenden

```
Sub SymbolleisteAusblenden02()
   DoCmd.ShowToolbar "Web", acToolbarNo
End Sub
```

16.2.2 Symbolleisten ein- bzw. ausblenden

Möchten Sie sich alle existierenden Symbolleisten anzeigen lassen, gehen Sie noch einen Schritt weiter und bauen die Prozedur aus. Den Code für diese Aufgabe sehen Sie in Listing 16.5. Lassen Sie dabei aber die Symbolleiste DATENBANK unberührt, indem Sie die Schleife erst mit dem Index 3 beginnen lassen.

Listing 16.5: Alle Symbolleisten einblenden

```
Sub AlleSymbolleistenEinblenden()
  Dim i As Integer
  For i = 3 To Application.CommandBars.Count
    On Error Resume Next
    CommandBars(i).Visible = True
  Next i
End Sub
```

Um den Originalzustand wieder herzustellen, starten Sie die Prozedur aus Listing 16.6.

Listing 16.6: Alle Symbolleisten ausblenden

```
Sub AlleSymbolleistenAusblenden()
  Dim i As Integer
  For i = 3 To Application.CommandBars.Count
    On Error Resume Next
    CommandBars(i).Visible = False
  Next i
End Sub
```

16.2.3 Symbolleisten-IDs ermitteln

Jedes einzelne Symbolschaltfläche in Access hat eine eindeutige ID, über die Sie sie ansprechen können. Wie aber können Sie genau diese ID in Access ermitteln? In der Prozedur aus Listing 16.7 werden alle Symbole der Symbolleiste DATENBANK mit ihrem Namen und ihrem eindeutigen Menü in den Direktbereich geschrieben.

Listing 16.7: Alle Symbol-IDs der Symbolleiste DATENBANK ermitteln

```
Sub SymbolIDsAuflisten()
  Dim i As Integer
  Dim obj As Object

  Set obj = Application.CommandBars(2)
  For i = 1 To obj.Controls.Count
    Debug.Print obj.Controls(i).Caption _
      & " --> " & obj.Controls(i).Id
  Next i
End Sub
```

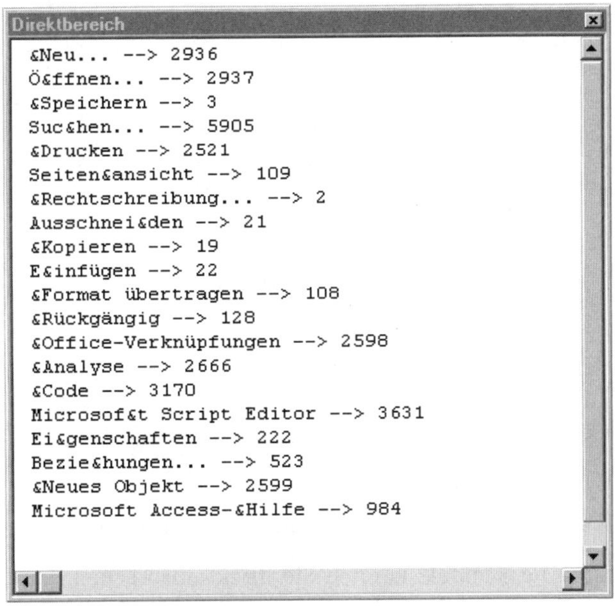

```
Direktbereich
&Neu...        --> 2936
Ö&ffnen...     --> 2937
&Speichern     --> 3
Suc&hen...     --> 5905
&Drucken       --> 2521
Seiten&ansicht --> 109
&Rechtschreibung... --> 2
Ausschnei&den  --> 21
&Kopieren      --> 19
E&infügen      --> 22
&Format übertragen --> 108
&Rückgängig    --> 128
&Office-Verknüpfungen --> 2598
&Analyse       --> 2666
&Code          --> 3170
Microsof&t Script Editor --> 3631
Ei&genschaften --> 222
Bezie&hungen... --> 523
&Neues Objekt  --> 2599
Microsoft Access-&Hilfe --> 984
```

Abbildung 16.3:
Jedes Symbol besitzt eine eindeutige ID.

16.2.4 Symbolleistennamen ermitteln

Im nächsten Listing 16.8 schreiben Sie die Namen aller Symbolleisten und ihrer dazugehörigen Befehle in den Direktbereich.

Listing 16.8: Alle CommandBars auflisten

```
Sub CommandBarsAuflisten()
  Dim i As Integer
  Dim k As Integer
  Dim obj As Object
  
  Set obj = Application.CommandBars
  For i = 1 To obj.Count
    Debug.Print "Das ist die Leiste: " & obj(i).Name
    For k = 1 To obj(i).Controls.Count
      Debug.Print obj(i).Controls(k).Caption
    Next k
    Debug.Print Chr(13)
  Next i
End Sub
```

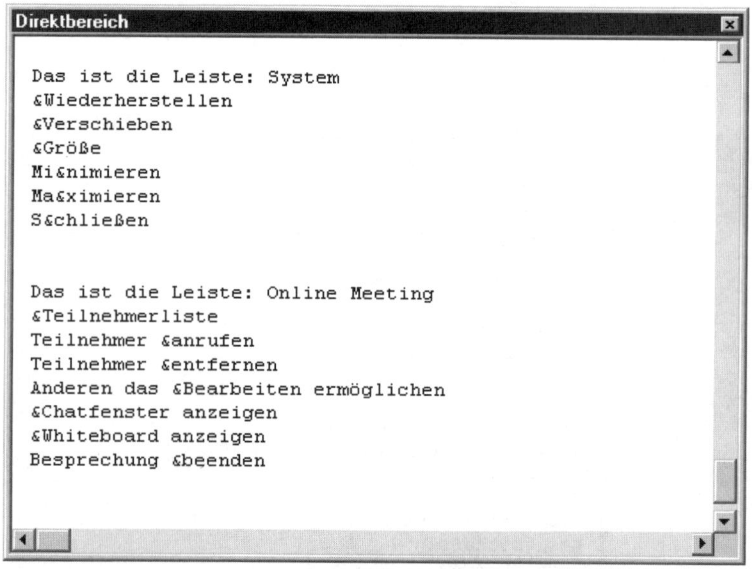

Abbildung 16.4:
Alle Leisten mit den dazugehörigen Befehlen auflisten

```
Direktbereich

Das ist die Leiste: System
&Wiederherstellen
&Verschieben
&Größe
Mi&nimieren
Ma&ximieren
S&chließen


Das ist die Leiste: Online Meeting
&Teilnehmerliste
Teilnehmer &anrufen
Teilnehmer &entfernen
Anderen das &Bearbeiten ermöglichen
&Chatfenster anzeigen
&Whiteboard anzeigen
Besprechung &beenden
```

16.2.5 Symbolschaltflächen (de)aktivieren

Einzelne Symbole können Sie direkt ansprechen, indem Sie die genaue Anordnung in der Symbolleiste über die Eigenschaft Controls angeben. So wird im Beispiel von Listing 16.9 in der Symbolleiste DATENBANK das Symbol NEU deaktiviert.

Listing 16.9: Symbolschaltfläche deaktivieren

```
Sub SymbolDeaktivieren()
  Dim obj As Object
  Application.CommandBars(2).Controls(1).Enabled = False
End Sub
```

Symbolleisten programmieren

Um diese Symbolschaltfläche wieder zu aktivieren, starten Sie die Prozedur aus Listing 16.10.

Listing 16.10: Symbolschaltfläche aktivieren

```
Sub SymbolAktivieren()
  Application.CommandBars(2).Controls(1).Enabled = True
End Sub
```

16.2.6 Neue Symbolleiste erstellen

Neue Symbolleiste anlegen

Wenn Sie Ihre eigene Symbolleiste anlegen möchten, die die für Sie wichtigen Funktionen enthält, dann können Sie eine Symbolleiste zuerst einrichten und später mit den gewünschten Symbolen belegen. Im ersten Schritt legen Sie eine neue, noch leere Symbolleiste an. Den Code für diese Aufgabe können Sie Listing 16.11 entnehmen.

Listing 16.11: Neue Symbolleiste anlegen

```
Sub NeueSymbolleiste()
  Dim cb As CommandBar
  On Error Resume Next
  
  Set cb = CommandBars.Add("Neue Symbolleiste")
  With cb
    .Visible = True
    .Top = 400
    .Left = 70
  End With
End Sub
```

Mit der Methode `Add` fügen Sie eine neue Symbolleiste ein. Dabei bestimmen Sie über die Eigenschaft `Visible`, dass die Symbolleiste auf dem Bildschirm angezeigt wird. Mit den Eigenschaften `Top` und `Left` legen Sie die exakte Anzeigeposition (linke obere Ecke) fest. Sollte die Symbolleiste bereits angelegt worden sein, sorgt die Anweisung `On Error Resume Next` dafür, dass es zu keinem Prozedurfehler kommt. Die Methode `Add` wird in diesem Fall einfach ignoriert.

> **TIPP**
>
> Der Vollständigkeit halber wird in Listing 16.12 noch der Code aufgeführt, um eine Symbolleiste zu löschen. Sehen Sie sich dazu wieder die Anweisung `On Error Resume Next` an, die einen Prozedurfehler verhindert, wenn versucht wird, die bereits gelöschte Symbolleiste zu löschen.

Listing 16.12: Symbolleiste löschen

```
Sub SymbolleisteLöschen()
  On Error Resume Next
  CommandBars("Neue Symbolleiste").Delete
End Sub
```

Setzen Sie die Methode `Delete` ein, um eine Symbolleiste zu entfernen.

16.2.7 Symbolschaltflächen-FaceIDs ermitteln

Im nächsten Schritt sollten Sie die noch leere Symbolleiste mit Ihren Wunschsymbolen befüllen. Jede einzelne Symbolschaltfläche in Access hat eine eindeutige ID, über die Sie sie ansprechen können. Mit dieser ID ist eine eindeutige Funktion hinterlegt.

Neben der ID gibt es auch noch die sogenannte FaceId. Diese FaceId ist ebenso eindeutig und gibt das Aussehen des Symbols wieder.

Wie aber können Sie genau diese FaceId in Access ermitteln? In der folgenden Aufgabe werden Sie die ersten 1.000 Symbole in eine eigene Symbolleiste einfügen.

Listing 16.13: Symbol-FaceIds ermitteln

```
Sub SymbolFaceIDsErmitteln()
   Dim cb As CommandBar
   Dim cbc As CommandBarControl
   Dim i As Integer
   On Error Resume Next

   Set cb = Application.CommandBars.Add("Symbole", _
      msoBarFloating)

   For i = 1 To 1000
      Set cbc = cb.Controls.Add(msoControlButton)
      cbc.FaceId = i
      cbc.TooltipText = i
   Next i
   cb.Visible = True
End Sub
```

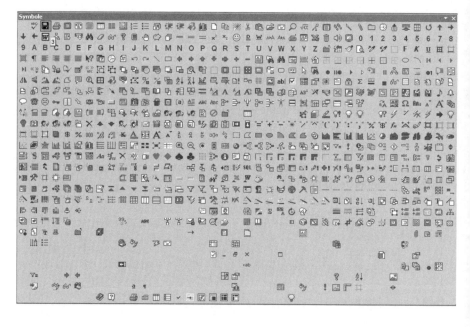

Abbildung 16.5:
Die ersten 1.000 Symbole mit den FaceIds im QuickInfo-Fenster

Wenn Sie den Mauszeiger auf ein Symbol stellen, wird dessen FaceId angezeigt.

16.2.8 Symbolschaltflächen-IDs ermitteln

Sie haben nun das Aussehen der einzelnen Symbole über die FaceId herausgefunden. Es fehlt Ihnen nun noch die ID der einzelnen Symbole, die die Funktion der Symbolschaltfläche festlegt.

Im folgenden Beispiel aus Listing 16.14 wird die Symbolleiste DATENBANK untersucht. Alle IDs der Symbole dieser Schaltfläche werden in den Direktbereich geschrieben.

Listing 16.14: Symbol-IDs ermitteln

```
Sub IDsErmitteln()
  Dim cb As CommandBar
  Dim cbc As CommandBarControl

  On Error Resume Next
  Set cb = Application.CommandBars(2)
  For Each cbc In cb.Controls
    Debug.Print cbc.TooltipText & " --> " & cbc.Id
  Next cbc
End Sub
```

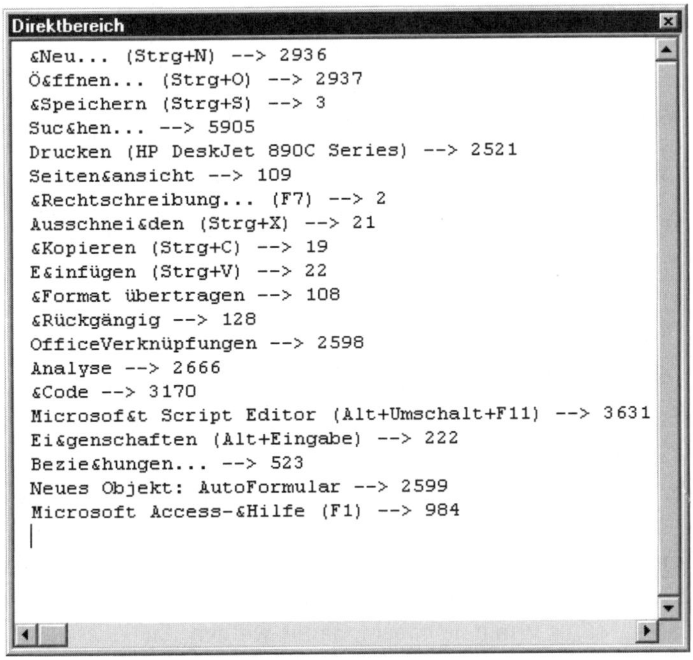

Abbildung 16.6:
Alle IDs der Symbolleiste DATENBANK

Mithilfe der Eigenschaft `ToolTipText` können Sie die QuickInfo der einzelnen Symbole der Symbolleiste DATENBANK ermitteln. Mit der Eigenschaft `ID` ist die Aktion gemeint, die ausgeführt wird, wenn Sie eine Symbolschaltfläche anklicken.

 Wenn Sie eigene Symbole erstellen, ist der Wert der `ID`-Eigenschaft immer 1.

16.2.9 Symbolschaltflächen einfügen

Da Sie nun alle erforderlichen Informationen haben, um die noch leere Symbolleiste aus Listing 16.11 mit den gewünschten Symbolen auszustatten, gehen Sie ans Werk.

Die Symbolleiste soll folgende Symbole enthalten:

1. Das SPEICHERN-Symbol
2. Das NEU-Symbol
3. Das ÖFFNEN-Symbol
4. Ein benutzerdefiniertes Symbol, dem Sie eine eigene Prozedur zuweisen

Die Prozedur für das Bestücken der gerade aufgezählten Symbole können Sie Listing 16.15 entnehmen.

Listing 16.15: Symbole in Symbolleiste integrieren

```
Sub SymbolleisteFüllen()
  Dim cb As CommandBar
  Dim cbc As CommandBarControl

  Set cb = Application.CommandBars("Neue Symbolleiste")
  'Speichern-Symbol einfügen
  Set cbc = cb.Controls.Add(msoControlButton, 3)
  'Symbol Neu einfügen
  Set cbc = cb.Controls.Add(msoControlButton, 2936)
  'Symbol Öffnen einfügen
  Set cbc = cb.Controls.Add(msoControlButton, 2937)

  'Benutzerdefiniertes Symbol einfügen
  Set cbc = cb.Controls.Add(msoControlButton)
  cbc.FaceId = 125
  cbc.TooltipText = "Aktuelles Datum"
  cbc.OnAction = "DatumAusgeben"

End Sub
```

Geben Sie in der Anweisung `Set` an, in welche Symbolleiste Sie die Symbole einfügen möchten. Danach fügen Sie mit der Methode `Add` die einzelnen Symbole ein. Wenn Sie dabei auf bereits fertige Funktionen von Access zurückgreifen möchten, genügt es, wenn Sie bei der Methode `Add` die dazugehörige ID angeben, die Sie in Listing 16.14 ermittelt haben. Damit werden das Aussehen sowie die entsprechende QuickInfo, die die Beschreibung der Funktion enthält, automatisch mit angelegt.

Abbildung 16.7:
Die eigene Symbolleiste mit QuickInfo

Bei eigenen Symbolen müssen Sie die Eigenschaft FaceId einsetzen, um das Aussehen des Symbols festzulegen. Orientieren Sie sich dabei an Listing 16.13. Um eine QuickInfo zu definieren, die angezeigt werden soll, sobald der Anwender den Mauszeiger auf dem Symbol positioniert, setzen Sie die Eigenschaft ToolTipText ein. Damit überhaupt etwas passiert, wenn der Anwender auf das benutzerdefinierte Symbol klickt, legen Sie über die Eigenschaft OnAction fest, welche Prozedur beim Klick auf das Symbol ausgeführt werden soll. Sie müssen zu diesem Zweck die Prozedur noch erfassen. Diese Prozedur sehen Sie in Listing 16.16.

Listing 16.16: Das aktuelle Datum anzeigen

```
Sub DatumAusgeben()
  MsgBox "Heute ist der " & Date
End Sub
```

16.2.10 Symbolleisten schützen

Sie können Symbolleisten jeder Zeit anpassen, d.h., Sie können neue Symbole in die Symbolleiste aufnehmen oder sie aus den Leisten herausnehmen. Des Weiteren können Sie die Position von Symbolleisten auf dem Bildschirm frei bestimmen. Möchten Sie all dies verhindern, so haben Sie die Möglichkeit, Ihre Symbolleisten zu schützen. In der nächsten Prozedur aus Listing 16.17 wird die Symbolleiste DATENBANK geschützt.

Listing 16.17: Symbolleisten schützen

```
Sub SymbolleisteSchützen()
  With Application.CommandBars(2)
    .Protection = _
      msoBarNoChangeVisible + msoBarNoCustomize
    .Visible = True
  End With
End Sub
```

Setzen Sie die Eigenschaft Protection ein, um Ihre Symbolleisten zu schützen. Die Konstante msoBarNoChangeVisible bewirkt, dass die Symbolleiste nicht im Kontextmenü erscheint, wenn Sie eine beliebige Symbolleiste mit der rechten Maustaste anklicken. Die Konstante msoBarNoCustomize verhindert ein Anpassen der Symbolleiste. Sie haben dadurch keine Möglichkeit, neue Symbole hinzuzufügen bzw. Symbole herauszunehmen.

Entnehmen Sie Tabelle 16.2 die Möglichkeiten, die Sie mit der Eigenschaft Protection haben.

Tabelle 16.2:
Die Möglichkeiten zum Schutz von Symbolleisten

Konstante	Bedeutung
msoBarNoChangeDock	Die Symbolleiste kann nicht aus ihrer Verankerung herausgelöst werden.
msoBarNoChangeVisible	Die Symbolleiste können Sie weder im Kontextmenü der Symbolleisten noch im Dialogfeld ANPASSEN sehen.
msoBarNoCustomize	Kein Hinzufügen bzw. Löschen von Symbolen aus der Symbolleiste, auch kein Verschieben der Symbole ist möglich.
msoBarNoHorizontalDock	Die Symbolleiste kann weder am oberen noch am unteren Bildschirm angedockt werden.
msoBarNoVerticalDock	Die Symbolleiste kann weder rechts noch links am Bildschirm angedockt werden.
msoBarNoMove	Die Symbolleiste kann nicht auf dem Bildschirm frei bewegt werden.
msoBarNoResize	Die Symbolleiste kann in ihrer Form nicht verändert werden.

16.2.11 Symbolleistenschutz entfernen

Heben Sie den Schutz wieder auf, indem Sie die folgende Prozedur aus Listing 16.18 starten.

Listing 16.18: Symbolleistenschutz wieder aufheben

```
Sub SymbolleistenschutzAufheben()
  With Application.CommandBars(2)
    .Protection = False
    .Visible = True
  End With
End Sub
```

Setzen Sie die Eigenschaft Protection auf den Wert False, um den Schutz der Symbolleiste wieder aufzuheben.

16.2.12 Symbolschaltflächen (de)aktivieren

Sie können in Access auch bestimmte Symbolschaltflächen deaktivieren und bei Bedarf wieder aktivieren. Dies empfiehlt sich u.a., wenn Sie auf bestimmte Anlässe in Access reagieren möchten. So können Sie z.B. eine Symbolschaltfläche standardmäßig deaktivieren und erst dann aktivieren, wenn Sie eine Kopieraktion durchführen wollen. So sind Sie in der Lage, am Status eines Symbols abzulesen, ob Sie sich gerade im Kopiermodus befinden.

In der nächsten Aufgabe werden Sie zwei Symbole aus der in Listing 16.13 angelegten Symbolleiste SYMBOLE deaktivieren. Es handelt sich um die Symbole DRUCKEN und KOPIEREN.

Die Prozedur für diese Aufgabe entnehmen Sie Listing 16.19:

Menüleisten programmieren

Listing 16.19: Einzelne Symbole deaktivieren

```
Sub DeaktivierenSymbole()
  Dim cb As CommandBar
  Dim i As Integer

  Set cb = CommandBars("Symbole")
  With cb
    cb.Controls(4).Enabled = False
    cb.Controls(19).Enabled = False
  End With
End Sub
```

Die Deaktivierung einzelner Symbole bewirkt, dass diese abgeblendet dargestellt werden. Wenn Sie auf eines dieser Symbole klicken, erfolgt keine Reaktion. Damit Sie das richtige Symbol deaktivieren, arbeiten Sie am besten über die eindeutige ID. Geben Sie vorher an, in welcher Symbolleiste Sie das gewünschte Symbol deaktivieren möchten, und deaktivieren Sie es schließlich, indem Sie die Eigenschaft Enabled auf den Wert False setzen.

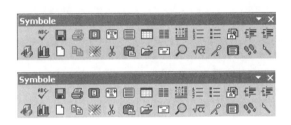

Abbildung 16.8: Die Symbole DRUCKEN und KOPIEREN deaktiviert bzw. aktiviert

Um diese beiden Symbole wieder zu aktivieren, setzen Sie die Eigenschaft Enabled wieder auf True (Listing 16.20).

Listing 16.20: Einzelne Symbole aktivieren

```
Sub AktivierenSymbole()
  Dim cb As CommandBar
  Dim i As Integer

  Set cb = CommandBars("Symbole")
  With cb
    cb.Controls(4).Enabled = True
    cb.Controls(19).Enabled = True
  End With
End Sub
```

16.3 Menüleisten programmieren

Wenn Sie eigene Menüs erstellen möchten, können Sie sich überlegen, ob Sie die bereits bestehende Menüleiste DATENBANK ergänzen oder gar ersetzen möchten. Für die meisten Fälle empfiehlt sich jedoch die zuerst genannte Vorgehensweise, da Sie dann noch in der Lage sind, neben Ihren dazukommenden Funktionen auch bestehende Funktionen in Access abzurufen. Die Position, an der ein Menübefehl eingefügt werden soll, können Sie in Access ganz genau festlegen.

Seit Access 2000 integriert Bei der Ermittlung der korrekten Einfügeposition kann Ihnen aber die seit der Access-Version 2000 bestehende Funktion mit den adaptiven Menüs einen Strich durch die Rechnung machen. Bei diesem Feature handelt es sich um ein sich ständig selbst anpassendes System, nach dem Menüleisten angeordnet werden. Die am häufigsten verwendeten Funktionen werden in den Menüs ganz oben angeordnet. Die seltener verwendeten Access-Funktionen rutschen immer weiter nach unten und werden erst nach längerem Verweilen der Maus darauf im Menü dynamisch eingeblendet. Es empfiehlt sich daher, dieses neue Feature auszuschalten. Das können Sie manuell vornehmen, indem Sie mit der rechten Maustaste auf eine beliebige Symbolleiste klicken und aus dem Kontextmenü den Befehl ANPASSEN auswählen. Wechseln Sie danach auf die Registerkarte OPTIONEN, und deaktivieren Sie das Kontrollkästchen MENÜS ZEIGEN ZULETZT VERWENDETE BEFEHLE ZUERST AN (Access 2000), bzw. aktivieren Sie das Kontrollkästchen MENÜS IMMER VOLLSTÄNDIG ANZEIGEN (Access 2002 und Access 2003).

Abbildung 16.9: Personalisierte Menüleisten deaktivieren

Diese manuelle Einstellung können Sie aber auch über eine Prozedur deaktivieren.

Listing 16.21: Adaptive Menüs abschalten

```
Sub AdaptiveMenüsAusschalten()
  Application.CommandBars.AdaptiveMenus = False
End Sub
```

Menüleisten programmieren

Setzen Sie die Eigenschaft `AdaptiveMenus` auf den Wert `False`, um die personalisierten Menüs abzuschalten. Dadurch werden die Menüs wie gewohnt in Access angezeigt.

Möchten Sie ausgiebig mit Menü- und Symbolleisten arbeiten, müssen Sie noch die Bibliothek MICROSOFT OFFICE 10 OBJECT LIBRARY für Office XP bzw. MICROSOFT OFFICE 11 OBJECT LIBRARY für Office 2003 über den Menübefehl EXTRAS/VERWEISE aktivieren. Damit stehen Ihnen dann alle Methoden und Eigenschaften zur Verfügung, die Ihnen Office bietet.

16.3.1 Neues Menü einfügen

In der nächsten Aufgabe soll ein zusätzliches Menü genau vor dem HILFE-Menü eingefügt werden, das ein paar nützliche Funktionen aufnehmen soll. Denken Sie daran, dass Sie vorher die Bibliothek MICROSOFT OFFICE 11 OBJECT LIBRARY in Ihre Entwicklungsumgebung einbinden.

Der dazu notwendige Code sieht wie folgt aus:

Listing 16.22: Menüleiste DATENBANK mit zusätzlichem Menü ausstatten

```
Sub NeuesMenüEinfügen()
 Dim i As Integer
 Dim i_Hilfe As Integer
 Dim MenüNeu As CommandBarControl

 i = Application.CommandBars _
 ("Menu Bar").Controls.Count
 i_Hilfe = Application.CommandBars _
 ("Menu Bar").Controls(i).Index

 Set MenüNeu = Application.CommandBars("Menu Bar"). _
  Controls.Add(Type:=msoControlPopup, _
  Before:=i_Hilfe, Temporary:=True)
 MenüNeu.Caption = "&Eigene Funktionen"
End Sub
```

Definieren Sie im ersten Schritt zwei `Integer`-Variablen, die zum einen die Anzahl der Menüs ermitteln, die gegenwärtig in der Menüleiste eingebunden sind, und zum anderen die Position des Hilfemenüs ermitteln. Eine weitere Objektvariable vom Typ `CommandBarControl` wird gebraucht, um den neuen Menüpunkt einzufügen. Über die Methode `Count` zählen Sie die Anzahl der Menüs in der Menüleiste und speichern sie in der Variablen `i`. Im nächsten Schritt ermitteln Sie die Position des HILFE-Menüs, das standardmäßig ganz rechts in der Arbeitsblatt-Menüleiste steht. Die Menüleiste können Sie über das Objekt `CommandBars("Menu Bar")` ansprechen. Über die Eigenschaft `Controls` bekommen Sie alle Steuerelemente der angegebenen Menüleiste angezeigt.

Abbildung 16.10:
Das neue Menü
EIGENE FUNKTIONEN

Die Syntax der Methode Add

Mithilfe der Methode Add fügen Sie ein neues Menü ein. Die Methode Add hat die Syntax:

Add(Type, Id, Before, Temporary)

Beim Argument Type geben Sie an, um welche Art von Steuerelement es sich handeln soll. Zur Auswahl stehen die Konstanten aus der Tabelle 16.3.

Tabelle 16.3:
Alle möglichen Konstanten für Steuerelemente in Menüleisten

Konstante	Beschreibung
msoControlButton	Fügt ein Schaltflächenelement ein
msoControlEdit	Fügt ein Eingabefeld ein
msoControlDropdown	Fügt eine Drop-down-Feld ein
msoControlComboBox	Fügt ebenso ein Drop-down-Feld ein
msoControlPopup	Fügt ein Drop-down-Menü ein

Beim Argument ID können Sie sich entscheiden, ob Sie zusätzlich zum Menütext auch noch ein Symbol anzeigen möchten. Dieses Argument funktioniert jedoch nur innerhalb eines Menüs, also für einen Menübefehl. Mit dem Argument Before legen Sie die genaue Position des Menüs fest. Übergeben Sie dem Argument die vorher ermittelte Position des HILFE-Menüs. Setzen Sie das letzte Argument Temporary auf den Wert True, wenn das neue Steuerelement temporär sein soll. Temporäre Steuerelemente werden automatisch gelöscht, wenn die Containeranwendung geschlossen wird.

16.3.2 Menüleiste zurücksetzen

Haben Sie ein wenig mit Ihrer Menüleiste experimentiert und möchten Sie diese ganz schnell wieder auf ihren ursprünglichen Zustand zurücksetzen, dann starten Sie die Prozedur aus Listing 16.23.

Listing 16.23: Menüleiste zurücksetzen

```
Sub MenüLeisteZurücksetzen()
   Application.CommandBars("Menu Bar").Reset
End Sub
```

Die Methode Reset setzt die angegebene, integrierte Befehlsleiste auf die Standardkonfiguration der Steuerelemente zurück.

16.3.3 Menüs löschen

Wenn Sie noch weitere zusätzliche Menüs in Ihrer Menüleiste haben, dann ist es nicht sinnvoll, die komplette Menüleiste zurückzusetzen. Manche Hersteller von Access-Tools integrieren ebenso weitere Menüs bzw. Menüunterpunkte in die Menüleiste von Access. Im Fall, dass Sie nun die Methode Reset einsetzen, sind auch diese erwünschten Einträge weg. Hier müssen Sie ganz gezielt Ihr eigenes Menü herauslöschen. Setzen Sie dazu die Prozedur aus Listing 16.24 ein.

Listing 16.24: Menü löschen

```
Sub MenüLöschen()
  On Error Resume Next
  With Application.CommandBars("Menu Bar")
    .Controls("E&igene Funktionen").Delete
  End With
End Sub
```

Wenden Sie die Methode Delete an, um das neu eingefügte Menü wieder zu löschen.

16.3.4 Menübefehle einfügen

Das gerade eingefügte Menü enthält noch keine Menübefehle. Diese fügen Sie jetzt ein. Erweitern Sie dazu die Prozedur aus Listing 16.22 wie folgt:

Listing 16.25: Menübefehle integrieren

```
Sub NeuesMenüEinfügen()
  Dim i As Integer
  Dim intHilfe As Integer
  Dim cbcMenü As CommandBarControl
  Dim cbc As CommandBarControl

  i = Application.CommandBars("Menu Bar") _
    .Controls.Count
  intHilfe = Application.CommandBars("Menu Bar") _
    .Controls(i).Index
  Set cbcMenü = Application.CommandBars("Menu Bar"). _
  Controls.Add(Type:=msoControlPopup, _
    Before:=intHilfe, Temporary:=True)
  cbcMenü.Caption = "&Eigene Funktionen"

  Set cbc = cbcMenü.Controls.Add _
    (Type:=msoControlButton)
  With cbc
    .Caption = "Speicherort der Datei anzeigen"
    .Style = msoButtonIconAndCaption
    .OnAction = "Verzeichniszurückgeben"
    .FaceId = 23
  End With
  Set cbc = cbcMenü.Controls.Add _
```

```
      (Type:=msoControlButton)
    With cbc
      .Caption = _
        "Wo&chentag, Datum und Uhrzeit anzeigen"
      .Style = msoButtonCaption
      .OnAction = "DatumUndUhrzeit"
      .BeginGroup = True
    End With
End Sub
```

Für die Menübefehle im Menü EIGENE FUNKTIONEN benötigen Sie eine weitere Objektvariable vom Typ `CommandBarControl`. Wenden Sie die Methode `Add` auf das neu eingefügte Menü an, um die einzelnen Menübefehle hinzuzufügen. Mit der Anweisung `With` legen Sie übersichtlich weitere Eigenschaften der neuen Menübefehle fest.

Mit der Eigenschaft `Caption` bestimmen Sie die Beschriftung des Menübefehls. Verwenden Sie das kaufmännische Zeichen &, um den Shortcut für diesen Befehl zu fixieren. Ist das Menü einmal aktiviert, können Sie durch die Eingabe des unterstrichenen Buchstabens innerhalb des Menübefehls die dahinter liegende Funktion bzw. die Prozedur starten.

Abbildung 16.11:
Das Menü mit Befehlen bestücken

Über die Eigenschaft `FaceId` können Sie dem Menübefehl auch noch ein Symbol hinzufügen. Allerdings muss dabei die Eigenschaft `Styles` mit der Konstante `msoButtonIconAndCaption` angegeben werden.

16.3.5 Menübefehle gruppieren

Fassen Sie Menübefehle optisch zusammen, indem Sie eine Trennlinie zwischen einzelnen Menübefehlen ziehen. Diesen Effekt erreichen Sie über die Eigenschaft `BeginGroup`. Setzen Sie diese Eigenschaft auf den Wert `True`, wenn sich der angegebene Menübefehl am Anfang einer Gruppe von Menübefehlen im Menü befindet.

16.3.6 Menübefehle mit Prozeduren ausstatten

Mit der Eigenschaft `OnAction` geben Sie an, welche Prozedur hinter dem Menübefehl liegen soll. Dabei gibt diese Eigenschaft den Namen der Visual Basic-Prozedur zurück, die ausgeführt wird, wenn der Anwender den entsprechenden Menübefehl auswählt.

Die beiden Prozeduren im Menü EIGENE FUNKTIONEN lauten:

Listing 16.26: Speicherort und Name der Datenbank ausgeben

```
Sub Verzeichniszurückgeben()
  MsgBox Application.CurrentDb.Name
End Sub
```

Mit der Methode `CurrentDb` geben Sie an, wie die aktuell geöffnete Datenbank heißt. Als Nebeneffekt wird Ihnen auch noch der komplette Speicherpfad gemeldet.

Die Prozedur zum Anzeigen des Wochentags sowie der Uhrzeit entnehmen Sie dem Listing 16.27.

Listing 16.27: Wochentag, Datum und Uhrzeit ausgeben

```
Sub DatumUndUhrzeit()
  Dim i As Integer
  Dim str As String

  i = Weekday(Date, 2)
  str = WeekdayName(i)
  MsgBox "Heute ist " & str & ", der " _
    & Date & ", " & Time & " Uhr!"
End Sub
```

Um speziell die Menüleiste von Access auszulesen, setzen Sie den Code aus Listing 16.28 ein.

Listing 16.28: Menünamen auflisten

```
Sub MenüNamenAusgeben()
  Dim cbc As CommandBarControl
  Dim cb As CommandBar
  Dim i As Integer

  Set cb = Application.CommandBars("Menu Bar")
  For Each cbc In cb.Controls
    Debug.Print cbc.Caption
  Next
End Sub
```

16.3.7 Menübefehle auslesen

Möchten Sie mehr über Ihr Menü erfahren, hilft Ihnen die Prozedur aus Listing 16.28. Sie schreibt die Namen aller Menüs der Menüleiste in den Direktbereich.

Um beispielsweise das erste Menü, also das Menü DATEI, auszulesen, setzen Sie die Prozedur aus Listing 16.29 ein.

Listing 16.29: Menübefehle auflisten

```
Sub MenüsAuslesen()
  Dim cbc As CommandBarControl
  Dim obj As Object
```

```
    Set obj = Application.CommandBars _
      ("Menu Bar").Controls(1)

    For Each cbc In obj.Controls
      Debug.Print cbc.Caption
    Next
End Sub
```

Indem Sie die Eigenschaft Controls auf den Wert 1 setzen, bestimmen Sie, dass das Menü DATEI gemeint ist.

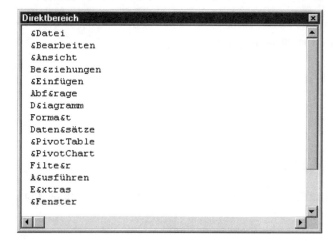

Abbildung 16.12:
Die Menüs der Menüleiste von Access

Abbildung 16.13:
Die Menübefehle des Menüs DATEI auflisten lassen

16.3.8 Menüs (de)aktivieren

Neben dem Ansprechen einzelner Menüs mit einem Index haben Sie ebenso die Möglichkeit, ganz gezielt bestimmte Menübefehle zu deaktivieren. Diese werden dann abgeblendet und können nicht mehr ausgewählt werden.

Im folgenden Listing 16.30 werden alle Menübefehle im Menü EINFÜGEN deaktiviert.

Listing 16.30: Menübefehle deaktivieren

```
Sub AlleMenübefehleInLeisteDeaktivieren()
  Dim cbc As CommandBarControl
  Dim obj As Object

  Set obj = Application.CommandBars _
    ("Menu Bar").Controls(5)
  For Each cbc In obj.Controls
    cbc.Enabled = False
  Next
End Sub
```

Setzen Sie die Eigenschaft Enabled auf den Wert False, um die einzelnen Menübefehle zu deaktivieren.

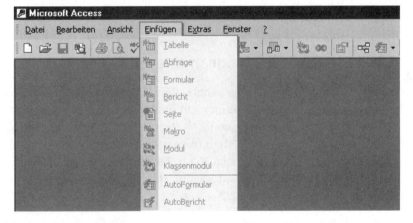

Abbildung 16.14:
Alle Menübefehle wurden deaktiviert.

Um die Menübefehle wieder zu aktivieren, starten Sie die Prozedur aus Listing 16.31.

Listing 16.31: Menübefehle aktivieren

```
Sub AlleMenübefehleInLeisteAktivieren()
  Dim cbc As CommandBarControl
  Dim obj As Object

  Set obj = Application.CommandBars _
    ("Menu Bar").Controls(5)
  For Each cbc In obj.Controls
```

```
        cbc.Enabled = True
    Next
End Sub
```

16.3.9 Menübefehle (de)aktivieren

Natürlich können Sie auch gleich ganz oben im Menü den Menüpunkt deaktivieren. Dadurch kann das entsprechende Menü nicht mehr heruntergeklappt werden. Den Code für diese Anweisung entnehmen Sie Listing 16. 32:

Listing 16.32: Menü deaktivieren

```
Sub MenüDeaktivieren()
  'Menü Einfügen deaktivieren
  Application.CommandBars("Menu Bar") _
    .Controls(5).Enabled = False
End Sub
```

Abbildung 16.15:
Das Menü EINFÜGEN wurde deaktiviert.

Setzen Sie die Eigenschaft Enabled auf den Wert True, um das Menü wieder zur Verfügung zu stellen.

16.4 Die Ribbons programmieren

Neu ab Access 2007 ist die sogenannte Multifunktionsleiste, im Englischen »the Ribbon« genannt. Ein Ribbon kann nicht direkt über VBA programmiert werden, sondern nur über den Umweg von XML-Markups. VBA wird hier lediglich zum Einsatz gebracht, um die auf XML-basierenden Konfigurationen bei Bedarf dynamisch, also zur Laufzeit, in die Datenbank einzuladen bzw. um auch auf Aktionen wie beispielsweise Mausklicks auf Schaltflächen zu reagieren. Diese neue Technik ist nur für Access ab Version 2007 einsetzbar.

Alle Prozeduren und Funktionen aus diesem Abschnitt finden Sie auf der CD-ROM zum Buch im Ordner KAP16 in den Dateien RIBBONSVBA.ACCDB und RIBBONSUSYS.ACCDB.

Auf den folgenden Seiten wird beschrieben, wie Sie ein XML-Markup in eine Datenbank bekommen. In diesem XML-Markup steht alles, was das Aussehen der Multifunktionsleiste ausmacht. Das XML-Markup beschreibt also, wie die Oberfläche in Access 2007 bzw. 2010 aussehen soll.

Die Ribbons programmieren

Folgende Arbeitsschritte sind notwendig, um eine neue Menüleiste in Access einzubinden:

- Erstellung eines XML-Markups nach einem bestimmten Muster
- Anlage einer Access-Tabelle mit bestimmten Feldinhalten
- Erfassen des XML-Markups in dieser Tabelle
- Einlesen dieser Daten in Access, mit oder ohne VBA
- Einstellen der gewünschten Menüleiste bei den Access-Optionen
- Speichern und Neustart der Datenbank

16.4.1 Programmierung über ein XML-Markup

Am folgenden Beispiel soll demonstriert werden, wie Sie eine zusätzliche Registerseite mit dem Namen MEINE REGISTERSEITE anlegen und mit einer Schaltfläche belegen können. Der Rahmen für ein solches Markup sieht aus wie in Abbildung 16.16 dargestellt.

Die Erstellung eines XML-Markups kann mit einem normalen Texteditor erfolgen, wenn Sie keinen XML-Editor zur Verfügung haben. Wenn Sie eine XML-Datei nur ansehen möchten, können Sie dazu den Microsoft Internet Explorer verwenden. Dieser zeigt Ihnen eine XML-Datei übersichtlich formatiert an.

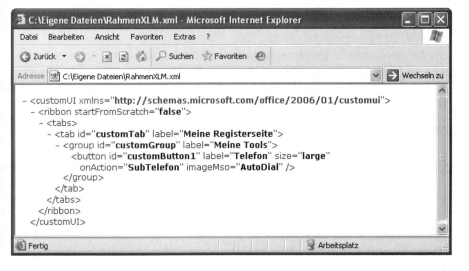

Abbildung 16.16:
Der Grundrahmen des XML-Markups

Ein XML-Markup für die Menüleisten-Programmierung hat als oberstes Element ein customIU-Element und beginnt mit der Zeile:

```
<customUI xmlns="http://schemas.microsoft.com/office/2006/01/customui">
```

Diese Zeile definiert, dass das XML-Markup eine Beschreibung für das Microsoft Office Custom User Interface enthält und die folgenden XML-Tags zum Namensraum desselben gehören.

Das darauffolgende Element sieht wie folgt aus:

```
<ribbon startFromScratch="true">
```

Die Beschreibungen für die Multifunktionsleiste befinden sich alle unterhalb dieses `Ribbon`-Elements. Wenn Sie das Attribut `startFromScratch` wie in der Abbildung gezeigt auf den Wert `False` setzen, dann werden die vier Standard-Registerseiten START, ERSTELLEN, EXTERNE DATEN und DATENBANKTOOLS in Access angezeigt. Soll dies nicht geschehen, dann setzen Sie dieses Attribut auf den Wert `True`.

Über XML-Elemente mit den Namen `Tab` definieren Sie Registerseiten. In unserem Beispiel definieren Sie genau eine Registerseite.

```
<tab id=»customTab« label=»Meine Registerseite«>
```

Über das Attribut `id="customTab"` geben Sie an, dass es sich um eine anwenderspezifische Registerseite handelt, über das Attribut `label="Meine Registerseite"` geben Sie an, mit welchem Namen die Registerseite in der Multifunktionsleiste angezeigt werden soll. Das im Tab-Element enthaltene nächste Element lautet:

```
<group id="customGroup" label="Meine Tools">
```

Damit definieren Sie auf der Registerseite eine Gruppe, die den Namen `"Meine Tools"` tragen wird. Das folgende Element

```
<button id="customButton1" label="Telefon" size="large" onAction="SubTelefon" imageMso="AutoDial" />
```

definiert eine Schaltfläche. Über die Attributzuweisung `label="Telefon"` bestimmen Sie, dass die Schaltfläche den Namen `Telefon` tragen wird, über `size="large"`, dass ein großes Symbol angezeigt wird, und über `imageMso="AutoDial"`, welches Bild die Schaltfläche tragen soll. Ganz wichtig ist die Zuweisung `onAction="SubTelefon"`. Damit wird festgelegt, dass bei Betätigung der Schaltfläche die VBA-Prozedur `SubTelefon` aufgerufen wird.

Speichern Sie dieses XML-Markup unter dem Namen RAHMENXLM.XLM.

16.4.2 Anlage der Tabelle USysRibbons

In diesem Abschnitt wird gezeigt, wie das soeben erstellte XML-Markup über einen automatischen Mechanismus in Access geladen werden kann, um die von Ihnen getätigten Konfigurationen umzusetzen. In einem folgenden Kapitel wird gezeigt, wie Sie dieses Laden auch über VBA-Code erledigen können, um so mehr Flexibilität zu bekommen.

Wenn Sie das Laden des XML-Markups von Access, ohne den Einsatz einer VBA-Prozedur erledigen wollen, starten Sie Microsoft Access und legen eine leere Tabelle mit dem Namen USYSRIBBONS an. Orientieren Sie sich an dem folgenden Aufbau. Achten Sie auf die Bezeichnungen der Tabellenfelder, inklusive der Groß-/Kleinschreibung.

Die Ribbons programmieren

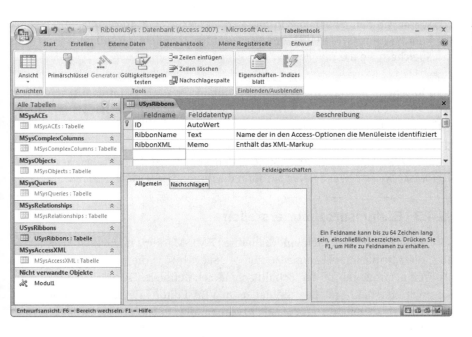

Abbildung 16.17:
Die Tabelle USysRibbons

1. Öffnen Sie die vorher abgespeicherte XML-Datei beispielsweise über den Texteditor und kopieren den Inhalt der Datei in die Zwischenablage.
2. Öffnen Sie die Tabelle USYSRIBBONS und legen den ersten Satz wie folgt an.

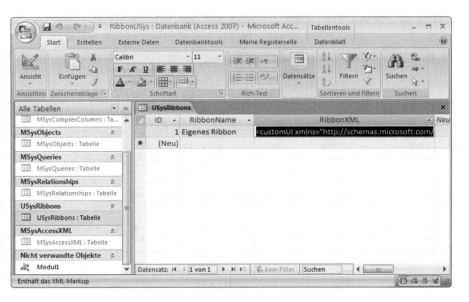

Abbildung 16.18:
Das XML-Markup ins Feld RibbonXML einfügen

3. Vergeben Sie im Feld RIBBONNAME einen Namen nach eigener Wahl, z.B. EIGENES RIBBON.

4. Setzen Sie den Mauszeiger in das Feld RibbonXml, und drücken Sie die Tastenkombination [Strg] + [V], um das Skript im Memofeld einzufügen.
5. Speichern Sie die Tabelle.

Bitte beachten Sie, dass die Tabelle USysRibbons von Access automatisch versteckt wird. Um diese Datei in der Navigationsleiste anzuzeigen, müssen Sie folgendermaßen vorgehen:

Klicken Sie mit der rechten Maustaste auf die obere Leiste der Navigationsleiste, und wählen Sie im angezeigten Kontextmenü den Menüpunkt NAVIGATIONSOPTIONEN. Im Dialog NAVIGATIONSOPTIONEN aktivieren Sie dann die Option SYSTEMOBJEKTE ANZEIGEN.

16.4.3 Ereignisprozedur erstellen

Sie erinnern sich, Sie hatten innerhalb Ihres XML-Markups im Element-Tag button über die Attribut-Zuweisung onAction = "SubTelefon" die Prozedur SUBTELEFON als Ereignisprozedur für den Schaltflächenklick definiert. Diese Prozedur müssen Sie noch erstellen. Erstellen Sie daher im VBA-Editor in einem Modul folgende Prozedur: Beachten Sie, dass Sie als Argument die Objektvariable IRibbonControl mitgeben.

Listing 16.33: Die Ereignisprozedur für den Schaltflächenklick

```
Public Sub SubTelefon(control As IRibbonControl)
  MsgBox "Prozedur `SubTelefon' aufgerufen!"
End Sub
```

16.4.4 Neue Menüleiste auswählen

Als letzten Schritt müssen Sie nun nur noch in den Access-Optionen angeben, wann die von Ihnen definierte Registerseite verwendet werden soll.

1. Wenn Sie seit Erstellung oder Modifikation der Tabelle USYSRIBBON die Datenbank noch nicht neu gestartet haben, dann tun Sie dies.
2. Klicken Sie anschließend die runde Office-Schaltfläche am linken, oberen Rand.
3. Klicken Sie die Schaltfläche ACCESS-OPTIONEN.
4. Aktivieren Sie die Rubrik AKTUELLE DATENBANK.

Die Ribbons programmieren

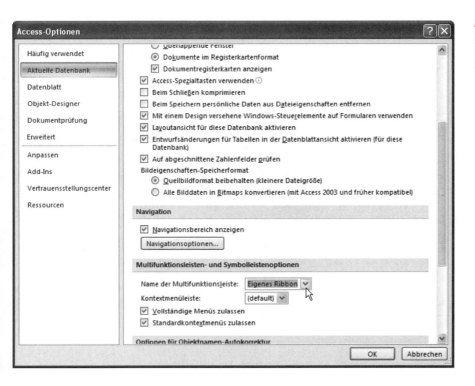

Abbildung 16.19:
Die gewünschte Multifunktionsleiste angeben

5. In der Gruppe MULTIFUNKTIONSLEISTEN- UND SYMBOLLEISTENOPTIONEN wählen Sie aus dem Drop-down NAME DER FUNKTIONSLEISTE die nun angebotene Leiste EIGENES RIBBON.
6. Bestätigen Sie mit OK.

Abbildung 16.20:
Bestätigung der Meldung

7. Bestätigen Sie die Rückfrage mit OK.
8. Schließen Sie die Datenbank und öffnen diese erneut.

Nach dem erneuten Start der Datenbank wird die neue Registerseite automatisch angezeigt. Ein Klick auf die Schaltfläche TELEFON in der Gruppe MEINE TOOLS ruft die Prozedur SUBTELEFON auf.

Abbildung 16.21:
Die neue Registerseite mit funktionierender Schaltfläche

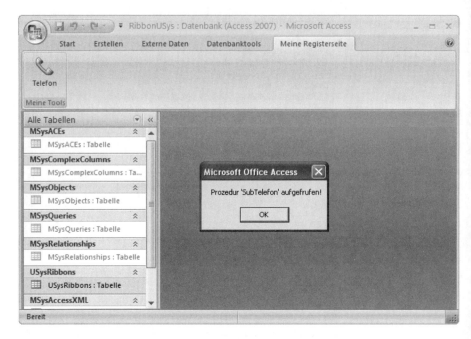

16.4.5 Dynamisches laden ohne USysRibbon

Als Alternative zum automatischen Laden über die Tabelle USysRibbon können Sie dieses Laden auch über VBA-Code erledigen. Damit haben Sie die Möglichkeit, zur Laufzeit über unterschiedliche XML-Markups unterschiedliche Konfigurationen laden zu können. Sie können das XML-Markup dann in einer beliebigen Tabelle halten, in einer externen XML-Datei oder direkt im VBA-Code als definierte String-Konstante. Wählen Sie für dieses Beispiel Variante 1, und benennen Sie die Tabelle USYSRIBBON um in MEINERIBBONS

Um die Tabelle dynamisch über VBA-Code laden zu können, wird noch eine bestimmte Bibliothek benötigt. Wählen Sie hierzu in der Entwicklungsumgebung von Access aus dem Menü EXTRAS den Befehl VERWEISE. Aktivieren Sie dort die Bibliothek MICROSOFT OFFICE 12.0 OBJECT LIBRARY, und bestätigen Sie mit OK.

Erfassen Sie nun die folgende Funktion in einem Standardmodul.

Listing 16.34: Menüleistenkonfiguration dynamisch laden

```
Function LoadRibbons()
   Dim i As Integer
   Dim db As DAO.Database
   Dim rst As DAO.Recordset

   On Error GoTo Fehlerbehandlung
   Set db = Application.CurrentDb
```

Die Ribbons programmieren

```
    For i = 0 To (db.TableDefs.Count - 1)
        If db.TableDefs(i).Name = "MeineRibbons" Then

            Set rst = CurrentDb.OpenRecordset _
                (db.TableDefs(i).Name)
            rst.MoveFirst

            While Not rst.EOF
                Application.LoadCustomUI rst("RibbonName") _
                    .Value, rst("RibbonXML").Value
                rst.MoveNext
            Wend

            rst.Close
            Set rst = Nothing
        End If
    Next i

    db.Close
    Set db = Nothing
    Exit Function

Fehlerbehandlung:
    Select Case Err.Number
      Case 32609
        MsgBox "Das Ribbon wurde schon geladen!", vbInformation
      Case Else
        MsgBox Err.Number & " " & Err.Description
    End Select

End Function
```

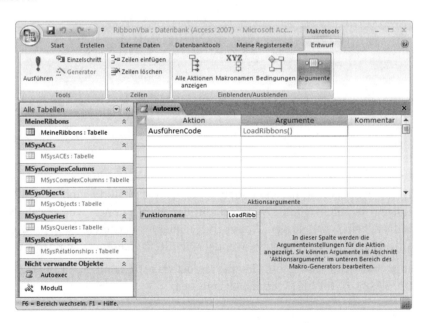

Abbildung 16.22:
Die Funktion LoadRibbons beim Programmstart aufrufen

Setzen Sie die Methode LoadCustomUI ein, um die Multifunktionsleisten (es könnten auch mehrere sein) in Access bekannt zu machen. Dabei übergeben Sie den Namen des Ribbons sowie das XML-Markup aus den Feldern RIBBONNAME und RIBBONXML an die Datenbank.

In diesem Beispiel soll der Einfachheit halber nun die Registerseite auch gleich beim Programmstart geladen werden. Erstellen Sie daher ein Makro mit dem Namen AUTOEXEC, und rufen Sie über dieses die Funktion LOADRIBBONS auf.

16.5 Weitere wichtige Quellen und Hilfen

Damit Sie genau wissen, wie die Elemente für die Ribbons heißen, können Sie sich eine Dokumentation (2007OFFICECONTROLIDSEXCEL2007.EXE) mit den Namen der Elemente, die Sie in die Ribbons einfügen möchten, aus dem Internet herunterladen.

http://www.microsoft.com/downloads/details.aspx?familyid = 4329d9e9-4d11-46a5-898d-23e4f331e9ae&displaylang = en.

In der Datei ACCESSRIBBONCONTROLS.XLSX finden Sie eine Auflistung aller Elemente.

Abbildung 16.23:
Die Auflistung aller verfügbaren Ribbon-Controls

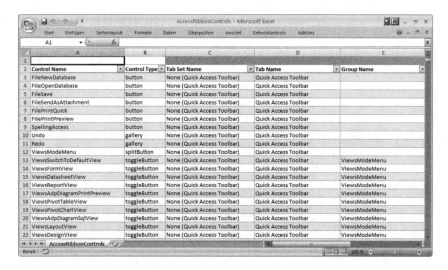

Eine weitere Informationsquelle bietet die Datei OFFICE2007ICONSGALLERY.EXE, die Sie bei Microsoft herunterladen können. Sie enthält die eindeutigen Bezeichnungen für Bildsymbole. Anders als in den Vorversionen wurden als Bezeichnungen keine eindeutigen Nummern, sondern sprechende Namen wie FILTER AUTODIAL, HAPPYFACE usw. verwendet. Die URL zu diesem Download lautet:

http://www.microsoft.com/downloads/details.aspx?familyid = 12B99325-93E8-4ED4-8385-74D0F7661318&displaylang = en

Nach dem Download entpacken Sie die Datei und installieren die dahinter steckende Excel-Arbeitsmappe. Öffnen Sie die Datei OFFICE2007ICONSGALLERY.XLSM in Excel.

1. Starten Sie Microsoft Excel.
2. Klicken Sie die Schaltfläche OFFICE.
3. Klicken Sie danach auf die Schaltfläche EXCEL-OPTIONEN.
4. Aktivieren Sie die Rubrik HÄUFIG VERWENDET.
5. Aktivieren Sie das Kontrollkästchen ENTWICKLERREGISTERKARTE IN DER MULTIFUNKTIONSLEISTE ANZEIGEN.
6. Bestätigen Sie mit OK.
7. Wechseln Sie auf den Ribbon ENTWICKLERTOOLS und klappen exemplarisch das Drop-down GALLERY 1 herunter.

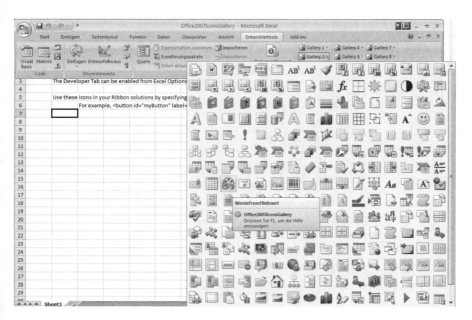

Abbildung 16.24: Die Auflistung der verfügbaren Bildelemente

Wenn Sie mit der Maus über die einzelnen Symbole streichen, dann sehen Sie in der QuickInfo den Namen des Bildelements. Diesen Namen geben Sie im XML-Markup beim Schlüsselwort `imageMso` an.

Diese Symbole können Sie in allen Office-Programmen verwenden.

Kapitel 17
Fehlerbehandlung in Access

Dieses Kapitel zeigt Ihnen Möglichkeiten auf, wie Sie vorgehen können, wenn Sie bei der Erstellung Ihres VBA-Codes auf Schwierigkeiten stoßen. Dabei können Probleme bezüglich der Syntax von einzelnen Befehlen, mit einzelnen Strukturen wie Schleifen und Verzweigungen oder mit Fehlermeldungen auftreten.

Die Themen dieses Kapitels

Alle Prozeduren und Funktionen aus diesem Kapitel finden Sie auf der CD-ROM zum Buch im Ordner KAP17 unter dem Namen NORDWIND.MDB.

17.1 Syntaxfehler beheben

Erzeugt eine Prozedur einen Fehler, so sollten Sie in einem ersten Schritt kontrollieren, ob Sie die Syntax des Befehls richtig verwendet haben.

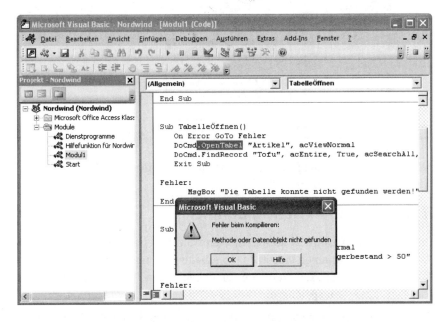

Abbildung 17.1: Eine typische Meldung bei Syntaxfehlern

Beim Starten einer Prozedur wird zunächst eine Syntaxprüfung durchgeführt. Klicken Sie auf die Schaltfläche OK. Access markiert dann den Befehl in der Prozedur, an dem der Syntaxfehler auftritt. Informieren Sie sich über die korrekte Syntax des Befehls, indem Sie die Taste [F1] drücken und in der Online-Hilfe nachsehen.

17.2 Variablen definieren

Einen weiteren häufigen Fehlerfall stellt das Fehlen der Definitionen von Variablen dar. Die Meldung in Abbildung 17.2 tritt jedoch nur auf, wenn Sie in Ihrem Modulblatt die Anweisung Option Explicit angegeben haben. Diese Anweisung bewirkt, dass Variablen definiert werden müssen, um eingesetzt werden zu können. Diese Einstellung sollten Sie auf jeden Fall beibehalten, weil sie später die Suche nach Fehlern erleichtert und für eine bessere Übersichtlichkeit sorgt.

Abbildung 17.2:
Die Variablendeklaration wurde vergessen.

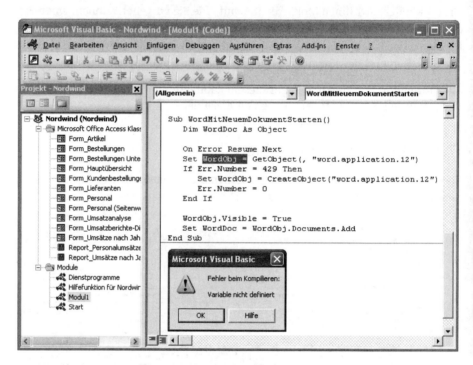

Definieren Sie die fehlende Variable, und starten Sie die Prozedur erneut.

17.3 Variablen richtig definieren

Zu Fehlern kann es auch kommen, wenn Sie falsche oder nicht ausreichende Datentypen für Variablen einsetzen. So erhalten Sie beispielsweise die Fehlermeldung aus Abbildung 17.3, wenn Sie versuchen, einen Textwert in einer Variablen vom Typ Integer zu speichern.

Eine weiterer typischer Fall für derartige Fehler sind Schleifen, die Sie mit einem Zähler ausstatten. Ist dieser Zähler mit dem Datentyp Integer definiert, kommt es nach dem Schleifendurchlauf 32.766 zu einem abrupten Ende, und Ihre Prozedur stürzt ab.

Abbildung 17.3:
Falsche Variable definiert

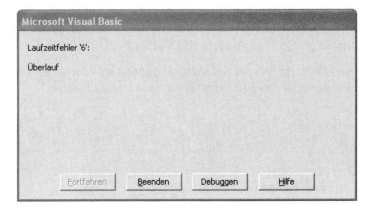

Abbildung 17.4:
Zu kleine Variable definiert

Statten Sie daher Schleifen, die häufiger als 32.766-mal durchlaufen werden müssen, mit dem Datentyp Long aus.

17.4 Objekte stehen nicht zur Verfügung

Oft treten Fehler auf, wenn Sie versuchen, auf Elemente in Access zuzugreifen, die nicht zur Verfügung stehen. So verursacht der Versuch, eine Tabelle zu öffnen, die in der Datenbank nicht vorhanden ist, einen Laufzeitfehler.

Listing 17.1: Eine Access-Tabelle öffnen, die es nicht gibt

```
Sub TabelleÖffnenNeu()
  DoCmd.OpenTable "ArtikelX", acViewNormal
  DoCmd.FindRecord "Tofu", _
   acEntire, True, acSearchAll, True, acAll
End Sub
```

Die Prozedur aus Listing 17.1 versucht, eine Tabelle zu öffnen, die in der Datenbank nicht existiert.

Abbildung 17.5:
Das Objekt konnte nicht gefunden werden.

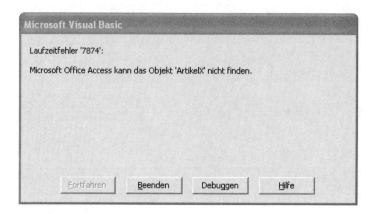

Wenn Sie auf die Schaltfläche DEBUGGEN klicken, springt Access genau an die Stelle im Code, die diesen Fehler verursacht. Andere Nummern von Fehlermeldungen für dasselbe Problem sind 9 und 424.

TIPP Eine komplette Liste an auffangbaren Fehlern können Sie der Online-Hilfe entnehmen, wenn Sie den Suchbegriff AUFFANGBARE FEHLER eingeben.

Abbildung 17.6:
Alle auffangbaren Fehler in Access

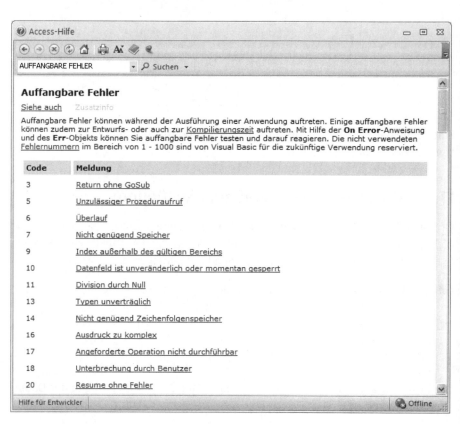

Mit einem Klick auf den entsprechenden Fehler-Hyperlink bekommen Sie zusätzliche Informationen zum Fehler und Ratschläge, wie Sie diesen beheben können.

17.5 Eigenschaft oder Methode für Objekt nicht verfügbar

Zum Fehler kommt es auch, wenn Sie versuchen, eine Eigenschaft bzw. eine Methode, die nicht zu Verfügung steht, auf ein Objekt anzuwenden.

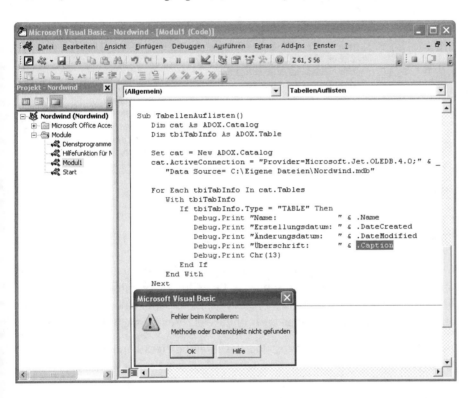

Abbildung 17.7:
Die Eigenschaft Caption steht für dieses Objekt nicht zur Verfügung.

Hier empfiehlt es sich, im Objektkatalog nachzusehen, welche Eigenschaften bzw. Methoden das Objekt zur Verfügung hat. Drücken Sie in der Entwicklungsumgebung die Taste F2, um den Objektkatalog zu starten, und listen Sie alle Eigenschaften und Methoden zum gewünschten Objekt auf.

Alternativ dazu können Sie in Abbildung 17.7 die Meldung bestätigen und die Eigenschaft Caption mitsamt dem Punkt löschen. Geben Sie danach wieder einen Punkt ein. Jetzt bietet Ihnen Access ein Kontextmenü an, in dem alle Methoden und Eigenschaften verzeichnet sind, die Sie für das angegebene Objekt verwenden können.

Abbildung 17.8:
Das Kontextmenü hilft schnell weiter.

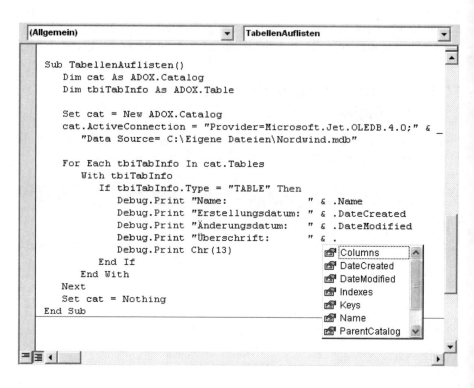

17.6 Schwerer wiegende Fehler

Wenn die Syntax einer Prozedur korrekt ist und es trotzdem zu einem Fehlerfall kommt, der sich aus dem Algorithmus der Prozedur ergibt, müssen Sie feststellen, wo der Fehler auftritt und ob die Prozedur bis zu diesem Fehlerfall richtige Daten lieferte. Den Test hierfür können Sie mithilfe des Direktbereichs durchführen.

 Die Bedienung der Testumgebung und des Direktbereichs können Sie in Kapitel 1 nachlesen.

17.6.1 Fehler im Vorfeld erkennen und reagieren

Besser ist es natürlich, Fehler schon im Vorfeld abzufangen und richtig darauf zu reagieren. Dazu setzen Sie standardmäßig die Anweisung On Error ein.

Mit dieser Anweisung haben Sie die Möglichkeit, Fehlerbehandlungsroutinen in Ihrem Code anzuspringen. Sehen Sie sich dazu die Prozedur aus Listing 17.2 an.

Listing 17.2: Fehlerfall abfangen

```
Sub TabelleÖffnenUndFilterSetzen()
  On Error GoTo Fehler
  DoCmd.OpenTable "Artikel", acViewNormal
  DoCmd.ApplyFilter "Lagercheck", _
```

```
    "Lagerbestand > 50"
  Exit Sub

Fehler:
  MsgBox "Die Tabelle konnte nicht gefunden werden!"
End Sub
```

In der Prozedur aus Listing 17.2 wird versucht, eine Tabelle zu öffnen. Was aber passiert, wenn diese Tabelle in der Datenbank nicht vorhanden ist? Damit diese Prozedur nicht abstürzt, setzen Sie die `On Error`-Anweisung ein, um im Fehlerfall zur Fehlerbehandlungsroutine zu springen. Dort wird eine Meldung ausgegeben, dass die Tabelle nicht gefunden werden konnte. Um im Normalfall zu verhindern, dass die Fehlerbehandlungsroutine durchlaufen wird, setzen Sie nach dem Öffnen der Tabelle die Anweisung `Exit Sub` ein, die die Prozedur sofort beendet.

17.6.2 Laufzeitfehler ermitteln

Wenn ein Laufzeitfehler auftritt, werden die Eigenschaften des `Err`-Objekts mit Informationen gefüllt, die den Fehler sowie die Informationen, die zur Verarbeitung des Fehlers verwendet werden können, kennzeichnen. Jeder Fehler hat in Access eine eindeutige Nummer, die Sie abfangen können.

Listing 17.3: Fehlerursache ermitteln

```
Sub WordMitNeuemDokumentStarten()
  Dim objWord As Object
  Dim objWordDoc As Object

  On Error Resume Next
  Set objWord = GetObject(, "word.application.12")
  If Err.Number = 429 Then
    Set objWord = CreateObject("word.application.12")
    Err.Number = 0
  End If

  objWord.Visible = True
  Set objWordDoc = objWord.Documents.Add
End Sub
```

Haben Sie Ihre Textverarbeitung Word bereits gestartet, kommt es zu keinem Fehler beim Versuch, Word über die Funktion `GetObject` zu aktivieren. Für den Fall, dass Word noch nicht geöffnet ist, meldet Access die Fehlernummer 429, die sinngemäß besagt, dass es nicht möglich war, die Anwendung zu aktivieren. In diesem Fall können Sie die Anweisung `If` einsetzen, um gezielt darauf zu reagieren. Ihre Aufgabe besteht nun darin, über die Funktion `CreateObject` ein Word-Objekt zu erstellen.

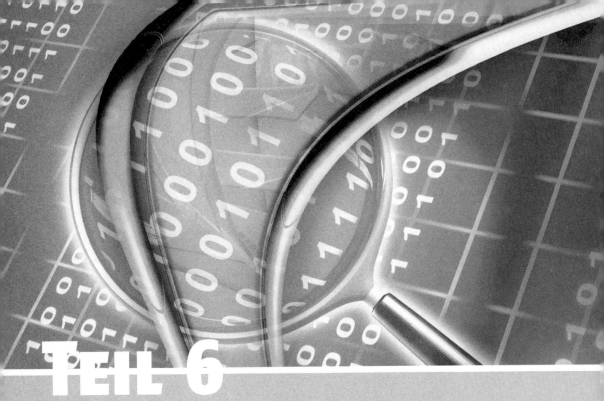

TEIL 6
Anhang

783	FAQ für Access-Entwickler	A
819	Listings	B
831	Das VBA-Repository	C

Anhang A
FAQ für Access-Entwickler

In diesem Kapitel finden Sie Antworten zu interessanten Fragestellungen. Die Reihenfolge ist hierbei ohne Bedeutung.

Folgende Fragen werden in diesem Kapitel beantwortet:

Die Themen dieses Kapitels

- Wie kann ich an eine Tabelle ein zusätzliches Feld hängen?
- Wie kann ich die Eingabe in ein Formularfeld limitieren?
- Wie kann ich verhindern, dass ein Formular geschlossen wird?
- Wie kann ich meine Rechnungsfälligkeiten kontrollieren?
- Wie kann ich eine blinkende Schaltfläche erstellen?
- Wie kann ich mit Passwörtern in Formularen arbeiten?
- Wie verlinke ich eine bzw. mehrere Tabellen?
- Wie kann ich den Hintergrund eines Formulars nach dem Zufallsprinzip gestalten?
- Wie kann ich ungebundene Kombinationsfelder füllen?
- Wie kann ich ein Formular auch ohne Navigationsschaltflächen anzeigen?
- Wie kann ich die nächste freie Bestellnummer einer Tabelle ermitteln?
- Wie kann ich den letzten Satz in einer Tabelle oder einem Formular anzeigen?
- Wie kann ich Leerzeichen aus Textfeldern entfernen?
- Wie kann ich die Summe aller Preise einer Tabelle ermitteln?
- Wie kann ich die Anzahl von Datenbanken ermitteln?
- Wie kann ich die Statuszeile für meine Programmierung nützen?
- Wie kann ich DM-Werte in den Euro umrechnen?
- Wie kann ich Access über einen VBA-Befehl beenden?
- Wie kann ich Prozeduren in Office-Anwendungen von Access aus starten?
- Wie kann ich Systemmeldungen in Access abschalten?
- Wie kann ich meine installierten Drucker ermitteln?
- Wie kann ich den integrierten DRUCKEN-Dialog einsetzen?
- Was verbirgt sich hinter der VBA-Repository?

Alle Prozeduren und Funktionen aus diesem Kapitel finden Sie auf der CD-ROM zum Buch im Ordner KAP18 unter dem Namen NORDWIND.MDB im MODUL1. Die 30-Tage-Vollversion des VBA-Repositorys finden Sie im gleichen Verzeichnis.

A.1 Wie hänge ich ein Feld an eine Tabelle an?

Diese Frage soll programmtechnisch gelöst werden. Dabei wird an die Tabelle PERSONAL ein zusätzliches Feld angehängt. Der Code für diese Aufgabe sieht wie folgt aus:

Listing A.1: Feld an eine Tabelle anhängen

```
Sub FeldAnhängen()
   Dim db As Database
   Dim tdf As TableDef
   Dim fld As Field

   Set db = CurrentDb
   Set tdf = db.TableDefs!Personal

   Set fld = tdf.CreateField("Alter")
   fld.Type = dbDouble
   tdf.Fields.Append fld
End Sub
```

Mithilfe der Methode CurrentDb können Sie den Namen der aktiven Datenbank ermitteln. Greifen Sie danach auf das Objekt TabDef der Tabelle PERSONAL zu und erzeugen über die Methode CreateField ein neues Tabellenfeld. Geben Sie dieser Methode bekannt, wie das Feld heißen und welchen Datentyp es bekommen soll. Über die Methode Append fügen Sie die so angelegten Tabellenfelder der Tabelle hinzu.

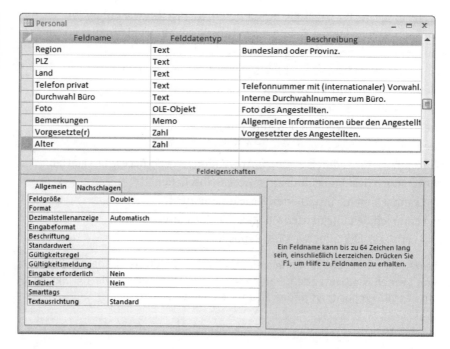

Abbildung A.1: Das Feld ALTER wurde der Tabelle hinzugefügt.

A.2 Wie kann ich die Eingabe in ein Formular limitieren?

Stellen Sie sich vor, Sie haben ein Formular, in dem Sie die Anlage neuer Sätze beschränken sollen. Dabei sollen in der verknüpften Tabelle, die dem Formular hinterlegt ist, nur 100 Sätze maximal eingegeben werden können.

Die Lösung für diese Aufgabe sehen Sie in Listing 18.2.

Listing A.2: Eingaben in Formular beschränken

```
Private Sub Form_Current()
  Dim rst As Recordset
  Dim lng As Long

  Set rst = RecordsetClone
  lng = rst.RecordCount

  If Me.NewRecord Then
    Me.AllowAdditions = (lng < 100)
    MsgBox "Die max. Anzahl der Sätze ist erreicht!"
  Else
    Me.AllowEdits = True
  End If
End Sub
```

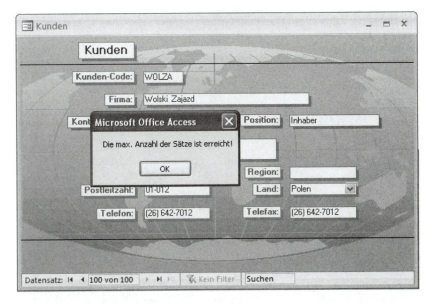

Abbildung A.2: Formulare limitieren

Mit der Eigenschaft RecordsetClone stellen Sie eine Kopie der Tabelle her, die dem Formular zugrunde liegt. Über die Methode RecordCount zählen Sie die bereits erfassten Datensätze der mit dem Formular verknüpften Tabelle. Fragen Sie über die Eigenschaft NewRecord nach, ob es sich bei dem aktuell eingestellten Satz im

Formular um einen neuen Satz handelt oder nicht. Da Sie alle Änderungen an bereits bestehenden Datensätzen zulassen möchten, setzen Sie diese Eigenschaft AllowEdits im Else-Zweig der If-Anweisung auf den Wert True. Im Then-Zweig der If-Anweisung definieren Sie eine Bedingung, die 1 < 100 lautet.

A.3 Wie kann ich verhindern, dass ein Formular geschlossen wird?

In der folgenden Lösung soll verhindert werden, dass ein Formular geschlossen werden kann. Genauer gesagt, es soll eine Rückfrage darüber angezeigt werden, ob das Formular geschlossen werden soll.

Um diese Lösung umzusetzen, befolgen Sie die nächsten Arbeitsschritte:
1. Wechseln Sie in die Entwurfsansicht Ihres Formulars.
2. Wechseln Sie zum Eigenschaftenfenster des Formulars.
3. Stellen Sie das Formular-Ereignis Form_Unload ein.

Listing A.3: Bedingtes Beenden eines Formulars

```
Private Sub Form_Unload(Cancel As Integer)
  Dim i As Integer

  i = MsgBox("Möchten Sie beenden?", vbOKCancel)
  If i = 1 Then Cancel = False Else Cancel = True
End Sub
```

Setzen Sie das Argument Cancel auf den Wert True, wenn der Anwender die Schaltfläche ABBRECHEN anklickt. Das Formular bleibt dann geöffnet.

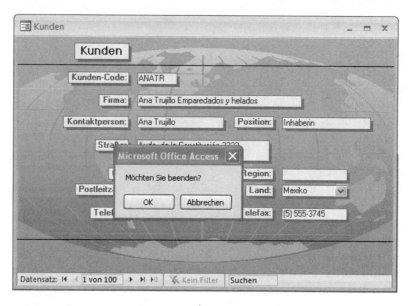

Abbildung A.3: Beim Schließen von Formularen rückfragen

A.4 Wie kann ich meine Rechnungsfälligkeiten überwachen?

Gegeben ist eine Tabelle und ein Formular, über das Sie Ihre Rechnungen erfassen und überwachen. Wenn Sie durch das Formular blättern, dann sollen Sie auf Rechnungen, deren Fälligkeitstermin bereits überschritten ist, sofort aufmerksam gemacht werden.

Für diese Aufgabe erstellen Sie eine kleine Tabelle mit folgendem Aufbau:

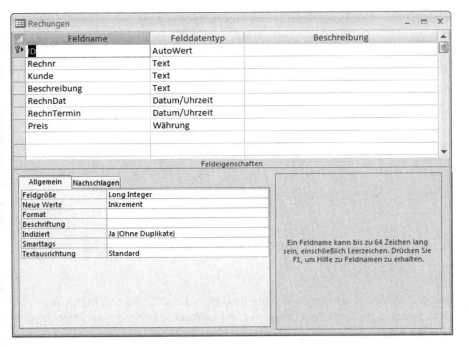

Abbildung A.4:
Die Ausgangstabelle

Nutzen Sie nun den Formular-Assistenten, um auf schnellstem Wege ein dazugehöriges Formular zu erzeugen. Hinterlegen Sie danach die Ereignisprozedur Form_Current, die automatisch beim Blättern durch das Formular ausgelöst wird.

Listing A.4: Automatisches Hervorheben von Rechnungsfälligkeiten

```
Private Sub Form_Current()
  If Me.RechnTermin.Value <= Date Then
    Me.RechnTermin.ForeColor = RGB(256, 0, 0)
    Me.RechnTermin.FontBold = True
  Else
    Me.RechnTermin.ForeColor = RGB(0, 0, 0)
    Me.RechnTermin.FontBold = False
  End If
End Sub
```

Überprüfen Sie, ob im Feld RECHNUNGSTERMIN ein Datum steht, das kleiner bzw. gleich dem heutigen Datum ist. Ist dies der Fall, dann setzen Sie die Eigenschaft ForeColor ein, um die Schriftfarbe des Feldes zu formatieren. Die gewünschte Farbe mischen Sie über die Funktion RGB. Über die Eigenschaft FontBold geben Sie der Schriftart die Formatierung FETT, indem Sie diese mit dem Wert True ausstatten.

Abbildung A.5:
Der Rechnungstermin wird auffällig hervorgehoben.

A.5 Wie kann ich eine blinkende Schaltfläche erstellen?

Möchten Sie auf einem Formular eine blinkende Schaltfläche anbringen, fügen Sie diese zuerst in Ihr Formular PERSONAL ein und befolgen danach die nächsten Arbeitsschritte:

1. Wechseln Sie in die Entwurfsansicht des Formulars.
2. Rufen Sie das Eigenschaftenfenster des Formulars auf.
3. Tragen Sie im Feld ZEITGEBERINTERVALL den Wert 250 ein. Die Einheit ist hier Millisekunden, d.h., die Schaltfläche wird somit viermal in der Sekunde den Zustand wechseln.
4. Erstellen Sie jetzt das folgende Ereignis:

Listing A.5: Blinkende Schaltfläche erzeugen

```
Private Sub Form_Timer()
  If Me!Befehl13.Visible = True Then
    Me!Befehl13.Visible = False
  Else
    Me!Befehl13.Visible = True
  End If
End Sub
```

Abbildung A.6:
Eine Ereignisprozedur anlegen

Da Sie vorher das Intervall eingestellt haben, sorgen Sie in der Ereignisprozedur lediglich dafür, dass Sie die Schaltfläche im Wechsel ein- und ausblenden. Die Schaltfläche wird erst dann wieder eingeblendet, wenn das Ereignis das nächste Mal wieder ausgeführt wird, also genau nach 250 Millisekunden.

A.6 Wie kann ich Passwörter abfragen?

In der nächsten Aufgabenstellung sollen die in einem Formular befindlichen Felder nur dann angezeigt werden, wenn in einem Textfeld im Kopf des Formulars das richtige Passwort eingegeben wurde. Dabei werden zwei Teilaufgaben gebildet:

- Standardmäßig sollen alle Formularfelder im Detailbereich des Formulars ausgeblendet werden.
- Bei richtiger Eingabe eines Passwortes in ein Textfeld des Formularkopfes sollen alle Formularfelder angezeigt werden.

A.6.1 Formularfelder ausblenden

Für alle Fälle blenden Sie alle Formularfelder, die sich im Detailbereich des Formulars befinden, beim Öffnen aus. Dazu können Sie das Ereignis Form_Open im Formular ADRESSE verwenden.

Listing A.6: Alle Formularfelder im Detailbereich ausblenden

```
Private Sub Form_Open(Cancel As Integer)
  Dim Ctrl As control

  For Each Ctrl In Me.Detailbereich.Controls
    Ctrl.Visible = False
  Next Ctrl
End Sub
```

Durchlaufen Sie eine Schleife, in der alle Steuerelemente des Detailbereichs Ihres Formulars durchlaufen werden. Setzen Sie die Eigenschaft Visible eines jeden Steuerelementes auf den Wert False, um diese auszublenden.

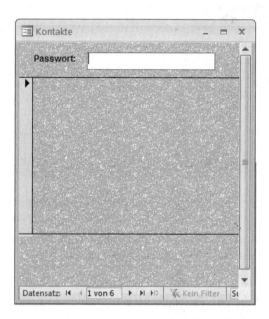

Abbildung A.7: Alle Felder erst einmal ausblenden

A.6.2 Passwortabfrage durchführen

Den ersten Teil der Aufgabe haben Sie nun gelöst. Gehen Sie nun in die Entwurfsansicht Ihres Formulars und fügen in den Formularkopf ein zusätzliches Textfeld ein. In dieses Textfeld soll dann das Passwort eingegeben werden, das die standardmäßig ausgeblendeten Felder wieder einblendet, sofern das richtige Passwort eingegeben wird.

Diese zweite Aufgabe lösen Sie mit dem Ereignis AtferUpdate, das Sie auf das Textfeld anwenden.

Listing A.7: Mit einem Passwort alle Formularfelder anzeigen lassen

```
Private Sub Text14_AfterUpdate()
  Dim ctl As control
```

```
  If Me!Text14.Value = "Test" Then
    For Each ctl In Me.Detailbereich.Controls
      ctl.Visible = True
    Next ctl
  Else
    MsgBox "Falsches Passwort!"
  End If
End Sub
```

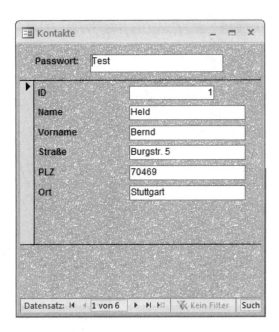

Abbildung A.8:
Formularfelder bei korrektem Passwort einblenden

A.7 Wie kann ich eine Tabelle verlinken?

Wenn Sie eine Tabelle aus einer anderen Datenbank mit Ihrer aktiven Datenbank verknüpfen möchten, dann können Sie das in Access über die Ihnen bekannten Menübefehle erledigen oder eine kleine Prozedur schreiben, die diese Aufgabe schneller durchführt.

Listing A.8: Tabelle mit der aktiven Datenbank verknüpfen

```
Sub TabellenLinken()
  DoCmd.TransferDatabase acLink, "Microsoft Access", _
    "C:\Eigene Dateien\Nordwind.mdb", acTable, _
    "Kunden", "KundenGelinkt"
End Sub
```

Geben Sie bei der Methode `TransferDatabase` im ersten Argument die Konstante `acLink` an. Damit wird festgelegt, dass eine Verknüpfung vorgenommen werden soll. Beim zweiten Argument handelt es sich eigentlich um einen Standardwert, der angibt, dass es sich in diesem Fall um eine Access-Datenbank handeln soll. Im dritten Argument geben Sie den Pfad sowie den Dateinamen der Datenbank an, die die Tabelle enthält, die Sie in Ihre Datenbank verknüpft einfügen möchten. Im nächsten Argument legen Sie mithilfe der Konstante acTable fest, dass es sich um eine zu verknüpfende Tabelle handelt. Das darauffolgende Argument bestimmt, wie der Name der Tabelle lauten soll. Das letzte Argument beinhaltet den Namen der Tabelle für Ihre Datenbank.

Abbildung A.9:
Die Tabelle KUNDEN-GELINKT wurde verknüpft.

A.8 Welche Tabellen sind verlinkt?

Diese Frage können Sie sofort beantworten, wenn Sie im Register TABELLEN eine Tabelle mit einem Blockpfeil sehen (siehe Abbildung 18.9). Möchten Sie aber über eine Prozedur anzeigen lassen, welche Tabellen in Ihrer Datenbank eigentlich aus einer anderen Datenbank stammen und nur in Ihre eigene Datenbank verknüpft eingefügt wurden, dann starten Sie die Prozedur aus Listing 18.9.

Listing A.9: Welche Tabellen sind verknüpft?

```
Sub VerlinkteTabellenAnzeigen()
  Dim db As Database
  Dim i As Integer
  Dim tdf As TableDef

  Set db = CurrentDb
  For i = 0 To db.TableDefs.Count - 1
    Set tdf = db.TableDefs(i)
```

```
    If Len(tdf.Connect) > 0 Then
      Debug.Print tdf.Name
    End If
  Next i
End Sub
```

Mithilfe des Objekts TableDefs haben Sie die Möglichkeit, alle in der Datenbank befindlichen Tabellen zu ermitteln. Über die Eigenschaft Connect können Sie herausbekommen, ob diese Tabellen verknüpft sind. Ist dies der Fall, dann geben Sie einen Wert > 0 zurück. In diesem Fall schreiben Sie diese Tabellen über den Befehl Debug.Print in den Direktbereich.

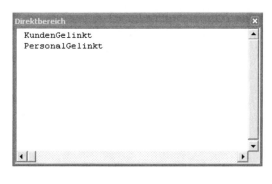

Abbildung A.10: Verknüpfte Tabellen ausgeben

A.8.1 Verknüpfte Tabellen aktualisieren

Möchten Sie alle verlinkten Tabellen aktualisieren, können Sie dies auch über den VBA-Code aus Listing 18.10 lösen.

Listing A.10: Verknüpfte Tabellen aktualisieren

```
Sub VerlinkteTabellenAnktualisieren()
  Dim db As Database
  Dim i As Integer
  Dim tdf As TableDef

  Set db = CurrentDb
  For i = 0 To db.TableDefs.Count - 1
    Set tdf = db.TableDefs(i)
    If Len(tdf.Connect) > 0 Then
      tdf.RefreshLink
    End If
  Next i
End Sub
```

Wenden Sie die Methode RefreshLink an, um die verknüpften Tabellen zu aktualisieren.

A.8.2 Verknüpfungsadresse anpassen

Ändert sich der Pfad bzw. das Laufwerk einer Datenbank, dann können Sie über folgende Prozedur aus Listing 18.11 diese Pfade leicht anpassen. Hier soll das alte Verzeichnis D:\EIGENE DATEIEN in D:\DATEN geändert werden.

Listing A.11: Verknüpfungsadresse anpassen

```
Sub PfadVerlinkterTabellenÄndern()
  Dim db As Database
  Dim tdf As TableDef

  Set db = CurrentDb
  On Error GoTo Fehler
  For Each tdf In db.TableDefs
    If Len(tdf.Connect) > 0 Then
      tdf.Connect = ";DATABASE=" & _
        "C:\Eigene Daten\Nordwind.mdb"
      tdf.RefreshLink
    End If
  Next tdf
  Exit Sub

Fehler:
  MsgBox "Verzeichnis nicht gefunden!"
End Sub
```

A.9 Wie kann ich alle Tabellen verlinken?

Stellen Sie sich vor, Sie legen eine neue, leere Datenbank an. Jetzt möchten Sie aus einer anderen Datenbank alle Tabellen verknüpft übernehmen. Da diese Vorgehensweise bei manueller Durchführung etwas länger dauern kann, können Sie für diese Aufgabe eine Prozedur verwenden.

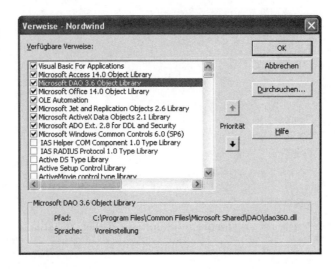

Abbildung A.11: Die DAO-Bibliothek einbinden

Wie kann ich alle Tabellen verlinken?

Binden Sie zunächst die DAO-Bibliothek über das Menü EXTRAS und den Befehl VERWEISE ein.

Starten Sie danach die Prozedur aus Listing 18.12.

Listing A.12: Alle Tabellen verknüpfen

```
Sub AlleTabellenLinken()
  Dim dbQuelle As Database
  Dim dbZiel As Database
  Dim tdfQuell As TableDef
  Dim tdfZiel As TableDef

  Set dbQuelle = DBEngine.OpenDatabase _
    ("C:\Eigene Dateien\Nordwind.mdb")
  Set dbZiel = CurrentDb
  For Each tdfQuell In dbQuelle.TableDefs
    If Left(tdfQuell.Name, 4) <> "msys" Then
      Set tdfZiel = dbZiel.CreateTableDef(tdfQuell.Name)
      With tdfZiel
        .Connect = ";DATABASE=" & _
          "C:\Eigene Dateien\Nordwind.mdb"
        .SourceTableName = tdfQuell.Name
      End With
      On Error Resume Next
      dbZiel.TableDefs.Append tdfZiel
      Set tdfZiel = Nothing
    End If
  Next
  Set tdfQuell = Nothing
  Set dbQuelle = Nothing
  Set dbZiel = Nothing
End Sub
```

Legen Sie im ersten Schritt fest, welches Ihre Quelldatenbank und welches Ihre Zieldatenbank ist. Bei der Zieldatenbank können Sie es sich ganz einfach machen und die Methode CurrentDB einsetzen, die Ihnen den Namen der geöffneten Datenbank wiedergibt. Die jeweilige Tabellen definieren Sie als TableDef-Objekt. Setzen Sie danach eine Schleife auf, die alle Tabellen der Quelldatenbank anpackt, mit Ausnahme der Systemtabellen, die Sie über die Funktion Left ausschließen können. Alle Systemtabellen in Access beginnen mit den Buchstaben MSYS. Diese werden standardmäßig nicht angezeigt. Stellen Sie danach die Verbindung zur Quelldatenbank über die Eigenschaft Connect her, der Sie den Namen und den Pfad der Quelldatenbank übergeben. Danach legen Sie mit der Eigenschaft SourceTableName den Namen der verknüpften Tabelle fest. Dabei übergeben Sie den Namen der Quelltabelle. Daraufhin setzen Sie die Methode Append ein, um die verknüpfte Tabelle in der Zieldatenbank abzulegen. Geben Sie am Ende der Prozedur den reservierten Speicher wieder frei, indem Sie das Gleiche mit den Variablen über den Befehl Nothing machen.

Abbildung A.12:
Alle Tabellen wurden verlinkt.

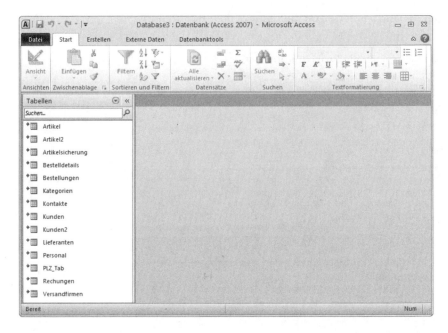

A.10 Wie kann ich ein Formular mit einem Ereignis ausstatten?

Manuell fügen Sie einem Formular ein Ereignis hinzu, indem Sie in die Entwurfsansicht des Formulars gehen, das Eigenschaftenfenster aufrufen und zur Registerkarte EREIGNIS wechseln. Dann können Sie das gewünschte Ereignis per Mausklick einstellen. Den ganzen Vorgang können Sie auch mithilfe einer VBA-Prozedur realisieren. In der Prozedur aus Listing 18.13 wird ein neues Formular angelegt und das Ereignis Form_Open integriert. Innerhalb des Ereignisses soll dafür gesorgt werden, dass das aktuelle Datum beim Aufrufen des Formulars in der Titelleiste angezeigt wird.

Listing A.13: Neues Formular mit Ereignis erstellen

```
Sub FormularErzeugen()
    Dim frm As Form
    Dim modu As Module
    Dim lng As Long
    Dim str As String

    Set frm = CreateForm
    Set modu = frm.Module

    lng = modu.CreateEventProc("Load", "Form")
    str = "Me.Caption = Date()"
    modu.InsertLines lng + 1, str
End Sub
```

Wie kann ich ein Formular mit einem Ereignis ausstatten?

Im ersten Schritt erzeugen Sie über die Methode CreateForm ein neues, noch leeres Formular. Danach verweisen Sie mit dem Objekt Module auf ein Modul, das hinter dem Formular angelegt werden soll.

Nützen Sie die Methode CreateEventProc, um eine Ereignisprozedur zu erstellen. Diese Methode benötigt zwei Argumente. Im ersten geben Sie den Namen des Ereignis in englischer Syntax an. Da Sie das Ereignis Beim Laden einsetzen möchten, geben Sie Load an. Im zweiten Argument legen Sie den Objektnamen fest. Da es sich dabei um ein Formular-Ereignis handelt, geben Sie Form an.

Um die Titelleiste anzusprechen, verwenden Sie die Eigenschaft Caption, die Sie auf das Schlüsselwort Me ansetzen. Mithilfe der Funktion Date weisen Sie der Ereignisprozedur das aktuelle Datum zu.

Die Code-Zeile wird letztendlich von der Methode InsertLines eingefügt. Diese Methode erwartet zwei Argumente. Im ersten Argument geben Sie die Position an, an der die Code-Zeile eingefügt werden soll. Im zweiten Argument übergeben Sie den Inhalt der Variablen s.

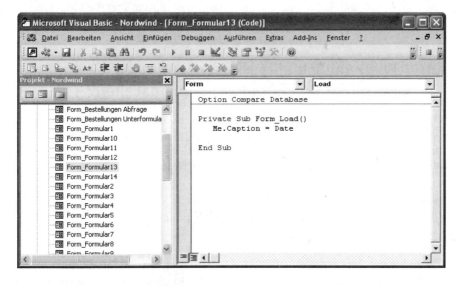

Abbildung A.13:
Ein Ereignis in einem Formular einstellen

Beim nächsten Beispiel aus Listing 18.14 soll im Formular LIEFERANTEN das Ereignis Enter eingefügt werden. Dabei soll ermittelt werden, ob im Feld KONTAKTPERSON ein Eintrag vorgenommen wurde.

Listing A.14: Bestehendes Formular mit einem Ereignis ausstatten

```
Sub EreignisEinstellen()
  Dim frm As Form
  Dim modu As Module
  Dim lng As Long
  Dim str As String
```

```
    Set frm = Form_Lieferanten
    Set modu = frm.Module
    DoCmd.OpenForm "Lieferanten", acDesign

    lng = modu.CreateEventProc("Enter", "Kontaktperson")
    str = "IF IsNull(Me!Kontaktperson) Then " & _
      "Msgbox(""Sie müssen einen " & _
      "Ansprechpartner eintragen!"")"
     modu.InsertLines lng + 1, str
     DoCmd.Close acForm, "Lieferanten", acSaveYes
End Sub
```

Öffnen Sie das gewünschte Formular über die Methode `OpenForm` und geben dabei die Konstante `acDesign` an. Damit haben Sie das Formular im Entwurfsmodus geöffnet. Geben Sie nun an, in welches Formular ein Ereignis eingefügt werden soll. Mithilfe der Methode `CreateEventProc` geben Sie das gewünschte Ereignis sowie das Formularfeld an, hinter das die Ereignisprozedur gelegt werden soll. In der String-Variablen s stellen Sie sich nun Ihre Befehlszeile zusammen, die in das Ereignis eingefügt werden soll. Fügen Sie diese Zeile dann über die Methode `InsertLines` ein. Schließen Sie im Anschluss das Formular über die Methode `Close` und speichern dabei die Änderungen.

A.11 Wie kann ich eine Hintergrundfarbe für ein Formular per Zufallsprinzip einstellen?

Um ein Formular aufzurufen und dabei nach dem Zufallsprinzip die Hintergrundfarbe anzeigen zu lassen, können Sie das Ereignis `Form_Open` einsetzen.

Listing A.15: Hintergrund eines Formulars mit Zufallsfarbe einstellen

```
Private Sub Form_Load()
  Randomize
  Me.Section(acDetail).BackColor = _
    RGB(Rnd * 256, Rnd * 256, Rnd * 256)
End Sub
```

Wollen Sie mit Zufallszahlen arbeiten, dann schalten Sie den Zufallszahlengenerator über die Anweisung `Randomize` ein. Über die Eigenschaft `Section` sprechen Sie den Teil des Formulars an, den Sie einfärben möchten. Die wichtigsten Teile des Formulars entnehmen Sie der nächsten Tabelle:

Tabelle A.1: Die wichtigsten Sektionen bei Formularen und Berichten

Einstellung	Konstante	Beschreibung
0	acDetail	Formular- oder Berichtsdetailbereich
1	acHeader	Formular- oder Berichtskopfbereich
2	acFooter	Formular- oder Berichtsfußbereich

Wie kann ich eine Hintergrundfarbe für ein Formular per Zufallsprinzip einstellen?

Einstellung	Konstante	Beschreibung
3	acPageHeader	Formular- oder Berichtsseitenkopfbereich
4	acPageFooter	Formular- oder Berichtsseitenfußbereich

Tabelle A.1: Die wichtigsten Sektionen bei Formularen und Berichten (Forts.)

Mithilfe der Funktion RGB (Rot, Grün, Blau) wird die Farbe für den Hintergrund des Formulars gemischt. Dabei benötigt diese Funktion drei Argumente. Das erste steht für den Rot-Anteil der Farbe, das zweite für den Grün-Anteil und das dritte Argument für den Blau-Anteil. Dabei müssen Sie je nach Farbmischung bei den Argumenten jeweils einen Wert zwischen 0 und 256 angeben. Die Grundfarben können Sie in der folgenden Tabelle nachlesen:

Farbe	Rot-Komponente	Grün-Komponente	Blau-Komponente
Schwarz	0	0	0
Blau	0	0	255
Grün	0	255	0
Cyan	0	255	255
Rot	255	0	0
Magenta	255	0	255
Gelb	255	255	0
Weiß	255	255	255

Tabelle A.2: Die Grundfarben über die RGB-Funktion zusammenstellen

Mit der Funktion Rnd erzeugen Sie einen Wert, der kleiner als 1, aber größer als oder gleich 0 ist. Diesen Wert multiplizieren Sie mit dem jeweiligen Farbargument der Funktion RGB und erhalten somit bei jedem Aufruf des Formulars eine andere Hintergrundfarbe.

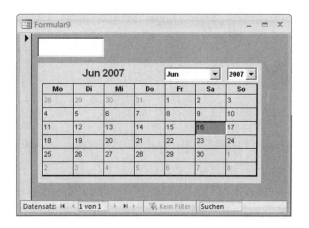

Abbildung A.14: Hintergrundfarbe nach Zufallsprinzip einstellen

A.12 Wie fülle ich ein Kombinationsfeld in einem ungebundenen Formular?

Um diese Aufgabe zu lösen, erstellen Sie ein ungebundenes Formular und fügen ein Kombinationsfeld sowie eine Schaltfläche ein. Legen Sie dann das Ereignis aus Listing 18.16 hinter die Schaltfläche.

Listing A.16: Kombinationsfeld mit Einträgen füllen

```
Private Sub Befehl2_Click()
   Dim cbo As ComboBox

   Set cbo = Me!Kombinationsfeld0
   cbo.RowSourceType = "Value List"
   cbo.RowSource = "Sehr gut;Gut;Befriedigend;" _
      & "Ausreichend;Mangelhaft;Ungenügend"
End Sub
```

Setzen Sie die Eigenschaft RowSourceTyp ein, um dem Kombinationsfeld die Datenquelle mitzuteilen. Da es sich bei diesem Beispiel um ein ungebundenes Steuerelement handelt, geben Sie den String Value List ein. Damit wird festgelegt, dass Sie Einträge aus einer Liste dem Kombinationsfeld hinzufügen. Mithilfe der Eigenschaft RowSource geben Sie konkret an, was in das Kombinationsfeld eingefügt werden soll. Die einzelnen Einträge geben Sie nacheinander durch Semikola getrennt ein.

Abbildung A.15: Kombinationsfeld füllen

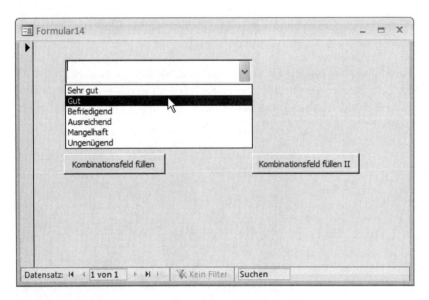

Wenn Sie in einem ungebundenen Formular auf eine Tabelle zugreifen und dabei die Feldinhalte der Tabelle in Ihr Kombinationsfeld einlesen möchten, dann starten Sie die Prozedur aus Listing 18.17. In dieser wird per SQL-Abfrage auf die

Tabelle KUNDEN zugegriffen, alle Kontaktpersonen werden daraus gelesen und in das Kombinationsfeld eingefügt. Zum Umsetzen dieser Aufgabe fügen Sie eine Schaltfläche in Ihr Formular ein und stellen das `Click`-Ereignis für diese Schaltfläche ein.

Listing A.17: Kombinationsfeld mit Einträgen aus einer Tabelle füllen

```
Private Sub Befehl3_Click()
   Dim cbo As ComboBox
   Dim str As String

   str = "SELECT Kontaktperson FROM Kunden;"
   Set cbo = Me!Kombinationsfeld0
   cbo.RowSourceType = "Table/Query"
   cbo.RowSource = str
End Sub
```

Speichern Sie zuerst die SQL-Abfrage in einer String-Variablen. In der Eigenschaft `RowSourceTyp` geben Sie mittels des Strings `Table/Query` an, dass Sie die Daten für das Kombinationsfeld aus einer Tabelle beziehen möchten. Der Eigenschaft `RowSource` übergeben Sie danach den Inhalt der Variablen s.

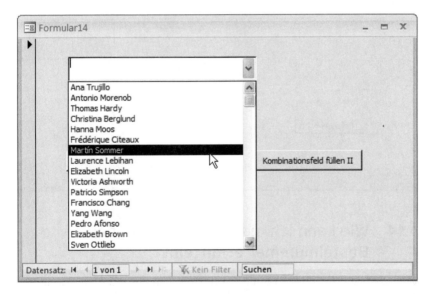

Abbildung A.16: Tabelleneinträge in Kombinationsfeld einlesen

A.13 Wie kann ich ein Formular ohne Navigationsschaltflächen anzeigen?

Möchten Sie verhindern, dass ein Anwender die Navigationsschaltflächen benutzen kann, dann können Sie die Anzeige dieser Schaltflächen unterdrücken, indem Sie das Formular-Ereignis des Formulars `Form_Load` einsetzen, das automatisch ausgeführt wird, wenn dieses angezeigt wird. Dort blenden Sie die Schaltflächen aus, indem Sie die Prozedur aus Listing 18.18 einsetzen.

Listing A.18: Navigationsschaltflächen ausblenden

```
Private Sub Form_Load()
  With Me
    .NavigationButtons = False
    .RecordSelectors = False
  End With
End Sub
```

Setzen Sie die Eigenschaft `NavigationButtons` auf den Wert `False`, um die Navigationsschaltflächen am unteren Rand des Formulars auszublenden. Möchten Sie zusätzlich auch noch den Datensatzmarkierer ausblenden, dann weisen Sie der Eigenschaft `RecordSelectors` ebenso den Wert `False` zu.

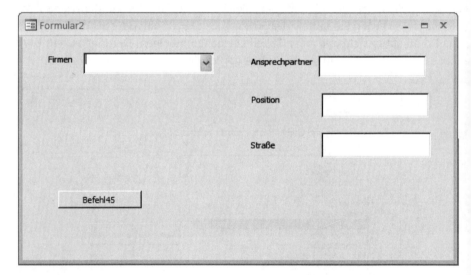

Abbildung A.17: Formular ohne Navigationsschaltflächen anzeigen

A.14 Wie kann ich die nächste verfügbare Bestellnummer ermitteln?

Möchten Sie die nächste verfügbare Bestellnummer ermitteln, ohne vorher das Formular BESTELLUNGEN zu öffnen und nach hinten zu blättern, dann setzen Sie die Lösung aus Listing 18.19 ein.

Listing A.19: Die nächste Bestellnummer ermitteln

```
Function NächsteNR() As Long
    Dim db As Database
    Dim rst As Recordset
```

```
    Set db = CurrentDb
    Set rst = _
        db.OpenRecordset("Select Max([Bestell-Nr])" _
        & "As LetzteNR From Bestellungen", _
        dbOpenForwardOnly)
    NächsteNR = rst!LetzteNr + 1
End Function
```

Um diese Lösung umzusetzen, schreiben Sie sich eine Funktion, die einen Long-Wert, also die nächste freie Bestellnummer, an die aufrufende Prozedur zurückliefert. In der Funktion geben Sie zuerst den Namen der Datenbank an, in der sich die Tabelle befindet, die Sie abfragen möchten. Dazu setzen Sie die Methode CurrentDb ein. Damit verweisen Sie auf die aktuell geöffnete Datenbank. Wenden Sie danach eine SQL-Abfrage an, in der Sie mit der Funktion Max die größte Bestellnummer ermitteln, die automatisch auch die letzte ist.

Abbildung A.18: Die nächste freie Bestellnummer ermitteln

A.15 Wie kann ich den letzten Datensatz einer Tabelle einstellen?

Eine Möglichkeit, die letzte Bestellung anzuzeigen, können Sie realisieren, wenn Sie mit dem DoCmd-Objekt arbeiten.

Listing A.20: Die letzte Bestellung in der Tabelle anzeigen (DoCmd)

```
Sub LetzteBestellungTabelle()
    DoCmd.OpenTable "Bestellungen", _
        acViewNormal
    DoCmd.GoToRecord acDataTable, _
        "Bestellungen", acLast
End Sub
```

Setzen Sie die Methode OpenTable ein, um die Tabelle zu öffnen. Danach nützen Sie die Methode GoToRecord und übergeben dieser das Argument acLast, um zum letzten Datensatz zu gelangen.

Abbildung A.19:
Die letzte Bestellung anzeigen

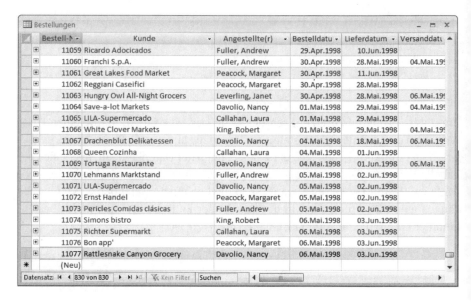

A.16 Wie kann ich den letzten Satz in einem Formular einstellen?

Möchten Sie den letzten Satz im Formular anzeigen, dann starten Sie die Prozedur aus Listing 18.21.

Listing A.21: Die letzte Bestellung im Formular anzeigen (DoCmd)

```
Sub LetzteBestellungFormuar()
   DoCmd.OpenForm "Bestellungen", _
      acViewNormal
   DoCmd.GoToRecord acDataForm, _
      "Bestellungen", acLast
End Sub
```

Wenden Sie die Methode OpenForm an, um das gewünschte Formular zu öffnen. Danach verwenden Sie die Methode GoToRecord und übergeben ihr die Konstante acLast, um zum letzten Satz zu gelangen.

Beachten Sie, dass die Sortierung der Tabelle bzw. des Formulars beim Anzeigen des letzten Satzes eine wichtige Rolle spielt. So ist die Tabelle BESTELLUNGEN nach der Bestellnummer sortiert, das Formular BESTELLUNGEN dagegen nach dem Kunden.

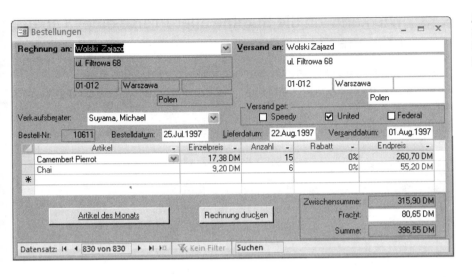

Abbildung A.20:
Den letzten Satz im Formular anspringen

A.17 Wie kann ich Leerzeichen aus Textfeldern entfernen?

Möchten Sie sicherstellen, dass alle Leerzeichen am Anfang und am Ende eines Textes entfernt werden, dann setzen Sie die Funktion Trim ein. Beispielsweise können Sie diese Funktion in einem Formular einsetzen, und zwar nachdem Sie ein Textfeld editiert haben und es dann verlassen. Dies ist genau der richtige Zeitpunkt, um eventuell eingegebene führende oder nachgestellte Leerzeichen zu eliminieren. Weisen Sie zu diesem Zweck dem Textfeld das Ereignis Exit zu, das Sie in Listing 18.22 sehen können.

Listing A.22: Leerzeichen entfernen

```
Private Sub Artikelname_Exit(Cancel As Integer)
    Me!Artikelname = Trim(Me!Artikelname)
End Sub
```

Mithilfe der Funktion Trim entfernen Sie führende wie auch nachgestellte Leerzeichen aus einem Textfeld.

Möchten Sie nicht alle Leerzeichen aus einem Textfeld entfernen, sondern nur die führenden oder die nachgestellten, dann können Sie die Funktionen LTrim und RTrim einsetzen. Die Funktion LTrim verwenden Sie, um führende Leerzeichen aus einer Zeichenfolgen-Variablen zu entfernen; die Funktion RTrim wird verwendet, um nachgestellte Leerzeichen zu entfernen.

A.18 Wie kann ich die Summe aller Preise einer Tabelle erkennen?

Diese Frage können Sie beantworten, indem Sie eine Prozedur schreiben, welche die gewünschte Tabelle öffnet und dann alle Umsätze kumuliert und am Ende ausgibt.

Bei dieser Aufgabe gehen Sie von der Tabelle BESTELLDETAILS aus.

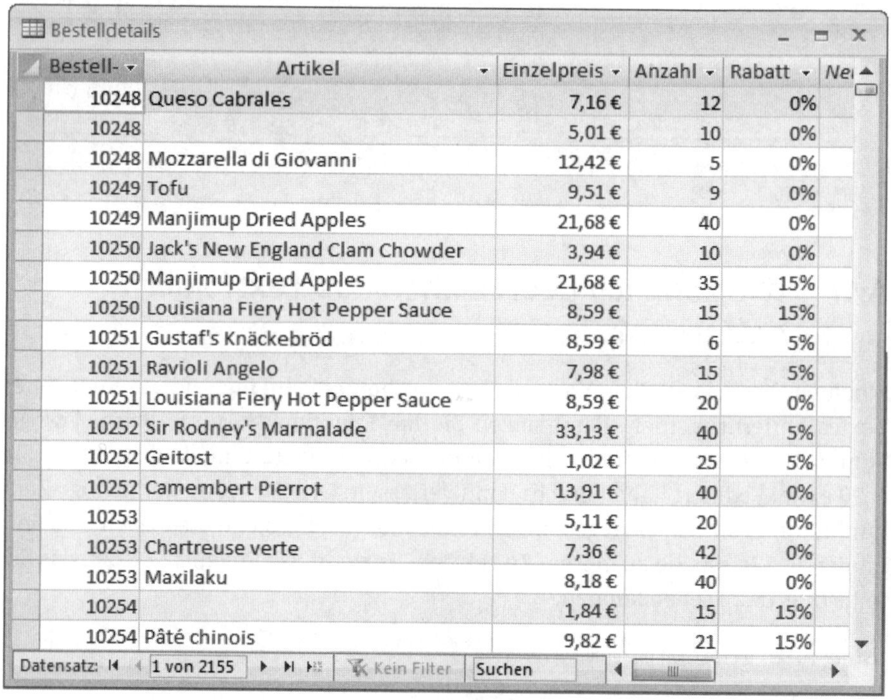

Abbildung A.21:
Die Gesamtsumme eines Feldes ermitteln

Bestell-	Artikel	Einzelpreis	Anzahl	Rabatt
10248	Queso Cabrales	7,16 €	12	0%
10248		5,01 €	10	0%
10248	Mozzarella di Giovanni	12,42 €	5	0%
10249	Tofu	9,51 €	9	0%
10249	Manjimup Dried Apples	21,68 €	40	0%
10250	Jack's New England Clam Chowder	3,94 €	10	0%
10250	Manjimup Dried Apples	21,68 €	35	15%
10250	Louisiana Fiery Hot Pepper Sauce	8,59 €	15	15%
10251	Gustaf's Knäckebröd	8,59 €	6	5%
10251	Ravioli Angelo	7,98 €	15	5%
10251	Louisiana Fiery Hot Pepper Sauce	8,59 €	20	0%
10252	Sir Rodney's Marmalade	33,13 €	40	5%
10252	Geitost	1,02 €	25	5%
10252	Camembert Pierrot	13,91 €	40	0%
10253		5,11 €	20	0%
10253	Chartreuse verte	7,36 €	42	0%
10253	Maxilaku	8,18 €	40	0%
10254		1,84 €	15	15%
10254	Pâté chinois	9,82 €	21	15%

Datensatz: 1 von 2155

Eine mögliche Lösung dieser Aufgabenstellung, bei der Sie zusätzlich noch weitere Verarbeitungen durchführen können, sehen Sie in der nächsten Prozedur.

Listing A.23: Gesamtsumme der Einzelpreise ausgeben

```
Sub GesamtSummeErmitteln()
    Dim con As ADODB.Connection
    Dim rst As ADODB.Recordset
    Dim curSum As Currency
    
    Set con = CurrentProject.Connection
    Set rst = New ADODB.Recordset
    
    rst.Open "Bestelldetails", con, adOpenKeyset, _
    adLockOptimistic
    Do While Not rst.EOF
```

```
        curSum = curSum + rst![Einzelpreis]
        rst.MoveNext
    Loop
    Debug.Print "Der Gesamtumsatz beträgt: " & curSum
    rst.Close
    Set rst = Nothing
End Sub
```

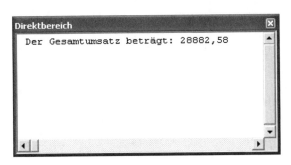

Abbildung A.22:
Das Ergebnis wird im Direktbereich ausgegeben.

Wesentlich schneller geht das natürlich, wenn Sie die folgende Prozedur starten.

Listing A.24: Gesamtsumme der Einzelpreise ausgeben (noch schneller)

```
Sub Gesamtsumme()
    Dim lngSumme As Long
    lngSumme = DSum("[Bestelldetails]![Einzelpreis]", _
        "[Bestelldetails]")
    MsgBox lngSumme
End Sub
```

A.19 Wie kann ich die Anzahl von Datenbanken ermitteln?

Im folgenden Beispiel soll die Anzahl aller Access-Datenbanken mit den Endungen MDB und ACCDB in einem bestimmten Verzeichnis ermittelt werden. Starten Sie zur Lösung dieser Aufgabe die nächste Prozedur.

Listing A.25: Datenbanken zählen

```
Sub DateienZählen()
  Dim strVerzeichnis As String
  Dim strDateiname As String
  Dim i As Integer

  'Zielverzeichnis festlegen
  strVerzeichnis = "c:\Eigene Dateien\"
  'Dateien mit Endung .mdb im Zielverzeichnis suchen
  strDateiname = Dir(strVerzeichnis & "*.mdb")
```

```
'Zähler auf 0 setzen
i = 0
'Solange weiterer Dateiname vorhanden
While strDateiname <> ""
  'Zähler inkrementieren
  i = i + 1
  'Nächste Datei abfragen
  strDateiname = Dir
Wend

'Neue Suche: Dateien mit Endung .accdb im
'Zielverzeichnis suchen
strDateiname = Dir(strVerzeichnis & "*.accdb")
'Solange weiterer Dateiname vorhanden
While strDateiname <> ""
  'Zähler inkrementieren
  i = i + 1
  'Nächste Datei abfragen
  strDateiname = Dir
Wend

'Ergebnis in Dialog ausgeben
MsgBox "Gefundene Access-Datenbanken: " & i
End Sub
```

Abbildung A.23:
Die Anzahl der Datenbanken wird angezeigt.

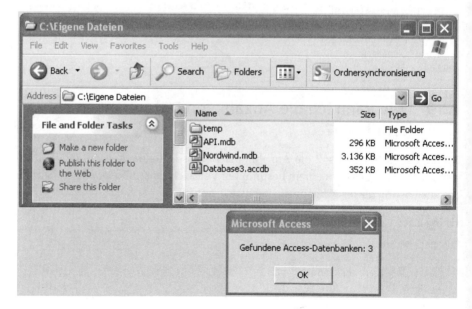

A.20 Wie kann ich die Statuszeile für meine Programmierung nutzen?

Läuft eine Prozedur etwas länger, dann sollten Sie entweder einen Fortschrittsbalken programmieren oder hin und wieder Informationen in der Statusleiste von Access anzeigen lassen, damit der Anwender nicht beunruhigt und über den Verlauf der Prozedur im Bilde ist.

Setzen Sie für diese Aufgabe die Methode `SysCMD` ein, die folgende Syntax hat.

`Ausdruck.SysCmd(Aktion, Argument2, Argument3)`

Im ersten Argument `Aktion` legen Sie fest, was Sie genau machen möchten. Dabei stehen Ihnen unter anderem folgende Konstanten zur Verfügung:

- `AcSysCmdAccessDir` gibt den Namen des Verzeichnisses zurück, in dem sich die Anwendung Microsoft Access befindet.
- `AcSysCmdAccessVer` gibt die Versionsnummer von Microsoft Access zurück.
- `AcSysCmdGetObjectState` gibt den Status des angegebenen Datenbankobjekts zurück.
- `AcSysCmdGetWorkgroupFile` gibt den Pfad zur Arbeitsgruppendatei (SYSTEM.MDW) zurück.
- `AcSysCmdIniFile` gibt den Namen der von Microsoft Access verwendeten INI-Datei zurück.
- `AcSysCmdInitMeter` initialisiert die Statusanzeige. Sie müssen die Argumente `Argument2` und `Argument3` angeben, wenn Sie diese Aktion verwenden.
- `AcSysCmdProfile` gibt die Einstellung von `/profile` zurück, die der Benutzer angegeben hat, wenn er Microsoft Access von der Befehlszeile aus gestartet hat.
- `AcSysCmdRemoveMeter` entfernt die Statusanzeige.
- `AcSysCmdRuntime` gibt den Wert `True` (-1) zurück, wenn eine Laufzeitversion von Microsoft Access ausgeführt wird.
- `AcSysCmdSetStatus` legt den Text in der Statusleiste auf das `Argument2` fest.
- `AcSysCmdUpdateMeter` aktualisiert die Statusanzeige mit dem angegebenen Wert. Sie müssen das `Argument2` angeben, wenn Sie diese Aktion verwenden.

Im `Argument2` legen Sie den Text fest, der in der Statusleiste erscheinen soll.

Über das `Argument3` steuern Sie das Verhalten der Statusleiste.

Zum Programmieren der Statusleiste benötigen Sie also die Konstanten `acSysCmdInitMeter`, `acSysCmdUpdateMeter` und `acSysCmdRemoveMeter`.

Setzen Sie diese drei in der folgenden Prozedur um. Dabei wird die Tabelle `Bestelldetails` geöffnet und satzweise verarbeitet.

Listing A.26: Die Statusleiste von Access programmieren

```
Sub StatuszeileProgrammieren()
   Dim con As ADODB.Connection
   Dim rst As ADODB.Recordset

   Set con = CurrentProject.Connection
   Set rst = New ADODB.Recordset

   rst.Open "Bestelldetails", con, adOpenKeyset, _
      adLockOptimistic
   With rst
      .MoveFirst
      SysCmd acSysCmdInitMeter, _
         "Verarbeitung durchführen", .RecordCount
      Do Until .EOF
         SysCmd acSysCmdUpdateMeter, .AbsolutePosition
         'Verarbeitung durchführen...
         .MoveNext
      Loop
      SysCmd acSysCmdRemoveMeter
      .Close
   End With
   Set rst = Nothing
End Sub
```

Nach dem Öffnen der Tabelle BESTELLDETAILS ermitteln Sie zunächst die Gesamtzahl der in der Tabelle befindlichen Datensätze. Für diese Aufgabe setzen Sie die Eigenschaft RecordCount ein.

Übergeben Sie danach der Methode SysCMD die Konstante acSysCmdInitMeter mit den beiden geforderten Argumenten.

Danach arbeiten Sie die Schleife so lange ab, bis der letzte Datensatz der Tabelle erreicht ist. Genau dann liefert die Eigenschaft EOF den Wert True. Innerhalb der Schleife übergeben Sie der Methode SysCMD die Konstante acSysCmdUpdateMeter, um die Statusleiste bei jedem Schleifendurchlauf auf den neuesten Stand zu bringen. Dabei übergeben Sie mithilfe der Eigenschaft AbsolutePosition der Statusanzeige immer die Position des aktuellen Datensatzes. Positionieren Sie über die Methode MoveNext zum nächsten Datensatz in der Tabelle.

Nach dem Schleifenaustritt übergeben Sie der Methode SysCMD die Konstante acSysCmdRemoveMeter, um die Steuerung der Statusleiste wieder Access selbst zu überlassen.

Schließen Sie zum Abschluss die Tabelle und heben die Objektverweise auf, um den reservierten Arbeitsspeicher freizugeben.

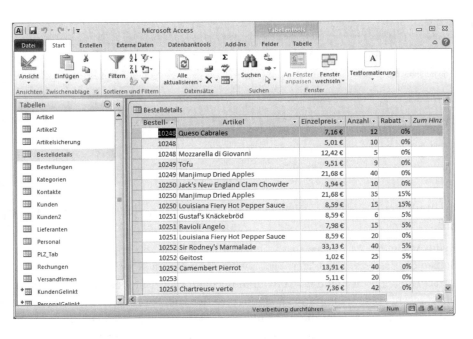

Abbildung A.24:
Die Statusleiste programmieren

A.21 Wie kann ich DM-Werte in Euro umrechnen?

Für diese Aufgabe stellt Ihnen Access eine eigene Funktion zur Verfügung. Mithilfe der Funktion EuroConvert können Sie viele gängige Währungen in Euro umrechnen.

Die Funktion EuroConvert hat folgende Syntax:

EuroConvert(Zahl, Quellwährung, Zielwährung, [VolleGenauigkeit, Trianguliergenauigkeit])

Das Argument Zahl enthält den Wert, den Sie umrechnen möchten.

Im Argument Quellwährung geben Sie die Währung an, in der Ihr Ursprungswert vorliegt. Bei dieser Angabe müssen Sie den ISO-Code angeben, den Sie in Tabelle 18.3 sehen.

Währung	ISO-Code	Berechnungsgenauigkeit	Anzeige
Belgischer Franc	BEF	0	0
Luxemburgischer Franc	LUF	0	0
Deutsche Mark	DEM	2	2
Spanische Peseta	ESP	0	0
Französischer Franc	FRF	2	2
Irisches Pfund	IEP	2	2

Tabelle A.3:
Die Tabelle mit den ISO-Codes (Quelle: Online-Hilfe)

Tabelle A.3:
Die Tabelle mit den ISO-Codes (Quelle: Online-Hilfe) (Forts.)

Währung	ISO-Code	Berechnungsgenauigkeit	Anzeige
Italienische Lira	ITL	0	0
Niederländischer Gulden	NLG	2	2
Österreichischer Schilling	ATS	2	2
Portugiesischer Escudo	PTE	1	2
Finnische Mark	FIM	2	2
Euro	EUR	2	2

Im Argument Zielwährung geben Sie den ISO-Code der gewünschten Endwährung an.

Beim Argument VolleGenauigkeit handelt es sich um ein optionales Argument. Setzen Sie dieses auf den Wert True, wenn die währungsspezifischen Rundungsvorschriften ignoriert und der Umwandlungsfaktor mit sechs signifikanten Ziffern ohne anschließende Rundung verwendet werden soll. Setzen Sie dieses Argument auf den Wert False, um die währungsspezifischen Rundungsvorschriften anzuwenden. Wird der Parameter nicht angegeben, ist der Standardwert False.

Im letzten Argument Trianguliergenauigkeit können Sie einen Wert größer als oder gleich 3 angeben. Damit wird die Anzahl der signifikanten Ziffern in der Berechnungsgenauigkeit bestimmt, die für den Euro-Zwischenwert verwendet wird, wenn zwischen zwei nationalen Währungen umgewandelt wird.

Um diese Funktion in einem praktischen Beispiel zu üben, wird die Tabelle BESTELLDETAILS, in der die Währungsangaben noch in DM erfasst sind, in die neue Währung EURO umgewandelt.

Der Code für diese Aufgabe lautet:

Listing A.27: Währungen umrechnen

```
Sub EuroUmrechnen()
  Dim con As ADODB.Connection
  Dim rst As ADODB.Recordset

  Set con = CurrentProject.Connection
  Set rst = New ADODB.Recordset

  rst.Open "Bestelldetails", con, adOpenKeyset, _
    adLockOptimistic
  Do While Not rst.EOF
    rst![Einzelpreis] = EuroConvert(rst![Einzelpreis], _
      "DEM", "EUR")
    rst.MoveNext
  Loop
  rst.Close
```

```
  Set rst = Nothing
End Sub
```

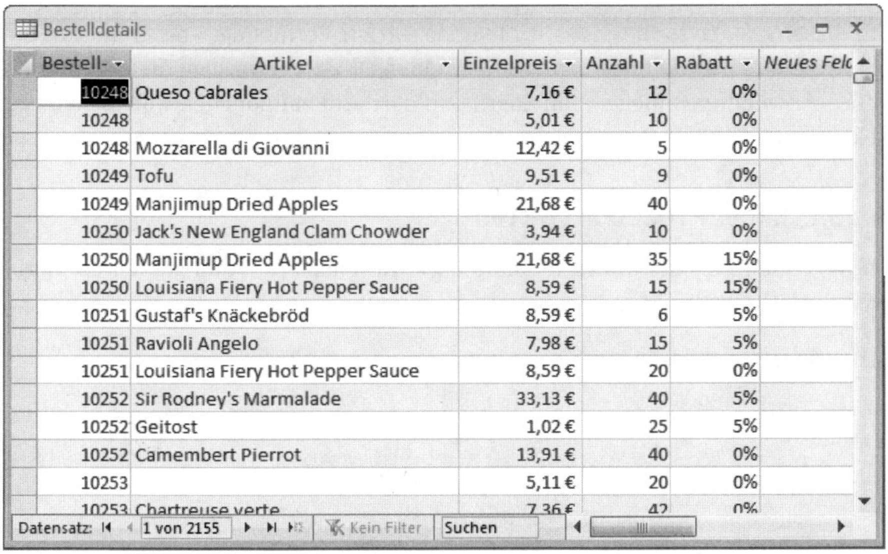
Bestelldetails

Bestell-	Artikel	Einzelpreis	Anzahl	Rabatt	Neues Feld
10248	Queso Cabrales	7,16 €	12	0%	
10248		5,01 €	10	0%	
10248	Mozzarella di Giovanni	12,42 €	5	0%	
10249	Tofu	9,51 €	9	0%	
10249	Manjimup Dried Apples	21,68 €	40	0%	
10250	Jack's New England Clam Chowder	3,94 €	10	0%	
10250	Manjimup Dried Apples	21,68 €	35	15%	
10250	Louisiana Fiery Hot Pepper Sauce	8,59 €	15	15%	
10251	Gustaf's Knäckebröd	8,59 €	6	5%	
10251	Ravioli Angelo	7,98 €	15	5%	
10251	Louisiana Fiery Hot Pepper Sauce	8,59 €	20	0%	
10252	Sir Rodney's Marmalade	33,13 €	40	5%	
10252	Geitost	1,02 €	25	5%	
10252	Camembert Pierrot	13,91 €	40	0%	
10253		5,11 €	20	0%	
10253	Chartreuse verte	7,36 €	42	0%	

Datensatz: 1 von 2155 · Kein Filter · Suchen

Abbildung A.25: Die umgerechnete Tabelle BESTELLDETAILS

A.22 Wie kann ich Access über einen VBA-Befehl beenden?

Um diese Aufgabe durchzuführen, setzen Sie die Methode `Quit` ein. Sie hat ein Argument, das Sie wahlweise einsetzen können.

- `AcQuitPrompt` zeigt ein Dialogfeld an, in dem Sie gefragt werden, ob geänderte, aber nicht gesicherte Objekte vor dem Beenden von Microsoft Access gespeichert werden sollen.
- `AcQuitSaveAll`: Bei dieser Standardeinstellung werden alle Objekte der Access-Datenbank, ohne ein Dialogfeld anzuzeigen, gespeichert.
- `AcQuitSaveNone` beendet Microsoft Access, ohne Objekte zu speichern.

Wenn Sie die Methode `Quit` ohne weiteres Argument aufrufen, werden alle Änderungen in der Datenbank automatisch vor dem Schließen ohne weitere Rückfrage gespeichert.

Listing A.28: Access beenden

```
Sub AccessBeenden()
  Application.Quit
End Sub
```

A.23 Wie kann ich Prozeduren aus anderen Office-Komponenten von Access aus starten?

Für diese Aufgabe steht Ihnen die Methode Run zur Verfügung. Vorher müssen Sie aber erst über die Methode CreateObject einen Objektverweis auf die gewünschte Office-Anwendung anlegen, um Zugriff auf die darin befindlichen VBA-Befehle zu bekommen.

A.23.1 Excel-Prozedur starten

Im folgenden Beispiel öffnen Sie eine Excel-Arbeitsmappe und starten die darin enthaltene Prozedur MELDUNGANZEIGEN.

Listing A.29: Excel-Prozedur von Access aus starten

```
Sub ExcelMakroStarten()
   Dim objXl As Object

   Set objXl = CreateObject("Excel.Application")

   objXl.Workbooks.Open "C:\Eigene Dateien\Mappe1.xls"
   objXl.Run "Modul1.MeldungAnzeigen"
   objXl.ActiveWorkbook.Close
   objXl.Quit

   Set objXl = Nothing
End Sub
```

Setzen Sie die Methode Open ein, um die Excel-Arbeitsmappe zu öffnen, die die zu startende Prozedur enthält. Führen Sie danach die Methode Run aus, der Sie den Namen der Prozedur bekannt geben. Es kann dabei auch nicht schaden, genau anzugeben, wo die Prozedur sich in der Entwicklungsumgebung befindet. Schließen Sie nach dem Ablauf der Prozedur die Excel-Arbeitsmappe über die Methode Close und beenden die Excel-Anwendung mithilfe der Methode Quit. Heben Sie danach den Objektverweis objXl auf, um den reservierten Speicher wieder freizugeben.

A.23.2 Word-Prozedur starten

Ganz ähnlich ist die Vorgehensweise, wenn Sie von Access aus eine Word-Prozedur starten möchten. Der dazu notwenige Quellcode lautet:

Listing A.30: Word-Prozedur von Access aus starten

```
Sub WordMakroStarten()
   Dim objWordApp As Object

   Set objWordApp = CreateObject("Word.Application")
```

```
objWordApp.Documents.Open "C:\Eigene Dateien\Dok1.Doc"
objWordApp.Run "Modul1.DatumAnzeigen"
objWordApp.Quit

Set objWordApp = Nothing
End Sub
```

A.24 Wie kann ich Systemmeldungen in Access temporär ausschalten?

Wenn Sie beispielsweise aus einer Tabelle einige Datensätze herauslöschen möchten, dann wird standardmäßig eine Warnmeldung angezeigt, die Sie bestätigen müssen, um die Datensätze letztendlich zu entfernen.

Abbildung A.26: Warnmeldung beim Löschen von Datensätzen

Warnmeldungen dieser Art können Sie ein- und ausschalten, indem Sie die Methode SetWarnings auf den Wert False setzen.

Im folgenden Beispiel werden alle Mitarbeiter aus der Tabelle PERSONAL gelöscht, die in LONDON wohnen. Damit die Warnabfrage unterbleibt, setzen Sie die Methode SetWarnings auf den Wert False, bevor Sie die Löschabfrage starten.

Listing A.31: Warnmeldungen nicht anzeigen

```
Sub MitarbeiterAusTabelleLöschen()
  Dim str As String

  str = "DELETE " & _
    "Nachname, Vorname, " & _
    "Position, Anrede, Geburtsdatum " & _
    "FROM Personal " & _
    "WHERE (Ort = 'London')"

  DoCmd.SetWarnings False
  DoCmd.RunSQL str
  DoCmd.SetWarnings True
End Sub
```

Vergessen Sie nicht, die Methode SetWarnings nach der Löschaktion wieder auf den Wert True zu setzen, da Access dieses nicht automatisch für Sie durchführt.

A.25 Wie kann ich meine installierten Drucker ermitteln?

Bei der folgenden Prozedur werden alle installierten Drucker in das Direkt-Fenster der Entwicklungsumgebung geschrieben.

Listing A.32: Alle Drucker auflisten

```
Sub DruckerListen()
   Dim prn As Printer

   For Each prn In Printers
     Debug.Print prn.DeviceName
   Next prn
End Sub
```

Deklarieren Sie im ersten Schritt eine Objektvariable vom Typ `Printer`. Danach durchlaufen Sie in einer Schleife das Auflistungsobjekt `Printers`. In diesem sind standardmäßig alle verfügbaren Drucker dokumentiert. Innerhalb der Schleife wenden Sie die Anweisung `Debug.Print` an, um die Namen der Drucker über die Eigenschaft `DeviceName` im Direkt-Fenster der Entwicklungsumgebung auszugeben.

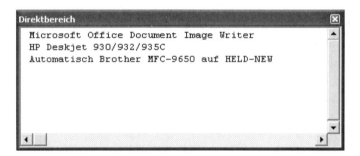

Abbildung A.27: Alle installierten Drucker ausgeben

A.26 Wie kann ich den integrierten Drucken-Dialog einsetzen?

Mithilfe der Methode `RunCommand` können Sie jeden Menübefehl automatisch per Code ausführen lassen. So können Sie beispielsweise auch den integrierten DRUCKEN-Dialog von Access aufrufen, indem Sie aus dem Menü DATEI den Befehl DRUCKEN über eine Prozedur auswählen. Fügen Sie dazu eine neue Prozedur in die Entwicklungsumgebung von Access ein.

Listing A.33: Den integrierten DRUCKEN-Dialog aufrufen

```
Sub DialogDrucken()
   DoCmd.OpenReport "Kunden", acViewPreview
   On Error GoTo Fehler
```

```
DoCmd.RunCommand acCmdPrint
Exit Sub

Fehler:
End Sub
```

Wenden Sie im ersten Schritt das Objekt `DoCmd` an, um Zugriff auf weitere Methoden in Access zu erlangen. Eine ist die Methode `OpenReport`, über die Sie einen Bericht aufrufen können. Über die Konstante `acViewPreview` bestimmen Sie, dass der Bericht in der Berichtvorschau aufgerufen wird. Dieser Bericht soll nun gedruckt werden, jedoch möchten Sie vorab noch einige Einstellungen am Drucker über den Dialog DRUCKEN einstellen.

Um nun den Dialog DRUCKEN richtig abfangen zu können, müssen Sie dafür sorgen, dass es beim Abbruch dieses Dialoges über die Schaltfläche ABBRECHEN nicht zu einem Laufzeitfehler kommt. Dazu integrieren Sie eine `On Error`-Klausel vor dem Aufruf des Dialoges und verzweigen im Fehlerfall (wenn die Schaltfläche ABBRECHEN geklickt bzw. die Taste ESC gedrückt wird) zum Paragraphen `Fehler`. Dort angekommen, springen Sie über die Anweisung `Exit Sub` ohne weitere Aktionen direkt aus der Prozedur. Alle weiteren Schaltflächen auf dem Dialog DRUCKEN können wie gewohnt bedient und müssen nicht abgefangen werden.

Anhang B
Die Listings des Buches

Listing 1.1:	Uhrzeit und Datum werden ausgegeben.	39
Listing 1.2:	Variableninhalt ausgeben	53
Listing 1.3:	Prozedur abbrechen	55
Listing 1.4:	Das Lokal-Fenster einsetzen	56
Listing 1.5:	Gut lesbares und strukturiertes Listing	60
Listing 2.1:	Die Variable `longMyLocalVar` zerfällt nach jedem Prozedurende.	67
Listing 2.2:	Die Variable `longMyLocalStaticVar` bleibt auch nach Prozedurende erhalten.	67
Listing 2.3:	Datumskonstanten nützen und ausgeben	74
Listing 2.4:	Das Quartal sowie den Wochentag ermitteln	76
Listing 2.5:	Ein beliebiges Datum übergeben.	77
Listing 2.6:	Der Datenbankcheck über die Funktion `Dir`	78
Listing 2.7:	Eine Datenbank mit der Eigenschaft `Versteckt` ausstatten	79
Listing 2.8:	Eine Datenbank wieder im Explorer anzeigen.	79
Listing 2.9:	Eine Textdatei zeilenweise in das Direkt-Fenster einlesen	81
Listing 2.10:	Den Internet Explorer über die Funktion `Shell` aufrufen.	82
Listing 2.11:	Texteingaben in Formularen sofort umsetzen	84
Listing 2.12:	Variablencheck über die Funktion `VarType`	86
Listing 2.13:	Den Info-Dialog aufrufen.	86
Listing 3.1:	Eingaben abfragen mit Verzweigung	90
Listing 3.2:	Numerisch oder alphanumerisch?	91
Listing 3.3:	Wurde ein gültiges Datum eingegeben?	92
Listing 3.4:	Erleichterung oder nicht?	94
Listing 3.5:	Zahlenwerte mit `Select Case` prüfen	95
Listing 3.6:	Textwerte mit `Select Case` prüfen	96
Listing 3.7:	Die `For...Next`-Schleife schreibt Zahlen in den Direktbereich.	98
Listing 3.8:	Die `For...Next`-Schleife mit veränderter Schrittweite	99
Listing 3.9:	Eine `For...Next`-Schleife mit übersichtlichem Ende	99
Listing 3.10:	Die `For Each...Next`-Schleife gibt die Namen aller Formulare aus.	100
Listing 3.11:	Eine `For Each...Next`-Schleife zum Prüfen der geladenen Formulare	101
Listing 3.12:	Eine `For Each...Next`-Schleife zum Auflisten aller Module	101
Listing 3.13:	Eine `For Each...Next`-Schleife zum Ermitteln aller Steuerelemente eines Formulars	102
Listing 3.14:	Eine `For Each...Next`-Schleife zum Ermitteln aller Access-Datenbanken eines Verzeichnisses.	103
Listing 3.15:	`Do Until`-Schleife zum Bearbeiten eines Zählers.	105
Listing 3.16:	Per `Do Until`-Schleife Steuerelemente in Formularen ermitteln	105
Listing 3.17:	`Do While...Loop`-Schleife zum Ermitteln der Anzahl von Datenbanken eines Verzeichnisses.	107
Listing 3.18:	Laufwerk und Verzeichnis einstellen	108
Listing 3.19:	Textdatei einlesen.	109
Listing 3.20:	Wurde eine gültige E-Mail-Adresse eingegeben?	110
Listing 3.21:	Textteile extrahieren	112
Listing 3.22:	Wurde eine gültige Internetseite eingegeben?	113

Listing 3.23:	Der Unterschied zwischen `InStr` und `InStrRev`	113
Listing 3.24:	Texte kürzen mit der Funktion `Left`	115
Listing 3.25:	Texte kürzen mit der Funktion `Right`	115
Listing 3.26:	Textteile extrahieren mit der Funktion `Mid`	116
Listing 3.27:	Texte splitten mithilfe der Funktion `Split`	116
Listing 3.28:	Texte zerlegen, konvertieren und wieder zusammensetzen	117
Listing 3.29:	Leerzeichen entfernen mit der Funktion `Trim`	118
Listing 3.30:	Zahlen runden mit der Funktion `Round`	119
Listing 3.31:	Dateien löschen mit `Kill`	119
Listing 3.32:	Verzeichnisse anlegen mit `MkDir`	121
Listing 3.33:	Verzeichnisse löschen mit `RmDir`	121
Listing 3.34:	Den Standarddatenbankordner ermitteln	122
Listing 3.35:	Den Speicherort der geöffneten Datenbank ermitteln	123
Listing 3.36:	Datenbank kopieren mit `FileCopy`	123
Listing 3.37:	Wochentag ermitteln mit `Weekday`	124
Listing 3.38:	Wochentag ermitteln mit `WeekdayName`	125
Listing 3.39:	Monatsnamen ermitteln mit den Funktionen `Month` und `MonthName`	126
Listing 3.40:	Das Quartal aus einem Datum ermitteln	127
Listing 3.41:	Datumsberechnungen mit der Funktion `DateDiff` ausführen	128
Listing 3.42:	Datumsberechnungen mit der Funktion `DateAdd`	129
Listing 3.43:	Datumsangaben formatieren (vierstelliges Jahr)	129
Listing 3.44:	Datumsangaben formatieren (Wochentag)	129
Listing 3.45:	Datumsangaben formatieren (Kalenderwoche)	130
Listing 3.46:	Zeitfunktionen einsetzen	132
Listing 3.47:	Die Funktion `QBColor` anwenden	135
Listing 3.48:	Die Funktion `Choose` einsetzen	136
Listing 3.49:	Den Index an die Funktion `Choose` übergeben	136
Listing 3.50:	Die Funktionen `Int` und `Fix`	137
Listing 3.51:	Die Zinsbelastung errechnen	138
Listing 3.52:	Den internen Zinsfuß berechnen	140
Listing 3.53:	Die lineare Abschreibung berechnen	141
Listing 3.54:	Funktion zum Prüfen eines geöffneten Formulars	143
Listing 3.55:	Formular öffnen, wenn noch nicht geöffnet	145
Listing 3.56:	Tausenderpunkte aus einem String entfernen	145
Listing 3.57:	Datumswerte aus Strings herstellen	146
Listing 3.58:	Zufallszahlen bilden	146
Listing 3.59:	Datum zerlegen und ins gewünschte Format überführen	148
Listing 3.60:	Numerische Zeichen extrahieren	149
Listing 3.61:	Textzeichen eliminieren	150
Listing 3.62:	Typprüfung auf Array vornehmen	151
Listing 3.63:	Datumscheck in Inputbox vornehmen	152
Listing 3.64:	Der Unterschied zwischen `IsNull` und `IsEmpty`	153
Listing 3.65:	Auf nicht angegebene Argumente flexibel reagieren	154
Listing 3.66:	Befindet sich das Objekt TABELLE PERSONAL in der Datenbank?	156
Listing 3.67:	Array füllen und auslesen	156
Listing 3.68:	Schleifendurchläufe über Array steuern	157
Listing 3.69:	Mehrdimensionales Array füllen und wieder auslesen	158
Listing 3.70:	Straßenbezeichnungen vereinheitlichen	160
Listing 3.71:	Funktion zum Tauschen von Zeichen	162
Listing 3.72:	Die drei erfolgreichsten Mitarbeiter ermitteln	163
Listing 3.73:	Die drei schlechtesten Umsätze ermitteln	164
Listing 3.74:	Variabler Einsatz von dynamischen Arrays	166
Listing 3.75:	Rest einer ganzzahligen Division ermitteln	168
Listing 3.76:	Zahlenwerte vergleichen	168

Listing 3.77:	Zeichenfolgen miteinander verketten	169
Listing 3.78:	Logische Operatoren einsetzen	170
Listing 3.79:	Funktion zum Zählen von Dateien	171
Listing 3.80:	Funktion zum Prüfen, ob eine Datenbank existiert	172
Listing 3.81:	Funktion zum Prüfen, ob eine Datenbank bereits geöffnet ist	173
Listing 3.82:	Dokumenteigenschaften einer Datenbank ermitteln	174
Listing 3.83:	Den letzten Tag im Monat ermitteln	176
Listing 3.84:	Kommata aus String entfernen	176
Listing 3.85:	Richtiges Runden mit einer eigenen Funktion	177
Listing 3.86:	Testwerte für das Runden bereitstellen	178
Listing 3.87:	Die Position der ersten Zahl im String ermitteln	179
Listing 3.88:	Buchstaben aus Strings entfernen	179
Listing 3.89:	Römische Zahlen in unser Zahlenformat umwandeln	180
Listing 3.90:	Arabische Zahlen in römische Ziffern umwandeln	181
Listing 4.1:	Namen der Datenbank ermitteln	184
Listing 4.2:	Namen und Speicherort der Datenbank ermitteln (Variante 1)	184
Listing 4.3:	Namen und Speicherort der Datenbank ermitteln (Variante 2)	184
Listing 4.4:	Den aktuellen Benutzer der Datenbank abfragen	184
Listing 4.5:	Alle installierten Drucker auflisten	185
Listing 4.6:	Access-Datenbank schließen	185
Listing 4.7:	Access beenden	185
Listing 4.8:	Access-Version ermitteln	186
Listing 4.9:	Ein neues Formular erstellen	186
Listing 4.10:	Den Durchschnitt eines Tabellenfeldes berechnen	188
Listing 4.11:	Die Summe eines Tabellenfeldes berechnen	188
Listing 4.12:	Die Summe aller Datensätze einer Tabelle ermitteln	188
Listing 4.13:	Die Ausreißerwerte einer Tabelle ermitteln	189
Listing 4.14:	Alle Module in der Datenbank auflisten	190
Listing 4.15:	Alle Tabellen der Datenbank auflisten	190
Listing 4.16:	Alle geöffneten Tabellen der Datenbank auflisten	191
Listing 4.17:	Alle Abfragen einer Datenbank auflisten	191
Listing 4.18:	Alle Formulare einer Datenbank auflisten	192
Listing 4.19:	Ist ein bestimmtes Formular in der Datenbank vorhanden?	192
Listing 4.20:	Formular öffnen nach Prüfung	192
Listing 4.21:	Alle Tabelle auflisten	193
Listing 4.22:	Bericht öffnen, drucken und schließen	193
Listing 4.23:	Bericht öffnen und in einer größeren Ansicht anzeigen	195
Listing 4.24:	Access-Tabelle nach Excel exportieren	196
Listing 4.25:	Formular öffnen und filtern	197
Listing 4.26:	Formular öffnen, Datensatz suchen und anzeigen	199
Listing 4.27:	Dialogfeld ÖFFNEN anzeigen und auswerten	201
Listing 4.28:	Dialogfeld DURCHSUCHEN anzeigen und auswerten	202
Listing 4.29:	Ordner über das Dialogfeld DURCHSUCHEN einstellen	203
Listing 4.30:	Dialogfeld DURCHSUCHEN mit Voreinstellung anzeigen	204
Listing 4.31:	Dialogfeld OPTIONEN aufrufen	206
Listing 4.32:	Registerkarte TABELLEN öffnen	207
Listing 4.33:	Computernamen und Anwendernamen ermitteln	209
Listing 4.34:	Die Standardverzeichnisse auswerten	210
Listing 4.35:	Einen Shortcut erzeugen	211
Listing 4.36:	Ein Desktop-Symbol anlegen	212
Listing 4.37:	Netzlaufwerke mappen	213
Listing 4.38:	Mappings wieder aufheben	214
Listing 4.39:	Mappings ermitteln und ausgeben	214
Listing 4.40:	Freien Plattenplatz ermitteln	215

Listing 4.41:	Laufwerksinformationen abfragen	216
Listing 4.42:	Textdatei einlesen	217
Listing 4.43:	Datenbank sichern	218
Listing 4.44:	Datumsauswertungen der Datenbank vornehmen	219
Listing 4.45:	Datenbanknamen und gewünschten Datumsindex übergeben	219
Listing 5.1:	Tabelle öffnen	224
Listing 5.2:	Tabelle öffnen und Datensatz suchen	225
Listing 5.3:	Tabelle öffnen und Datensatz positionieren	227
Listing 5.4:	Tabelle öffnen und Datensätze filtern	229
Listing 5.5:	Tabelle öffnen und Datensätze filtern (mehrere Filterkriterien)	230
Listing 5.6:	Tabelle öffnen und ähnliche Datensätze filtern	230
Listing 5.7:	Tabelle kopieren	231
Listing 5.8:	Tabelle umbenennen	232
Listing 5.9:	Tabelle öffnen und Datensätze in den Direktbereich schreiben	234
Listing 5.10:	Komplette Tabelle in den Direktbereich ausgeben	235
Listing 5.11:	Teile einer Tabelle werden ausgelesen	236
Listing 5.12:	Teile einer Tabelle werden ausgelesen und sortiert	237
Listing 5.13:	Informationen aus zwei Tabellen zusammenbringen	238
Listing 5.14:	Die billigsten Werte aus einer Tabelle ermitteln	239
Listing 5.15:	Externe Datenbank über die »Microsoft Jet 4.0 Engine« öffnen	242
Listing 5.16:	Externe Datenbank über die »Microsoft Office Access Database Engine 2010« öffnen	242
Listing 5.17:	Bestimmten Datensatz in der Tabelle suchen	244
Listing 5.18:	Artikelnummer und Artikelname aus einer Tabelle lesen	247
Listing 5.19:	Bestellnummer und Bestelldatum aus einer Tabelle lesen	248
Listing 5.20:	Direktzugriff mit der Methode Seek	249
Listing 5.21:	Lagerbestand anpassen	251
Listing 5.22:	Preisanpassung eines Artikels durchführen	252
Listing 5.23:	Preisanpassung aller Artikel durchführen (EOF)	253
Listing 5.24:	Preisanpassung aller Artikel durchführen (BOF)	254
Listing 5.25:	Tabellenabfrage mit SQL durchführen	255
Listing 5.26:	Auflistung von teuren Artikeln	255
Listing 5.27:	Filtern von Datensätzen	256
Listing 5.28:	Datensätze absteigend sortieren	257
Listing 5.29:	Datensätze aufsteigend nach Lagerbestand sortieren	259
Listing 5.30:	Datensätze einer Tabelle zählen	260
Listing 5.31:	Gefilterte Datensätze einer Tabelle zählen	261
Listing 5.32:	Lesezeichen in einer Tabelle setzen	261
Listing 5.33:	Artikel aus Tabelle löschen, die einen Lagerbestand von 0 haben	263
Listing 5.34:	Auslaufartikel aus Tabelle löschen	264
Listing 5.35:	Neuen Datensatz hinzufügen	266
Listing 5.36:	Alle Tabellen auflisten	267
Listing 5.37:	Alle Tabellen und Abfragen auflisten	268
Listing 5.38:	Felddefinitionen einer Tabelle auslesen	270
Listing 5.39:	Felddatentypen einer Tabelle auslesen	272
Listing 5.40:	Neue Tabelle anlegen und Datenfelder definieren	273
Listing 5.41:	Neue Tabelle anlegen und Datenfelder definieren (ADOX)	275
Listing 5.42:	Tabelle aus einer Datenbank löschen	276
Listing 5.43:	Datenbankinformationen auslesen	278
Listing 5.44:	Suchergebnistabelle um weitere Zeile ergänzen	278
Listing 5.45:	Datenbanken suchen und dokumentieren	279
Listing 6.1:	Abfrage öffnen	283
Listing 6.2:	Abfrage in der Entwurfsansicht öffnen	284
Listing 6.3:	Aktualisierungsabfrage durchführen (Artikelnamen ändern)	284
Listing 6.4:	Aktualisierungsabfrage durchführen (Felder initialisieren)	285

Listing 6.5:	Aktualisierungsabfrage durchführen (Felder ohne Rückfrage initialisieren)	285
Listing 6.6:	Anfügeabfrage durchführen (Festwerte anfügen)	286
Listing 6.7:	Anfügeabfrage durchführen (aus einer Tabelle in derselben Datenbank)	288
Listing 6.8:	Anfügeabfrage durchführen (aus einer Tabelle in anderer Datenbank)	288
Listing 6.9:	Löschabfrage ausführen	289
Listing 6.10:	Eine weitere Löschabfrage ausführen	290
Listing 6.11:	Tabellenerstellungsabfrage durchführen	292
Listing 6.12:	Tabellenerstellungsabfrage erstellen oder Tabelle öffnen	293
Listing 6.13:	Neue Tabelle anlegen mit `CREATE TABLE`	295
Listing 6.14:	Neue Tabelle anlegen	296
Listing 6.15:	Eingabepflicht für Datenfeld festlegen	297
Listing 6.16:	Neues Feld in Tabelle anlegen	298
Listing 6.17:	Feld aus Tabelle entfernen	299
Listing 6.18:	Tabelle erstellen und Index (Duplikate möglich) setzen	300
Listing 6.19:	Tabelle erstellen und Index (ohne Duplikate) setzen	301
Listing 6.20:	Index aus Tabelle entfernen	301
Listing 6.21:	Tabelle entfernen	302
Listing 6.22:	Tabelle entfernen bei vorheriger Prüfung	303
Listing 6.23:	Tabelle über eine Abfrage anlegen	306
Listing 6.24:	Daten aus Tabelle löschen	307
Listing 6.25:	Abfrage erstellen	308
Listing 6.26:	Komplexere Abfrage erstellen (Orte selektieren)	310
Listing 6.27:	Komplexere Abfrage erstellen (Lagerbestand und Einzelpreis checken)	310
Listing 6.28:	Komplexere Abfrage erstellen (Bestände zusammenführen)	311
Listing 6.29:	Parameterabfrage erstellen (nach Texten suchen)	313
Listing 6.30:	Parameterabfrage erstellen (nach Datum auswerten)	314
Listing 7.1:	Rückfrage programmieren, ob eine Tabelle wirklich gelöscht werden soll	318
Listing 7.2:	Mehrzeilige Meldung auf dem Bildschirm ausgeben	318
Listing 7.3:	Prüfung, ob Datenbank existiert	319
Listing 7.4:	Mehrwertsteuer über `InputBox` errechnen	320
Listing 7.5:	Mehrmalige Eingabe über `InputBox` durchführen	321
Listing 7.6:	Datensatz über Formularschaltfläche speichern	347
Listing 7.7:	Datensatz über Formularschaltfläche speichern (`RunCommand`)	348
Listing 7.8:	Datensatz suchen	349
Listing 7.9:	Datensatz duplizieren und am Ende einfügen	350
Listing 7.10:	Datensatz löschen	351
Listing 7.11:	Formularinhalt drucken	351
Listing 7.12:	Hinterlegte Tabelle aus Formular ausdrucken	352
Listing 7.13:	Die Applikation Excel starten	352
Listing 7.14:	Die Applikation Word starten	353
Listing 7.15:	Datenfelder in Formular auslesen	354
Listing 7.16:	Steuerelement-Typen aus Formularen ermitteln (Index)	355
Listing 7.17:	Steuerelement-Typen aus Formularen ermitteln (Namen)	356
Listing 7.18:	Formular mit der Methode `OpenForm` aufrufen	360
Listing 7.19:	Formular mit der Methode `Close` schließen	360
Listing 7.20:	Alle geöffneten Formulare schließen	360
Listing 7.21:	Alle Textfelder in einem Formular mit der Hintergrundfarbe Rot belegen	361
Listing 7.22:	Markierung im Textfeld ändern (am Ende des Textes)	362
Listing 7.23:	Markierung im Textfeld ändern (am Anfang des Textes)	363
Listing 7.24:	Preisänderungen überwachen	364
Listing 7.25:	Alte Textwerte sichern	365
Listing 7.26:	Den ursprünglichen Wert wiederherstellen	366
Listing 7.27:	Textfeldern im Formular eine QuickInfo zuweisen	366
Listing 7.28:	Textfelder deaktivieren und sperren	368

Listing 7.29:	Textfelder automatisch füllen lassen	370
Listing 7.30:	Ein lernendes Formular programmieren	372
Listing 7.31:	Textfelder dynamisch ein- und ausblenden	372
Listing 7.32:	Eingabelänge festlegen und überwachen	374
Listing 7.33:	Es werden nur numerische Eingaben erlaubt.	375
Listing 7.34:	Bearbeitungsfeld dynamisch ein- und ausblenden	376
Listing 7.35:	Ein Listenfeld über eine Prozedur füllen	383
Listing 7.36:	Ein Listenfeld von seinen Einträgen befreien	384
Listing 7.37:	Einzelne Listeneinträge entfernen	384
Listing 7.38:	Mehrere markierte Listeneinträge entfernen	385
Listing 7.39:	Markierte Listeneinträge demarkieren	386
Listing 7.40:	Ein Doppelklick auf den Listeneintrag löst eine Aktion aus.	387
Listing 7.41:	Alle markierten Tabellen im Listenfeld öffnen	387
Listing 7.42:	Alle markierten Tabellen im Listenfeld löschen	388
Listing 7.43:	Mehrere Abfragen nacheinander starten mithilfe von Kontrollkästchen	390
Listing 7.44:	Alle Kontrollkästchen eines Formulars deaktivieren	391
Listing 7.45:	Prozedur, die nach Maustastenabdruck gestartet wird.	392
Listing 7.46:	Dollar in EUR konvertieren	392
Listing 7.47:	EUR in Dollar konvertieren	392
Listing 7.48:	Die Aktivierung von Optionsfeldern auswerten	394
Listing 7.49:	Die Spezialeffekte anwenden	394
Listing 7.50:	Formular mit der gewünschten Registerkarte aufrufen	397
Listing 7.51:	Registerkarte einfügen und benennen	397
Listing 7.52:	Registerkarte suchen und löschen	399
Listing 7.53:	Eine Uhr auf einer Schaltfläche anzeigen	400
Listing 7.54:	Die Uhr stoppen und wieder starten	400
Listing 7.55:	Alle Bestellungen eines bestimmten Datums in eine Listbox füllen	402
Listing 7.56:	Den Kalender mithilfe eines Textfeldes einstellen	404
Listing 7.57:	Einen eigenen Fortschrittsbalken programmieren	406
Listing 7.58:	Einen Fortschrittsbalken über ein Steuerelement einsetzen	408
Listing 7.59:	Den Slider einsetzen	410
Listing 7.60:	Module im TREEVIEW-Steuerelement anzeigen	411
Listing 7.61:	Die Auswahl im TREEVIEW ermitteln	411
Listing 7.62:	Videodateien in Listenfeld einlesen	412
Listing 7.63:	Videos per Doppelklick abspielen	413
Listing 7.64:	Hyperlink in Formular integrieren	414
Listing 7.65:	Grafiken im LISTVIEW-Steuerelement anzeigen	415
Listing 7.66:	Welches Symbol wurde doppelt angeklickt?	416
Listing 7.67:	Daten auswerten und in einem Diagramm darstellen	417
Listing 7.68:	Diagramm exportieren	420
Listing 7.69:	Die zugelassenen Grafikformate festlegen	427
Listing 7.70:	Das aktuell geöffnete Formular schließen	428
Listing 7.71:	Der »Bilder-Pfad« soll eingestellt werden	429
Listing 7.72:	Den Verzeichnisbaum anzeigen und auswerten	429
Listing 7.73:	Auf die Auswahl im Kombinationsfeld reagieren	431
Listing 7.74:	Funktion zur Suche der Grafikdateien	431
Listing 7.75:	Die Spinbuttons programmieren	433
Listing 7.76:	Die vollautomatische Diashow starten	433
Listing 7.77:	Diese API-Funktion bremst ein wenig.	434
Listing 8.1:	Bericht öffnen.	438
Listing 8.2:	Bericht aus anderer Datenbank öffnen	439
Listing 8.3:	Bericht öffnen und Datensätze voreinstellen	439
Listing 8.4:	Das Drucken von Etiketten einschränken	440
Listing 8.5:	Bericht aufrufen und Dialogfeld DRUCKEN anzeigen	441

Listing 8.6:	Bericht mit Kopien drucken und sortieren	442
Listing 8.7:	Bericht kopieren und in anderer Datenbank ablegen	443
Listing 8.8:	Bericht umbenennen.	443
Listing 8.9:	Den Bericht formatieren.	444
Listing 8.10:	Extratext für Berichtkopf einfügen und formatieren	446
Listing 8.11:	Die Funktion QBColor für die Grundfarben anwenden	448
Listing 8.12:	Einen Kreis einfügen	449
Listing 8.13:	Verschiedene Kreissegmente zeichnen	452
Listing 8.14:	Über Linien ein Viereck zeichnen.	453
Listing 8.15:	Alle Berichte der Datenbank auflisten	455
Listing 8.16:	Alle Berichte der Datenbank zählen.	456
Listing 8.17:	Alle Elemente eines Berichts ausgeben.	456
Listing 8.18:	Steuerelement-Typen eines Berichts ermitteln	457
Listing 8.19:	Typnamen der Steuerelemente eines Berichts herausfinden	458
Listing 8.20:	Den Detailbereich eines Berichts ausblenden	460
Listing 8.21:	Neuen Bericht anlegen	461
Listing 8.22:	Steuerelemente in Bericht einfügen.	462
Listing 8.23:	Steuerelemente automatisch in den Bericht einfügen	465
Listing 8.24:	Bereichsgrößen festlegen.	468
Listing 8.25:	Bereiche einblenden und einstellen	469
Listing 8.26:	Seitenkopf und Seitenfuß ausblenden.	469
Listing 8.27:	Verschiedene Steuerelemente in den Bericht einfügen (Teil 1)	471
Listing 8.28:	Verschiedene Steuerelemente in den Bericht einfügen (Teil 2)	474
Listing 9.1:	Anwendernamen beim Öffnen eines Formulars abfragen.	482
Listing 9.2:	Das Ereignis Open einsetzen, um den angemeldeten Anwender zu überprüfen	482
Listing 9.3:	Das Ereignis Open einsetzen, um auf ein bestimmtes Feld zu positionieren	484
Listing 9.4:	Das Ereignis Open einsetzen, um eine verknüpfte Tabelle zu überprüfen	484
Listing 9.5:	Das Ereignis Close einsetzen, um mehrere geöffnete Formulare gleichzeitig zu schließen.	485
Listing 9.6:	Das Ereignis Close einsetzen, um alle noch geöffneten Formulare zu schließen.	486
Listing 9.7:	Das Ereignis Close einsetzen, um einen Countdown aufzusetzen.	486
Listing 9.8:	Das Ereignis Form_Timer einsetzen, um nach fünf Sekunden ein Formular zu schließen.	487
Listing 9.9:	Das Ereignis Form_Close einsetzen, um ein anderes Formular zu öffnen	487
Listing 9.10:	Das Ereignis Open einsetzen, um ein Listenfeld zu füllen	488
Listing 9.11:	Das Ereignis Load einsetzen, um einen Listenfeldeintrag zu positionieren	488
Listing 9.12:	Das Ereignis Current einsetzen, um den letzten Satz in einem Formular zu ermitteln	489
Listing 9.13:	Das Ereignis Current einsetzen, um den Mauszeiger auf ein Feld zu setzen	490
Listing 9.14:	Das Ereignis Current einsetzen, um Felder ein- und auszublenden.	490
Listing 9.15:	Das Ereignis Current einsetzen, um die Titelleiste eines Formulars zu füllen	492
Listing 9.16:	Das Ereignis AfterInsert einsetzen, um auf eine Neuanlage eines Satzes zu reagieren.	493
Listing 9.17:	Das Ereignis BeforeInsert einsetzen, um bei einer Neuanlage eines Satzes Felder vorzubelegen (dynamische Werte)	495
Listing 9.18:	Das Ereignis BeforeInsert einsetzen, um bei einer Neuanlage eines Satzes Felder vorzubelegen (Festwerte).	496
Listing 9.19:	Das Ereignis BeforeInsert einsetzen, um bei einer Neuanlage eines Satzes Felder vorzubelegen (aus erstem Datensatz).	497
Listing 9.20:	Das Ereignis BeforeInsert einsetzen, um eine Eingabebeschränkung einzuführen	498
Listing 9.21:	Das Ereignis BeforeUpdate einsetzen, um eine Speicher-Rückfrage einzuholen	498
Listing 9.22:	Das Ereignis BeforeUpdate einsetzen, um Postleitzahlen zu überprüfen	499
Listing 9.23:	Das Ereignis BeforeUpdate einsetzen, um eine Eingabe zu erzwingen.	500
Listing 9.24:	Das Ereignis BeforeUpdate einsetzen, um das letzte Änderungsdatum festzuhalten	501

Listing 9.25:	Das Ereignis BeforeUpdate einsetzen, um die ursprünglichen Werte eines Formulars zu speichern	502
Listing 9.26:	Das Ereignis BeforeUpdate einsetzen, um eine Neuanlage von Sätzen zu verhindern	503
Listing 9.27:	Das Ereignis BeforeUpdate einsetzen, um die Änderung an Sätzen rückgängig zu machen	503
Listing 9.28:	Das Ereignis Form_Delete einsetzen, um die Löschung bestimmter Sätze zu verhindern	504
Listing 9.29:	Das Ereignis Form_Delete einsetzen, um eine Komplettlöschung des Datenbestandes zu verhindern	505
Listing 9.30:	Das Ereignis Form_Dirty einsetzen, um Änderungen sofort zu speichern	507
Listing 9.31:	Das Ereignis Form_BeforeDelConfirm einsetzen, um eine benutzerdefinierte Löschmeldung anzuzeigen	507
Listing 9.32:	Das Ereignis Form_AfterDelConfirm einsetzen, um einen Löschvorgang zu bestätigen	508
Listing 9.33:	Das Ereignis Form_Activate einsetzen, um ein Formular zu maximieren	509
Listing 9.34:	Das Ereignis Form_Activate einsetzen, um den Fokus zu setzen	509
Listing 9.35:	Das Ereignis Form_Activate einsetzen, um einen bestimmten Satz im Formular einzustellen	510
Listing 9.36:	Das Ereignis Form_Activate einsetzen, um ein Formular zu aktualisieren	510
Listing 9.37:	Das Ereignis Form_Resize zum dynamischen Ändern von Steuerelementen	512
Listing 9.38:	Das Ereignis Form_DblClick zum schnellen Wechseln zwischen den Ansichten	514
Listing 9.39:	Das Ereignis Click zum schnellen Wechseln zwischen den Ansichten einsetzen	515
Listing 9.40:	Das Ereignis DblClick zum Ein- und Ausblenden von Steuerelementen	516
Listing 9.41:	Das Ereignis Click als Informationsmöglichkeit einsetzen	517
Listing 9.42:	Das Ereignis Form_MouseDown einsetzen, um die betätigte Taste zu ermitteln	519
Listing 9.43:	Welche Maustaste wurde gedrückt?	519
Listing 9.44:	Das Ereignis MouseDown einsetzen	520
Listing 9.45:	Die Ereignisse MouseDown und MouseUp einsetzen, um die Schrift einer Schaltfläche zu färben	521
Listing 9.46:	Das Ereignis MouseDown benutzen, um das Kontextmenü abzuschalten	522
Listing 9.47:	Das Ereignis MouseDown benutzen, um Spezialeffekte einzustellen	523
Listing 9.48:	Das Ereignis Click verwenden, um Datensätze gesondert abzuspeichern	526
Listing 9.49:	Die Ereignisse GotFocus und LostFocus einsetzen, um aktive Formularfelder hervorzuheben	527
Listing 9.50:	Tasteneingaben abfangen mithilfe des Ereignisses KeyDown	528
Listing 9.51:	Das Ereignis Enter einsetzen, um Felder automatisch zu füllen	529
Listing 9.52:	Das Ereignis KeyDown einsetzen, um ein Datumsfeld zu inkrementieren	530
Listing 9.53:	Das Ereignis KeyDown einsetzen, um Datum und Zeit dynamisch einzufügen	531
Listing 9.54:	Das Ereignis BeforeUpdate einsetzen, um auf Dubletten zu prüfen	532
Listing 9.55:	Das Ereignis BeforeUpdate einsetzen, um Felder automatisch zu füllen	534
Listing 9.56:	Das Ereignis BeforeUpdate einsetzen, um die Richtigkeit der Postleitzahl zu überprüfen	535
Listing 9.57:	Das Ereignis BeforeUpdate einsetzen, um das Löschen von Feldinhalten zu unterbinden	536
Listing 9.58:	Das Ereignis Enter einsetzen, um Informationen auszugeben	537
Listing 9.59:	Das Ereignis Exit einsetzen, um Rückfragen einzuholen	538
Listing 10.1:	Teile einer Tabelle in eine Textdatei schreiben	545
Listing 10.2:	Tabelle in eine Textdatei schreiben (weitere Variante)	548
Listing 10.3:	Komplette Tabelle in eine Textdatei schreiben	548
Listing 10.4:	Ein Modul sichern	550
Listing 10.5:	Alle Module einer Datenbank sichern	550
Listing 10.6:	Textdatei in eine Tabelle einlesen	556
Listing 10.7:	Mehrere Textdateien in eine Tabelle einlesen	557

Listing 10.8:	Teile einer Tabelle nach Word übertragen	558
Listing 10.9:	Komplette Tabelle nach Word übertragen	561
Listing 10.10:	Gezielt auf eine Access-Tabelle zugreifen und Daten nach Word übertragen	565
Listing 10.11:	Adressdaten aus Access in den Kontaktordner von Outlook übertragen	570
Listing 10.12:	Den Kontaktordner von Outlook in eine Access-Tabelle übertragen	574
Listing 10.13:	Termine in den Terminkalender von Outlook transportieren	578
Listing 10.14:	Aufgaben aus einer Tabelle in die Aufgabenliste von Outlook transferieren	582
Listing 10.15:	Notizen aus einer Tabelle nach Outlook transferieren	585
Listing 10.16:	Access-Tabelle in eine Excel-Tabelle konvertieren	587
Listing 10.17:	Access-Tabelle in eine Excel-Tabelle konvertieren (Methode 2)	588
Listing 10.18:	Excel-Tabelle in eine Access-Tabelle überführen	589
Listing 10.19:	Teil einer Excel-Tabelle in eine Access-Tabelle überführen	591
Listing 10.20:	Bedingter Import von Excel-Daten nach Access	592
Listing 10.21:	Aufruf einer USERFORM	598
Listing 10.22:	Zugriff auf Access über Excel (Suchfunktion)	599
Listing 10.23:	Zugriff auf Access über Excel (Update-Funktion)	600
Listing 10.24:	Textfelder in USERFORM löschen	602
Listing 10.25:	Excel-Arbeitsmappen in Access sichern	604
Listing 10.26:	Excel-Arbeitsmappen aus Access zurückladen	606
Listing 11.1:	API-Funktion zur Ermittlung des CD-ROM-Laufwerks	610
Listing 11.2:	CD-ROM-Laufwerk ermitteln	612
Listing 11.3:	Anwendernamen ermitteln	613
Listing 11.4:	CD-ROM-Laufwerk ansprechen	614
Listing 11.5:	Bildschirmauflösung ermitteln	614
Listing 11.6:	Ist ein externes Programm gegenwärtig geöffnet?	615
Listing 11.7:	Ein externes Programm starten	615
Listing 11.8:	Wie lange läuft ein gestartetes Programm?	616
Listing 11.9:	API-Funktion zum »Schlafenlegen« einer Anwendung	618
Listing 11.10:	Verzeichnis erstellen mit einer API-Funktion	619
Listing 11.11:	Verzeichnis löschen mit einer API-Funktion	619
Listing 11.12:	Verzeichnis auswählen und abfragen	620
Listing 11.13:	Die installierte Windows-Version erkennen	621
Listing 11.14:	Windows-Verzeichnis ermitteln	623
Listing 11.15:	Windows-Systemverzeichnis ermitteln	623
Listing 11.16:	Das temporäre Verzeichnis ermitteln	624
Listing 11.17:	Das aktuelle Verzeichnis ermitteln	625
Listing 11.18:	API-Funktion zum Anzeigen eines Info-Bildschirms	625
Listing 11.19:	Ermitteln des Access-Startverzeichnisses	626
Listing 11.20:	Standardverzeichnis festlegen	627
Listing 11.21:	Die zur Datei gehörende Anwendung ermitteln	627
Listing 11.22:	Die gekürzte Pfadangabe ausgeben	628
Listing 11.23:	Computernamen ausgeben	629
Listing 11.24:	Texte konvertieren	630
Listing 11.25:	Zwischenablage löschen	630
Listing 11.26:	Überprüfen, ob Soundkarte einsatzbereit ist	631
Listing 11.27:	Sounddatei abspielen	631
Listing 11.28:	PC piepsen lassen	632
Listing 11.29:	API-Funktion zum Abfangen von Tastenklicks	632
Listing 11.30:	Datei suchen über eine API-Funktion	633
Listing 11.31:	Datei-Informationen auslesen	634
Listing 11.32:	Internetverbindung überprüfen	636
Listing 11.33:	Punktgenaue Koordinaten ermitteln	637
Listing 12.1:	Geschützte Datenbank per Code öffnen (DAO)	645
Listing 12.2:	Geschützte Datenbank per Code öffnen (ADO)	646

Listing 12.3:	Kennwort einer geschützten Datenbank ändern (DAO)	649
Listing 12.4:	Datenbanken verschlüsseln	653
Listing 13.1:	VBE aktivieren	656
Listing 13.2:	VBE deaktivieren	657
Listing 13.3:	VBE per Prozedur aufrufen	658
Listing 13.4:	Weitere Verweise einrichten	658
Listing 13.5:	Bibliotheken deaktivieren	659
Listing 13.6:	Fehlerhafte Verweise aufspüren	660
Listing 13.7:	Der Sprung in die VBE	660
Listing 13.8:	Die VBE verlassen	661
Listing 13.9:	Bibliotheken recherchieren	661
Listing 13.10:	Neues Modul hinzufügen	662
Listing 13.11:	Modul löschen	663
Listing 13.12:	Alle VB-Komponenten aus Datenbank entfernen	663
Listing 13.13:	Eine bestimmte Prozedur entfernen	664
Listing 13.14:	Einen bestimmten Befehl im Modul suchen und markieren	665
Listing 13.15:	Texte in einem Modul suchen und ersetzen	666
Listing 13.16:	Modul mit Prozedur bestücken (Variante 1)	668
Listing 13.17:	Modul mit Prozedur bestücken (Variante 2)	669
Listing 13.18:	Modul in einer Textdatei sichern	670
Listing 13.19:	Alle Module in diversen Textdateien sichern	671
Listing 13.20:	Ein komplettes Modul formatiert ausdrucken	672
Listing 13.21:	Die Code-Zeilen eines Moduls zählen	673
Listing 13.22:	Die Code-Zeilen eines kompletten Projekts zählen	673
Listing 13.23:	VB-Komponenten identifizieren	674
Listing 13.24:	Alle Prozeduren eines Moduls auflisten	675
Listing 13.25:	Alle Prozeduren der Standardmodule auflisten	676
Listing 13.26:	Alle Prozeduren der Standard- und Klassenmodule im Direkt-Fenster auflisten	676
Listing 13.27:	Die Prozedur-Infos anzeigen	679
Listing 13.28:	Das Formular schließen	680
Listing 13.29:	Alle Modulnamen ins Kombinationsfeld schreiben	681
Listing 13.30:	Alle Prozeduren aus einem ausgewählten Modul anzeigen	682
Listing 14.1:	Textfelder eines Formulars auslesen (Variante 1)	689
Listing 14.2:	Textfelder eines Formulars auslesen (Variante 2)	690
Listing 14.3:	Die Bildschirmmeldungen ausschalten	691
Listing 14.4:	Die etwas langsamere Methode	692
Listing 14.5:	Die bessere und schnellere Variante	692
Listing 15.1:	Text-E-Mail versenden	697
Listing 15.2:	Text-E-Mail über eine API-Funktion versenden	698
Listing 15.3:	E-Mail mit Dateianhang versenden	700
Listing 15.4:	Listenfeld mit allen Tabellennamen der aktiven Datenbank füllen	701
Listing 15.5:	Listenfeld mit allen Abfragen der aktiven Datenbank füllen	702
Listing 15.6:	Listenfeld mit allen Berichten der aktiven Datenbank füllen	703
Listing 15.7:	Listenfeld mit Outlook-Kontakten füllen	705
Listing 15.8:	E-Mails mit Dateianhang an mehrere Empfänger senden	706
Listing 15.9:	E-Mail-Empfänger aus einer Datentabelle holen	708
Listing 15.10:	Massen-E-Mails einzeln verschicken und bestätigen	710
Listing 15.11:	Den Posteingang dokumentieren	711
Listing 15.12:	Die versendeten E-Mails dokumentieren	714
Listing 15.13:	Anhänge aus Outlook speichern	717
Listing 15.14:	Mini-Browser in Formular einfügen	719
Listing 15.15:	E-Mail direkt aus Formular aufrufen	720
Listing 15.16:	Webabfrage durchführen	722
Listing 15.17:	Hyperlink-Adresse anspringen	723

Listing 15.18:	E-Mail-Adressen prüfen und formatieren	725
Listing 15.19:	Hyperlinks prüfen und formatieren	725
Listing 15.20:	Datenzugriffsseite mit Layout erstellen	729
Listing 15.21:	Datenzugriffsseiten ausgeben	731
Listing 15.22:	Datenzugriffsseiten (Quellen) ausgeben	731
Listing 15.23:	Datenzugriffsseite im Entwurfsmodus öffnen und anpassen	732
Listing 15.24:	Tabelle als HTML-Datei konvertieren	734
Listing 15.25:	Alle Tabellen als HTML-Dateien konvertieren	735
Listing 15.26:	Eine Tabelle in das XML-Format überführen	736
Listing 15.27:	Funktion, die den Text einer Internetseite extrahiert	737
Listing 15.28:	Inhalt einer Internetseite am Bildschirm ausgeben	738
Listing 16.1:	Alle Namen, ID-Werte und Typen von Leisten werden in den Direktbereich geschrieben	741
Listing 16.2:	Symbolleiste ein- und ausblenden	743
Listing 16.3:	Symbolleiste WEB einblenden	744
Listing 16.4:	Symbolleiste WEB ausblenden	744
Listing 16.5:	Alle Symbolleisten einblenden	744
Listing 16.6:	Alle Symbolleisten ausblenden	744
Listing 16.7:	Alle Symbol-IDs der Symbolleiste DATENBANK ermitteln	745
Listing 16.8:	Alle `CommandBars` auflisten	746
Listing 16.9:	Symbolschaltfläche deaktivieren	746
Listing 16.10:	Symbolschaltfläche aktivieren	747
Listing 16.11:	Neue Symbolleiste anlegen	747
Listing 16.12:	Symbolleiste löschen	747
Listing 16.13:	Symbol-`FaceIds` ermitteln	748
Listing 16.14:	Symbol-IDs ermitteln	749
Listing 16.15:	Symbole in Symbolleiste integrieren	750
Listing 16.16:	Das aktuelle Datum anzeigen	751
Listing 16.17:	Symbolleisten schützen	751
Listing 16.18:	Symbolleistenschutz wieder aufheben	752
Listing 16.19:	Einzelne Symbole deaktivieren	753
Listing 16.20:	Einzelne Symbole aktivieren	753
Listing 16.21:	Adaptive Menüs abschalten	754
Listing 16.22:	Menüleiste DATENBANK mit zusätzlichem Menü ausstatten	755
Listing 16.23:	Menüleiste zurücksetzen	756
Listing 16.24:	Menü löschen	757
Listing 16.25:	Menübefehle integrieren	757
Listing 16.26:	Speicherort und Name der Datenbank ausgeben	759
Listing 16.27:	Wochentag, Datum und Uhrzeit ausgeben	759
Listing 16.28:	Menünamen auflisten	759
Listing 16.29:	Menübefehle auflisten	759
Listing 16.30:	Menübefehle deaktivieren	761
Listing 16.31:	Menübefehle aktivieren	761
Listing 16.32:	Menü deaktivieren	762
Listing 16.33:	Die Ereignisprozedur für den Schaltflächenklick	766
Listing 16.34:	Menüleistenkonfiguration dynamisch laden	768
Listing 17.1:	Eine Access-Tabelle öffnen, die es nicht gibt	775
Listing 17.2:	Fehlerfall abfangen	778
Listing 17.3:	Fehlerursache ermitteln	779
Listing A.1:	Feld an eine Tabelle anhängen	784
Listing A.2:	Eingaben in Formular beschränken	785
Listing A.3:	Bedingtes Beenden eines Formulars	786
Listing A.4:	Automatisches Hervorheben von Rechnungsfälligkeiten	787
Listing A.5:	Blinkende Schaltfläche erzeugen	788

Listing A.6:	Alle Formularfelder im Detailbereich ausblenden	790
Listing A.7:	Mit einem Passwort alle Formularfelder anzeigen lassen	790
Listing A.8:	Tabelle mit der aktiven Datenbank verknüpfen	791
Listing A.9:	Welche Tabellen sind verknüpft?	792
Listing A.10:	Verknüpfte Tabellen aktualisieren	793
Listing A.11:	Verknüpfungsadresse anpassen	794
Listing A.12:	Alle Tabellen verknüpfen	795
Listing A.13:	Neues Formular mit Ereignis erstellen	796
Listing A.14:	Bestehendes Formular mit einem Ereignis ausstatten	797
Listing A.15:	Hintergrund eines Formulars mit Zufallsfarbe einstellen	798
Listing A.16:	Kombinationsfeld mit Einträgen füllen	800
Listing A.17:	Kombinationsfeld mit Einträgen aus einer Tabelle füllen	801
Listing A.18:	Navigationsschaltflächen ausblenden	802
Listing A.19:	Die nächste Bestellnummer ermitteln	802
Listing A.20:	Die letzte Bestellung in der Tabelle anzeigen (DoCmd)	803
Listing A.21:	Die letzte Bestellung im Formular anzeigen (DoCmd)	804
Listing A.22:	Leerzeichen entfernen	805
Listing A.23:	Gesamtsumme der Einzelpreise ausgeben	806
Listing A.24:	Gesamtsumme der Einzelpreise ausgeben (noch schneller)	807
Listing A.25:	Datenbanken zählen	807
Listing A.26:	Die Statusleiste von Access programmieren	810
Listing A.27:	Währungen umrechnen	812
Listing A.28:	Access beenden	813
Listing A.29:	Excel-Prozedur von Access aus starten	814
Listing A.30:	Word-Prozedur von Access aus starten	814
Listing A.31:	Warnmeldungen nicht anzeigen	815
Listing A.32:	Alle Drucker auflisten	816
Listing A.33:	Den integrierten DRUCKEN-Dialog aufrufen	816

Anhang C
Das VBA-Repository/Die CD

Auf der CD befindet sich eine 30-Tage-Vollversion unserer VBA-Repository. Sie können diese Software 30 Tage kostenfrei nutzen. Als VBA-Kompendium-Leser erhalten Sie zusätzlich einen Rabatt von 50 % auf unser VBA-Repository, das noch viel mehr Prozeduren für Excel, Access, Word, PowerPoint, Outlook und anwendungsübergreifende Themen wie Funktionen und APIs enthält. Diese VBA-Knowledgebase wird fast täglich ausgebaut. Mit dem Kauf der Datenbank können Sie bis zu vier Mal im Jahr Updates von unserem Server laden. Steht ein neuer Download zur Verfügung, dann werden Sie von uns per E-Mail darüber informiert.

Sie haben zusätzlich die Möglichkeit, in einer separaten Benutzerdatenbank Ihre eigenen Code-Beispiele abzuspeichern. Diese werden dann bei der Suche dynamisch mit unseren Beispielen kombiniert. Über eine integrierte E-Mail-Funktionen können Sie uns jederzeit kontaktieren, wenn Sie bei der Anwendung einer Prozedur Probleme bzw. auch wenn Sie eine Lösung in der Datenbank noch nicht gefunden haben. Wie werden uns bemühen, Ihnen schnellstmöglich zu helfen. Dafür stehen Ihnen fünf erfahrene VBA-Programmierer zur Verfügung. Testen Sie unseren Service. Das Personal VBA-Repository wurde mit großem Aufwand erstellt und stellt das Know-how dar, das wir uns in den letzten 15 Jahren erarbeitet haben.

Anhang C • Das VBA-Repository

Abbildung C.1:
Das VBA-Repository

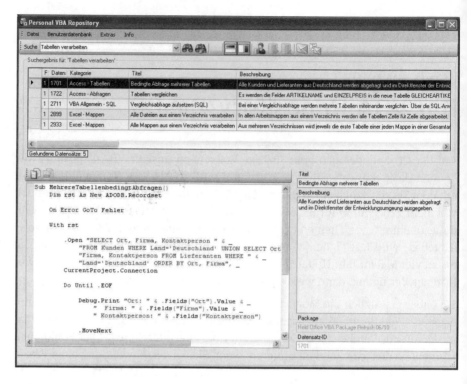

Die 30-Tage-Vollversion finden Sie auf der CD-ROM im Verzeichnis KAP18.

Index

A

Abfrage
 auflisten 191, 268
 durchführen 390
 erstellen 308
 exportieren 549
 programmieren 306
 versenden 696
Abfragetypen
 definieren 281
AbsolutePosition 810
acActiveDataObject 227
acAdd 224, 283
acAnywhere 226
acBoundObjectFrame 463
Access
 beenden 87, 185, 813
 einschläfern 618
Access-Datenbanken
 ermitteln 103
Access-Import
 durchführen 562
AccessObject 189, 191, 193
Access-Version
 ausgeben 186
Access-Verzeichnis
 ermitteln 626
Acces-Tabelle
 in Excel-Tabelle wandeln 587
acCheckBox 463
acCmdAboutMicrosoftAccess 87
acCmdAnswerWizard 87
acCmdCloseWindow 87
acCmdDatabaseProperties 87
acCmdDatasheetView 515
acCmdDocMaximize 87
acCmdDocMinimize 87
acCmdExit 87
acCmdFind 88
acCmdNewDatabase 88
acCmdOpenDatabase 88
acCmdOpenTable 88
acCmdOptions 88
acCmdPrint 88
acCmdQuickPrint 88
acCmdRedo 88

acCmdRelationships 88
acCmdReportHdrFtr 469
acCmdSaveRecord 349
acCmdSend 88
acCmdUndo 88
acComboBox 463
acCommandButton 463
acCopy 348
acCtrlMask 531
acCurrent 226
acCustomControl 463
acCut 348
AcDataAccessPage 144
acDataForm 227
acDataFunction 227
acDataQuery 227
acDataServerView 227
acDataStoredProcedure 227
AcDatTable 227
acDelete 348
acDesign 197
acDetail 460, 464
AcDiagram 144
acDialog 198, 359, 439
acDown 226
acDraft 194, 442
acEdit 224, 283
acEditMenu 347
acEntire 226
acExport 588
acFile 347
acFirst 228, 510
acFooter 460, 464
AcForm 144
acForm 485, 486
acFormAdd 198, 359
AcFormatDAP 696
acFormatHTML 549, 696
acFormatRTF 549, 696
acFormatTXT 549, 550, 696, 707
acFormatXLS 549, 696
acFormBar 347
acFormDS 197
acFormEdit 198, 359
acFormPivotChart 197
acFormPivotTable 197
AcFormPropertySettings 359

acFormPropertySettings 198
acFormReadOnly 198, 359
acGoTo 228, 510
acGroupLevel1Footer 460, 464
acGroupLevel1Header 460, 464
acGroupLevel2Footer 460, 464
acGroupLevel2Header 460, 464
acHeader 460, 464
acHidden 198, 359, 438
acHigh 194, 442
acIcon 198, 359, 438
acImage 463
acImport 588
acLabel 463
acLast 228, 510, 527
acLine 463
acLink 588
acListBox 463
acLow 194, 442
AcMacro 144
acMedium 194, 442
AcModule 144
acModule 443
acNew 348
acNewRec 228, 510
acNext 228, 510
acNormal 197
acObject 348
acObjectFrame 463
acOptionButton 463
acOptionGroup 463
acOutputForm 549
acOutputFunction 549
acOutputModule 549, 550
acOutputQuery 549
acOutputReport 549
acOutputServerView 549
acOutputStoredProcedure 549
acOutputTable 549
acPage 463
acPageBreak 464
acPageFooter 460, 464
acPageHeader 460, 464
acPages 194, 442
acPaste 348
acPreview 197
acPrevious 228, 510

Index

acPrintAll 194, 442
AcQuery 144
acQuery 443
acQuit 185
acQuitPrompt 186
acQuitSaveAll 186
acQuitSaveNone 186
acReadOnly 224, 283
AcRecordsMenu 347
acRectangle 464
acRefresh 348
AcReport 144
acReport 443
acRightButton 522
acSaveForm 348
acSaveFormAs 348
AcSaveNo 360
AcSavePrompt 360
acSaveRecord 348
AcSaveYes 360
acSaveYes 398
acSearchAll 226
acSelectAllRecords 348
acSelection 194, 442
acSelectRecord 348
acSendDataAccessPage 696
acSendForm 696
acSendModule 696
acSendNoObject 696
acSendQuery 696
acSendReport 696
acSendTable 696
acSpreadsheetTypeExcel10 590
acSpreadsheetTypeExcel11 590
acSpreadsheetTypeExcel12 590
acSpreadsheetTypeExcel8 590
acSpreadsheetTypeExcel9 590
acStart 226
acSubform 464
AcSysCmdAccessDir 143
AcSysCmdAccessVer 143
AcSysCmdClearStatus 143
AcSysCmdGetObjectState 144
acSysCmdGetObjectState 144
AcSysCmdGetWorkgroupFile 144
AcSysCmdIniFile 144
AcSysCmdInitMeter 144
AcSysCmdProfile 144
AcSysCmdRemoveMeter 144
AcSysCmdRuntime 144
AcSysCmdSetStatus 144
AcSysCmdUpdateMeter 144
acTabCtl 464
AcTable 144
acTable 443, 485
acTextBox 464
ActiveConnection 267, 275, 306, 309, 593

ActiveExplorer 718
ActiveX Data Objects
   einbinden 568
acToggleButton 464
ActualWork 583
acUndo 348
acUp 226
acViewDesign 194, 224, 283, 438
acViewNormal 194, 224, 283, 438
acViewPivotChart 224, 283
acViewPivotTable 224, 283
acViewPreview 194, 224, 283, 438
acWindowNormal 198, 359, 438
Adaptive Menüs
   ausschalten 754
AdaptiveMenus 755
adBoolean 276
adChar 276
adCurrency 276
Add 205, 353, 398, 411, 559, 560, 606, 662, 718, 747, 750, 756
ADD COLUMN 298
ADD CONSTRAINT 298
adDecimal 276
AddFromFile 658, 669
AddFromGuid 657
AddIns 658
AddItem 383, 403, 413, 428, 681, 682, 702
AddNew 265, 280, 494, 576, 595, 713
adDouble 276
adLockBatchOptimistic 245
adLockOptimistic 245
adLockPessimistic 245
adLockReadOnly 245
adLongVarChar 276
adNumeric 276
adOpenDynamic 245
adOpenForwardOnly 245
adOpenKeyset 245
adOpenStatic 245
Adressdatenbank
   anlegen 563
Adressentabelle
   nach Outlook transportieren 569
adSearchBackward 246
adSearchForward 246
adSeekAfter 250
adSeekAfterEQ 250
adSeekBefore 250
adSeekBeforeEQ 250
adSeekFirstEQ 250
adSeekLastEQ 250
adSingle 276
adUseClient 258
advapi32.dll 612
adVarChar 276
adVarWChar 276

Änderungen
   dokumentieren 501
   speichern 507
   zulassen 786
Änderungsdatum
   anzeigen 500
   ermitteln 267
Aktion
   widerrufen 88, 533, 536
   wiederholen 88
Aktionsabfrage
   durchführen 282
Aktivierreihenfolge
   anpassen 331
   festlegen 343
   Steuerelemente 540
Aktualisieren
   verknüpfte Tabellen 793
Aktualisierungsabfrage
   durchführen 282
Aktuellen Monat
   ermitteln 126
Aktuellen Wert
   anzeigen 59
Aktuelles Verzeichnis
   ermitteln 122, 624
AllDataAccessPages 101, 189, 731
AllDatabaseDiagrams 189
AllForms 101, 189, 192, 486
AllFunctions 189
AllMacros 101, 189
AllModules 101, 189, 190, 551
AllowEdits 786
AllQueries 189, 191
AllReports 101, 190, 455
AllTables 190, 191, 193, 294, 302, 735
AllViews 190
ALTER TABLE 294, 298
AND 311
And 257
Anfügeabfrage
   durchführen 282
Anfügen
   zulassen 336
Ansicht
   aktualisieren 295, 404
   wechseln 513
Anwendernamen
   ermitteln 184, 612
Anzeige
   mehrzeilig 318
Append 274, 276, 309, 546, 784, 795
Application 48, 183, 473
Applikationsverzeichnis
   ermitteln 143
ApplyFilter 229
ApplyTheme 730, 733

Index

Arabische Zahlen
 wandeln 181
Arbeitsgruppendateipfad
 ermitteln 144
Arbeitsmappe
 anlegen 607, 718
 öffnen 605
 schließen 606
Arbeitsverzeichnis
 ermitteln 121
Arithmetische Operatoren
 verwenden 167
Array 157
 abarbeiten 151, 157
 auslesen 151
 definieren 159
 durchlaufen 157
 füllen 157
 programmieren 156
Artikel
 bewerten 255
Artikelanlage
 kontrollieren 532
Artikelnamen
 ändern 284
AS 305, 312
As 66
ASC 164, 258, 259, 531
AtEndOfStream 81, 218
Attachments 713, 716
Attributes 269
Auffangbare Fehler
 anzeigen 776
Aufgabenliste
 importieren 581
Aufgaben-Objekt (Outlook)
 erstellen 572
Aufrufeliste
 anzeigen 59
 löschen 58
 zurücksetzen 58
Ausgabeformat
 festlegen 549
Auskommentierung
 aufheben 43
Auslaufartikel
 löschen 264
Ausrufezeichen-Symbol
 anzeigen 45
Auswahlabfrage
 durchführen 281
AutoAnpassen 561
AutoFitBehavior 561
AutoKorrektur
 zulassen 343
AutoStart 549
Avg 477

B

BackColor 135, 362, 445, 447, 527
Bcc 697
Bearbeitungen
 zulassen 336
Bedingte Formatierung
 durchführen 343
Beep 632
Befehle
 vervollständigen 47
BeginGroup 758
Bei Aktivierung 539
Bei Deaktivierung 540
Bei Entladen 540
Bei Fokuserhalt 540, 541
Bei Fokusverlust 540, 541
Bei Geändert 541
Bei Größenänderung 539
Bei Laden 539, 541
Bei Maustaste ab 392, 541
Bei Taste 541
Bei Taste Auf 541
Beim Anzeigen 539
Beim Hingehen 540, 541
Beim Klicken 400
Beim Öffnen 539, 541
Beim Schließen 540
Beim Verlassen 540, 541
BeiZeitgeber 400
Benutzer
 abfragen 48
 ermitteln 48, 483
Berechnung
 ausschalten 691
Bereiche
 ausblenden 469
 einblenden 469
 vergrößern 467
Bereichsgröße
 festlegen 468
Bericht
 aufrufen 193
 ausgeben 444
 bearbeiten 437
 drucken 194, 441
 entwerfen 437
 erstellen 461
 exportieren 549
 formatieren 444
 identifizieren 455
 kopieren 443
 maximiert anzeigen 439
 öffnen 438, 439
 schließen 456, 461
 umbenennen 443
 versenden 696
 zählen 455

Bericht mit Vorauswahl
 öffnen 439
Berichte mit Diagrammen
 ausführen 436
Berichte mit Zusammenfassung
 durchführen 436
Berichtsarten
 definieren 435
Berichtsaufbau
 festlegen 436
Berichtselemente
 auflisten 457
Berichtssektionen
 ansprechen 460
Berichtstypen
 ermitteln 457
Bestände
 zusammenführen 311
Bezeichnungsfelder
 einsetzen 375
Bibliothek
 auswählen 34
 einbinden 658
 einstellen 34
 entfernen 658
Bild
 laden 433
Bildbetrachter-Tool
 programmieren 426
Bilddateien
 suchen 431
Bildlaufleisten
 setzen 334
Bildschirmaktualisierung
 ausschalten 194, 691, 733
 einschalten 194, 733
Bildschirmauflösung
 ermitteln 614
Binary 546
Birthday 572
BIT 296
Blinkende Schaltfläche
 erstellen 788
Block
 auskommentieren 42, 43
Body 579, 583
BOF 254
Bookmark 261, 511
Boolean 70, 533
BusinessAddressCity 572
BusinessAddressPostalCode 572
BusinessAddressState 572
BusinessAddressStreet 572
BusinessFaxNumber 572
BusinessTelephoneNumber 572
Byte 70

Index

C

Caption 374, 399, 414, 419, 492, 531, 758, 777, 797
   festlegen 477
Case Else 96
Catalog 267, 275, 308, 593
Categories 579, 583
CBool 142
Cbool 143
Cbyte 142
Cc 697
Ccur 142
CDate 146
Cdate 142
CDbl 142, 145
CDec 142
CD-ROM-Laufwerk
   bedienen 613
   ermitteln 610
Cells 561, 595
CHARACTER 296
CharLower 629
CharUpper 629
ChDir 35, 108, 203, 605, 607
ChDrive 35, 108
Choose 136
Chr 319, 537, 668
Chr(13) 114
CInt 142
Circle 450, 451, 453
Clear 205, 416
CLng 142, 146
Close 110, 160, 164, 166, 218, 251, 253, 280, 302, 360, 420, 456, 461, 483, 485, 494, 547, 567, 595, 606, 646, 672, 713
close 502
CloseClipboard 631
CloseCurrentDatabase 185
CodeData 193
Code-Fenster
   bedienen 51
   einblenden 51
CodeModule 682
CodePanes 658
Codes
   sichern 550
Code-Zeilen
   erfassen 39
   ermitteln 665
   zählen 673
Column 269, 276
Columns 271, 275
Command 309
CommandBarControl 755, 758
CommandBars 658
Commandbars 741

CommandBars-Typ
   feststellen 741
CommandText 306, 308, 309
CompactDatabase 653
Complete 583
Computerinfos
   anzeigen 209
Computernamen
   ermitteln 629
Connect 793
Connection 164, 244, 251, 418, 545
ConnectionString 245
Control 102
Controls 746, 755
ControlTipText 366
ControlType 355, 362, 366
CopyFile 218
CopyObject 231, 443, 444
Count 106, 215, 271, 361, 398, 456, 713, 716, 742
Countdown
   programmieren 486
CountOfDeclarationLines 675
CountOfLines 668, 673, 674, 676, 682
CREATE INDEX 294, 301
CREATE TABLE 294, 295, 301
CreateDataAccessPage 730
CreateDirectory 619
CreateEventProc 797
CreateField 274
CreateForm 186, 797
CreateItem 571, 579, 582, 586
CreateObject 175, 211, 353, 558, 559, 571, 594, 718, 779
Createobject 209
CreateReport 461, 466
CreateReportControl 462, 463, 472, 476
CreateShortcut 212
CreateTableDef 274
CSng 143
CStr 143, 147, 148
CSV-Datei 544
CurDir 122
Currency 70
CurrentDB 485, 795
CurrentDb 116, 123, 156, 184, 274, 604, 607, 759, 784
CurrentProject 101, 159, 161, 164, 184, 251, 306, 418, 545, 560, 713, 731
CurrentUser 48, 184, 473
CurrentX 447
CursorLocation 258
Cursorposition
   ermitteln 636
CursorType 647
   festlegen 245
Cvar 143

D

Date 70, 473, 501, 517, 797
DateAdd 128, 584
DateCreated 219, 267, 275, 278
Datei
   kopieren 123
   löschen 119
   suchen 107, 204, 633
   zählen 106
   zählen (Verzeichnis) 171
Dateianhänge
   speichern 717
Dateiendungen
   prüfen 113
Dateiexistenz
   prüfen 172
Datei-Informationen
   auslesen 634
Dateinummer 546
Dateityp
   ermitteln 627
Dateiverfügbarkeit
   prüfen 173
DateLastAccessed 219
DateLastModified 219, 278
DateModified 275
Daten
   drucken 88
   entfernen 307
   transferieren 547
   zusammenführen 303
Datenbank
   anlegen 88
   dokumentieren 277, 686
   ermitteln 116
   öffnen 241
   reparieren 693
   schließen 185
   sichern 218
   speichern (ohne Quellcode) 651
   suchen 277
   verschlüsseln 652
   vorhanden 319
Datenbankeigenschaften
   anzeigen 87
Datenbank-Fenster
   maximieren 87
   minimieren 87
Datenbankinformationen
   erhalten 183
Datenbankkennwort
   ändern (DAO) 649
Datenbanknamen
   ermitteln 46
Datenbankobjektstatus
   abfragen 143
Datenblattansicht
   aktivieren 515

Datendefinitionsabfragen
  durchführen 294
Datenfeld
  löschen 299
Datenformat
  festlegen 549
Datenherkunft 402
  bestimmen 336
Datenreihe
  bestimmen 419
Datensatz
  aktivieren 262, 510
  aktualisieren 490
  anlegen 492, 576, 606
  ansteuern 226, 509
  duplizieren 350
  einfügen 606
  filtern 256
  hinzufügen 265, 280
  klonen 489, 526
  kopieren 489
  löschen 263, 351
  neu 537
  positionieren 228
  sortieren 257
  sperren 337
  suchen 225, 246, 349, 403, 496
  summieren 496
  zählen 159, 188, 260, 485, 496
Datensatzmarkierer
  anzeigen 334
Datensatzquelle
  bestimmen 336
Datentipps
  anzeigen 60
Datentyp
  einsetzen 684
  festlegen 66
  überwachen 374
Datenzugriffsseite
  anpassen 732
  anzeigen 732
  auslesen 731
  erstellen 726
  versenden 696
Datenzugriffsseitenquelle
  auslesen 731
DatePart 127
Datepart 74
DateSerial 176
DATETIME 296
Datum
  ausgeben 39
  einfügen 471, 517, 531
  zerlegen 147
Datumsangaben
  formatieren 129
Datumsberechnungen
  durchführen 127

Datumsfelder
  erhöhen 529
Datumsformat-Konstanten
  einsetzen 73
Datumswert
  überprüfen 152
DAvg 187, 496
Day 148, 405
DayLength 405
DBEngine 646
DblClick 413
DCount 188, 496
Dcount 498
Debug.Print 53, 99, 102, 117, 160, 456, 742
Debuggen 58
Debuggen/Einzelschritt 54
DECIMAL 296
Decimal 70
DefaultTableBehavior 560
DefinedSize 269, 276
Definition
  Eigenschaften 35
  Ereignisse 35
  Methoden 35
  Objekte 35
DefType 72
DELETE 289
Delete 263, 265, 276, 277, 586, 664, 747, 757
DELETE * 308
DeleteLines 665
DeleteObject 318, 388
DESC 164, 241, 258, 259, 305
Design
  zuweisen 730
Detailbereich 436
Detailberichte
  ausführen 435
DeviceName 185
Dezimalstellenanzeige
  festlegen 339
DFirst 496
Diagramm
  einfügen 416, 421
  exportieren 420
Diagramm-Assistent 421
Diagrammtitel
  anzeigen 419
  festlegen 419
Diagrammtyp
  festlegen 419
Dialog Drucken
  anzeigen 88
Dialog Optionen
  anzeigen 88
Dialogfeld Öffnen
  anzeigen 201
Dim 66

Dir 77, 78, 107, 172, 319, 413, 605, 653
  Konstanten 77
Direkt-Fenster
  ausblenden 59
  editieren 53, 117
  einblenden 53, 59
  füllen 117
Direkthilfe
  anzeigen 87
Dirty 503
DLast 495
DLookup 496, 534
DlookUp 371, 533, 534
DMax 189, 496
DMin 189, 496
Do until 104, 106
Do Until...Loop 104
Do While...Loop 106
DoCmd 193, 223, 229, 233, 437, 548
DoEvents 618
Dokumenteigenschaft
  auslesen 175
  ermitteln 174
DoMenuItem 347, 348
Double 70
DriveLetter 216
Drives 216
DriveType 216
DROP COLUMN 298, 299
DROP CONSTRAINT 298
DROP INDEX 294
DROP TABLE 294
Druckkopien
  festlegen 194
Druckqualität
  festlegen 194
DStDEv 496
DSum 188, 496
DueDate 583
Duration 579
Durchschnitt
  errechnen 187
DVar 496
dwMajorVersion 622
dwMinorVersion 622
dwplatformId 622
DZ 171

E

Echo 194, 733
Edit 576
Editor-Einstellung
  ändern 59
Editorformat
  einstellen 48
  festlegen 61

Index

Eigene Funktionen
  programmieren 170
Eigenschaften
  anzeigen 43
  auflisten 34
Eigenschaftenfenster
  aufrufen 37
  einblenden 37
Einfügemarke
  setzen 54
Einfügeposition
  festlegen 560
Eingabe
  auswerten 90
  automatisch durchführen 369
  checken 499
  erfassen 321
  erzwingen 297, 500
  prüfen 91
  vervollständigen 533
  wandeln 91
  widerrufen 498
Eingabelänge
  überprüfen 374
Eingabemasken
  programmieren 320
Eingabemöglichkeit
  beschränken 498
Eingabentastenverhalten
  festlegen 342
Einzug
  vergrößern 41, 60
  verkleinern 41
Elemente
  auflisten 60
ElseIf 91
E-Mail
  verschicken 696
  versenden (API) 698
E-Mail mit Anhang
  versenden 699
EmailtAddress 572
E-Mail-Adresse
  austauschen 667
  dynamisch auswählen 700
  prüfen 110
E-Mail-Aktion
  starten 492
E-Mail-Dialog
  öffnen 88
E-Mail-Objekt (Outlook)
  erstellen 572
E-Mail-Verteiler
  zusammenstellen 708
Enabled 367, 725, 753, 761, 762
End 579
End Sub 38
End With 106

Entwicklungsumgebung
  anpassen 59
  aufrufen 34, 35, 657
  einstellen 59
Entwurfsmodus
  aktivieren 58
  deaktivieren 58
Entwurfsqualität
  drucken 194
EnumNetworkDrives 215
EOF 109, 234, 250, 253, 254, 547, 566, 648, 709
Ereignis
  Activate 539
  AfterInsert 492
  AfterUpdate 541
  Before_Update 535
  BeforeDelConfirm 507
  BeforeUpdate 533, 536, 541
  Change 541
  Click 517
  Close 485, 486, 540
  Current 539
  Deactivate 540
  Enter 537, 540, 541
  Exit 524, 538, 540, 541
  Form_Activate 509, 510
  Form_AfterDelConfirm 508
  Form_AfterInsert 492
  Form_AfterUpdate 503
  Form_BeforeInsert 494
  Form_BeforeUpdate 496, 498, 499, 500, 503
  Form_Close 485
  Form_Current 489
  Form_DblClick 513
  Form_Deactivate 511
  Form_Delete 503
  Form_Dirty 506
  Form_Load 487
  Form_Open 482
  Form_Resize 512
  GotFocus 527, 540, 541
  KeyDown 528, 529, 541
  KeyPress 541
  KeyUp 528, 541
  Load 539, 541
  LostFocus 527, 540, 541
  MouseDown 518, 521, 522
  MouseMove 523
  MouseUp 518, 521
  Open 539, 541
  OpenForm 487
  programmieren 481
  Resize 539
  Schaltfläche_Click 524
  Steuerelement_BeforeUpdate 532
  Steuerelement_Enter 537

  Steuerelement_Exit 538
  Unload 540
Ereignisreihenfolge
  abstimmen 539
Erstellungsdatum
  abfragen 219
  ermitteln 267
Ersten Datensatz
  aktivieren 228, 510
  ermitteln 496
Etiketten
  erstellen 440
Etikettenberichte
  starten 436
EuroConvert 811
Euro-Konvertierung
  durchführen 391
Excel-Arbeitsmappe
  öffnen 605
Excel-Datei
  wiederherstellen 606
Excel-Daten
  in Access-Tabelle transferieren 589
Excel-Import
  durchführen (bedingt) 591
Excel-Prozedur
  starten 814
Excel-Session
  starten 352
Execute 254, 255, 306, 308
Exemplare
  sortieren 194
Exit 523, 536, 537, 805
Exit For 98
Exit Function 179
Exit Sub 91, 321, 485, 779
Exklusivmodus 643
Export 670, 672
  Abfrage 549
  Bericht 549
  Formular 549
  Funktion 549
  Modul 549
  Prozedur 549
  Tabelle 549
Exportdatei
  öffnen 549
ExportPicture 420
ExportXML 736
Externes Programm
  starten 615

F

FaceId 748, 749, 751, 758
Farbfunktionen
  einsetzen 132

Index

FastLaserPrinting 442
Fehler
　abfangen 93
　erkennen 778
Fehlerhafte Verweise
　ermitteln 660
Felddatentypen
　ermitteln 271
Felddefinitionen
　auslesen 271
Felder
　ausblenden 490
　einblenden 490
　initialisieren 285
　vorbelegen 495
Feldinhalt
　auslesen 246
Fenster
　maximieren 195
　schließen 87
　teilen 47
　verankern 63
Fensterteiler
　einsetzen 52
File Input/Output
　Konstanten 79
FileCopy 123, 124
FileDialog 202, 203, 205
FileObject 205
FileSystemObject 81, 175, 217
Filesystemobject 207
FileSystemObjekts 175
FillColor 447, 450, 454
FillStyle 447, 450, 454
FillStyle-Konstante
　angeben 450
Filter 257
　anwenden 342
　einstellen 205, 336
Filterkriterium
　angeben 229
　einstellen 229
FilterName 438
Find 246, 247, 251, 403, 566, 600, 665, 666
FindExecutable 627
FindFirst 576
FindFirstFile 635
FindRecord 225
FindWindow 615
FirstDay 405
firstdayofweek 75
Firstname 572
Fix 137
Fokus
　setzen 483, 509
FollowHyperlink 724
FontBold 407, 447, 521, 788
FontItalic 447
FontName 447, 477

FontSize 447
FontUnderline 447
For Each 205
For Each...Next 100
For Each...Next-Schleifen
　einsetzen 100
For Next 167
For...Next 98
For...Next-Schleifen
　einsetzen 98
ForAppending 80
ForeColor 135, 447, 521, 725, 788
Form_Current 787
Form_Load 410, 415, 417, 427, 801
Form_Open 796, 798
Form_Unload 786
Format 130, 147, 164, 188, 400
　festlegen 339
FormatDatTime 73
FormatNumber 215
Forms 100
FormulaLocal 608
Formular
　aktualisieren 490, 510
　anlegen 186
　aufrufen 197, 358
　erstellen 322
　exportieren 549
　maximieren 509
　mit Zugangskennung 482
　öffnen 145, 192
　programmieren 427
　schließen 483, 485
　vergrößern 509
　zeichnen 426
Formularberichte
　ausführen 436
Formularbeschriftung
　bestimmen 334
Formularbreite
　ermitteln 512
Formulardaten
　verknüpfen 187
Formulareigenschaften
　einstellen 333
Formulareingaben
　limitieren 785
Formularende
　aktivieren 510
Formularexistenz
　prüfen 192
Formularfeld
　ausblenden 339, 789
　ausdrucken 340
　bearbeiten 329
　färben 527
　formatieren 333
　markieren 331
　verschieben 330

Formularinhalt
　drucken 351
Formularnamen
　ausgeben 100
　ermitteln 101
Formular-Raster
　definieren 61
Formularschließung
　verhindern 786
Formulartitel
　festlegen 37
Formularwert
　hinterlegen 343
ForReading 80
ForWriting 80
Fragezeichen-Symbol
　anzeigen 45
FreeSpace 215
FROM 288, 293
Füllfarbe
　festlegen 447
Füllmuster
　festlegen 447
FullName 732
FullPath 660
Funktion
　beenden 179
　exportieren 549

G

Ganzzahligen Wert
　extrahieren 137
GDI32.dll 611
Generator
　auswählen 482
Geschützte Datenbank
　öffnen (ADO) 646
　öffnen (DAO) 645
GetAttr 77, 78
GetClipboardData 631
GetCommandLine 626
GetComputerName 629
GetCurrentDirectory 624
GetCursorPos 636
GetDrive 215
GetDriveName 215
GetExitCodeProcess 616, 618
GetLogicalDriveStrings 611
GetObject 567, 594, 713, 779
Getoblect 558
GetShortPathName 628
GetString 235, 236
GetSystemDirektory 623
GetTempPath 624
GetUser 483
GetUserName 612

Index

GetVersionEx 621
GetWindowsDirekctory 624
Globale Konstanten
    definieren 72
Globale Variablen
    einsetzen 66
GoTo 567
GoToRecord 226, 510, 527, 803, 804
Grafik
    laden 433
Grafikdateien
    suchen 431
Großbuchstaben
    umwandeln 91
Grundsätze
    Programmierung 33
Gültigkeitsmeldung
    definieren 341
Gültigkeitsprüfung
    Verweise 660
Gültigkeitsregel
    festlegen 341
Guid 657

H

Haltemodus
    aktivieren 58
    einstellen 58
Haltepunkt
    ausschalten 41
    einschalten 41
    setzen 42, 58
HasLegend 419
HasTitel 419
HauptNr 657
Hauptversionsnummer
    festlegen 657
Height 468
Hilfe-Symbol
    anzeigen 45
Hintergrundart
    bestimmen 340
Hintergrundfarbe
    bestimmen 135
    festlegen 447
    nach Zufallsprinzip 798
Höchstwert
    festlegen 100
Hotkey 212
Hour 131
HTML-Datei
    speichern 734
Hyperlink
    einsetzen 720
    integrieren 413
    prüfen 724

Hyperlinkformatierung
    anwenden 340
Hyperlink-Textfelder
    erstellen 723

I

ID 750
IDENTITY 306
If 535
IIf 94
IIF-Verzweigung
    einsetzen 94
IMAGE 296
ImageList 416
    programmieren 414
Importdatei
    festlegen 557
Importspezifikation
    erstellen 554
Index 250, 275
    einfügen 294
    einsetzen 688
    löschen 294
Info-Dialog
    aufrufen 87
Informationen
    anzeigen 318
Input 546
InputBox 91, 244, 320, 566
    aufrufen 90
Inputbox
    verwenden 320
INSERT INTO 286, 288
InsertLines 665, 797, 798
Installierte Drucker
    ermitteln 184
InStr 113, 725
Instr 111, 163, 177
InStrRev 113, 114, 116
InstrRev 111
Int 137, 407
INTEGER 296
Integer 70
Integrierte Dialoge
    einsetzen 200
Internen Zinsfuß
    berechnen 140
Internet Explorer
    aufrufen 722
InternetGetConnectedState 636
Internetseite
    checken 113
Internetverbindung
    überprüfen 636
Intervall 75
Ipmt 138

IRR 140
IsArray 93, 151
IsBroken 660
IsDate 93
Isdate 152
IsEmpty 93, 153
IsError 94
IsHyperlink 725
IsLoaded 101, 302, 485, 486
IsMissing 154
IsNull 94, 150, 153, 500, 530, 533, 534, 536, 537
IsNumeric 91, 93, 94
Isnumeric 375
IsObject 94, 155
istindex 387
ItemData 387, 388, 707
ItemsSelected 386

J

Join 118
Journaleintrag (Outlook)
    erstellen 572

K

Kalender
    voreinstellen 404
Kalender-Steuerelement
    einbinden 401
Keine Änderungen
    zulassen 503
Kennwortschutz
    festlegen 643
Kernel32.dll 611
KeyCode 531
Key-Ereignisse 528
KeyPress 374
Keys 275
Kill 119, 120, 653
Klassen-ID
    festlegen 657
Kleinbuchstaben
    umwandeln 92
Kombinationsfeld
    auslesen 380
    füllen 379
    füllen (ungebunden) 800
Kombinationsfeldlisten
    programmieren 376
Kommentar
    anfügen 43

Index

Kommentierung
  aufheben 42
Kompilierungseinstellungen
  festlegen 61
Komplexere Abfragen
  programmieren 309
Konstanten
  anzeigen 44
  verwenden 72
Kontaktobjekt (Outlook)
  erstellen 571
Kontextmenü
  abschalten 522
  deaktivieren 522
Kontrollkästchen
  aktivieren 389
  initialisieren 391
  programmieren 389
Konvertierung
  HTML 549
  RTF 549
  TXT 549
  XLS 549
Koordinatensystem
  anlegen 453
Kostenstelle
  prüfen 534
Kreis
  einfügen 449, 451
Kreisradius
  festlegen 451
Kreuztabellenabfrage
  durchführen 282
Kurze Pfadnamen
  ermitteln 628

L

Lagerbestand
  kontrollieren 310
  manipulieren 251
LastName 572
Laufbalken
  programmieren 406
Laufwerk
  anzeigen 214
  auswerten 215
  einstellen 108
  mappen 213
Laufwerksbuchstaben
  ermitteln 216
Laufwerkstyp
  ermitteln 216
Laufzeitfehler
  ermitteln 779
LBound 151
LCase 92

Leerzeichen
  einfügen 39
  entfernen 118, 805
Left 114, 115, 163, 374, 613, 709, 747
Legende
  anzeigen 419
Leisten
  identifizieren 741
Leistungsanalyse
  durchführen 683
Len 112, 123, 150, 163, 172, 180, 374, 605, 709
Lesezeichen
  einsetzen 261
  setzen 47
  zurücksetzen 47
Letzte Änderung
  abfragen 219
Letzter Datensatz
  aktivieren 228, 254, 510
  einstellen 803
  ermitteln 495
Letzter Zugriff
  abfragen 219
Liefertermin
  errechnen 93
LIKE 231
Line 450, 454
Line Input 110
Lines Of Code
  ermitteln 672
Linien
  einfügen 453
ListCount 489
Listcount 384
Listenbreite
  bestimmen 379
Listeneinträge
  demarkieren 386
  löschen 384
  mit Aktionen ausstatten 386
Listenfeld
  bestücken 413
  einfügen 382
  füllen 383, 487, 681
  programmieren 382
Listenfeldeintrag
  auslesen 384
  löschen 384
  zählen 384
ListIndex 384, 679, 707
ListView
  programmieren 414
Load 487, 599, 680
Location 579
Lock 546
Lock Read Write 546
Lock Write 546
Locked 367
LockType 245, 648

Löschabfrage
  ausführen 289
  durchführen 282
  ersetzen 507
Löschen
  zulassen 336
Löschrückfrage
  einholen 318
Löschung
  bestätigen 508
  rückgängig machen 536
  verhindern 504
Löschweitergabe 290
Logische Operatoren
  einsetzen 170
Lokale Konstanten
  definieren 72
Lokale Variablen
  einsetzen 66
Lokal-Fenster
  einblenden 56
  einsetzen 56
Long 70
LTrim 805
Ltrim 118

M

Mailanhänge
  speichern 717
Mails
  dokumentieren 714
  speichern 710
mailTo 720
MainWindow 660
Makro
  abbrechen 54
  debuggen 54
  erfassen 38
  zurücksetzen 54
Makros
  ausführen 40
  starten 40
MapNetworkDrive 214
Markierung
  drucken 194
Maßeinheit
  festlegen 446
Maßnahmen
  dokumentieren 524
Maustastenklicks
  abfangen 518
  Auf Textfeld 520
Max 408, 477
Maximalwert
  ermitteln 239, 496
Maximize 195, 439, 509

Index

MDE-Datei 652
MDE-Format 651
Me 365, 484
Media Player Steuerelement
    programmieren 412
Mehrdimensionale Arrays
    programmieren 158
Mehrfachauswahl
    einstellen 384
Mehrfachindex
    hinzufügen 298
    löschen 298
Mehrwertsteuer
    errechnen 320
Mehrzeilige Meldung
    erzeugen 537
Mehrzeiliges Textfeld
    füllen 537
Meldungsfenster
    anzeigen 38
    verwenden 46
Meldungsfenster-Schaltflächen
    festlegen 45
Meldungsfenstersymbole
    festlegen 45
Meldungskonstanten
    festlegen 45
Menü
    aktivieren 761
    deaktivieren 761
    einfügen 755
    löschen 757
Menübefehl
    aktivieren 761, 762
    auflisten 759
    ausführen 195, 206, 347, 514
    auslesen 759
    deaktivieren 761, 762
    einfügen 757
    gruppieren 758
Menüleiste
    programmieren 753
    zurücksetzen 756
Menünamen
    auflisten 759
Methoden
    anzeigen 43
    auflisten 34
Microsoft DAO Object Library
    einbinden 645
Mid 112, 114, 116, 179, 180, 611
Min 408, 477
Mini-Browser
    basteln 719
Minimalwert
    ermitteln 496
MinMaxSchaltflächen
    anzeigen 335
Minute 131

Mitarbeiter
    hinzufügen 286
MkDir 120, 607
Mod 444
Modul
    drucken 672
    einfügen 35, 662
    exportieren 549
    löschen 663
    sichern 39
    speichern 39
    versenden 696
Modus 546
MONEY 296
Month 126, 148, 176, 405
MonthLength 405
MonthName 126
MoveFirst 262
MoveLast 254, 262
MoveNext 162, 234, 253, 256, 263, 547,
    561, 608, 648, 810
MovePrevious 254
MsgBox 38, 91, 674
Msgbox 316, 320, 498
msoBarNoChangeDock 752
msoBarNoChangeVisible 751, 752
msoBarNoCustomize 751, 752
msoBarNoHorizontalDock 752
msoBarNoMove 752
msoBarNoResize 752
msoBarNoVerticalDock 752
msoBarTypeMenuBar 742
msoBarTypeNormal 742
msoBarTypePopup 742
msoButtonIconAndCaption 758
msoControlButton 756
msoControlComboBox 756
msoControlDropdown 756
msoControlEdit 756
msoControlPopup 756
Multifunktionsleiste 741
    programmieren 764

N

Nach Aktualisierung 541
Nachfrage
    starten 538
Nächste Bestell-Nr
    ermitteln 802
Nächster Datensatz
    aktivieren 228, 510
Name 116, 123, 184, 187, 190, 267, 455,
    456, 461, 742
    einfügen 471
NavigationButtons 802

Navigationsschaltflächen
    einblenden 335
    anzeigen 801
NebenNr 657
Nebenversionsnummer
    festlegen 657
network 209
Netzwerkressource
    abfragen 216
Neuanlage
    verhindern 503
NewCurrentDatabase 274
NewName 232
NewPassword 650
NewRecord 492, 494, 503, 537, 785
NextDay 405
NextMonth 405
NextWeek 405
NextYear 405
NoMatch 576
Not 91
NOT NULL 297
Nothing 160, 203, 205, 251, 267, 547,
    577, 595
Notiz
    entfernen 586
    löschen 586
    übertragen 584
Notiz-Fensterfarbe
    festlegen 586
Notiz-Objekt (Outlook)
    erstellen 572
Now 131, 617, 618, 668
Number 173
NumColumns 560
NumericScale 269
Numerische Werte
    extrahieren 149
Numerische Zeichen
    extrahieren 149
NumRows 560

O

Object 70
ObjectName 549
ObjectType 549
Objekt
    abfragen 155
    erstellen 211
    hinzufügen 309
Objektbibliothek
    auslesen 661
    einbinden 755
Objektkatalog
    aufrufen 34, 777

Index

Objektvariablen
    einsetzen 775
Objektverknüpfung
    aufheben 267
Objektverweis
    aufheben 160, 547
Öffnen-Dialog
    anzeigen 88
olAppointmentItem 571
olBlue 586
olContactItem 571
olDistributionListItem 571
OldValue 365, 502
olGreen 586
olJournalItem 572
olMailItem 572
olNoteItem 572, 586
olPink 586
olPostItem 572
olTaskItem 572
olTastItem 582
olWhite 586
olYellow 586
On Error 93, 109, 747, 779
OnAction 751, 758
Online-Hilfe
    aufrufen 40
    einsetzen 40
Open 110, 159, 240, 245, 251, 482, 487, 502, 545, 571
open 414
OpenArgs 439
OpenClipboard 631
OpenCurrentDatabase 646
OpenDataAccessPage 732
OpenDatabase 646
Opendatabase 650
OpenForm 145, 192, 197, 397, 398, 798
OpenProcess 616
OpenQuery 282, 390
OpenRecordSet 604, 607, 709
OpenReport 194, 438, 440
OpenTable 156, 224, 294, 387, 388
OpenText 672
OpenTextFile 81, 218
Operatoren
    einsetzen 167
Option Explicit 69
Option explicit
    setzen 71
Optionen-Dialog
    aufrufen 206
Options 246
Optionsschaltflächen
    programmieren 391
OR 310
Or 257
ORDER BY 237, 305, 311, 312
Outlook-Kontakte
    in Access-Tabelle überführen 573

Outlook-Objekt
    erstellen 571
Output 546
OutputFile 549
OutPutFormat 549
OutPutTo 444, 561, 734
OutputTo 549, 550, 551, 587

P

Page 473
Pages 397, 473
Parameterabfrage
    durchführen 281, 314
    erstellen 313
Parameterinfo
    anzeigen 44
PARAMETERS 314
ParentCatalog 269, 275
Passwörter
    abfragen 789
Passwortabfrage
    durchführen 790
Path 184
pathname 82
PC-Piepse
    erzeugen 632
Pfadname 546
Picture 433, 434
PLZ
    prüfen 535
Port 185
Posteingang
    auslesen 711
Postleitzahlen
    ermitteln 96
Präzision
    festlegen 269
Precision 269
Preiserhöhung
    durchführen 252
PreviousDay 405
PreviousMonth 405
PreviousWeek 405
PreviousYear 406
Print 450, 454, 502, 547
Printers 184
PrintOut 194, 441
Printout 672
Private 67
Procedures 309
ProcOfLine 675
ProcOfLines 665
ProcStartLine 664
Programmierhilfsmittel
    verwenden 41

Programmierleistung
    messen 672
Programmierung
    Office übergreifend 543
Programmierziele
    festhalten 33
Programmlaufdauern
    messen 616
Programmleichen
    entfernen 685
Programmstatus
    abfragen 615
ProgressBar Control
    einfügen 407, 409
Projekt
    ausblenden 62
    kompilieren 62
Projekt-Explorer
    aufrufen 36
Projekt-Manager
    aktivieren 35
Properties 270, 275
Protection 751
Provider 647
Prozedur
    anlegen 309
    auflisten 674
    aufspüren 664
    ausführen 58
    entfernen 663
    exportieren 549
    finden 664
    löschen 663
    sichern 670
    starten 58
    verlassen 321
Prozedurtext
    anzeigen 679
Prozedurzeilen
    löschen 665
PSet 450
Public 68

Q

QBColor 132, 448, 454
Quellcode
    einfügen 50, 667
    importieren 667
    kopieren 50
    schützen 650
    suchen 48
Quellcodeanzeige
    verhindern 650
QuickInfo
    anzeigen 46, 61
    bestimmen 750

843

Index

einstellen 46
hinzufügen 366
Quit 185, 439, 813

R

Ränder
  einstellen 340
Rahmenart
  bestimmen 335, 340
Rahmenbreite
  bestimmen 340
Rahmenfarbe
  festlegen 340
Random 546
Randomize 798
Range 561
Read 546
ReadLine 81, 218
ReceivedTime 713
Rechnungsfälligkeiten
  überwachen 787
RecordCount 159, 162, 166, 260, 485, 785, 810
RecordsAffected 255
RecordSelectors 802
RecordSet 164, 418, 566
Recordset 545, 559
RecordSetClone 526
RecordsetClone 489, 785
REcordsettyp
  bestimmen 337
RecordSource 187, 461, 466
ReDim 159, 162
Reference 660
References 660
Referentielle Integrität 290
Refresh 404, 490, 511
RefreshDataBaseWindow 295, 713
Registerelemente
  anlegen 395
  programmieren 395
Registerkarte
  aktivieren 397
  einfügen 397
  löschen 399
  suchen 399
  umbenennen 397
Reihenfolge
  Aktualisierungsereignisse 541
RelatedColumn 269
Rem 42
ReminderMinutesBeforeStart 579, 583
ReminderPlaySound 579, 583
ReminderSet 579, 583
ReminderSoundFile 583
Remove 399, 657, 660, 663

RemoveDirectory 619
RemoveItem 384, 682
RemoveNetworkDrive 214
Rename 232, 443
Replace 667
ReplaceLine 667
Report 446, 453, 461
Report_Open 460
Reprint 490
Requery 490, 511
RequiredAttendees 579
Reset 756
Restore 187
RGB 361, 407, 445, 450, 521, 527, 788, 799
Ribbon 741
Ribbons programmieren 762
Right 114, 115, 148, 163
RmDir 121
Rnd 799
Römische Ziffern
  wandeln 180
Round 119, 177
RowSource 800, 801
RowSourceTyp 800, 801
RTrim 805
Rtrim 118
Rückfrage
  einholen 498
Rückschrittzeichen
  einfügen 114
Rückwärts
  durchführen 246
Run 814
RunCommand 86, 195, 206, 348, 349, 440, 441, 469, 507, 514, 515
Runcommand 88
RunSQL 284, 285, 294, 295, 298, 713, 715

S

Satzlänge
  vorgeben 547
Save 212, 710
SaveAs 608
SaveAsFile 718
Scale 453
ScaleMode 446, 450
ScaleWidth 450, 451
Schaltfläche
  aktivieren 725
  deaktivieren 725
  einfügen 346
Schaltflächenfarbe
  verändern 521
Schaltflächenklick
  ermitteln 317

Schleifen
  programmieren 97
Schließen-Schaltfläche
  einblenden 335
Schriftart
  einstellen 446
  festlegen 477
Schriftfarbe
  definieren 407
  festlegen 135, 447, 521
Schriftformatierungen
  anwenden 445
Schriftgröße
  festlegen 447
Schriftschnitt
  festlegen 447, 521
SearchDirection 246
SearchTreeForFile 633
Second 131
Section 460, 467
Seek 247, 250
Seitenfuß 436
Seitenkopf 436
Seitenzahlen
  einfügen 471
Sektion
  anzeigen 460
  ausblenden 460
SELECT 235, 262, 288, 293, 601
Select 255
Select Case 95, 96, 272, 460, 509
Select case 157
Selected 388, 489
SelectedITem 416
SelectedItem 411
SelectedItems 203, 205
Selection 560
SelHeight 505
SelLength 362
SelStart 362
SenderName 713
SendObject 696, 698, 699, 707, 710
SentOn 716
SeriesCollection 419
Serveransicht
  exportieren 549
SET 284
Set 101, 397, 446, 750
SetAttr 79
SetCurrentDirectoryA 627
SetData 419
SetFocus 484, 490, 509
SetSelection 666
SetWarnings 815
Shared 546
ShareName 216
SHBrowseForFolder 429
Sheets 595
Shell 82, 617, 722

Index

ShellAbout 625
ShellExecute 413, 615, 698
SHGetPathFromIDList 429
Shift 531
ShortcutMenu 522
Show 202, 203, 598
ShowDateSelectors 405
ShowToolbar 744
Single 70
Size 716
SizeToFit 466
SkipRows 246
Sleep 434
Slider
  programmieren 409
Slider_Scroll 410
SMALLINT 296
sndPlaySound32 631
Sonderzeichen
  eliminieren 176
  entfernen 176
Sort 164, 165, 257, 258, 418, 713, 716
Sortierreihenfolge
  bestimmen 269
  festlegen 258
Sortierung
  festlegen 336
SortOrder 269
Soundkarte
  prüfen 631
Sounds
  ausgeben 631
SourceTableName 795
Spaltenanzahl
  festlegen 379
Spaltenlänge
  festlegen 269
SpecialEffect 523
SpecialFolders 211, 212
Speicher
  freigeben 547
Speicherort
  festlegen 549
Sperre 546
Sperrverfahren
  einstellen 245
Spezialeffekt
  angeben 340
  einfügen (Textfeld) 523
  hinzufügen 390
Spezifikation
  angeben 557
Split 116, 118
Sprachelemente
  einsetzen 89
Sprungmarke
  ansteuern 93
SQL-Abfrage
  durchführen 282
  erstellen 284

SQL-Anweisung
  absetzen 254, 306
  ausführen 255
  durchführen 306
  festlegen 308
SQL-Befehl
  ausführen 306
Standardabweichung
  ermitteln 496
Standardansicht
  festlegen 334
Standardverzeichnis
  festlegen 627
Start 579
StartDate 583
Statusanzeige
  aktualisieren 144
  entfernen 144
Statusleiste
  editieren 144
  füllen 809
Statusleistentext
  bestimmen 342
Steuerelement
  aktualisieren 490
  ansprechen 102
  ausblenden 516
  automatisch anpassen 466, 512
  einblenden 516
  einfügen 327
  einfügen (Bericht) 462
  einschränken 685
  identifizieren 105, 354
  skalieren 330
  zählen 106
SteuerelementTip-Text
  anzeigen 343
Stopp-Symbol
  anzeigen 45
StrConv 83, 84
String 70
Styles 758
Sub 38
Sub/UserForm
  ausführen 40
Subject 579, 583, 713
Suchen-Fenster
  anzeigen 88
Suchkriterien
  festlegen 246
Suchrichtung
  angeben 246
Sum 477
Summe
  einfügen 473
  ermitteln 188
Symbole
  aktivieren 752
  deaktivieren 752
Symbol-FaceIDs
  ermitteln 748

Symbol-IDs
  ermitteln 745
Symbolleiste
  anlegen 747
  ausblenden 743, 744
  befüllen 750
  einblenden 41, 743, 744
  erstellen 750
  löschen 747
  programmieren 743
  schützen 751
Symbolleistennamen
  ermitteln 745
Symbolleistenschutz
  aufheben 752
Symbolschaltfläche
  aktivieren 746
  deaktivieren 746
Symbolschaltflächen-FaceIDs 748
Symbolschaltflächen-IDs
  ermitteln 749
Syntax
  VBA-Makro 38
Syntaxfehler
  beheben 773
Syntaxprüfung
  durchführen 38, 47, 59
Syntaxregeln 65
SysCMD 809
SysCmd 143
Systemfeldmenü
  einblenden 335
Systemkonstanten
  einsetzen 73
Systemzeit
  ausgeben 517

T

TabDef 274
TabelDefs 156
Tabelle
  ändern 294, 298
  aktualisieren 252
  anlegen 272, 294
  Ansichtskonstanten 207
  arithmetische Operatoren 168
  auflisten 190, 268
  auslesen 267
  bearbeiten 223
  Bereiche eines Formulars 798
  Berichtskonstanten 467
  CursorType-Konstanten 647
  Datentypen (SQL) 296
  Datepart 127
  Datumskürzel 130
  Designkonstanten 730
  drucken 352

Index

Eigenschafts-Nummern 174
entfernen 302
exportieren 549
filtern 229
gängigste Datentypen 276
GoRecord-Konstanten 510
Konstanten für Steuerzeichen 114
kopieren 231
Leistentypen in Access 742
LochType-Konstanten 648
löschen 276, 294, 318
logische Operatoren 170
Mode-Konstanten 647
nach Word überführen 558
öffnen 88, 156, 159, 224, 245
Outlook Aufgaben-
   Eigenschaften 582
Outlook-Mail-Eigenschaften 572
programmieren 223
Prüffunktionen 93
Rechenfunktionen 477
RGB-Standardfarben 799
Schaltflächen für MSGBOX 316
Schaltflächenkonstanten 317
schließen 160, 253, 567
sortieren 164, 716
Spezialeffekte 524
Standardfarben über RGB 361
Steuerelemente für Berichte 463
Steuerelemente für Formulare 325
Steuerelementkonstanten 355
Steuerelementkonstanten für
   Menüleisten 756
Symbolleistenschutzkonstanten 752
Terminkalender-Eigenschaften 579
transferieren 196
übertragen 561
umbenennen 232
updaten 254
Vergleichsoperatoren 96, 169
verknüpfen 791, 794
verlinken 791
versenden 696
Tabellenanfang
   ermitteln 254
Tabellenende
   feststellen 234
Tabellenerstellungsabfrage
   durchführen 282, 292
Tabellenfeld
   anhängen 274, 784
   anlegen 274
   auslesen 236
   hinzufügen 298
   löschen 298, 299
Tabellenindex
   bestimmen 299
   entfernen 301

Tabelleninhalte
   auslesen 233
   suchen 243
Tabellenstruktur
   auslesen 269
   ermitteln 266
Tabellentyp
   abfragen 268
Tabellenverknüpfung
   prüfen 484
Table 593
Table/Query 801
Tabledef 795
TableDefs 793
Tables 560
Tab-Schrittweite
   festlegen 60
Tabulatorzeichen
   einfügen 114
Tag
   ermitteln 176
Tagesdatum
   ermitteln 517
TargetPath 212
Tastaturtastenklicks
   auswerten 528
Tasten
   abfangen 632
Tastenkombinationen
   einsetzen 50
   programmieren 211
Teilung
   aufheben 47
TemplateFile 549
Temporäres Verzeichnis
   ermitteln 624
Termine
   übertragen 577
Terminobjekt(Outlook)
   erstellen 571
Testumgebung
   einsetzen 51
TEXT 296
Text
   austauschen 667
   bereinigen 118
   extrahieren 114
   finden 665
   konvertieren 117, 629
   kürzen 114
   spitten 116
   umwandeln 83
   zerlegen 117
   zusammensetzen 117
Textausrichtung
   bestimmen 340
Textdatei
   abarbeiten 547
   einlesen 109, 217, 552

exportieren 544, 548
importieren 544, 552
lesen 110, 546
öffnen 110, 545
schließen 110, 547
schreiben 546
speichern 544, 547
Text-E-Mail
   versenden 696, 697
Textfarbe
   festlegen 340, 447
Textfeld
   aktivieren 341, 367
   ausblenden 372
   begrenzen 374
   einblenden 372
   formatieren 361
   positionieren 362
   programmieren 361
   prüfen 530
   sperren 341, 367
   überwachen 363
Textfelderinhalte
   retten 364
Textfeldhintergrund
   färben 527
Textlänge
   bestimmen 362
Textmarke
   aktivieren 567
   anspringen 567
Textmarkierung
   anpassen 362
Textstartposition
   festlegen 362
Textteil
   ersetzen 48
   extrahieren 111, 112
   suchen 48
Textwerte
   prüfen 96
Textzeichen
   entfernen 150
Time 38, 131, 517, 531
TimerInterval 400, 486
TINYINT 296
Titelleiste
   anpassen 491
To 96
Today 406
ToolTipText 750, 751
Top 238, 747
TransferDatabase 791
TransferSpreadsheet 196, 588, 590
TransferText 547, 552, 556
Transfertyp 556
   festlegen 556
TreeView-Steuerelement
   programmieren 410

Index

Trennlinie
  einfügen 473
Trim 118, 805
Twip 450
Twips 464
Type 268, 271, 272, 276, 419, 664, 676, 681
TypeText 560, 568

U

UBound 117, 152, 158
UCase 91, 92, 629
Überschrift
  einfügen 473
Überwachung
  hinzufügen 55
Überwachungsfenster
  ausblenden 59
  einblenden 55, 59
Uhr
  integrieren 399
Uhrzeit
  ausgeben 39
  ermitteln 38
Undo 498, 503, 526, 533, 535, 536
UNION 305, 312
Union 238
UNION ALL 312
UNIQUE 301
UnRead 713
Unterbrechen
  bei Fehler 62
UPDATE 284, 285
Update 252, 254, 494, 527, 577, 606, 713
UpdateLinks 594
URLs
  auslesen 736
User32.dll 611
UserForm
  aufrufen 598

V

Val 149
Value 246, 397, 404, 405, 408, 595, 608
Value List 800
VALUES 286
Variablen
  definieren 774
  deklarieren 65, 66, 71, 685
  dimensionieren 774
  einsetzen 690

öffentlich 68
private 67
speichern 65
statisch 67
Variablendefinition
  kontrollieren 69
Variablendeklaration
  durchführen 66
  erzwingen 60, 69
Variablennamen
  verwenden 66
  wählen 66
Variablentypen
  einsetzen 70
  kennenlernen 66
Variant 70
Varianz
  feststellen 496
VarName 85
Var-Type
  Konstanten 84
VarType 84, 85
VBA-Befehle
  anzeigen 34
vbAbortRetryIgnore 46
VBA-Datenbank
  anlegen 677
  erstellen 677
VBA-Funktionen
  einsetzen 108
VbArray 85
vbBack 114
vbBoolean 85
VbByte 85
vbCancel 508
vbCr 114
vbCritical 45
vbCrLf 114, 698
VbCurrency 85
vbDataObject 85
VbDate 85
VbDecimal 85
VbDirectory 77
VbDouble 85
VBE
  aktivieren 657, 660
  deaktivieren 657
VBE-Bibliothek
  einbinden 656
VbEmpty 85
vbError 85
vbExclamation 45
vbext_ct_ClassModule 662
vbext_ct_MSForm 662
vbext_ct_StdModule 662
vbext_pt_StandAlone 662
vbFirstFourDays 76
VbFirstFullWeek 76
vbFirstJan1 76
vbFriday 75

vbGeneralDate 74
VbHidden 77
VbHide 82
vbInformation 45
VbInteger 85
VB-Komponenten
  identifizieren 674
vbLf 114
VbLong 85
vbLongDate 74
vbLongTime 74
VbLowerCase 83
VbMaximizedFocus 82
VbMinimizedFocus 82
VbMinimizedNoFocus 82
vbModeless 598
VbMonday 75
vbMonday 75
vbNewLine 114
VbNormal 77
VbNormalFocus 82
VbNormalNoFocus 82
VbNull 85
vbNullChar 114
VbNullString 114
vbObject 85
vbOKCancel 46
vbOkOnly 46
VBProjects 658
VbProperCase 83
vbQuestion 45
VbReadOnly 77
vbRetryCancel 46
vbSaturday 75
VbShortDate 74
vbShortTime 74
VbSingle 85
VbString 85
sVbSunday 75
VbSystem 77
vbTab 114
vbThursday 75
vbTuesday 75
VbUpperCase 83
VbUseSystem 75, 76
vbUseSystem 75
vbVariant 85
VbVolume 77
vbWednesday 75
vbYesNo 46, 120
vbYesNoCancel 46
Vergleichsoperatoren
  einsetzen 96, 168
Verkaufraum-Formular
  erstellen 515
Verkettungsoperatoren
  einsetzen 169
Verknüpfte Tabellen
  aktualisieren 793
Version 186

Index

Versionsnummer
  ermitteln 143
Verteilerliste (Outlook)
  erstellen 571
Verzeichnis
  anlegen 607
  einstellen 108, 203
  entfernen 121
  ermitteln 210
  erstellen 120, 618
  löschen 619
Verzeichnisbaum
  anzeigen 620
  auswerten 620
  einsetzen 429
Verzweigungen
  einsetzen 89
View 438
Visible 353, 460, 490, 516, 559, 594, 608, 660, 743, 747, 790
Vollautomatische Berichtserstellung
  ausführen 465
VolumeName 215
Vor Aktualisierung 541
Vorabinformationen
  geben 537
Vorauswahl
  treffen 197
Vorherigen Datensatz
  aktivieren 228
Vorlagendateipfad
  angeben 549
Vorwärtssuche
  durchführen 246

W

Währungen
  umrechnen 811
Wagenrücklaufzeichen
  einfügen 114
Warnmeldungen
  ausschalten 691, 815
WaveOutGetNumDevs 631
wdAutoFitContent 561
wdAutoFitFixed 561
wdAutoFitWindow 561
Webabfrage
  starten 721
Weekday 124, 125, 157
WeekDayName 76

WeekdayName 125
Werte
  formatieren 147
Wertliste 402
WHERE 284, 289, 293, 305, 310, 311, 312
WhereCondition 438
Width 407
WindowMode 438
Windows 658
Windows-Info-Bildschirm
  anzeigen 625
WindowsStyle 82
Windows-Systemverzeichnis
  ermitteln 623
Windows-Version
  ermitteln 621
Windows-Verzeichnis
  ermitteln 623
WindowWidth 512
With 106, 446, 758
Wochentag
  einlesen 156
  ermitteln 124
Word-Dokument
  anlegen 559, 564
Word-Session
  starten 353
WorksheetFunction 181
Write 546

X

XML-Format
  erstellen 735

Y

Year 148, 176, 405

Z

Zahl
  runden 119
Zahlenwerte
  prüfen 95
  runden 119

Zahlungstermin
  errechnen 93
Zahlzieldatum
  überprüfen 154
Zeichenfolge
  aufspüren 111
  suchen 111
Zeichenlänge
  ermitteln 112
Zeichenposition
  ermitteln 179
Zeile
  fortsetzen 39
Zeilenabstand
  angeben 340
Zeilenvorschub
  erzeugen 114
Zeit
  einfügen 517, 531
Zeitgeberintervall
  festlegen 788
Zellengröße
  anpassen 560
Zieltabelle
  bestimmen 557
Zinsbelastung
  errechnen 138
Zoom
  einstellen 195
Zoom-Darstellung 424
Zufallszahlen
  bilden 146
Zufallszahlengenerator
  einschalten 798
Zugriffsmodus
  festlegen 546
Zweig
  einfügen 411
Zwischenablage
  löschen 630
  öffnen 631
  schließen 631
Zyklus
  festlegen 338